北京丰台年鉴

2016

北京市丰台区地方志编纂委员会

中 华 书 局

2016

图书在版编目（CIP）数据

北京丰台年鉴. 2016 / 北京市丰台区地方志编纂委员会编.
—北京：中华书局，2017.1
ISBN 978—7—101—12340—1

Ⅰ. ①北… Ⅱ. ①北… Ⅲ. ①丰台区－2016－年鉴
Ⅳ. ①Z521.3

中国版本图书馆 CIP 数据核字（2016）第 292967 号

责任编辑：朱　慧

北京丰台年鉴（2016）
北京市丰台区地方志编纂委员会编
*
中 华 书 局 出 版
（北京市丰台区太平桥西里 38 号　100073）
http: // www. zhbc. com. cn
E-mail: zhbc@zhbc. com. cn
廊坊飞腾印刷包装有限公司
*
787×1092　1/16　24.75 印张　32 插页　490 千字
2017 年 1 月第 1 版　　2017 年 1 月第 1 次印刷
印数：1300 册　　定价：130 元

ISBN　978—7—101—12340—1

北京市丰台区地方志编纂委员会

顾　　　　问：杨艺文
主　　　　任：冀　岩
常务副主任：高　峰
副　主　任：吕跃进　李秀瑛　李　岚
委　　　　员：杨　杰　李俊辰　陈祥兵　文姜丽　钟克珍
董明月　王建斌　钟媛媛　张旭明　王珮琦
张国强　冯志成　周新春　张立新　朱京宁
胡春溪　李　屹　冯晓光　吴神赋　于临溏
隆　重　刘　郦　李春滨　肖文燕　刘怀生
王　虹　张　杨　薛　红　韩　伟　张小龙
马士有　梁彦梅　苏　军　尚保华　杨　浚
李亚民　金志雄　余巨川　何岳飞　杨桂红
杜来全　谷　卫　吴永利

《北京丰台年鉴》编辑部

主　　　编：冀　岩
常务副主编：高　峰
副　主　编：刘怀广
执行副主编：孙红妹
编　　　辑：邵爱丽　司瑞友　金正东　左曙毓　欧阳煜
王艳梅　孙艳霞

编 辑 说 明

一、《北京丰台年鉴》是一部综合性资料性工具书和史料文献。在丰台区委、区政府领导下，由区地方志编纂委员会主持编纂。

二、本年鉴以邓小平理论、“三个代表”重要思想和科学发展观为指导，深入贯彻习近平总书记系列重要讲话精神，坚持实事求是的原则，与时俱进，开拓创新，科学地反映客观情况。

三、本年鉴从 2002 年开始，逐年编辑出版。当年出版的年鉴全面汇集上一年度丰台区各项事业、行业等诸方面新发生的重大事件、新情况和重要的文献信息，为各级领导提供可资参考的依据，为各个行业提供有价值的资料，为各方面人士了解、熟悉和研究丰台提供最新信息。

四、本年鉴以详记区属各系统、各单位为主，略记驻区部分中央、市属单位的情况。

五、本年鉴采用文章、条目等体裁，以条目为主，用规范的语体文、记述体直陈其事，文字力求言简意赅。

六、本年鉴文字内容设有特载、大事记、政党团体、政权政协、政法军事、农村经济和农业、工业、商贸服务业、高新技术产业、综合经济管理、财政税务审计、金融、城市建设和管理、交通邮电、科技教育、文化体育卫生、社会、街乡（镇）、人物、附录等一级栏目，一级栏目下设二级栏目，二级栏目下设分目，分目下设条目。

七、本年鉴收有 2015 年内丰台区党、政、军、民主党派、团体、街乡（镇）、部分企业负责人名录及驻区部分单位负责人名录，所列职务均以 2015 年内任职为限，其中有任免情况的分别予以说明，同时收有获得国家（中央部委）、市奖励与荣誉称号的单位和个人名单和获得高级职称的人员名单。

八、本年鉴选入的文章、条目均由各部门、各单位确定专人撰写，并经主管负责人审核。统计资料由区统计局提供，照片由各单位提供。

九、本年鉴反映 2015 年 1 月 1 日至 12 月 31 日期间的情况，文内一般直书月、日，不再写年份。

十、本年鉴由区地方志办公室《北京丰台年鉴》编辑部负责编辑、文字加工和版面设计。在编辑出版过程中得到了全区各单位及各方面的大力支持和热情帮助，在此一并表示感谢。由于编辑水平所限，疏漏和不足之处恳请读者批评指正。

7月7日 中共中央总书记习近平、国务院总理李克强等到抗战馆参观抗战胜利70周年主题展览《伟大胜利 历史贡献》

11月30日 市委书记郭金龙、市长王安顺等领导到区调研食药安全工作

5 月 27 日 最高法院副院长黄尔梅到区听取工作汇报

11 月 29 日 人力社保部副部长信长星到区巡视国家公务员考试现场

11 月 17 日 中央军委装备发展部部长张又侠将军到首都航天机械公司调研

11 月 4 日 国家食品药品监督管理总局副局长滕佳材到京深海鲜市场了解食品卫生状况

10月20日 市委副书记苟仲文到十二中调研

8月20日 副市长程红检查世锦赛食品安全保障工作

10月29日 副市长张建东到区检查丽泽金融商务区建设情况

1 月 19 日 市科委主任闫傲霜等领导到区指导科技企业发展

6 月 29 日 市总工会副主席潘建新为区第 32 届“五月的鲜花”获奖人员颁奖

11 月 18 日 市委政法委副书记、综治办主任闫满成到区调研

2月12日 市食药监局副局长张风平带队到方庄检查食品安全工作

3月9日 市高级法院副院长王明达为长辛店人民法庭揭牌

8月18日 市纪委党风政风室主任赵玉岐到区调研食品药品工作

8月28日 市民防局副局长郭援到区检查民防工作

2月18日 区委书记杨艺文除夕夜带队慰问消防官兵

9月30日 区委副书记、区长冀岩节前检查安全生产情况

5月12日 区人大常委会主任王苏维对老旧小区进行调研

10月21日 区政协主席李昌安到万开中心调研

4 月 15 日 常务副区长刘宇出席商务楼宇产业促进联盟战略合作签约仪式

4 月 28 日 区委组织部长霍连明到宛平城地区办事处调研社区党建

12 月 4 日 区委副书记、政法委书记顾晓园带队到太平桥街道督查党风廉政建设

12 月 29 日 区委常委、统战部部长张建国到水务局检查党风廉政建设

2月11日 副区长钟百利带队到永辉超市太平桥店检查食品安全

2月27日 副区长刘文洪检察人防工程地下室整治工作

10月22日 副区长张婕到台湾新北市出席第十八届京台科技论坛

1月12日 副区长李岚迎接市就业工作领导检查小组

5月31日 副区长狄涛（右二）在汽车博物馆为“青少年汽车创意空间”揭牌

12月30日 副区长高峰到马家堡调研食品安全工作

1月14日 北京市丰台区第十五届人民代表大会第五次会议

1月12日 中国人民政治协商会议北京市丰台区第九届委员会第五次会议

1月4日 区委政法委员会全体会议

2月15日 区地方税务局年度工作会

8月27日 人防工程综合整治工作推进会

6月26日 北京南站地区管委会“三严三实”专题教育党课

10月20日 北京中曌投资发展有限公司党支部成立大会

4月18日 区人力社保局向干部家属代表颁发“家庭纪委书记”聘书

4月22日 环卫中心党委举办基层党支部书记党建工作专题培训

6月17日 住建委开展"三严三实"专题党课

10月27日 综投公司全体员工参观反腐倡廉教育基地

1月19日 区老年书画协会为劳模赠送春联

4月29日 区领导与劳模集体代表合影

6月26日 第七届首都新侨乡文化节丰台合唱专场大赛

3月28日 春风行动送岗位进军营招聘会

11月8日 区总工会“转身遇到爱”主题交友活动

6月14日 农工党丰台区工委"中国环境与健康"宣传周义诊活动

8月20日 民建丰台区工委组织河北唐县革命老区优秀师生北京夏令营活动

8月21日 民进丰台区工委暑期学习班

6月14日 农工医学专家定点帮扶南苑社区卫生服务中心启动仪式

11月28日 丰台民盟组织成立30周年庆祝大会

4月13日 最高检察院领导到区调研刑事案件速裁程序试点工作

8月4日 检察院组织全体干警参观中国人民抗日战争纪念馆

8月6日 区领导带队督查纪念抗战胜利活动安保维稳工作

1月10日 公安分局开展110宣传日活动

2月6日 公安分局开展“爱民拥警迎新春、共筑丰台平安梦”活动

5月12日 区首届“法治文化风筝节”

12月17日 市地下空间综合整治工作督导组到区督查

11月5日 区第二十五届119消防宣传月启动仪式

12月7日 区第五届治安巡防队练兵比武

4月3日 人大常委会依法行政工作座谈会

4月30日 区信访办开展《信访条例》宣传活动

10月27日 全区行政处罚执法资格公共法律知识考试

5月23日 宛平城沙岗路整治审计核实现场

7月28日 赛欧科园举行项目路演活动

11月18日 举办北京交通大学毕业生双选会

4月22日 第46个地球日宣传活动

10月15日 第二十三届北京种子大会开幕式

8月14日 水务局马草河总部基地段建设工程

10月30日 丰台区限价商品住房公开摇号仪式

11月11日 丰台电力公司实施“煤改电”工程

12月15日 回迁的南苑棚户区改造三期安置房

3月19日 北京三兴汽车有限公司阅兵车交接仪式

4月7日 质监局对北京北内柴油机有限责任公司进行执法检查

9月15日 南车二七车辆有限公司出口泰国铁路货车签约仪式

9月15日 首都航天机械公司长二FT2火箭完成首次测试

2月2日 市第15届青少年机器人大赛在十二中举办

3月20日 区科技馆开展防灾减灾宣传活动

9月20日 广电中心在园博园拍摄铁人三项赛

4月29日 教育部义务教育均衡发展专家督导组到区调研

5月30日 区第十届全民健身体育节开幕

6月20日 花开丰台端午节文化游园会

12月28日 丰台五小“小牛训练营”开营

8月28日 方庄地区开展纪念抗战胜利红歌演唱比赛

3月30日 科兴家园军地共建文化活动室揭牌

6月25日 卢沟桥乡群众歌咏大赛

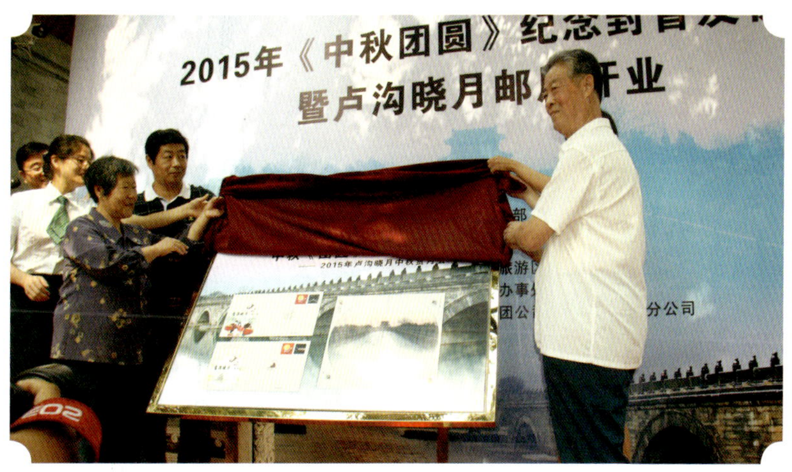

9月16日 《中秋团圆纪念封》揭幕

6月18日 丰台区与丹麦腓特烈松自治市签署友好交流备忘录

7月24日 德国客人到南车二七车辆有限公司参观座谈

8月2日 丰台区与英国纽汉姆市签署友好交流备忘录

目 录

特 载

区情概况

大事记

政党 团体

政权　政协

政法　军事

农村经济和农业

工 业

商贸　服务业

高新技术产业

综合经济管理

财政 税务 审计

金　融

城乡建设和管理

交通　邮电

科技 教育

文化　体育　卫生

社 会

街乡（镇）

人　物

统计资料

附　录

索　引

特　　载

杨艺文同志在区委十一届八次全会上的工作报告

（2016年1月8日）

同志们：

受区委常委会委托，我向全会作工作报告。

一、关于2015年工作情况

一年来，在市委、市政府的坚强领导下，常委会深入学习贯彻中央、市委重要会议精神，紧紧围绕首都“四个中心”战略定位和建设国际一流和谐宜居之都的总体目标，扎实推进《京津冀协同发展规划纲要》贯彻实施、服务保障抗战胜利纪念活动、谋划制定丰台区“十三五”规划、开展“三严三实”专题教育等重点任务，坚持改革中创新、创新中发展，圆满完成了“十二五”规划的各项任务，实现了全区经济社会健康稳定发展。

（一）加强领导，严格落实管党治党主体责任

注重思想建设引领。常委会以“三严三实”专题教育为主线，聚焦修身、用权、律己方面存在问题，坚持从严要求，突出问题导向，深入查摆剖析，进一步加强了各级党组织的党性修养和作风建设。认真开展党的群众路线教育实践活动问题整改工作，完成整改任务27项，剩余8项中长期整改任务正在按计划推进，进一步巩固了教育实践活动成果。坚持理论中心组学习制度，建立常委会时事政策集体学习制度，全年共开展集中、专项学习27次，进一步提升了领导班子的理论素养和决策水平。统筹整合组织、纪检、宣传等各方面教育内容，举办党政“一把手”党建研修班等教育培训80期，培训干部共计8800人次，进一步提升了干部队伍的整体素质和能力水平。

强化党建机制建设。常委会从强化机制创新入手，健全完善党建工作领导组织体系和工作运行机制。在组织体系上，完善“两组一办”组织构架，调整由区委主要领导任区委党建工作领导小组组长，成立11个由主管区领导挂帅的系统党建工作组，由区委副书记任党建工作领导小组办公室主任，统筹协调全区党建重点工作。在责任体系上，建立从严治党、党风廉政“两维清单”，明确了区委主要领导作为党建第一责任人的10项职责及分管区领导落实党建“一岗双责”的5项职责，明确了党风廉政建设区委12条主体责任和纪委7条监督责任。在考评体系上，研究探索以“五大维度”为主体的工作绩效多元评价体系。

落实党风廉政责任。常委会坚持把落实“两个责任”作为深化作风建设、推动反腐

败斗争的重要抓手。依托派驻机构试点改革工作，采取单独派驻、联合派驻等不同方式，全面深化纪检工作体制改革。在全市率先推行农村干部个人事项报告制度，754 名村“三套班子”成员全部完成报告工作。突出问题导向，由区领导带队对全区 30 个处级单位开展了党风廉政建设责任制检查。开展“为官不为”专项整治，持之以恒纠正“四风”，查纠整改问题353个。以“零容忍”态度整治腐败，全年新立案136起，结案103起，处分 99 人。建立党风廉政建设约谈机制，共约谈21人次。充分发挥典型案例的警示作用，组织400余名处级干部参加法院庭审旁听，组织800余名农村干部参观警示教育基地。

加强组织队伍建设。常委会高度重视加强基层党组织建设，圆满完成了307个社区党组织和 65 个村党组织换届选举工作；选派 40 名机关干部到社区任专职副书记，选派 10 名乡镇干部到村任书记，强化基层干部队伍。加强非公领域党建工作，从非公领域推荐一名优秀青年党员到团区委担任兼职副书记，非公企业党组织覆盖率达到81%，党组织的生机活力得到提升。坚持德才兼备、以德为先的选人用人导向，全年共调整处级干部178人，为各项事业发展提供了坚强组织保证和干部人才支撑。积极推进干部人事制度改革，建立健全领导干部考核评价、审查审核、培养锻炼等多项工作机制。

（二）统筹协调，集中力量抓好重大任务落实

圆满完成抗战胜利纪念活动服务保障工作。常委会把做好服务保障作为首要政治任务，成立了主要领导统筹调度、分管领导分工负责的总指挥部及8个分指挥部，细化工作方案，强化责任监督，确保各项工作扎实有序开展。注重整体谋划，制定了宛平城环境提升三年行动计划，实施环境整治“百日行动”，大幅提升了地区环境秩序和景观面貌。加强组织调度，以“伟大胜利历史贡献”主题展览为重点，实施服务保障“百日行动”。全面做好“7·7”党和国家领导人参观主题展览以及“9·3”阅兵的服务保障任务，累计投入公安、城管、志愿者等力量70余万人次，加强了社会面防控。圆满完成外国政要嘉宾、外籍受阅部队、抗战老战士和各界群众近 80 万人次的参观游览保障任务，实现了万无一失、绝对安全的刚性目标。

统筹谋划协调推进区域非首都功能疏解。常委会不断加强对疏解工作的统筹调度，注重问题导向，明确了“总量控制、增量择优、存量减劣、拆建平衡、综合施策、协同发展”的工作思路。组织开展了“疏解功能谋发展”调研活动，将全区划分为4个片区，由区级四套班子主要领导带队开展覆盖重点领域的专题调研，为疏解工作的扎实推进统一了思想、提供了保障。全年，共完成86家商市场疏解转型、23 家污染企业退出，在全区范围内疏解商户 8000 余户。在此基础上，以大红门地区为重点，加强对地区低端产业疏解和转型升级的研究，引导8家市场进行转型升级。

围绕中心突出重点促进区域经济稳步发展。常委会加强对经济形势的分析研判，重视丰台科技园区、丽泽金融商务区等重点功能区的带动作用，推动科技、金融、商务、文化等“高精尖”产业发展。开展新兴产业发展调研，提出了建设都市生活服务业创新示范区的发展思路，国家电子商务示范基地、国家应急产业示范基地等落户丰台。全年，地区生产总值、财政收入、城乡居民收入等主要指标按计划完成，经济发展运行呈现“稳中提质”的良好局面，标志着“十二五”发展任务的圆满收官。

直面问题回应关切狠抓“大城市病”治理。常委会坚持以治理“大城市病”为重点，努力回应群众关切。认真落实清洁空气行动计划，多措并举治理大气污染，超额完成了市委、市政府下达的任务；以宛平、方庄等地区为重点，实施环境综合提升工程；

加快道路轨道交通基础设施建设，地铁 8 号线、16 号线丰台段开工建设，马家堡西路南延、鲁坨路等 21 条道路实现通车或竣工；始终保持控违拆违高压态势，共拆除违法建设近 100 万平方米。

深入研究科学谋划“十三五”未来发展。以中央五大发展理念为指引，围绕首都“四个中心”战略定位，坚持“开门搞规划”的工作思路，先后 6 次召开区四套领导班子专题研讨会，召开座谈会专门听取了各街乡镇、委办局和人大代表、政协委员、民主党派等各方面人士的意见建议，集各方之智形成了“核心引领、双轮驱动、两翼并举、统筹融合”的发展战略和总体思路，为未来发展指明了方向。

（三）凝心聚力，积极推进社会主义民主法治建设

以民主政治建设汇聚力量。常委会定期听取区人大常委会、政府、政协、法院、检察院党组工作汇报，提出指导性意见。支持人大及其常委会围绕“十二五”规划落实、法治丰台建设等重点工作依法进行监督，并加强改进议案建议办理、督办工作。定期与各民主党派、工商联座谈，开展了以大红门地区市场疏解为重点的政治协商，支持政协对“十三五”规划编制、城乡统筹发展等重点领域进行深度调研，广泛协商议政。认真落实意识形态工作责任制，开展了全区意识形态领域摸底调查，加强对各类宣传思想文化阵地的管理。成立了区委统战工作领导小组，深入开展统战工作调研，与新一届宗教团体领导班子进行座谈交流，巩固和发展了最广泛的爱国统一战线。加强民兵预备役工作，多种形式开展双拥共建活动，实现了争创全国双拥模范城“六连冠”的目标。

以法治丰台建设保障安全稳定。常委会研究制定了法治建设工作要点，明确了 30 项重点工作和 20 个量化指标；深入开展法制宣传教育，圆满完成了“六五”普法各项任务；重点推进依法行政、提升司法公信力、法治社会建设等工作。坚持把维护安全稳定作为第一责任，圆满完成了服务保障抗战胜利纪念活动和世锦赛“两大安保”任务；加快立体化社会治安防控体系建设，依法处置各类犯罪、治安、秩序问题和不稳定因素，净化了社会治安环境；狠抓安全生产监管责任和主体责任落实，始终保持隐患排查整改高压态势，安全生产形势保持了总体稳定；构建五大批发市场进京食品安全风险防控体系，加强对食品药品生产、流通各环节的监督检查，为群众把好“入口关”。加强重大决策社会稳定风险评估，注重从源头上预防和减少社会矛盾纠纷，提高依法化解矛盾和解决问题的能力。全年，未发生突出案事件和重大安全事故，始终维护了地区政治稳定和社会安定，群众安全感、满意度大幅提升。

以保障改善民生增进人民福祉。常委会把保障和改善民生作为出发点和落脚点。定期召开街乡镇党（工）委书记会议，研究重点工作、听取基层意见；实施加强老旧小区服务管理三年计划，解决了一批难点问题。高度重视住房、就业、养老、教育、医疗、文化等基本公共服务建设，以统筹资源、提高质量、服务均等、造福群众为目标，超额完成市政府下达的保障房建设任务，完成了重点村拆迁回迁安置，将 32 个棚户区改造和环境整治项目纳入市政府计划，城镇登记失业率控制在 1.72%，实现每百名老人拥有养老床位 3.6 张，持续扩大优质教育资源，加快推进医联体建设，启动了首都公共文化服务示范区建设。

回顾一年来的工作，还存在一些问题和不足：一是人口资源环境的矛盾依然存在，精细化管理水平有待提升；二是保持经济平稳健康发展的任务依然艰巨，重点功能区带动作用还需加强，在落实疏解非首都功能、治理“大城市病”方面还没有取得明显效果；三是文化教育、医疗卫生等公共服务供给不足和配置不均的问题依然存在，服务和

保障民生的能力有待提高。以上问题在今年的工作中，常委会还需要持续改进。

同志们，回首 2015 年工作，我们深感成绩来之不易。成绩的取得，离不开广大干部的顽强拼搏和辛勤付出，离不开社会各界的鼎力支持和无私帮助。在此，我代表常委会向在座的各位，并通过你们向辛勤奋战在全区经济社会发展各个领域、各条战线上的全体同志和广大基层干部，以及关心、支持、参与丰台建设发展的各界人士和广大群众，表示崇高的敬意和衷心的感谢！

常委会 2015 年干部选拔任用工作报告以书面形式印发大家，请予以审议。

二、准确把握“十三五”时期的形势要求

“十三五”时期，是全面建成小康社会的决胜阶段，也是北京落实首都战略定位、加快建设国际一流和谐宜居之都的关键阶段。我们必须深刻学习领会中央和市委新要求，立足丰台发展阶段性新特点，科学研判新形势，主动适应积极引领新常态，不断开拓丰台发展新境界。

（一）充分认识“十二五”时期发展的成就和启示

刚刚过去的“十二五”时期，是承上启下的关键五年。面对错综复杂的外部环境和改革发展的繁重任务，全区上下在市委、市政府的正确领导下，团结奋斗，奉献拼搏，实现了新飞跃，迈上了新台阶。五年来，我们坚持把高端发展作为战略引领，统筹推进丰台科技园区、丽泽金融商务区等重点功能区开发建设，新的增长动力不断形成，发展质量和效益显著提升。我们坚持把城乡统筹作为发展路径，依托重点村建设、棚户区改造和重大活动带动，城乡一体化步伐明显加快，资源优势得到释放，农村地区发展水平不断提高。我们坚持把改善民生作为发展根本，全面提升公共服务能力和公共资源供给，解决了一批群众最关心、最直接、最现实的利益问题，人民生活水平持续提高，群众认同感和获得感进一步增强。我们坚持把文化强区作为发展支撑，努力彰显文化内涵，不断繁荣文化事业和产业，借助北京园博会、世界种子大会、抗战胜利 70 周年等重大活动的成功举办，打造丰台品牌，提升区域影响力。我们坚持把抢抓机遇作为发展关键，紧紧抓住城南行动计划实施的历史机遇，主动借势借力，发展瓶颈得到有效突破，基础设施承载能力得到全面增强。我们坚持把深化改革作为发展动力，积极推进政府职能转变，创新社会治理模式，破除体制机制障碍，区域发展活力进一步迸发。这些弥足珍贵的经验与启示，为“十三五”时期继往开来提供了宝贵的精神财富，需要我们倍加珍惜、努力传承。

（二）准确把握“十三五”时期面临的形势要求

1. 要深刻领会中央和市委对当前形势的基本判断和总体要求

当前，我国经济发展进入新常态，面临更加深刻的结构调整，呈现速度变化、结构优化、动力转化的基本特征。党的十八届五中全会深刻分析了经济社会发展新趋势、新机遇、新矛盾、新挑战，作出了“我国仍处于可以大有作为的重要战略机遇期”的重要判断。立足这一判断，党中央审时度势，高屋建瓴地提出了“创新、协调、绿色、开放、共享”五大发展理念。这是中央在发展理论和实践上的一次重大创新，不仅是我们夺取全面建成小康社会胜利的思想指南，也是引领我们跳过“中等收入陷阱”、迈向国家现代化更高阶段的“现实航标”。

尤为重要的是，习近平总书记视察北京并发表重要讲话，明确了“四个中心”首都城市战略定位和建设国际一流和谐宜居之都的战略目标，并把京津冀协同发展确定为重大国家战略，指明了新的历史条件下首都北京的发展方向。市委十一届八次、九次全

会深刻领会中央指示精神，科学分析了当前首都发展面临的形势和任务，特别是深入剖析了当前人口、资源、环境等方面存在的突出矛盾和问题，提出了以发展理念转变引领发展方式转变、以发展方式转变推动发展质量和效益提升，加快“疏功能、转方式、治环境、补短板、促协同”等一系列要求，不仅为今后首都发展定下了基调，也对我们当前工作提出了新的、更高的要求。

面对新形势、新要求、新变化，我们必须要处理好国家战略要求、首都功能要求和自身发展要求之间的关系，把落实好首都功能作为光荣使命和基本职责，准确把握丰台的区情特点和历史传承，统筹推进稳增长创新驱动、调结构提质增效、惠民生和谐共享、防风险协同发展，实现更高质量、更有效率、更加公平、更可持续发展。

2. 要切实增强推动区域发展的责任感和紧迫感

中央提出 2020 年全面建成小康社会的重要目标，为我们明确了奋斗目标。首都“四个中心”战略定位，为我们指明了发展方向。特别是随着丰台区的功能定位从首都功能拓展区调整为首都核心功能主承载区，对我们提出了更高的要求，寄托了更大的期望。站在新的发展起点上，我们必须准确把握当前形势任务要求，针对自身发展过程中存在的短板和不足，加快转型发展，创新驱动，真正把推动地区经济社会发展的历史重任扛在肩上。

一是要正确认识发展。发展是硬道理，是解决一切问题的基础，不发展就没有出路。近几年来，丰台区经济社会发展取得了令人瞩目的成绩，城市面貌日新月异。但在发展过程中，基础设施薄弱、城乡发展差异等历史遗留问题仍没有从根本上得到解决。面对非首都功能疏解、人口调控等新的挑战，要想解决好发展中存在的问题，需要充分发挥市场主体的决定性作用，需要把优化区域环境作为吸引发展创新动力的载体，需要靠大家的共同努力。因此，我们必须充分认识到，当前依然要一心一意谋发展，只有发展，才能化解、克服自身存在的短板和不足，才能满足人民群众对美好生活的期盼和向往，才能实现全面建成小康社会的宏伟蓝图。因此，我们绝不能满足现状，必须要树立正确的发展观，切实增强紧迫感、责任感、使命感，做好在疏解功能中谋求科学发展这篇大文章。

二是要始终抢抓机遇。“十二五”期间，我们紧紧抓住城南行动计划、北京园博会、抗战胜利纪念活动等机遇，取得了良好的发展成绩。机会从来不等人，可以说错过了就落后，赶上了就发展，谋划了就主动，借势了就快捷。当前，首都正处于全面推进京津冀协同发展、落实“四个中心”战略定位、建设国际一流和谐宜居之都的关键阶段，在产业、交通、环境、文化等多个方面蕴含了很多发展机遇。而这些机遇只有主动把握、快速响应、积极作为才能争取得到。因此，我们必须要增强机遇意识、忧患意识，主动研究、提前谋划、把握关键、主动对接，真正把机遇抢到、抓牢、用好。

三是要积极主动转型。面对当前经济社会发展所面临的各种风险和挑战，党中央明确提出的发展理念、发展战略和首都“四个中心”战略定位，旨在通过加快转变经济发展方式，加快经济结构转型升级，推动经济社会健康可持续发展。对此，我们要清醒地认识到，转变观念、实施转型是历史发展的必然选择，是京津冀协同发展等国家战略的必然要求，是丰台乃至全市保持经济社会健康平稳发展的必然途径。因此，我们必须要立足丰台资源禀赋和区位优势，以转变发展理念、转变发展方式为基础，牢固树立科学发展、创新发展、统筹发展的理念，不断创新发展路径，全面深化体制改革，实现创新性学习、嫁接式成长、跨越式发展。

3. 要理清发展思路找准发展路径

面对当前首都新的历史发展阶段，我们必须准确把握当前时代特点，结合自身实际，着力在功能定位、产业布局、经济结构等方面开拓新思路、适应新常态。

一是在功能定位上，要实现产业功能到首都功能的转变。当前首都“四个中心”战略定位与建设国际一流和谐宜居之都的战略目标指明了全市今后发展方向。对于丰台区来说，找准工作定位就必须处理好服务首都战略定位与自身发展的关系，首先要围绕服务首都战略定位搞好“公转”，在此基础上结合丰台实际搞好“自转”，立足首都功能定位、围绕首都核心功能谋发展、促发展，更加主动地承担首都功能，在服务首都发展大局中提升丰台发展水平。

二是在产业布局上，要实现从注重空间聚集到注重各类创新要素资源聚集的转变。传统产业发展模式更加依赖于土地开发、资源消耗、产业和劳动力密集等途径，更加强调各类要素在空间上的布局，但受到生态保护红线等条件限制，这种空间聚集、资源消耗的发展方式已经不可持续。因此，我们必须处理好规模扩张与集约发展的关系，打破空间束缚，把人才、科技、金融、政策、服务、文化等各类创新要素，聚集、融合到经济社会发展的各领域、各方面，努力构建载体完善、支撑坚实、氛围浓厚的创新生态体系。

三是在结构调整上，要实现从传统产业到现代产业的转变。近年来，在丰台科技园区、丽泽金融商务区的带动下，全区科技、金融产业有了突飞猛进的发展。但从整体经济结构上看，传统产业所占比重依然较大。对此，要把转变发展方式、提升发展质量和效率作为区域发展的核心和关键，积极发展符合首都战略定位的新产业、新业态、新技术，形成以创新为引领和支撑的经济体系和发展模式。同时，处理好“高精尖”发展与服务保障首都功能的关系，积极推动传统生活服务业转型升级，满足市民国际化、品牌化、连锁化的生活消费需求，使百姓工作生活更加舒适便利。

四是在政企关系上，要实现从重监管到强服务的转变。要厘清政府和市场各自作用的边界，更加突出市场在资源配置中的决定作用，进一步转变政府职能，更好地发挥政府统筹协调、政策引导、搭建平台、营造环境的职能作用，建立完善鼓励创新、激发动力的保障机制，寓服务于管理之中，综合运用市场自我调节机制，让企业和个人有更多活力和更大空间，使“无形之手”和“有形之手”有机结合，实现资源配置效益最大化和效率最优化，引导、规划和培育市场的成长。

五是在发展目标上，要实现从重经济发展到更加重视民生福祉的转变。随着全区经济规模不断扩大，我们要更加注重改善民生、增进福祉，坚持发展为了人民、发展依靠人民、成果由人民共享，正确处理经济、人口、资源、环境的关系，切实解决好与百姓生活息息相关的就业、教育、医疗卫生、环境保护等问题，把生态环境保护摆在更加突出的位置，把环境优势转化为资源优势，决不能以资源消耗、环境污染为代价换取一时的经济发展。

（三）全力以赴实现“十三五”发展的目标任务

发展时不我待，机遇稍纵即逝。我们必须一鼓作气、一往无前，发扬“踏石留印、抓铁有痕”的精神，奋力实现“十三五”时期各项目标任务，担负起历史和人民的重托。

一是以新理念引领发展。要实现“十三五”发展目标，就要转变传统发展思路，让五大发展理念在丰台落地生根。创新是引领发展的第一动力，丰台实现创新发展，首要是推动科技创新与金融创新，转换好发展动力。协调是持续健康发展的内在要求，丰台实现协调发展，重点是补齐城乡发展短板，挖掘好发展潜力。绿色是永续发展的必要条件和人民对美好生活追求的重要体现，丰台实现绿色发展，就必须发挥生态优势，提升宜文宜居宜业的城市品质，实现好人与自然和谐发展。开放是发展的必由之路，丰台实现开放发展，核心是推动京津冀协同发展，加强区域合作，强化内外联动，构建好互利共赢发展格局。共享是全心全意为人民服务根本宗旨的重要体现，丰台实现共享发展，关键是缩小城乡、区域发展差距，推进公共服务均等化，实现好全面小康发展目标。

二是以新举措破解难题。突出抓好“疏功能、转方式、治环境、补短板、促协同”，在重点难点上取得突破。“疏”要做到如期完成中央、市委提出的目标要求，确保“大城市病”得到有效缓解，城市功能优化提升。“转”要做到紧紧抓住转方式、调结构的重要窗口期，利用好产业基础、资源优势和政策环境，构建“高精尖”产业结构，加快传统产业优化升级，培育战略性新兴产业。“治”要做到坚持生态环境建设不放松，加强基础设施建设和环境秩序整治，提高城市精细化管理水平。“补”要做到在推进城乡一体化、产业改造升级、增加公共产品和公共服务供给等方面，加大对农村地区的支持和投入，全面实现所有薄弱村脱贫，实现城乡均衡发展。“促”要做到坚持区域协同、城乡一体、物质文明精神文明并重，在协调发展中拓宽发展空间，在加强薄弱领域中增强发展后劲。

三是以新作为凝聚力量。实现“十三五”发展目标、保持经济社会持续健康发展，从根本上取决于各级党组织的领导核心作用发挥得好不好，统筹各方力量的能力强不强。要不断探索完善区委领导经济社会发展的制度机制和方法路径，提高谋划全局、把握方向、综合协调、统筹推进的能力，为发展定好向、掌好舵。要继续转变政府职能，深化行政审批制度改革，推进简政放权，完善政府基础管理体系，厘清政府管理与市场调节的界限，提高数据资源集聚和运用能力，增强服务能力，激发社会活力。要深入改进作风，坚持群众路线，整合各方资源，调动驻区单位力量，充分激发人民群众的积极性、创造性，把热爱丰台的感情，转化为建设丰台的热情。

三、关于2016年工作安排

今年是“十三五”规划开局之年，也是落实首都战略定位、推进非首都功能疏解的关键之年。聚精会神抓党建、一心一意谋发展，全面做好2016年各项工作，意义十分重大。区委工作的总体要求是：全面贯彻落实党的十八大和十八届三中、四中、五中全会精神，深入学习贯彻习近平总书记系列讲话和对北京工作的重要指示精神，牢固树立五大发展理念，紧紧围绕“四个中心”定位，坚持稳中求进的总体基调，构建“一条主线、三大改革、六项任务”的工作格局，全力实现“十三五”发展良好开局。

（一）围绕党建促发展一条主线，发挥党对经济社会发展的引领作用

一是以党风廉政建设为重点，落实党建主体责任。要当好“领头羊”，落实党建责任体系，狠抓党建第一责任和“一岗双责”责任落实，通过学党章、守党纪、遵党规，加强党员领导干部思想政治建设，坚持把纪律和规矩挺在前面，发挥从严治党表率作用。要画好“路线图”，依托“两组一办”党建工作组织架构，完善党建工作运行机制，统筹推进各项党建工作任务。要用好“指挥棒”，充分发挥党建考核评价体系导向和杠杆作用，明确各级党政“一把手”、领导班子成员党建职责权限，层层传导压力，确保党建主体责任落到实处。要画好“同心圆”，充分发挥社会主义民主政治优越性，进一步加强和改进人大工作、政协工作、统战工作、群团工作和意识形态工作，支持保障人大、政协依法依章程履行职能，

重视发挥各人民团体、各民主党派、工商联以及爱国统一战线各方作用，汇聚推进改革发展、维护社会和谐稳定的强大力量。

二是以提升领导能力为支撑，抓好重点工作落实。要进一步加强区委常委会自身建设，把握政治大局和方向，发挥决策、统领、监督作用，提升区委领导经济社会发展的能力。要以五大发展理念为根本导向，围绕“四个中心”战略定位，始终坚持抓党建与谋发展紧密融合，着力在非首都功能疏解方面率先突破，在人口规模调控方面实现拐点，在城市规划建设管理方面统筹谋划，在交通拥堵治理方面综合施策，更好地发挥党建工作在服务首都中心大局、统领经济社会发展中的作用。

三是以夯实基层基础为抓手，提高党建科学化水平。深入开展“作风建设年”活动，进一步整治“为官不为”、“为官乱为”、“小官贪腐”现象，抓好软弱涣散党组织集中整顿。完善“三级联创”、基层党建工作述职评议考核等工作机制，创新基层党组织建设，提高基层党组织服务大局、破解难题的能力。聚焦非首都功能疏解、老旧小区改造、城乡结合部建设等重点难点问题和薄弱环节，狠抓基层农村、社区党组织履职能力建设，进一步加强对基层党组织领导班子和党员干部队伍的教育、管理和监督，做好乡镇换届工作，增强基层党组织的凝聚力、动员力和战斗力。

（二）立足三大领域改革，以体制机制创新推动经济社会发展

一是突出城乡统筹领域改革，促进区域协同发展。认真落实城乡结合部建设三年行动计划，加快完成重点村改造。启动实施南苑乡城市化统筹试点，推进长辛店镇统筹利用集体经营性建设用地试点。持续深化农村集体产权制度改革，研究制定经济薄弱村的帮扶方案，落实责任，精准帮扶，明确脱困时间表、路线图。利用河西地区生态资源优势，推进长辛店生态城、河西特色城镇建设，推进产城融合。

二是突出政务服务领域改革，促进政府职能转变。抓住行政审批制度改革这个“牛鼻子”，按照“全周期、全要素、数字化、标准化、规范化”的原则，加快政务服务平台建设，继续落实“三证合一”、“先照后证”登记制度改革。抓住投融资体制等关键环节，研究探索特许经营、股权合作等政府与社会资本合作模式，鼓励社会资本参与基础设施、公共服务领域建设运营。抓住城市管理等重点领域，推进城市执法体制改革，创新城市综合管理体系，提高城市管理和公共服务水平。

三是突出基层社会管理领域改革，提升社会治理科学化水平。鼓励志愿服务，扩大社会参与，健全群众议事协商机制，推动参与式协商，构建多元协同、共治共享的基层治理格局。加强农村社会化管理，推动农村社区化试点，探索农居混杂地区社会管理有效机制，解决管理缺位、服务不到位等问题。探索推进社区综合服务中心试点，完善社区治理机制，形成社区党委团结引领、居委会自治管理、工作站创新服务新格局。启动行政区划调整研究工作，为调整管理边界、明确管理职责奠定基础。

（三）狠抓六项重点任务，确保经济社会发展目标圆满完成

一是要加快非首都功能疏解。深入组织动员和思想发动，统一区、街乡镇、社区村干部群众的思想认识，凝聚“疏解功能谋发展”的思想共识。加强政策创新和机制创新，建立推动产业疏解、人口调控、经济发展和环境提升相协调的政策措施体系，综合运用经济、法律、行政等手段推进疏解工作。加强统筹领导和综合调度，深入调查摸底，重点确定四环以内市场疏解任务，明确时间节点，落实责任分工。要以大红门地区疏解工作为突破口，为政府、企业、商户三方联动共促疏解做好典型示范。加强工作指导和督促落实，确保产业疏解、人口调控等工作协调有序推进。

二是要持续优化产业结构。高端产业发展要见实效，加快丽泽金融商务区和丰台科

技园区建设发展，坚持科技创新引领，做强轨道交通、应急救援、节能环保等特色优势产业，重点发展新兴金融服务业，提高对经济发展的贡献率。传统产业升级要下实功，抓住国家电子商务示范基地建设契机，围绕都市生活服务业创新示范区建设，重点推进服装、农副产品、花卉等传统产业转型升级。新兴产业促进要出实招，推进技术创新、产品创新、服务创新，加快中医药健康服务业创新试验区建设，提升旅游休闲产业发展品质。

三是要加强城乡环境建设。不遗余力治“污”，加强机动车、工业、燃煤、扬尘四大重点领域环境执法监管，推进煤改气、煤改电工程，提升水污染治理能力，调整退出 19 家污染工业企业。不拖时间治“堵”，打通断头路，强化重点堵点治理，对程庄路等 10 条道路大修改造，畅通区域交通微循环。不留后患治“乱”，对私搭乱建等问题开展集中整治，加大拆违控违力度，确保新生违法建设“零增长”。全力以赴扮“靓”，完成方庄、科技园区的环境提升工作，实施重点功能区和历史文化片区绿化美化，努力解决旱厕改造等群众关心的身边环境问题，提升全区环境水平。

四是要提升城市文化品质。深入宣传社会主义核心价值观，积极推进首都公共文化服务示范区创建工作，多种形式开展市民文明素质教育活动，不断提升市民文明素养和城市文明水平。全面推进丰台文化、丰台品牌体系建设，继续实施宛平城三年环境提升计划，厚植宛平城、卢沟桥的红色文化资源优势，启动长辛店地区整体规划，促进长辛店老镇复兴，加强重要城市节点文化景观设计，打造城市文化名片。强化文化资源统筹利用、聚集发展，促进文化产业与科技融合，加快戏曲文化中心、数字出版基地建设。大力发展文化事业，深化“发现丰台之美”品牌活动，巩固“百姓周末大舞台”等传统文化阵地，推动体育文化建设，健全完善区、街乡镇、社区村三级文化服务体系。

五是要切实保障改善民生。按照普惠性、可持续、均等化原则，更加注重公共服务供给，增进民生福祉，让广大群众有更多更直接的获得感和幸福感。更加注重弥补短板，重点解决棚户区、老旧小区、农村地区、贫困人群的基本保障问题，确保实现全覆盖，让改革发展成果普遍惠及广大群众。更加注重服务均等，紧紧围绕推进基本公共服务均等化的目标，加强就业、教育、医疗、社保、环保等基本公共服务，促进均衡配置，努力缩小城乡之间、区域之间和不同群体之间的差距。更加注重优质高效，坚持以需求为导向，通过内升与外引，扩大优质教育、医疗、文化、养老等资源，不断满足广大群众对优质服务资源的需求。

六是要坚决维护安全稳定。始终把维护区域安全稳定作为第一政治任务，严格落实第一责任。推进平安丰台建设，促进社会服务、城市管理、社会治安“三网”融合，完善立体化治安防控体系，加强群防群治，提升群众安全感、满意度。加强法治丰台建设，明确年度重点任务清单，在依法行政、“七五”普法等方面取得明显进展。坚持源头预防，畅通群众利益诉求表达渠道，完善多元化矛盾纠纷排查调处机制，有效化解信访积案，维护社会和谐稳定。深入推进“平安丰台”建设，着力完善社会治安防控体系，不断提高反恐防暴和应急处突的能力和水平。全面落实安全生产责任，进一步健全安全预防控制体系和隐患排查治理体系，持续开展安全生产专项大检查，特别是加强对食品、药品、商品的检查监管，保障社会公共安全。

同志们，决胜阶段，不畏艰险，考验的是我们的信心、责任和勇气；关键时期，破解难题，取决于我们的智慧、能力和韧劲。让我们紧密团结在以习近平同志为总书记的党中央周围，敢于担当、万众一心、砥砺前行，为完成丰台区“十三五”开局之年的目标任务努力奋斗！为建设经济繁荣、社会文明、人民幸福的新丰台再立新功、再创佳绩！

杨艺文同志在区委十一届八次全会上的总结讲话

（2016年1月8日）

同志们：

今天，我们用了一天时间召开区委全会，学习贯彻中央、市委有关指示精神，深入研究“十三五”时期丰台区发展面临的形势任务，审议并通过了区委关于制定“十三五”规划的建议和区委十一届八次全会决议，圆满完成了各项会议议程。

2016年是“十三五”规划开局之年，也是全面深化改革、实现转型发展的攻坚之年，做好经济社会发展各项工作，意义十分重大。全区上下要进一步统一思想、团结奋进、明确任务、狠抓落实，努力实现“十三五”良好开局。

下面，我代表区委常委会，就贯彻落实好中央和市委精神，抓好“十三五”规划落实，扎实推进2016年各项工作，再强调几点意见。

一、深入学习，全面领会，凝聚推动区域发展的思想共识

党的十八大以来，中央提出了一系列重要的发展战略、发展理念和发展思路，市委、市政府也做了重要的工作部署。我们的任务就是要深入学习领会，凝聚思想共识，认真抓好落实，推动全区经济社会科学可持续发展。

一是要吃透“上情”。各单位、各部门要围绕党的十八届五中全会、中央经济工作会议、中央城市工作会议以及市委十一届七次、八次、九次全会等重要会议精神，认真学习，深刻领会“创新、协调、绿色、开放、共享”五大发展理念的实质和内涵，深刻领会中央和市委关于落实首都城市定位、疏解非首都功能、推动京津冀协同发展、治理“大城市病”的目标和要求，深刻领会中央关于坚持“稳增长、调结构、惠民生、防风险”的总体部署，以及市委关于加快“疏功能、转方式、治环境、补短板、促协同”的基本任务，真正把中央、市委精神理解全、理解准、理解透，为今后发展进一步找准定位、明确方向、理清思路。

二是要把握“下情”。近一段时期，区四套班子围绕贯彻落实中央和市委的一系列决策部署，多次召开研讨会，反复征求各方意见，形成了“十三五”时期丰台发展的具体思路，确立了2016年工作的总体要求和重点任务。各单位、各部门要深入学习理解精神，迅速开展宣传教育，把此次全会精神层层传导、逐级传达到每一名同志，让大家准确把握“十三五”时期丰台发展的战略定位、指导思想、目标任务和推进要求，切实把思想和行动统一到区委的决策部署上来。同时，要加强社会舆论引导，做好规划建议的阐释解读工作，向广大干部群众讲清、说明推进实施“十三五”规划的重大意义和美好前景，凝聚社会共识，形成合理预期，使我们的事业发展得到社会各界、广大群众的大力支持和真心拥护。

三是要做好结合。学习贯彻好中央、市委和区委全会精神，关键是要学以致用、见到成效。各单位、各部门要在认真学习的基础上，找准“上情”与“下情”的对接点，把中央、市委和区委精神与本地区、本部门

实际创造性地结合起来。丰台区作为中心城区，就要有中心城区的功能定位、工作标准、城市形象、文明素质，作为中心城区的干部队伍，就要有全局的胸怀、发展的情怀、干事的动力、担当的精神。要围绕落实首都城市定位、服务全市发展大局，积极探索疏解功能、调控人口、优化布局、提质增效等方面的有效方法和路径，实现全区经济社会的转型发展，完成时代赋予我们的历史使命。

二、统筹兼顾，加强协调，切实抓好各项工作的组织实施

“十二五”期间，我们承上启下取得了优异成绩；“十三五”期间，我们继往开来肩负着光荣使命。各部门、各单位要紧紧围绕全区“十三五”规划确定的目标任务，精心做好相关领域的工作谋划、牵头抓总、系统指导、组织实施。

一是要统筹组织实施。今天的全会通过了《规划建议》，下周的“两会”即将通过《规划纲要》，这是区委区政府统筹谋划、共同研究、同步推进“十三五”规划编制的成果。《建议》和《纲要》通过后，各专项规划的牵头部门要立即进行规划衔接，明确各专项规划编制完成的时间节点，真正把自身工作放到全区规划的一纸蓝图之上，确保规划能落地、可操作。同时，要根据全区“十三五”规划，做好“施工图”，把任务分解到每一年，逐年组织实施，一步一个脚印，确保年年有新进展，持之以恒、坚持不懈地抓好落实。特别是要抓紧制定 2016 年开局之年的工作计划，实现区委的决策、政府的部署、各部门的任务相互衔接。在此基础上，相关部门要加强 2016 年重点项目和任务分工落实的整体协调，确保区委区政府确定的目标任务事事有着落、件件有回音。

二是要统筹协调机制。未来五年，“疏功能、谋发展、治环境、补短板、促协同”每一项任务都将是重大的考验。面临前所未有的“大考”，我们需要进一步完善统筹协调机制，提高“十三五”规划落实的质量和效率，形成“全区一盘棋”的良好局面。今天会后，各单位、各部门要围绕会议精神，分系统、分领域逐一研究制定方案、细化任务清单、狠抓工作落实。要明确区领导、职能部门、基层单位所承担的职责任务，切实做到职责明确、责任清晰。要进一步完善区级层面的统筹协调机制，调动好两个方面的积极性，区级领导要发挥上下协调、统筹调度的职能作用，对上要与市级部门经常沟通联系，确保需求对接、信息畅通；对下要与乡镇、街道、各部门经常组织调度，确保落实有力，实现各领域、各系统工作开展的有条不紊、顺畅运行。要进一步完善条块统筹协调工作机制，加强各街乡镇、委办局之间的联系、对接，避免出现多头部署、多头指挥、多头管理等问题。

三是要统筹力量资源。当前，受到丰台区自身条件限制，有限的资源与无限的发展需求之间的矛盾依然较为突出。对此，我们必须统筹用好全区人力物力财力，找准把握工作重点，做到“好钢用在刀刃上、花钱花在裉节儿上”。要继续坚持集中力量办大事的工作思路，围绕市委市政府的重大任务、区域经济社会发展的重点、以及事关人民群众切身利益的重大问题，比如非首都功能疏解和人口调控、重点功能区建设与新兴产业发展、生态环境和基础设施建设、经济薄弱村和低收入户帮扶等，有针对性地加大力量投入。同时，要积极挖掘和整合辖区范围内的社会资源，争取市级部门在政策、资金和项目方面的支持，充分调动市场和企业的主体作用，善于从基层和广大群众中汲取智慧和力量，广开源、汇巨流，凝聚推动区域发展的强大合力。

三、加强领导，改进作风，不断提升驾驭经济社会发展的能力

广大党员干部作为贯彻落实“十三

五”规划和全年工作的先锋和骨干力量，通过去年“三严三实”专题教育，对“严”和“实”的工作标准都有了高度的认识。今年是检验“三严三实”专题教育成果的重要一年，大家要继续巩固和发扬“三严三实”精神，以最严的标准、最实的措施推动全区工作再上新台阶。

一是要提高领导发展能力。要实现“十三五”规划蓝图、率先全面建成小康社会，必须立足全市工作大局，切实提高领导区域发展的能力和水平。要不断提升战略思维能力，围绕区域战略定位，做到既着眼全局又突出重点；要不断提升统筹施策能力，善于整合政府、市场、企业各方资源，解决面临的深层次矛盾和问题；要不断提升抢抓机遇能力，乘势而上，顺势而为，紧抓非首都功能疏解等发展机遇，主动融入京津冀协同发展格局；要不断提升动员组织能力，把工作重点放在基层，发挥基层党组织的战斗堡垒作用，引导广大党员干部立足各自岗位，在丰台建设新征程中建功立业，把“十三五”总蓝图、路线图、施工图全面落到实处。

二是要切实转变工作作风。结合党的群众路线教育实践活动和“三严三实”专题教育问题的持续整改，今年区委决定在全区深入开展“作风建设年”活动，围绕非首都功能疏解、治理“大城市病”，围绕人民群众关心的重点难点问题，围绕服务市场主体优化环境，保持真抓实干、一抓到底的工作劲头，增强主动担当、积极作为的勇气，在实际工作中检验作风建设成果。区领导要率先垂范，主动深入基层不断增强与人民群众的感情联系，增进与社会各界的沟通、互动和理解；要把调查研究作为决策的重要前提和基础，作为转变作风的重要抓手和基本功；要以人民群众需求和社会公共利益作为决策的出发点和落脚点，把群众拥护不拥护、赞成不赞成作为检验工作的重要标准，特别是对群众关切的棚户区改造、老旧小区环境改善、公共服务水平提升等问题，要按照“三严三实”的工作要求扎实推进、强化落实。

三是要敢于担当、砥砺奋进。实现区域发展繁荣稳定、人民生活幸福安康是历史交给我们的责任，是丰台人民赋予我们的重托，是我们这一代人必须肩负的使命。“惟其艰难，方显勇毅；惟其磨砺，始得玉成”。面对新形势、新要求以及广大人民群众的新期盼，我们要进一步坚定信念，切实增强主动担当、积极作为的责任意识，做到在责任面前不推诿，在矛盾面前不回避；要进一步立下恒心，始终保持常抓不懈、持之以恒的工作状态，在锲而不舍中改革发展，在坚韧不拔中攻坚克难；要进一步真抓实干，牢固树立求真务实、实事求是的优良作风，在工作中出实招、办实事、见实效。

最后，强调一下春节前的有关工作。

从现在到春节，恰好还有一个月的时间。各单位、各部门要提前谋划部署，按照中办、国办下发的关于做好元旦春节期间有关工作的要求，做好节日期间的各项工作，确保人民群众度过一个欢乐祥和的春节。

一是要开展好“送温暖”慰问活动。密切联系群众、关心群众的生产生活，是我党的优良传统。各级领导干部要把春节前走访慰问活动作为当前一项重要工作，精心组织，走访慰问困难群众、老党员、老战士、先进典型代表、一线值守人员、驻区企业和部队，把党和政府的关怀和温暖送到干部群众的心坎上。

二是要抓好安全稳定和城市运行。要抓好安全生产工作，加大对大型商市场、交通枢纽、地下空间、危化物品经营场所等重点部位的安全检查和防范，及时发现和消除各类安全隐患，坚决遏制重特大安全事故发生。全力做好水电气热通讯等服务保障和应急处置，确保城市运行平稳。组织好节日文化活动，为人民群众提供更多更好的“文化年货”，让人民群众过上喜庆祥和的新年。要切实做好社会治安治理工作，严格落实反恐防恐各项任务，严厉打击各类违法犯罪活动，严肃查处各类侵财案件，为辖区百姓营造安全、和谐的节日环境。

三是要加强节日期间党风廉政建设。各级领导干部要严格遵守中央八项规定和纪律处分条例，节俭文明过节，严禁年底突击花钱和滥发津贴、补贴、奖金、实物，坚决杜绝节日腐败。区纪委相关部门要加强节日期间的检查和教育，对发现的腐败行为和不正之风坚决查处。

四是要做好节日期间应急值班工作。节日期间，要加强一线值守力量，认真组织好值班和领导带班，坚守岗位，遇到突发事件要及时请示报告，迅速妥善处置。要严格执行领导干部外出报备制度和请假报告制度，主要领导安排休假的，必须严格按照程序逐级审批同意后方可休假。

同志们，“十三五”前进的号角已经吹响。让我们紧紧团结在以习近平同志为总书记的党中央周围，以锐意进取、只争朝夕的精神状态，怀着对党和人民事业的无限忠诚，振奋精神、奋发有为、同心协力、和衷共济，共同勾画“十三五”美好蓝图，为建设繁荣文明幸福的新丰台而努力奋斗！

北京市丰台区人大常委会工作报告

——2016年1月14日在丰台区第十五届人民代表大会第六次会议上

丰台区人大常委会主任　王苏维

各位代表：

我受丰台区第十五届人民代表大会常务委员会委托，向大会报告工作，请予审议。

2015年主要工作回顾

一年来，区人大常委会在中共丰台区委的领导下和市人大常委会的指导下，全面贯彻党的十八大和十八届三中、四中、五中全会精神，深入学习贯彻习近平总书记系列重要讲话精神，认真落实“四个全面”战略布局要求，坚持科学发展，坚持深化改革，坚持依法治国，坚持统筹大局，坚持党的领导，充分发挥人民代表大会制度的优势和作用，坚定信心、锐意进取、奋发有为，全面完成了区十五届人大五次会议确定的各项任务。

一、把握丰台功能格局，推动区域经济创新发展

区人大常委会准确把握丰台区发展阶段性特征和城市战略功能定位，紧紧围绕深入实施京津冀协同发展战略和城乡一体化发展任务，充分履行职能，增强监督实效，努力推动功能疏解和创新发展。

推动功能疏解谋发展。围绕有序疏解非首都功能、更好服务保障首都核心功能，常委会集中力量，深入街乡镇和社区村，开展区域性专业市场迁出和升级改造、河西地区产业发展、大城市病治理、公共服务保障、基层社会管理等专题调研，形成了专项报告和调研成果；结合常委会的议题审议和市、区人大执法检查等工作，多次组织市、区、乡镇人大代表到大红门、花乡等地视察，听取情况，提出转型发展、改造升级、功能疏解的意见和建议；支持政府按照首都“四个中心”功能主承载区的要求，优化提升区域核心功能，努力构建“高精尖”经济结构，严格执行、不断完善新增产业禁止和限制目录，抓紧淘汰“三高一低”产业。目前全区各领域疏解工作正在有序推进。

开展“十三五”规划编制工作监督。着眼《京津冀协同发展规划纲要》的目标要求，强化“创新、协调、绿色、开放、共享”的理念，常委会围绕丰台区经济社会发展中战略性、长期性、关键性问题和人民群众迫切需要解决的突出问题，确定了“十三五”规划编制工作监督重点；按照监督方案安排，对市、区、乡镇人大代表和各工作委员会委员进行了专题培训，组织开展深入调研，认真听取代表、人民群众和社会评审论证专业机构的意见建议，使人民群众的意志和愿望依法有序地纳入“十三五”规划编制之中，更具广泛的民意基础；发挥各工作委员会的专业优势，对经济发展、城市建设、生态环保、农村城市化、公共服务等10个方面的专项规划编制工作进行综合研究，充分论证，积极建言献策，提出近百条意见建议，被政府采纳；常委会第二十五次会议审议了

区政府关于丰台区“十二五”规划《纲要》实施和“十三五”规划编制情况的专项工作报告，提出要进一步优化丰台功能格局、加快结构调整和发展方式转变、提升发展质量和效益、推动协调均衡发展等方面的审议意见，促进了“十三五”规划编制工作，为大会审查批准“十三五”规划《纲要》做了充分准备。

加强和改进计划、预算监督工作。根据党的十八大关于加强全口径预算审查监督的要求，加大对区政府全部收入和支出的预算审查力度，推动建立科学、民主、依法的预算管理制度；强化对预算草案的预先审查工作，不断提高各工作委员会、人大代表参与预算审查的能力和水平，完善工作机制，组织各工作委员会开展对口政府部门预算和大额专项资金预算执行和编制情况的预先审查，提出专项审查意见和建议；深化预算审查监督，依法保障重点支出，推进部门预算制度的改进和完善，促进预算执行，预算审查监督逐步由程序性向实质性转变。突出区政府审计部门监督作用的发挥，建立了审计查出问题整改情况向人大报告制度。对经济运行进行调研分析，推动经济结构调整等各项政策措施的落实。常委会听取和审议了区政府关于国民经济和社会发展计划、财政预决算和审计工作报告，批准了区级决算及预算调整。

支持重点功能区建设。重点功能区建设和发展是提升高端要素承载能力，加快形成高端引领、创新驱动、绿色低碳产业发展模式的重要载体。主任会议分别听取区政府关于丽泽金融商务区和科技园区建设情况的工作报告，建议区政府及有关部门不断加大工作力度，集中解决好征地、拆迁、项目引进、涵养税源等突出问题，促进“六高四新”产业功能区建设，提高对区域经济增长的贡献率。

推进农村城市化。常委会高度关注河东地区城市化和河西地区城镇化建设问题，积极开展视察调研，形成了《城乡发展一体化工作中的几个问题》、《河西地区绿色产业发展研究》的调研报告；对农村地区疏解非首都功能、农村经济结构调整项目以及国家数字出版基地建设进展情况进行调研，提出意见建议；组织市、区人大代表对区政府贯彻《中华人民共和国水法》、《北京市河湖保护管理条例》等四部法律法规情况进行检查，听取和审议区政府关于农村城市化进展情况的工作报告，提出统筹规划和发展壮大集体经济、分类分步落实社保政策、加强农村市政基础配套设施建设、改善生态生活环境的审议意见，督促区政府办理落实。

二、加强法律监督，推进法治丰台建设

党的十八届四中全会作出了全面推进依法治国的决定，常委会把保障宪法和法律法规在区域的贯彻实施作为重要任务，不断改进和创新监督工作方式，推进依法治区和法治社会建设。

促进法治政府建设。为督促政府提高依法行政能力，强化各级政府部门对法治政府建设的认识，常委会不断加强政府规范性文件备案审查工作，进一步规范公共权力的行使；组织市、区人大代表旁听行政诉讼案件的审理和专题研讨，推动政府落实建设法治政府的责任；深入区政府企业服务大厅和区社保服务大厅等公共服务部门视察检查，推进政府公共服务部门改进服务，提高效率。各人大街工委和乡镇人大分别组织代表开展多种形式的视察调研和执法检查活动，促进辖区职能部门派出机构依法行政、文明执法。常委会审议了区政府关于深入推进依法行政、加快法治政府建设情况的工作报告，提出加快政府职能转变、提高科学决策和依法行政水平、高效处理违法行为的审议意见。区政府从抓制度建设入手，认真制定和落实整改方案，提升了运用法治思维和法治

方式推动区域建设发展的能力和水平。

强化司法监督。围绕司法改革的目标和重点任务，常委会组织市、区、乡镇人大代表就深化司法体制改革有关问题进行多次座谈研讨，重点听取区法院关于推进司法公开情况和区检察院关于预防职务犯罪、推进惩防体系建设情况的工作报告，提出加强三大公开平台建设、打造阳光司法工程、提升司法公信力和深化重点领域、关键岗位、农村地区预防职务犯罪工作的意见建议，推动司法公开、公平、公正和职务犯罪预防、反腐败工作不断向纵深发展。

督促“六五”普法任务全面完成。区十五届人大一次会议关于法制宣传教育第六个五年规划决议的实施始终是本届人大及其常委会监督的重点内容，在督促政府相关部门落实普法责任制，将“六五”普法开展情况纳入区政府绩效考核，建立普法工作社会评价体系的基础上，2015 年，结合“六五”普法工作收官，组织代表全程参与了全区普法检查验收工作，主任会议听取了专题汇报，督促决议的全面落实，促进了“六五”普法规划各项任务目标的圆满完成。

保障法律法规贯彻实施。法律的生命力在于实施，法律的权威也在于实施。2015 年，常委会结合环保法实施和大气污染防治工作等专项审议，对《中华人民共和国环境保护法》和《北京市全民健身条例》、《北京市控制吸烟条例》等 11 部法律法规在区域的贯彻实施情况进行了视察检查、听取专项报告、提出意见建议、督促问题整改，强化跟踪监督，有力推动了法律法规的贯彻落实。

三、回应人民群众关切，推进民生持续改善

关注民生，维护民利，始终是人大工作的出发点和落脚点。常委会围绕社会关注的热点和涉及群众切身利益的重点问题，加强监督，督促和支持政府做好各项民生工作。

认真开展议案督办工作。2015 年继续把养老问题列入大会议案，交区政府办理，常委会督办。常委会注重议案督办与巩固既有成果相结合，认真总结 2014 年议案办理工作经验，不断改进议案督办方式，制定了议案办理办法，规范了工作流程，进一步强化区政府主体责任和在议案办理中的统筹地位及作用。注重议案督办与推动实施《北京市居家养老服务条例》相结合，多次组织议案领衔代表、工作委员会委员对辖区内养老照料中心运行及养老护理职业培训等情况进行视察，开展条例实施情况的执法检查，以问题为导向，督促整改，促进了条例的贯彻落实。注重议案督办与编制“十三五”规划相结合，围绕养老体制机制建设、“医养结合”、养老发展趋势等专题，举办讲座，开展对策研究，督促区政府编制好“十三五”老龄事业专项规划。常委会听取和审议了区政府关于“保障和改善民生，进一步推进养老服务体系建设”议案办理情况的工作报告，提出了加快养老服务设施建设、健全运行监管机制、推进养老服务信息化、培养专业人才队伍的审议意见，持续推进我区养老事业健康发展。

深化食品安全法执法检查。为做好食品安全议题审议，提高审议质量，常委会进一步规范执法检查的组织方式、方法步骤、效果评估等工作程序，成立专门执法检查组，加强组织领导和工作力量，重点对食药监管机构、有关生产企业进行了执法检查，促进了食品安全工作开展；各人大街工委、代表联组、乡镇人大，先后就食品安全监管工作、食品生产源头治理、农贸市场和餐饮摊贩管理等问题开展视察调研和问卷调查，广泛征集民意，找准问题症结，做好意见反馈，增强执法检查的针对性和有效性。常委会听取和审议区政府关于“贯彻执行食品安全法，保障食品安全”情况的工作报告，提出了审议意见。区政府积极落实整改，结合功能疏解和食品安全法实施，开展了食品安全专项整治工作，进一步规范了食品市场秩序，保障了区域食品安全，维护了广大消费者的合法权益。

助推宛平城地区整体环境改善。常委会组织市、区代表实地视察检查了宛平城道路拓宽、纪念广场改造等建设项目，主任会议听取区政府关于加大宛平城地区环境综合治理情况的工作报告，提出加强宛平城地区文化遗址保护利用、加快基础设施建设和道路交通优化、提升宛平城周边整体环境、改善群众居住生活条件的意见建议，对保证国家重大纪念活动的顺利举行起到了积极促进作用。

持续关注城南第二阶段行动计划实施、老旧小区综合整治和棚户区改造工作。常委会先后听取区政府关于实施城南第二阶段行动计划、老旧小区综合整治、棚户区改造和环境整治情况的工作报告，组织人大代表开展视察检查活动，支持和督促政府有关部门加大整体统筹，加快区域公共服务设施和基础设施建设，进一步改善生态和生活环境，按期完成各项工作。

2015 年，各工作委员会结合常委会审议议题的调研视察活动，督促区政府相关部门抓好为民办实事工作，确保各项任务目标的落实。

四、充分发扬民主，依法决定重大事项和做好人事任免工作

常委会不断健全民主讨论、决定重大事项和人事任免工作机制和程序，保证宪法和法律赋予人大及其常委会重要职权的落实。

依法行使重大事项决定权。年初，常委会在与“一府两院”充分沟通协调的基础上，制定了人大常委会审议决定重大事项的年度计划，认真抓好组织实施；全年组织召开了区十五届人大五次会议和 6 次常委会会议，听取和审议了 21 个专项工作报告，作出 8 项决议、决定；召开 4 次专题主任会议，听取“一府两院”5 个专项工作报告。

依法做好人事任免工作。坚持国家机关工作人员任用标准，进一步规范任免工作流程；按照有关法律规定，加强对拟任命人员任用条件和任职资格等方面的审查；落实拟任命人员法律知识考试、向常委会作供职报告制度，增强被任命人员“权为民所赋，权为民所用”的公仆意识；研究建立落实宪法宣誓制度的工作程序和配套措施，强化被任命国家工作人员的宪法意识；全年依法任免地方国家机关工作人员 386 人次。

五、服务保障代表依法履职，发挥代表主体作用

贯彻落实《北京市实施<中华人民共和国全国人民代表大会和地方各级人民代表大会代表法>办法》、《北京市人民代表大会代表建议、批评和意见办理条例》，以强化代表建议办理、密切代表与群众联系、服务保障代表履职为重点，进一步规范和完善代表服务保障工作和机制。

增强建议督办实效。常委会在广泛征求人大街工委、代表联组、乡镇人大和代表意见基础上，认真总结近年来建议办理工作的经验，结合实际，重新修订并审议通过了《丰台区人民代表大会代表建议、批评和意见办理办法》，办法共 6 章 37 条，从代表建议的提出、交办、办理、监督等方面，对建议工作进行全面规范，提出明确要求，增强了建议办理的法律性、权威性。按照“坚持功能、规范程序、完善方式、提高实效”的要求，充分发挥代表建议督办格局作用，不断增强督办工作的针对性和实效性。进一步强化区级层面的统筹协调和办理力度，建立了与区政府会商制度，及时沟通建议办理情况，研究解决重点问题。积极探索分层分类办理模式，加强对难点建议、重提建议的综合分析和跟踪督办，推动问题有效解决。组织常委

会组成人员、建议领衔代表，听取承办单位办理情况汇报，督促建议办理工作责任落实。创新代表建议工作方式，建立了代表拟提建议征集工作制度，2015 年，有 52%的拟提建议办理所需资金纳入政府各有关部门预算，保证了建议办理与政府部门预算的有效衔接。区十五届人大五次会议期间和闭会后共收到代表建议 307 件，涉及全区 38 个主办单位，现已全部办复。

提高闭会期间代表活动质量。全年，共有 198 名代表参加了常委会年初确定的 14 个审议议题的相关视察调研活动。坚持代表通报会制度，传达市、区委全会精神，报告丰台区上半年经济和社会发展情况以及议案办理工作进展情况，保障代表知情知政。围绕编制“十三五”规划、落实《北京市居家养老服务条例》和加强代表履职工作，举办代表履职学习班和法律知识报告会，提高代表综合素质和履职能力。安排代表参与常委会执法检查、列席常委会会议、旁听法院案件审理等活动，切实保障代表监督权和建议权。

密切代表与群众联系。落实人大代表联系群众制度，发挥代表在密切联系人民群众中的桥梁纽带作用，常委会和各人大街工委、代表联组、乡镇人大坚持组织代表深入基层、深入群众，通过采取主题活动、走访慰问、接待选民、向选区报告履职工作、网络平台交流互动等方式，加强群众联系，关心群众疾苦，听取群众呼声，反映群众诉求，接受群众监督。

做好市人大代表服务保障工作。认真组织市人大丰台团会前集中活动和大会服务保障工作，市十四届人大三次会议上，市人大丰台团代表共提出议案 21 件、建议 117 件。闭会期间，坚持各工作委员会、人大街工委、代表联组和乡镇人大联系市代表制度，定期向市代表通报丰台区经济社会发展情况，组织开展专题视察调研活动，市代表充分发挥自身优势和作用，为推动丰台区经济社会发展作出了积极贡献。

一年来，各人大街工委、代表联组、乡镇人大不断增强服务意识，努力改进作风，创新工作方法，在加强市、区、乡镇三级人大代表履职培训，密切代表与选民联系，加大建议督办力度，组织视察检查活动等方面，积极搭建平台、畅通渠道，有效发挥了各级代表整体作用。

六、加强常委会自身建设，不断提高工作质量和实效

常委会始终把思想作风建设摆在首位，自觉做到忠于宪法、忠于法律、忠于人大制度，切实转变作风，努力推动人大工作创新发展。

扎实开展“三严三实”专题教育。按照市、区委统一部署和要求，区人大常委会机关认真开展专题教育，通过集中学习和专题研讨，深入查找问题，分析原因，制定整改措施，抓好整改落实，进一步加深了对“三严三实”重要意义、本质要求的新认识，进一步理清了践行“三严三实”与加强和改进人大工作的关系，进一步确立了做人民满意公务员的价值取向。

不断完善人大工作制度和工作方式。常委会认真学习贯彻《中共中央转发全国人大常委会党组关于加强县乡人大工作和建设的若干意见》和市委第四次人大工作会议精神，着力构建充满活力、务实高效、协调顺畅的人大及其常委会履职工作格局和机制。健全科学合理的会议制度，完善常委会议事规则，提高会议质量。规范常委会机关工作程序，提高了人大工作效率。充分发挥人大各工作委员会前置把关、前置审查、前置监督的作用，特别是在议案督办、建议办理、预决算审查、重大工作监督等方面，通力协作、密切配合，共同对人大及其常委会负责，形成以人大常委会为主导，各工作委员会为支撑，委员会委员充分发挥专业优势，市、区、乡镇三级人大代表整体联动的局面。加强信息宣传工作，深入宣传人大制度理论，宣传代表履职事迹，取得了新的成效。做好信访工作，全年共受理群众来信来访121件次，对反映的有关问题均按法定程序进行办理。

加强对人大街工委的领导和乡镇人大的指导。加强人大街工委建设，坚持常委会联系人大街工委制度，重点围绕加强组织建设、开展代表活动、保障代表履职、促进地区发展等方面，进行学习培训和交流研讨，提高工作质量和水平。加强对乡镇人大工作指导，落实乡镇人大主席联席会制度，专题召开乡镇人大工作座谈会，研究加强和改进乡镇人大工作意见，明确乡镇人大主席团在闭会期间的职权和活动方式，支持乡镇人大依法、有效行使职权。

各位代表：常委会2015年工作所取得的成绩，离不开区委的正确领导和市人大常委会的指导，离不开全体代表的共同努力，离不开“一府两院”、驻区单位、社会各界和全区人民的大力支持。在此，我代表区人大常委会，向所有关心、支持人大工作的同志们、朋友们，表示衷心的感谢和崇高的敬意！

同时，我们也要清醒地认识到，面对新的形势任务和要求，常委会的工作与人民群众的期望、代表的要求还有不少差距，主要是：人大及其常委会的法定职权行使不够充分，讨论决定重大事项的机制需要进一步健全完善；调研工作不够深入扎实，监督工作的针对性、有效性需要进一步增强；常委会工作机构、工作力量与人大工作发展的形势和要求还不够适应，自身建设需要进一步加强和改进。我们将虚心听取代表意见，自觉接受监督，认真改进工作。

2016年重点工作安排

今年，区人大常委会将在中共丰台区委的领导下，深入学习贯彻党的十八大和十八届三中、四中、五中全会精神，认真落实《中共中央转发全国人大常委会党组关于加强县乡人大工作和建设的若干意见》要求和市委第四次人大工作会议精神，贯彻执行本次会议各项决议、决定，依法履行职能，推动人民代表大会制度和人大工作与时俱进，促进我区各项建设事业不断深入发展。

一、关于监督工作

充分发挥人大监督的职能作用和优势，着眼率先全面建成小康社会和加快建设国际一流和谐宜居之都的目标任务要求，紧紧围绕丰台区“核心引领、双轮驱动、两翼并举、统筹融合”发展战略和事关区域改革发展稳定的重点问题、深化民主法治建设的难点问题以及人民群众普遍关注的热点问题开展监督，常委会重点听取和审议区政府关于2016年国民经济、社会发展计划和预算执行情况与2017年国民经济、社会发展计划和预算草案等报告，审查批准2015年决算；听取区政府关于“十三五”规划开局之年产业调整和人口疏解、关于深化教育综合改革扩大优质教育资源等报告；听取区法院关于推进立案登记制工作和区检察院关于反渎职侵权工作情况的报告。主任会议听取区政府关于推进医联体建设提高医疗服务水平、关于首都公共文化服务示范区创建工作情况等报告。强化对落实常委会审议意见情况的监督检查。落实市、区人大的各项决议、决定。认真督办好代表议案。落实好北京市国家工作人员宪法宣誓组织办法，依法做好人事任免工作。

二、关于代表工作

落实代表建议办理办法和工作规程，按照新修订的代表建议办理办法，进一步完善代表建议督办工作格局，强化主体责任和办理要求，规范办理工作。坚持人大代表联系人民群众制度，对代表深入选区走访接待选民、收集反映社情民意的工作作出制度安排，使人民群众的意愿和诉求通过依法有序的途径和渠道得以表达和实现。完善代表履职监督机制，对代表出席代表大会会议、参加集中视察活动等情况进行考勤登记，做好代表向选区选民履职报告工作。加强区、街乡镇、社区村三级服务保障代表工作网络建设，完善工作机制，落实工作职责。做好市人大丰台团代表各项视察检查、集中活动服务保障工作。

三、关于换届选举工作

做好人大换届选举工作，依法选好新一届区人大代表。加强对选举工作的组织领导，严格依法办事，确保选举工作风清气正。把好人大代表“入口关”，做好提名相关工作，并推荐履职优秀的代表参加连选。加强选举组织工作，依法做好宣传动员、选区划分、选民登记、提名推荐、投票选举等各环节工作。加强代表资格审查，保证选举符合法律规定和程序。加强对选举全过程的监督，严格执行换届纪律，确保选举结果人民满意。组织开好区十六届人大一次会议。

四、关于自身建设

协助区委召开第四次人大工作会议，进一步加强和改进人大工作，完善重大问题向区委报告和专题汇报人大工作制度，扎实做好协商民主。加强人大街工委建设，落实人大街工委工作制度，完善工作机制，夯实工作基础。加强对乡镇人大的工作调研和指导，支持其发挥基层国家权力机关作用，坚持乡镇人大主席联席会议和列席常委会制度，进一步规范乡镇人大工作，不断提高工作水平。

各位代表，新的一年，我们将肩负更加重要的责任，面临更加繁重的任务，让我们在中共丰台区委的领导下，继续保持创新进取、敢于担当的精神状态，更加自觉地践行全心全意为人民服务的根本宗旨，更加自觉地坚持和实践人民代表大会制度，为推动丰台区民主政治建设和经济社会全面发展作出新的更大贡献！

北京市丰台区人民政府工作报告

——2016年1月13日在丰台区第十五届人民代表大会第六次会议上

丰台区区长 冀 岩

各位代表：

现在，我代表丰台区人民政府，向大会报告政府工作，请予审议，并请区政协各位委员提出意见。

一、2015年工作回顾

2015年是贯彻“四个全面”战略布局的重要一年，是全面完成“十二五”规划目标、为“十三五”发展打好基础的一年。在市委、市政府和区委的坚强领导下，在区人大及其常委会和区政协的监督支持下，我们深入学习贯彻习近平总书记系列重要讲话和对北京工作的重要指示精神，围绕首都城市战略定位和建设国际一流和谐宜居之都的目标，扎实做好稳增长、促改革、调结构、惠民生各项工作，经济社会发展平稳有序，区域综合实力稳步提升。

一年来，全区上下共同努力，较好地完成了区十五届人大五次会议确定的目标任务。初步预计，城镇居民人均可支配收入增长8.4%，农民人均纯收入增长9.2%；城镇登记失业率为1.72%；细颗粒物浓度同比下降8.7%；万元地区生产总值能耗、水耗分别下降3.5%和4.7%；全社会固定资产投资865亿元，增长6.5%；社会消费品零售额增长7%；地区生产总值1168亿元，增长7%；一般公共预算收入94.5亿元，增长9.7%（同口径增长8%）。主要做了以下工作：

（一）优化调整产业结构，区域经济运行稳中提质。以创新驱动夯实发展动力，制定《丰台区科技创新行动指导意见》等6项文件，设立丰台科技园创业投资等12支产业引导基金，投入运营4家创新型孵化机构，政策环境更加优化；科技服务业实现增加值117.8亿元，增长14.7%；发明专利授权量增长78.4%，促进62项科技成果转化；打造新兴产业培育平台，获得首批“国家应急救援产业示范基地”认定。以结构优化提升发展质量，第三产业占比达到80%，金融、科技服务、信息服务、商务服务四大优势产业对经济增长的贡献率达到64%。城乡居民人均消费支出增长7.5%，网上零售额增长28.1%，民间投资增长59.8%。丽泽金融商务区税收增长83.7%，其中金融业税收占全区收入的10.9%；新引进企业77家，金融类企业占86%，涵盖银行、保险等传统金融和互联网金融、金融信息服务、股权投资等新兴业态。丰台科技园区新增企业4100余家，其中科技、研发、服务类企业占70%；技工贸收入增长8%；新增上市企业12家。

（二）贯彻协同发展战略，非首都功能有序疏解。落实非首都功能疏解任务，健全领导机构，制定并实施疏解工作方案。发布2015年版新增产业禁止和限制目录，不予工商登记或变更企业545户次。退出工业污染企业23家，超额完成年度任务。调整疏解商品交易市场 86 家，占全区市场总量的 40%。完成大红门地区 11 家市场疏解，涉及从业人员 1.5 万人；拆除仓储出租大院 40 处共 30 万平方米，疏解从业人员 7870 人。完成腾退丰台职教中心校西校区。与保定市签订战略合作发展协议，设立丰台科技园区保定满城分园，实现 15 家企业入驻。启动运行高碑店新发地农产品物流园，建成面积 110 万平方米，入驻商户 3600 家。与保定阜平等地开展职业教育合作，实现教育资源共建共享。

（三）破解城市治理难题，城市管理水平不断提高。全力抓好大气污染防治工作，改造燃煤锅炉 247 蒸吨，压减燃煤 6.4 万吨，淘汰老旧机动车 6 万辆。深化交通拥堵治理，开通地铁 14 号线中段，实现马家堡西路南延等 5 条道路竣工，完成长辛店西后街等 12 条道路大修，改造双林南路等 10 条道路慢行系统，新增停车位 1221 个、公租自行车 1500 辆。丰草河治理主体工程完工，完成蟒牛河等 3 条河道防洪治理。开工建设湿解处理厂、餐厨（厨余）垃圾处理厂。完成平原造林 1050 亩，便民绿化 10 公顷。拆除违法建设 469 处、近百万平方米，整治违法群租房 566 户，地下空间 246 处。完成宛平城及周边地区环境改造和景观提升，实施方庄、科技园区等 5 处环境综合提升工程，完成 40 条背街小巷整治。新建充电桩（站）584 个，郭公庄、大红门 110 千伏输变电工程竣工。社会治理创新不断深化，完成 297 个社区居委会换届选举，开展 4 个市级老旧小区自我服务管理试点工作，扎实推进 42 个智慧社区、10 个市级“一刻钟社区服务圈”示范点建设，45 个社区办公和服务用房规范化建设达标，全区实现达标率 93%。

（四）加大统筹协调力度，城乡一体化步伐不断加快。统筹城乡发展一体化格局基本形成。6321 名农民参加城镇职工社会保险，新农合覆盖率达 99.7%。推进“一绿”城市化试点，完成南苑乡城市化建设试点方案编制及报审工作。推进长辛店统筹利用集体经营性建设用地试点工作。完成六里桥村、造甲村整建制转居。8 个重点村回迁房建设基本完成，实现 1.17 万人回迁上楼。在草桥村等 6 个村开展农村社区建设试点，网格化社会服务管理实现全覆盖。创建 11 个美丽乡村。

（五）着力保障改善民生，各项社会事业稳步推进。城镇新增就业 3.84 万人，城乡劳动力实现就业 2.05 万人，社会保险参保率达到 98%。新增养老照料中心 5 个，新增养老床位 3723 张。通过内升外引扩大优质教育资源 82 址，人大附中丰台学校等项目开工建设，完成 15 个教育集团挂牌，通过国家级义务教育均衡发展评估验收。扩大三级联动医疗服务覆盖面，2 所社区卫生服务中心投入运行。投入 18 亿元完成 105 个老旧小区改造。保障房开工 9331 套、竣工 6630 套，连续 7 年超额完成年度任务，全年解决 1.06 万户家庭的居住困难。开展“花好月圆传戏韵”等品牌文化活动，组织文化惠民活动 800 余场次。成功举办第十届全民健身体育节和北京国际铁人三项赛等品牌赛事活动。构建新发地等批发市场进京食品安全风险防控体系，健全公共区域监控及图像管理系统，安全生产事故起数和死亡人数分别下降 5.6%和 6.8%。

（六）持续改进工作作风，政府自身建设不断加强。进一步转变政府职能，加快机构改革进度，完成相关部门职责调整、更名及撤销。全区统一政务数据中心投入使用，成立气象灾害防御中心、人力资源公共服务中心。深化行政审批制度改革，向社会公开区级审批事项清单和行政处罚权力清单。实施商事登记制度改革，全面推行“先照后证”“三证合一、一照一码”，落实工商“前置”变“后置”许可项目 148 项。完成街乡镇和行政事业单位法律顾问聘任工作。圆满完成

“六五”普法任务。巩固党的群众路线教育实践活动成果，深入开展“三严三实”专题教育。开展“为官不为”“为官乱为”专项治理，整治问题353个。政府会议、普发性公文分别减少10.3%和5.6%，三公经费财政拨款比年初预算压缩23%。

2015年，时值中国人民抗日战争暨世界反法西斯战争胜利70周年，我们抢抓机遇、奋力拼搏，充分发动群众参与，全力推动区域环境整治，圆满完成了纪念日系列活动及《伟大胜利历史贡献》主题展览的服务保障工作。

各位代表，一年来，我们认真执行区人大及其常委会的决议和决定，自觉接受人大工作监督、法律监督和人民政协民主监督，共办复人大代表议案、建议和政协委员提案515件。新增4个国际友城。以十九届京港洽谈会为契机，扩大与香港等地区经贸往来合作。深化与十堰张湾、内蒙林西等对口交流协作。实现全国双拥模范城“六连冠”。认真做好民族、宗教、对台、外事侨务、档案、保密、地方志、妇女儿童、残疾人事业发展等工作，工会、共青团、文联、红十字会、科协等人民团体作用充分发挥。

各位代表，过去的一年，成绩来之不易，这是市委、市政府和区委坚强领导的结果，是全区上下团结奋斗的结果。在此，我代表丰台区人民政府，向全区广大干部群众，向人大代表、政协委员，向各民主党派、工商联、无党派、各人民团体和各界人士，向驻区单位、解放军和武警部队官兵，向关心支持丰台建设发展的港澳台同胞、海外侨胞和国际友人，表示诚挚的感谢！

在看到成绩的同时，我们也认识到：人口资源环境矛盾仍然突出，城市文明程度和服务管理水平还不高，“大城市病”治理还需要下更大力气；在营造良好市场环境、服务企业发展、提升创新动力方面还有不足，主导产业的支撑作用还没有完全体现出来；科技、文化、生态资源优势发挥不够，新的经济增长点仍需要进一步培育；文化教育、医疗卫生等公共服务供给不足和配置不均衡问题依然存在；政府工作还存在不足，少数政府机关工作人员不作为、乱作为现象依然存在，面对新形势还存在不会为、不善为、不敢为的问题，政府系统勤政廉政建设需要常抓不懈。面对这些问题，我们将紧抓重大战略机遇期，更加注重服务首都功能，更加注重调整经济结构，更加注重提升发展内涵，更加注重增进人民福祉，推动区域经济社会发展再上新台阶。

二、2016年工作任务

2016年是“十三五”开局之年，也是推进结构性改革攻坚之年。政府工作的总体要求是：全面贯彻党的十八大和十八届三中、四中、五中全会精神，深入学习贯彻习近平总书记系列重要讲话和对北京工作的重要指示精神，贯彻落实市委、市政府和区委的决策部署，牢固树立五大发展理念，主动适应经济发展新常态，把握稳中求进总基调，坚持稳增长、调结构、惠民生、防风险，全力做好疏功能、转方式、治环境、补短板、促协同各项工作，努力实现“十三五”良好开局。

全区经济社会发展主要预期目标是：地区生产总值增长 7%左右，一般公共预算收入增长 8%以上，全区居民人均可支配收入增速高于经济增速，城镇登记失业率控制在3%以内，万元地区生产总值能耗、水耗均达到市级要求，细颗粒物浓度下降5%以上。

（一）坚持有序疏解，服务首都功能定位

积极主动落实京津冀协同发展战略，以问题为导向，综合施策，全力抓好重点项目，确保完成年度目标。

着力疏解非首都功能。建立完善疏解工作考核体系。坚持控疏双管齐下，严格落实2015年版新增产业禁限目录，清退“小散乱

污”企业51家，推动二手车交易市场疏解，制定3家区属长途客运场站搬迁腾退方案。完成全区65家商市场、1.36万个摊位调整疏解，其中完成大红门地区16家商市场、5000个摊位调整疏解。

加快协同发展步伐。推进丰台科技园区保定满城分园建设，共建产业发展母基金。深化与保定白沟大红门国际服装城、高碑店新发地农产品物流园的对接合作。与各个承接地制定相关配套政策，共同优化服务机制，为外迁企业创造良好的发展环境。

严格控制人口规模。严守人口调控目标红线，通过以业控人、以房管人、以证管人，确保常住人口规模下降3%。加强统筹协调，强化人口调控责任制，落实街乡镇和职能部门“双负责、双调控”。加强多部门联动的城市环境秩序专项整治，持续开展拆违打非行动，拆除违法建设80万平方米，开展出租大院专项整治，严格执行《违法用地违法建设责任追究办法》。强化直管公房管理，落实群租房及地下空间综合整治长效机制，清理整治人防工程108处、普通地下室151处。改进和完善流动人口服务工作，做好动态监测和人口抽样调查，提高调控预警能力。

加快治理交通拥堵。全面落实缓解交通拥堵总体方案，下更大力气抓好建设管理服务。实施六圈路、京良路等3条主干路，宋家庄路等12条次干路建设，对长辛店大街等10条道路进行大修改造，实施10处交通疏堵改造，畅通科技园区、方庄等区域道路微循环。继续推进8号、14号、16号线等轨道交通建设。推进立体停车设施建设，开展停车治理专项行动，集中治理堵点、乱点，严厉查处交通违法行为。加快充电桩（站）建设，新增公租自行车1500辆，绿色出行比例达到71%。

优化城市精细管理。强化街道统筹协调职能，构建城市综合管理格局。加强信息共享和部门联动，推动城市管理现代化。做好极端天气应对、防灾救灾减灾等工作，提高公共突发事件防范和应急处置能力。建设环境监察监测预警体系。制定《加强城市服务管理网格化体系建设的实施意见》，实现城市管理、社会服务、社会治安“三网”融合。加快重点功能区信息基础设施建设，全力打造“智慧丰台”。按照地理位置和功能定位，对街区分级分类实施环境秩序管理。加强对工地和渣土运输车辆的管理，加大对黑车黑摩的、无证无照、店外经营、开墙打洞、露天烧烤、非法广告牌匾的查处力度，提升城市管理成效。

（二）坚持深化改革，释放社会发展活力

通过改革破解经济社会发展中的矛盾和问题，让广大群众享受更多改革红利。

激活社会内生动力。持续推进简政放权、放管结合、优化服务，做好市级下放审批事项承接，加强事中事后监管。深化商事登记制度改革，对重点产业、重点项目和重点区域实施“直通车”制度，推进科技园区工商服务全程电子化，提升服务企业能力。加大投融资体制改革，探索PPP投融资模式，建设T1、T2轨道交通和长辛店第三水厂。加大青年创客团队的引入，打造“零工社区”创新服务平台，培育发展新动能。

完善现代市场体系。加强市场监管，引导市场主体健康发展。支持非公有制经济加快发展。完善楼宇招商数据信息平台，着重发挥品牌商务楼宇产业促进联盟等平台的作用。实行国有企业分类监管改革，推进国有企业负责人薪酬制度改革。深化农村产权制度改革，探索具备条件的社区股份合作制企业向公司制过渡。

加强社会治理创新。认真落实《关于深化北京市社会治理体制改革的意见》。适时开展行政区划调整研究，理顺街道办事处工作职能，增强统筹执法力度和社会动员能力；完善社区治理体系，强化自治功能，优化社区规模，健全群众议事协商机制。进一

步加强老旧小区服务管理。推进社区标准化、信息化、网格化建设，提升社区工作者队伍专业化水平，实现社区办公和服务用房全部达标。加快社会组织的培育发展，完善区街两级“枢纽型”社会组织工作体系。落实政府购买公共服务机制，购买40项社会组织服务项目，扶持100项社区志愿服务项目，打造10个公益服务品牌。

（三）坚持开放创新，提升区域综合实力

主动适应经济发展新常态，着力提升创新能力，激发创新创业活力，促进经济提质增效。

加快形成创新驱动格局。围绕首都科技创新中心建设要求，改革科技项目管理体制，围绕产业培育，促进中科院类脑机器人等5个重大科技成果落地。打造知识产权资源信息服务平台等3个专利运营服务平台，建设国家知识产权试点（示范）城区和国家专利导航实验区2个国家级示范区。引导中小企业走“专精特新”发展道路。运用“互联网+”，实现互联网与实体经济融合发展。落实《丰台区关于大力推进创新创业的实施意见》，分类制定实施办法和政策措施，加快形成有利于创新发展的区域环境。加强科技创新国际合作，推动产学研协同创新，构建多元化的创新成果转化模式，提升区域创新效能。

加快构建“高精尖”经济结构。着力推进三次产业内部结构优化升级。壮大新兴战略金融集群，重点吸引金融信息、大数据金融、财富投资管理等新兴业态，大力发展互联网金融。布局文创产业集群，推进北京国家数字出版基地建设，发展特色文化创意产业。设立产业投资引导发展基金。发挥好引资与引技、引智的乘数效应，着力引进有国际竞争力的技术创新总部、高新技术企业、高端服务业、文化创意产业等项目。

加快培育经济增长新动力。发挥消费促进增长的基础作用，抓住供给侧改革契机，增加公共产品、公共服务供给，扩大服务消费。深入开展服务业扩大开放综合试点相关工作，构建与国内外接轨的服务业开放工作格局。落实提高生活性服务业品质实施方案，抓住国家电子商务示范基地建设契机，推进都市生活服务业创新示范区建设。提升旅游消费，促进花卉、戏曲等文化消费。鼓励社会资本提供养老服务和产品，壮大养老健康消费。发挥投资促进增长的关键作用，吸引社会资本，保持有效投资力度。全年计划安排91亿元，重点支持环境治理、民生改善和基础设施等领域建设。

（四）坚持高端引领，加速重点区域建设

按照高端、尖端标准，优化产业空间布局，推动重点功能区发展再上新台阶。

推进丽泽金融商务区建设。紧盯国内外金融业发展趋势，打造新兴金融要素聚集区。加快基础设施建设，实施地下交通环廊项目，区域内道路建成通车7公里。推进能源站、220千伏变电站建设，保障能源供应。启动南区绿化景观工程。全面提速开发建设，实现开复工面积350万平方米，完成固定资产投资110亿元，新青海大厦等建设项目投入使用；全面完成征地拆迁工作。

推进丰台科技园区特色发展。持续推进轨道交通产业做优做强。推动国家应急救援产业示范基地建设。探索军民融合协同创新平台双向转化模式。加速国际石墨烯创新中心和中国石墨烯国际合作示范基地建设。实现开复工面积200万平方米，完成固定资产投资120亿元。丰台科技园西区Ⅰ实现开工，西区Ⅱ探索建设开发合作新模式。

积极推动大红门地区市场业态转型升级，着力发展以生活时尚创意服务为主的现代生活服务业。依托青龙湖丰富的国际项目资源优势，启动“联合国青年创新培育产业园”建设。加快卢沟桥文化创意产业集聚区建设，推动文化产业项目落户园博园。

（五）坚持城乡一体，提升农村发展水平

统筹利用好区域资源，进一步缩小城乡发展差距，实现城乡协调发展。

加快河东地区城市化建设。实施城乡结合部建设三年行动计划，推进南苑乡城市化建设试点，启动东罗园、时村搬迁工作。确定乡域统筹方案，创新城乡结合部建设投融资模式，推进卢沟桥乡、花乡城市化建设进程。进一步强化集体土地统筹利用能力，促进农村地区与重点功能区产业衔接。推动西局等重点村产业项目开工。建成通久110千伏输变电工程。

加速河西城乡一体化进程。加快实施长辛店镇统筹利用集体经营性建设用地试点工作。推进国家产城融合示范区建设工作。加大对7个经济薄弱村的精准帮扶力度，促进低收入农户增收致富。加速长辛店、王佐特色城镇建设。推进北宫220千伏和南营110千伏变电站规划建设工作。充分发挥生态资源优势，以体育文化、都市农业、文化创意为产业特色，打造“北京西岸”休闲旅游产业聚集区。

加强农村基层规范化治理。推进农村审计和集体经济合同检查规范工作，加大农村征地补偿费监管力度，逐步推动农村财务预决算。加强新型农村社区建设，完善乡村治理机制。进一步发挥河东三乡地区办事处职能作用。做好第十届村委会换届选举工作。开展全国第三次农业普查。

（六）坚持提升品质，建设生态宜居城区

坚持生态优先，确保环境建设重内涵、惠民生、见成效。

加大污染治理力度。落实清洁空气行动计划，全区彻底杜绝劣质散煤使用；完成减煤换煤年度任务，实现平房区煤改清洁能源1.5万户；实施区内50%燃气锅炉提标改造，防治“三尘”、严禁“三烧”，淘汰老旧机动车3万辆。完成主要污染物总量减排任务。加大污水治理力度，实施小龙河等4条河道的截污治污工程。重点治理城乡结合部污水直排问题。推进海绵城市建设，做好雨洪利用和雨水收集工程规划，完成2处雨洪利用试点。启动花乡南部地区污水处理厂升级改造。加快实施槐房再生水厂外围管线建设。改造旱厕100所。加快生活垃圾经济循环园项目和建筑垃圾处理项目建设，不断提升资源化处理能力。

优化绿色空间布局。完善和提升生态绿色网络，严守生态红线。完成平原造林建设1000亩，彩叶树种造林500亩，公路河道绿化10公里，公共绿地建设8公顷，便民绿化10公顷。推进护绿工作，加快实施绿化分级分类管理的标准化建设，研究绿化管护体制，加强郊野公园管理，提升整体养护水平。推动永定河等重要河湖的自然生态流量和水位恢复，加强景观设计与自然环境的融合，形成河清、岸绿、景观靓丽的秀美水域。

打造区域环境亮点。加快宛平城地区综合提升整治工作。做好方庄、科技园区、六里桥周边等地区环境提升工程。持续提升三四环沿线、园博园及周边等景观品质，推进金中都遗址公园建设。打造马草河总部基地段生态水系亮点。做好首都绿化美化花园式社区、美丽乡村创建工作。支持各街乡镇结合自身特点优化区域环境，拓展绿色休闲空间。推进精品大街建设、街巷环境整治、公园绿地景观提升。

（七）坚持改善民生，提高公共服务水平

把增进民生福祉作为发展的根本目的，不断提升民生保障能力，让人民群众有更多更直接的获得感。

完善就业和社会保障。全面落实稳定岗位就业政策，建立疏解转移就业帮扶机制。提升农村劳动力就业质量，促进5000名农民规范就业。优化创业服务，认定5家创业孵化基地，扶持10个优秀创业项目，促进2000人成功创业。健全多层次社会保障体系，深化社会保障制度改革。加强养老服务保障体系建设，提升居家养老服务水平，新建养老照料中心4家，新增养老床位500张，推进“医养结合”模式。落实大病和困难人群基本医疗救助政策，完善全方位、多层次的城乡社会救助体系，做好因病致贫家庭救助、临时救助相关工作，切实保障困难群体生活。

加快教育卫生事业发展。坚持立德树人，深化教育综合改革，推动“管办评”分离，建设教育督导与评估监测中心、教育惠民服务中心及市民学习中心。优化资源布局，加快十二中东校区等5个项目建设，实现北京教育学院丰台附属实验学校（高中部）项目开工建设。落实学前教育三年行动计划，新增800个幼儿园学位。建设区级人口健康信息平台。开展医联体建设评估和验收工作，完善分级诊疗模式。加快卫生应急等三大国家示范区和中医药健康服务业创新试验区建设。推进“智慧新农合”，实现区域内定点机构医疗费用即时报销。落实“全面二孩”生育政策，优化妇幼保健和计划生育服务。推进丰台区中西医结合医院二期工程。

改善群众居住条件。确保保障房开、竣工各7000套。完善自住型商品房和公租房政策，加大市场租房补贴力度，实现保障房工作向“一租一售一补”方向平稳过渡。启动东铁营、长辛店老镇、看丹村等16个棚户区改造和环境整治项目，完成搬迁4000户；完成南苑等4个棚户区项目收尾工作。实施136个老旧小区封闭，完成宛平城地区老旧小区平改坡。继续实施老旧小区电力改造，完成晓月苑电力改造工程。

丰富文化体育生活。坚持社会主义核心价值引领，深化群众精神文明创建活动，引导市民形成与社会发展程度相适应的文明意识和文明行为。启动首都公共文化服务示范区创建工作，提升公共文化服务水平。实现区级综合文化中心开工，全方位推进戏曲文化中心建设。挖掘长辛店、金中都等地区的历史文化内涵。深入推进“发现丰台之美”活动。深化“卢沟晓月”等特色品牌活动。举办中美汽车文化专题展。开展“我的丰台我的家”文化惠民活动600场。精心组织全民健身活动，大力发展足球和冬季运动，完成9个“体育生活化社区”创建工作。办好2016世界车辆模型锦标赛、北京国际铁人三项赛、醒狮杯越野跑。实现北京科技体育馆开馆。启动2017年世界房车大会主展馆建设。

提升社区服务水平。推进社区商业体系建设，优化社区商业网点布局，推进8项基本便民服务全覆盖，完善基本便民服务配套。鼓励社区商业综合体建设，支持“O2O”社区商业模式发展。进一步推进蔬菜零售网点、便民早餐服务、再生资源回收体系建设。在10个小区开展“垃圾智能分类”试点工作，继续推进新增小区垃圾分类。开展4个市级“一刻钟社区服务圈”示范点建设。推进地下空间公益化、便民化利用。

维护区域公共安全。加强平安丰台建设，创新立体化治安防控体系，加强专群队伍建设，强化反恐防暴工作，提高群众安全感。抓好大红门地区市级挂牌督办重点地区整治工作。深入开展矛盾纠纷排查化解，规范信访工作，畅通群众诉求表达渠道。优化消防、交通、生产经营等领域的安全环境，推进消防指挥中心建设。强化危化品和易燃、易爆物品管理，坚决防范和遏制重特大事故发生。完善三级食药安全社会共治体系、检测体系及应急管理体系，完成食品药品安全监控中心和应急指挥调度中心建设。

（八）坚持提高效能，加强政府自身建设

加快建设法治政府、创新政府、廉洁政府和服务型政府，增强政府执行力和公信力。

深入推进依法行政。坚决执行区人大及其常委会的决议，落实重大事项向人大报告制度，主动接受区人大法律监督和区政协民主监督，认真办理议案提案。严格遵循重大行政决策法定程序。推动行政部门职责法定化工作。深入推进行政执法体制改革，完善协调机制，落实行政处罚自由裁量权基准制度。推进政府信息公开，创新公开方式，及时回应人民群众关切。发挥行政复议监督纠错功能，做好行政应诉工作。认真开展“七五”普法，积极营造尊法学法守法用法的社会氛围。

不断提升管理服务。运用大数据、云计算等现代信息技术，整合政务资源，提升服务能力。推进经济与社会发展数据资源中心建设，构建一体化数据资源体系和统计基础数据库。抓好区政务服务中心项目建设。继续深化行政审批制度改革，做好行政审批事项的承接和衔接工作，明确审批流程。全面清理并取消一批收费项目和资质资格认定。加大对驻区企业和部队的服务保障力度。继续优化机构设置和职能配置，严控编制。贯彻落实市委《关于深化街道、社区管理体制改革的意见》。继续推进事业单位分类改革。

持续改进工作作风。深化党的群众路线教育实践活动和“三严三实”专题教育成果，持续推进上下联动整改任务落实，切实解决联系服务群众“最后一公里”问题。完善审计制度，坚持对公共资金、国有资产、国有资源、领导干部履行经济责任情况审计全覆盖。完善考核激励机制，加大监督问责力度，持续开展“为官不为”“为官乱为”专项整治，坚决克服懒政、庸政、怠政，坚决惩处失职、渎职。认真落实党风廉政建设责任制，从源头上预防和治理腐败。

三、关于“十二五”时期工作完成情况和《北京市丰台区国民经济和社会发展第十三个五年规划纲要（草案）》编制说明

（一）“十二五”时期经济社会发展主要情况

“十二五”时期是丰台区发展进程中具有重要意义的五年，是全区经济发展方式加快转变、结构更加优化，城乡面貌发生巨大变化，基础设施极大提升，人民群众获得更多实惠的五年，面对“三期叠加”的发展环境和艰巨繁重的改革任务，我们把握规律，瞄准定位，主动作为，勇于跨越，较好完成了“十二五”规划确定的目标任务。

——经济结构进一步优化。积极适应经济发展新常态，以加快转变经济发展方式为主线，提升经济发展的质量和效益。初步预计，地区生产总值由2010年的734.8亿元增加到1168亿元，年均增长10%左右；一般公共预算收入由2010年的45.6亿元增加到94.5亿元，年均增长15.7%；固定资产投资累计实现3642亿元，比“十一五”翻一番；社会消费品零售额由2010年的737.9亿元增长到1003亿元，年均增长6.3%；节能降耗成效显著，万元地区生产总值能耗、水耗分别下降20.7%和17.7%。产业结构更加合理，第三产业占地区生产总值比重由“十一五”末的75.6%增至80%左右，现代服务业占地区生产总值比重达到60%，比“十一五”末显著提高，科研、金融、商务等高端产业成为区域经济增长的新动力。市场主体结构发生了质的变化，企业总量占市场主体的比重达到63.8%，比“十一五”末增长14个百分点。旅游接待总人次从“十一五”期间的5260万增加到9026万。

——功能区支撑作用进一步增强。丽泽金融商务区形成了以传统金融为基础、以现代金融为主干的多元化金融服务体系，聚集了股权投资、创业投资、金融租赁、汽车金融等各类新型金融机构。引进中国证券金融、中华联合人寿保险、九泰基金等近400家企业，其中金融类企业占80%以上。税收累计超过60亿元，年均增长212%。实现开复工面积368万平方米，基础设施建设全面开工。丰台科技园区轨道交通、军民融合、应急救援、节能环保等特色产业做优做强，引领带动作用不断增强，技工贸总收入达到

4000亿元，相当于“十一五”末的1.8倍，年均增长13.3%；创新要素加速集聚，创新能力不断提升，研发经费年均增长15.5%；科技活动人员达3.3万人，较“十一—12—五”末增长94.1%；上市公司51家、国家高新技术企业518家、院士专家工作站14家，数量均居中关村“一区十六园”第二位。

——城乡一体化进程进一步加快。农村集体经济所有者权益从2010年的153亿元增长到319亿元，实现翻番；农民人均纯收入从2010年的1.4万元增长到2.4万元，年均增长11.2%。统筹规划建设，明确了乡域统筹的城市化路径，实现三路居村等19个村整建制农转居，其中8个重点村2.5万名农民全部转居，211万平方米回迁房全面竣工，拆迁还绿737公顷，规划绿地实现率达到96%。长辛店镇统筹利用集体建设用地试点方案制定完成，积极探索新型城镇化模式。统筹产业发展，欢乐水魔方、永旺梦乐城、C9公建等集体产业项目投入运营，农村集体经济稳步发展。统筹基础设施，成功举办了第九届中国（北京）国际园林博览会和第75届世界种子大会，完成园博湖、园博湿地建设，累计建成13个郊野公园，建成园博大道等38条主次干路和河西再生水厂等一批配套基础设施，城乡基础设施布局更加均衡。

——城市发展品质进一步提升。连续实施两个阶段城南行动计划，在产业发展、公共服务、基础设施和生态环境四大领域实施重点项目168项，实现投资2621亿元。新增9号线、10号线等4条地铁，运营总里程由21公里增至90公里。新增园林绿地638公顷，完成平原造林工程2万亩，城市绿化覆盖率达到46.18%，比“十一五”末提高2.4个百分点。综合整治凉水河、马草河等16条河道。郭公庄水厂投入使用，150万居民用上南水。落实清洁空气行动计划，大气主要污染物排放浓度显著下降。污水处理率从2010年的65%提高到90%，生活垃圾资源化处理率达到55%。城市文明水平进一步提高，成功创建首都文明城区。探索社会管理新模式，建成52个市级社区规范化示范点。智慧社区试点建设覆盖率达到72%，“一刻钟社区服务圈”覆盖率达到90%。

——民生福祉进一步改善。累计实现城镇新增就业18万人，城镇登记失业率始终保持在2%以内。社会保障从制度全覆盖向人群全覆盖转变，社会救助保障体系更为完善。落实加快推进养老服务业发展实施意见，养老床位由2010年的5623张增加到10605张。积极推进义务教育优质均衡发展，优化整合教育资源布局，建设方庄等8个教育集群和丰台五小等16个教育集团；区内优质校办分校40所，引进中国教育科学研究院等优质资源来区办学27所，新增优质学位4006个。创建丰台区中西医结合三甲医院，打造全市首家跨区域紧密型医联体合作单位“北京大学第一医院·丰台医院”，创建国家卫生应急和国家慢病综合防控示范区。每千人口医疗卫生机构床位数由2010年的3.73张增加到4.5张，每千人口卫生技术人员数由2010年的6人增加到8.3人，为人民群众提供了更好的健康服务。筹措、建设保障性住房8.7万套，解决了全部2.5万户保障房轮候家庭住房困难。完成672.4万平方米老旧小区综合整治，改善了10万户居民的生活条件。成功举办“卢沟晓月”“园博系列”等品牌活动，丰富了群众文化生活。

“十二五”时期，全区上下同心同向、攻坚克难、砥砺奋进，用实际行动回应了人民对美好生活的新期待，实现了区域形象显著提升，经济实力显著增强，承载能力显著提高，生态环境显著改善，为落实首都功能定位、建设国际一流和谐宜居之都奠定了坚实的基础。

（二）“十三五”规划编制情况说明

区委、区政府高度重视“十三五”规划

编制工作，成立了专门领导小组，多次召开专题会议，对事关丰台发展的重大问题进行研究决策。区人大、区政协多次组织人大代表、政协委员参与规划的研讨和编制工作，为规划的编制建言献策。根据区委十一届八次全会审议通过的《关于制定丰台区国民经济和社会发展第十三个五年规划的建议》，在广泛听取各民主党派、工商联负责人、无党派人士、专家学者以及广大人民群众意见的基础上，区政府制定了《北京市丰台区国民经济和社会发展第十三个五年规划纲要（草案）》（以下简称规划《纲要》），已提请大会审议。

规划《纲要》共分为七篇二十二章，概括总结了“十二五”时期丰台区经济社会发展成就，深入分析了未来五年面临的机遇和挑战，明确了“十三五”时期的发展思路和发展目标，提出了“十三五”时期的重点任务。

未来五年，是丰台发展动力的转换期、城乡统筹的关键期、民生福祉的提升期和全面深化改革的攻坚期。规划《纲要》深入贯彻了中央、市委关于“十三五”时期发展的指导思想、重点任务、主要目标、重大举措，全面体现了区委《建议》要求，确立了我区“十三五”期间的指导思想：高举中国特色社会主义伟大旗帜，全面贯彻党的十八大和十八届三中、四中、五中全会精神，以马克思列宁主义、毛泽东思想、邓小平理论、“三个代表”重要思想和科学发展观为指导，深入贯彻习近平总书记系列重要讲话和对北京工作的重要指示精神，按照“四个全面”战略布局和“创新、协调、绿色、开放、共享”发展理念要求，统筹推进经济建设、政治建设、文化建设、社会建设、生态文明建设和党的建设，以率先实现全面建成小康社会的宏伟目标为中心任务，立足丰台经济社会发展的阶段特征，建设面向国际、彰显品质、和谐宜居的现代化城区。

“十三五”时期，坚持“核心引领、双轮驱动、两翼并举、统筹融合”的发展战略，全区经济社会发展的主要目标是：

——疏解非首都功能取得显著成效。加快推动传统制造业外迁，疏解工业制造业中优势不突出的生产加工环节，全部淘汰高污染、高耗能、高耗水企业。2020年常住人口总量控制在市级要求范围内。四环以内区域性专业市场及1万平方米以上仓储物流设施全部调整退出。

——经济增长提质增效、总量翻番。地区生产总值年均增长预期为7%左右，到2020年达到1638亿元，比2010年翻一番；一般公共预算收入年均增长8%左右。第三产业占地区生产总值比重超过80%，单位地区生产总值能耗、碳排放分别达到市级要求，单位地区生产总值水耗下降15%以上。

——创新驱动能力全面增强。以科技创新为重点的创新服务体系基本形成，中关村丰台科技园区自主创新的引领示范作用显著增强。创新要素加速集聚，每万人发明专利拥有量年均增长15%以上。

——城市生态环境更加宜居。城市生态环境建设水平明显提高，森林覆盖率达到26.83%，人均公园绿地面积达到8.09平方米/人，大气细颗粒物年均浓度累计下降25%以上；所有微循环道路全部建成，城市交通环境、居住环境得到大幅改善，绿色出行比例达到75%；实现全区无煤化；推进海绵城市示范工程建设。

——人民生活水平稳步提升。全区居民人均可支配收入增长速度高于经济增速，实现收入比2010年翻倍。就业保障能力进一步提高，城镇登记失业率控制在4%以内。棚户区改造基本完成，居民生活条件显著改善。

围绕这些目标，规划《纲要》提出了五个方面的重点任务：一是紧扣首都战略定位，优化丰台功能格局。二是落实创新驱动战略，提升发展质量效益。三是补齐区域发展短板，提高协调均衡水平。四是构建绿色生态体系，加快城市宜居建设。五是彰显城市文化内涵，全面提升人民福祉。

各位代表！新常态带来新机遇，新理念引领新发展。让我们更加紧密地团结在以习近平同志为总书记的党中央周围，在市委、市政府和区委的坚强领导下，团结依靠全区人民，统一思想、凝聚力量，励精图治、敢于担当，为建设经济繁荣、社会文明、人民幸福的新丰台再创佳绩，共同谱写丰台发展的新篇章！

中国人民政治协商会议北京市丰台区第九届委员会常务委员会工作报告

——2016年1月12日在政协北京市丰台区第九届委员会第五次会议上

李昌安

各位委员：

我受政协北京市丰台区第九届委员会常务委员会委托，向大会报告工作，请予审议。

2015年工作回顾

2015年是我区全面深化改革、推进依法治区和疏解功能谋发展的重要一年，也是“十二五”规划收官和“十三五”规划谋篇布局之年。一年来，常委会认真贯彻落实中共中央大政方针和市、区委决策部署，紧紧团结和依靠各界委员，坚持“适应全面深化改革与依法治区新要求、推进创新发展”的工作主题，注重务实、注重创新、注重贴近实际，致力于推进思想观念现代化、知识结构现代化、协商能力现代化、监督能力现代化、参政议政能力现代化的工作标准，着力发挥人民政协作为协商民主重要渠道和专门协商机构作用，通过专题协商、对口协商、界别协商、提案办理协商以及助推基层民主协商等形式，积极为中心大局献计出策，为民生福祉履职尽责，为社会和谐凝心聚力，为新形势下推进全区“五位一体”建设作出了积极的贡献。全年共召开常委会议6次、主席会议12次，形成党组会、常委会、主席会建议案和专项报告11项，立案（合并）提案193件，组织学习、通报、调研、座谈、考察视察等各类协商履职活动120多次，参与委员3200多人次，整体工作呈现出务实创新、扎实有序、充满活力的良好局面。

一、加强理论学习，共同思想政治基础更加牢固

常委会着眼于委员履职素质的提升，强化了委员理论学习研讨，增强了学以致用对委员履行职能的引导和支撑作用。

（一）多形式强化政治理论学习，坚持正确政治方向。组织理论学习中心组、双月学习会、机关周四学习日、暑期学习班等各类学习研讨活动46次，着力加强对中共十八届三中、四中、五中全会和习近平总书记系列重要讲话精神的学习，深刻理解和把握中共中央《关于加强社会主义协商民主建设的意见》、中央办公厅《关于加强人民政协协商民主建设的实施意见》、北京市第四次政协工作会议及市委相关文件精神。邀请中央社会主义学院、首都经贸大学教授作加强协商民主建设、首都可持续发展专题辅导，帮助委员深刻理解新时期人民政协工作的新任务、新要求，进一步提高了思想认识、坚定了“三个自信”、增进了政治认同。

（二）多维度办好“政协讲坛”，服务委员知情明政。根据委员需求，区政协主席分别为常委、界别委员解读《京津冀协同发

展规划纲要》及市委市政府“贯彻意见”精神；邀请委员中的专家学者，围绕国家财经政策、环境与健康、品格儿童培养、医学研究与医疗服务模式发展趋势等内容作专题报告；邀请区政府、区监察局领导同志通报全区经济社会发展、“十三五”规划编制及党风廉政建设与反腐败工作情况，为委员知情明政创造了良好条件。

（三）多层次开展专题教育，切实转变机关工作作风。区政协党组成员、处级干部和科级以下干部，分层次集中开展“三严三实”专题教育。采取集中学习、查摆问题、交流研讨、开展批评与自我批评、制定整改方案等方式，把握核心要求、领会教育内容、明确努力方向，完善了联系委员、履职服务和工作规范等相关制度，机关干部队伍工作作风持续改进，服务效能进一步提升，专题教育取得了明显效果。

二、突出创新发展，履职制度机制更加完善

常委会注重发挥政协优势，增加协商密度，增强履职实效，在推进我区协商民主建设制度化、规范化和程序化方面取得了积极进展。

（一）首次制定实施协商年度工作计划。区委将制定协商年度工作计划列入区委常委会工作要点。区政协与区委、区政府共同协商，提出了计划草案，经区委常委会审议并批准实施。协商计划确定了政治协商、调研协商、季度协商、视察监督等4大类、11项重点协商议题。区政协逐项制订实施方案，搭建有效平台，认真组织调研协商，取得了丰富的协商成果。

（二）形成季度协商座谈会新机制。融合专题座谈会、协商恳谈会形式，体现专题协商、界别协商特色，区政协按照季度协商计划的要求，精心组织、认真调研。一年来，就“关于丰台区新老二元结构下城乡建设和管理问题”、“加强基层民主协商，推进基层社会治理”、“丰台区‘十三五’规划纲要编制”、“扩大医疗定点单位范围”举办4次季度协商座谈会。界别委员与分管区领导、相关党政部门负责人充分沟通、坦诚交流、达成共识，并汇集委员意见，分别形成专题报告提交区党政部门决策参考，为促进区域经济社会的发展发挥了积极作用。

（三）健全和完善政协工作制度。制定实施《关于进一步推进政协工作创新发展的意见》，团结、引导和支持区政协各参加单位、全体委员以改革的精神、法治的思维、创新的举措开展履职实践。制定实施《关于进一步发挥界别作用的工作意见》，明确了总体要求、制度机制以及开展界别活动的主要方式。印发《协商座谈会工作办法（试行）》、《关于协商成果报送的工作办法》等12项工作制度，为政协履行职能提供了制度保障。

三、助力深化改革，建言献策成果更加丰硕

常委会坚持把服务全区改革发展作为履行职能的重要着力点，积极为区委、区政府决策服务。

（一）聚焦疏解功能谋发展协商议政。以政协为平台，围绕“区域非首都功能疏解问题——大红门地区产业升级改造”政治协商议题，邀请并组织区各民主党派、工商联代表和界别委员深入开展调查研究，形成调研报告，召开政治协商座谈会。提出了明确战略目标、统筹规划布局、创新发展理念、优化整合资源等4大类、16项意见建议。杨艺文书记对协商成果给予充分肯定，并就我区功能疏解问题与区各民主党派、工商联代表及部分界别委员做了进一步沟通，明确了目标方向，达成了共识。另外，落实区委部署，区政协党组成员分组带领机关全体干部，对卢沟桥地区（一乡四街）集中开展“疏

解功能谋发展”专题调研，提出了理清思路、重点调控、体现功能特色等6个方面、20项建议，得到区委的充分肯定和高度重视，并要求相关部门认真采纳。

（二）聚焦城乡结合部地区建设问题开展专题调研。按照区委要求，受区政府委托，针对“丰台区城乡结合部地区建设有关问题”，区政协牵头组建了包括政协委员在内的联合调研组，经过为期半年的调查研究，形成了专题报告，并召开议政性常委会，以专题建议案的形式，提出了加强顶层设计、争取市级政策集成、优化开发建设模式等9个方面、20项具体建议。区长冀岩同志专门批示：“区政协常委会建议案，是一个有很高质量、很高水平的建议。要组织相关部门成立专题小组，会同区政协深入研究，积极吸收、认真落实到“十三五”规划和下一步工作中。”

（三）聚焦全区重要决策部署积极协商建言。针对《丰台区国民经济和社会发展“十三五”规划（纲要）》制定，先后组织召开6次协商座谈会征求委员意见，《纲要》起草中采纳委员意见建议30余条。针对我区“六五”普法实施情况开展调研，就“六五”普法验收和“七五”普法规划的制定提出意见建议。针对我区体育生活化社区建设，深入实地调研、座谈协商，提出了推动群众性体育活动发展、营造健康和谐社会氛围等具体建议。针对我区农村产权交易平台建设及运行情况展开调研协商，提出了资产资源配置市场化、产权要素资本化、监督管理规范化等建议。以上调研协商成果均以建议案或专项报告形式提交区委、区政府，为推进相关工作提供了有益参考。

四、坚持履职为民，咨政建言实效更加凸显

常委会坚持把改善民生福祉、维护和谐稳定作为工作重点，开展了富有成效的工作。

（一）注重有效性，提案质量和办理质量“双提升”。采取广泛征集线索、扩大交流培训、强化主体责任、实行立案联审、拓宽沟通平台、归并重复提案、增加集体提案比重等措施，提案质量明显提高。通过区领导领衔、办理部门月调度、各专委会配合参与、党派团体和界别委员协同合作、宣传媒体及时跟进，创新了提案办理协商形式，形成了提案工作的整体合力。实行专委会重点提案配合督办、B类提案追踪督办、同类提案集中督办、个别提案现场督办、有异议提案复查补办和非地方事权提案集中转化等有效形式，加大了提案办理落实力度，促进了我区一些热点、难点问题的解决，充分发挥了提案在政协履行职能中的重要作用。

（二）注重及时性，社情民意信息形成“直通车”。采取专题策划、分类收集、综合分析等方法，及时通过社情民意信息反映委员调研视察、协商座谈成果。共编报《委员话发展》社情民意信息31期，政协工作信息48期。其中，“让丰台区政府利用‘大数据’弯道超车”等10期社情民意信息，得到了区委、区政府、区政协主要领导的高度重视，并责成相关部门认真研究落实，政协信息“直通车”的作用进一步体现。

（三）注重针对性，民主监督职能得到新拓展。在进一步完善教育、财政专项民主监督的基础上，将法治建设和市容环境民主监督纳入专项民主监督范围，组建了监督小组，制定了工作规则。一年来，各专项民主监督小组相继针对长辛店（镇）社区卫生服务中心建设财政资金使用情况进行监督；对中（高）考和成人高考等升学考试、义务教育就近入学计算机分配、义务教育均衡发展评审、“十三五”教育事业发展规划编制等进行了巡视和专项监督；对我区法治丰台建设进行了协商监督；对我区城市环境管理工作开展了重点监督；对宛平城地区环境建设及整治工作、丽泽金融商务区建设情况开展

了视察监督。各项民主监督活动共提出意见建议 150 余条。同时，我们受邀向区政府有关部门推荐了 13 名委员担任特约监督员，向我区 20 个部门派驻定点监督员 81 人。这些建议和做法，促进有关部门改进了工作、转变了作风、提高了效能。

（四）注重界别性，“爱丰台基层行”获得较高“点赞率”。发挥委员界别特色和专业优势，精心组织“爱丰台基层行”活动。医药卫生界别委员开展“送健康基层行”，到河西地区为群众义诊；法律界委员开展“送法律基层行”，到街道社区举办专题讲座和法律咨询；文化界别委员开展“送文化基层行”，到乡镇（村）用笔墨为农民送上祝福；民族宗教界别委员开展“送爱心基层行”，到少数民族幼儿园开展献爱心活动。各项活动的开展得到了基层单位和群众的点赞与欢迎。此外，许多委员积极向南水北调库区群众捐款、为西藏地区群众提供健康志愿服务、参与扶危济困爱心行动，展现了履职尽责、回馈社会的使命担当。

五、发扬团结民主，和谐共进氛围更加浓厚

常委会坚持团结各界人士、广泛凝聚人心、促进区域和谐，汇聚了助推丰台发展的正能量。

（一）举办纪念抗战胜利 70 周年系列活动。组织区政协各参加单位和全体委员，到中国人民抗日战争纪念馆参观《伟大胜利，历史贡献》主题展览；保护和挖掘丰台抗战历史文化资源，编纂《丰台抗战史料精选》；编辑出版《首都文史精粹丰台卷·发现丰台之美》专辑，充分展现了丰台独具特色的自然、历史、创造、成长、奉献和共建之美。组织《铭记历史，开创未来》纪念抗战胜利大型文艺演出，150 余名区各民主党派成员和政协委员，奉献出 3 个专题、17 个精彩纷呈的节目，弘扬伟大的抗战精神。以上活动得到了区委的充分肯定，受到社会各界的高度关注和赞赏。

（二）筑牢合作基础。进一步发挥区各民主党派、工商联、有关人民团体和无党派人士的重要作用。完善与区各党派团体的联系制度，采取走访、座谈等形式不断加强与区各党派团体的联系。积极邀请民主党派、工商联和无党派人士代表参加政协的调研、座谈、视察、专项民主监督等活动，支持他们就我区经济社会发展中的重大问题提出建议，为他们在政协中发挥作用创造了良好条件。积极推荐委员参加区党政部门的监督、评议活动，较好地发挥了各界人士在民主监督、参政议政、反映民意工作中的重要作用。依托专委会加强与界别委员的联系，组织开展富有界别特色的活动，为委员履职提供了有力支持，界别优势得到了进一步发挥。

（三）深化团结联谊和交流协作。加强新形势下港澳台侨和民族宗教工作的研究，进一步密切了与民族宗教和港澳台侨界人士的联系联络。就长辛店地区宗教文化保护工作、《北京市宗教事务条例》实施情况进行调研议政；走访宗教场所、慰问爱国宗教人士代表、视察清真食品企业，就加强和改进民族宗教工作提出意见建议，促进了民族团结，宗教和睦。举办了港澳台形势专题报告会。密切同北京市政协的沟通联系，协同开展调查研究和专题研讨活动，争取支持和帮助，促进了区政协工作水平的提升。接待我市兄弟区县政协和外埠政协组织来我区调研考察，交流了经验、开阔了视野、宣传了丰台。组织《饮水思源，奉献社会》为主题的企业家联谊会活动，与湖北省十堰市张湾区政协开展协作交流，对外交流合作更加紧密。组织部分委员到大兴区西红门镇、河北省保定市白沟镇实地考察，加深了对区域改革发展重大决策部署的认知。

六、加强自身建设，服务保障工作更加有力

常委会把加强委员履职和机关服务能力建设放在重要位置，不断推进各项基础性、常态化工作增效能、上水平。

（一）创新服务委员履职方法。完善和丰富政协专网内容，各专委会普遍设置了“微信圈”、“短信群”，形成了信息沟通、资料交流平台，政协信息化建设进一步完善。建立区政协委员与律师联系制度，为委员履职提供法律咨询和法律援助。在机关工作中倡导办文、办会、办事抓精细、善协作、重沟通，对各项内部管理制度进行了全面梳理完善，履职服务水平有了新的提高。

（二）强化新闻宣传和应用型理论研究。以纪念丰台政协成立35周年为主线，举办专题书画笔会，在《丰台报》刊发政协工作信息60期次，刊载历届有影响力提案13件，在丰台有线电视编发《政协视窗》栏目12辑。加强政协应用型理论研究，《以改革创新精神推进基层协商民主建设》等10篇文章分别在《北京观察》、《政协研究》等刊物上发表，《发挥资源优势，建设戏曲文化中心》研究报告获北京市“丹柯杯”优秀研究成果一等奖；列入市政协重点课题的《人民政协与基层民主协商研究》形成研究成果，纳入北京市政协理论与实践研究专辑。区政协履职影响力进一步扩大。

（三）加强常委、委员和机关干部队伍建设。建立主席、副主席、秘书长及专委会联系常委和界别委员制度，通过专门走访、座谈交流、研讨互动等方式，及时沟通思想，交流意见，理顺情绪，形成共识。强化常委会议的学习功能、协调功能、议事功能，落实常委联系委员制度，充分发挥常委在学习、调研、协商等活动中的骨干和示范引领作用。完善委员履行职能、爱岗敬业、服务社会的考核评价制度，加强履职情况的统计分析，专委会定期反馈督促，将评选出的63名委员事迹汇集成《委员风采》专辑加以宣传，提高了委员履职的积极性。加强机关干部队伍建设，以“三严三实”标准严格岗位责任制督查，认真做好机关干部的培养和交流工作，干部队伍整体素质和活力进一步提高。

各位委员，一年来区政协取得的各项工作成绩来之不易。这是中共丰台区委坚强领导、市政协有力指导和区政府大力支持的结果，是区政协各参加单位和全体委员忠实履职、团结奋斗的结果。在此，我代表常委会向为区政协工作付出智慧心血、作出积极贡献的各界委员，向所有关心、支持政协工作的各级领导、各界人士，表示崇高的敬意和衷心的感谢！

在总结成绩的同时，我们也清醒地看到，区政协工作还存在一些不足。主要是，面对协商民主建设新的形势与要求，履职平台的搭建还需进一步完善，委员主体作用、特别是界别作用的发挥还需进一步强化，开展民主协商和监督的制度机制还需进一步健全。我们将在今后的工作中，不断深入研究，切实加以改进。

2016年工作部署

2016年是“十三五”规划的开局之年，是全面深化改革的重要一年，也是丰台政协工作巩固提升之年。新的一年，区政协要贯彻落实中共十八届三中、四中、五中全会以及习近平总书记系列重要讲话精神，坚持团结民主两大主题，在中共丰台区委的领导下，深刻认识和把握新常态下丰台经济社会发展的阶段性特征，紧紧围绕丰台区“十三五”规划和疏解功能谋发展的总体安排，按照区委十一届八次会议的要求，广集智慧、深聚共识，进一步规范协商内容、丰富协商形式、完善协商程序、提高协商成效，切实发挥协商民主重要渠道和专门协商机构作用，为建设面向国际、彰显品质、和谐宜居的魅力丰台作出新的贡献。

2016年工作总的要求是：突出“一个工作主题”，坚持“五个牢牢把握”。“一个工作主题”是：进一步巩固自身建设和创新发展成果，主动适应新常态、实现新作为，全面提升新形势下区政协履职能力和水平。“五个牢牢把握”是：认真贯彻落实北京市第四次政协工作会议要求，牢牢把握人民政协作为协商民主重要渠道和专门协商机构这个基本定位，坚持搭建好协商平台、组织好协商活动，充分发挥人民政协的制度优势和组织优势。牢牢把握把协商民主贯穿履行政协职能全过程这个基本要求，将委员思想认识融入改革发展共识、政协工作融入中心大局、委员履职融入基层群众，善于运用协商民主的理念、方式和制度，指导、规范履行三大职能的实践。牢牢把握不断提高人民政协协商民主制度化、规范化、程序化水平这个重点任务，及时建立健全政协各项制度，重点推进政治协商、民主监督、参政议政制度建设。牢牢把握加强政协协商与区委和区政府工作的有效衔接这个关键环节，进一步规范协商议题提出机制，加大知情明政工作力度，完善协商成果报送和采纳、落实和反馈机制。牢牢把握加强区委对区政协协商民主建设的领导这个根本保证，坚持围绕中心、服务大局，始终保持人民政协履行职能的正确方向。

按照上述要求，2016年工作的重点是：

一、不断提高政治把握能力，主动适应经济社会发展新常态

北京市第四次政协工作会议，部署了新形势下加强全市政协协商民主建设、推动首都政协事业发展的各项任务。把落实北京市第四次政协工作会议精神，与学习贯彻市委十一届八次、九次会议和区委十一届八次会议精神结合起来，深入研究和落实中共北京市委《关于进一步加强政协协商民主建设的实施意见》，准确把握率先全面建成小康社会、建设国际一流的和谐宜居之都、疏解功能谋发展等新常态下对人民政协事业发展提出的新任务、新要求，真正做到政治上自信、发展上自强、守法上自觉，把思想和行动统一到市、区委的决策部署以及对政协工作的最新要求上来，为全面推进丰台改革发展凝聚共识。积极充实“政协讲坛”内容，坚持党组理论学习中心组、主席会、常委会、专委会等不同层次的学习活动，通过报告会、座谈会、暑期学习班等多种形式，努力提高学习成效。加强政治理论学习，密切关注国情、市情和区情，进一步坚定理想信念，增进政治认同，提高运用科学理论分析、研究、解决问题的能力和水平，不断增强中国特色社会主义的道路自信、理论自信、制度自信，巩固履行职能的思想政治基础。

二、不断提高调查研究能力，充分发挥协商民主重要渠道作用

按照中共丰台区委要求，认真实施协商年度工作计划，精心组织各类专题协商活动。结合区“十三五”规划实施，围绕推进都市生活性服务业创新示范区建设，邀请并组织区各民主党派和工商联的代表开展调查研究，召开议政性政治协商会议；围绕丰台区建设和谐宜居之区相关问题，组建联合调研组开展重点研究，召开议政性常务委员会专题协商；选择重点提案，召开议政性主席会议进行提案办理协商；针对特殊困难家庭帮扶工作、促进文化创新工场建设、河道截污治污、区政府为民办实事情况，在调查研究基础上组织季度协商恳谈会开展协商；围绕我区文物保护工作、科技企业孵化器（众创空间）发展情况、有效缓解我区停车难问题、发挥社会组织在社会治理和服务中的作用等议题，由各专委会组织调查研究，调研成果以提案、建议案等形式提交区委、区政府有关部门参考；围绕京津冀协同发展项目、大红门地区功能疏解与产业升级改造

情况开展考察、视察，为疏解功能谋发展建言献策。围绕城乡结合部地区治理及人口疏解问题，开展区域性协作调研和协商。加强提案办理协商，广泛征集提案线索，加大重点提案督办力度，完善提案办理协商的常态化机制，推动提案建议的采纳落实。促进“三级联动、四层协商”社会治理新机制在更多基层组织推广、在更高层次上互动，使协商民主理念深入人心。

三、不断提高联系群众能力，共同促进民生福祉改善提升

坚持深入实际、深入基层、深入群众，畅通和拓宽各界群众的利益诉求表达渠道，认真做好收集和反映社情民意信息工作，及时通过《委员话发展》信息加以反映和解决。继续开展好“爱丰台基层行”系列活动，组织界别委员到基层送健康、送文化、送法律、送政策，并深入实际摸清真实情况及问题产生的原因，集合众智提出解决办法，让人民群众感到政协离自己很近。坚持民生问题导向，紧扣涉及群众切身利益的社会热点、难点问题，认真开展专项民主监督。加大向司法机关、执法部门和为民服务窗口单位推荐特约监督员工作的力度，完善监督运行机制，努力实现定点监督广覆盖，促进群众满意度的不断提升。

四、不断提高合作共事能力，广泛凝聚改革发展正能量

坚持把发扬民主、增进团结，协调关系、化解矛盾作为履行职能的重要着力点，促进区各民主党派、工商联、无党派人士的团结协作，加强与民族宗教界人士、新社会阶层代表及各界群众的沟通联络，积极做好港澳台侨工作，团结一心，共同为丰台的改革发展贡献才智。致力于加速区域发展转型升级，在探索符合丰台实际的创新发展之路实践中，充分发挥人民政协协调关系、汇聚力量、建言献策、服务大局的作用，共同推进丰台改革发展取得新突破。积极倡导“创新、协调、绿色、开放、共享”的发展理念，认真组织好“政企对接会”和“企业家联谊会”等特色履职活动，努力为“大众创业、万众创新”提供智力支持。充分发挥政协文史资料的作用，鼓励委员和政协干部参与人民政协应用型理论研究，重视数字化新媒体的应用，探索网络议政等协商新形式，完善政协履职活动的宣传报道，为政协工作提供更加有力的支持。

五、有效提升科学履职水平，持续增强政协事业生机与活力

主动适应新常态，确立新思路，实施新举措，以改革创新精神持续推进履职能力建设。注重发挥委员主体作用，健全完善学习培训、履职保障、常态服务机制，积极为委员履职创造更好条件。突出常委会的核心作用和表率作用，进一步密切常委与所联系委员的沟通交流。彰显界别特色，丰富界别活动，完善界别提案、协商、调研、视察等工作机制。健全专委会组织协调机制，切实发挥专委会履行职能的基础作用、内外联络的枢纽作用、组织活动的引领作用。进一步建立健全参政议政各项工作制度，推进履行职能的制度化、规范化、程序化。积极在乡镇、街道建立和完善委员联络制度，形成规范化工作机制。继续巩固“三严三实”专题教育成果，加强机关思想政治教育、业务素质培养和作风能力建设，为科学履职提供强有力的保障。全面总结本届区政协创新发展的经验和做法，综合评价每位委员的履职情况，为区政协换届奠定良好的基础。

各位委员，新的目标和任务迫切需要人民政协大有作为。让我们紧密团结在以习近平同志为总书记的中共中央周围，高举中国特色社会主义伟大旗帜，在中共丰台区委的坚强领导下，以求真务实、勇于担当的精神，发挥优势，开拓创新，切实履职，为丰台的全面发展和进步贡献我们的智慧和力量！

区 情 概 况

2015 年丰台区情

概况

丰台区地处北京城西南，面积 305.53 平方公里。年内，常住人口 232.4 万人，比上年末增加 2.4 万人；其中常住外来人口 83.8 万人，比上年末减少 1.3 万人，占常住人口的比重 36.1%，比上年末下降 0.9 个百分点。在常住人口中，城镇人口 231 万人，占常住人口的 99.4%。全区常住人口出生率 7.45‰，死亡率 4.18‰，自然增长率 3.27‰。常住人口密度为每平方公里 7606 人，比上年末增加 78 人。全区户籍人口 113.7 万人，比上年末增加 0.9 万人。“十二五”时期，全区常住人口累计增加 21.2 万人，增量比“十一五”时期减少 33.2 万人；常住人口年均增长 1.9%，比“十一五”时期平均增速下降 4.2 个百分点。

全年实现地区生产总值 1169.9 亿元，比上年增长 7.2%。其中，第一产业增加值 0.6 亿元，下降 23%；第二产业增加值 249.3 亿元，下降 1.6%；第三产业增加值 920 亿元，增长 9.9%。按常住人口计算，全区人均地区生产总值达到 50601 元（按年平均汇率折合 8124 美元），比上年增长 5.7%。“十二五”时期，全区地区生产总值年均增长 9.7%，低于“十一五”时期平均增速 4.4 个百分点；其中第一产业年均下降 9%，第二、三产业年均分别增长 7%和 10.6%。三次产业结构由 2010 年的 0.1：24.3：75.6 变化为 2015 年的 0.1：21.3：78.6。

全区完成一般公共预算收入 94.5 亿元，比上年增长 9.7%。其中，增值税 13.1 亿元，增长 6.4%；营业税 34.3 亿元，增长 5.4%；企业所得税 14.1 亿元，增长 15%；城市维护建设税 8.1 亿元，增长 6.9%。一般公共预算支出 207.9 亿元，比上年增长 36%。其中，用于节能环保、社会保障和就业、教育、医疗卫生、科学技术的支出分别增长 26.5%、45.4%、26%、14%和 17.6%。“十二五”时期，一般公共预算收入和一般公共预算支出累计达到 386.9 亿元和 761 亿元，分别是“十一五”时期的 2.3 倍和 2.4 倍。

全区金融机构各项存款余额 5741.5 亿元，比上年末增长 10.2%；其中储蓄存款 2336.8 亿元，下降 4%。各项贷款余额 3493.3 亿元，增长 15.8%。居民人均可支配收入 47127 元，比上年增长 8.4%。全区居民人均消费支出 34240 元，比上年增长 9.2%；恩格尔系数为 22.3%，比上年下降 2.5 个百分点。全区居民人均住房建筑面积 28.71 平方米，比上年增加 0.24 平方米。

2015 年国民经济和社会发展

经济建设

优化调整产业结构，以创新驱动夯实发

展动力，制定《丰台区科技创新行动指导意见》等6项文件，设立丰台科技园创业投资等12支产业引导基金，投入运营4家创新型孵化机构；科技服务业实现增加值117.8亿元，增长14.7%；发明专利授权量增长78.4%，促进62项科技成果转化；打造新兴产业培育平台，获得首批“国家应急救援产业示范基地”认定。以结构优化提升发展质量，第三产业占比达到80%，金融、科技服务、信息服务、商务服务四大优势产业对经济增长的贡献率达到64%。城乡居民人均消费支出增长7.5%，网上零售额增长28.1%，民间投资增长59.8%。丽泽金融商务区税收增长83.7%，其中金融业税收占全区收入的10.9%；新引进企业77家，金融类企业占86%，涵盖银行、保险等传统金融和互联网金融、金融信息服务、股权投资等新兴业态。丰台科技园区新增企业4100余家，其中科技、研发、服务类企业占70%；技工贸收入增长8%；新增上市企业12家。全年规模以上工业企业实现工业总产值340.5亿元，比上年下降1.5%。其中高技术产业实现产值78.1亿元，增长11%；现代制造业实现产值171.9亿元，下降0.7%。从主要行业看，产值列前10位的行业有一半实现增长，其中电力、热力生产和供应业，计算机、通信和其他电子设备制造业，汽车制造业分别增长7.8%、10%和12%。

全年规模以上工业企业实现销售产值342.9亿元，比上年增长0.1%。其中内销产值331.1亿元，增长0.8%；出口交货值11.8亿元，下降15.4%。产品销售率100.7%。新批三资企业28家，批准合同外资8477万美元，比上年下降56.2%。实际利用外资金额5815万美元，下降87.2%。“十二五”时期，全区累计实际利用外资9.4亿美元，是“十一五”时期的1.6倍。

全年海关进出口总额124.2亿美元，比上年下降15.2%。其中进口99.8亿美元，下降22.3%；出口24.4亿美元，增长35.3%。“十二五”时期，全区海关进出口总额累计达到670.6亿美元，是“十一五”时期的2.1倍；其中出口97.5亿美元，进口573.1亿美元，分别是“十一五”时期的1.8倍和2.2倍。

贯彻协同发展战略，落实非首都功能疏解任务，健全领导机构，制定并实施疏解工作方案。发布2015年版新增产业禁止和限制目录，不予工商登记或变更企业545户次。退出工业污染企业23家。调整疏解商品交易市场86家，占全区市场总量的40%。完成大红门地区11家市场疏解，涉及从业人员1.5万人；拆除仓储出租大院40处共30万平方米，疏解从业人员7870人。完成腾退丰台职教中心校西校区。与保定市签订战略合作发展协议，设立丰台科技园区保定满城分园，实现15家企业入驻。启动运行高碑店新发地农产品物流园，建成面积110万平方米，入驻商户3600家。与保定阜平等地开展职业教育合作，实现教育资源共建共享。

城乡建设和管理

防治大气污染，改造燃煤锅炉247蒸吨，压减燃煤6.4万吨，淘汰老旧机动车6万辆。深化治理交通拥堵，开通地铁14号线中段，实现马家堡西路南延等5条道路竣工，完成长辛店西后街等12条道路大修，改造双林南路等10条道路慢行系统，新增停车位1221个、公租自行车1500辆。丰草河治理主体工程完工，完成蟒牛河等3条河道防洪治理。开工建设湿解处理厂、餐厨（厨余）垃圾处理厂。完成平原造林1050亩，便民绿化10公顷。拆除违法建设469处、近百万平方米，整治违法群租房566户，地下空间246处。完成宛平城及周边地区环境改造和景观提升，实施方庄、科技园区等5处环境综合提升工程，完成40条背街小巷整治。新建充电桩（站）584个，郭公庄、大红门110千伏输变电工程竣工。社会治理创新不断深化，完成297个社区居委会换届选举，开展4个市级老旧小区自我服务管理试点工作，扎实推进42个智慧社区、10个市级“一刻钟社区服务圈”示范点建设，45个社区办公和服务用房规范化建设达标，全区实现达标率93%。

统筹城乡发展一体化格局基本形成。6321名农民参加城镇职工社会保险，新农合覆盖率达99.7%。推进“一绿”城市化试点，完成南苑乡城市化建设试点方案编制及报审工作。推进长辛店统筹利用集体经营性建设用地试点工作。完成六里桥村、造甲村整建制转居。8个重点村回迁房建设基本完成，实现1.17万人回迁上楼。在草桥村等6个村开展农村社区建设试点，网格化社会服务管理实现全覆盖。创建11个美丽乡村。

科技、教育、文化、体育、卫生

科技：全年专利申请量与授权量分别为7924件和4871件，分别比上年增长18.2%和25.4%；其中发明专利申请量与授权量分别为3582件和1508件，分别增长8.7%和80.6%。签订各类技术合同3335项，比上年增长20.7%；技术合同成交总额507.5亿元，增长11.5%。

“十二五”时期，专利申请量与授权量累计达到30440件和17505件，分别比“十一五”时期增长1.6倍和2.1倍。累计签订技术合同13677项，技术合同成交总额2436.2亿元。

年末中关村国家自主创新示范区丰台园投产开业企业1700家，全年实现总收入3900亿元，比上年增长5.4%。其中实现技术收入350亿元，增长3.4%；实现新产品销售收入400亿元，增长8.9%。全年出口总额13亿美元，下降1.7%。实现利润总额300亿元，增长36.8%。

教育：推进丰台八中、北京十二中、北京教科院丰台学校、芳古园小学等优质校集团化办学进程，完成15个教育集团的挂牌工作。通过“内升”、“外引”扩大优质教育资源82址。16对学校签署校际合作协议书，16名骨干教师到农村校或基础薄弱校全职支教一年。与中央民族大学附属中学、北京大学附属小学、海淀区实验小学等5所学校签署合作协议，建立中央民族大学附属中学丰台实验学校、北京大学附属小学丰台分校、海淀区实验小学丰台分校、首都医科大学附属小学、北京舞蹈学院附中丰台实验小学；与北京教科院签署扩大合作协议，合作建立北京教科院丰台第二实验小学和北京教科院（职教）实验学校。全区合作办学学校扩大到28所。

全区普通高中招生2612人，在校生7970人，毕业生2531人；初中招生6488人，在校生20030人，毕业生5511人；小学招生10505人，在校生69114人，毕业生9435人；幼儿园入园幼儿14219人，在园幼儿41724人。职业教育招生862人，在校生2970人，毕业生1473人；成人教育招生264人，在校生761人，毕业生185人。

文化：全区有公共图书馆2个，馆藏图书91.2万册；档案馆1个，馆藏案卷13.9万卷件。文化馆（站）20个，文化广场（2000平方米及以上）31个。“我的丰台•我的家”、“花好月圆传戏韵”、“发现丰台之美”等系列文化活动蓬勃开展。全区有国家级重点文物保护单位4处、市级文物保护单位8处；宛平城东西城楼修缮工程竣工。

体育：全区有体育场馆1275个，全民健身工程512个。成功举办全民健身体育节、卢沟桥醒狮越野跑、北京国际铁人三项赛等大型体育活动。我区运动员在全市体育比赛中共获奖牌102枚，其中金牌31枚。

卫生：全区共有卫生机构554个，比上年末增加5个，比2010年末增加72个；其中医院70个。医疗机构共有床位9534张，比上年末增加187张，比2010年末增加1658

张；其中医院9428张。全区卫生技术人员达到17523人，比上年末增加460人，比2010年末增加4865人；其中执业（助理）医师6509人，注册护士7664人。全区医疗机构共诊疗1690.2万人次，健康检查34.2万人次。

民政、人力资源和劳动保障

认真开展“救急难”工作，根据《北京市进一步完善本市临时救助制度的通知》，对区内临时救助政策修改完善，及时解决城乡困难群众突发性、紧迫性、临时性基本生活困难。城乡低保标准由家庭月人均650元上调为710元；农村五保供养标准由每年16896元调整为18303元；城市特困人员供养标准由每年24783元调整为26816元。新增养老照料中心5个，新增养老床位3723张。扩大三级联动医疗服务覆盖面，2所社区卫生服务中心投入运行。投入18亿元完成105个老旧小区改造。保障房开工9331套、竣工6630套，解决1.06万户家庭的居住困难。

办理95周岁及以上的老年人医疗补贴356人，补贴金额72万元；办理90周岁及以上老年人高龄津贴4.04万人次，发放金额419万元；办理60周岁及以上老年人优待证1.5万个，65周岁及以上老年人优待卡29943个，为高龄空巢有特殊困难老人安装“一按铃”785个。加大养老助餐服务体系建设力度，以养老照料中心和餐饮单位设立养老餐厅、社区建立集中就餐点、养老(助残)卡签约服务单位提供餐饮消费、有条件的社区安装保温智能配送柜等多种模式，设立406个就餐点，解决老年人就餐难题。

全区参加基本养老、基本医疗、失业、工伤和生育保险人数分别为86.9万人、97.1万人、58.3万人、61.3万人和54.5万人，分别比上年末增加2.1万人、4.7万人、-0.9万人、3.6万人和2.2万人，分别比2010年末增加27.3万人、39.4万人、15.3万人、11万人和33.7万人。年末参加城乡居民养老保险的农村居民8.8万人，比上年末增加460人。

全区享受城市最低生活保障9839人，享受农村最低生活保障304人。

全年共办理结婚登记1.19万件，离婚登记5700余件，补结婚姻登记2600余件，补离婚姻登记500余件，出具婚姻证明8200余份

全区5个公墓、4个骨灰堂共接待祭扫群众48.8万余人，祭扫车辆9万余台。推进“零、百、千、万”殡葬工程，倡导时空邮箱、网络祭扫等绿色健康的悼念缅怀方式，为群众提供优质的公益性殡葬服务，引导群众选择生态、绿色殡葬方式。全年批准发放丧葬补贴855人，发放金额420余万元。

全年城镇新增就业3.84万人，比上年增加0.57万人。年末城镇登记失业率为1.72%，比上年末下降0.19个百分点。通过“向村办企业转移、向产业转移、向市场转移”，帮助6321名农民参加城镇职工社会保险，完成任务的316%。制定《关于大红门地区功能疏解转移就业服务工作方案》，多渠道实现1500余人的转移就业。以创业带动就业，深化自主创业学院建设，坚持“共性与个性结合、创业与创新结合、线下与线上结合、课堂与大赛结合、培训与实践结合”五个结合，搭建“创业者与政府部门、与众创空间、与创业导师、与其他创业者之间沟通交流”四个平台，为创业者提供方便、快捷的服务，帮助1892人成功创业，带动4197人就业。

年内，通过高端人才引进、非经生源招聘等方式引进各类优秀人才257人。

丰台区主要领导人

区 委 书 记　杨艺文（女）

区人大主任　王苏维

区　　　长　冀　岩

区政协主席　李昌安

（欧阳煜）

大 事 记

2015年丰台区大事记

1月

5日 保定市京津冀协同发展考察组到丰台区考察。

9日 召开中国共产党丰台区第十一届委员会第六次全体会议。

12日 中青旅领导到丰台区调研旅游资源。

13日至16日 召开政协北京市丰台区第九届委员会第四次会议。

14日至16日 召开北京市丰台区第十五届人民代表大会第五次会议。

21日 质检总局领导到丰台区调研。

23日 丰台区园林绿化局执法监察大队成立。这是北京市首家区县级园林绿化执法监察大队。

2月

2日 区长冀岩赴日本东京都进行友好访问。

3日 为期3天的第15届北京青少年机器人竞赛在北京市第十二中学落幕。代表北京十二中出战的两位初中选手徐润芃、王乐一获初中组ASC机器人能力挑战赛第一名。

4日 区教委、中央民族大学附属中学、王佐镇人民政府共同签署协议，以托管的形式合作创办中央民族大学附属中学北京王佐学校。王佐学校位于王佐镇中心，采用中小幼一体化的办学模式。

5日 国务院参事室研究员张玉香和农业部规划设计研究院党委副书记李玉荣带队的调研组，到花乡就花卉产业和鲜中草药产业发展情况进行调研。

▲ 丰台区的刘国权登上中国好人榜。2014年2月11日，刘国权在社区里遛弯时，不顾自己的安危徒手接住一名坠楼的男童，用自己的行动诠释着人性的善良与人间大爱。

3月

18日 “中关村智慧城市信息化产业联盟”在中关村丰台园成立。

30日 市委书记郭金龙、市长王安顺到宛平地区检查中国人民抗日战争暨世界反法西斯战争胜利70周年纪念活动筹备情况。

▲ 丰台区首批饮用水水质电子监管平台投入使用，可以实时监测市政水厂管网末梢水的水质，一旦出现指标异常，系统可向监督人员发预警短信。

4月

9日 全国人大常委会领导在北宫国家森林公园参加义务植树活动。

28日 北京市首个“食品药品安全放心商圈”在马家堡创建。

同日 市长王安顺到丰台调研非首都功能疏解和棚户区改造工作。

5月

9日　市委书记郭金龙到丰台调研并检查落实京津冀协同发展战略、推进非首都功能疏解工作。

12日　杜塞尔多夫展览集团到丰台区考察中国房车露营文化产业园。

13日　联合国青年创新奖暨联合国青年创新产业园项目举行签约授牌仪式。

29日　由丰台261家食品物流配送企业组成的丰台区食品物流配送行业协会成立。这是北京市首个食品物流配送行业的社会组织。

▲　国内最大互联网金融平台九信投资管理有限公司落户丽泽金融商务区。

6月

1日　市委书记郭金龙到丰台检查防汛工作。

3日　商务部对第二批“国家电子商务示范基地”名单进行公示，中关村丰台园等66家基地入围。

17日至19日　全国职业院校技能大赛中职组“新大陆”杯物联网技术应用与维护赛在北京园博园举行。

30日　中关村丰台园企业——北京碳世纪科技有限公司召开新品发布会，推出中国首款石墨烯节能改进剂——“碳威”。

▲　丰台区首个农村集体资产竞价项目通过北京农村产权交易所网络竞价平台成功竞价。

▲　北京丽泽金融商务区地下交通环廊工程破土动工。这是北京市区内最大规模的地下交通环廊。

7月

20日　区教委与首都医科大学合作办学签署协议，区委副书记、区长冀岩出席签约仪式并为首都医科大学附属小学揭牌。

22日　全国政协副主席陈元到丰台区调研。

23日　丽泽控股与金融街控股签署战略合作协议，开展金融商务区合作共建。

25日　首届中日韩青年文化节开幕式在园博园举办。

8月

3日　丰台区与英国纽汉姆市签署《友好交流备忘录》。

5日　北京市首家“中国华侨国际文化交流基地”在丰台区钱学森青少年航天科学院举行授牌仪式。

21日　郑福来作为全国重大典型，被中宣部授予“时代楷模”称号，央视《时代楷模发布厅》栏目进行了访谈录制。郑福来是卢沟桥“七七事变”亲历者，新中国成立后曾任卢沟桥镇镇长，现年85岁，中共党员。64年来他坚持不懈地用一个亲历者的视角，在卢沟桥义务讲解抗战史，传承民族记忆，接待过70多个国家的外宾和数以万计的参观者。

25日　市园林绿化局批复《北京丽泽金融商务区绿地总体规划》。

31日　中国国民党前主席连战携夫人连方瑀女士到丰台区宛平城参观中国人民抗日战争纪念馆。

9月

16日　“卢沟桥”邮局在宛平城内揭牌，正式面向市民开放。这是北京市第一个以“燕京八景”命名的邮局。

20日　2015首届京津冀红色旅游联展暨卢沟晓月金秋旅游推介会开幕。

25日　中央文化企业国有资产监督管理领导小组办公室成员到丰台区调研。

29日　丰台区首张“三证合一”营业执照发放。（“三证合一”登记制度是指，将企业登记时依次申请，分别由工商行政管理部门核发工商营业执照、质量技术监督部门核发组织机构代码证、税务部门核发税务登记证，改为一次申请、由工商行政管理部门核发一个营业执照的登记制度。）

▲　2015中国循环经济发展十年峰会

在北京举办，在本次峰会上丰台区获优秀发展城市称号。

10月

15日至18日 第二十三届北京种子大会在丰台召开。

24日 中英合作建设的石墨烯非接触式和接触式检测室在丰台园石墨烯国际中心挂牌，填补了我国在石墨烯国际标准检测方面的空白。

27日 丰台区首批社区党组织服务站在南苑街道挂牌成立。

29日至30日 首届中国应急产业发展大会在丰台区召开，参加活动的中外应急管理领域的专家学者及产业界代表400余名。

11月

1日 2015北京国际车辆模型大奖赛在丰体模型赛车场举办。

4日 北京首尔混委会第二次全体会议在丰台区召开。

3日至6日 第一届北京国际沉香博览会在大红门国际会展中心举办。

8日 2015年北京世界女子桥牌精英赛在园博园开幕。

27日至28日 区长冀岩出席第十九届京港洽谈会。

30日 市委书记郭金龙、市长王安顺到卢沟桥乡食品药品监督管理所调研。

▲ 丰台区获准成为“国家知识产权试点城区”。

▲ 丰台园成为首批国家应急产业示范基地。

12月

1日 香港经纬集团到丰台区调研。

7日 丰台区与中国建筑工程总公司签署棚户区改造和环境整治合作框架协议。

10日 全国著名特级教师张立军工作站在北京市海淀区实验小学丰台分校挂牌成立。这是丰台区成立的第一所特级教师工作站。

24日 丰台区与保定市签署京津冀教育协同发展合作协议。

政党 团体

中国共产党丰台区委员会

【概　况】2015年，丰台区常委会深入学习贯彻中央、市委重要会议精神，紧紧围绕首都“四个中心”战略定位和建设国际一流和谐宜居之都的总体目标，扎实推进《京津冀协同发展规划纲要》贯彻实施、服务保障抗战胜利纪念活动、谋划制定丰台区“十三五”规划、开展“三严三实”专题教育等重点任务，坚持改革中创新、创新中发展，完成“十二五”规划的各项任务，实现全区经济社会健康稳定发展。

严格落实管党治党主体责任。注重思想建设引领，以“三严三实”专题教育为主线，聚焦修身、用权、律己方面存在的问题，坚持从严要求，突出问题导向，深入查摆剖析，加强各级党组织的党性修养和作风建设。开展党的群众路线教育实践活动问题整改工作，完成整改任务27项，正在按计划推进剩余8项中长期整改任务，巩固了教育实践活动成果。坚持理论中心组学习制度，建立常委会时事政策集体学习制度，全年共开展集中、专项学习27次，提升了领导班子的理论素养和决策水平。统筹整合组织、纪检、宣传等各方面教育内容，举办党政“一把手”党建研修班等教育培训80期，培训干部共计8800人次，进一步提升了干部队伍的整体素质和能力水平。强化党建机制建设，从强化机制创新入手，健全完善党建工作领导组织体系和工作运行机制。在组织体系上，完善“两组一办”组织构架，调整由区委主要领导任区委党建工作领导小组组长，成立11个由主管区领导挂帅的系统党建工作组，由区委副书记任党建工作领导小组办公室主任，统筹协调全区党建重点工作。在责任体系上，建立从严治党、党风廉政“两维清单”，明确了区委主要领导作为党建第一责任人的10项职责及分管区领导落实党建“一岗双责”的5项职责，明确了党风廉政建设区委12条主体责任和纪委7条监督责任。在考评体系上，研究探索以“五大维度”为主体的工作绩效多元评价体系。落实党风廉政责任，坚持把落实“两个责任”作为深化作风建设、推动反腐败斗争的重要抓手。依托派驻机构试点改革工作，采取单独派驻、联合派驻等不同方式，全面深化纪检工作体制改革。在全市率先推行农村干部个人事项报告制度，754名村“三套班子”成员全部完成报告工作。突出问题导向，由区领导带队对全区30个处级单位开展了党风廉政建设责任制检查。开展“为官不为”专项整治，持之以恒纠正“四风”，查纠整改问题353个。以“零容忍”态度整治腐败，全年新立案136起，结案103起，处分99人。建立党风廉政建设约谈机制，共约谈 21 人次。充分发挥典型案例的警示作用，组织 400 余名处级干部参加法院庭审旁听，组织 800 余名农村干部参观警示教育基地。加强组织队伍建设，高度重视加强基层党组织建设，完成 307 个社区党组织和 65 个村党组织换届选举工作；选派 40 名机关干部到社区任专职副书记，选派 10 名乡镇干部到村任书记，强化基层干部队伍。加强非公领域党建工作，从非公领域推荐一名优秀青年党员到团区委担任兼职副书记，非公企业党组织覆盖率达到 81%，党组织的生机活力得到提升。坚持德才兼备、以德为先的选人用人导向，全年共调整处级干部 178 人，为各项事业发展提供了坚强组织保证和干部人才支撑。积极推进干部人事制度改革，建立健全领导干部考核评价、审查审核、培养锻炼等多项工作机制。

集中力量抓好重大任务落实。完成抗战胜利纪念活动服务保障工作，把做好服务保障作为首要政治任务，成立主要领导统筹调度、分管领导分工负责的总指挥部及 8 个分指挥部，细化工作方案，强化责任监督，确保各项工作扎实有序开展。注重整体谋划，制定宛平城环境提升三年行动计划，实施环境整治“百日行动”，大幅提升了地区环境秩序和景观面貌。加强组织调度，以“伟大胜利 历史贡献”主题展览为重点，实施服务保障“百日行动”。全面做好“7·7”党和国家领导人参观主题展览以及“9·3”阅兵的服务保障任务，累计投入公安、城管、志愿者等力量 70 余万人次，加强了社会面防控。完成外国政要嘉宾、外籍受阅部队、抗战老战士和各界群众近 80 万人次的参观游览保障任务，实现万无一失、绝对安全的刚性目标。统筹谋划协调推进区域非首都功能疏解，不断加强对疏解工作的统筹调度，注重问题导向，明确了“总量控制、增量择优、存量减劣、拆建平衡、综合施策、协同发展”的工作思路。组织开展了“疏解功能谋发展”调研活动，将全区划分为 4 个片区，由区级四套班子主要领导带队开展覆盖重点领域的专题调研，为疏解工作的扎实推进统一了思想、提供了保障。全年，完成商市场疏解转型 86 家、污染企业退出 23 家，在全区范围内疏解商户 8000 余户。在此基础上，以大红门地区为重点，加强对地区低端产业疏解和转型升级的研究，引导 8 家市场进行转型升级。围绕中心突出重点促进区域经济稳步发展，加强对经济形势的分析研判，重视丰台科技园区、丽泽金融商务区等重点功能区的带动作用，推动科技、金融、商务、文化等“高精尖”产业发展。开展新兴产业发展调研，提出了建设都市生活服务业创新示范区的发展思路，国家电子商务示范基地、国家应急产业示范基地等落户丰台。全年，地区生产总值、财政收入、城乡居民收入等主要指标按计划完成，经济发展运行呈现“稳中提质”的良好局面，标志着“十二五”发展任务的圆满收官。直面问题回应关切狠抓“大城市病”治理，认真落实清洁空气行动计划，多措并举治理大气污染，超额完成了市委、市政府下达的任务；以宛平、方庄等地区为重点，实施环境综合提升工程；加快道路轨道交通基础设施建设，地铁 8 号线、16 号线丰台段开工建设，马家堡西路南延、鲁坨路等 21 条道路实现通车或竣工；始终保持控违拆违高压态势，共拆除违法建设近 100 万平方米。深入研究科学谋划“十三五”未来发展，以中央五大发展理念为指引，围绕首都“四个中心”战略定位，坚持“开门搞规划”的工作思路，先后 6 次召开区四套领导班子专题研讨会，召开座谈会专门听取了各街乡镇、委办局和人大代表、政协委员、民主党派等各方面人士的意见建议，集各方之智形成了“核心引领、双轮驱动、两翼并举、统筹融合”的发展战略和总体思路，为未来发展指明了方向。

积极推进社会主义民主法治建设。以民

主政治建设汇聚力量，定期听取区人大常委会、政府、政协、法院、检察院党组工作汇报，提出指导性意见。支持人大及其常委会围绕“十二五”规划落实、法治丰台建设等重点工作依法进行监督，并加强改进议案建议办理、督办工作。定期与各民主党派、工商联座谈，开展了以大红门地区市场疏解为重点的政治协商，支持政协对“十三五”规划编制、城乡统筹发展等重点领域进行深度调研，广泛协商议政。认真落实意识形态工作责任制，开展了全区意识形态领域摸底调查，加强对各类宣传思想文化阵地的管理。成立了区委统战工作领导小组，深入开展统战工作调研，与新一届宗教团体领导班子进行座谈交流，巩固和发展了最广泛的爱国统一战线。加强民兵预备役工作，多种形式开展双拥共建活动，实现了争创全国双拥模范城“六连冠”的目标。以法治丰台建设保障安全稳定，研究制定了法治建设工作要点，明确了30项重点工作和20个量化指标；深入开展法制宣传教育，完成了“六五”普法各项任务；重点推进依法行政、提升司法公信力、法治社会建设等工作。坚持把维护安全稳定作为第一责任，完成了服务保障抗战胜利纪念活动和世锦赛“两大安保”任务；加快立体化社会治安防控体系建设，依法处置各类犯罪、治安、秩序问题和不稳定因素，净化了社会治安环境；狠抓安全生产监管责任和主体责任落实，始终保持隐患排查整改高压态势，安全生产形势保持了总体稳定；构建五大批发市场进京食品安全风险防控体系，加强对食品药品生产、流通各环节的监督检查，为群众把好“入口关”。加强重大决策社会稳定风险评估，注重从源头上预防和减少社会矛盾纠纷，提高依法化解矛盾和解决问题的能力。全年，未发生突出案事件和重大安全事故，始终维护了地区政治稳定和社会安定，群众安全感、满意度大幅提升。以保障改善民生增进人民福祉，定期召开街乡镇党（工）委书记会议，研究重点工作、听取基层意见；实施加强老旧小区服务管理三年计划，解决了一批难点问题。高度重视住房、就业、养老、教育、医疗、文化等基本公共服务建设，以统筹资源、提高质量、服务均等、造福群众为目标，超额完成市政府下达的保障房建设任务，完成了重点村拆迁回迁安置，将32个棚户区改造和环境整治项目纳入市政府计划，城镇登记失业率控制在1.72%，实现每百名老人拥有养老床位3.6张，持续扩大优质教育资源，加快推进医联体建设，启动了首都公共文化服务示范区建设。

（侯晋阳）

重要活动

【抓基层党建工作述职评议考核会召开】 1月6日—7日，2014年丰台区街乡镇党（工）委书记抓基层党建工作述职评议考核会召开。杨艺文同志点评述职情况并讲话，冀岩同志主持。顾晓园、李军、衡晓帆、霍连明、孙军民、刘宇、钟百利、张建国同志出席。

（侯晋阳）

【举办处级党政“一把手”党建研修班】 2月27日—3月2日，丰台区举办处级党政“一把手”党建研修班。杨艺文同志出席开班仪式并讲话，王苏维、李昌安同志出席。李军、霍连明、孙军民、钟百利、张建国、吕跃进、郭振江、李杜、刘文洪、高峰、吴继东、李新民、邢方岭、李秀瑛、王宜生、叶文胜出席开班仪式。

（侯晋阳）

【市领导检查抗战胜利纪念活动筹备情况】 3月30日，市委书记郭金龙，市委副书记、市长王安顺到宛平城地区检查中国人民抗日战争暨世界反法西斯战争胜利70周年纪念活动筹备情况，并召开会议听取了宛平城地区环境综合整治提升改造方案和主题展览筹备等有关工作汇报。市领导李士祥、陈刚、李伟、张延昆一同调研并参加会议。区领导杨艺文、冀岩、孙军民、钟百利、刘文洪陪同调研并参加会议。

（侯晋阳）

【生态文明和城乡环境建设动员大会召开】 4 月 10 日，2015 年丰台区生态文明和城乡环境建设动员大会召开。杨艺文、冀岩同志出席并讲话，王苏维、李昌安同志出席，钟百利同志主持。孙军民、刘宇、朱继明、张建国、郭振江、吴继东、邢方岭同志出席。

（侯晋阳）

【市领导调研丰台区工作】 5 月 9 日，市委书记郭金龙到丰台区调研并检查落实京津冀协同发展战略、推进非首都功能疏解工作。先后到大红门地区调研批发市场疏解工作，到花乡天坛医院新址施工现场察看了天坛医院迁建工程进度，到合顺家园项目现场察看了定向安置房建设情况。市领导李士祥、陈刚、张工一同调研。区领导杨艺文、冀岩、钟百利、刘文洪参加调研。

（侯晋阳）

【杨艺文讲“三严三实”专题教育党课】 5 月 29 日，全区领导干部大会召开。会上，观看了市委书记郭金龙的题为“深入学习践行‘三严三实’以良好作风做好新时期首都工作”的党课录像片，随后，杨艺文同志以学习践行“三严三实”为主题为全区党员领导干部讲党课，并对全区“三严三实”专题教育工作进行了部署，冀岩同志主持，王苏维、李昌安同志出席。顾晓园、李军、霍连明、孙军民、刘宇、钟百利、朱继明、张建国、吕跃进、苗华、郭振江、李杜、狄涛、刘文洪、吴继东、李新民、邢方岭、王宜生、叶文胜同志参加。

（侯晋阳）

【开展“疏解功能谋发展”主题调研】 6 月 2 日—5 日，杨艺文同志围绕“践行‘三严三实’，疏解功能谋发展”主题，先后到长辛店街道、长辛店镇、云岗街道、王佐镇进行调研，了解地区基本概况、产业发展现状、干部群众思想动态以及地区发展中存在问题。顾晓园同志参加长辛店街道调研，李军同志参加云岗街道调研，霍连明同志参加王佐镇调研，孙军民、张建国同志参加长辛店镇调研。

（侯晋阳）

【抗战胜利纪念活动服务保障工作总结会召开】 10 月 10 日，中国人民抗日战争暨世界反法西斯战争胜利 70 周年纪念活动丰台区服务保障工作总结大会召开。会议贯彻落实了北京市总结大会精神，总结了丰台区服务保障工作的经验做法，并为驻区单位、志愿者、学生等各界代表，以及纪念活动指挥部成员单位代表颁发了纪念证书。杨艺文同志出席并讲话，冀岩同志作了全区服务保障工作总结，王苏维、李昌安同志出席，顾晓园同志主持。李军、霍连明、刘宇、钟百利、张建国、杨猛、吕跃进、苗华、郭振江、狄涛、高峰、李新民、邢方岭、李秀瑛同志出席会议。

（侯晋阳）

【“三严三实”专题教育交流研讨会召开】 11 月 2 日，区委区政府理论学习中心组“三严三实”专题教育“严以用权”专题交流研讨会召开。会议传达学习了习近平总书记在中共中央政治局第二十六次集体学习时的讲话，杨艺文同志主持并发言，冀岩、王苏维、李昌安同志出席并发言。李军、霍连明、孙军民、刘宇、钟百利、朱继明、张建国、杨猛、吕跃进、郭振江、李杜、狄涛、张婕、高峰、吴继东、李新民、邢方岭、李秀瑛、王宜生、叶文胜同志参加交流研讨。

（侯晋阳）

【“十三五”规划编制工作研讨会召开】 11 月 13 日—19 日，杨艺文同志主持召开“十三五”规划编制工作研讨会，会议围绕产业发展、城乡一体化、城市建设和环境建设、社会治理和人口调控、公共服务、深化改革等专题进行了研讨。

（侯晋阳）

组 织 工 作

【概 况】 2015 年，全区组织工作围绕中央和市、区委“全面从严治党”的工作部署和管党治党责任的要求，牢牢把握区域经济社会发展新形势对组织工作的新任务、新要求，以“三严三实”专题教育为主线，持续抓好思想政治和作风建设，认真履行选干部、配班子，建队伍、聚人才，抓基层、打基础的职责。实施“固本强基”工程，着力推进“两新”领域党建；完善制度建设，加大个人有关事项抽查核实力度，实行“凡提必查”，把“从严治吏”的要求落到实处，努力建设高素质党员领导干部队伍；结合“十三五”人才规划制定，完善宏观顶层设计，创新工作平台载体，部署落实人才工作项目 26 个。巩固并拓展教育实践活动成果，抓好组工干部队伍分层分类培训，突出问题导向，推进组织工作创新发展。

（卢　颖）

【完成社区“两委”和村党组织换届选举工作】 7 月底，完成了全区 302 个社区党组织、297 个社区居委会换届选举工作，实现社区党组织换届选举 100%直选，当选的社区党组织书记和预判人选 100%吻合，社区党组织专职副书记配备率达 100%。选出村党组织班子成员 420 人。

（卢　颖）

【推进基层服务型党组织建设】 年内，制定全区基层服务型党组织建设指导意见，统领机关、农村、社区、“两新”等各领域基层服务型党组织建设；实施基层党建创新项目孵化工程，推动基层服务型党组织建设的创新实践，全区共有 45 个单位申报了 82 个培育型、17 个推广型基层党建创新项目；加强非公和社会领域党建工作，制定《关于进一步加强商务楼宇工作站建设的意见》和《丰台区社会工作（建设）党委和商务楼宇党务专职工作者管理办法（试行）》，明确工作站职责任务和建设标准，完善各项管理和保障制度。

（卢　颖）

【党组织集中整顿工作】 年内，对软弱涣散基层党组织开展集中整顿工作，制定下发了《关于基层党组织分类定级晋位升级工作的实施意见》，通过完善倒排挂账、动态管理、责任倒逼的基层党组织整顿长效机制，促使基层党组织整改提高。经过整顿，全区 21 个软弱涣散党组织实现转化或取得重大进展。

（卢　颖）

【强化党员教育管理】 年内，重新修订《发展党员公示制度》和《发展党员票决制工作办法》，提升发展党员质量。分级举办全区社区（村）、非公有制党组织等 15 个基层党组织书记轮训班，有针对性地对社区“两委”换届后新任社区党务工作者、党建指导员等开展培训，提高党务专职履职能力。以纪念建党 94 周年和抗日战争暨世界反法西斯战争胜利 70 周年等活动为契机，组织党员到卢沟桥、抗日战争纪念馆等区内外教育基地开展活动，充分利用“农村大讲堂”、“社区大讲堂”开展党员教育培训，提升党员先锋意识。

（卢　颖）

【加强基层保障水平】 年内，全力推进社区办公和活动用房达标工作，针对 67 个未达标社区，成立专项工作领导小组，建立每季度召开 1 次领导小组会的例会制度、未达标情况月报告制度和销账报告制度。规范基层党组织工作和活动经费的管理和使用，修订下发《基层党组织工作和活动经费管理办法》，明确财务核算管理的程序及标准，细化对不同类型基层党组织的要求，促进经费最大限度发挥作用。用好城乡基层党组织服务群众经费，各社区、村按照“四议一承诺”要求，共提出实事项目 924 个，涉及敬老、志愿者、党群教育、设施维护、优化环境等多个方面。

（卢　颖）

【干部管理制度建设】　年内，加强干部选拔任用工作，制定并出台《丰台区处级领导干部选拔任用工作流程》、《关于完善处级领导干部民主推荐工作的若干意见》、《丰台区处级领导干部选拔任用考察办法》等九项制度。成立处级领导班子和领导干部综合考核评价中心，组建3个调研组，对12家单位开展首轮调研，增强领导班子和干部考察、分析的科学性。加大个人有关事项的抽查核实力度，实行“凡提必查”。出台《丰台区农村基层干部报告个人有关事项暂行规定》，对全区754名村“三套班子”成员完成个人事项报告工作，加强对农村基层干部的从严管理。

（卢　颖）

【着力提高干部综合能力】　年内，安排23名缺乏基层工作经历的机关年轻干部和17名街道年轻干部到社区挂职，引导机关年轻干部到基层接地气，提升群众工作能力；安排12名处级后备干部在委办局和街道乡镇之间互派挂职，开拓视野。选派38名处级后备干部参加中青班、40名优秀年轻干部参加青干班，干部培养锻炼工作机制常态化、系统化。

（卢　颖）

【干部教育培训】　年内，出台并实施领导干部上讲台制度，开展研究式学习、自助式教学、互动教学等，突出问题导向、成果意识，针对工作中的热点难点问题，通过专题研究、交流研讨、协作实践等，把学习培训的过程变成研究实际问题、探索工作方法和改进工作措施的过程。全年共举办区级主体班次16期，专题班次60余期，共培训干部8000余人次。

（卢　颖）

【推进人才工作】　年内，评估人才规划中期目标的实施情况及成效，起草《丰台区“十三五”时期人才发展规划》，形成明确、有效的工作推进框架；部署落实2014—2015年人才工作项目，以项目化运行为抓手，统筹区科委、经信委、商务委、旅游委等产业部门力量，推进实施有利于促进区域高层次人才加速集聚和创新创业的人才工作项目，着力构建政府主导、企业主体、市场运作的人才发展体系。

（卢　颖）

宣传工作

【概　况】　2015年，全区宣传工作围绕“四个全面”战略部署，按照全国、北京市宣传部长工作会议和区委十一届六次全会精神稳步推进各项工作，为建设繁荣、文明、幸福的新丰台提供有力的思想保证、舆论支持和文化条件。

（王　斌）

【加强理论学习】　年内，举办为期三天的丰台区委区政府理论学习中心组学习（扩大）会暨党建研修班，全区150名处级党政一把手参加学习；创新“请进来、走出去”学习方式，邀请十一届全国政协委员邬贺铨院士作大数据时代社会管理和产业发展专题报告，北京大学客座教授王力先生作城市管理和社会治理专题报告，参观考察昌平区草莓博览园农业嘉年华、农业体验馆、农业创意馆。充分借助中央、市委等方面的力量以及区内各部门对口资源，聘请高规格专家学者进行理论政策层面的解读阐释，邀请7名基层党员代表到讲台上给全区领导干部作先进事迹宣讲。修订印发《丰台区处级党工委、党组中心组学习规范化管理办法》，对处级理论学习中心组的学习次数、学习时长、出勤率、读书量、学习成果等进行量化细化，对学习档案资料进行全面规范，抽查了部分单位中心组学习档案，并将学习考核纳入党建工作实绩考核评价指标体系。

（王　斌）

【建设学习型党组织】 年内，开展“建书香机关　享阅读之美——机关党员读书·荐书·品书”活动，推进学习型党组织和学习型机关文化建设，并带动全社会形成全民阅读的良好风尚。开展“关键时刻”主题征文活动，面向社会征集丰台区各行各业机关党员干部群众身边榜样人物“关键时刻”的故事，34家单位（系统）报送征文近500篇，评选优秀文章20篇，在丰台报、“丰台好声音”微信等区属媒体开设“关键时刻”故事专栏广泛宣传。组织实施“三个一百”工程，建设百个基层学习型党组织示范点、打造百项学习型党组织品牌活动、百名党支部书记讲理论课；做好基层送理论专题辅导，为全区51家党（工）委、党组所辖基层党组织提供理论专题辅导讲座20场；为全区各单位配发《习近平谈治国理政》、《法治热点面对面》等学习书籍2万余册。

（王　斌）

【丰台特色大宣讲活动】 年内，“幸福生活讲师团”共宣讲260讲；“南苑故事”、“最美航天人”、“最美丰台人”、“我身边的先锋”、“抗日老兵”宣讲367场；21个街乡镇宣讲团宣讲198场；录制“幸福生活大讲堂”9个专题；开通“丰台好声音”微信宣讲123期，“最美丰台人”微博123期；组织理论专家进基层宣讲76场；登记注册宣讲员1909人、网络宣讲员753人；登记注册街乡宣讲团21个，委办局宣讲团8个；登记注册的社区、村宣讲团378个。培训宣讲骨干200名。通过精心打造“区级宣讲团+乡镇宣讲团+社区村宣讲团+楼门邻里故事会”宣讲新体系，构建“面对面授课+电视传播+新媒体宣讲+热线咨询服务”宣讲新模式，建立“基地宣讲+领导宣讲+专家宣讲+百姓宣讲”宣讲新格局，创新“故事撰写+宣讲培训+巡回宣讲+星级管理”宣讲新机制，实现“四位一体”宣讲的品牌化、立体化、常态化、规范化。

（王　斌）

【抗战胜利70周年主题宣传活动】 年内，依托纪念全民族抗战爆发78周年暨“伟大胜利历史贡献”主题展览活动，制定宣传活动方案和新闻应急管理制度，制作并向媒体记者发放《丰台区抗战纪念活动媒体服务指南》，策划挖掘了《丰台新发现十处抗战文物》、《抗战老兵刘汉杰》、《八旬抗战义务讲解员宛平城收徒》、《老兵马湘》等好新闻，积极宣传郑福来64年义务讲解传承抗战历史的爱国情怀和奉献精神，累计接待国内外媒体90余家180余人次；市级以上媒体原发相关稿件200余篇次，组织策划集中采访17次，《丰台报》刊发专栏报道22个，专版报道15个，累计发稿150余篇次。与人民画报社合作，聚焦义务讲解员郑福来、热心保障宛平城主题展览的孟继香大妈、用影像记录卢沟桥的陈虎翼等典型，在2015年第8期以宛平城为封面，推出专题报道《记忆之城——走进打响中华民族全面抗战第一枪的宛平城》作为《铭记·抗战胜利70周年》系列报道的开篇。开展“观红色电影　忆抗战岁月”电影展播，走入宛平城地区、长辛店镇、王佐镇，播放抗战爱国电影15场，观影群众5000余人。

（王　斌）

【“发现丰台之美”主题活动】 年内，以“创造”为主题，继续深化“发现丰台之美”主题活动，设计开展了“丰台达人·秀”、“幸福社区·秀”、“我读、我拍、我唱”等活动，发动群众发现美、创造美、展示美，推动群众在参与中践行社会主义核心价值观。各单位推荐公益、文化、健康、环保、创意达人约1300余人，20个街乡镇举办了24场幸福社区秀活动，报名参加“我读”活动的群众7500多名，并在“夏青杯”朗诵大赛北京赛区十六区县中参赛人数稳居第一，播出“我拍”视频20余个。

（王　斌）

【揭晓丰台美丽元素】 年内，通过“北京丰台”新浪官方微博、千龙网、新浪网、豆瓣小站等渠道，组织开展“评选我心中的丰台之美”活动，有效投票超17.6万张，官微话题阅读量达611万，根据网络投票结果和专家意见，最终评选出卢沟桥、北京园博园、郑福来等30个年度“丰台美丽元素”。

（王 斌）

【2015“卢沟晓月”中秋赏月宣传活动】 年内，围绕“家”与“国”做文章，以点家灯、书家训、寄家信等形式，组织开展“卢沟晓月·点亮心愿”传播活动。拍摄、制作《卢沟晓月·点亮心愿》创意视频宣传片，在北京卫视《明月照人还——2015中秋晚会》中推出外，还在楼宇电视、互联网、手机等多个媒体平台播出；与中国邮政丰台邮政分公司合作，在宛平城内设立第一个以“燕京八景”命名的邮局——“卢沟晓月”邮局，以中秋团圆为主题，将传统民俗文化与邮品文化有机结合，设计、制作、发放《中秋团圆封》8000套；与千龙网合作，开发“百家姓点灯”移动端H5页面，将中秋传统文化内涵寓于新媒体技术中，手机按键点灯与宛平城点灯环节遥相呼应，广大网友通过点灯、分享、转发等方式，将自己的家训和祝福传递给身边的人，一天的访问量达12000多次。与《参考消息》合作，推出《五家庭卢沟中秋话团圆》《红提灯笼添彩宛平》两个整版报道。

（王 斌）

【为区域发展保驾护航】 年内，组织媒体对丰台区举办的“我为十三五建言”、“长辛店老镇复兴计划”、“丰台区开出最大罚单”、“非首都功能疏解”、“纪念抗战胜利70周年宣传”、“卢沟晓月中秋文化节”和“金秋文化季”等重大活动、典型经验和新闻发布等进行集中采访近百次。跟随区领导调研及参加各类会议百余次，采写领导调研和会议新闻几百篇，给区政府网站更新新闻1000余条，给党建网提供相关新闻60余条，由区委组织部、区委宣传部与人民网联合推出的《丰台党建进行时》大型专题正式上线。

（王 斌）

【疏解宣传工作】 年内，多次组织中央和市属媒体对丰台区的疏解成果进行集中采访，先后推出了中国日报《北京大红门商圈关停5家市场涉及千余商户》、北京日报《大红门公开信劝商户“早疏解”》、北京晚报《白沟大红门商会举行首次例会》等近50篇重点报道，并与北京人民广播电台新闻频道整点快报专题现场连线报道，新华网、人民网、千龙网、腾讯网等各大网站相继转载，相关新闻量近万条。

（王 斌）

【加强舆论引导和研判】 年内，健全以全市范围为基础的舆情监测系统，实现7×24小时全网络舆情监测，按时报送各类信息刊物；提供信息预警，制定7×16小时舆情预警通报机制，每天早7点至晚10点即时提供预警信息。启动舆情风险评估工作，与中国传媒大学媒介与公共事务研究院合作启动丰台区舆情风险评估工作，对区环保局“辛普劳公司超标排污行政处罚”事件首次开展了舆情风险评估，策划召开“依法行政、协商共治”媒体企业恳谈会，结合四合庄回迁问题进行充分评估并召开专家论证会。与千龙网合作开展“提升网络舆论引导主动权”课题研究，运用大数据工具全面梳理丰台区舆情的分布与特征，分析舆情反映集中的问题。

（王 斌）

文化创意产业工作

【概 况】 根据丰编发[2014]57号《北京市丰台区机构编制委员会关于调整丰台区文化创意产业促进中心规格并加挂戏曲文化

中心筹备办公室牌子的通知》，2014年6月16日成立丰台区文化创意产业促进中心（戏曲文化中心筹备办公室），为区政府所属，相当于正处级事业单位，全额拨款；核定编制37人（现有17人）。丰台区文化创意产业促进中心的主要职责是负责为丰台区文化创意产业发展提供决策咨询、组织项目论证、提供信息服务、开展专题调研等工作；负责戏曲文化中心建设项目的组织实施工作。丰编办函[2015]24号《北京市丰台区机构编制委员会办公室关于北京市丰台区文化创意产业促进中心（戏曲文化中心筹备办公室）设置内设机构的批复》，丰台区文化创意产业促进中心内设机构：办公室、产业促进科、项目协调科、宣传信息科、戏曲文化科、研究室。

（李　磊）

【文创产业大发展】 年内，丰台区文化创意产业一直保持较快增长。文化创意产业九大行业中，广告会展、文化艺术、软件和网络及计算机服务、设计服务增长较快。文化创意产业作为丰台区重点发展产业，在创新驱动发展，构建“高精尖”产业结构上发挥越来越重要的作用。全年丰台区规模以上文创企业实现收入389.1亿元，同比增长9.1%，从业人员42305人，增长10.4%，利润总额29.2亿元，增长31.4%。

（李　磊）

【开展第三届惠民文化消费季活动】 8月—11月，开展丰台区第三届惠民文化消费季活动，以“引领文化消费、品味魅力丰台”为主题，共设置“快乐丰台 休闲娱乐季”、“精彩丰台 缤纷活动季”、“享受丰台 惠民展演季”三大板块26项主题系列活动。其中，丰台区第三届惠民文化消费季启动仪式、“卢沟狮”卡通形象标识设计、文化惠民图书阅读展销、文惠卡宣传推介、文创精品进校园进社区宣传推介、丰台区文化消费APP设计、北京国际图书节丰台分会场、惠民文化消费季总结评选8项活动由区文促中心具体负责承办。通过引导市民的文化消费理念，促进区域消费增长，为百姓带来了实惠；活动评选出十大优秀企业。

（李　磊）

【完善戏曲文化中心数字化平台】 2014年，中国戏曲文化中心数字化平台正式上线，2015年继续完善建设，3月获批2015年度文化部国家特色文化产业重点项目。

（李　磊）

【打造中国戏曲动漫原创人才实训基地】 年内，依托中国戏曲文化中心数字化平台，与中国戏曲学院等专业院团联合打造“中国戏曲动漫原创人才实训基地”。编创完成戏曲动漫舞台剧《京剧武打艺术》、《跑旱船》、《墙头记》等剧目精品，其中《跑旱船》入选2015年国家艺术基金年度资助项目。

（李　磊）

【开展戏曲相关人才调研】 年内，开展戏曲文化、戏曲衍生品设计及戏曲服务业等人才专项调研，摸清人才分布底数，为设计行业发展和中国戏曲文化中心建设进行人才储备。

（李　磊）

【开展课题研究】 年内，开展《戏曲当代路径的研究》项目和元杂剧《蓝采和》学术复演项目等课题研究，8月，配合意大利对华友好协会拍摄《信仰之源》纪录片戏曲专篇。

（李　磊）

【举办文化创意产业培训】 6月2日—4日，举办文化创意产业处级专题研修班；11月11日—13日，举办戏曲文化科级研修班，分别由区内相关委办局、街乡镇、地区、重点项目单位主管领导和相关科室负责人或戏曲文艺骨干40人参加培训。

（李　磊）

【设计丰台区卡通形象】 8月25日，依托宛平城、卢沟桥等区内文化资源，以卢沟狮为原型设计的“丰台区卡通形象——丰丰”，在丰台区第三届惠民文化消费季启动仪式上向社会发布。同时拍摄制作“丰丰”动漫宣传片，自9月7日起在丰台网络电视台播出，并在“北京丰台”、“丰台文创”等官微发布。

（李　磊）

【研发文化消费手机APP】 年内，丰台区文化消费手机APP研发工作基本完成。将全区旅游、历史、文化等资源融合聚集，全面涵盖丰台区公益性的文化基础设施。引导群众文化消费理念、促进区域经济增长。

（李　磊）

【开展文创精品征集评选活动】 10月12日，面向全区文创企业开展“2015年度丰台区十大文化创意精品”征集评选活动，征集到各类文创产品80余件。经过公众评选、专家评选等环节，最终《“一带一路”引领中国》主流图书、《卢沟晓月》系列剪纸、原创评剧《母亲》等产品当选“2015年度丰台区十大文化创意精品”。

（李　磊）

精神文明建设工作

【概　况】 2015年，丰台区精神文明建设工作适应“四个全面”战略布局和“五大发展理念”的新要求，认真落实市区委和文明委工作部署，紧密围绕社会主义核心价值观建设这个根本和提升公民文明素质与社会文明程度的目标，以服务重大工作任务、开展主题社会宣传、规范公共文明引导、深化精神文明创建、引领社会志愿服务和推进未成年人思想道德建设为重点，抓统筹协调、重工作落实，各项工作取得新的进展。

（王　旭）

【“卢沟晓月”中秋赏月会活动】 年内，落实首都文明办和区委“注重群众性和新媒体传播”，“突出主题、营造氛围、保证安全”要求，在宛平指挥部全力配合下，举办了“卢沟晓月”中秋赏月会活动。活动以庆团圆和“家国情怀”为主题，突出了群众性、民俗性，同时契合了纪念抗战胜利和核心价值观宣传的时事热点，以点家灯、写家训、寄家信等新形式，组织开展的“卢沟晓月·点亮心愿·祝福祖国”传播活动，吸引各大媒体进行广泛报道，特别是活动专题宣传片在腾讯网中秋特辑平台首发，点播量达1200万次，成为具有全国影响的热点传播事件。“北京丰台”官方微博一天的阅读量达35万，创造了丰台官微同网民互动的新纪录，拉动全民互动赏月新氛围，粉丝量创“120万”新高。

（王　旭）

【“伟大胜利　历史贡献”主题展览活动服务保障】 年内，成立“伟大胜利　历史贡献”主题展览保障服务领导小组，精选200名公共文明引导员进行专项培训并承担主题展览多点位车辆和观众引导，共投入保障力量1.2万余人次、提供服务4.9万余小时，疏导游客67万人、车辆6万余台，解答游客咨询15万人次、帮扶游客6000余人次。做到筹划部署周密、现场管理精细，引导服务到位，重要时刻得力，宣传报道深入。《首都文明网》、《首都文明报》、《劳动午报》、《丰台报》、千龙网、丰台有线等多家媒体刊发专门稿件近40篇。

（王永峰）

【社会主义核心价值观社会宣传】 年内，制发了《2015年丰台区文明市民学校教育工作安排》，指导各街乡镇、社区村和参与文明创建活动的社会单位，结合实际开展经常性的核心价值观主题宣传教育。统筹开展各类市民宣讲1096场次、录制“幸福生活大讲堂”专题片12部、制作“丰台‘好声音’微信宣讲”152期，“幸福生活讲师团”百姓宣讲活动获评全市先进单位。落实市委宣传部要求，在卢沟桥乡西局村玉璞园集中建设了社会主义核心价值观宣传主题公园1处。结合社会宣传环境布置和城市环境美化提升，在卢沟桥乡、南苑街道、宛平城等地区统一选址、建设核心价值观公益广告宣传墙6处，引导各街乡（镇）建设公益广告宣传墙52处、方庄街道主题公园1处。营造“我们的节日”传统节庆文化传播氛围，统一印发张贴元旦等五大传统节日宣传海报24000张，制发春节福袋17000个，在《丰台报》开设了“我们的节日”系列宣传专版。

（詹雅青）

【先进模范推选】 年内，大力推动“北京榜样·最美丰台人”选树和事迹宣传活动形成声势，组织各单位推荐候选人661名，向市组委会重点推荐126名，入选“2015北京榜样”周榜7人、入选月榜3人，郑福来获选2015年度“十大北京榜样”，张广明、王升起获提名奖，100人被区组委会选树为“年度最美丰台人”，郑福来被中宣部授予“时代楷模”称号。开展“身边好人”和全国与首都道德模范申报推荐工作，推荐参选全国“身边好人”36人、参评首都道德模范9人、参评全国道德模范5人，刘国权、佟庆华、王升起、彭桂荣4人荣登“中国好人榜”，推荐和获选人数在全市各区县与系统中排名第二。在全区开展“发现丰台之美”——“寻找身边最美丰台达人”活动，评选文化、环保、健康、创意、公益5类达人178名，最美达人30名。各项推荐评选活动过程中，对各重点候选人和重点宣传对象的事迹，均通过“文明丰台”网站和同名官方微博、“北京丰台”微博、丰台报“最美丰台人专栏”、发现丰台之美豆瓣小站等平台进行广泛宣传。

（詹雅青）

【绿色环保宣传】 年内，积极传播“三绿一志愿”理念，推进“清洁空气蓝天行动”活动，年初，全市首批100个“三微（微博、微信、微电影）”示范案例及200名“绿色生活好市民”评选中，丰台区7个案例被评为全市示范案例、16人被评为市级绿色生活好市民、1个单位在全市大会上做了经验交流发言。参加北京市“2015年度中小学生环保演讲比赛”取得优异成绩，协调举办绿色环保宣传活动30余次、发放各类宣传材料及宣传品25万份，在丰台报专栏刊出“环保·视点”15期、“践行绿色生活”专版一期，与丰台有线电视台合作拍摄、播放环保宣传片15期。

（詹雅青）

【学雷锋志愿服务活动】 年内，协调开展“学雷锋志愿服务月”、“学雷锋宣传示范周”、“学雷锋精神，做雷锋传人”等活动，在“文明丰台网站”开设了“雷锋精神放光芒——丰台志愿者在行动”专题宣传栏，对活动动态、特色和效果进行了及时发布，推动学雷锋志愿服务活动常态化。

（詹雅青）

【公共文明引导行动】 年内，全面明确和规范了公共文明引导行动的各项制度，明确了在完成日常公共文明引导勤务同时，配合精神文明建设重点工作，坚持每周四全面开展“垃圾减量、垃圾分类”宣传活动、每月11日组织开展“公共文明引导宣传日”活动的常态化要求。为16个街道公共文明引导员中队配置了40台指纹移动考勤机。统一采取“日常挂榜、月月宣传、年终总评”的形式，发动广大乘客和公共文明引导员评选市、区两级“文明有礼好乘客之星”，制作宣传品6类5万余件，开展宣传活动12场、张挂推举榜180块、横幅192条，宣传引导、示范引领广大乘客自觉排队候车、有序上下、文明出行，活动吸引大量市民群众关注和参与，全年收到各类推荐上万人、张榜宣传2160人、评选出区级“好乘客之星”120人。

（任海东）

【精神文明创建活动】 年内，适应文明创建考核从年度制改为三年一届届期制的变化，编制了《丰台区创建文明单位届期工作规范》，对一个创建周期中整体节奏把握、各年度重点安排提出了明确要求。推进文明单位创建“五个一”建设、农村精神文明“十个一”创建工程和军（警）民共建“五个一”工程，规范了创建重点内容和项目，有效推动了创建活动的常态化开展和规范化运行。突出培育传承良好家风家训，开展了寻找“最美家庭”活动，评选宣传区级“最美家庭”50 户、推荐参评“首都最美家庭”5 户。在年度首都文明区创建复查中，努力提高群众对创建工作的知晓率、参与率和满意率，确保了复查工作的完成。在争创全国双拥模范区“六连冠”考评中，丰台区军（警）民共建项目在市级检查验收中获得满分。

（贾学奎）

【农村精神文明建设】年内，组织开展了“弘扬优良家风　创新发展乡贤文化”活动，引导广大农民自我教育、自我服务、自我管理。推进乡情村史陈列室、精神文明宣传视屏的建设和使用，年内在河东三乡新建成宣传视屏 4 处和张郭庄村乡情村史陈列室，另有 2 个村的乡情村史陈列室也已进入建设筹备阶段。

（贾学奎）

【网络文明传播志愿活动】年内，建立起 22 人的全国文明单位和 463 人的首都文明单位网络文明传播志愿者队伍，组建了全区网络文明传播志愿者 QQ 群，围绕党的十八届五中全会、申办冬奥会、养老金并轨改革等重大事件和社会热点问题，组织开展了 4 次集中行动和常态化的网络文明传播活动。

（贾学奎）

【开展专项和主题文明创建活动】年内，集中开展“诚实做人　守信做事”教育实践活动，召开了“丰台区商品交易市场强化整治规范推进诚信创建”大会、向辖区企业和商户发放了《商品交易市场诚信经营十项规范》，并通过开展“文明市场”和“诚信星级商户”评比、推广建立商户诚信档案、组织成立“玉泉营市场商圈诚信联盟”、加大商市场内诚信宣传等形式落实《丰台区关于推进诚信建设制度化的实施意见》，评出市级文明市场 10 家、三星级以上商户 2.88 万户，在全区 4.12 万市场经营商户中，创优占比达到 69.9%。

（贾学奎）

【文明旅游宣传引导活动】年内，举办全区旅游行业文明与安全知识竞赛和集中宣传咨询活动，发放《中国公民国内旅游文明行为公约》、《中国公民出国（境）旅游文明行为指南》等宣传提示资料，为各社区、景区制发张挂文明旅游宣传海报 1 万张，通过旅游网站专栏、旅游企事业单位对客接待宣传等形式，倡导文明旅游、安全旅游、环保旅游的理念。

（贾学奎）

【区志愿服务联合会筹备工作】年内，组织文明办、社会办、综治办、民政局、团区委等志愿服务重点牵头单位，对各区县和区志愿服务开展情况进行基本情况摸底和系统调研，重点学习、研究了志愿服务工作体制、机制、组织方面的规定和基础建设、人员招募、项目组织、活动管理等要求，草拟了《丰台区志愿服务联合会章程》和给区委区政府的工作请示（送审稿），从机构设置、人员配备、办公场所、经费保障和工作机制、平台建设与十三五期间工作目标等方面提出了工作建议。承办了首都文明办和市志愿服务联合会主办的全市志愿服务工作调研，邀请全市首批 13 个拥有金牌项目的志愿服务团队来丰台区参加研讨，重点就志愿服务组织与机制建设、人员与项目管理和突出“邻里守望”抓志愿服务制度化、常态化进行经验交流。

（王　旭）

【以首都专项评比命名引导志愿服务开展】年内，结合首都首批学雷锋志愿服务岗（站）

和示范岗（站）命名、首都学雷锋志愿服务金（银）牌项目评审与专项扶持资金划拨工作，对丰台区获选的 103 个服务岗（站）、10 个示范服务岗（站）和 9 个金（银）牌项目，通过网站、报刊进行了全面推介展示和特色宣传，为各级各类志愿组织发展和活动开展提供借鉴。组织开展了首都第二批志愿服务岗（站）、示范岗（站）报名推荐活动，共推荐上报参评单位 80 个。

（王　旭）

【未成年人思想道德教育】 年内，集中组织开展了“讲家训、传美德、树家风——争当社区文明小使者”主题实践活动，全区评出和被市里统一表彰“三星级”以上社区文明小使者 3365 名。组织开展了“清明祭英烈”、“向国旗敬礼”等网上活动，吸引大量青少年参加。开展“最美少年在身边——学习和争做美德少年”活动，推荐上报 16 人参加全市评比，7 人获得首都百名“美德少年”称号。开展了“核心价值观　托举中国梦”优秀童谣节目推选展演活动，丰台区 2 个节目被选中参加全市展演。组织“市民高雅艺术殿堂文明行”活动，全区 2 万名市民走进国家大剧院参观体验，32 名同学参加了全市高雅艺术夏令营活动。持续组织开展了未成年人思想道德建设工作创新案例征集活动，引导全区各学校和街乡（镇）、社区（村）积极参与，共收到基层推荐案例 40 余件，长辛店街道合成公社区的《游古驿民俗，传红色历史》和芳星园中学的《以竹为品传家风》案例，参评并分获 2015 年度首都未成年人思想道德建设“创新案例奖”和“提名奖”。依托东高地青少年科技馆开展的“丰台区中小学生科技节系列比赛”活动，在全区教育系统开展的“发现丰台之美·幸福教育·校园达人秀”宣传展示活动、“美丽校园·双手创造”活动以及北京十二中探索开展的“十礼教育”、丰台五小党建引领制定《丰台五小幸福价值观》等活动，集中展示了丰台区未成年人思想道德建设工作创新推动发展的优势和成果。在关心下一代工作中，重点组织开展了“首届北京市青少年艺术体验营”活动，全区 12 名学生参加了活动。在 30 余所学校开展“欢乐足球进校园”推广培训活动，获得组织奖。选派成寿寺小学代表北京市参加了京津冀三省市“欢乐足球在校园”比赛，获得优胜奖。

（黄　伟）

统 战 工 作

【概　况】 2015 年，丰台区统一战线工作按照区委十一届六次全会和全市统战部长会议的工作部署，深入调查研究，注重协调指导，加强督促检查，解决突出问题，不断开创丰台区统战事业发展新局面，为区域经济社会发展提供广泛的力量支持。

（苏　芳）

【召开区委统战工作会议】 年内，成立由区委书记杨艺文同志任组长的区委统战工作领导小组。结合实际制定《丰台区委统战部贯彻落实中央、市委统战工作会议精神和<中国共产党统一战线工作条例>（试行）实施方案》；邀请市委统战部领导、中央社院统战理论专家学习解读中央、市委统战工作会议精神。

（苏　芳）

【举办纪念抗日战争胜利 70 周年系列活动】 年内，举办“追忆历史·展望未来”主题系列活动。活动以读历史、讲历史、观历史、展历史、写历史和画历史等六个方面深入推进。向统一战线成员发放《中国抗日战争》400 余册；依托社会主义学院，通过“进团体、进支部、进场所、进社区、进楼宇”等方式，邀请专家学者、社院老师举办专题讲座 3 场，受教育人数达 600 余人；组织统战成员参观平西抗日战争纪念馆和中国人民抗日战争纪念馆，在爱国宗教团体巡回展出“烽火卢沟桥，不屈民族魂”主题展板。举办征文、书画展、演讲及现场笔会等活动，共收集征文100余篇、书画作品64幅，剪纸作品70幅，统战系统15位书画家现场挥毫泼墨，其中苏铜等书画家共同创作题为“盛世中华”巨幅画作，并编印完成《丰台区统战成员作品集》。

（苏　芳）

【服务区域社会发展】 年内，就区委、区政府重大事项召开各类协商会、座谈会、通报会12次，为民主党派、工商联、无党派人士开辟更畅通的参政议政渠道。11月，区委统战部、区工商联带领丰台区30多家工商联会员企业负责人赴天津北辰区考察交流，为区域经济社会发展，京津冀协同发展和首都非核心功能疏解提供广泛的力量支持。

（苏　芳）

【推进民主党派自身建设】 年内，组织民主党派新成员、班子成员及后备干部培训班3期，参训人数400余人。召开了坚持和发展中国特色社会主义学习实践活动阶段总结及推进座谈会，增强各民主党派成员的道路自信、理论自信、制度自信。对各民主党派区工委领导班子及后备人选进行深入调研和全面了解，未雨绸缪做好各项工作。

（苏　芳）

【宗教团体换届】 11月17日—19日，完成伊斯兰教协会、天主教爱国会、基督教三自爱国运动委员会换届工作。成立换届工作领导小组办公室，制定《丰台区伊斯兰教协会、天主教爱国会、基督教三自爱国运动委员会换届工作方案》，定期召开例会，统筹、组织、指导做好换届工作。听取宗教团体班子成员、教职人员和信徒骨干对换届人选的意见，召开座谈会6次，个别谈话73人次；区委统战部、区民宗办联合对人选进行考察，并与各宗教团体形成一致意见，对班子人选进行全面的综合评定，确保换届工作顺利完成。

（苏　芳）

【知联会工作的开展】 年内，健全完善丰台区党外知识分子联谊会工作机制，探索建立调查研究、社会服务等工作制度和领导班子定期通报沟通机制。年初，召开会长工作会议，通报区委第十一届六次全会精神和区政府工作报告，审议《丰台知联会2014年工作总结及2015年工作任务报告》，研讨2015年建言献策选题方向。联合区社会主义学院举办知联会培训班，邀请中央统战部领导，就如何加强党外知识分子队伍和知联会建设提出指导性意见。组织知联会会员开展“农村产业化”调研、到中关村创业大街开展大众创业、万众创新及互联网+体验活动，为会员提供联谊交流平台。

（苏　芳）

【宗教事务管理】 年内，在重要节日、敏感时段对丰台区7个宗教活动场所组织专项安全检查15次。采取现场检查和查阅资料相结合的方式，尤其是安全制度及应急预案的落实情况，安全生产检查记录签署情况，并对检查出的问题提出整改要求。加强宗教工作三级网络建设，形成一级抓一级、层层抓落实的长效管理机制。探索流动人口宗教事务管理模式，推进宗教事务管理和社会公共管理有机结合。

（苏　芳）

【统战理论调研】 年内，统战部联合区社会主义学院，开展统战理论调研，完成《非公有制经济宗教信仰状况调查与研究》、《城市少数民族流动人口服务管理研究》和《对丰台区民主党派工作的调查与思考》3个课题研究。其中前两个课题获得了北京市统战理论研究基地的招标立项；丰台区成为全市唯一一家同时获得2个中标课题的申报单位。

（苏　芳）

【侨务工作】 年内，区侨联组织部分区属侨商及侨界代表人士参加由张家口市政府主办的“三祖开文明　共圆中国梦——2015年涿鹿共祭中华三祖大典活动”，并与张家口市侨联签订助力京张发展友好侨联协议书，成为《京津冀协同发展规划纲要》发布后京冀侨联系统率先搭建的助力协同发展的交流平台。

（苏　芳）

对台工作

【概　况】 2015年，全区对台工作在区委、区政府的领导和市台办的具体指导下，继续深入贯彻中央对台工作方针政策，认真学习党的十八届四中全会和习总书记对台工作重要讲话精神，落实市台办“四局一体”的工作要求，充分发挥台办“组织、指导、管理、协调、服务”职能，落实年度工作，按照年初工作要点，完成各项任务。

（张振明）

【对台工作】 年内，围绕中央确定的两岸关系和平发展总体目标，从加强丰台区对台工作的实际出发，提高全区对台工作的影响力。坚持对台工作由党委主要领导同志负责制，书记一把手亲自抓对台工作，健全完善党委统一部署、党政领导齐抓共管、对台系统组织协调、相关部门联动实施、社会力量广泛积极参与的对台工作机制；根据人员变动情况及时更新调整区委对台工作领导小组和丰台区台胞权益保障协调小组组成人员，不断强化对台工作的组织领导；抓住基层对台工作重点，制定年度工作要点、细化因公赴台交流计划，下发涉台教育培训计划，明确对台工作的职责任务。

（张振明）

【第四届北京特色周活动】 3月2日至9日，由市台办和区政府主办的高雄灯会艺术节暨第四届北京特色周在台湾高雄香蕉码头举办。特色周活动由主管副区长高峰带队。这次特色周活动中设26个展位31个项目76人参加，吸引台湾民众约8万余人次参与，展销金额20余万元，现场向高雄市社福慈善团体及现场民众义卖义捐近万元（约合5万新台币）。活动期间，区文联书画家挥毫泼墨向台湾民众现场送“福”、卢沟桥乡戏迷社的京剧唱段、王佐镇的米粮屯高跷等丰台特色表演，以及老北京的特色小吃，受到高雄市民的欢迎。活动中，以卢沟桥文化旅游为主题的丰台区旅游推介会，向高雄民众展示卢沟桥文化旅游区特色产品，不仅宣传丰台特色旅游项目，而且还签署了战略合作协议（丰台旅游协会与高雄观光协会签署了战略合作协议，丰台自行车运动协会与台湾爱台风股份有限公司签订“休闲旅游与骑行框架协议”），吸引岛内10余家主流媒体争相报道，发布电视新闻25篇、新闻电子报40篇、广播新闻3篇、报纸新闻7篇、网络新闻43篇，中央电视台、北京日报、千龙网等大陆媒体也对活动进行了全面、翔实的报导。

（张振明）

【两岸交流交往】 年内，区台办着眼两岸关系和平发展的新形势，抓住京台社区交流启动的机遇，发挥丰台区人文资源优势，结合自身特点，采取请进来、走出去等多种方式，打造品牌、搭建平台、拓展领域，全方位推动两岸交流与合作，组织实施一批务实有效、影响广泛的两岸交流活动。全年共办理赴台手续70件348人次。其中公职人员36件314人次，商务赴台18件34人次；接待台湾参访团共涉及台湾8个县市13批315人（次），协助接待政府安排的投资项目考察团2批20余人；两岸基层签署了21个结对交流协议；先后举办了“京台社区大讲堂”、“京台社区医疗论坛”活动4次。

（张振明）

【涉台服务工作】 年内，继续开展“感知新丰台，共谋新发展”台商服务日系列活动。市台办汪明浩主任到驻区企业育青食品公司进行调研走访；区委常委、统战部部长张建国，副区长高峰多次主持参与台商服务日活动；依托专业社会组织参与，成立“涉台事务热线”，提供专业咨询；调动驻区台商积极性，协助“北京台资企业协会丰台分会”成立；组织驻区台商参观区重点文创企业。

（张振明）

【涉台教育的广覆盖】 年内，推动涉台教育宣传工作，做好各项服务工作。由北京市台办与区台办联合编写的《基层涉台教育浅谈》干部读本正式出版并发行；先后组织青少年学生赴台交流9批134人，接待台方学校来访3个团组80余人次。选派北京市第十中学参加市级项目“北京学生台湾阿里山夏令营”活动；选派北京十二中、十八中等学校干部教师赴台参加“2015年京台青年科学家论坛”活动。

（张振明）

【组织对台工作干部培训】 年内，采取区委党校培训、主题班次培训、自主培训三种固定形式与外出学习、上挂下派等方式相结合，台办干部先后参加市台办组织的培训3次，“以干代培”入岛培训1次；组织街道对台干部参加市台办组织的培训，并选派10名基层社区示范点负责人赴台培训。

（张振明）

政策研究工作

【概　况】 年内，全区政策研究工作以服务区委区政府工作大局为主线，紧紧围绕扎实开展“三严三实”专题教育，坚持转变创新，着力做好文稿起草、课题调研、信息收集等重点工作，撰写区委区政府重要文稿起草8篇，完成市级重点课题研究2个和区级重点课题研究9个，统筹全区调查研究并完成《2015年丰台区调研报告选编》，编发《丰台调研与学习》6期。围绕履行区委全面深化改革工作办公室职能，加强全区深化改革工作的推动调度和政策研究，共起草相关文稿7篇，编发《丰台改革工作简报》25期。

（戴玉其）

【起草文稿】 年内，完成《区委十一届七次全会报告》、《区政府工作报告》、《杨艺文同志在丰台区2015年农村工作会上的讲话》、《杨艺文同志在丰台区群团工作会上的讲话》、《杨艺文书记基层党建工作述职报告》、《冀岩区长在市委十一届八次全会小组讨论上的发言提纲》、《冀岩区长在四套班子“十三五”规划研讨会上的发言提纲》、《深入贯彻市委十一届七次全会和半年经济形势分析会精神的汇报》、《中共丰台区委关于加强党员领导干部思想政治建设工作的意见》、《王安顺市长在丰台团讲话代拟稿》等区委区政府文件和领导讲话稿、汇报稿。

（戴玉其）

【调查研究】 年初，对各单位年度课题选题方向进行了指导。课题开展过程中，加大对课题进度和研究阶段成果的评价和指导，确保课题研究的正确方向。年内，共收集各单位党政主要领导调研成果92篇并进行汇编，其中将46篇优秀调研成果进行选编。

（戴玉其）

【重点课题】 年内，分别由区委书记杨艺文、区委副书记、区长冀岩同志亲自主持，研究室牵头负责，与专业研究机构合作成立课题组，开展《丰台区都市生活服务业创新发展研究》、《基于服务首都城市功能定位下的丰台发展研究》两个市级重点课题调研，对丰台区都市生活服务业创新发展工作、首都功能定位下丰台的发展问题进行了研究。

（戴玉其）

【刊物编辑】 年内，《丰台学习与调研》共编发了区人大、区政协专题专刊2期，大红门功能疏解专题、丰台城市、社区发展、丰台处级学习培训调研、政协专题等专刊7期，为领导决策提供真实、准确的信息参考。

（戴玉其）

【全面深化改革起草文稿】 年内，完成《丰台区委全面深化改革领导小组 2015 年工作要点》、《丰台区 2015 年上半年全面深化改革工作总结》、《丰台区 2015 年全面深化改革工作汇报》、《丰台区政府 2015 年重点改革任务落实工作目标责任书完成情况报告》、《丰台区“一区一事典”工作方案和申报材料》、《全市区县改革系统交流材料》、《丰台区推进“医联体”改革工作信息》等汇报材料。

（戴玉其）

老干部工作

【概　况】 2015 年，丰台区老干部工作贯彻落实全国离退休干部“双先”表彰大会精神，按照市、区老干部工作会议要求，以“展示阳光心态、体验美好生活、畅谈发展变化”主题实践活动为主线，以加强离退休干部思想政治建设和党组织建设为重点，以自觉践行“三严三实”为要求，以实现为党的事业增添正能量的价值取向为目标，在转型发展中不断提高老干部工作的科学化水平。全年举办书画、摄影、楹联作品展 6 次，展出反映爱党爱国情怀、廉政精神、纪念抗战胜利 70 周年主题等方面的作品 700 余幅。金秋艺术团舞蹈队创作表演的回族舞蹈《剪花情》荣获 2015 第三届“中国梦•夕阳美”全国中老年艺术大赛特别金奖等多项大奖

（尚立新）

【确定工作思路】 年内，丰台区委老干部局深入学习宣传全国离退休干部“双先”表彰大会精神，深化《北京市老干部局关于深入推进离退休干部为党的事业增添正能量活动的指导意见》贯彻落实，结合自身实际，研究确定了“把握三个特点、注重九个融合”的工作思路，即“把握‘展示阳光心态、体验美好生活、畅谈发展变化’主题实践活动要求特点，注重展示、体验、畅谈三个方面的融合；把握活动形式和工作内容的特色亮点，注重会议、座谈、特色活动三个方面的融合；把握服务对象和工作队伍特点，注重离退休干部党支部书记、老干部活动团队和专兼职老干部工作者三方面力量的融合。

（尚立新）

【引导正能量活动】 年内，引导离退休干部感受正能量，将元宵节、重阳节庆祝活动与“展示阳光心态、体验美好生活、畅谈发展变化”主题活动和纪念抗战胜利 70 周年活动相结合，特别设置“丰台区离退休干部开展主题活动启动仪式”、“学雷锋服务岗”、少先队员向老干部代表敬献红领巾和老干部向青年干部送寄语等环节。引导离退休干部书写正能量，成立了由近 20 位局、处级退休干部组成的老干部写作组，一年中，老同志们相继创作各种形式作品 100 余篇/首/幅，共有 60 余篇文章及诗词作品在国家、市区级报刊杂志上发表。营造网络正能量，组建由 191 名老干部参加的 16 支老干部网络宣传员队伍。以发文、跟帖、点赞形式抒发爱党、忧党、兴党、护党的情怀。引导离退休干部畅谈正能量，围绕“四个全面”战略布局、“我看十八大以来的变化”等主题组织不同层面老同志进行座谈交流。引导离退休干部释放正能量，81 支老党员先锋队守岗尽责，开展“小老人照顾老老人”、“关注未来 阳光助学”、文明劝导、阳光护送、“巧巧手”维修等多种公益活动；丰台区老科协深入农村、企业、部队等讲政策、普法律；丰台区老年书画研究会开展文化下乡活动；晓月诗社定期到养老院、社区、学校开展诗词联谊活动，深入丰台二幼、丰台八小开展“大手拉小手”活动；老干部宣讲员走进社区宣讲“三严三实”。引导离退休干部展示正能量，举办纪念建党 94 周年京剧专场演出和“阳光杯”台球、乒乓球比赛；组织老干部合唱团参加北京市老干部健身活动展示大会。引导离退休干部汇聚

正能量，加强学习活动阵地建设，老年大学新开设篆刻班和手工艺制作班，建成专业的摄影实践课堂——影视棚。

（尚立新）

【纪念抗战胜利 70 周年系列活动】 抗战胜利 70 周年之际，丰台区主要领导、老干部局以及有关单位对 55 位抗日战争时期参加革命工作的离休干部和 2 位抗战时期离休干部的遗属进行走访慰问，并为他们送去了纪念章和慰问金；组织 11 名离退休干部及家属参加了“9·3 大阅兵”、111 名离退休干部参加了“北京市离退休干部纪念中国人民抗日战争暨世界反法西斯战争胜利 70 周年歌咏大会”，并组织参观了《伟大胜利　历史贡献》主题展览；举办向抗战老干部代表赠送画像及印章仪式和纪念抗战胜利 70 周年诗词吟诵会、书画摄影展等活动。

（尚立新）

【形成大宣传体系】 年内，树立以“为党的事业增添正能量”为中心的大宣传理念、拓展“区、市、全国三级媒体”的大宣传平台、建设“专职、骨干、兴趣三个群体”的大宣传队伍，形成了一个中心指导、三级平台展示、三支队伍支持的“1+3+3”大宣传体系，全年在《丰台报》、《北京老干部》、《中国老年报》等各级报刊杂志刊发老同志发挥正能量的各类作品和相关新闻 200 余条，借助人民网、千龙网等网络平台和微信群等新媒体平台进行宣传。

（尚立新）

【离退休干部思想政治建设】 年内，制定下发《2015 年丰台区离退休干部理论学习重点》，为老同志订阅《北京支部生活——北京老干部》、《离退休干部党支部学习参考》、《大讲堂》等学习资料，增订《环球老龄》杂志等；为离退休干部党支部和社区课堂下发理论学习辅导材料、情况通报和国内外形势报告精选光盘；利用《丰台老干部》报和丰台区委老干部局网站，以及丰台区党建网和北京市老干部局网站丰台板块，及时展示老同志的学习动态和践行成果；组织引导老同志利用北京市离退休干部网络学习中心和《晚晴》栏目加强自学。举办了处级退休干部学习班，并特邀曾在周恩来、邓颖超身边担任秘书达 37 年的赵炜同志作“讲述周总理故事·传播中国好声音”专题报告、以及离退休干部党支部书记工作会、正能量活动推进会等 6 期集中学习培训，参加人数达 700 余人次，组织两批正处级退休干部赴南京参观考察；在举办京津冀协同发展、“四个全面”战略部署等报告会的基础上，每月增加一次播放学习光盘。组织老同志参加了市级的各类通报会、学习班、学习交流活动等。丰台区的 4 个离退休干部集体、6 位离退休干部个人，在 2014 年底荣获北京市离退休干部“双先”称号，并将其事迹，在《丰台老干部》报开辟《“双先”事迹》专栏刊登宣传。

（尚立新）

【为老干部办实事】 年内，对抗日战争时期参加革命工作离休干部的自付医疗费加大补助力度，为 10 位离休干部办理了大病医疗费自费补助 11 万余元；将离休干部社区“四就近”服务管理经费标准由 200 元提高到 400 元，为 1844 名离休干部下拨了服务管理经费；规范了离休干部特需经费和健康休养费使用范围；提高了离休干部和局级退休干部的体检标准，组织完成了全区 1017 名离退休干部在小汤山体检中心和丰台体检中心的健康体检工作；结合春节走访慰问，为全区 420 名离休干部赠送了智能拐杖；为离退休干部征订了《环球老龄》杂志。为丰台区 1168 名副处级以上退休干部每人发放了 2 张北宫国家森林公园年票。为 80 岁以上离退休干部拍摄纪念照。

（尚立新）

【走访慰问老干部】 “春节”、“七一”和“国庆节”期间，开展走访慰问工作，先后看望了200余名离退休干部代表，为有特殊困难的老干部送去特困慰问金15.6万元。

（尚立新）

【老干部工作队伍建设】 年内，以“三严三实”专题教育活动为契机，组织处级领导干部和科级及以下干部开展专题学习研讨活动，举办了“三严三实”专题教育党课报告会、领导干部讲党课、廉政教育、法律知识专题讲座，开展主题座谈会、摄影展、读书活动、诵读会、征文等活动。同时，用以会代训的方式对全区63名专兼职老干部工作人员进行业务培训，下发了修订完善的《丰台区离休干部助老员工作职责》，进一步明确了职责任务和服务内容。成立离休干部助老员临时党支部，组织开展了“缅怀革命先烈　共创美好未来”主题党日活动等。

（尚立新）

信访工作

【概　况】 2015年，丰台区信访工作紧紧围绕区委区政府中心工作和任务部署，在市信访办的具体指导下，坚持以群众工作统揽信访工作，认真贯彻落实国家信访局和市信访办的工作部署，深入推进信访工作制度改革，落实各级领导干部接访、约访、下访制度，全面推进信访法治化建设和基础业务规范化建设，围绕非首都功能疏解、“两大”安保任务、重点矛盾纠纷化解做了大量工作，信访秩序特别是“两大安保”期间的非正常上访得到有效控制，实现了“四个不发生”的工作目标。

（明静洁）

【领导干部接访制度】 年内，组织落实区级领导干部信访接待日57个，接待来访群众588批191件涉及2992人次，其中集体访133批55件涉及2357人次。督促推进各街乡（镇）、委办局主要领导履行“第一责任人”责任，开展定期接访和包案下访，形成了主要领导负总责，分管领导具体抓落实，一级抓一级、一级对一级负责的信访工作责任体系。

（明静洁）

【信访事项办理】 年内，受理群众来信来访4239件涉及16319人次，信访总量与去年同期（5891件涉及22271人次）相比，件次下降了28%，人次下降了26.7%。其中，办理群众来信2773件涉及7871人次（联名信133件涉及5091人次）；来信量与去年同期相比（4449件13386人次），件次下降了37.7%，人次下降了41.2%；受理群众来访1466批涉及8448人次（集体访372批涉及6972人次），来访量与去年同期（1442批8885人次）相比，件次上升了1.7%，人次下降了4.9%。办理领导批示和上级交办来信事项43件，办理领导批示和上级交办来访事项18件。

（明静洁）

【矛盾预防排查化解】 年内，组织实施矛盾纠纷排查6次，共排查出各类社会矛盾纠纷279件。其中，上报申请列为市级部门协调的重点矛盾纠纷8件；被列为区级部门协调的矛盾纠纷8件。对排查出来的矛盾纠纷，组织信访特派员逐一进行分析研判，对市区级挂帐的矛盾进行全程跟进、重点督办、协调化解；对需要基层解决的矛盾纠纷，帮助指导基层进行化解。市级重点矛盾化解4件；区级重点矛盾全部化解。共排查出信访重点人36名，均在稳控之中。

（明静洁）

【推进信访事项“三级终结”】 年内，区信访事项复查委员会召开复查工作会议14次，受理并办结信访事项复查申请44件，其中维持22件、重新答复9件、变更3件、销案6件、不予受理2件、撤案1件、责令办理1件。同时，协助市信访办办理信访事项复核14件，其中，维持12件，重新答复2

件，提交证据材料580余件，推进了信访事项“三级终结”。

（明静洁）

【维护信访秩序】 年内，处置信访过激行为31次，协调处置冲闯政府机关事件1起。公安机关累计拘留12人，出动警力1300多人次。为保障北京世锦赛顺利举办，扎实做好抗日战争胜利暨世界反法西斯胜利70周年重大活动期间信访维稳工作，结合信访人逢节逢会必访的特点，由区信访办牵头对重点矛盾和重点人员制定了专项工作方案，明确包案领导和主责单位，切实压实责任，确保及时化解和重点稳控，实现了“四个不发生”的工作目标。

（明静洁）

【加强教育培训】 年内，组织开展“三严三实”专题教育，有力推进了领导班子的组织建设和作风建设。开展全区信访工作业务培训1次，面向区委党校科级后备干部、农村后备干部培训班授课5次，面向社区（村）干部开展信访讲座7次，累计参加人员达到1260余人。5月在全区组织开展了“信访条例宣传月”活动。通过教育培训，提高了信访干部业务素质和化解矛盾的能力，引导信访群众以理性方式依法有序逐级走访。

（明静洁）

【推进基础业务规范化建设】 年内，提高信访工作信息化水平，以“阳光信访”为目标，推进北京市网上信访信息系统深入运用，将全部信访业务纳入系统，完善信访信息录入，实现信访事项的受理、办理、督办全过程公开。以国家信访局开展的信访信息录入“百日会战”为契机，推进信访基础业务规范化建设，对不符合办理规范的291件来信、64件来访进行退办，由承办机关根据规范化要求进行补录整改。针对当前信访事项复查工作中出现的新问题、新特点，及时调整工作思路，优化工作流程、规范办理程序，制定实施了复查复核委员会议审查制度。

（明静洁）

【落实信访特派员责任】 年内，最大限度发挥区信访特派员督查督办作用，每名信访特派员下基层时间均超过50天，除在接访大厅值班接访外，通过约访、下访和点名接访形式，共接待上访群众1260余人次，实现了把矛盾解决在基层，化解在萌芽状态。3月初至5月底，信访特派员集中深入各街、乡（镇）、重点社区（村）进行了近三个月的检查督导工作，对各单位反映的87件问题，帮助指导解决。

（明静洁）

【多元调解破解信访难题】 年内，发挥司法调解、人民调解、行政调解和信访调解等多元调解机制作用，邀请律师、人民调解员参与信访案件的调解，从第三方角度进行法律把关和确认，促进了历史遗留信访案件的解决。全年，综合运用信访调解和人民调解手段解决历史遗留信访问题3件。

（明静洁）

【化解信访积案】 年内，组织召开各类协调会和联合接待150多次，对于年代久远、矛盾错综复杂、涉及人员范围广的历史积案进行认真甄别，厘清各部门责任，化解信访积案15件。

（明静洁）

【人民建议征集工作】 年内，办理人民建议征集来信51件，均按照《北京市人民建议征集办理工作规定》的要求转交相关部门进行办理。贯彻落实《北京市人民政府办公厅关于进一步加强人民建议征集工作的意见》精神，加强特邀建议人队伍建设，依据《北京市政府特邀建议人工作办法（试行）》有关规定和市人民建议征集办公室的工作部署，完成区特邀建议人换届工作。完成北京市人民建议征集工作先进集体和先进个人评选工作。

（明静洁）

保 密 工 作

【概　况】2015年丰台区保密工作以深入推

进定密、网络和涉密人员“三大管理”，全面完成《丰台区“十二五”时期保密事业发展规划》为主线，以强化保密意识和保密常识双提高，全面完成“六五”保密法制宣传教育工作为着力点，充分发挥保密服务中心保障大局的作用，完成各项工作任务，全年未出现失泄密事件。

（黄　洁）

【开展 2014 年度保密工作综合评定】 3 月上旬，区保密局以《丰台区保密工作百分量化考核标准》为依据，以全区各单位组织机构与责任制、宣传教育、定密工作、保密管理、网络管理等 5 项保密工作落实情况为指标，结合日常开展的保密检查、网上监查等情况，对各单位 2014 年度保密工作开展情况进行综合评定。对成绩突出的单位提出表扬。

（黄　洁）

【加强“两会”期间保密检查】 全国“两会”期间，区保密局局长尚保华带队对委员驻地的街道、社区和组织部、政法委、防范办、综治办、流管办、机要局等重点涉密单位进行专项检查和保密提醒，并赠送保密宣传资料。同时，针对“两会”敏感时期，加大对区政府各单位门户网站发布信息的检查力度。

（黄　洁）

【开展涉密网络专项检查】 3 月，根据市委保密委《关于开展全市涉密网络保密检查的通知》要求，区保密局对全区建有涉密网络和接入市电子政务内网等涉密网络的机关、单位的网络保密情况进行了全面检查。5 月 13 日，市保密局副局长刘建华带队对丰台区涉密网络保密管理情况进行检查，对 1 家单位的涉密信息系统进行抽查。

（黄　洁）

【召开年度工作会议】 4 月 2 日，丰台区委保密委召开年度工作全体会议。区委办主任、区委保密委副主任李岚传达了中央保密委、市委保密委全体会议精神，区保密局局长尚保华报告了 2014 年全区保密工作开展情况。会议审议通过 2015 年保密工作要点。区委常委、区委宣传部部长、区委保密委主任孙军民对进一步做好全区保密工作提出四点要求：一是要充分理清保密工作与中心工作的关系。二是要切实增强做好保密工作的危机感、使命感和责任感。三是要持续推进保密意识、保密常识“两识教育”。四是要对领导干部保密工作责任制落实情况进行专项督查，加大责任追究力度。

（黄　洁）

【签订保密工作管理责任书】 4 月，根据中办、国办下发的《党政领导干部保密工作责任制的规定》，从 8 个方面对《丰台区保密工作管理责任书》进行修订。在此基础上，完成区委保密委主任与区属 107 家单位的主要领导 2015-2016 年度《丰台区保密工作管理责任书》的签订和备案工作，强化保密工作领导责任制的落实。

（黄　洁）

【通过“六五”普法检查验收工作】 5 月，根据区法宣办《关于开展丰台区“六五”普法检查验收工作的通知》要求和部署，对 2011 年至 2015 年的保密法制宣传教育工作进行全面的梳理和总结。区检查组对保密局在普法工作中的做法、形式及效果等方面给予充分肯定；9 月 23 日，在市保密局的检查验收中，对丰台区保密法制宣传教育工作给予好评。

（黄　洁）

【报送保密工作统计数据】 5 月，按照市保密局《关于报送北京市 2014 年度保密工作统计数据的通知》要求，在上一年度统计的基础上继续开展保密工作统计，对年度新增和有变化的单位、数据进行填报。6 月底，按时完成数据的审核上报工作。

（黄　洁）

【开展国有企业保密管理专项检查】 6 月，根据市委保密委的统一安排，在全区范围内开展国有企业保密管理专项检查。检查采取自查与抽查相结合、督促检查与整改管理相结合的方式。通过检查，进一步提升企业的领导责任意识和职工的保密意识。

（黄　洁）

【区政府常务会会前讲法】 8月13日，在第62次区政府常务会上，学习《手机使用保密管理规定》，区长冀岩主持，保密局局长尚保华对规定进行宣讲。区政府领导和来自全区60家委办局、街道、乡镇的主要领导观看保密教育宣传片《手机背后的谍网》。

（黄　洁）

【开展“9·3抗战纪念日”前夕保密专项检查】 8月19日，保密局局长尚保华带队，对区委办、政府办、组织部、宣传部、政法委、综治办、市政市容委、南苑街道8个重点单位开展专项保密检查，并结合各单位在“9·3抗战纪念日”活动中承担的任务，对各单位提出具体的保密要求。8月20日，市保密局副局长许新文带队，对政法委的保密管理情况进行了抽查。

（黄　洁）

【“十二五”保密事业发展规划实施情况验收】 9月23日，市保密局局长陈静带队对丰台区“十二五”保密规划贯彻实施情况进行检查验收。检查组通过查看相关资料、审阅重点项目的完成情况及对保密技术防护平台使用情况的检查，对丰台区“十二五”保密工作完成情况给予充分肯定。

（黄　洁）

【保密干部全员培训】 9月28日—29日，区保密局以“依法治密、依法管理”为主题，举办保密干部全员培训。培训内容既有对保密法及其实施条例的理论解读，又涉及计算机及网络保密管理、信息公开保密审查、涉密载体销毁工作、定密及量化考核四项具体业务。来自全区各单位的107名保密干部参加了培训。

（黄　洁）

【集中销毁涉密载体】 从10月起，按照国家涉密载体销毁中心和市保密局的统一部署，每季度联系一次国家销毁中心到区政府上门回收涉密载体。区保密局定制专用麻袋100条，做好登记备案工作，为全区各单位规范、有序地销毁涉密文件资料及信息设备等提供便捷服务。

（黄　洁）

【保密法制宣传月活动】 10月，区保密局在全区范围内开展讲一堂保密专题党课、观看一部保密宣传教育短片、开展一次保密知识答卷、赠送一批保密宣传资料、印发一期《保密法学习宣传教育活动专刊》、召开一次保密工作座谈会、参加一次保密培训、组织一次保密法律宣传进社区的“八个一”宣传月系列活动。在宣传月期间，全区80余家单位组织观看了《手机背后的谍网》警示片，累计收看3000余人次；107家单位组织开展保密知识答卷，4600多人参与答题，其中处级以上领导828人；张贴、发放保密宣传挂图、保密知识折页1300余套；参加各类保密知识培训、讲座、座谈1000多人次。通过宣传月系列活动，强化全区各单位保密意识和保密常识“两识教育”的效果，营造良好的保密工作氛围。

（黄　洁）

【将保密教育纳入公务员在线学习】 12月，为拓展保密宣传教育渠道，将保密教育纳入公务员在线学习课堂，课时4学时，组织编写保密培训课件、配套试题等，充实学习内容。

（黄　洁）

【梳理行政执法职权】 年内，按照区编办、区法制办、区行政监察中心等单位的要求和部署，经与市保密局沟通，对区保密局的行政审批职权、行政处罚职权等进行全面梳理，绘制流程图、编制规范文本、整理法律法规依据等，进一步规范依法行政和政务公开。

（黄　洁）

【开展保密专题讲座】 年内，区保密局深入基层开展保密专题讲座，在区地税局理论中心组及中层以上干部、大红门街道全体干部的学习中开展保密专题讲座；继续推进保密教育纳入党校培训课程，完成军转干部班、正科级培训班的保密专题教育。累计参加培训人数340余名。

（黄　洁）

【《保密工作》征订】 11月，开展2016年度《保密工作》杂志征订工作，确保征订工作覆盖到区内所有党政机关、企事业单位、涉密单位、考点学校、军工资质认证单位、涉密印刷复制企业、部分医院以及涉密人员聚集的社区等。

（黄　洁）

【国家级考试考务保密检查】 年内，按照《国家教育考试考务安全保密工作规定》中的职责分工，在辖区高考、中考、成考、自考等国家级考试期间，对区考试中心及各考点保密室启用前的物防、技防和责任落实情况进行检查，对试卷的运输、交接、分发、封装等重点环节现场监督。

（黄　洁）

【开展保密常规检查】 年内，为督促辖区各单位做好日常保密工作，区保密局除根据上级要求开展专项检查之外，还不定期进行常规检查。全年完成对区人大、区委机要局、政府办、统计局、统战部、外办、档案局以及华京源物资回收公司等单位的日常抽查工作。

（黄　洁）

【军工企业保密资格审查认证】 年内，严格按照《武器装备科研生产单位保密资格审查认证管理办法》的规定，完成辖区内军工企业申请保密资格的初审工作。

（黄　洁）

【政府信息公开保密检查】 年内，加大对区政府政务网和互联网的检查力度，每天对区党政机关办公平台和政府外网的门户网站进行检查，每月向市局报送保密技术监管信息。

（黄　洁）

区直机关工委工作

【概　况】 2015年，区直机关工委在区直机关系统深入贯彻落实全面从严治党要求，扎实推进“三严三实”专题教育，深化作风建设；实施机关基层党建考评，把党建主体责任落到实处；开展机关文化系列活动，活跃机关氛围；提升教育培训针对性，筑牢工作基础。

（李　林）

【实施机关党建考评】 年内，制定出台机关基层党组织党建考评办法（试行），针对落实领导责任、党建基础工作、发挥协助作用、履行监督职能和响应上级要求五项内容，采用基层组织自评、协作组内互评、部门主要领导评价、抽取部分党员测评、机关工委相关工作评价五个方面，再结合政府绩效考核结果对所属机关基层党组织进行综合评价，划分考评等次；重点考核“三会一课”等基础工作制度和党组织作用发挥情况；考评结果作为评先选优的重要依据，考评中发现的问题及时向部门领导和机关基层党组织反馈。

（李　林）

【机关党建基础工作】 年内，共指导各基层党组织发展党员41名，批准预备党员转正51名；指导21个基层党组织完成换届任务，调整审批党组织委员78人次；将财政局党总支、机关事务管理处党总支调整为机关党委，将人口计生委党支部整建制转出，新接收了文促中心党支部；为51名新党员进行廉政考试，协助进行了21名科级干部任前廉政评价；完成党员关系转接、党费收缴和党内年度统计等工作。

（李　林）

【开展机关文化系列活动】 年内，组织“发现丰台之美（机关篇）·聚焦作风转变”主题系列文化活动，采用文艺汇演、书画摄影、演讲征文等形式，展现了群众路线教育在机关建设中的成果，活跃了机关文化生活。每一项活动开展前，进行专题培训，切实提高活动质量和水平。

（李　林）

【完善机关党建协作组机制】 年内，在总结经验、调查研究、分析评估的基础上，对机关党建协作组进行调整，将原有的9个协作组调整为4个，规范活动时间和内容，形成机关工委指导为主、组长单位协助为辅的运行机制。各协作组分别在年初、年末开展活动，交流工作计划，汇报工作总结，对增进区直机关各单位相互交流、提升机关党务干部能力素质、推动机关党建工作协调发展发挥积极作用。

（李　林）

【建立工作点评机制】 年内，借助机关党建协作组工作平台，在协作组开展工作交流活动中，由工委班子成员针对基层党组织的工作计划、工作总结进行点评，提升指导的针对性。

（李　林）

【构建机关党建培训工作体系】 年内，机关工委率先响应区委关于处级领导干部上讲台的号召和要求，4名领导班子成员结合分管领域工作，运用工作实践经验和学习研讨体会，分别以落实党建主体责任、强化党内监督、开展党建主题活动和活跃机关文化生活为主题，对66个基层党组织的130余名基层党组织负责人和党务工作者进行针对性培训；编印了《机关基层党组织工作实用手册》，并下发至基层组织每一名党务干部，为基层提供简明实用的操作指南；编发了《建设服务型机关基层党组织典型案例选编》，供区直机关工委系统各基层党组织学习参考。分别组织了区直机关工委系统、区委宣传系统、区政法系统等七家共280多名入党积极分子培训班，对51名新党员开展党纪条规测试，并组织召开了区直机关系统发展党员工作培训会。

（李　林）

【组织各项重大活动】 年内，落实区委工作部署，7月，组织260余人参加中国人民抗日战争暨世界反法西斯战争胜利70周年主题展览开幕式并观看了展览；8月，组织1500人观看了北京田径世锦赛；9月，组织220余人参加了天安门“9·3”大阅兵相关活动；组织120余人参加了长辛店公园公祭日活动；10月，组织50余人参加纪念台湾光复70周年活动。

（李　林）

党校工作

【概　况】 2015年，中共北京市丰台区委党校、北京市丰台区行政学院、北京市丰台区社会主义学院是一校两院合为一体的干部教育培训机构（简称党校），是区委区政府的重要部门，负责丰台区党政干部的任职教育及岗位培训，向民主党派人士和社会各界宣传党的主张。年内，党校通过完善规章制度，开展业务培训，开发创新教学模式，组织开展科研调研活动，提升教学管理培训水平，完成各级各类培训班68期。培训学员9229人次，接待国际、国内现场教学6个团体400余人次。在校外刊物发表科研文章20篇、各类信息30篇。

（李树贵）

【完善党校规章制度】 年内，结合《中国共产党纪律处分条例》、《中国共产党廉洁自律准则》，修订完善《丰台区委党校“三重一大”实施细则》、《丰台区委党校校务公开实施细则》、《丰台区委党校党务公开实施细则》、《中共北京市丰台区委党校规章制度汇编》；围绕办文、办会、办事程序，以规范化建设为要求制定《丰台区委党校督察督办工作办法》、《校长办公室会议制度》《科务会会议制度》；修订完善《丰台区委党校教职工考勤规定》、《丰台区委党校值班管理规定》、《会务工作规定》、《档案安全预案》等系列规章制度。

（李树贵）

【深化党校科研合作】 年内，党校与首师大管理学院围绕“政产学研共生创新发展模式与机制研究”开展科研合作，党校教科研人员 15 人与首师大管理学院教研人员成立课题组，共有 11 个子课题在丰台落地，合作双方实现了人才共享、资源共享和成果共享。合作中，党校先后联系落实丰台区内相关单位 21 家，既为课题组提供调研保障，也为落地单位解决实际问题提供了服务，实现了高校科研课题接地气、党校科研强实力、丰台建设增活力。

（李树贵）

【课题调研成果】 6 月，党校与区台办联合课题《基层涉台教育浅谈》获评 2014 年度北京市涉台调研课题一等奖。党校与区政协合作《北京市人民政协理论与实践研究》课题，区政协主席李昌安亲自主持课题成果《人民政协与基层民主协商研究》推广会，徐文彩副教授做重点发言，该成果以著作形式公开出版。

（李树贵）

【开发情景模拟教学】 年内，在副处级领导干部任职培训班中，设置决策力与协调力培养的情景模拟教学。让学员在模拟的情景下，体验决策过程中遇到的问题和难题，并通过数据分析软件记录学员的数据和决策过程以及执行过程的数据变动。结合数据分析学员在决策时的价值观、性格等因素，激发学员在体验中不断自省、自觉、自悟，从而在特定的情境完成领导力的提升。情景模拟体验式教学是一种过程，是在给定的时间、环境和和问题的条件下，以激发学员的深层潜力为目的，提升学员的决策力和执行力。

（李树贵）

【开发互动式教学】 年内，互动式教学侧重教与学的对话和理解，教学过程强调教与学的相互交流观点、探讨问题，有访谈式和座谈式两种形式。在 29 期中青班中，学员与组织部部长面对面的互动访谈时，学员代表针对青年干部在成长过程中的困惑与部长进行深入探讨，不同的观点在碰撞中达到交融、解惑；南苑村基层党支部书记走进29期中青班的课堂，以座谈的方式，学员们向基层干部学习如何做群众工作的方法。通过积极参与、互相感应、共同促进的双向沟通方式，激发教学双方的主动性和探索性。

（李树贵）

【开发问题导向教学】 年内，29 期中青年干部培训班社会调研实践教学环节中，以问题为导向，针对学员普遍关注的热点、难点问题和丰台区需要解决的实际问题，从南苑村人口疏解、大红门地区市场主体疏解、大红门地区服装市场升级改造、交通枢纽功能疏解四个方面入手，组成调研小组，开展为期一周的专题调研，寻找解决问题的对策思路，提出可行性建议报告。通过这种问题导向式教学，教师指导学员做好政策研究和业务调研，加深学员对现实问题的理解，提高学员发现、研究、解决问题的能力。

（李树贵）

【开发体验式教学】 年内，党校组织两期正科级任职培训班学员，到河南兰考焦裕禄干部学院进行体验式教学。采取专题讲授、实地参观、分组讨论等形式，立体、全面地学习焦裕禄同志在“最苦、最穷、最难”的恶劣条件下，带领兰考人民治理“三害”、发展生产的历程，亲身感受他亲民爱民、艰苦奋斗、真抓实干、迎难而上、无私奉献、敢于担当、廉洁自律的精神，触及学员的灵魂，净化学员的心灵。第二期培训班正赶上 20 年不遇的暴雪，学员们参加除冰扫雪活动，克服道路受阻困难,齐心协力完成培训任务，亲身体验到焦裕禄当年的艰苦岁月，接受心灵的洗礼。

（李树贵）

【开发自助式教学】 年内，党校在两期副科长班中采用自助式教学的方式，分别到长安新城第一社区、环卫中心、城管分队、社保大厅、法律援助中心、阳光中途之家、住建委服务大厅七家单位进行基层岗位体验活动，把第一课堂理论与第二课堂实践相结合。通过"融进去"、"沉下去"、"走进去"，使学员进一步坚定了为民务实清廉担当的信仰。

（李树贵）

【承办协作培训】 年内，党校配合区委组织部先后与湖北十堰张湾区、西藏尼木县联合举办"新一届社区主职干部赴丰台区学习培训班"、"人才队伍建设培训班"。张湾区作为南水北调工程的重要水源地，为北京建设和发展做出了积极贡献，双方合作办学，结下友谊；尼木县作为藏区，专业人才匮乏，进行人才队伍建设培训，党校支援了边远地区的建设。党校与兄弟地市党校联合举办培训班，实现优势资源互补，推进两地积极交流合作。

（李树贵）

【参加师资培训】 12月21日—25日，党校干部、教师与海淀区委党校共同参加国家行政学院组织的师资培训班。从干部培训的组织实施到教学效果的评价体系，从教学方法到教学理念，国家行政学院的领导和教授结合详实的资料，精准的数据分析，理性的逻辑层次准备授课内容。尤其是结构化研讨的培训模式让参加培训的人员学到新教法。整个培训校领导带队全程参与，每个人都全身心投入，针对现实，直面问题，认真思考研究党校干部教育培训工作。

（李树贵）

【组织科研培训】 年内，党校借助协作科研单位首都师范大学的优秀师资资源，先后邀请首师大管理学院李春副教授等3人为党校教师、干部开展《公共管理研究中的文献回顾与调查法》、《定量研究论文写作》、《问卷调研》等课程，从不同方面传授调研方法、讲授论文写作技巧，提高党校科研人员的科研调研能力。

（李树贵）

【发挥现场教学基地优势】 年内，党校承办内蒙古乌兰察布市发展现代物流专业专题研讨班。培训班学员到新发地批发市场参观学习时与新发地村党委书记、市场董事长张玉玺座谈交流后，反馈了乌兰察布市农产品"薯都"土豆供量充足，正在寻找销售市场的信息，从而两地实现直供对接，达成合作双赢。

（李树贵）

【接受井冈山精神教育】 年内，党校组织第29期中青班到井冈山开展以坚定信念、牢记宗旨，依靠群众、艰苦奋斗等为主题的现场教学活动。通过专题讲座，追忆前辈人生坐标，体会当年红军穿越河谷，朱毛红军挑粮小道的艰辛，重温"红色家书"，感受他们为理想为共产主义而战的激情，使学员在党性教育中，与革命前辈对照追求与信仰，真正找到自身差距，明确自己前进的方向。

（李树贵）

【廉政宣讲活动】 年内，杨新武副教授被区纪委聘任为党风廉政建设宣讲团成员。围绕当前党风廉政建设和反腐败斗争形势开展主题宣讲和巡回宣讲活动，先后在东铁营、和义、东高地、南苑、丰台、卢沟桥乡等13个单位及第四期科级培训班开展 "严守党的纪律坚守责任担当"主题宣讲活动，实现廉政宣讲进基层、进课堂，并通过刻发宣讲视频的方式，让全区党员干部接受廉政教育。

（李树贵）

【"智慧校园项目"通过评审】 年内，校委会对党校信息化发展提出长远规划，在改善物理空间，拓展虚拟空间层面提出新要求。通过调研、走访、地勘，拟定出《丰台区委党校智慧校园项目》的设计方案。涉及软件和硬件两大部分，包括：OA 系统、信息管理平台、多媒体教室新建、监控升级、录播整合、报告厅改建、网络基础升级、无线网络改建、LED 宣传栏等模块，初步方案在 8 月 10 日校内论证会上通过。8 月 15 日报送经信委，软硬件两部分方案分别于 9 月 18 日和 10 月 19 日通过了区经信委的专家项目评审。

（李树贵）

党史资料征集工作

【概　况】 2015 年，区党史资料征集工作完成了《中国共产党北京市丰台区历史》资料稿，并在其基础上进行资料的补充和完善。出版了《中国共产党北京市丰台区历史大事记（2001—2013 年）》。编纂了《丰台党建资料（2011—2013）》一书。编辑出版《党史宣传月征文获奖作品汇编 2014》和《中国抗日大事选介》宣传画册，充分发挥党史期刊《丰台党史》的宣传阵地作用，出版了纪念中国人民抗日战争胜利 70 周年专刊。与区委宣传部合作并进行史实审核采编出版了《铭记—丰台区抗战亲历者回忆录》一书。

（张国庆）

【协助安徽省“抗战专题系列报道”调研】 3 月 31 日，安徽省《新安晚报》“抗战专题系列报道课题组”一行 4 人到丰台区调查了解安徽籍烈士在卢沟桥地区参加二十九军抗战的情况。党史办领导及有关人员陪同调研人员到赵登禹烈士墓缅怀先烈。为其提供资料和线索，并组织有关卢沟桥抗战情况的座谈，在座谈会上，介绍了安徽籍烈士沈忠明在卢沟桥头与日军殊死决战，最后壮烈殉国的事迹。

（张国庆）

【参观文献展】 7 月 2 日，组织全体干部和特聘人员到北京市档案馆参观“见证抗战——纪念抗日战争胜利 70 周年京津冀档案文献展”。通过参观，为党史办的编研人员全面加深对丰台区的历史、区情的了解，为做好丰台党史研究工作提供了有力的帮助。

（张国庆）

【凭吊赵登禹烈士】 7 月 7 日，区委党史办前往卢沟桥城东关外赵登禹将军墓地扫墓，向抗日烈士赵登禹将军敬献花篮。将军墓前，进行了庄严宣誓，要把宣传抗战精神视为己任，深入挖掘和弘扬不同历史时期的烈士精神内涵，凝聚党心民心，让正能量在全社会广泛传播。

（张国庆）

【出版党史专刊】 7 月，为纪念中国人民抗日战争胜利 70 周年，党史办编辑出版以抗战内容为主题的专刊。该期刊共 14 篇 6 万字，分为卷首语、抗战回顾、抗战研究、抗战文化、抗战精神赞、抗战史料、记忆与回顾、书法篆刻 8 个板块。通过当事者的亲闻亲历和对抗战精神的感悟，论述了抗战的历史意义。

（张国庆）

【党史工作培训】 9 月 8 日—9 日，举办全区党史工作培训会。区属各单位主管领导和党史信息联络员 163 人参加了培训。由《北京党史》编辑王桂环讲授《如何为党史期刊撰写文章》和《党建资料编纂过程需注意的几个问题》；市委党史研究室宣教处处长刘岳以“《京华英雄》写作方法及特点”为题为学员授课；培训期间，组织学员到卢沟桥、宛平城参观纪念中国人民抗日战争暨世界反法西斯战争胜利 70 周年的主题展览，并登上卢沟桥凭吊抗战英烈。

（张国庆）

【开展党史宣传月征文活动】 年内，开展第四届党史宣传月征文活动。征文围绕中国人民抗日战争暨世界反法西斯战争胜利 70 周年，结合丰台党史，紧扣抗战主题。全年共收到征文 397 篇，评选出《怀念抗联老兵马师傅》等优秀作品 60 篇， 分列一二三等奖，大红门街道等 10 个单位获得优秀组织奖。12 月 16 日进行了总结和表彰。

（张国庆）

纪检监察工作

【概　况】2015年，区纪委监察局在市纪委和区委领导下，全面落实从严治党要求，认真履行党风廉政建设责任，加强纪律教育，驰而不息抓作风，坚持纪在法前，严厉惩治腐败，稳步推进纪律检查体制改革，不断加大惩治和预防腐败力度，各项工作始终保持走在全市前列。

（韩永海）

【中共丰台区纪委十一届六次全会召开】2月10日—11日，中共丰台区纪委十一届六次全体会议召开，全会充分肯定了2014年区纪委常委会工作及全区党风廉政建设和反腐败工作，并明确2015年工作思路和主要任务。全会强调，深入贯彻党的十八大和十八届三中、四中全会精神，认真贯彻习近平总书记系列重要讲话精神，坚决落实中央纪委、市纪委和区委部署，坚持从严治党、依规治党，保持政治定力，加强纪律建设、严格执行党的纪律，落实“两个责任”、强化责任追究，持之以恒纠正“四风”，坚决遏制腐败蔓延势头，深化纪律检查体制改革、以更严的纪律管好纪检监察干部，坚定不移推进党风廉政建设和反腐败工作。

（韩永海）

【推进主体责任落实】年内，制定《落实党风廉政建设责任制党委主体责任和纪委监督责任实施办法》，推行责任清单制度，指导全区各级党组织建立责任清单，全区共签订责任书18272份。协助区委建立党风廉政建设形势分析制度，每季度分析党风廉政建设形势，建立党风廉政建设约谈制度，全年约谈处级单位党政“一把手”、纪（工）委书记、纪检组长21人次。建立述责述廉制度，组织全区处级单位党政主要领导向区纪委全委会述责述廉，接受质询和民主测评。完善党风廉政建设责任制考核办法，突出对落实主体责任的考核，覆盖全区116个单位。制定《党风廉政建设责任制责任追究实施办法》，对14名责任人进行责任追究，邀请区委对5名街道工委书记、区纪委对5名街道纪工委书记进行诫勉谈话，对1名乡镇纪委书记进行通报批评，对3名落实党风廉政建设责任制不到位的处级领导干部给予党纪处分。

（韩永海）

【加强党规党纪教育】年内，组织学习党章和新修订的《中国共产党廉洁自律准则》《中国共产党纪律处分条例》。开展“严明党的纪律，恪守职业道德”系列主题教育活动，将党规党纪教育纳入区委党校、区委组织部干部培训主体班次培训内容，全年开展纪律教育16班次。成立专家学者、机关干部和党员志愿者组成的廉政宣讲团，开展廉政宣讲35次，分批组织500余名干部参加庭审旁听和法官讲法活动，零距离接受警示教育。结合近年查处的丰台区党员干部违纪违法典型案例，制作警示教育片，为全区党员干部增强党规党纪意识敲响警钟。

（韩永海）

【严明党的政治纪律和规矩】年内，建立健全重大决策部署贯彻执行情况监督检查机制，健全监督制度体系。加强中国人民抗日战争暨世界反法西斯战争胜利70周年纪念活动、疏解非首都功能等重点工作的执纪监督，确保政令畅通。坚决查处对抗组织、欺瞒组织等问题，抽查核实领导干部个人有关事项报告，加强结果运用，对4名存在瞒报、漏报个人有关事项的干部暂缓提拔。

（韩永海）

【整治不正之风】年内，对10项专项整治工作进行回查，加强对“四风”问题监督检查，严肃查处违规发放津贴补贴、公款旅游、大操大办婚丧喜庆事宜等顶风违纪问题。全年共发现各类问题108个，批评教育36人，下发检查建议书3份。查处违反中央八项规定精神问题案件7起，给予党纪处分7人。扎实开展“为官不为”、“为官乱为”专项治理，查纠服务管理不规范、吃拿卡要等353个问题，查处“为官不为”、“为官乱为”案件39起，给予党纪处分17人，政纪处分7人，行政问责12人。开展街道文明引导员“吃空饷”和街乡镇养老券发放问题专项治理，对7个单位、21名干部进行了查处，对涉嫌贪污的6人移送司法机关。

（韩永海）

【重拳惩治腐败】 年内，重点查处十八大以来不收敛、不收手，问题线索反映集中、群众反映强烈的突出问题。全区纪检监察组织共接受信访举报685件(次)，同比下降14%。处置线索173件，立案136件，同比增长68%，给予党纪政纪处分99人，移送司法机关11人。区检察院共立案侦查贪污贿赂、渎职侵权等职务犯罪41件，区法院审结贪污贿赂案件9件、渎职侵权案件4件。

（韩永海）

【转变执纪理念和方式】 年内，在线索处置、纪律审查、执纪审理等各个环节，坚持用党纪的尺子衡量，着力查清违纪问题。转变执纪方式，综合运用约谈、函询和党纪轻处分，用纪律管住“大多数”。全年共约谈函询41人，给予党纪轻处分45人，占到了全年处分总人数的45%。

（韩永海）

【加强自身建设】 年内，开展基层挂职锻炼和“岗位练兵”系列活动，抽调25名基层纪检监察干部到区纪委机关“以案代训”建立街道乡镇联合履职机制，整合基层纪检监察资源，严格自我监督。对纪检监察系统内发生的干部违纪违规问题严肃处理。全年共对3起反映纪检监察干部问题的信访件进行调查，对2名街道纪工委书记进行立案调查，并给予党纪处分。

（韩永海）

民主党派

民革丰台区工委

【概　况】 2015年，经民革北京市委批准，区工委支部数量由原来的5个增加到7个，支部委员总人数为35人。全年发展新党员23名，平均年龄34岁，本科以上学历22人，其中研究生4人，中级职称3人，高级职称5人。年底在册党员人数为234人。全年出版《丰台民革之声》4期，期中一期8版为纪念抗战胜利70周年专版。

（康冬花）

【组织提交参政议政提案及活动】 年内，区工委向丰台区政协九届四次全会提交了《关于抓住抗战胜利70周年之契机，推动我区文化旅游事业发展》和《关于以加快“智慧丰台”建设为统领，推动我区城市化发展和提升我区综合管理水平》党派提案，并作了“关于以抗日战争胜利70周年为契机，推动我区经济、文化和社会大发展的建议”大会发言，其中《关于抓住抗战胜利70周年之契机，推动我区文化旅游事业发展》的提案得到主席督办并获评区政协优秀党派提案。全年区政协委员提交委员个人提案18件，张俊峰等3人被区政协评为优秀委员。年内继续开展“新型金融对丽泽金融商务区带来的机遇与挑战”和“长辛店历史文化对区域旅游经济和抗战文化的促进与传承”双周知情议政会活动。

（康冬花）

【开展“加强科学合理用药”调研】 年内，调研组分别于10月27日、11月3日到区卫计委、食药局和基层医疗服务机构北京中西医结合医院、新村社区卫生服务中心进行调研，了解区医药主管部门和区属各级医疗机构在“用药咨询与指导”方面的基本情况，为推进区各级医疗机构在“用药合理性和安全性咨询与教育”方面及创建北京市合理用药示范区提供基础数据，并撰写形成了《关于加快区属医疗机构药师队伍建设为百姓用药安全保驾护航》党派提案。

（康冬花）

【完成支部换届工作】 年内，区工委根据《民革北京市委2015年基层组织换届工作方案》的要求，制订了“民革丰台区工委2015年支部换届工作具体方案细则”，通过支部推荐、毛遂自荐、组织提议等形式，20多位青年党员进入了支部班子，平均年龄为39.94岁。

（康冬花）

【信息报送工作】 年内，区工委信息报送总数142条，采用率、总得分均为各区县第一。其中民革党员张楠报送的信息《我市应进一步推动轨道交通产业发展》被政协北京市委《诤友》刊物（2015年总第172期）选登，并获得市长王安顺和副市长隋振江的批示。民革党员李杉杉报送的《关于将马蔺作为我市城市绿化主要材料的建议》获副市长批示。

（康冬花）

【创新后备干部分层培训方式】 3月，区工委召开后备干部座谈交流会，班子成员及50名后备干部参会，区委统战部领导出席会议。会上，党员分别介绍了各自的专业、工作情况，并对区工委工作提出了建议；统战部副部长蒋旭东结合区委统战工作实际，从渊源、命运、责任三个方面与大家分享交流；主委张兆旗从加入民革追求什么、履职什么、实现什么三个方面及传承区工委“团结、民主、奉献、互助”的精神理念与大家交流，并对后备干部提出了要求。

（康冬花）

【开展传承抗战文化促两岸青年交流调研活动】 5月－6月，区工委课题组围绕抗战将领命名学校的历史渊源，教学发展、校园文化特色、学生对抗战历史和将军了解熟悉等情况，以及遇到的困难和未来发展规划及利用自身优势，开展两岸青年学生交流的建议等内容进行调研，先后到北京市赵登禹学校、佟麟阁中学、市台办和张自忠学校了解情况。10月，调研组与广州市、中山市民革组织，到蒋光鼐纪念小学、中山纪念中学进行了座谈，参观了校园和校史室，交流了建设该类学校品牌特色的经验，探讨了如何发挥该类学校在弘扬社会主义核心价值观以及对台青少年交流的优势。

（康冬花）

【举办学习班】 8月22日至23日举办，以新上任的支部班子成员为培训对象。区政协副主席、区民革工委主任张兆旗从广义和狭义角度对“支部是党员的家”分别进行了论述；副主任迟岚对开展支部工作提出了具体要求；副主任张峻峰介绍了《京津冀协同发展规划纲要》的功能定位。北京市人大代表马列清介绍了民主党派成员发挥民主监督作用的经验和体会。部分党员和区政协委员也结合自身工作实际介绍了党派工作的经验和体会。会议还通报了《民革中央关于学习贯彻中央统战工作会议精神的通知》和民革北京市委贯彻中央统战工作会议精神骨干培训班主要内容，通报了区第十一届委员会第七次会议精神。区统战部副部长蒋旭东对支部领导班子成员提出了要求。

（康冬花）

【开展实地党史教育活动】 10月，区工委组织各支部新任主委赴广东省孙中山故居和纪念馆、蒋光鼐故居等地开展党史教育活动，使党员实地感受孙中山爱国、革命、不断进步的精神和民革前辈的优良传统。

（康冬花）

【开展纪念抗战胜利 70 周年系列活动】 年内，区工委开展了主题征文、摄影比赛活动；举办了“缅怀之歌——民革丰台区工委纪念抗战胜利 70 周年”晚会；组织自费腾冲缅怀英烈之行；观看了中国国家话剧院为纪念中国人民抗日战争暨世界反法西斯战争胜利 70 周年而出品的原创大戏——《中华士兵》；编辑制作了自我教育宣传片——《民革丰台区工委抗战英雄谱》，在各培训班和支部会上播放。

（康冬花）

【为残疾人搭建文化交流平台】 端午节前夕，区工委社会服务专委会在卢沟桥街道尉园残疾人职业康复站举办了以非遗文化形式服务于残疾人，探索为残疾人手工艺品搭建规模化、产业化发展道路为宗旨的献爱心活动。活动中，区工委主任张兆旗表示，作为负责全国残联残疾人民间艺术文化交流的工作人员，将为丰台区进一步挖掘残疾人民间文化搭建更多平台。民革党员、中国文物网总经理、丰台区政协委员藺熠介绍了毛猴、蛋雕、剪纸、苏绣、堆绣、风筝、中国结等非遗文化的艺术内涵，表示其所创办的小微博物馆可为丰台区残疾人事业服务。民革党员、民俗历史研究学者李石指导残疾人制作了端午香囊。民革党员、区政协委员、北京曲剧团演员张少勇进行了艺术表演。区工委社会服务专委会为 25 名残疾人学员和志愿者送去端午礼盒，并购买了 10 份残疾人纸浆画参加韩国残疾人文化交流活动。区残联、区委统战部有关负责人参加了活动。

（康冬花）

民盟丰台区工委

【概　况】 2015 年，民盟丰台区工委学习了党的十八大，十八届三中、四中、五中全会精神，习近平重要讲话和《统战工作条例》精神，在履行职能和自身建设等方面取得了新进展。年内，区工委下设基层支部 13 个，其中医务一支部、医务二支部、科技支部、北京市十二中学支部、北京京剧院支部被区工委授予“丰台民盟组织成立 30 周年先进基层组织”荣誉称号；医务一支部、科技支部、经济支部、教育二支部、教育一支部被授予“民盟丰台区工委 2015 年度先进集体”荣誉称号；科技支部、经济支部、教育二支部、医务一支部被授予“民盟丰台区工委 2015 年度社情民意信息工作先进集体”荣誉称号。全年组织发展了 20 名优秀青年入盟，年增长率 5.2%。年底，盟员总数为 373 人。盟员谭孟康、张升允、李建军、崔寿昌、陈同娟、赵志坚、吴喜庭、章冠雄、张金壁被区工委授予“丰台民盟组织成立 30 周年突出贡献盟员”荣誉称号，马秀英等 39 人被授予“丰台民盟组织成立 30 周年先进盟务工作者” 荣誉称号，张昌斌等 16 人被授予“民盟丰台区工委 2015 年度社情民意信息工作先进个人”荣誉称号，马秀英等 38 人被授予“民盟丰台区工委 2015 年度优秀盟员”荣誉称号。全年共编印《丰台盟讯》四期。

（李亚一）

【政协提案量多质优】 年内，区工委在区政协九届四次全会上提交的党派提案《关于促进丰台区文化创意产业健康快速发展的建议》，受到区委、区政府、区政协的重视，并作为区工委在政协全会上进行大会发言的核心内容，年初被列为区政协领导亲自督办的年度重点提案，年终被评为区政协 2015 年度优秀集体提案。另外，民盟界别政协委员在全会上共提交个人提案 14 件，内容涵盖了区域经济社会发展热点问题和民生关切。张振军等六位盟员被区政协评为“优秀委员”，张振军、张雪梅被评为“优秀提案委员”。

（李亚一）

【征集年度重点调研课题】 年内，区工委面向全体盟员公开征集年度重点课题研究方向，将“关于促进丰台区旅游产业健康快速发展的建议”作为2015年度党派调研重点课题，并作为区工委在区政协九届五次全会大会发言的主要内容。

（李亚一）

【规范信息工作管理】 年内，区工委优化、固化了信息工作管理流程，坚持“数量质量并重、更加注重质量”的工作方针，社情民意信息工作进一步实现了从开展信息专项行动到制度化、常态化管理的转变；发布了《民盟丰台区工委2014年参政议政建言集》；每季度开展一次信息工作定量定性分析，并将分析报告刊登在《丰台盟讯》上；先后召开信息工作领导小组会议、信息工作研讨会，部分盟员分享了信息写作经验。全年共报送信息93篇。张振军、高广颖、赵欢三位盟员被区政协评为“优秀信息委员”。

（李亚一）

【统战理论研究】 年内，区统战理论研究会活动主要以学习中共十八大，十八届三中、四中、五中全会和民盟中央十一大精神为主，以十八大提出的“健全社会主义协商民主制度，推进协商民主广泛、多层、制度化发展”为重点研究课题。在研究中，突出理论与实践结合的原则。

（李亚一）

【固牢宣传思想阵地】 年内，区工委把学习贯彻中共十八大，十八届三中、四中、五中全会精神，习近平重要讲话和《统战工作条例》精神作为宣传思想工作的首要任务，将盟员的学习体会刊登在《丰台盟讯》的思想交流专栏上。为纪念丰台民盟组织成立30周年，区工委开展了《我与丰台民盟》征文活动。加强了丰台盟史资料的收集和研究，最终整理形成了丰台民盟30年画册、大事记、盟讯、党派提案、制度汇编、信息集等资料。7月21日，区工委副主委杜军代表区工委参加了民盟北京市委宣传工作会议，并作为获奖集体代表进行了交流发言。

（李亚一）

【组织多种30周年纪念活动】 年内，丰台民盟基层组织以“庆祝丰台民盟组织成立30周年活动”为契机，以“坚持和发展中国特色社会主义学习实践活动”为主题，结合中国人民抗日战争胜利70周年活动，先后组织了“我与丰台民盟”征文活动、“丰台民盟三十年座谈会”、“庆祝丰台民盟成立三十周年”书画笔会、“丰台民盟前辈追思会”，编辑出版了《丰台民盟三十年采访视频》、《丰台民盟三十年画册》。

（李亚一）

【开展青少年安全教育活动】 年内，区工委结合社区普遍关心的青少年安全教育问题，先后于7月24日、8月14日、8月25日组织盟员到西罗园街道第四社区、马家堡街道城南嘉园社区、丰台街道63号院开展了“青少年安全教育进社区”系列社会服务活动，进行了安全教育宣传，内容涉及社区安全、防止踩踏、交通安全、防止侵害等，还向参加活动的青少年和社区群众发放了铅笔等学习用品和安全教育宣传手册。

（李亚一）

【召开主题论坛和座谈会】 3月8日，区工委妇委会、老龄委在区党派楼三层会议室分别举行了“家庭教育”主题论坛和“回忆盟史、共叙发展”座谈会。在“家庭教育”主题论坛上，张雪梅作了“从家庭教育角度来谈儿童保护问题”的主题发言，张桂敏作了“如何培养良好的家庭教育习惯”的主题发言。在“回忆盟史、共叙发展”座谈会上，谭孟康、张升允、梁大庄、李正森、田学茹等老盟员从回忆自身经历出发，将自己早年参加丰台民盟所了解的丰台民盟历史沿革、亲身参与过的丰台民盟活动、亲身交往了解的丰台民盟前辈事迹等作了回忆发言。

（李亚一）

民建丰台区工委

【概　况】 2015年，民建丰台区工委坚持以中国特色社会主义理论为指导，学习贯彻中共十八大、十八届历次全会精神，学习习近平总书记系列重要讲话精神，加强自身建设，履行参政党职能，开展社会服务工作，各项工作均取得了成绩。8月，经济一支部、科技支部被民建北京市委授予“民建北京市委2012-2014年度先进基层组织”称号，安钟岩、陈雪峰、丁占海等17人被授予“民建北京市委2012-2014年度优秀会员”称号。11月，区工委被民建中央授予“中国民主建国会全国先进集体”称号，会员金光辉被授予“中国民主建国会全国优秀会员”称号。

（王　虹　陈永玲）

【组织建设】 年内，共发展新会员28名，平均年龄36.5岁，均为本科以上学历，其中具有硕士研究生学历以上的有10人，占发展会员数的35.7%。年底，支部数为16个，会员总数为537人。其中，全国政协委员1人，北京市人大代表2人、政协委员1人，丰台区人大常委1人、代表9人，区政协常委3人、委员19人，各级特约人员6人；公有经济153人，新的社会阶层人士190人，政府机关工作人员55人，占会员的大多数；拥有大专以上学历的491人，中、高级职称的217人。全年组织80余名会员参加了民建北京市委、北京社会主义学院、中共丰台区委统战部以及区工委举办的新会员学习班、民主党派骨干成员培训班等培训活动。

（王　虹　陈永玲）

【思想建设】 年内，区工委以纪念抗战胜利70周年、民建会成立70周年为契机，开展了多项活动。6月，召开“辉煌七十载 当今话未来”主题报告会，为新老会员介绍了民建会成立70年来与中国共产党肝胆相照、荣辱与共的历史，指导会员全面系统地了解民建会的发展历程和传统。为参加区政协举办的纪念抗战胜利70周年演出活动，组织会员200余人次开展5场排练，参演的抗战歌曲联唱节目获好评。组织会员参加区委统战部开展的“中国梦·和平梦”主题教育活动，共收集字画五幅、征文六篇，表达了会员的爱国、爱区感情。继续依托民建市委网站，以《丰台民建》为平台，开展会史传统教育和形势政策宣讲，全年编辑印发《丰台民建》四期。

（王　虹　陈永玲）

【召开党派提案答复会】 年内，在党派提案答复会上，答复单位区经信委针对区工委在区政协九届四次会议上提交的党派、团体第4号提案《关于建立大数据共建共享机制、着力推进区域经济可持续发展的建议》给出了答复。区政协副主席张兆旗、区委统战部副部长、区政协提案委主任以及区经信委、统计局的相关负责人出席答复会。

（王　虹　陈永玲）

【社情民意信息】 年内，区工委继续加强社情民意信息收集、整理工作，指导信息员围绕社会发展的难点、群众反映的热点及重大突发事件收集、报送各类信息。全年上报社情民意信息42篇，其中民建市委采用9篇，会员高娟反映的信息《建议北京市人民政府残疾人工作委员会应执行财政部国家税务总局财税〔2014〕122号的文件规定》被北京市政协采用。区工委在民建北京市委2015年信息工作会上被评为民建市委2014年度信息工作先进集体一等奖。

（王　虹　陈永玲）

【社会服务】 年内，区工委通过了《关于进一步加强民建丰台区工委社会服务工作的指导性意见(暂行)》(以下简称《意见》)。《意见》明确了区工委社会服务工作开展的指导思想、服务主体和对象、开展层面及方式方法，为推进社会服务工作奠定了制度基础。

区工委全年继续围绕民建“爱心·扬帆”主题开展扶贫助学活动。3月1日，由区工委牵头，北京市残疾人福利基金会、大兴区残联联合举办了“爱心·扬帆情暖万家”助残活动，为职康站服务对象进行技能和教育培训，优先安置残疾人就业，帮助残疾人实现脱贫目标。8月，联合丰台区少年宫举办了“爱心·扬帆”革命老区优秀师生北京夏令营活动，邀请了来自唐县革命老区近10所小学的30多名优秀教师和学生参加。

（王　虹　陈永玲）

【空巢老人暖心行动】 4月22日，区工委启动了“关爱空巢老人暖心行动”，对马家堡街道辖区内的四位老人进行“一对一”和“多对一”的帮扶。各支部制定了服务项目及具体落实措施，并陆续开展了针对老人提出的法律咨询，不定期上门慰问，为老人包饺子、搞卫生、代购菜蔬和药品等多种形式的帮扶活动。

（王　虹　陈永玲）

民进丰台区工委

【概　况】 2015年，民进丰台区工委注重加强思想建设，多次召开工委扩大会，通报区经济发展情况、党风廉政建设情况和学习中共十八届五中全会精神，为会员配备相关学习辅导材料。年内，区工委共有支部15个，新发展会员9名，会员总数368人。其中在职会员208人占57%，退休160人占43%；按性别划分，男性153人占42%，女性215人占58%；按行业划分，新闻出版行业21人占6%，新阶层21人占4%，政府部门7人占2%，教育界会员占69%，其他会员界别分布于科技、经济、法律、医务、文化艺术等。高级职称人员占三分之一。全年共报送信息51件。

（李朝晖）

【参政议政　履行职能】 年内，由中华书局支部林晓芳主持完成的《关于加快建设北京国家数字出版基地打造一流数字出版孵化园区的建议》被评为民进北京市委2014年度优秀调研成果三等奖和优秀信息成果一等奖，其本人获民进北京市委2014年度参政议政先进个人称号。11月28日至29日，工委参政议政专题研讨会在香山饭店举行，区委统战部副部长蒋旭东、民进市委议政调研处处长徐璐及区工委主委、副主委、支部主任和副主任、妇委会委员、调研报告专题组成员和2013年新发展的会员共计60人参会。

（李朝晖）

【召开提案答复会】 6月12日，区工委针对由中华书局支部林晓芳执笔，区工委副主委陈景泉及驻区干部李朝晖负责的区政协提案《关于加快建设北京国家数字出版基地的建议》与北京国家数字出版基地进行了预答复座谈会。会上，区工委主委刘占良介绍了提案背景和年内进展情况，参会的6位会员对提案办理报告提出了意见和建议。7月31日，该提案的正式答复会在区委党派楼三层会议室举行。区政协副主席程留恩及区政协、区委统战部有关负责同志参会，区委办督查室副主任张少彬主持。答复会上，区工委主委刘占良介绍了提案背景、与北京国家数字出版基地负责人进行预答复座谈会的情况。北京国家数字出版基地管委会副主任田涛对提案中的问题和建议进行了解答。刘占良代表区工委对答复报告表示满意。

（李朝晖）

【举办专题培训班】 7月11日，区工委在桥园饭店举办了“加强骨干会员培训，促进高素质参政党建设”培训班。民进北京市委组织处处长鲁剑出席，骨干会员近60人参会。民进北京市委常委、北京市工商业联合会副主席王报换作了“高素养中青年精英与高素质参政党建设——做好参政党工作的‘道’与‘术’”的报告。

（李朝晖）

【**举办暑期培训班**】 8月21日，区工委在丰台教委报告厅举办了暑期学习培训班。民进市委副主委李换喜、民进市委办公室副主任魏斌、民进市委组织处干部康朴川、区委统战部副部长及党派科有关负责人参加了学习。主委刘占良在开班仪式上号召大家作为参政党成员，要不断学习，了解丰台区的教育现状和未来发展，为丰台区的教育事业建言献策。学习期间，会员观看了“丰收的沃土，成功的舞台”丰台教育宣传影像资料。区教委主任张立新作了“加大布局调整，扩大优势资源，构建和谐教育生态，办人民满意的教育”的报告，从生物学引申出教育生态的概念，从生态教育学的角度，详解了丰台区的教育现状及未来与发展。最后，会员对报告进行了座谈讨论。

（李朝晖）

【**开展多种形式支部活动**】 1月25日，区工委大红门支部、蒲黄榆支部、桥北支部、食品报社支部在成寿寺小学举办新春团拜会。桥北支部会员现场书写“福”字，画了生肖年画。1月31日，西片联合支部会员30余人在区王佐学校举办恭贺新春，畅叙友情活动。2月1日，区工委中片实验学校支部、丰台二中支部、教育学院丰台分院支部、十二中退休支部、十二中支部、中华书局支部、桥南支部的100位新老会员在冠京饭店五层多功能厅举办了“有福同享新春团拜”活动，各支部主任给大家拜年，桥南支部给大家赠送围巾。3月2日，桥南支部在丰台区云岗西区社区举办了食品安全与养生的主题讲座，为社区居民答疑解惑。3月8日，区工委妇委会在侨园饭店北楼四层会议室组织了庆祝“三八”妇女节活动，举办了“家教·家风”讲座和“融入自然，乐享骑行”讲座。

（李朝晖）

【**服务社会　奉献爱心**】 6月23日，桥南支部全体会员到同心希望家园捐赠了物品。7月24号，桥北支部部分会员到房山区佛子乡镇陈家坟村委会，捐赠了三台电脑，一台打印机，800多册书籍和两幅书法作品。7月25日，中华书局支部到太阳村捐赠图书200多册，衣物、玩具12包，为太阳村公益农场、公益花卉市场和爱心餐厅献爱心1800元。 7月26日，桥南支部在卢沟桥街道蔚园社区举办了《家、家庭、家风》讲座。9月25日，经济支部部分会员参加了“北京老字号进社区，京味儿文化传孝道”暨寻找空巢老人爱心助老活动。

（李朝晖）

农工民主党丰台区工委

【**概　况**】 2015年，农工党北京市丰台区工作委员会响应农工党北京市委的号召，落实农工党中央关于《开展坚持和发展中国特色社会主义学习实践活动》工作计划，加强自身思想及组织建设工作。围绕丰台区委、区政府的中心工作，开展调研，向丰台政协九届四次会议提交了《关于促进丰台区养老服务业发展的建议》等三项党派提案。完成基层支部换届工作。年内，经区工委推荐，周刚、刘志成、关春爽三位党员被区人民法院聘为第十五届人民陪审员，任期为五年。党员孟超被评为区政协2015优秀提案委员。全年发展及转入党员8人，其中硕士3人、学士5人。

（王东健）

【**参政议政**】 年内，区工委在区政协九届四次会议上提交了《关于促进丰台区养老服务业发展的建议》、《关于加快枢纽医院发展促进医联体建设的建议》、《关于加快推进我区公共服务设施建设管理的建议》三项提案，其中，《关于促进丰台区养老服务业发展的建议》提案获得区政协2014年度优秀提案表彰。8月14日，区委办召开提案答复会，区工委主委温智勇、副主委高彦彬、武晋军、韩秀娟、于文平及工委委员各支部负责人参加。区民政局、卫计委等相关单位负责人通报了区工委《关于促进丰台区养老服务业发展的建议》、《关于加快枢纽医院发展促进医联体建设的建议》提案的办理情况。区政协副主席李秀瑛认为区工委调研深入，针对性强，并对区工委关注区养老服务业发展表示感谢。区统战部副部长蒋旭东参会并讲话。

（王东健）

【参加专题调研】 年内，针对区政协 2015 年政治协商议题“区域非首都功能疏解问题——关于大红门地区产业疏解升级改造”的调研工作，区工委派出来自医疗、企业、社区的三位年轻党员代表参加。参加了农工党市委关于“在北京市推行社区首诊制”的调研工作，30 位医护人员参与并发表了意见。

（王东健）

【参加政治协商座谈会】 8月13日，区工委参加了区统战系统座谈会，听取了区委常委、区统战部部长张建国关于区第十一届委员会第七次会议精神的通报，副主委武晋军在会议上代表区工委发言，对区委、区政府的工作提出了建议。12月22日，区工委副主委韩秀娟代表区工委参加由区长冀岩召开的协商会，就《2015年丰台区政府工作报告》提出党派意见。12月28日，区工委参加了由区委书记杨艺文主持召开的《中共丰台区委关于制定丰台区国民经济和社会发展第十三个五年规划的建议》民主党派征求意见建议协商会，工委副主委高彦彬拟写了书面意见，副主委韩秀娟代表区工委发言。

（王东健）

【组织建设】 10 月，召开区工委扩大会，学习农工党北京市委关于开展基层组织换届工作文件。同时，向基层支部部署换届工作要求和注意事项，对基层支部换届工作中的问题交换意见，确定换届工作结束日期。12 月，换届工作完成，各支部委员会补充了年轻委员，其中博士 8 人，硕士 16 人。并于年末，参加了农工党北京市委举办的基层组织负责人培训班，学习了新形势下参政党的职能，参政党建设的理论与实践，进行了基层组织经验交流。

（王东健）

【举办学习班】 10月24日—25日，区工委举办了工委委员、支部委员及骨干学习班。学习班上，农工党北京市委常委、丰台区政协常委、区工委主委温智勇作了“坚持和发展中国特色社会主义学习实践活动”的开班动员会。区统战部副部长蒋旭东通报了区“十三五”规划区情和近期统战工作的重点报告。区工委副主委武晋军作了2015年丰台工委重点工作情况汇报。首都经贸大学支部党员李青淼作了“北京远郊村庄设计”的发言，对北京郊县居住及人文环境的设计调研情况进行了介绍。各基层支部分别组织学习了中国农工民主党主席陈竺在“坚持和发展中国特色社会主义学习实践活动”经验交流会上的讲话 ，同时学习了中共中央《关于加强社会主义协商民主建设的意见》。商讨落实了工委工作安排。

（王东健）

【组织参加各类学习培训活动】 年内，区工委三支部、六支部、首都经贸支部的 10 名党员参加了常务副区长刘宇所作的“十三五”期间丰台区发展规划报告会。7 月， 区工委副主委武晋军、韩秀娟，委员孟超参加了区政协举办的 2015 年度暑期学习班的专题报告会，到宛平城抗日战争纪念馆进行“伟大胜利、历史贡献”主题学习，听取了区政府关于 2015 年上半年经济社会发展和“十三五”规划编制情况通报、区纪检委关于党风廉政建设和反腐败工作情况通报，并在会后统战部召开的丰台区各民主党派和工商联负责人联席会上汇报了区工委工作情况。9 月，参加区委统战部举办的 2015 年民主党派新成员学习班及纪念抗战胜利 70

周年”追忆历史·展望未来”主题演讲活动，听取区发改委关于丰台区情和“十三五”规划编制情况报告，北京市工商业联合会副主席、民进市委秘书长王报换的“党派成员如何做一个政治上的明白人”的报告。11月，区工委九名党员参加了区委统战部组织的学习贯彻中共中央及市委统战工作会议精神培训。全年区工委参加区委统战部各类学习及活动54人次。

（王东健）

【提供优质信息】 年内，区工委委员武晋军、孟超的《关于北京市居民小区厨余垃圾源头处理的思考》信息和首都医科大学支部崔允文的《让北京走在全国环境卫生工作前列》等六条信息，被农工党北京市委社情民意信息工作采用。

（王东健）

【组织系列主题教育活动】 年内，区工委把开展坚持和发展中国特色社会主义学习实践活动作为一项重要政治任务，组织党员参加了一系列主题教育活动。工委组织9个支部的123名党员参加了农工党中央“学精神·学党章·学党史”知识答题，东方医院胡凯文在活动中获奖。6月12日，区工委选派3名党员代表参加了农工党市委在国际会议中心举办的“三学”知识竞赛并获得三等奖。

（王东健）

【第八届中国环境与健康宣传周活动】 6月14日，区工委举行了“2015（第八届）中国环境与健康宣传周”活动暨农工医学专家定点帮扶南苑社区卫生服务中心启动仪式。活动及帮扶仪式由工委副主委武晋军主持，区卫生计生委副主任肖立新、区和义街道办事处副主任王平、南苑社区卫生服务中心主任刘继霞参加活动。区工委主委温智勇介绍了邀请农工党医学专家开展“环境与健康知识进社区、进农村义诊活动”的意义，同时对如何开展定点帮扶南苑社区卫生服务中心工作做了说明。肖立新、王平先后发言，对农工党员到南苑社区卫生服务中心进行义诊并作帮扶工作给予了肯定。温智勇及北京丰台医院、电力医院、东方医院、丰台南苑医院的七名专家开展了内科、外科、骨科、中医义诊服务，为几十名患者进行了免费诊疗及咨询，发放健康手册。

（王东健）

【开展义诊活动】 9月20日，区工委党员一行8人在工委副主委韩秀娟的带领下到房山区十渡镇平峪村卫生站开展第二届“农工情·共铸中国心健康京郊行”定点帮扶工作，北京电力医院、中医药大学东方医院及丰台医院的党员为当地山区村民做了骨科、内科、中医、外科、皮科的诊疗和健康咨询，发放了“农村环境与健康手册”及“生活健康手册”百余本。义诊结束后，党员到十渡镇卫生中心与院长丁海及两位副院长，就山区医疗的现状及需求进行了交流。年内，丰台医院、电力医院及东方医院的党员韩秀娟等4人参加了南苑和义街道养老中心成立义诊活动，为居民做了诊疗和健康咨询。

（王东健）

【第二十七届国际科学与和平周活动】 11月15日，工委组织党员参加以“提高科学素质，弘扬国学精神，促进全民健康”为主题的第二十七届中国“国际科学与和平周”活动，由副主委韩秀娟带队，东方医院、丰台医院的五位主任、副主任医师到丰台区宋家庄社区活动中心开展心内、神内、中医、皮科义诊和健康咨询活动，并向社区居民发放了健康医疗手册。

（王东健）

【开展捐款活动】 年内，响应农工党中央办公厅发布的《关于动员广大党员支持第一次全国干部会议会址维修和布展工作的通知》，区工委九个支部142人共捐款2180元作为“农工一干会址修缮工作”费用。

（王东健）

九三学社丰台区工委

【概 况】2015年，九三学社丰台区工委成立了丰台科技园区支社、丰台金融支社，并协助社市委成立了九三学社平谷支社。年内共发展新社员18名，另有10名社员尚处在考察期，调入2名。年底，共有社员264人，平均年龄52岁，其中男社员120人，女社员144人，高级职称比例为66%。社员中有北京市政协委员2名，人大代表1名，市政府特约人员1名；平谷区政协委员1名；丰台区政协副主席1名、常委2名、委员16名，区人大常委1名，区政府特约人员7名，区青联委员2名；九三学社中央常委会委员1名，专业委员会主任1名、委员5名；九三学社北京市委专业委员会副主任2名、委员13名。贾满生代表丰台区工委出席了社中央举行的庆祝九三学社创建70周年大会。郭微担任了北京市第二中级人民法院陪审员，刘鹏、陈进、石粤秀、王蕾4位社员担任了丰台区法院陪审员。提案《关于多部门联合，保障康复服务进社区的建议》被评为2015年度区政协党派优秀提案。全年共出版《丰台九三社讯》4期，发放900余份。完成调研报告6篇，报送信息60余条。

（程留恩 郑成保）

【组织区域社会发展专题调研】年内，区工委针对区委确定的2015年政治协商议题“区域非首都功能疏解问题——关于大红门地区产业疏解升级改造”，选派社员参加区政协组织的课题调研、考察和座谈会。按照政治协商准备机制，区工委召开了专题研讨会，形成了书面发言报告。在政治协商会上由副主任韦云代表区工委就大红门地区产业疏解升级改造过程中如何健全产业发展配套政策提出了意见和建议。区工委还参加了区政协组织的重点调研课题“丰台区新老二元结构下城乡建设和管理问题”和其他专委会课题“丰台区十三五规划编制问题研究”、“加强基层民主协商，推进基层治理”、“扩大医疗定点单位覆盖范围”的协商和调研。组织丰台金融支社筹备组就区域新三板企业挂牌和发展情况到丰台区金融服务办公室调研，就“丰台区金融十三五规划”与规划项目组成员和区金融办部分领导进行交流，多次召开“科技创新金融助推丰台发展”主题议政会。同时，金融支社成立了专题调研组赴区金融办进行调研，形成了《大力打造新型金融业 助推丽泽商务区发展》、《关于丽泽金融商务区建立基金产业园的建议》两篇调研报告，其中《关于丽泽金融商务区建立基金产业园的建议》拟选为区工委 2016 年区政协全会上的党派发言稿，另一篇拟转化为党派提案或作为党派信息报送区委区政府。科技园区支社召开了科技服务业新业态发展课题座谈会。

（程留恩 郑成保）

【组织开展健康和养老主题调研】年内，围绕社会关心的养老问题，组建了以综合支社为主的“互联网+居家养老”调研组，分别邀请了社西城区委、海淀区委的有关社员参加，召开了 3 次座谈会，并赴丰台西罗园社区养老照料中心进行了调研，形成了《关于建立我区互联网+居家养老体系政策的建议》调研报告，并转化为 2016 年区政协全会上的党派提案。区工委还围绕“健康丰台”主题，召集医药卫生支社、首都医科大学支社、东方医院支社、中国康复研究中心支社及相关专业的专家对“健康丰台”课题进行全面疏理和讨论，着力从大健康理念寻找丰台发展健康产业的路径，达成了利用园博园的地理空间优势发展健康产业的共识，同时为园博会后期利用找到了出路，最后形成了《打造健康产业科技园，园博引领健康新领域》的研究报告。继续推动社市委参政议政部与二级组织参政议政的联动机制，由中国康复研究中心支社与社市委医药卫生委员会联合，共同承担了“关于加强社区康复体系建设”的课题调研，赴昌平区卫计委、回龙观医院、小汤山医院进行了调研，并与市卫计委进行了座谈，最后形成了《关于加强北京市社区康复服务工作建议》的课题调研报告，并通过了社市委参政议政调研课题结题会的论证。医卫支社举办了婴幼儿手足口病的防治与管控的主题议政会。

（程留恩　郑成保）

【组织开展市郊铁路发展课题调研】 年内，组织社员参加了社市委关于“北京发展市郊铁路的实施路径研究”的调研和社中央京津冀一体化课题调研，撰写了《特大城市发展市郊铁路》报告，经九三中央直通车报至中共中央，获国务院副总理张高丽批复，并受国家发改委邀请就此课题进行交流。1月，社员沈砾子陪同副主委方炎接受北京交通广播直播采访，对燕郊动车的开行进行点评并对市郊铁路概念进行科普讲座，并参加京津冀轨道交通学术交流会，作了《北京发展市郊铁路的分析与建议》主旨演讲。4月，参加北京市政协组织的京津冀一体化通报会，提出北京发展市郊铁路的相关建议，得到了市政协主席吉林的肯定与答复。

（程留恩　郑成保）

【提案得到落实】 年内，区工委在区政协全会上提出了《关于多部门联合，保障康复服务进社区的建议》提案，被区政协确定为2015年度主席李昌安督办的重点提案。提案办理牵头单位丰台区残联与区工委进行了座谈，并专门成立了由区残联为组长单位、区卫计委和区社会办为成员的调研小组，制定了调研方案，对残疾人社区康复进行了专题调研，形成了3份针对性调研报告，并在此基础上形成了提案答复报告。

（程留恩　郑成保）

【参加天津港事故的调研及讲座】 天津港“8·12”特别重大火灾爆炸事故发生后，中国康复研究中心支社主委郭微与中国社会工作教育协会天津事故服务需求调研小组前往天津医科大学总医院、天津市社会工作协会、天津市妇女儿童社会服务中心进行调研，了解和探讨与天津市妇联合作开展社会工作服务的需求与介入途径，以及对志愿者，专业社工，心理咨询师，各机构、部门中高层领导逐级开展应急救灾工作实践技术培训的现实需求。郭微应邀在天津举办了题为“如何做好灾后残疾人社会工作”的讲座，为学员讲解如何帮助灾害致残人员康复及重返社会，得到了中共市委统战部和社市委领导的肯定。

（程留恩　郑成保）

【加强组织建设】 年内，学习了《九三学社中央关于进一步加强组织建设的若干意见》、《关于印发〈九三学社中央关于在全社开展坚持和发展中国特色社会主义学习实践活动的实施方案〉的通知》等文件精神，坚持边学习、边贯彻、边实践、边落实，推动了区工委的组织建设。结合丰台区丽泽金融商务区的建设，成立了丰台金融支社。研究酝酿了佑安医院社员从首都医科大学的分流工作。根据丰台区九三社员的分布，将丰台医院、电力医院、中国戏曲学院、中华书局等单位的组织发展和建立基层组织纳入规划之中。协助社市委做好平谷区发展社员和建立支社的工作，使平谷区从无九三社员到5月成立时达到13人，实现了九三学社北京市委基层组织全覆盖。各支社完成了社员信息的核对工作，进一步健全完善了区工委社务管理信息数据库。

（程留恩　郑成保）

【加强干部队伍建设】 年内，利用各种平台，加强后备干部队伍的培养和使用。组织中青年骨干、社员参加中共市委统战部、社市委和北京社院举办的民主党派中青年干部、区级组织负责人、新社员、特约监督员等培训班和信息大赛，基层组织经验分享培训会，蒲公英三四期相关活动以及参政议政培训班等活动。组织区工委班子成员和中青年骨干参加中共丰台区委统战部举行的暑期学习班、座谈会和考察活动。选派中青年骨干参加社市委、区政协和区工委组织的参政议政调研、考察。选派李洁、彭宪建两名女社员代表参加了北京市委统战部、北京市妇女联合会、北京社会主义学院联合举办的第五期北京市妇女统战工作培训班。

（程留恩　郑成保）

【注重理论学习】 年内，区工委在参加中共丰台区委统战部举办的“中共中央统战工作会议精神报告会”基础上，还专题举办“中共十八届五中全会精神学习班”，组织各支社支委以上人员学习贯彻十八届五中全会、中央统战工作会议和习近平总书记一系列重要讲话精神，发放《中共五中全会精神辅导报告》和《十三五规划纲要辅导报告》，组织社员开展各种主题学习会、研讨会、座谈会。各支社也相继召开了学习中央统战会议、中共十八届五中全会、习主席系列讲话精神座谈会。

（程留恩　郑成保）

【注重加强信息工作建设】 年内，区工委共收集报送信息 60 余条。由区工委耿荣、郭会等 10 人组成的代表队在社市委举办的信息写作培训班暨信息大赛活动中，获得了最具影响力信息奖杯。首都医科大学支社刘庆凯撰写的《关于提高防范意识加强网站安全的紧急建议》信息被社中央奖励 1000 元，撰写的《关于进一步加强高校防范和抵御宗教渗透工作的建议》信息被中共中央统战部部长孙春兰采纳。主委程留恩从《社员建议》中挑选了温建东撰写的《关于丽泽金融商务区建立基金产业园的建议》作为委员个人提案提交市政协，得到了北京市相关部门的重视，并召开了提案办理协商会。

（程留恩　郑成保）

【加强资讯工作】 年内，发挥微信群优势，增强实效性、可读性和资料共享性。进一步增强《九三丰台社讯》可读性，版块栏目设计突出年度重点工作，突出党派特色，宣传优秀社员人物事迹。注重《九三丰台社讯》和微信群的配合呼应，各有侧重，做到大事上社讯，小事微信聊，信息及时通，反馈随时有。完成了《丰台年鉴》九三学社丰台区工作委员会年鉴稿的编撰，以及《丰台九三社讯》2015 年四期的编辑、出版工作。全年各支社共上报社市委组织活动稿件 69 篇。

（程留恩　郑成保）

【开展系列纪念活动】 年内，区工委开展了 80 后社员纪念“五四精神”座谈会，追忆了“五四运动”与爱国知识分子及九三学社的渊源，中共丰台区委统战部副部长王晓铁在会上作主题发言。参与和举办中国人民抗日战争胜利暨世界人民反法西斯战争胜利 70 周年纪念活动。综合支社的李佳在参加中共丰台区委统战系统纪念演讲活动中，以“将抗战胜利纪念日永远镌刻在名字里”为题作了演讲。文艺支社王晓燕、杜凤元等参加了区政协庆祝纪念活动文艺晚会，并应区政协主席李昌安的要求表演了京剧《抗金兵》、《红灯记》选段。收到各支社抗战胜利 70 周年征文稿 6 篇，书法 3 幅，画作 5 幅。联合社西城区委开展了以“铭记历史、缅怀先烈、珍爱和平、开创未来”为主题的纪念活动，共同参观了卢沟桥和抗日战争纪念馆。

（程留恩　郑成保）

【举办个人书画艺术展】 年内，文艺支社范贻光在中华世纪坛艺术馆举办了个人首场书画艺术展“岁月之痕　艺术之迹——范贻光艺术展”。九三学社中央副主席马大龙、中国艺术摄影学会主席杨元惺、科技部副部长张景安、中国文联副主席覃志刚、中国文化促进会主席王石、李可染画院院长李庚等人出席了艺术展开幕式。

（程留恩　郑成保）

【组织心理咨询服务活动】 年内，区工委除了与社市委社会工作部联合举办九三身心健康大讲堂系列讲座外，区工委党派楼102九三心理咨询室的作用也持续发挥。刘慧源先后主办了北大心理专家心理督导12场次36小时，主办系统家庭治疗基础与中级培训班15场次45小时，为青少年家庭和社会人士提供心理咨询服务50小时，通过面询、网上、电话、微信等形式为九三及其他党派成员提供心理咨询服务20小时，所服务的人员近200人次。

（程留恩　郑成保）

【举办多种科普宣传和义诊活动】 年内，医药卫生支社联合区卫计委、爱卫会、街道办事处在赛欧广场组织开展了《北京市控制吸烟条例》宣传大会。联合区疾控中心开展科普宣传活动，到一线社区和长辛店公园为居民进行慢病科普知识宣传和咨询活动，发放了营养科普知识和慢性病防治知识手册。组织专家到丰台街道永善社区为80多名居民进行了义诊。中康支社在区委统战部副部长蒋旭东的带领下，到丰台街道北大地社区开展残疾人康复指导、义诊咨询活动；和东方医院支社共同参加了丰台区老科协组织的到丰台砂锅村专家义诊活动。

（程留恩　郑成保）

致公党丰台区工委

【概　况】 2015年，致公党丰台区工委开展了坚持和发展中国特色社会主义学习实践活动，学习了中国特色社会主义理论，中共十八届三中、四中、五中全会精神及习近平总书记的系列讲话精神，明确作为参政党成员参政议政的履职方向和重点，发挥自身“侨”“海”特色的优势，提高参政议政的履职水平。区工委现有主任委员1名，副主任委员4名，委员8名。党员中区人大常委1人；市政协委员1人；区政协委员8人，其中常委2人；区青联常委1人、委员1人。区工委下设三个支部、一个新党员活动组。年内，发展新党员6人，截止到年底，共有党员88人，具有“侨、海”关系的党员约占78%，具有中高级以上职称党员约占93%，分布于科技、经济、法律、医药卫生、文化艺术、教育及政府机关等。

（王　峻）

【致公党中央领导到区工委调研】 7月14日，在区民主党派楼三层会议室，致公党中央办公厅副主任钱叶用、组织部处长陈颂原在致公党北京市委办公室主任王巍的陪同下，就致公党丰台区工委开展坚持和发展社会主义学习实践活动进行调研。区工委副主委王诗雪、王峻，委员曹莹及部分党员参加了调研座谈会。致公党中央领导听取了区工委开展学习实践活动的工作进程及下步计划，对学习实践活动的成效予以肯定。

（王　峻）

【党派提案答复会】 7月29日，在区民主党派楼三层会议室，就区工委《关于加强丰台区精神文明建设》党派提案召开答复会。答复会由区委办主持，区政协副主席刘占良督办，区委统战部副部长蒋旭东、区精神文明办副主任王旭和区财政局、区编制办、区政协提案委员会相关负责领导及区工委副主委王诗雪、王峻，委员曹莹及党员代表参加。王诗雪代表区工委表示同意区精神文明办、区财政局、区编制办的答复意见。该次党派提案答复办理，是区委、区政协加强党派提案办理力度，改革党派提案答复办法，首次邀请除主办单位外协办单位一同参与。致公党丰台区工委《关于加强丰台区精神文明建设》的党派提案被区政协九届四次全会评为优秀党派提案。

（王　峻）

【参政议政】 年内，区工委参与区委、区政府及各委办局“十三五”规划制定协商、建言献策工作，发挥了作为参政党参政议政、民主协商的履职作用。副主委王峻代表区工委参加了区文委“十三五”规划前期研究报告专家评审会，就区政府“十三五”规划初稿召开的政协季度协商会，区政协 2015 年教育专项民主监督活动——区教委“十三五”规划编制情况座谈会和区委宣传部文促中心的丰台区“十三五”文化创意产业规划课题专家论证会。11 月 23 日，副主委王诗雪、王峻参加了关于大红门地区产业疏解升级改造政治协商会。12 月 28 日，王峻与委员曹莹代表区工委参加了区政府“十三五”规划建议民主协商会。

（王 峻）

【全国读书日活动】 年内，区工委为配合 2015 年深入的开展坚持和发展社会主义学习实践活动，4 月 19 日召开全体党员理论学习会，向党员发放包括《大数据时代》、《法治热点面对面—理论热点面对面》、《互联网时代》、《丝绸之路》等学习书籍，要求党员以 4 月 23 日世界读书日为契机，通过读书学习，提高履职水平。

（王 峻）

【社会服务活动】 7 月 25 日，区工委妇女委员会与丰台区“南燕志工”志愿者组织，在中国邮政邮票博物馆为丰台区流动人口子女，举办了“关爱留守儿童”主题社会服务活动，向现场每名儿童赠送附带交通保险的交通安全警示小黄帽，参观了中国邮政史展览及邮票展览。活动由致公党丰台区工委委员、妇女委员会主任曹莹主持，区委统战部副部长蒋旭东、致公党北京市委社会服务部处长刘全信等出席活动。

（王 峻）

【开展纪念中国人民抗日战争胜利 70 周年活动】 年内，区工委带领全体党员，参加区委统战部纪念中国人民抗日战争暨世界反法西斯战争胜利 70 周年系列主题活动。活动中，基层支部组织党员召开座谈会；参观抗日战争纪念场馆；参加主题活动征文。党员李雨默的《爷爷的回忆》、邹星的《在抗战中成熟的中国致公党——纪念抗战胜利 70 周年、中国致公党成立 90 周年》、王峻的《抹不去的记忆》及徐薇娜的《历史的审判永远不会忘记》作为优秀征文报送区委统战部，收录在《纪念中国人民抗日战争暨世界反法西斯战争胜利 70 周年——丰台区统战成员作品集》一书中。《爷爷的回忆》和《历史的审判永远不会忘记》被刊登在致公党北京市委主办的《北京致公》2015 年第 4 期杂志上；《抹不去的记忆》被刊登在致公党中央主办的《中国致公》2015 年第 4 期杂志上。

（王 峻）

群众团体

丰台区总工会

【概 况】 2015 年，丰台区总工会在区委和市总工会的正确领导下，在区政府的大力支持下，在各级工会组织的共同努力下，坚持以习近平总书记系列重要讲话精神统领工作全局，深入学习贯彻中央、市委党的群团工作会议精神，切实增强新形势下做好工会工作的政治自觉，深入推进“1+15”文件总体工作部署，以改革创新的精神，加强自身建设，夯实服务基础，整合社会资源，发挥优势，积极作为，切实为职工维好权服好务，工会组织吸引力、凝聚力、影响力、感召力不断提高。被北京市总工会考核为优秀单位、工会工作标兵单位。

（贾 妍）

【基础组织建设】 年内，基层工会组织 1863 家，涵盖单位 10754 家，工会会员 18.5 万人，办理“京卡”16.6 万张。服务、卫生、教育、建筑四个产业工会顺利组建。

（贾 妍）

【劳模服务管理】 年内，共培养、选树全国劳模5名，市劳模46名，市模范集体8个，并召开劳模表彰大会。做好劳模管理和服务，组织152名劳模参加外出疗休养，为214名劳模进行体检，走访慰问劳模371人次。召开庆“七一”劳模事迹宣讲会。开通“劳模建言献策”直通车。

（贾　妍）

【推动职工教育】 年内，获评全国总工会颁发的“全国职工教育培训优秀示范点”荣誉称号。落实北京市“在职职工职业发展助推计划”，为37名高级技师、13名技师申请补助资金8.7万元；投入30余万元分类分岗位进行全区职工通用能力培训，覆盖18家单位、7028人次；落实“农民工大学生助推计划”，帮助23名农民工领取到北京市职工大学录取通知书，同时积极为有需要的单位及个人提供定制化服务，实现了与国家开放大学的办学合作，为长辛店镇61名农民工提供了“送学上门”的专科教育服务，用2年半的时间助农民工获得国家开放大学颁发的毕业证书。积极部署工会系统“安康杯”竞赛活动，通过编排制作情景剧、开展“第十四个安全生产咨询日”等活动进一步做好安全生产宣传教育工作。

（贾　妍）

【经济技术创新】 年内，广泛开展技能大赛、岗位练兵活动，覆盖直属75家系统（行业）工会，累计参加116780人次。面向全区征集具有典型示范性的创新工作室，区第一幼儿园“新媒体新技术在学科中的应用”项目、市第十中学“新疆内高班学生教育教学研究”项目获评市级职工创新工作室；市丰房建筑工程有限公司“周荣飞创新工作室”获评命名职工创新工作室，其“名师带徒”项目获市总工会2015年度人才培养资助项目。

（贾　妍）

【工资集体协商机制】 年内，继续推动工资集体协商和集体合同签订工作，5440家建会企业中，签订集体合同1003份，覆盖企业5145家，签订工资集体协议953份，覆盖企业5022家，覆盖率分别达到94.6%和92%。坚持典型引路，以方庄地区为重点，在该地区餐饮、中介服务、娱乐休闲、文化教育医疗、商贸5个行业开展工资集体协商，签订了集体合同、工资专项协议。注重培育百人以上典型示范企业，百人以上企业独立协商率达到100%。

（贾　妍）

【厂务公开民主管理】 年内，严格落实厂务公开民主管理工作机制，不断提高职工代表大会质量，确保职工的知情权、参与权、表达权和监督权。全区公有制企事业单位基本实现了厂务公开、职代会制度的全覆盖，已建会的非公有制企业厂务公开、职代会建制率达到了90%以上。

（贾　妍）

【劳动争议调解】 年内，成立区总工会法律服务中心及区总工会法律援助工作站，加强劳动争议调解室建设，实现“一站一律师”。坚持维护职工和企业合法权益的“双维护”原则，全年劳动争议调解2445件，已调解劳动争议768件，涉及人数1172人，调解成功299件，涉及人数373人，履行金额总计352.39万元。

（贾　妍）

【就业招聘】 年内，携手区双拥办、区武装部、区人保局等5家单位举办“春风行动送岗位进军营招聘会”，组织53家企业、104名复转军人及军人家属参加，同时吸引周边街乡镇近千名求职人员，达成就业意向226人。举办“春风行动”专场招聘会，提供岗位435个，42人与用人单位成功签约。

（贾　妍）

【职工服务体系】 年内，全区街道、乡镇及园区工会服务站全部完成规范化建设，打造了“南苑乡模式”，建立了边村（社区）工会服务站。依托职工之家整合各方面服务资源，拓展服务项目，以“职工之家”实体化建设促建会。丰富“方庄模式”内涵，按照“实体建家、普惠服务、一室多用”的原则，利用闲置的地下人防空间建设集住宿、休闲、读书、娱乐、健身为一体的“非公企业职工之家”，吸引了3家属地企业建立工会组织，新增入住“非公企业职工之家”会员500多人。加大对基层单位投入和帮扶力度，完善“职工之家”的劳动争议调解室、职工减压室、职工书屋等场所及相应管理制度，引导其切实发挥服务职工作用。

（贾　妍）

【帮扶救助】 年内，职工互助保障工作稳步推进，新增会员3761人，新增和续保9.4万余份，投续保金额475.8万余元，共受理理赔1255人次，成功赔付234.7万余元。募捐407.8万元，实现对困难职工档案动态管理，严格按照“依档帮扶”开展帮扶救助工作。积极开展送温暖活动，完善服务帮扶救助长效机制，全年累计慰问困难职工、单亲女职工、残疾职工、一线职工等共计12万人次，发放金额300余万元。落实对口帮扶工作，对河北赤城县总工会、青海玉树称多县总工会、湖北十堰市张湾区总工会进行捐赠，慰问物品和资金总价值达36万元。

（贾　妍）

【女职工活动】 年内，新增“母婴关爱室”78家，引导区妇幼保健院、区国税局、汽车博物馆等有条件的单位将之对社会开放。大力开展一线女职工走访慰问工作，投入资金20余万元购置“三八”女性大礼包、暑期女工清凉包、初冬爱心温暖包等慰问品，覆盖一线窗口女职工近2200人次。投入资金25万余元，开展“做美丽女人，享精彩人生——进职场送健康”关爱女职工系列活动，女职工2700余人。组织了庆“三八节”“丰台区女职工手工艺作品展”“夏季广场舞”等活动。

（贾　妍）

【枢纽型社会组织】 年内，以职工需求为导向加大购买社会服务力度，不断丰富“京卡”搭载项目，区属四家公园刷“京卡”免门票、刷“京卡”优惠游汽博活动长效推进，累计惠及职工7000人次，投入经费4.6万余元。在节日期间，购买并发放庙会门票、影院电影、评剧、采摘券等60万元，惠及职工近万人次。不断吸引具有影响力和服务能力的社会组织加盟“京卡”服务，面向全市会员开展刷“京卡”5折游北京青龙湖公园和北京千灵山公园、6折游北京南宫温泉水世界活动。

（贾　妍）

【文化建设】 年内，投入经费80万元，购置书籍4.5万余册，扶持建立职工书屋26家。区国税局职工书屋获评全国优秀职工书屋示范点，区法院、区监察局、区园林绿化局、和义街道、云岗街道、五小—鸿业校区、一小、第十八中学、南苑医院、北京汽车博物馆等10家单位获评北京市优秀职工书屋示范点。开展了“知丰台，爱丰台，奉献丰台”职工读书活动，举办了硬笔书法、书签制作等比赛，选送作品260余件。积极参加“工会在我身边”征文答题活动，覆盖职工32680人，109人获市总工会奖项。

（贾　妍）

【职工文化体育系列活动】 年内，开展以“创新铸就精彩，劳动创造幸福，圆梦中国·北京·丰台”为主题的丰台区职工第32届“五月的鲜花”文艺汇演，吸引43个单位的63个节目参赛，区委、区人大、区政府、区政协四套班子全部组队参加。深化职工文化体育经典品牌项目，积极参加“第十届首都职工文化艺术节”，区总工会获“优秀组织单位”奖，来自25个基层单位的44项参赛作品获奖。组织区内400名职工进行体质测试，参加区第十届全民健身体育节暨体质促进运动会。在“六联杯”乒乓球友谊赛（团体赛）中获得第一名，区卫计委工会作为区代表参加市总创意工间操比赛获得三等奖。

（贾　妍）

【宣传报道】 年内，建立了“北京市丰台区总工会”官方微信公众号，发送工会动态累计40条，信息阅读量达到3万余次。在各级媒体刊登信息451篇。建立“微·效·工学苑”和“丰台区总工会团队”的工会干部微信群，各基层工会也分级、分类建立相应的工会微信群。

（贾　妍）

【干部队伍建设】 年内，落实《中共丰台区委关于进一步做好工会工作的意见》，实现了16个街道工会主席的专职化。严格专职工会社会工作者的日常管理，拓展专职工会社会工作者成长空间，开展了工会服务站副站长竞聘工作。全年新招录专职工会社会工作者42名。

（贾　妍）

【网上管理工会经费】 年内，启用工会财务集中管控系统和审计管理系统，对基层单位工会经费的网络化核算管理，实现了工会经费收缴、管理、使用的实时监控。开展了各级工会财务大检查、工会资产监督管理专项检查工作，举办了财务管理系统培训班及预算编制培训班。加强了工会经费审查审计工作，对87家直属工会和5家事业单位进行了全覆盖审计。

（贾　妍）

共青团北京市丰台区委员会

【概　况】 2015年，共青团北京市丰台区委员会（以下简称“丰台团区委”）是负责团员青年教育、管理和服务的群众性团体。坚持以邓小平理论、“三个代表”重要思想、科学发展观为指导，深入学习贯彻党的十八大和十八届三中、四中、五中全会精神及团十七大精神，按照区委区政府、团市委对共青团工作的指示要求，以社区青年汇建设、区域化团建为载体，积极参与社会管理创新，全面贯彻落实习近平总书记系列重要讲话精神和中央群团工作会议精神，深入开展“三严三实”专题教育实践活动，积极推进志愿服务、青年人才培养、青少年就业创业、青联统战和权益保护等工作，重点做好彩色跑、国际铁人三项、九三阅兵志愿服务，区域化团建与社区青年汇，青年群体大调研三项重点任务，把丰台共青团工作提升到一个崭新的阶段，为建设“经济繁荣、社会文明、人民幸福”的新丰台贡献了青春力量。

（谢雯菁）

【青年联合会五届五次常委会】 1月21日，青联召开五届五次常委会。会议增补11人为区青联委员，增补6人为区青联常委。

（谢雯菁）

【迎新春万人徒步大会志愿服务】 1月31日，组织全区46家社区青年汇发动600余名青年前往北京园博园参加万人徒步活动；并组织120名“小V蜂”志愿者为6000余名参赛人员提供志愿服务。

（谢雯菁）

【第二届丰台青联足羽球队年会举行】 1月31日，青联足球队、羽毛球队全体队员欢聚一堂，回顾一年精彩活动，现场发布足羽球队队徽、队歌。

（谢雯菁）

【走访慰问困难青少年】 2月7日，区委常委、组织部部长霍连明走访慰问丰台街道低保重残青少年。街道工委书记张莉、团区委副书记乔学慧陪同。

（谢雯菁）

【走访慰问辖区驻区单位】 2月12日-13日，青联副主席乔学慧、杨勇同志走访市公安局第八总队，并送上慰问物资。青联副主席杨勇带队慰问右安门养老照料中心及幸福里养老中心，并就整合资源开展敬老、爱老、助老活动进行深入探讨。

（谢雯菁）

【妇女节主题活动】 3月7日，丰台青年联合会、西城青年联合会和山东省单县青年联合会的会员在房山修德谷国学教育基地共同组织“品国学精粹、享理财要诀、筑梦幸福家庭”主题活动。三地青联共60余位委员参与活动。

（谢雯菁）

【青年创新创业创优调研】 3月中旬，团区委以中关村科技园区丰台园为样本，采取抽样调查的方式对园区单位创业青年或有意创业的青年进行调研，共发放调查问卷23份，回收有效问卷20份，并进行梳理总结并组织针对性座谈会。

（谢雯菁）

【召开青年联合会界别组长会议】3月23日，青联界别组长会议召开，会议汇报丰台青联五届三次全会筹备情况，研究青春导师计划、青联助学金、老委员联谊会、青联委员兴趣团体发展等工作事项。

（谢雯菁）

【首届青年汇杯风采大赛】 3月31日-5月4日，成功举办首届“青年汇”杯丰台青年风采大赛，吸引近100名青年创业者、驻区央企白领、青年公务员、北漂一族等各行各业青年报名参赛。

（谢雯菁）

【区域化团建推进会】 4月3日，召开共青团工作会暨区域化团建工作推进会。制定下发《丰台区区域化团建驻点工作方案》，部署驻点工作任务，组织区域化团建驻点干部与各街乡团干部进行初步对接。6月10日，举办区域化团建驻点工作会，汇总区域化团建工作及各街乡干部驻点情况，研讨区域化团建工作思路。7月10日，再次组织21个街乡镇召开区域化团建工作推进会。21个街乡镇均建成至少9人的团（工）委，并全部建成共建委员会或联席会，与230余家驻区企业、高校实现对接联动，实现新经济组织建团959家、新社会组织建团52家、社区100%建团、依托居住关系建团18家。

（谢雯菁）

【组织香港大学生实习交流】6月15日-7月10日，5名香港在校大学生到5团区委实习交流，协助负责短信平台、微信公众平台的维护管理等工作，并参与组织策划青春导师计划，进一步加深两地大学生之间的交流。

（谢雯菁）

【趣味登山达人赛】 6月27日，组织46家社区青年汇发动约900名青年在北宫国家森林公园参加新青年城市体验营之“趣味登山达人赛”。

（谢雯菁）

【党团队员宣誓活动】 7月1日，纪念建党94周年暨抗日战争胜利70周年宣誓活动在抗战雕塑园举办。区委常委、组织部部长霍连明，区委常委、统战部部长张建国及区内部分党员、团员和少先队员代表400余人参加活动。

（谢雯菁）

【重大纪念活动志愿保障】 7月7日-10月7日，组织219名志愿者参加外围保障，共计上岗约1183人次，志愿服务达628小时，在宛平城西门、东门和抗战馆前3个点位为观展游客提供4592次各类志愿服务。

（谢雯菁）

【组织纪念抗战胜利70周年阅兵仪式志愿服务】 年内，在“中国人民抗日战争暨世界反法西斯战争胜利70周年”纪念大会活动中，丰台团区委作为全市十六区县团委中唯一一个在天安门核心观礼区服务的区县团委，组织83名“小V蜂”志愿者，在40天的时间里经过八次动员部署会、三次工作培训会、三次通宵实地踏勘演练，最终圆满完成了党和国家交给的光荣任务。

（谢雯菁）

【提供北京国际铁人三项赛志愿服务】 9月18日-20日，团区委组织40名骨干志愿者及区各大单位、高校450名志愿者，打响“小

V 蜂”品牌，在北京园博园提供“铁三”志愿服务。

（谢雯菁）

【青联助学行动】 10 月 16 日，丰台青联助学行动走进丰台区对口援建地区内蒙古赤峰市林西县，为 50 名家庭贫困的青少年捐赠助学金 10 万元及文具用品。

（谢雯菁）

【青联五届六次常委（扩大）会议】 12 月 18 日召开丰台青联五届六次常委（扩大）会议，团区委书记、区青联主席乔学慧，区青联副主席、常委、界别组长及委员代表参加会议。会议增补新委员 19 名、新常委 9 名。

（谢雯菁）

【星光自护青少年自护教育活动】 年内，开展了青少年自护教育活动，各级团组织以“星光自护”活动为切入点，开展防灾避险、基本行为规范、认知教育及抵制“黄、赌、毒”及远离邪教等青少年自护教育。辖区内 46 家社区青年汇共开展活动 88 次，培训青少年 3500 余人。

（谢雯菁）

【捐资助学】 年内，以希望工程工作站为平台，继续完善区贫困青少年群体信息库，稳步推动“希望之星 1+1”、“学子阳光”、“丰台青联助学金”等项目。全年，共上报“希望之星”31 人、“学子阳光”4 人，自筹资金共计 135200 元。

（谢雯菁）

丰台区妇女联合会

【概　况】 2015 年，妇女联合会在区委区政府的坚强领导和市妇联的正确指导下，全面贯彻落实党的十八大和十八届三中、四中全会精神，贯彻习近平总书记系列重要讲话精神，坚持以党政所急、妇女所需、妇联所能为根本，动员和引导妇女组织和广大妇女积极投身到“三个”新丰台建设，为强势崛起贡献力量。

（刘伯阳）

【创业就业经验交流推广】 年内，巧娘协会现有会员 47 人。大观园巧娘工作室陆续接待了全国妇联、市妇联和京津冀协同发展三方妇联领导的调研和青海玉树、甘肃省培训班等领导的参观和交流。

（刘伯阳）

【双学双比】 年内，强化农村妇女创业科技引领，新建“巾帼科技汇”7 个，在“专家科技服务月”期间，组织“妇字号”基地负责人参加农业专家现场答疑活动，组织区“双学双比”协调小组成员单位、妇儿工委成员单位负责人、巾帼女企业负责人开展食品加工等培训 10 期，参加达 300 余人次。

（刘伯阳）

【开展巾帼建功活动】 “三八”节期间，以“巾帼关爱”为出发点，举办巾帼广场舞大赛活动。开展了手工艺品征集活动，对 13 名抗战时期老妇救会干部开展走访采编工作，宣传和传承老一辈革命家的先进事迹。

（刘伯阳）

【组织普法宣传活动】 年内，以首善之区·巾帼在行动—巾帼维权 送法到家”为主题，与区公安分局禁毒中队、区司法局、区疾病预防控制中心、区残联等相关部门在世界花卉大观园插花博物馆举办了“三八”妇女维权周法律宣传活动。举办普法讲座 137 场，12214 人次参加，其中流动妇女 959 人次；组织普法宣传活动 181 场，制作发放宣传品 15847 份，4961 人次参加宣传，32850 人受益，其中流动妇女人数 4354 人。

（刘伯阳）

【帮教服务】 年内，完善妇女服务机构，开展活动 37 次，提供岗位 160 个，覆盖 1948 人，其中流动妇女 459 人；开展特殊人群帮教 123 人，慰问单亲贫困母亲 143 人。举办家庭矛盾调解团工作成果 DV 展示活动。

（刘伯阳）

【加大妇女维权力度】 年内，加强源头维权，组建由慧海天合律师事务所律师、区妇联权益部工作人员和街乡妇联干部组成的信访接访小组，加大信访接待力度，处理信访案件，保证社会和家庭的和谐。接待妇女来信、来访95件，家庭暴力16件，其它79件，结案率100%。7个妇女维权合议庭共新收涉及妇女权益案件共1043件、妇女儿童维权通道接待妇女儿童权益案件151件。

（刘伯阳）

【创建儿童之家】 年内，区妇儿工委出台了《北京市丰台区妇女儿童工作委员会关于创建社区（村）“儿童之家”的实施意见》，经过检查验收最终命名20个“儿童之家”。优化儿童成长环境，通过系列活动，有效推动未成年人思想道德建设，启发家长重视家庭教育，树立“为国教子、以德育人”的教子观。各街乡（镇）、社区（村）共开展家教活动400多场次；吸引了近2万少年儿童及其家长参加。

（刘伯阳）

【新婚夫妇婚检率上升】 年内，约1100对新婚夫妇参加了婚检，婚检率为11.45%，和去年7.47%相比增加了3.98个百分点，达到了“十二五”妇女发展规划关于“婚检率逐步提高”的指标要求。

（刘伯阳）

【扶助妇女儿童】 年内，加大对贫困妇女儿童救助力度，区妇联结合两节、六一、国庆等重要节日，对贫困大病妇女儿童进行走访慰问。走访慰问大病贫困妇女儿童、老妇救会主任、农村两癌妇女共计314人，慰问最美家庭50户，使用资金共103万元。同时，以京津冀共享共建妇女儿童帮扶工作为契机，与花乡草桥村妇代会联合向河北唐县黄石口乡中小学校捐赠学生课桌椅600余套。

（刘伯阳）

【开展女性素质教育】 年内，根据区域妇女发展需求，举办女性干部能力提升培训班，面向基层举办新上任妇联主任培训班、“妇女之家”负责人培训班等，妇联干部服务大局、服务妇女的能力得到提升。开展妇女各类培训21期，约3000名妇女骨干参加了培训。

（刘伯阳）

丰台区工商业联合会

【概　况】 2015年，区工商联坚持把促进非公有制经济健康发展和非公有制经济人士健康成长作为工商联一切工作的出发点和落脚点，围绕中心，服务大局，坚持“团结、服务、教育、引导”工作方针，在服务区域发展、履行参政议政、增强服务效能、弘扬诚实守信、助力非公党建、完善工作机制等方面做出了一定的成绩，为建设繁荣、文明、幸福的新丰台贡献力量。

（熊　英）

【参与促进京津冀协同发展】 年内，与区委统战部联合，围绕产业优化升级以及企业外迁的热点难点问题，走访10余家会员企业，征求意见，并向区委区政府提出相关意见和建议。组织30余家企业赴天津北辰区考察交流，为丰台区和外阜经济建设合作和企业创业发展搭建平台。参与区政协关于疏解非首都功能的调研活动，并就大红门服装城外迁结合工商联在此经营的现状提出建议。围绕促进京津冀协调发展，提交工商联团体提案。

（熊　英）

【守法诚信教育实践活动】 年内，向全区非公经济人士发出了诚实守信，依法经营倡议书，要求大家行动起来，共同营造经营的良好环境，树立民营企业的良好形象。挖掘和树立非公企业在履行社会责任、诚信经营、创新发展、转型升级的典型，宣传劳动模范、诚实守信、依法经营的典型事迹，召开座谈会，邀请在守法诚信做出成绩并得到社会认可的会员企业谈体会，相互学习，相互促进。邀请北京叶青集团总裁叶青同志到工商联做专题报告并受到好评。

（熊　英）

【人才梯队化培养计划】 年内，申请并顺利完成2015年工商联企业人才梯队化培养计划。首次将培训对象定位在企业的中高层管理人员，并以《系统思维》、《战略落地》和《制度建设》为内容，将培训分为三个阶段，每个阶段设计涵盖授课、作业、实操、答疑等内容，促进学员学有所得、学有所获。邀请国务院环境研究所李佐军副教授为会员分析经济发展趋势和政策环境。

（熊　英）

【成立工商联劳动纠纷调解中心】 年内，与常鸿律师事务所合作，并成功调解两期劳动纠纷案件。向区法院，推荐3名人民陪审员。协助区人保局，完成劳动争议调解员证书申请工作，向会员中的律师和人力资资源工作者征集调解员。

（熊　英）

【宣讲政策法规】 年内，与国家税网合作，针对会员中的商业流通企业开展了一次增值税讲座。请区人力社会保障局给规模企业讲解人才引进政策，并指导会员在线申请人才户口进京指标和工作居住证。

（熊　英）

【丰富活动载体】 年内，以油画体验、陶瓷传统文化等形式组织2次企业文化沙龙，促进企业交流。组织会员参加区统战部举办的羽毛球比赛、书画笔会和反法西斯70周年演讲。

（熊　英）

【创新就业机制】 年内，携手创盟网，和北京工商大学签约，签署大学生创业战略合作协议。联合区人保局创业学院等机构和企业对首都经济贸易大学和中国戏曲学院等院校的大学生创业提供辅导和支持，吸引更多的高素质人才到丰台区来创业。

（熊　英）

【拓展就业渠道】 年内，与区工会、区人保局联合，组织2场企业岗位就业招聘工作。协助丰台商会千禧街分会开展招聘会，帮助千禧街商会招聘员工。

（熊　英）

【成立首家二级商会】 年内，经多方努力，区千禧街商会正式成立。商会成立以来，在工商联指导下，开展了多种形式的论坛互检等活动，活动开展的有声有色。发展会员73家。

（熊　英）

【创办手机报】 年内，组织企业参加市工商联的新媒体宣传工作会，创办《丰台商汇》手机报，每周一次报道工商联和会员企业的新闻，是年发刊20多期。

（熊　英）

【非公党建】 年内，发展党员13名，转正11名，转入组织关系35名，成立非公党支部1家。对未建立党组织的非公有制企业，协助有关单位先行组建工会、共青团、妇联等群团组织，以群团工作带动党建工作的开展。出资近3万元为各支部购买了《毛泽东选集》、《中国革命史》等各种书籍，从理论上武装党员干部和党员职工。召开全年工作总结部署会议和半年工作汇报会议，以会代检，督促检查所属党组织工作进度及完成情况。督促会员党支部坚持“三会一课”制度，保证在职党员100%参加组织生活。推行“以点带面、以强带弱”的工作思路，适推帮扶共建机制，发挥示范点的辐射带动作用，推动非公党组织均衡发展。组织入党积极分子培训班，加强对入党积极分子、预备党员以及转正不满一年的党员，党的基本知识教育。在会员单位高层管理人员培训班加入党建内容，加大党建工作宣传力度，提高党的认识。

（熊　英）

丰台区归国华侨联合会

【概　况】 2015年，侨联在区委、区政府的领导下，在市侨联、区委统战部的指导下，深入贯彻党的十八大、十八届三中、四中、五中全会精神，认真开展“三严三实”活动，按照《关于进一步加强新形势下侨联工作的意见》的精神，坚持围绕中心，服务大局，充分发挥侨的独特资源与优势，积极服务经济发展，主动开展参政议政，拓展海外联谊，弘扬传承中华文化，认真开展为侨服务，依法维护侨益，热心公益事业，不断加强自身建设，为丰台区域经济社会发展做出积极贡献。

（鞠明雪）

【缔结友好侨联】　9月13日，为促进京津冀一体化协同发展，疏解非首都职能，区侨联组织部分区属侨商及侨界代表人士10人应邀参加了由张家口市政府主办的“三祖开文明 共圆中国梦——涿鹿共祭中华三祖大典活动”，并与张家口市侨联签订了助力京张发展友好侨联协议书，将在信息互通、资源共享、引资引智、联谊联络等方面开展长期交流与合作。

（鞠明雪）

【华文教育】　年内，在区侨联的推动下，区钱学森青少年航天科学院成为了市首家授牌的“中国华侨国际文化交流基地”，入选全国首批中国华侨国际文化交流基地的单位。同时，区侨联接待了51名来自香港同学会小学的师生进行5天学习交流。

（鞠明雪）

【承办市侨联大型活动】　年内，承办了市侨联“第七届首都新侨乡文化节”合唱专场。来自市各区县侨联、侨界社团6支代表队共计300余人参加了本次合唱大赛，区侨联合唱团获得了团体总分第二名。

（鞠明雪）

【组织地区归侨侨眷参观活动】　年内，组织辖区内老归侨、侨眷春游、秋游活动，赴雁栖湖APEC会议区、国际会展中心、日出东方凯宾斯基酒店等会址的核心景区进行参观。

（鞠明雪）

【组织文体活动】　年内，组织辖区归侨侨眷参加区委统战部《纪念抗战胜利70周年》征文活动；组织区属归侨侨眷，征集10余幅作品，参加统战部“纪念中国人民抗日战争暨世界反法西斯战争胜利70周年”书画展；参加第四届统战系统羽毛球比赛，并取得第二名。

（鞠明雪）

【开展走访慰问活动】　春节前，走访慰问地区病困老归侨及侨界中老党员36人。

（鞠明雪）

红十字会

【概　况】2015年，红十字会工作认真贯彻落实党的群团工作会议精神和习近平在第十届全国会员代表大会上的讲话精神，加强作风建设不放松，以开展党的“三严三实”教育实践活动为契机，围绕区委区政府的中心工作，充分发挥红十字会在关注民生构建和谐以及三个丰台建设中的独特优势，当好党和政府人道救助领域的助手，不断提升红十字会的影响力。全年组织动员“博爱在京城、传承在丰台“募捐项目捐款216万元，发放救助款物365.84万元。举办应急救护培训班67期，约6000余人取得了证书。

（李宏善）

【三严三实专题教育】　年内，积极开展“三严三实”专题教育活动，制定了会领导班子“三严三实”教育活动实施方案，将三严三实专题教育和我会实际工作相结合，认真学习十八大、三中、四中、五中全会精神和习总书记的重要讲话精神，深刻领会“依法治国”和落实“四个全面”的重大意义和精神实质，健全依法决策机制，强化红十字工作者的法治意识和法治方式，提升了破解体制机制，政策环境，协同执行等方面难题的能力。

（李宏善）

【宣传“造血干细胞”知识】 在庆祝“五八世界红十字日”68周年系列纪念活动之际，于5月8日当天在首都经贸大学开展了“人道点亮心灵 博爱续航生命”造血干细胞工作推进会。广泛宣传动员社会力量，整合资源，向全社会弘扬人道、博爱、奉献的精神和理念，传递正能量，号召更多地爱心人士踊跃加入中华骨髓库的队伍。全年举办造血干细胞知识讲座12期，700余人参加了培训，现已招募造干捐献志愿者200余人加入中华骨髓库，以挽救血液病患者。

（李宏善）

【募捐筹资】 年内，为拓展募捐渠道，发挥基层红十字会组织的主体作用，研究出台了《丰台区红十字会在区域开展人道惠民募捐的指导意见》。《意见》从工作指导、原则把握、救助款使用等进行了全面界定，积极鼓励和提倡基层在区域内开展人道惠民募捐救助活动，大幅提升区域受助人群，不断提升红十字公信力。继续开展“博爱在京城，传承在丰台”募捐活动，共计募捐筹资216万余元，清点红十字募捐箱2151.28元。按照市会募捐工作的要求，成立红十字“共享基金”，我会上缴红十字“共享基金”10.1万元。

（李宏善）

【开展人道救助活动】 元旦、春节期间，根据市红十字会的工作安排和区委区政府的工作部署，开展了“两节“送温暖活动，慰问特困家庭390余户。对189名特困妇女儿童进行专项救助，发放救助金20.6万元。发放救助款物365.84万元，受益人数1257人。将一批价值4万元的慰问物资送到环卫职工手中，在北京十中举办了“关爱校园、传递希望”为主题的物资接收仪式，将社会爱心捐赠物资总价值12万元的背包和帽子送到新疆班302名学生的手中。指导全区6例“小天使基金”资助项目的申报，现有2例得到资助，获救助资金5万元。

（李宏善）

【应急培训】 年内，继续开展以“链接生命，为幸福生活护航” 的品牌活动，积极探索红十字在防恐维稳方面的积极作用。特别是在中国人民抗日战争暨世界反法西斯战争胜利70周年阅兵仪式服务保障期间，对处在应急战备状态分局战训大队干警进行了应急救护技能培训，并以此为契机将应急救护培训纳入提升干警综合能力常态化管理模式，建立应急救护及防恐维稳长效机制。为区公安系统配发3400册急救手册和400个外伤急救包。开展了公共文明引导员的应急道路安全与急救工作，200余名的一线骨干进行了防灾减灾知识的培训。截止11月底共开展应急救护培训班67期，约6000余人取得了证书，普及讲座47场，约8000人受益。

（李宏善）

【组织青少年活动】 年内，针对红十字青少年的特点开展了“点亮心灵 护航成长”项目工程，根据学校红十字老师新老交替，对红十字知识缺乏了解的情况，举办学校红十字会秘书长培训班；自编制作了300册《红十字青少年工作指南》和132面红十字校旗，并向全区各个学校发放，用红十字精神“点亮心灵，护航成长”，使红十字青少年工作目的更明确，针对性更强。通过社会购买服务项目，在首都经济贸易大学开展了《与爱同行——珍爱生命 走进社区》活动。

（李宏善）

【加强组织干部队伍建设】 年内，在区委组织部的大力支持下，配齐了领导班子成员，组织建设走上正轨。加强干部队伍建设，依据“三严三实”要求和“忠诚、干净、担当”的好干部标准严格管理干部，严守政治纪律和政治规矩，按照组织程序，将两名副科级干部选拔任用到正科级岗位。举办了基层红十字会专兼职干部业务培训班，提升红十字会专兼职干部的业务工作能力。

（李宏善）

【备灾仓库建设】 年内，为进一步完善备灾仓库建设，对备灾仓库进行了粉刷和防潮处理。根据灾害种类和专业特点，对备灾仓库进行了重新规划，并配备了货架，对物资进行了采购和分类整理。建立了库房管理和出入库验收登记制度，实行网格化管理，使仓库建设和管理步入正规化轨道。

（李宏善）

丰台区文学艺术界联合会

【概　况】 2015年，区文联以十七届六中全会和习近平总书记在文艺工作座谈会上的重要讲话精神指导工作推进及开展，以“发现丰台之美”主题活动为内容，结合纪念抗战胜利70周年的重要时间节点，团结和带领广大文艺工作者，着力开展“深入生活、扎根人民”主题实践活动，送文化下乡8次。举办书画摄影展览展示10余次、演出活动10场次，开展各类征集赛事5次，组织200余人次进行创作采风，创作1000余件各门类优秀文艺作品。

（孟　芳）

【举办摄影展】 年内，由北京摄影家协会、区文联主办，区摄影家协会承办，面向全国公开征集反映丰台区的摄影作品，300余名摄影师和摄影爱好者投稿作品万余幅，评审组择取300幅优秀摄影作品进行展出。完成了千灵山、北宫森林公园等地的航拍工作。

（孟　芳）

【举办美协会员新作年展】 1月下旬，迎春画展暨丰台区美术家协会会员新作年展（2015）在集典美术馆举办，展出上年区美协会员围绕丰台区重点活动创作的120幅新作。展览作品规格水平创新高。

（孟　芳）

【组织文化三下乡活动】 1月20日-2月11日，区文联组织所属协会，为5个乡镇的村民赠送春联、福字及画作1500余幅，为村民拍摄赠送100余幅全家福和生活照。

（孟　芳）

【新春慰问演出】 2月2日，区文联带领艺术家走进花乡黄土岗村，表演管弦乐合奏、独唱、合唱、京剧、诗朗诵等10余个原创文艺节目，为基层群众送上新春祝福。

（孟　芳）

【摄影家送福下乡】 2月16日，北京文联和丰台区领导为看丹村29户村民赠送“全家福”照片，并给村民拜年。期间，区摄协联合市摄协为丰台区乡村的文明之家、致富之家等60余户农民家庭拍摄赠送100余幅全家福和生活照。

（孟　芳）

【书画家赴台交流】 3月4日至9日，区美术和书法家协会4名书画家赴台参加“高雄灯会艺术节暨第四届北京特色周”，为当地民众书写赠送对联、福字、画作600余幅，并参加两岸书画家联谊会。

（孟　芳）

【《烽火巾帼》报告文学集】 年内，与区妇联，对区内仅存的抗战和解放战争时期的14位妇救会主任事迹进行抢救性发掘和创作。动员组织28位作协成员和志愿者，对当事人进行深入采访创作。针对基层志愿者进行采访写作辅导，并组织三次专题研究，数易其稿，完成《烽火巾帼》报告文学集的编定和印制。该作品历史价值高、传播影响大，已被国家博物馆图书馆和中国人民抗日战争纪念馆编目收藏，成为反映丰台区抗战的重要历史文献。

（孟　芳）

【书协刻字研究会创作基地挂牌】 4月29日，区书协刻字研究会创作基地作为北京市首家刻字研究会创作基地正式落户玉泉营花卉展销厅，填补了北京地区尚无刻字艺术团体的空白。首届书协刻字艺术作品展同时开幕，共展出刻字作品、书法作品40件。

（孟　芳）

【文艺作品集】 年内，制作完成1000套《花好月圆看丰台——原创文学作品朗诵会》和《你好丰台——原创歌曲演唱会》实况光盘并发放至社区。编辑完成《“你好丰台”原创歌曲优秀作品集》，收录61首“美丽北京·你好丰台”原创歌词、歌曲征集活动中的获奖作品和著名词曲作家为该系列活动定点创作的曲作精品。

（孟　芳）

【首届社区戏曲明星擂台赛】 5月31日，首届社区戏曲明星擂台赛在区文化馆举办。特邀区内群众戏曲文化活动基础好水平高的马家堡街道和韵京剧团以及卢沟桥乡小井村隆韵京剧戏迷社推荐个人参赛，并以此为主演，团队其他演员为助演。赛事形成个人主演、票社团队助演，合力打擂台选出社区戏曲（京剧）明星的新型群众戏曲赛事的新颖局面。

（孟　芳）

【卢沟桥畔的赞歌群众歌会】 7月7日，“卢沟华彩——北京市传播践行社会主义核心价值观群众文化活动”首个项目“卢沟桥畔的赞歌”——纪念中国人民抗日战争暨世界反法西斯战争胜利70周年群众歌会在文化馆举办。首都各界群众组成的10支优秀合唱队伍，现场演唱《黄河大合唱》、《歌唱祖国》、《中国之梦》、《卢沟晓月》等作品。

（孟　芳）

【散文征文】 “你好丰台”散文征文比赛于7月8日启动，历时2个月，征集到27个省市作家和文学爱好者投稿271篇，40篇入围作品被收录在《“你好丰台”散文征文优秀作品集》中。邀请专家在赛后针对此次征文进行专题讲座，开展总结培训。征文用“以联嵌文”的形式，扩大以卢沟文化为主要要素的文学创作平台，探索卢沟文学的概念、内容、形式以及成果体现。

（孟　芳）

【开展主题采风创作活动】 8月-10月，组建12个艺术创作组、以“花好月圆”、“北京母亲河”、“和平文化”为创作主线，动员200余人次艺术家陆续深入花乡、王佐、卢沟桥等重点地区开展采风创作活动。11月25日，组织采风创作者、采风支持单位代表就年内“发现丰台之美”采风创作活动进行研讨。

（孟　芳）

【军魂不朽书画笔会】 8月1日，由市文联、区委区政府主办的“军魂不朽”——纪念中国人民抗日战争胜利70周年暨中国人民解放军建军88周年书画笔会，在卢沟桥抗日战争纪念馆举行。市委宣传部副部长赵卫东，市文联党组书记陈启刚，区长冀岩等市区领导以及区双拥共建10家牵头部队首长，与书画家、书画爱好者200余人参加活动。

（孟　芳）

【第二届高校相声邀请赛】 10月-11月，赛前邀请相声表演艺术家对参赛选手进行授课培训，4场初赛在区文化馆举行。12月6日，第二届首都高校大学生相声邀请赛决赛暨颁奖晚会在首都经济贸易大学的明辨礼堂举办。

（孟　芳）

【儿童画长卷绘画活动】 9月1日，区文联、区教委共同组织的全国青少年诗歌书画作品集发布会暨北京市“童心绘就和平梦”少年儿童70米长卷绘画活动在抗战馆举办。现场进行了优秀书画作品展、70米长卷绘制和长卷捐赠仪式。

（孟　芳）

【园博艺术交流展】 9月1日-10月31日，在北京园博园相继举办首都知名女画家邀请展、五导师工作室高研班学员优秀作品金秋联展、美术教师优秀美术作品展等6项书画个展和联展，吸引过万人参观。

（孟　芳）

【中秋朗诵会】 9月25日，“卢沟华彩”之“花好月圆诵卢沟”中秋朗诵会在青少年剧场举行，曹灿、瞿弦和、虹云、詹泽等多位朗诵艺术家与“我读”活动爱好者同台演出16个优秀朗诵节目。600余人观看了演出。千龙网进行了现场网络直播。

（孟　芳）

【优秀美术书法作品展】 9月29日-10月28日，在北京园博园锦绣谷展厅集中展示艺术家深入区重点地区采风创作出的260幅优秀美术、书法作品。

（孟　芳）

【中小学生作文大赛】 6月-10月，区文联与区教委合作，组织中小学生参加“东方少年•中国梦”第三届新创意中小学生作文大赛。在2000多篇投稿中，评选出一、二、三等奖，优秀奖和鼓励奖共420篇。北京市第十二中学等15家参赛单位荣获北京市优秀组织奖。此项工作顺利开展，为丰台区小作家协会成立及丰台区文学事业后继有人夯实基础。

（孟　芳）

【原创节目获奖】 10月，在北京市文联举办的“深入生活　扎根人民　放飞艺术梦想”2015区县（局）、产（行）业文联原创优秀文艺节目展演中，区文联推荐的舞蹈《长鼓敲起来》获一等奖。京歌《国医魂》、女声独唱《莲花池》获优秀奖。

（孟　芳）

【举办摄影艺术作品展】 10月31日—11月5日，由区文联、黑龙江垦区二九〇农场等单位联合黑龙江•二九〇有机绿色产业产品洽谈暨版画烙画摄影艺术作品展。展出200多幅烙画作品和130余幅少儿版画以及摄影作品展出。

（孟　芳）

政权　政协

北京市丰台区人民代表大会常务委员会

【概　况】 年内，区第十五届人大常委会共召开6次常委会会议，听取和审议“一府两院”21个专项工作报告，作出8项决议决定；召开4次专题主任会议，听取“一府两院”5个专项工作报告。全年依法任免地方国家机关工作人员386人次；依法补选北京市第十四届人民代表大会代表1名。全年共受理人民群众来信来访121件次。

（闫　卉）

重要会议

【区第十五届人大第五次会议】 1月14日至16日，区第十五届人民代表大会第五次会议在北京双拥大厦举行。应到代表335人，因病因事请假16人，实到代表319人。会议听取和审议了区人民政府工作报告、区人大常委会工作报告、区人民法院工作报告、区人民检察院工作报告，并作出了相关决议。审议了区2014年国民经济和社会发展计划执行情况与2015年国民经济和社会发展计划草案的书面报告，审查和批准了区2014年国民经济和社会发展计划执行情况的报告与2015年国民经济和社会发展计划；审议了区2014年预算执行情况和2015年预算草案的书面报告，审查和批准了区2014年预算执行情况的报告和2015年预算。会议补选杨艺文为北京市第十四届人民代表大会代表。

（闫　卉）

【常委会第二十次会议】 3月26日召开。会议共四项议程：决定了人事任免事项；审议通过了区人大常委会2015年工作要点；听取区法院关于推进司法公开工作情况的报告；听取了区检察院关于预防职务犯罪、推进惩防体系建设情况的报告。

（闫　卉）

【常委会第二十一次会议】 5月28日召开。会议共五项议程：决定了人事任免事项；听取和审议了区政府关于丰台区2015年预算调整方案的报告；听取和审议了区政府关于深入推进依法行政，加快法治政府建设情况的报告；听取了区政府关于老旧小区综合整治工作的报告；听取了区政府关于棚户区改造和环境整治工作的报告。

（闫　卉）

【常委会第二十二次会议】 7月28日召开。会议共进行了六项议程：决定了人事任免事项；听取和审议了区政府关于2014年决算草案的报告，审查和批准了区2014年决算；听取和审议了区政府关于2014年本级预算执行和其他财政收支情况的审计工作报告；听取和审议了区政府关于丰台区2015年预算上半年执行情况的报告;听取和审议了区政府关于 2015 年国民经济、社会发展计划上半年执行情况的报告；听取和审议了区政府关于落实《中华人民共和国环境保护法》工作情况的报告。

（闫　卉）

【常委会第二十三次会议】 9 月 22 日召开。会议共进行了四项议程：决定了人事任免事项；审议通过了《北京市丰台区人民代表大会代表建议、批评和意见办理办法》；听取和审议了区政府关于贯彻执行《中华人民共和国食品安全法》，保障食品安全工作情况的报告；听取和审议了区政府关于农村城市化进展情况的报告。

（闫　卉）

【常委会第二十四次会议】 11 月 24 日召开。会议共进行了六项议程：决定了人事任免事项；听取和审议了区政府关于“保障和改善民生，进一步推进丰台区养老服务体系建设”议案办理情况的报告；听取和审议了区政府关于区十五届人大五次会议代表建议、批评和意见办理情况的专项工作报告；听取和审议了区人大常委会关于区十五届人大五次会议代表建议、批评和意见督办情况的专项工作报告；听取了区政府关于城南第二阶段行动计划完成情况的报告；听取了区政府关于 2014 年预算执行和其他财政收支情况审计查出问题整改情况的报告。

（闫　卉）

【常委会第二十五次会议】 12 月 22 日召开。会议共进行了五项议程：决定了人事任免事项；听取和审议了区政府关于丰台区“十二五”规划纲要实施情况和“十三五”规划纲要编制情况的报告;听取和审议了区政府关于 2015 年国民经济和社会发展计划执行情况与 2016 年国民经济和社会发展计划草案的报告，初步审查了丰台区 2016 年国民经济和社会发展计划草案；听取和审议了区政府关于 2015 年预算执行情况与 2016 年预算草案的报告，初步审查了丰台区 2016 年预算草案；决定了召开区十五届人大六次会议有关事项。

（闫　卉）

【主任会第二十九次会议】 4 月 23 日召开。会议听取了区政府关于《全民健身条例》执行情况的报告。

（闫　卉）

【主任会第三十一次会议】 6 月 25 日召开。会议听取了区政府关于加大宛平城地区环境综合治理情况的报告。

（闫　卉）

【主任会第三十三次会议】 8 月 27 日召开。会议听取了区政府关于贯彻落实区十五届人大一次会议关于法制宣传教育第六个五年规划决议情况的报告；听取了区政府关于知识产权保护与促进工作情况的报告。

（闫　卉）

【主任会第三十五次会议】 10 月 26 日召开。会议听取了区政府关于丽泽金融商务区和科技园区建设情况的专项工作报告

（闫　卉）

重 要 活 动

【加强议案督办】 年内，十五届人大五次会议确定了“保障和改善民生，进一步推进丰台区养老服务体系建设”的议案。常委会注重议案督办与巩固既有成果相结合，总结了 2014 年议案办理工作经验，不断改进议案督办方式，制定了议案办理办法，规范了工作流程，进一步强化区政府主体责任和在议案办理中的统筹地位及作用。注重议案督办与推动实施《北京市居家养老服务条例》相结合，多次组织议案领衔代表、工作委员会委员对辖区内养老照料中心运行及养老护理职业培训等情况进行视察，开展条例实施情况的执法检查，以问题为导向，督促整改。注重议案督办与编制“十三五”规划相结合，围绕养老体制机制建设、“医养结合”、

养老发展趋势等专题，举办讲座，开展对策研究，督促区政府编制好“十三五”老龄事业专项规划。常委会听取和审议了区政府关于“保障和改善民生，进一步推进养老服务体系建设”议案办理情况的工作报告，提出了加快养老服务设施建设、健全运行监管机制、推进养老服务信息化、培养专业人才队伍的审议意见，持续推进丰台区养老事业健康发展。

（闫　卉）

【督办代表建议】 年内，重新修订并审议通过了《丰台区人民代表大会代表建议、批评和意见办理办法》，办法共 6 章 37 条，从代表建议的提出、交办、办理、监督等方面，对建议工作进行全面规范，提出明确要求，增强了建议办理的法律性、权威性。按照“坚持功能、规范程序、完善方式、提高实效”的要求，发挥代表建议督办格局作用，不断增强督办工作的针对性和实效性。创新代表建议工作方式，建立了代表拟提建议征集工作制度，有 52%的拟提建议办理所需资金纳入政府各有关部门预算，保证了建议办理与政府部门预算的有效衔接。区十五届人大五次会议期间和闭会后共收到代表建议 307 件，涉及全区 38 个主办单位，已全部办复。

（闫　卉）

【开展法律监督】 年内，不断加强政府规范性文件备案审查工作，进一步规范公共权力的行使；组织市、区人大代表旁听行政诉讼案件的审理和专题研讨，推动政府落实建设法治政府的责任；深入区政府企业服务大厅和区社保服务大厅等公共服务部门视察检查，推进政府公共服务部门改进服务，提高效率。审议了区政府关于深入推进依法行政、加快法治政府建设情况的工作报告，提出加快政府职能转变、提高科学决策和依法行政水平、高效处理违法行为的审议意见。围绕司法改革的目标和重点任务，组织市、区、乡镇人大代表就深化司法体制改革有关问题进行多次座谈研讨，重点听取区法院关于推进司法公开情况和区检察院关于预防职务犯罪、推进惩防体系建设情况的工作报告，提出加强三大公开平台建设、打造阳光司法工程、提升司法公信力和深化重点领域、关键岗位、农村地区预防职务犯罪工作的意见建议。听取和审议了区政府关于“贯彻执行食品安全法，保障食品安全”情况的工作报告，成立专门执法检查组，重点对食药监管机构、有关生产企业进行了执法检查。各人大街工委、代表联组、乡镇人大，先后就食品安全监管工作、食品生产源头治理、农贸市场和餐饮摊贩管理等问题开展视察调研和问卷调查，广泛征集民意，找准问题症结，做好意见反馈，增强执法检查的针对性和有效性。结合“六五”普法工作收官，组织代表全程参与了全区普法检查验收工作，主任会议听取了专题汇报，督促决议的全面落实，促进了“六五”普法规划各项任务目标的完成。组织市、区人大代表对区政府贯彻《中华人民共和国水法》、《北京市河湖保护管理条例》等四部法律法规情况进行检查，结合环保法实施和大气污染防治工作等专项审议，对《中华人民共和国环境保护法》和《北京市全民健身条例》、《北京市控制吸烟条例》等 11 部法律法规在区域的贯彻实施情况进行了视察检查、听取专项报告、提出意见建议、督促问题整改，强化跟踪监督，推动了法律法规的贯彻落实。坚持每季度组织代表旁听法院案件审理制度，共组织旁听活动 4 次，120 余位代表参加。

（闫　卉）

【加强工作监督】 年内，围绕有序疏解非首都功能、更好服务保障首都核心功能，开展区域性专业市场迁出和升级改造、河西地区产业发展、大城市病治理、公共服务保障、基层社会管理等专题调研，形成了专项报告和调研成果；结合常委会的议题审议和市、区人大执法检查等工作，多次组织市、区、乡镇人大代表到大红门、花乡等地视察，听取情况，提出转型发展、改造升级、功能疏解的意见和建议。确定了“十三五”规划编制工作监督重点；按照监督方案安排，对市、区、乡镇人大代表和各工作委员会委员进行了专题培训，听取代表、人民群众和社会评审论证专业机构的意见建议，使人民群众的意志和愿望依法有序地纳入“十三五”规划编制之中；发挥各工作委员会的专业优势，对经济发展、城市建设、生态环保、农村城市化、公共服务等 10 个方面的专项规划编制工作进行综合研究，充分论证，提出近百条意见建议，被政府采纳；常委会审议了区政府关于丰台区“十二五”规划《纲要》实施和“十三五”规划编制情况的专项工作报告，提出要进一步优化丰台功能格局、加快结构调整和发展方式转变、提升发展质量和效益、推动协调均衡发展等方面的审议意见，为大会审查批准“十三五”规划《纲要》做了充分准备。加大对区政府全部收入和支出的预算审查力度，推动建立科学、民主、依法的预算管理制度；强化对预算草案的预先审查工作，组织各工作委员会开展对口政府部门预算和大额专项资金预算执行和编制情况的预先审查，提出专项审查意见和建议；深化预算审查监督，依法保障重点支出，推进部门预算制度的改进和完善，促进预算执行，预算审查监督逐步由程序性向实质性转变。突出区政府审计部门监督作用的发挥，建立了审计查出问题整改情况向人大报告制度。听取和审议了区政府关于国民经济和社会发展计划、财政预决算和审计工作报告，批准了区级决算及预算调整。主任会议分别听取区政府关于丽泽金融商务区和科技园区建设情况的工作报告，建议区政府及有关部门不断加大工作力度，集中解决好征地、拆迁、项目引进、涵养税源等突出问题，促进“六高四新”产业功能区建设，提高对区域经济增长的贡献率。高度关注河东地区城市化和河西地区城镇化建设问题，形成了《城乡发展一体化工作中的几个问题》、《河西地区绿色产业发展研究》的调研报告；对农村地区疏解非首都功能、农村经济结构调整项目以及国家数字出版基地建设进展情况进行调研，提出意见建议；听取和审议区政府关于农村城市化进展情况的工作报告，提出统筹规划和发展壮大集体经济、分类分步落实社保政策、加强农村市政基础配套设施建设、改善生态生活环境的审议意见，督促区政府办理落实。组织市、区代表实地视察检查了宛平城道路拓宽、纪念广场改造等建设项目，主任会议听取区政府关于加大宛平城地区环境综合治理情况的工作报告，提出加强宛平城地区文化遗址保护利用、加快基础设施建设和道路交通优化、提升宛平城周边整体环境、改善群众居住生活条件的意见建议。先后听取区政府关于实施城南第二阶段行动计划、老旧小区综合整治、棚户区改造和环境整治情况的工作报告，组织人大代表开展视察检查活动，支持和督促政府有关部门加大整体统筹，加快区域公共服务设施和基础设施建设，进一步改善生态和生活环境，按期完成各项工作。

（闫　卉）

【加强代表工作】 年内，共有 198 名代表参加了常委会年初确定的 14 个审议议题的相关视察调研活动。坚持代表通报会制度，传达市、区委全会精神，报告丰台区上半年经济和社会发展情况以及议案办理工作进展情况，保障代表知情知政。围绕编制“十三五”规划、落实《北京市居家养老服务条例》和加强代表履职工作，举办代表履职学习班和法律知识报告会，提高代表综合素质和履职能力。安排代表参与常委会执法检查、列席常委会会议、旁听法院案件审理等活动，切实保障代表监督权和建议权。落实人大代表联系群众制度，发挥代表在密切联系人民群众中的桥梁纽带作用，坚持组织代表深入基层、深入群众，通过采取主题活动、走访慰问、接待选民、向选区报告履职工作、网络平台交流互动等方式，加强群众联系，关心群众疾苦，听取群众呼声，反映群众诉求，接受群众监督。组织做好市人大丰台团会前集中活动和大会服务保障工作，市十四届人大三次会议上，市人大丰台团代表共提出议案21件、建议117件。闭会期间，坚持各工作委员会、人大街工委、代表联组和乡镇人大联系市代表制度，定期向市代表通报丰台区经济社会发展情况，组织开展专题视察调研活动，市代表充分发挥自身优势和作用，为推动丰台区经济社会发展作贡献。

（闫　卉）

【加强调研信息工作】 年内，坚持把人大各项工作建立在深入实际、深入基层、深入群众的基础上，围绕事关丰台发展的重大问题，完成调研报告15篇，并抓好调研成果的转化。重视人大信息员队伍建设，坚持正确的舆论导向，加强与市级媒体的联系，充分发挥人大信息、人大网站、人大在线、人大专栏“四个一”的宣传阵地作用，大力宣传人民代表大会制度、人大工作及“一府两院”接受工作监督情况，总结推广人大街道工委、代表联组和乡镇人大工作好做法、好经验，以及代表依法履职典型事迹，为人大依法开展工作营造良好氛围。

（闫　卉）

北京市丰台区人民政府

【概　况】 2015年是贯彻“四个全面”战略布局的重要一年，是全面完成“十二五”规划目标、为“十三五”发展打好基础的一年。在市委、市政府和区委的坚强领导下，在区人大及其常委会和区政协的监督支持下，深入学习贯彻习近平总书记系列重要讲话和对北京工作的重要指示精神，围绕首都城市战略定位和建设国际一流和谐宜居之都的目标，扎实做好稳增长、促改革、调结构、惠民生各项工作，经济社会发展平稳有序，区域综合实力稳步提升。城镇居民人均可支配收入增长8.4%，农民人均纯收入增长9.2%；城镇登记失业率为1.72%；细颗粒物浓度同比下降 8.7%；万元地区生产总值能耗、水耗分别下降3.5%和4.7%；全社会固定资产投资865亿元，增长6.5%；社会消费品零售额增长7%；地区生产总值1168亿元，增长7%；一般公共预算收入94.5亿元，增长9.7%（同口径增长8%）。

优化调整产业结构，区域经济运行稳中提质。以创新驱动夯实发展动力，制定《丰台区科技创新行动指导意见》等文件6项，设立丰台科技园创业投资等12支产业引导基金，投入运营4家创新型孵化机构，政策环境更加优化；科技服务业实现增加值117.8亿元，增长14.7%；发明专利授权量增长78.4%，促进62项科技成果转化；打造新兴产业培育平台，获得首批“国家应急救援产业示范基地”认定。以结构优化提升发展质量，第三产业占比达到80%，金融、科技服务、信息服务、商务服务四大优势产业对经济增长的贡献率达到64%。城乡居民人均消费支出增长7.5%，网上零售额增长28.1%，民间投资增长59.8%。丽泽金融商务区税收增长83.7%，其中金融业税收占全区收入的10.9%；新引进企业77家，金融类企业占86%，涵盖银行、保险等传统金融和互联网金融、金融信息服务、股权投资等新兴业态。丰台科技园区新增企业4100余家，其中科技、研发、服务类企业占70%；技工贸收入增长8%；新增上市企业12家。

贯彻协同发展战略，非首都功能有序疏

解。落实非首都功能疏解任务，健全领导机构，制定并实施疏解工作方案。发布2015年版新增产业禁止和限制目录，不予工商登记或变更企业545户次。退出工业污染企业23家。调整疏解商品交易市场86家，占全区市场总量的40%。完成大红门地区11家市场疏解，涉及从业人员1.5万人；拆除仓储出租大院40处共30万平方米，疏解从业人员7870人。完成腾退丰台职教中心校西校区。与保定市签订战略合作发展协议，设立丰台科技园区保定满城分园，实现15家企业入驻。启动运行高碑店新发地农产品物流园，建成面积110万平方米，入驻商户3600家。与保定阜平等地开展职业教育合作，实现教育资源共建共享。

破解城市治理难题，城市管理水平不断提高。全力抓好大气污染防治工作，改造燃煤锅炉247蒸吨，压减燃煤6.4万吨，淘汰老旧机动车6万辆。深化交通拥堵治理，开通地铁14号线中段，实现马家堡西路南延等5条道路竣工，完成长辛店西后街等12条道路大修，改造双林南路等10条道路慢行系统，新增停车位1221个、公租自行车1500辆。丰草河治理主体工程完工，完成蟒牛河等3条河道防洪治理。开工建设湿解处理厂、餐厨（厨余）垃圾处理厂。完成平原造林1050亩，便民绿化10公顷。拆除违法建设469处近百万平方米，整治违法群租房566户，地下空间246处。完成宛平城及周边地区环境改造和景观提升，实施方庄、科技园区等5处环境综合提升工程，完成40条背街小巷整治。新建充电桩（站）584个，郭公庄、大红门110千伏输变电工程竣工。社会治理创新不断深化，完成297个社区居委会换届选举，开展4个市级老旧小区自我服务管理试点工作，扎实推进42个智慧社区、10个市级“一刻钟社区服务圈”示范点建设，45个社区办公和服务用房规范化建设达标，全区实现达标率93%。

加大统筹协调力度，城乡一体化步伐不断加快。统筹城乡发展一体化格局基本形成。6321名农民参加城镇职工社会保险，新农合覆盖率达99.7%。推进“一绿”城市化试点，完成南苑乡城市化建设试点方案编制及报审工作。推进长辛店统筹利用集体经营性建设用地试点工作。完成六里桥村、造甲村整建制转居。8个重点村回迁房建设基本完成，实现1.17万人回迁上楼。在草桥村等6个村开展农村社区建设试点，网格化社会服务管理实现全覆盖。创建11个美丽乡村。

着力保障改善民生，各项社会事业稳步推进。城镇新增就业3.84万人，城乡劳动力实现就业2.05万人，社会保险参保率达到98%。新增养老照料中心5个，新增养老床位3723张。通过内升外引扩大优质教育资源82址，人大附中丰台学校等项目开工建设，完成15个教育集团挂牌，通过国家级义务教育均衡发展评估验收。扩大三级联动医疗服务覆盖面，社区卫生服务中心投入运行2所。投入18亿元完成老旧小区改造105个。保障房开工9331套、竣工6630套，连续7年超额完成年度任务，全年解决居住困难的家庭1.06万户。开展“花好月圆传戏韵”等品牌文化活动，组织文化惠民活动800余场次。成功举办第十届全民健身体育节和北京国际铁人三项赛等品牌赛事活动。构建新发地等批发市场进京食品安全风险防控体系，健全公共区域监控及图像管理系统，安全生产事故起数和死亡人数分别下降5.6%和6.8%。

持续改进工作作风，政府自身建设不断加强。进一步转变政府职能，加快机构改革进度，完成相关部门职责调整、更名及撤销。全区统一政务数据中心投入使用，成立气象灾害防御中心、人力资源公共服务中心。深化行政审批制度改革，向社会公开区级审批事项清单和行政处罚权力清单。实施商事登记制度改革，全面推行“先照后证”“三证合一、一照一码”，落实工商“前置”变“后置”许可项目148项。完成街乡镇和行

政事业单位法律顾问聘任工作。完成“六五”普法任务。巩固党的群众路线教育实践活动成果，深入开展“三严三实”专题教育。开展“为官不为”“为官乱为”专项治理，整治问题353个。政府会议、普发性公文分别减少10.3%和5.6%，三公经费财政拨款比年初预算压缩23%。

（尚丽艳）

重要活动

【保定市京津冀协同发展考察组到丰台区考察】 1月5日，保定市京津冀协同发展考察组到丰台区考察，双方就功能疏解和产业转移、两地合作共建园区、大红门市场转移合作等事项进行座谈。保定市领导聂瑞平、马誉峰、刘颖、李志刚、杨猛、岳文民，区领导杨艺文、冀岩、刘宇、钟百利、张婕参加了座谈。

（尚丽艳）

【区领导出席丰台区迎新春万人徒步大会】 1月31日，徒步大会在园博园举行，吸引了6000多名北京市民参加，表达了申办冬奥会的愿望。市领导张建东，国际奥委会委员杨扬，市有关部门领导赵卫、李丽莉，区领导杨艺文、李超钢、冀岩、孙军民、狄涛、吴继东、李新民出席大会。

（尚丽艳）

【区领导春节期间走访慰问信访、安监一线工作人员】 2月17日，区领导到信访办、安监局各科室看望慰问一线干部职工，对坚守一线的工作人员致以节日的慰问。区领导杨艺文、冀岩、顾晓园、高峰、吴继东参加慰问活动。

（尚丽艳）

【除夕夜区领导慰问一线干部职工】 2月18日除夕夜，区委书记杨艺文，区长冀岩，先后来到区环卫中心纪家庙车辆场站、芳群园第一社区等地进行安全检查和春节慰问，并向春节期间坚守在一线的干部职工致以节日问候和春节祝福。区领导首先来到区环卫中心纪家庙车辆场站，慰问节日期间值守的环卫工人；随后到芳群园第一社区，慰问工作在一线的社区工作者；然后，到丰台消防支队方庄中队，在通信室查看执勤、接警情况，到一层车库查看消防设备准备情况，又到三层电教室慰问备勤消防武警官兵；最后，前往北京南站城管分队进行慰问。区领导高峰一同慰问。

（尚丽艳）

【冀岩带队调研鲁坨路南段建设情况】 3月9日，冀岩区长前往鲁坨路南段建设工地，实地察看了施工情况。听取了王佐镇鲁坨路南段相关工作进展情况的汇报、区市政市容委关于鲁坨路南段征地拆迁改移工作情况、区水务局关于鲁家山供水管线保障工程相关工作情况的汇报以及市公联公司关于工程进展情况的汇报。市公联公司领导徐克强，区领导钟百利、刘文洪、吴继东一同调研。

（尚丽艳）

【区领导接听市政府12345热线】 4月21日，冀岩区长带队到北京市非紧急救助服务中心接听市政府热线12345，倾听群众声音，解答居民疑问，受理市民反映的相关问题。在综合受理调度大厅，区领导观看了“听民意、解民忧”第一季活动综合报道、后续报道及反馈意见。两个小时的接听活动，区领导及相关部门负责人共接听群众来电127件。其中，城市环境建设、回迁房建设等内容是群众最关心的问题。对于群众的提问，区领导和区相关部门负责人耐心解答，并给出了具体的解决措施。接听结束后，冀岩区长现场召开会议，梳理群众反映的问题。针对市民反映的首都经济贸易大学地铁站口有黑车和游商、丰台东路违章停车严重等问题时，责令相关部门立刻核实情况、马上就办。冀岩指出，市政府热线是倾听群众声音、密切联系群众的有效途径，群众诉求无小事，欢迎新闻媒体的监督。各相关部门要立即行动起来，及时与属地街道加强联系，详细听取群众意见和建议，认真研究办法，尽快解决市民反映的相关问题。区领导刘文洪一同接听群众来电。

（尚丽艳）

【区领导调研宛平城环境综合整治工程】 5月4日，杨艺文书记、冀岩区长带队实地察看了莲花桥至宛平城沿线、宛平城城北街以及宛平城内各项工程进展情况，并召开会议，听取了相关部门汇报。杨艺文书记首先代表区委、区政府向全体工作人员的辛勤努力以及辖区群众的理解支持表示感谢。并强调，各相关部门和属地要不断加强战斗力、凝聚力和协同力，在大事、难事面前经得起考验，确保各项工程按时按质完工。冀岩区长要求，要切实加强各项工程的综合协调，成立现场协调指挥部，由主管区领导牵头，对各项工程进行每日调度；要做好施工期间交通组织工作，保障居民正常交通出行。要高度重视工程施工安全，落实好抗战馆、文物修缮等工程施工安全的属地监督责任。要积极与市级部门沟通，加快推进手续办理工作，保障工程施工进度。区领导孙军民、钟百利、狄涛、刘文洪一同调研。

（尚丽艳）

【区领导调研新发地农副产品批发市场】 5月7日，区委书记杨艺文与到访的市工商局局长陈永一同到新发地农副产品批发市场，就疏解非首都功能，升级传统业态等工作进行调研。实地察看了鲜肉交易大厅、国际农产品会展中心、农产品电子交易中心，了解了新发地经营管理情况。区领导冀岩、钟百利一同出席。

（尚丽艳）

【市委书记郭金龙到丰台区调研】 5月9日，郭金龙书记来到丰台区实地调研，检查落实京津冀协同发展战略，推进非首都功能疏解工作进度。郭金龙书记一行首先到福海国际大厦10层平台察看区域全貌，了解大红门疏解工作情况，并向区、镇、村各级干部详细询问总体疏解方案、商厦搬迁、安置居民等工作进展。郭金龙书记勉励各级干部：要深入贯彻习近平总书记重要讲话和《京津冀协同发展规划纲要》精神，以敢于担当的精神，下定决心，迈开大步，敢于打破不符合首都发展要求的不合理利益格局，切实推动非首都功能疏解加快步伐，早见成效。郭金龙书记一行查看了天坛医院迁建项目、西城区定向安置房项目工地施工情况，指出，天坛医院迁建迈出了可喜步伐，为保护古都历史文化风貌和疏解优质医疗资源带了好头。首都卫生系统要积极行动起来，着眼全市医疗资源均衡和京津冀协同发展大格局，继续下大力气完成好核心区医疗资源疏解的硬任务。郭金龙书记叮嘱施工监理单位严把工程质量关，要求丰台区、西城区负责人做好居民搬迁安置、市政基础设施和公共服务配套建设等工作，确保搬迁群众的居住质量通过疏解得到切实提升。市领导李士祥、陈刚、张工，区领导杨艺文、冀岩、钟百利、刘文洪一同调研。

（尚丽艳）

【区领导出席国际家庭日主题活动】 5月15日，杨艺文书记、冀岩区长与中国志愿服务联合会副会长兼秘书长赵津芳，首都文明办主任滕盛萍，团市委书记常宇一同出席在北京市十二中举办的国际家庭日主题活动。杨艺文书记指出，通过筹备奥运会、国庆60周年庆祝活动、园博会，志愿服务工作打下了良好基础，目前各志愿家庭参与的主题教育活动进一步促进了丰台区大型志愿服务经验转化为适合城市社区层面的日常志愿服务模式。应认真推进志愿家庭建设，将志愿精神的培育和引导融入生活实践，转化为丰富精神世界、提升道德素养的强大力量。应充分发挥家庭在思想道德建设中的作用，以志愿服务引领社会文明新风，培育和弘扬社会主义核心价值观。冀岩区长在发布志愿家庭工作情况时倡导，希望全区各街乡镇和学校以此次活动为契机，进一步深化开展志愿家庭工作，共同努力形成有特色、有创意的志愿服务模式，为建设和谐宜居新丰台做出新的、更大的贡献。区领导孙军民、苗华、狄涛、邢方岭出席活动。

（尚丽艳）

【冀岩调研宛平城整治、长辛店棚户区工作】 5月19日，冀岩区长一行前往宛平城，沿途察看城东门外及沙岗路拆迁整治进展和城内街道路改造进展情况；在南城门察看敌楼修复进展，听取宛平城及周边历史文物古迹保护及修复情况汇报；听取和平广场改造情况汇报并实地考察工程进展，了解宛平城内改造情况。随后前往长辛店棚户区察看棚户区现状。区领导刘文洪一同调研。

（尚丽艳）

【区领导“六一”节前夕慰问少年儿童】 5月27日、28日，区领导杨艺文、冀岩、王苏维、李昌安分别到丰台区小学、幼儿园看望慰问少年儿童，为他们送去节日礼物和祝福，并向长期默默奉献在教育一线的教师们表示感谢。慰问过程中，区领导详细了解了学校的办学、师资以及学生学习生活等情况，向师生提出了殷切希望，并表示将继续加大对教育事业的支持力度，积极解决教育发展中的重点、难点问题，共同为孩子们创造更加良好的学习环境，让他们在阳光下茁壮成长。区领导苗华、狄涛一同慰问。

（尚丽艳）

【冀岩检查防汛工作】 6月2日，冀岩区长带队实地查看了园博园锦绣谷、园博湖，随行听取了园博园防汛准备情况和永定河防洪准备情况的汇报。随后，冀岩区长一行到丽泽金融商务区首创项目在建工地，查看了项目防汛应急设备和物资准备情况，随行听取了在建工地防洪工作组织情况的汇报。区领导吴继东参加检查。

（尚丽艳）

【杨艺文、冀岩赴河北省保定市产业园区考察调研】 7月18日，杨艺文书记、冀岩区长带队，就深入贯彻落实《京津冀协同发展规划纲要》和市委十一届七次全会精神，积极推进丰台区与河北省保定市的协同发展，赴保定市产业园区考察调研。考察期间，丰台区与保定市举行合作共建产业园区签约仪式。随后，区领导对保定市长城汽车技术中心和满城经济开发区进行了实地考察。保定市领导聂瑞平等5人及区领导刘宇、张婕参加活动。

（尚丽艳）

【冀岩“八一”走访慰问驻区部队】 7月28日，区长冀岩一行前往武警北京总队第十五支队，与武警北京总队第十五支队领导进行交流座谈，并赠送慰问金。武警三师武警北京总队第十五支队领导赵义增、颜廷伟、姚宏、博志勇出席，区领导朱继明、李秀瑛一同慰问。

（尚丽艳）

【区领导陪同姜志刚同志慰问抗战老战士、老同志】 8月24日，市委常委、组织部部长姜志刚到丰台区探望慰问抗战老战士杨琮和抗战老同志李秀凤。姜志刚部长详细询问了两位老人的身体情况和生活起居情况，并送上了慰问金。市委组织部副部长闫成，市民政局副局长霍军，区领导杨艺文、冀岩、霍连明、李秀瑛一同慰问。

（尚丽艳）

【冀岩检查阅兵路线车辆清移工作】 9月2日，一行前往武警北京总队二师第九支队和装甲兵工程学院，检查四环路、京开高速、京港澳高速等纪念活动沿线综合保障情况。冀岩同志亲切慰问了在岗值守的群众志愿者，向他们的辛勤付出和尽职尽责表示感谢；充分肯定了沿线各街乡镇的保障工作开展情况，要求再接再厉，继续做好定点值守、移动巡逻和道路清障等工作，切实做好辖区内制高点控制工作，确保万无一失。区领导钟百利、吴继东一同检查。

（尚丽艳）

【市领导郭金龙、王安顺到卢沟桥乡食品药品监督管理所调研】 11月30日，市领导郭金龙、王安顺到丰台区卢沟桥乡食品药品监督管理所，就首都食品药品安全工作进行调研。市领导张工、张延昆、程红、王宁陪同调研。市领导听取了关于开展非首都功能疏解、构建食药安全共治体系等工作的汇报，慰问了食药监管工作人员，查看了检测室、执法装备、受理服务厅，翻阅了工作制度和执法案卷，询问了抽样检测等情况，就开展的五大农副产品批发市场监管、检测体系和技术支撑体系建设等内容进行了交流。郭金龙叮嘱，食药安全事关人民群众身体健康和生命安全，容不得一丝马虎，要切实担起责任，严把安全准入关。对不合格产品，坚决及时清出市场并向社会公示，永保首都食品药品市场安全规范的金字招牌。区领导杨艺文、冀岩陪同调研。

（尚丽艳）

【冀岩带队抽查空气重污染红色预警应对措施落实情况】 12月19日，冀岩区长一行到达丽泽金融商务区北区 A02 定向安置房项目、利星行（北京）汽车有限公司汽修车间，采取抽查的方式，沿途查看了空气重污染红色预警期间停产停工情况、施工苫盖情况及道路保洁作业相关情况。冀岩区长强调，严格落实预案，各单位要高度重视，切实做好此次红色预警应对工作，把措施落实到位，责任落实到人；企业应提高责任意识，落实主体责任，履行社会职责，做好表率；相关部门、属地要进一步加强督查检查，严查违规施工、违法排污等现象，对出现的问题做到发现一起查处一起，严肃依法依规处理并曝光，确保空气重污染期间各项应对措施落实到位。

（尚丽艳）

法制工作

【概　况】 2015年，政府法制工作紧紧围绕全区中心工作，以建设法治政府、推进依法行政为核心,认真履行职责，务求实效，以扎实的政府法制工作为建设经济繁荣、社会文明、人民幸福的新丰台提供优质高效法制服务。

（吴　超）

【清理公开行政处罚权力清单】 年内，开展对全区52个执法部门行政处罚职权的清理，梳理行政处罚权力5055项,制定了全区行政处罚权力清单，并经区政府常务会审议，于5月通过丰台政府网和执法部门网站向社会公布。

（吴　超）

【规范拆违执法程序】 5月，研究制定了《丰台区人民政府执行法院〈裁定书〉工作实施方案》，为全区“裁执分离”工作的实施奠定了基础；10月，出台了《丰台区乡镇人民政府查处违法建设工作规程》，严格规范行政执法程序，以有效制止和查处乡镇辖区内的违法建设。

（吴　超）

【为基层提供法律服务】 年内，先后应邀前往区属20余家单位，围绕行政处罚、许可、强制、征收等工作中涉法涉诉问题，提供法律指导和培训40余次；与区司法局、经管站组成联合检查组对花乡、卢沟桥乡政府的乡级集体经济组织合同进行了规范检查，提出了法律意见200余条。

（吴　超）

【服务建筑垃圾处理厂项目建设】 年内，全程参与建筑垃圾处理厂项目建设，多次参加风险评估会、特许经营实施方案及成本测算分析会、专家评审会等，研提各类法律意见150条，有效化解了存在的法律风险。

（吴　超）

【规范性文件合法性审查】 年内，严格抓好规范性文件合法性审查工作，共审核《丰台区关于进一步规范农村集体经济组织产权交易的实施意见》、《丰台区支农项目资金管理办法》、《丰台区建筑垃圾资源化处理厂特许经营实施方案》等161份文件，提出修改意见520余条。

（吴 超）

【政府合同协议审查】 年内，审核《北京丽泽金融商务区控股有限公司与金融街控股股份有限公司战略合作意向协议》、《“北京丰台”官方微博运维服务协议》等105份合同，提出修改意见500余条。反馈《北京市行政程序条例》、《北京市行政规范性文件制定和备案办法》等市级法律法规规章征求意见22件，提出修改意见50余条。

（吴 超）

【发挥法律顾问团作用】 年内，组织区政府法律顾问团参与区政府重大决策、重点工程、重大项目推进等多个领域提供法律论证、法律咨询。先后为棚户区改造及保障房建设项目，疑难复杂复议、应诉案件等提出各类法律意见200余条。

（吴 超）

【强化行政复议】 年内，共审理行政复议案件110件，审结92件，审结率83.6%，在市政府代理复议案件3件。加大案件调解和纠错力度，调解终止结案24件，占22%；撤销违法行为及限期履职16件，占14%。加大行政复议委员会非常任委员参与案件研究力度，提出法律意见70件。

（吴 超）

【应诉案件协调】 年内，代理区政府应诉行政案件163件，同比增长4倍，其中，修改后的《行政诉讼法》实施后代理130件，占总量的80%。加大疑难案件协调力度，最大限度减低败诉风险。研究制定《丰台区行政应诉工作规则》，推动行政机关负责人出庭应诉工作。

（吴 超）

【遗留问题的处理】 年内，参与各类遗留问题的协调工作，就“西站南广场写字楼项目转让相关债务问题”、“国美商都竣工验收备案、权属证书效力问题”等，多次参与协调会，研究讨论并出具法律意见，为疑难涉访涉诉遗留问题的妥善解决提供有效法律支撑。

（吴 超）

【规范性文件清理备案】 年内，开展全区行政规范性文件及相关会议纪要清理工作，共清理各类文件及纪要564件，保留357件，拟修改4件，明确废止203件。加强规范性文件备案管理，严格履行备案程序，向区人大备案4件，向市政府备案11件。

（吴 超）

【行政执法资格管理】 年内，开展全区行政执法人员证件年审工作，并对通过审核的2300余名执法人员进行登记造册。10月，组织全区20余个行政执法单位的160名新增执法人员资格考试。

（吴 超）

【法律顾问聘任】 年内，开展全区行政机关及事业单位聘用政府法律顾问情况问卷调查，摸清底数和现状，结合区域实际，研究制定了《丰台区行政事业单位聘请法律顾问管理办法》，完成各街乡镇和行政事业单位法律顾问聘任工作。

（吴 超）

【办理人大政协提案】 年内，作为主办单位，认真研提办理意见，分别完成了政协提案第172号《法治中国、政府先行》、提案第173号《关于加强政府依法行政意识的建议》和提案175号《关于建立全面覆盖政府的法律顾问制度》的办理工作。

（吴 超）

【推进依法行政】 5月，代表区政府向区人大作“关于深入推进依法行政，加快法治政府建设情况”的报告。年内，研究制定了《2015年度丰台区依法行政考核实施细则》，明确了全区推进依法行政年度考核指标。参与丰台法治建设相关文件的制定工作，就“加快法治政府建设”等内容研提意见。

（吴　超）

【依法行政学习培训】 年内，在区政府常务会前组织学习了《中华人民共和国预算法》、《中华人民共和国环境保护法》、《手机使用保密管理规定》和《中华人民共和国食品安全法》4 次。与区委组织部、区委党校联合举办处级领导干部依法治国专题培训班 1 期、依法行政专题研讨班 2 期，累计受训人数达 500 人，其中处级领导干部 300 余人。

（吴　超）

国有资产监督管理工作

【概　况】 2015 年，丰台区国资委深入贯彻落实十八大、十八届三中、四中、五中全会和习近平系列重要讲话精神，落实“党要管党、从严治党”方针，巩固党的群众路线教育实践活动成果，扎实开展“三严三实”专题教育，在疏解非首都功能、推进国有企业改革、提高国有资产监管效能、服务区域发展等方面取得显著成效。截止 2015 年 12 月 31 日，全区 51 户国有及国有控股和集体企业账面资产总额 632.74 亿元，同比减少 10.85%；负债总额 536.94 亿元，同比减少 12.56%；所有者权益总额 95.80 亿元，同比增长 0.12%；实现营业总收入 105.61 亿元，同比增长 195.85%；盈亏相抵后实现利润总额 1.21 亿元，同比增长 48.94%。上缴各项税费总额 3.9 亿元，同比增长 35.42%。国有资本保值增值率 100.24%，同比上升 0.1 个百分点。企业全年平均从业人员 3674 人，年末在岗职工 3041 人，全年在岗职工人均工资 87150 元，同比增长 10.98%。年末离退休人员 9482 人。

（曹怀亮）

【疏解非首都功能】 年内，通过合同审核把关推进商业网点业态升级转型和公益化使用，以达到“以房控业、以业控人”的效果。综合整治，控制增量，减少存量，督促宛平开发、修理公司拆除用于群租房、仓储的违法建设约 1700 平方米，推进洪泰庄出租大院整改，探索以经济手段推进莲怡园地下空间整治工作。将疏解工作完成情况纳入企业负责人薪酬考核指标，建立疏解工作补贴奖励机制。

（曹怀亮）

【出租屋和流动人口调查】 5 月 8 月，集中开展了出租房屋、流动人口基础信息调查登记专项行动。从各企业抽调工作细致认真、责任心强的同志担负调查登记工作，做了大量的基础性工作。建立完善了出租房屋及流动人口管理工作机制。经过对统计上报的数据进行分析，共采集企业单位信息 143 家，流动人口 9647 人，登记率、核销率、完整率实现 100%。

（曹怀亮）

【国有企业改革】 年内，基本完成综合投资公司、城建开发公司、鸿华公司三家企业的公司制改制工作。探索混合所有制经济发展模式，丽泽控股公司与北京建工集团共同出资成立丽泽金都科技发展有限公司，推进丽泽金融商务区区域内智慧城市建设和低碳生态建设；与北京新奥集团共同出资成立丽泽金都置业有限公司，推进丽泽金融商务区内南区市政基础设施以及定向安置房、地下空间一体化等项目的开发建设。丰房公司也进行积极探索，与多个战略投资者进行了洽谈。同时探索实行国有企业分类改革、分类监管、分类考核，提高改革的针对性、监管的有效性、考核评价的科学性。

（曹怀亮）

【清理脱钩工作】 年内，第二批行政事业单位经办企业进行清理脱钩，共完成 8 个行政事业单位与 13 家企业的清理脱钩工作。

（曹怀亮）

【国有产权管理】 年内，定期对国有产权变化情况做全面分析，为各项经济改革做好基础工作；同时，寓服务于管理中，简化手续，以财务数据为依据，及时办理变更登记，实现动态更新；针对个别企业存在的国有股权投资，但未能及时申办产权登记的问题，下发整改通知，要求企业做好账务处理，防止国有资产流失。全年对产权交易行为，组织开展专家评审5批次，完成产权交易2项。

（曹怀亮）

【完成财务决算】 年内，完成了94家国有及国有控股（集体）企业2014年度财务决算的收集、汇总、审核工作，并向市国资委上报83家国有及国有控股企业2014年度国有资产统计报告及分户国有资产统计数据。

（曹怀亮）

【开展企业审计监督】 年内，对2家企业3名企业负责人进行了经济责任审计，指导2家企业对下属公司开展经济责任审计。

（曹怀亮）

【举办内部审计工作培训会】 9月17日，丰台区国资委、审计局联合主办国资委系统内部审计工作培训会，邀请市、区相关部门审计主管领导、大型企业内审部门负责人从不同角度进行了讲解，区属国有企业内部审计主管领导、基层单位法人代表、内审部门负责人、具体工作人员、监事会成员及机关相关工作人员共160多人参加了培训。区国资委主任王玉昌、区审计局局长段德珍出席了开办仪式，重点强调了内部审计对于企业发展、国资监管、队伍建设的重要性，希望以此次培训为契机推动内部审计工作上新台阶，为国资国企科学发展保驾护航。

（曹怀亮）

【国有企业作用发挥】 年内，国有企业在服务区域发展方面发挥更加突出的作用：加快完善投融资平台建设，多种方式化解区建设资金瓶颈问题。为区内项目发放委托贷款22.5亿元，提供融资担保66.2亿元。成立丰台区城镇发展基金管理有限公司，并发起设立全市首支棚改专项基金（总规模12亿元）；全力促进重点功能区开发和重大基础设施建设，提升区域发展承载能力。综合投资公司、恒盛宏大道路公司积极参与区道路、地铁、有轨电车等市政基础设施项目建设，丽泽控股公司全力促进丽泽金融商务区开发建设，南区拆迁基本完成，北区拆迁取得阶段性成果，区域内“六横七纵”路网格局初步形成，新青海大厦、长城资产等项目建设进展顺利。区属国企承担了南苑棚户区和长辛店棚户区改造，长馨园保障房、宛平经济适用房、C9回迁安置房、郭公庄定向回迁安置房等保障性住房建设，同时还承担了区政务服务中心项目建设、老旧小区综合整治、直管公房与保障性住房管理等民生工作。

（曹怀亮）

【安全生产保障】 年内，督促企业落实安全稳定主体责任，工作重点放在安全隐患的排查整改上，建立下达隐患整改通知、对整改工作开展进度进行约谈、报送整改情况周报表等安全生产监管的工作机制。全年共组织召开各类情况沟通、协调、座谈等专题会21次。完成了全国“两会”和抗战胜利暨世界反法西斯胜利70周年纪念大会的安保工作，拆除了区挂账的新增违法建设2处；完成区地下空间整治任务，原挂账的散租地下空间中有2处得到彻底解决。

（曹怀亮）

【老旧小区整改】 年内，按照区综治办的部署，结合“城乡结合部整治”及人大代表提案的环境脏乱等问题，与属地街道办事处共同研究具体方案，制定完善日常管理及整改措施，促进了老旧小区环境秩序的改善；针对宛平地区居民临时用电问题，协调区财政局，向区政府上报专项报告，经区长专题会研究决定，落实了临时用电改成居民永久用电改造资金9943万元。

（曹怀亮）

【信访维稳工作】 年内，突出的信访问题有首带宝利集团职工安置及股权诉求、莲怡园小区居民要求办房产证、有色厂房屋产权纠纷、方庄购物中心劳资纠纷等问题。其中，晓月园断水临电问题、莲怡园小区居民产权证办理问题取得了实质性进展，全年未发生重大群体访、越级访事件。

（曹怀亮）

【企业领导班子建设】 年内，任免企业领导人员13人次，其中提拔使用副职领导5人，建议公司董事会任命经营管理人员2人，现职领导改任、兼职6人。班子配置时，注重班子成员知识结构、工作经历、年龄梯次的合理搭配，着力提升班子整体合力，增强核心领导力。同时，对近三年即将到达法定退休年龄的领导干部进行了梳理，为下一步干部调整做好准备。

（曹怀亮）

【导师制人才培养模式试行】 年内，通过前期摸底、企业上报和国资委审定，确定了6名首席导师、33名骨干导师、7名初任导师和三级培养对象62名。并试点进行了跨企业培养的模式。在丽泽控股公司召开了有城建开发公司和丽泽控股公司首席导师和培养对象参加的师生见面会。

（曹怀亮）

【企业文化建设】 年内，以“发现丰台之美·丰台达人秀”活动为载体，积极推进企业文化建设。组织企业积极报送各类达人，并动员广大职工参与投票。月度达人连续在委办局排名第一；组织开展“走进企业”集中展示活动，拍摄了企业宣传片，制作介绍企业的活动展板，印制宣传活页，与社会工委、科技园区工委共同承办了“丰台达人秀·走进国企”舞台节目展示。

（曹怀亮）

北京丽泽金融商务区

【概　况】 2015年，丽泽金融商务区实现税收29.8亿元，同比增长77.7%，实现留区税收9.86亿元，同比增长71.7%，金融业留区税收8.94亿元。年内，新铺设防尘网60万平方米，新建和修复围挡15公里，累计投资1000余万元。先后出台丽泽金融商务区环境建设、安全生产、联合执法等4个工作方案以及消防安全、突发事件等专项应急预案，开展违法建设专项整治活动，拆除违法建设3处，占地约2000平方米。

（徐国红）

【土地一级开发】 年内，南区151公顷土地实现全面平整，北区150公顷土地正在加紧征地拆迁；北区集体企业完成拆迁腾退91%，农民宅基地完成搬迁97%，居民累计签约1039户。

（徐国红）

【市政建设】 年内，南区3条主干路已全部进场施工，13条次干、支路中不涉及环廊的6条道路全面开工建设。全长5公里的地下交通环廊，南区已经开工并进行主体结构施工。地铁14号线东管头站、菜户营站主体结构完工，地铁16号线丰益桥南站已进场施工；丰草河河道改造工程完成80%。

（徐国红）

【土地上市】 年内，完成E01/05/06地块的土地交易，土地面积约6.09公顷，建设用地面积约3.6公顷，建筑规模33.6万平方米，成交金额50.4亿元。

（徐国红）

【项目建设】 年内，实现开复工面积368万平方米。其中：“915”项目已完工；晋商联合大厦、新青海大厦、长城资产3个项目内外进入装修阶段；内蒙古汇能、中机、首创、SOHO、中华保险5个项目正在进行主体结构施工；D10、中国通用、D12、E01/05/06、中国铁物5个项目进行土方施工；新华08项目已完成试桩。

（徐国红）

【招商引资】 年内，新引进企业80家，注册资本金超过230亿元，其中亿元以上企业41家。含国内最大互联网金融平台九信投资管理有限公司、国家首批试点公益性农产品流通体系建设基金北京市农产品流通产业发展基金有限公司等符合创新金融中心建设要求的新兴金融机构。

（徐国红）

机构编制管理工作

【概　况】丰台区机构编制委员会办公室（区编办）是区机构编制委员会（区编委）的常设办事机构，在区编委的领导下负责本区行政管理体制和机构改革以及机构编制日常管理工作，既是区委工作机构，同时也是区政府工作机构，列入区委机构序列。一年来，围绕中心，服务大局，扎实有效地推进体制机制和机构编制管理各项工作的开展。

（匡怡芳）

【梳理行政审批事项清单】　年内，汇总梳理了区行政审批事项清单（2015年版），保留行政审批事项271项，在区政府网站上向社会公示。以区政府名义印发了《北京市丰台区人民政府关于公布丰台区行政审批事项汇总清单的通知》（丰政发〔2015〕7号），通知中明确了在行政审批事项汇总清单外，不得设置行政审批事项，不得以任何名目进行变相审批，不得随意调整已公开的行政审批事项汇总清单；确需调整的，须按规定的程序报请批准。

（匡怡芳）

【清理非行政许可审批事项】　年内，根据《关于清理非行政许可审批事项的通知》（京审改办函〔2015〕53号）要求，下发《北京市丰台区机构编制委员会办公室关于填报非行政许可审批事项清理表的通知》（丰编办发〔2015〕24号），组织各相关单位填报了《区县实施的非行政许可审批事项清理表》。各相关单位逐项提出了具体意见及理由，其中，提出拟取消的5项、拟调整为行政许可的7项、拟调整为政府内部审批事项的5项、拟调整为其他权力形式的54项，已上报市政府审改办，纳入全市统一清理工作，由市政府审改办审核确认。

（匡怡芳）

【清理规范行政审批中介服务】　年内，根据《北京市人民政府办公厅关于清理规范本市行政审批中介服务的通知》（京政办发〔2015〕43号）和《市政府审改办关于各区县、各部门报送行政审批中介服务清理规范方案的通知》（京审改办函〔2015〕71号）要求，下发了《北京市丰台区机构编制委员会办公室关于清理规范行政审批中介服务的通知》（丰编办发〔2015〕32号），组织各单位填报了《丰台区行政审批需由申请人委托有关机构提供的中介服务事项统计表》和《丰台区行政审批需由行政机关委托有关机构提供的技术性服务事项统计表》，并在此基础上形成了《丰台区行政审批中介服务清理规范方案》上报市政府审改办，由市政府审改办审核确认。

（匡怡芳）

【梳理投资项目审批和服务事项】　年内，组织区级各审批部门工作部署会，对投资项目审批和服务事项目录梳理工作进行培训。对投资项目审批和服务事项的名称、申报材料、受理标准、审查内容及标准、批准形式等20多个指标，按照统一标准和要求进行梳理，并在市行政审批事项目录管理系统中进行填报。

（匡怡芳）

【推进事业单位分类】　年内，按照市区统一工作部署，分批推进事业单位分类工作。经编委会研究同意，6月正式印发了第一批224家事业单位分类类别，占全区事业单位总数的48%；11月正式印发了第二批215家事业单位分类类别，合计占全区事业单位总数的95%，暂不分类的23家事业单位，由领导小组办公室牵头，会同相关部门进行研究，根据市编办的时间安排进行认定，再提交编委会审议。

（匡怡芳）

【组建区卫生和计划生育委员会】 年内，将原区卫生局的职责、原区人口和计划生育委员会的计划生育管理和服务职责整合划入区卫生和计划生育委员会。将原区卫生局的消费环节食品安全监管职责划给区食品药品监督管理局。将原区卫生局的负责对本区投资的建设项目进行职业病危害预评价审核、职业病防护设施设计卫生审查和竣工验收、负责本区职业卫生技术服务机构监督管理、负责本区用人单位开展职业健康监护情况进行监督检查划给区安全生产监督管理局。将原区人口和计划生育委员会承担的研究拟订人口发展规划、综合协调人口工作的职责划给区发展和改革委员会。

（匡怡芳）

【调整区房管局机构设置】 年内，根据市编委《关于规范区县政府机构设置的通知》（京编委〔2014〕51号）和《关于同意调整丰台区政府机构设置的批复》（京编委〔2015〕18号）精神，将北京市丰台区房屋管理局由北京市丰台区住房和城乡建设委员会管理调整为区政府工作部门，机构规格为正处级，负责本区房屋行政管理、住房保障和住房制度改革工作，仍加挂北京市丰台区人民政府住房保障和改革办公室牌子。

（匡怡芳）

【调整侨务工作职责】 年内，将北京市丰台区人民政府民族宗教侨务办公室的侨务工作职责划入北京市丰台区人民政府外事办公室，按照“人随事走、编随人转”的原则进行了编制划转。北京市丰台区人民政府民族宗教侨务办公室更名为北京市丰台区民族宗教事务办公室，北京市丰台区人民政府外事办公室更名为北京市丰台区人民政府外事侨务办公室。

（匡怡芳）

【整合不动产登记职责】 年内，根据市编办《关于整合本市不动产登记职责的通知》（京编办发〔2015〕10号）和《关于整合设立北京市丰台区不动产登记事务中心的通知》（京编办发〔2015〕17号）精神，将区园林绿化局承担的林地登记职责和区房管局承担的房屋登记职责予以整合，统一交由市国土局承担，林地和房屋管理职责仍分别由区园林绿化局和区房管局承担。按照“人随事走、编随人转”的原则进行编制划转。

（匡怡芳）

【设立区人力资源公共服务中心】 年内，根据市人力社保局、市编办《关于印发<区县人力资源市场公共服务体系整合试点方案>的通知》（京人社市场发〔2014〕101号）和市编办《关于同意整合设立北京市丰台区人力资源公共服务中心的函》（京编办事〔2015〕18号）精神，在整合北京市丰台区人才服务中心和北京市丰台区职业介绍服务中心职能的基础上，设立北京市丰台区人力资源公共服务中心，为北京市丰台区人力资源和社会保障局所属相当副处级财政补助事业单位，撤销北京市丰台区人才服务中心和北京市丰台区职业介绍服务中心，其职能、编制及人员整建制划入北京市丰台区人力资源公共服务中心。

（匡怡芳）

【设立区气象灾害防御中心】 年内，设立北京市丰台区气象灾害防御中心，为区政府办公室所属相当正科级事业单位，经费形式为财政补助，委托区气象局代管。北京市丰台区气象灾害防御中心主要职责是：在北京市突发事件预警信息发布中心和区应急办的指导下，负责本区预警信息及其他重要提示信息的接收、发布、反馈和统计分析工作；承担气象灾害普查、隐患排查等工作。

（匡怡芳）

【设立区循环经济产业园管理中心】 年内，设立北京市丰台区循环经济产业园管理中心，为区市政市容委所属相当副处级事业单位。将区环卫服务中心所属事业单位北京市丰台区垃圾渣土消纳中心承担的垃圾填埋场管理职责划给北京市丰台区循环经济产业园管理中心。撤销区市政市容委所属事业单位北京市丰台区消毒杀虫灭鼠管理站，3名工作人员划给北京市丰台区循环经济产业园管理中心。北京市丰台区循环经济产业园管理中心主要职责是：负责拟订垃圾处理循环利用及相关产业的发展规划和年度计划，并组织实施；依据国家或行业标准，对建筑垃圾处理设施及粪便消纳设施的运行情况进行监督检查、协调管理和指标考核；负责园区内垃圾处理及资源循环利用项目的规划、立项、招标的事务性工作，以及基础设施、配套项目的建设管理和服务保障工作；负责驻园区单位与政府部门的综合协调工作。

（匡怡芳）

【整合养路队与市政公司】 年内，对养路队和市政公司予以整合，整合后机构名称为北京市丰台区道路养护中心，为区市政市容委所属相当正科级公益二类事业单位，经费形式为财政补助。北京市丰台区道路养护中心主要职责是：负责区属市政道路管理养护工作；负责区属道路、市政设施的巡视检查工作；负责区属市政设施应急抢险、道路应急抢险、环境应急抢险和道路防汛抢险工作。

（匡怡芳）

【撤销区城市绿化隔离地区建设指挥部】 年内，根据市编办《关于做好区县自设机构清理工作的通知》（京编办发〔2014〕22号）精神，撤销北京市丰台区城市绿化隔离地区建设指挥部，职责交由北京市丰台区农村城市化领导小组承担，北京市丰台区农村城市化领导小组不再加挂北京市丰台区城市绿化隔离地区建设指挥部牌子。同时撤销北京市丰台区城市绿化隔离地区建设指挥部办公室，其职责交由区农委承担。按照“人随事走、编随人转”的原则进行编制划转。

（匡怡芳）

【培训机构清理整改】 年内，按照市政府有关会议要求，梳理丰台区培训机构现状，逐一沟通协调，研究制定整改方案，经编委会研究同意，撤销了北京市丰台区卫生职工培训中心（北京市丰台区卫生职工培训学校）、北京市丰台区农村实用人才培训中心、北京市丰台区妇女儿童培训中心（北京市丰台区巾帼园家政服务介绍所），对北京市丰台区旅游培训咨询服务中心职能和名称进行了调整，丰台区人民政府南戴河培训中心在将资产交接完毕后也将予以撤销。

（匡怡芳）

【开展“吃空饷”专项整治】 年内，制定了《关于开展机关事业单位“吃空饷”问题自查自纠和“回头看”工作的意见》，要求各单位自查自纠，在各单位自查的基础上进行抽查，没有发现新的有“吃空饷”现象的单位和人员，上年专项整治中发现的在编不在岗人员也均已整改到位。

（匡怡芳）

【事业单位法人登记】 年内，按照行政审批制度改革要求，不断完善行政许可程序。年内共办理事业单位法人设立登记7家、变更登记71家、注销登记1家，证书补领2家。

（匡怡芳）

【事业单位法人日常管理】 年内，对全区522家事业单位的年度报告进行网上公示。对于不再具备法人资格的285家事业单位在网上登记系统中进行证书废止。抽选50家事业单位、20家举办单位进行问卷调查，就事业单位年度公示制度征求意见建议，针对收集上来的意见建议和日常管理中遇到的问题研究今后的日常管理工作思路。

（匡怡芳）

民族宗教工作

【概　况】 2015年，区民族宗教工作办公室以开展“三严三实”专题教育活动为契机，以服务民生、维护稳定、促进和谐为理念，求真务实、开拓进取，完成年度各项工作任务，推动区民族宗教工作的整体提升。

（于立河）

【提案建议办理】 年内，以办理区第九届政协四次会议提案和区第十五届人大五次会议代表建议为契机，推动宗教团体建设，解决群众关注问题，将需要改善基本设施的三个宗教团体，纳入社会保障体系规划，融入社会的整体建设；对清真寺用水系统改造的建议，协调区财政投资 40 余万元，对清真寺用水系统进行了修缮。

（于立河）

【强化依法行政】 年内，梳理依法行政权力事项，对 7 项行政许可、2 项非行政许可行政审批事项以及 34 项行政处罚权力在网站上对社会进行公开。加强对执法人员的培训，完成执法证换证工作。

（于立河）

【推动民族事业发展进步】 年内，加大民族团结进步创建力度，为少数民族传统体育运动基地、相关运动协会、民族传统体育运动重点学校配备器材和专用设备；促进民族经济发展，按照市民委要求，首次实施具有清真饮食习惯少数民族低保群众牛羊肉价格救助机制，增加规范清真专柜，加大对中小型清真企业资金扶持力度，完成新版清真食品生产加工企业许可牌证换发。

（于立河）

【少数民族流动人口管理】 年内，落实对少数民族流动人口的服务管理要求，避免出现拒住、拒载等伤害少数民族感情的事件。印发民族团结知识手册，宣传民族团结有关政策法规和知识。抓好“四公开一监督”工作落实，在市民族工作系统中排名前三名。

（于立河）

【依法管理宗教事务】 年内，指导宗教团体开展“教风年”活动和政策法规学习月活动，强化宗教团体依法管理、依法开展宗教活动的意识。在市宗教局的统一组织下，先后对宗教场所内会所、宗教场所乱设奉献箱、乱建室外宗教雕像进行清理清查。处置了以“中华禅文化高峰论坛”为名涉嫌非法宗教活动，查处基督教异端“新天地教会”聚会点。

（于立河）

【安全维稳】 年内，加强反恐和安全工作，健全情报信息、事件处置机制。各宗教团体完善突发事件处置预案，加强宗教活动的组织和管理。加强在两节、两会期间、抗日战争暨世界反法西斯战争胜利 70 周年纪念活动期间安全检查。对信访、投诉事件，及时依法处理，处理信访件 1 件，投诉件 3 件。

（于立河）

外事侨务工作

【概　况】 2015 年，丰台区外事侨务工作紧紧围绕北京国际交往中心建设和丰台区经济社会发展大局，统筹区域外事资源，扎实开展外事活动。全年，共接待党宾、国宾、友好团组共 56 批 2813 人次，涵盖政府交流、地方合作、经贸、文化、体育、人文等诸多领域。分别与丹麦腓特烈松自治市、英国赫尔市、英国大伦敦纽汉姆市、意大利卡尼诺市等 4 个城市建立友好关系，使丰台区的国际友城增至 8 个。扎实做好因公出国（境）管理工作，共办理因公出国赴港澳 52 批 166 人次。强化国际语言环境建设，制定《丰台区十三五国际语言环境建设规划》。

（叶　芳）

【少年宫代表团赴日交流】 1 月 25 日—30 日，丰台区少年宫美术专业的师生一行 24 人赴日本东京都葛饰区，与葛饰区新小岩学校的师生开展了文化交流活动。

（叶　芳）

【民宿交流】 4 月 6 日—16 日，比利时布兰肯堡尔市青少年代表团一行 15 人访问丰台区，并与北京航天中学学生进行民宿交流活动。6月5日，美国圣安德鲁中学与丰台区丽泽中学开展为期20天的民宿交流活动。

（叶　芳）

【举办北京国际风筝节】 4月11日，北京国际风筝节在丰台区举办，接待美国、英国等14个国家，北京、天津等19个省市，中国台湾地区和澳门特别行政区的42支代表队120余名参赛队员和在京工作学习的300余名外国朋友。

（叶　芳）

【东盟女外交官联谊活动】 5月14日，丰台区与北京市人民对外友好协会共同主办东盟女外交官联谊活动，接待泰国、越南等9个国家的大使及女性外交人员约70余人。

（叶　芳）

【签署友好交流备忘录】 6月18日，副区长张婕率政府代表团访问丹麦腓特烈松自治市，与市长约翰·施密特·安德森先生以及市政府相关人员进行座谈，并签署《丰台区和腓特烈松自治市友好交流备忘录》；8月2日—9日，英国大伦敦纽汉姆市市长罗宾·威尔斯率中国投资考察团访问丰台区，双方举行了“共寻合作机遇　缔结国际友好”圆桌会议暨《丰台区和纽汉姆自治市友好交流备忘录》签约仪式，共同签署了友好交流备忘录；10月15日—16日，区长冀岩率政府代表团访问意大利，分别与意大利卡尼诺市和意大利对华友好协会签署了友好交流合作备忘录。

（叶　芳）

【签署合作框架协议】 6月19日，副区长张婕率政府代表团访问丹麦首都哥本哈根市，与市政府经济商务部及清洁技术产业集群相关负责人进行了座谈，签署了《丰台区和丹麦清洁技术产业集群可持续城市开发合作框架协议》。

（叶　芳）

【《梦想之车》捐赠活动】 7月15日，北京汽车博物馆接受俄罗斯画家科兹麦斯《梦想之车》画作捐赠。俄罗斯驻华文化参赞、北京俄罗斯文化中心主任维克多·孔诺夫，北京俄罗斯文化中心项目主管高磊，中央美院美术馆副馆长唐斌，丰台区副区长狄涛，北京汽车博物馆党组书记刘少华等嘉宾以及媒体朋友出席捐赠仪式。

（叶　芳）

【2015世界青少年数独锦标赛举办】 7月23日—25日，迁安水城杯2015世界青少年数独锦标赛在丰台区园博园举行。此次赛事由世界智力谜题联合会、北京广播电视台、北京奥运城市发展基金会、北京市体育局、北京市体育总会、北京市丰台区人民政府共同主办，由丰台区体育局、丰台区体育总会、北京市数独运动协会承办，河北省迁安市人民政府给予赛事特别支持。本届赛事是世智联主办的最高级别青少年数独赛事，按照选手报名年龄分为U15、U18、U21三个组别，中国队包揽三个组别的团体冠军。

（叶　芳）

【首届中日韩青年文化节】 7月25日—29日，由中日韩三国联合国教科文组织协会联合举办的第一届中日韩青年文化节在丰台区举办。来自中国、日本、韩国的45名优秀高中生青年领袖代表参加了文化节活动。本届文化节主题为“生态文明　青年责任”，旨在落实中日韩三国关于共同开展青少年环境教育交流活动的共识，增进年轻一代的友谊、提升可持续发展的理念。

（叶　芳）

【友好协会访问活动】 8月14日，意大利对华友好协会秘书长兼中国区主席路安娜•王一行到丰台区考察，丰台区协助拍摄“信仰之源”纪录片中的中国戏曲文化部分，此片将在意大利及阿根廷国家电视台播放。

（叶　芳）

【“金戈铁马话军车”专题展览】 9月18日，北京汽车博物馆开展“金戈铁马话军车—

纪念中国人民抗日战争暨世界反法西斯战争胜利 70 周年专题展览”。本次展览是由中国人民解放军八一电影制片厂、丰台区政府和北京俄罗斯文化中心联合主办，北京汽车博物馆承办。

（叶 芳）

【举办创新创业国际研讨班】 9 月 21 日—25 日，由中关村管委会主办，丰台园管委会协办，北京国际企业孵化中心承办的中关村创新创业国际研讨班（“一带一路”沿线国家专场）在丰台园科创中心举办。来自阿塞拜疆、菲律宾、格鲁吉亚、巴基斯坦、印度尼西亚等 13 个国家的 20 名学员参加。

（叶 芳）

【“北京首尔混委会”第二次会议召开】 11 月 4 日，“北京首尔混委会”第二次全体会议在丰台园博园丽维赛德酒店召开，王安顺市长率北京市 12 家成员单位和市环保局负责人参加会议，首尔市市长朴元淳率首尔市 15 家成员单位负责人来京参会，参会人员 80 余人。会议审议通过了“混委会”2015—2016 年合作交流项目清单，拟定了 2015—2016 年期间拟组织开展的 40 个项目和活动。

（叶 芳）

【北京“华远杯”世界女子桥牌精英赛举办】 11 月 7 日—14 日，北京“华远杯”世界女子桥牌精英赛在丰台区开赛。“华远杯”世界女子桥牌精英赛创办于 2011 年，每两年一届，填补了世界女子桥牌赛事的一项空白，为世界顶尖女牌手提供了竞技和交流的机会，也促进了中国女子桥牌跻身世界强队之列。本届比赛由中国桥协、北京市体育局、北京市体育总会和北京市丰台区人民政府共同主办，北京市桥协等承办，设团体赛和双人赛。

（叶 芳）

【开展侨务先进社区创建活动】 年内，丰台区大红门街道建欣苑社区被国务院侨办评为“2015 年度全国社区侨务工作示范单位”。丰台区东高地街道梅源社区、丰台区大红门街道建欣苑社区被北京市侨办评为“2015 年度北京市社区侨务工作示范单位”。

（叶 芳）

【服务华侨侨眷】 年内，落实侨务依法行政，以“公正、方便、热情”的原则做好依法行政工作。全年，办理华侨、港澳同胞和外籍华人学生来京上中小学 19 件、华侨适龄子女来京接受义务教育 6 件、高考加分证明 1 件。

（叶 芳）

档 案 工 作

【概 况】 2015 年，档案工作紧密结合“三严三实”专题教育，深入贯彻中共中央办公厅、国务院办公厅《关于加强和改进新形势下档案工作的意见》，以强化档案法制建设为抓手，以提升服务能力和服务意识为导向，在区委、区政府的坚强领导和市档案局的有力指导下，在全局（馆）人员共同努力下，年度工作逐一落实，“十二五”规划量化目标任务全部完成。新馆建设有效推动年度奋斗目标。

（魏晓勇）

【区领导调研】 4 月 1 日，副区长高峰到档案局（馆）进行调研，听取局（馆）2015 年度重点工作汇报。10 月 13 日、10 月 28 日、11 月 3 日区委常委、副区长刘宇，副区长狄涛、主管副区长高峰，分别召开协调推进会听取综合文化中心项目（含丰台区档案馆新馆）工作汇报，研究具体事宜。

（魏晓勇）

【重大活动档案收集】 年内，完成中国人民抗日战争暨世界反法西斯战争胜利 70 周年纪念活动暨《伟大胜利 历史贡献》主题展览服务保障工作的档案工作，专人到“9·3”抗战纪念活动保障办公室，全程负责纪念活动保障工作档案的指导与收集，确保重大活动档案的齐全、完整、规范。

（魏晓勇）

【档案法制建设】 年内，梳理档案行政管理部门的行政职权，完成档案局实施的非行政许可审批事项清理工作和行政处罚职权清单的上报工作。全年共组织档案法制宣传活动6次。4月，组织全区各立档单位参加市档案系统“档案法知识竞赛”活动，共收到有效答题卡4300余份，获市局颁发的“北京市档案法制知识竞赛”优秀组织奖；国际档案日暨北京市第七个档案馆日，为活动现场的群众发放档案法制宣传材料；6月26日，举办全区档案人员法律法规知识宣贯班，100余人参加；按照区法制办要求，起草了《丰台区档案局“六五”普法自查报告》及汇报课件，完成区六五普法检查验收工作；10月中旬，结合举办新上岗人员培训班，对150名新上岗人员进行了档案法制的业务培训；12·4法制宣传日，聘请法律顾问为全局馆、部分立档单位60人讲授《档案行政处罚与档案违法违纪行为处分规定》的相关知识；丰台有线电视台在黄金时段播放“档案连着我和你——档案法制宣传动漫”，扩大档案法律法规知识的受众面。

（魏晓勇）

【档案执法检查】 年内，开展年度档案行政执法检查，先后对15个立档单位进行了抽查，检查情况现场即时进行反馈，对执法检查中发现的问题限期整改，事后及时监督、复查，确保档案执法的权威性。

（魏晓勇）

【档案安全专项检查】 年内，按照《国家档案局关于开展档案安全专项检查的紧急通知》（京档电〔2015〕1号）要求，及时向全区各立档单位进行了转发，并对房管局、人力社保局等重点单位进行了有针对性的档案安全检查；针对年度汛期降雨量偏大的情况特点，向全区各立档单位下发了《丰台区档案局关于加强汛期档案安全保管的紧急通知》，强化汛期档案安全工作。

（魏晓勇）

【档案业务培训】 年内，根据《北京市档案工作人员岗位培训工作管理办法》，区档案局10月19日—10月23日举办了丰台区2015年新上岗档案人员培训班，150余名基层初任档案工作人员参加。聘请大专院校专业老师讲授档案专业课程。全年深入一线指导基层单位100余家，通过接听电话、网络平台和现场指导基层档案工作人员700余人次。举办各类培训班13次，培训350人次。

（魏晓勇）

【档案征集接收】 年内，科学统筹馆库空间，克服库房饱和的实际困难，成建制接收丰台区南水北调办公室、北京博兰特食品工贸集团、区党的群众路线教育实践活动办公室、区“9·3”抗战纪念活动保障办公室等单位形成的档案2720卷(件)，实现了“十二五”期间接收重大活动档案和改制破产企业档案进馆的目标任务。通过“国际档案日暨北京市第七届档案馆日接收捐赠仪式”，共收集6位抗战亲历者口述164分钟的视频资料，抗日将领头像剪纸作品71幅，“发现丰台之美”主题创作入展的部分书法、美术、摄影作品38幅。年内以“抗战”为主题，接收了宣传部《丰台区抗战亲历者回忆录》书及照片资料光盘，并主动采访长辛店街道赵瑞恒（1918年出生）老人，拍摄留存时长为99分钟的“长辛店朱家坟地区日军碉堡来历”口述史资料。

（魏晓勇）

【档案安全体系建设】 年内，投入7万余元购置空气净化屏，提升库房空气质量；更换实物档案展柜，为馆藏实物珍品提供有效保护，对馆藏千余件书画作品进行了防霉虫检查及药品更换工作。完成了馆藏以件为单位全宗档案的整理编目工作，共整理编目文件8581件。配合北京市文物局完成对87件馆藏的“可移动文物普查数据采集”工作，成立了丰台区档案局（馆）档案鉴定工作委员会和档案鉴定工作小组，对馆藏1984年到期档案进行开放鉴定复审工作，全年完成8488件开放一审及5466件开放二审工作。通过购置磁盘阵列等软硬件设备，完善了计算机安全系统建设。投入1.2万元，对本地馆藏档案重要数据进行备份，提高馆藏重要档案数据的抗灾风险。先后完成“全国政府网站普查”、“2015年丰台区重要信息系统和政府网站网络与信息安全检查”、“政府信息公开专栏及区政府门户网站自查整改”、“北京市档案局网络安全和信息系统检查”等工作，并根据有关要求及指标对网站进行整改、完善，确保网络安全。与区保密局沟通，完善档案保密安全机制，依据《保密法》为查档窗口等保密要害部位增加“保密安全防火墙”，并按照严格的保密程序，将存有档案信息且拟报废的移动硬盘等电子存贮介质进行销毁。

（魏晓勇）

【档案信息化建设】 年内，通过公开招标投入经费90万元，完成118万页馆藏文书档案、1.3万张馆藏照片档案、72盘馆藏声像档案的数字化加工，馆藏档案数字化率达到82%，档案数字化副本647.12万页，各类目录数据245万条。建立数据统计情况台账，为建立数字档案馆做好资源准备。全年投入经费15万元，对服务器进行扩容。馆藏档案数字化副本共计647.12万页，综合存储容量约11T。投入经费1.2万元购置6块移动硬盘做为馆内备份介质，备份内容包含文书档案数字化副本、照片档案数字化副本、声像档案音视频副本、档案机读目录等全部馆藏数字化内容，综合备份容量约为22T。开展电子目录接收工作，按计划继续接收2014年基层立档单位档案机读目录，共计4.8万条。完成政府机关软件正版化自查工作，同时按要求建立“计算机和软件台账”。

（魏晓勇）

【档案利用服务】 9月，在区民政局婚姻登记处专门设立婚姻档案查阅窗口。窗口的设立，既是档案馆档案数字化成果的有效应用，也是解决群众查档利用“最后一公里”的有效措施。全年共接待档案利用者5383人次，电话咨询1000余人次，调阅案卷4201卷，出具各类证明3667份，影像9380页，复印1285页，民生档案的查询量占全年查询总量96%。其中，查阅婚姻档案的4042人次，占全年查询率的68.68%。全年提供送档上门2次，接办政府信息公开申请函4件。接收全区行政规范性文件47份，国务院和北京市政府公报共89册，完成向市局报送2014年政府信息公开信息接收和查阅服务情况的统计上报工作。对近年已移送的200余份行政规范性文件按形成单位进行重新整理、编号、装盒。

（魏晓勇）

【爱国主义教育基地】 5月—8月，为纪念中国人民抗日战争暨世界反法西斯战争胜利70周年，联合丰台区委统战部在基督教丰台堂等7处宗教场所举办《烽火卢沟桥 不屈民族魂——“卢沟桥事变”抗战图片展》巡展活动。完成3.15万字的《丰台记忆——抗战专刊》的编辑印发工作。对“丰台区档案馆爱国主义教育基地网上展厅”进行了新设置，上传了“卢沟桥史话展”、“国剧风采展”、“非物质文化遗产展”、“丰台区档案馆珍品展”等9个展览，极大地扩展了爱国主义教育基地的受众范围。

（魏晓勇）

【档案馆日活动】 6月9日，举办了国际档案日暨北京市第七届档案馆日活动。活动设置了四个区域，包括抗战专题展览、档案接收捐献、档案利用咨询、档案法制宣传、档案征集咨询、编研成果展示、老照片数字化服务、市民互动、媒体宣传九项活动内容，并向社会开放馆藏保管期限满30年的档案319卷。

（魏晓勇）

【新馆舍建设立项】 年内，丰台区政府将包含有档案馆新馆的“区级综合文化中心”建设项目纳入了重点工作和折子工程计划，调整档案馆新馆建设工作小组成员，配合区文委推进“区级综合文化中心”建设。同时，围绕丰台区国家综合档案馆新馆建设的功能要求，对新馆建设功能定位、功能划分、建设规模等进行了深入研究论证，完成了《丰台区国家综合档案馆新馆建设需求》调研报告。11 月初，向区提交了《丰台区国家综合档案馆新馆房屋建筑及部分专用设施需求一览表》，纳入综合文化中心项目的总体需求。

（魏晓勇）

地方志工作

【概　况】 北京市丰台区地方志编纂委员会办公室成立于 1989 年 5 月 18 日，在区政府领导下完成各项工作，主要负责拟定区地方志工作规划和编纂方案，组织编纂区地方志书和丰台年鉴，收集、整理、保存区地方志文献资料，为全区的建设规划提供可靠的资料。2015 年，地方志办公室统筹部署全年工作，稳步推进二轮志编纂任务，完成全区各单位撰稿人培训、《北京年鉴》丰台区情编写报送和《北京丰台年鉴》编纂出版工作。

（孙艳霞）

【编纂业务培训】 3 月，按照年初工作计划，组织全区各单位年鉴撰稿人编纂培训。通过总结上年年鉴编纂过程中出现的问题，有针对性地进行年鉴编纂规范讲解，并对年度编辑工作进行具体安排，提出相关要求。参训人员约 110 人。

（孙艳霞）

【北京市志办领导到丰台区调研】 3月2日，北京市志办党组书记、主任陈玲带队，到丰台区志办进行调研。在区政府一号楼会议室召开座谈会，与区政府相关领导、区志办主要负责人座谈，探讨二轮修志需要解决的问题和地方志事业的发展和创新。丰台区副区长高峰针对北京市志办提出的问题逐条落实，对相关问题商讨解决，并对区地志办的工作提出希望和要求。丰台区副区长高峰，北京市志办主任陈玲、副主任张恒彬、年鉴指导处处长崔震等、区志办主任以及二轮志、年鉴主编等相关人员参加座谈。

（孙艳霞）

【《丰台区情》编辑报送】 4 月，按照北京市志办的工作要求，结合丰台区的政治、经济、文化和社会各方面的发展变化情况，通过收集整理相关资料，按时完成《丰台区情》的撰写工作。经主管领导审阅后报送北京市年鉴社，并全文刊发，全文约 4500 字。

（孙艳霞）

【《北京丰台年鉴 2015》出版】 年内，通过对全区各单位报送的年鉴初稿修改编辑，《北京丰台年鉴 2015》于年底正式出版。全书共收录 157 家单位的相关内容，分 23 个版块 160 个栏目，共计 53 万字，配彩色插图 86 幅。《北京丰台年鉴 2015》全面、系统地反映了上年全区各单位在政治、经济、文化、社会等领域发展变化的基本情况以及当年发生的大事、要事、新鲜事和各项事业所取得的成就。

（孙艳霞）

【完成二轮志区志初稿】 2010 年，根据北京市第二轮地方志书编纂工作的通知精神，结合丰台区的实际情况，全面启动了第二轮修志工作。制定《丰台区第二轮地方志书编纂实施方案》和《丰台区志 1991—2010》篇目框架，明确志书编纂的任务、体例、步骤、内容、记述时限、质量要求、组织领导等。通过对资料的收集、整理、撰写、修改完善，二轮志进度已基本完成了初稿总纂，字数 140 万字左右。待征求区领导意见后，送市志办评审。

（孙艳霞）

机关事务管理工作

【概　况】 2015年，机关事务管理工作围绕区委区政府的工作部署，凝心聚力，奋发图强，抓管理、强服务、创品牌、出亮点，以“三严三实”专题教育工作为契机，组织拍摄《润物有声》机关事务管理处发展纪实片，宣扬管理处十六字文化精神（严谨务实、团结进取、隐忍负重、自信自强），增强了全处干部职工的凝聚力，转变了工作作风。9月在全处干部职工范围内开展“宣扬机关事务管理处精神”主题演讲比赛，发现、传播工作正能量，争做合格机关事务管理人。处工会组织全体会员开展各类文体活动，以活动提升服务保障工作。全员参与的春季踏青活动，营造了团结向上的良好氛围；10月，八名队员参加“一区一品”接力比赛，获得集体二等奖，同月组织开展的第一届趣味体育节，以赛代训，充分调动了干部职工的工作热情。

（梁秋彤）

【组织教育培训】 年内，组织参加区委组织部、宣传部、人保局等单位组织的各类教育培训26次113人次。8月组织文明礼仪培训，规范了在职干部职工和服务保障公司员工的言行举止，以专业化的教育培训提高服务水平。11月组织法律知识培训，提高了各业务科室人员的法律意识，对依法管理及规范合同的签订具有很强的指导意义。

（梁秋彤）

【升级安保管理体系】 年内，对所辖办公区保安员进行了“五统一”（统一服装、统一训练、统一岗容岗姿、统一文明用语、统一检查例会制度），消防中控严格落实双岗双控，各办公区组织消防、突发事件、反恐防暴等应急预案的演练；文体路2号院、南院办公区视频监控设备进行高清数字化改造，七里庄路28号院安装高清数字监控设备一套、电子会客登记系统一套；完成了所辖办公区电、消检工作。

（梁秋彤）

【基建工程的推进】 年内，完成了七里庄路28号院改造工程项目；推进区政务服务中心项目实施，对6家政务服务中心进行实地考察，与区发改委、区规划委和项目管理公司一起制定了前期方案，确定了建设的基础数据，确保了项目稳步进行；推进区委机密机房建设项目，通过对文体路2号院内办公用房的研究分析，确定了建设方案，制定了施工图纸，召开了协调会，加快了前期手续办理；结合丰台地貌的实际情况及丰台区十三五规划的内容，设计制作了丰台规划沙盘；下半年针对丰台综合文化中心项目，联系区发改委、区文委及区档案馆，掌握工程项目情况，推进项目进展，确定项目管理公司；根据要求建设了丽泽办公区临时停车场及临时用房，完成了南侧临时停车场场地平整、管理设施的配备及临时用电设施的安装，完成了临时用房的基础施工和房屋主体的安置。

（梁秋彤）

【资产管理启用三级管理模式】 年内，资产管理启用三级管理模式，即固定资产使用本部门、各办公区管理科和机关事务管理处资产科，五个办公区管理科分别负责本办公区内的固定资产管理工作，包括资产配置与处置的意见、资产使用状况的核对以及定期的盘点等。强化“能维修不报废，能调剂不新购”的管理理念，充分发挥资产使用效能，厉行节约，减少浪费。

（梁秋彤）

【保障食品安全管理】 年内，加强食品安全建设，各食品原材料均从国营厂家或法定代理进货，做到索票索证，规范进货渠道。鸡蛋、肉类每批次都必须提供检疫合格证，食品添加剂做到“六专”（专人采购、专人保管、专人领用、专人登记、专柜保存、专用称量工具），确保所采购原材料的食品安全。每月邀请食药局专家为食堂全体从业人员进行培训，对食品操作各环节进行剖析解读，进一步提高食品安全责任意识，完善食品安全操作规范。各办公区食堂更新硬件设备、确保服务品质，大院食堂安装明厨亮灶视频展示系统，打造“透明厨房”，实时接受监督。通过硬件改造、软件升级，大院食堂被食药局评为A级3星，为餐饮行业最高等级。

（梁秋彤）

【公务用车统筹管理】 年内，机关事务管理处深入贯彻执行公务用车管理规定，做好公务用车统筹管理工作。对公务车编制管理、更新购置、运行维修和调配使用更加趋于规范，严格落实政府采购一系列规章制度，保障了区领导和各部门公务用车，同时，公车运行费用消耗大幅减少，单车费用消耗总量较上年同期平均节减了28.5%，驾驶员对车辆维保服务满意率达97%。全年无一起严重责任事故，安全行驶280万公里。2015年机关事务管理处车辆管理工作被北京市交通委评为安全管理工作先进单位。

（梁秋彤）

【公务用车制度改革】 年内，区公务用车改革工作启动，管理处全程参与，多次参加市、区组织的公车改革协调、布置会，参与拟定《丰台区党政机关公务用车制度改革实施方案》。按照区领导指示精神和区车改实施方案，拟定《丰台区党政机关公务用车集中统筹实施方案》、《丰台区公务用车暂行管理办法》。同时，对各部门公务车辆进行摸底，重点摸清人员情况、车辆情况、公务用车购置和运行费用及司勤人员开支等情况。清理公车借用、占用、换用下属单位（企业）车辆问题，解决部分公车历史遗留问题，整理公车手续、清理车辆违章问题。

（梁秋彤）

【阅兵期间后勤保障】 9月，纪念中国人民抗日战争暨世界反法西斯战争胜利70周年阅兵活动期间，机关事务管理处按照区委区政府的要求，精心安排、督查落实，完成后勤保障任务。8月23日预演和9月3日阅兵日凌晨，分别安排车辆在丰体中心集结，确保观礼人员准时安全到达；餐饮工作人员多次加班至凌晨，9月2日晚至3日上午，共为观礼相关人员安排开餐5次，送餐1000余份；同时，保障了各委办局值班、加班人员100余人的用餐。

（梁秋彤）

政协北京市丰台区委员会

【概　况】 2015年，区政协常委会贯彻落实中共中央大政方针和市、区委决策部署，团结和依靠各界委员，坚持“适应全面深化改革与依法治区新要求、推进创新发展”的工作主题，注重务实、注重创新、注重贴近实际，致力于推进思想观念现代化、知识结构现代化、协商能力现代化、监督能力现代化、参政议政能力现代化的工作标准，着力发挥人民政协作为协商民主重要渠道和专门协商机构作用，通过专题协商、对口协商、界别协商、提案办理协商以及助推基层民主协商等形式，为中心大局献计出策，为民生福祉履职尽责，为社会和谐凝心聚力，为新形势下推进全区“五位一体”建设作出了贡献。全年共召开常委会议6次、主席会议12次，形成党组会、常委会、主席会建议案和专项报告11项，立案（合并）提案193件，组织学习、通报、调研、座谈、考察视察等各类协商履职活动120余次，参与委员3200余人次。

（宁定辉）

全体委员会议

【九届四次会议】 1月13日至16日在北京双拥大厦召开。听取并审议主席李昌安代表常务委员会作的政协北京市丰台区第九届委员会常务委员会工作报告；副主席刘占良代表常务委员会作的政协北京市丰台区第九届委员会常务委员会关于提案工作的报告；列席北京市丰台区第十五届人民代表大会第五次会议，听取讨论区政府工作报告及有关工作报告；补选了政协北京市丰台区第九届委员会副主席；审议通过政协北京市丰台区第九届委员会第四次会议决议。市政协副主席阎仲秋出席开幕式。区委书记杨艺文出席开幕式、闭幕式并讲话。区领导冀岩、王苏维、顾晓园和区委、区人大、区政府领导及区法院、区检察院的主要领导出席。李昌安作总结讲话。

（宁定辉）

常务委员会会议

【第十八次常委会议】 1月15日召开。审议并通过了李秀瑛为区政协九届委员会副主席候选人、《选举办法（草案）》，总监票人、监票人建议名单，区政协九届四次会议决议（草案），听取了大会秘书长关于区政协常委会两个工作报告和区政府工作报告讨论情况的汇报，审议通过了关于区政协九届四次会议提案情况的报告。李昌安主持。

（宁定辉）

【第十九次常委会议】 1月16日召开。听取了总监票人关于选举情况的汇报，听取大会秘书长关于全会进行情况的汇报，协商决定区政协九届四次会议如期闭幕。李昌安主持。

（宁定辉）

【第二十次常委会议】 3月24日召开。通过了政协北京市丰台区第九届委员会常务委员会2015年工作要点、政协北京市丰台区第九届委员会关于进一步推进政协工作创新发展的意见，通报了丰台区政协2015年协商工作计划、2015年政治协商议题工作方案。李昌安主持。

（宁定辉）

【第二十一次常委会议】 6月30日召开。通过了《政协北京市丰台区委员会关于进一步发挥界别作用的意见》、《政协北京市丰台区委员会市容环境民主监督小组工作简则》、《政协北京市丰台区委员会法治建设民主监督小组工作简则》，同意于7月20日至24日期间举办2015年暑期学习班，学习了《京津冀协同发展规划纲要》精神。副主席李新民主持。

（宁定辉）

【第二十二次常委会议】 8月25日召开。通报了“十三五”规划编制情况，审议通过了城乡结合部地区建设相关问题调研报告、体育生活化社区调研报告、农村产权交易平台建设情况调研报告、开展“六五”普法情况调研报告。李新民主持。

（宁定辉）

【第二十三次常委会议】 12月24日召开。传达北京市第四次政协工作会议精神，并就学习贯彻会议精神进行了部署，研究干部事宜，听取区委办、区政府办关于2015年提案办理情况的通报，审议通过了九届区政协常委会工作报告、关于提案工作的报告，审议通过了九届五次会议的主持人、报告人和九届五次会议的时间、议程、日程、执行主席分工、委员讨论组、秘书处设置、列席人员，通报了优秀委员、优秀信息委员和优秀提案委员、优秀提案集体表彰决定以及2016年协商工作计划。李昌安主持。

（宁定辉）

专门委员会工作

【学习委员会】 年内，组织政协暑期学习班，邀请专家作协商民主建设、京津冀协同发展、财政金融、港台形势、环境与健康等专题报告；邀请区政府、区纪委领导作全区经济社会发展形势、“十三五”规划编制及党风廉政建设与反腐败工作情况通报。加强政协应用型理论研究，《以改革创新精神推进基层协商民主建设》等分别在《政协研究》、《发挥人民政协作为协商民主重要渠道作用论文集》上发表，《关于基层政协民主监督研究》申报为市政协重点研究课题。服务“三严三实”专题教育工作，组织各类学习研讨 40 次。完成了《区政协关于丰台“两地三街”疏解功能谋发展主题调研报告》和《丰台区城乡结合部地区建设相关问题调研报告》。

（宁定辉）

【教文卫体委员会】 年内，开展“体育生活化社区建设”专题调研。参与“丰台区城乡结合部地区建设相关问题”重点课题调研。召开 2015 年教文卫体工作对口协商会，组织季度协商，就 2015 年区政府为民办实事项目——扩大医疗定点单位覆盖范围等开展季度协商。对《建议加快解决和改善中小学书法教学中存在的问题》提案进行督办。开展教育专项民主监督。参与丰台区“十三五”时期教育、文化创意产业、文化事业发展规划的编制工作。组织委员开展“走基层送文化”、“走基层送健康”活动。组织了丰台区政协“纪念中国人民抗日战争暨世界反法西斯战争胜利 70 周年”活动 。

（宁定辉）

【文史资料委员会】 年内，完成北京抗战史料的征集编纂出版工作，完成《首都文史精粹丰台卷·发现丰台之美》出版工作。组织参加丰台区国际档案日暨北京市第七届档案馆日活动，围绕新时期地方历史文化和珍贵档案的保护收集、档案社会服务功能拓展、档案数字化和信息化建设等问题提出了意见建议。

（宁定辉）

【经济科技委员会】 年内，围绕“区域非首都功能疏解问题——关于大红门地区产业疏解升级改造”政治协商主题，就大红门地区产业疏解、调整升级改造等问题进行了调研。搭建互通平台，协助委员咨询企业投资、科技创新等方面的政策法规；建立委员工作时间表，合理进行工作安排，提高委员履职出勤率。对长辛店（镇）社区卫生服务中心建院资金使用及建设进展情况开展了民主监督。拓展企业家联谊会平台，组织部分委员企业家赴湖北省十堰市张湾区举办主题为“饮水思源，奉献社会”的企业家联谊会。参与区“十三五”规划的编制工作，开展“‘十三五’规划纲要编制情况”季度协商座谈会。

（宁定辉）

【城乡建设和管理委员会】 年内，召开首次季度协商座谈会，就“丰台区新老二元结构下城乡建设与管理中存在的有关问题及对策”进行专题协商。参与“丰台区城乡结合部地区建设相关问题”重点调研和“疏解功能谋发展”主题调研。组织委员开展“十三五”规划编制及“北京城市总体规划”修改工作。对丰台区城市化进程中存在的问题、农村产权交易平台建设和运行情况进行调研，形成了《关于认真解决农转居人员社会保障问题的建议》、《丰台区农村产权交易平台建设及运行情况调研报告》。制定了《政协北京市丰台区委员会市容环境民主监督小组工作简则》。启动市容环境管理工作的专项监督，组织委员视察了宛平城地区环境建设与整治工作、机动车停车管理情况、清洁能源项目及花卉种业发展情况。开展了对“鲁家山生物质能源项目对丰台区生态环境影响”调研。

（宁定辉）

【社会法制委员会】 年内，召开“加强基层民主协商，推进基层社会治理”季度专题协商座谈会。完成了市政协“人民政协与基层民主协商研究”课题报告撰写和验收结项工作。参与并完成了市政协“基层政协民主监督研究”招标课题申报工作。参与撰写的《以改革创新精神推进基层协商民主建设》被2015年《政协研究》采用。推动“三级联动、四层协商”基层协商民主机制在基层实践应用。围绕“丰台区‘六五’普法开展情况”开展了专题调研。开展了“法治基层行”活动。制定了《政协北京市丰台区委员会法治建设民主监督小组工作简则》。建立了政协委员与律师对接制度。

（宁定辉）

【民族宗教和港澳台侨委员会】 年内，开展“长辛店地区宗教文化保护”调研活动。举办“政协讲坛”暨港澳台形势报告会，邀请中国国际问题研究所研究员郭震远围绕台湾2016年选举、中美关系发展趋势以及香港政改问题作报告。参与了市政协《北京市宗教事务条例》实施情况专题调研。组织委员与少数民族小朋友共同庆祝“六一”国际儿童节。参与考察区内外清真企业，为丰台区清真食品企业发展献计献策。

（宁定辉）

【提案委员会】 年内，组织召开提案办理协商会，建立月度提案办理协商机制。以纪念区政协成立35周年为主题，在《丰台报》专栏连续刊登一至九届有影响力的提案19件。组织2014年度B类提案落实情况追踪督办反馈会，区发改委等11个承办单位就年度推动和落实情况向提案者进行面对面反馈。对委员关注度高、内容相近的市政市容类、医疗卫生类、城市管理类、房屋管理类、园林绿化类共42件提案采取集中办理的方式进行督办。召开超出丰台区事权、未予立案提案的协商座谈会，组织15件提案的提案者和相关单位负责人面对面进行沟通协商，集中将提案有关内容转化为委员建议加以运用；对有异议的9件提案提交承办单位进行“二次办理”。

（宁定辉）

重要活动

【举办季度协商座谈会】 3月31日，举办“丰台区新老二元结构下城乡建设和管理问题与对策”季度协商座谈会。李昌安主持。6月25日，举办“加强基层民主协商，推进基层社会治理”季度协商座谈会。李昌安主持。9月15日，举办“十三五”规划纲要编制情况季度协商座谈会。李昌安主持。12月15日，举办“扩大医疗定点单位覆盖范围”工作情况季度协商座谈会。邢方岭主持。

（宁定辉）

【召开政治协商议题动员部署会】 4月9日，召开“区域非首都功能疏解问题——关于大红门地区产业疏解升级改造”政治协商议题动员部署会。李昌安出席。李新民主持。

（宁定辉）

【开展常委、委员视察活动】 6月11日，视察宛平城地区环境整治工作。李昌安参加。10月16日，视察丽泽金融商务区地下交通环廊和首创项目建设情况并座谈。李昌安参加视察并主持座谈会。

（宁定辉）

【举办暑期学习班】 7月21日、22日，举办委员暑期学习班。举办了“京津冀协同发展与非首都功能疏解”专题报告；开展了“伟大胜利、历史贡献”主题学习活动；通报了丰台区上半年经济社会发展和丰台区“十三五”规划编制情况、全区党风廉政建设和反腐败工作情况；召开了党派团体联席会。李昌安参加。李新民主持。

（宁定辉）

【举办政协讲坛】 9月15日，举办“政协讲坛”暨港澳台形势报告会，邀请海峡两岸关系研究所研究员郭震远作港澳台形势报告。李昌安出席。区政协副主席李秀瑛主持。

（宁定辉）

【人民政协与基层民主协商调研课题结题】 10 月 26 日，召开“人民政协与基层民主协商”调研课题结题会。市政协副秘书长、研究室主任陈煦，市政协社会法制委员会主任吴玉华出席。李秀瑛主持。

（宁定辉）

【联络联谊】 3 月 25 日，市政协在中国北方车辆研究所举办区县政协工作联络组全体会。李昌安参加。11 月 2 日，湖北省十堰市张湾区区委副书记、区长刘宇飞，区政协主席官开意一行到丰台区调研，召开了“携手同行共谋发展”为主题的座谈会。李昌安出席。李新民主持。11 月 5 日，北京市区县政协提案（西区）第四次交流座谈会在石景山区召开，区政协副主席程留恩出席。11 月 18 日，北京市政协提案委员会主任董瑞龙就丽泽金融商务区建设进展及提案办理情况到丰台区考察调研。李昌安陪同。12 月 18 日，门头沟区政协主席张冰一行到方庄社区卫生服务中心调研。邢方岭陪同。

（宁定辉）

【开展丰台区政协成立 35 周年纪念活动】 11 月 20 日，举办纪念丰台区政协成立 35 周年书画笔会。李昌安出席。邢方岭主持。

（宁定辉）

政法　军事

政　法

【概　况】2015年，区委政法委认真贯彻十八届三中、四中、五中全会和市委政法工作会议精神，紧紧围绕区委区政府中心工作，主动适应新形势新变化，全力推进平安丰台、法治丰台、过硬政法队伍建设，完成纪念抗战胜利系列活动、非首都功能疏解、处理涉众型经济案件等服务保障工作。

（刘　婷）

【抗战纪念活动安保服务】年内，成立抗日战争纪念活动安保维稳指挥部，下设综合协调工作组、专项安保工作组、社会面防控工作组、矛盾纠纷排查化解工作组，统筹协调政法系统完成了纪念抗战胜利系列活动期间反恐防恐、维护社会稳定和社会面防控等安全保卫任务，确保了重点点位安全和社会面平稳有序。区委副书记、政法委书记顾晓园多次到宛平城地区调研并主持召开“伟大胜利历史贡献”主题展览活动安保工作调度会，听取安保工作汇报。开幕式当天，区领导杨艺文、冀岩、顾晓园现场指挥，圆满完成服务保障工作。9月1日至3日，启动战时机制，实行社会面一级超常防控等级。

（刘　婷）

【三严三实教育】6月18日，区委副书记、政法委书记顾晓园以《努力践行“三严三实”争做忠诚干净担当的好干部》为题，为政法委机关全体党员干部和区政法系统各单位政工部门主管领导讲党课。组织开展机关党员领导干部专题学习活动和专题交流研讨，自查“不严不实”问题97项。持续深入推进整改落实，共查摆出23项整改任务，制定了75条整改措施，逐项整改、逐项落实、逐项验收，巩固和拓展教育实践活动成果。12月29日，区委政法委领导班子召开“三严三实”专题民主生活会，区委副书记、政法委书记顾晓园参会并作重要讲话。

（刘　婷）

【召开政法委全委会】1月4日，区委政法委员会全体会议召开，听取了政法各单位上年度工作汇报，讨论了《中共丰台区委关于全面推进丰台法治建设的意见》。

（刘　婷）

【蒙京华案案款清退善后】4月16日、5月28日，区委副书记、政法委书记顾晓园召开会议专题研究“蒙京华案”案款清退善后维稳工作。维稳办、法院、公安分局、交通支队、卫计委、丰台街道认真落实集中清退安保责任，基层组织投入大量人力入户开展教育疏导工作，共计完成案款清退155人，占投资人总数的54.96%，占已联系到投资人数的63.52%，完成60%的阶段性工作目标。

（刘　婷）

【非京籍学生入学维稳】6月，两次召开非

京籍入学问题维稳工作协调会，研商部署非京籍学生家长闹访、越级访应对措施。区委副书记、政法委书记顾晓园对非京籍入学维稳工作明确了要求。

（刘 婷）

【组织政法系统党建活动】 年内，指导区法院第六届机关委员会换届选举工作，组织政法系统申报基层党建创新项目孵化工程项目 6 个。组织政法系统 68 名入党积极分子进行为期 3 天的培训班。7 月 1 日，组织政法系统 100 名青年党员，参加在中国人民抗日战争纪念雕塑园举行的党团队员宣誓活动，进一步坚定理想信念。

（刘 婷）

【市领导检查抗战活动安保维稳】 7 月 2 日，市委常委、政法委书记杨晓超带队检查抗战馆及周边安保维稳工作，查看“伟大胜利历史贡献”主题展览情况，区长冀岩，区委副书记、政法委书记顾晓园陪同检查，并汇报安保维稳工作情况。8 月 6 日，市政府副秘书长、市联席办、信访办主任于长辉带队到区督查抗战 70 周年纪念活动安保维稳工作，并对政法维稳综治信访工作予以指导，区委副书记、政法委书记顾晓园，政法委副书记、副区长吴继东及政法委、公安分局、综治办、信访办负责同志陪同。

（刘 婷）

【重大事项社会稳定风险评估】 年内，稳步推进风险评估应评尽评，完成重大决策风险评估 72 项，占年初报备待评事项的 96%。指导长辛店镇运用风险评估工作助推辖区土地腾退，其具体做法在 4 月 16 日召开的北京市社会稳定风险评估工作会上进行经验介绍。7 月 14 日，举办社会稳定风险评估工作会议暨培训班。10 月 13 日，召开社会稳定风险评估工作推进会，听取年度工作汇报，进一步明确和规范有关职能部门开展社会稳定风险评估的职责要求。

（刘 婷）

【安全稳定工作信息化】 1 月 16 日，试运行使用“丰台区安全稳定信息办公系统”，运用大数据推进情报信息工作和应急处置工作。通过平台共搜集研判处置七大类情报信息 1300 余条。10 月 28 日，“丰台区安全稳定信息办公系统”二期开发项目获区经信委技术评审通过，进一步提升信息化管理水平，为工作决策和辖区稳定提供前置参考和有力保障。

（刘 婷）

公 安

【概 况】 2015 年，接转市公安局 110 报警 27.3 万余件，回访报警群众 1.7 万余人次，群众对 110 接处警工作的满意度达 99.4 %。组织警力 2.2 万人次，完成各项警卫任务 475 起、大型活动安保任务 91 场次。破获现案 7986 起，同比上升 18%。8 类案件破案率达到历史最高水平。破获经济犯罪案件 496 起，抓获经济犯罪嫌疑人 338 人，追缴赃款 1720 万元，经侦情报建设全市排名第一。破获各类毒品犯罪案件 283 起，抓获涉毒人员 1615 人，完成总体目标比例 1.01 倍，同比上升 24.9%。破获法轮功案件 21 起，抓获法轮功犯罪嫌疑人 29 人，捣毁窝点 5 个。接报黄、赌、盗窃自行车警情同比下降 6%，先后破获“4.24”望园路特大卖淫案、“5.15”丰管路特大赌博案等一批案件，抓获涉黄、涉赌违法犯罪嫌疑人 2354 人，位列全市第一。发现整改火灾隐患 6190 处，责令三停 40 家，拘留 70 人。对加油站、水电气热等企业开展重点检查 6700 余次。“第二战场”深挖破案 4471 起，同比上升 3%，其中破获侵财案件同比上升 33.8%。处置个体访 344 人次，处置群体访 351 批 9708 人次，处置群体性事件 307 批 8276 人次。投入警力近 1.5 万人次，劝返分流上访人员 37.6 万人次。依托“非现场处置”机制，成功处置、化解、缓解各类社会矛盾纠纷620批，化解重点个体访34人。坚持“情报先行”，启动高等级情报会商69次，固化情行一体化机制，做到及时预知、预警、预防，是年，搜集情报线索24万条，上报预警信息670条，预警率达100%。物建人力情报力量3万余人，通过人力情报抓获违法犯罪嫌疑人532人，破案214起，预处置上访事件32起。核查信息130余万条，查获在逃、临控人员1167人，成功化解防范境外媒体炒作访民滋事事件23起。共检查各类联网单位600家次，处罚59家次，梳理运营商数据12550条，受理新增备案网站329个，处置各类网上有害信息1.23万余条，梳理关键词617组。组织开展各种反恐怖大会29次，投入16个武装巡逻车组，开展24小时武装巡逻震慑。核查四涉线索6835条，审查人员1.5万余人。核录关注群体1.23万余人次，查处关注群体违法犯罪人员81人，线索核查率实现100%。组织反恐宣传活动42次，开展反恐培训16次，发放宣传品30万余份，有效提升了群众反恐防恐意识能力。进一步强化巡逻车、武装车、摩托车、武警巡逻车与警务站联动工作机制，发挥携犬巡逻震慑作用，提高街面见警率、管事率、处置率，累计核录信息14万余条。依托警情研判机制，对全区95个重点地区开展“围点核录”130余次，盘查核录可疑人员21.9万余人次。开展地铁周边清理整治260余次，清理无照游商460余人。组建566名专职社区走访队伍和890人的专职辅警力量，入户走访检查出租房屋19.2万户、审查流动人口69.5万人。动员组织5.3万名群防群治力量开展巡逻防控，收集社情民意信息5.34万余条，获取各类情报线索17.7万余条，抓获各类违法犯罪人员353人。深入推广245支“丰台劝导队”优秀代表和典型事迹，成为首都群防群治亮点品牌，被誉为北京版的“枫桥经验”，得到各级领导高度评价。组织党委集中学习交流22次，发放学习读本3000余册。加强“第一党支部”组织建设，组织全体党员大会11次，各党小组会176次。“三会一课”制度执行率达100%。完成51个党支部换届选举，评选分局级先进党支部10个，优秀共产党员72名，推荐市局级先进党支部5个，优秀共产党员7名。调整干部190人次，推荐使用警探长85人。实施战训机制，组织战训15期，培训人员500余人。

（郭凤华）

【完成重大抗战纪念活动警卫任务】 年内，以宛平城为核心，以南苑机场、装甲兵工程学院为重点，分别成立专项指挥部，全力开展方案制定、基础调查、打防管控、内部保卫、应急处突、秩序维护、防爆安检、路线警卫等“八大任务”， 全面做好外围封控、周边社会面控制及群体访处置、反恐处突、行车路线警卫等工作，累计投入警力1万余人次，完成“党和国家领导人出席七.七”事变卢沟桥宛平城抗日战争纪念馆主题展览开幕式、“9·3”路线警卫和制高点远端控制等重大警卫任务。

（郭凤华）

【开展“双微警务”活动】 年内，充分利用“双微警务”等新媒体平台，契合不同阶段公安主要工作发布信息，挖掘优秀事迹及时宣传报道。关注民生，发布便民信息服务辖区群众。警事微博网络公共关系平台共发布各类资讯2868件，原创1003件次，阅读量2116万，被网友转发1.5万余次，评论6592件，点赞1万余次，回复网民评论3249次；微信357期1359条，图文阅读数83万；微博、微信粉丝数量累计2万余人，其中微博粉丝1.6万余人，微信粉丝数量累计3651人，受理流转网友反映的各类问题40件。

（郭凤华）

【落实校园高峰勤务】 年内，按照校园高峰勤务工作要求，对重点学校做到“一校一警”看护值守，对一般校园落实巡逻签到，同时，每天对各单位的上勤情况进行督导检查，并适时进行通报。出动看护警力 9600 余人次，车辆 2800 余车次；指导督促学校、幼儿园落实“护校队”和“护园队”等专门保卫力量 471 支 1638 人。

（郭凤华）

【公务用枪培训】 年内，发挥公务用枪管理办公室牵动作用，稳步推进公务用枪培训工作，对新增、保留、注销持枪证人员1146人进行核对摸排，2864名民警通过枪支知识考核，818名原有持枪证民警及基层实战单位领导班子成员、骨干参加为期4天的实弹射击培训。

（崔　莹）

【重大活动安保勤务】 年内，完成全国两会、9.3阅兵等重大安保活动的现场勤务组织工作，累计调配警力5.6万余人次，调动街面巡逻车组8300余辆次，流转各类情况750余件，撰写勤务手册9册。同时，派出300余人次参加各类警卫勤务，突发事件前沿指挥部110余次。

（崔　莹）

【建立 110 减诉机制】 年内，为降低 110 投诉，推动《110 减诉工作征求意见稿》的实施，落实“六项工作机制”（定期通报机制、开展经常性减诉教育机制、建立健全约谈机制、落实“一、三、七”110 投诉反馈机制、维权正名机制、建立减诉领导分工负责工作机制），紧抓 110 投诉问题的预防、受理、查处、评价、追责环节，使分局连续多年居高不下的 110 投诉问题得到有效遏制。全年共受理 110 群众投诉 111 件，同比下降 18.4%。

（郭凤华）

【行业场所控制】 年内，共检查行业场所 6.36 万余家次，发现问题 430 件，依法行政处罚行业场所 158 起，责令停业整改 320 家，处罚金额共计 85.5 万元。取缔无照黑开行业场所 78 家，收缴赌博机 184 台，通过“旅馆业社会信息采集网”比对抓获在逃人员 134 人，组织旅店业前台从业人员考试 78 场次，取得上岗资格人员 2544 人。

（陶　涛　赵志岩）

【开展现场执法记录仪专项整顿】 年内，组织开展“现场执法记录仪使用管理”专项整顿。通过强化“组织领导、配备标准、制度建设、监督检查”四个环节，切实做到“四个到位”（责任落实到位、设备配发到位、使用管理到位、责任追究到位），通过全面夯实执法记录工作，各单位切实做到“上岗必带、执法必录、资料必存、违规必追”。同时建立多部门协作的执法大监督模式，推进执法记录设备更新换代、集中存储。通过落实责任、督导检查，专项办及时纠正和消除基层单位存在的执法记录安全隐患 131 处，现场执法记录数据录入率同比上升 54.2%；受理“110”投诉同比下降 53%，创下有监测以来最低水平。

（郭凤华）

【113 工程建设】 年内，筹集专项建设资金，加强机动车图像识别监测系统”（简称“113 工程”）的建设工作。经过现场实地踏勘，选定槐房西路、南大红门路、草桥东路等七条重点道路作为点位安装对象，并制定《北京市公安局丰台分局机动车图像识别监测系统建设实施方案》进行安装实施。完成了 7 条重点道路 32 个点位的安装调试以及项目初验工作。

（郭凤华）

【开展涉外专项整顿】 年内，涉外“大排查、大摸底、大整治”专项整顿工作，对辖区四类群体强化摸排清理，采取逐人入户排查，比对涉恐特征，注意发现可疑情况，及时建立账单等形式开展工作。期间，共出动警力 96 人，检查社区 115 个，检查散居社会境外人员 215 人，其中关注类群体人员 119 人；检查涉外旅店 96 个，境外人员 1597 人，其中关注类群体人员 261 人。

（郭凤华）

【改善监区环境】 年内，看守所累计投入资金近3000余万元，历时7个月完成了装修改造工程。改造后的监室安装了教育系统、壁挂电视，实现了随时对在押人员开展集体教育和观看新闻及娱乐节目的功能；安装太阳能热水器提供24小时洗澡水，增加储物柜、晾衣杆，安装购物管理系统等，均方便了在押人员监室生活。同时看守所监控室、管教室、备勤室的投入使用，大幅提升了监控效果，使管理更加现代化，警力更加优化。

（郭凤华）

【宛平城地区视频建设】 7月7日开始，分局利用专项资金300余万元，先后完成了宛平城地区原有19个监控探头的更新维护、路由改造以及34个高清新建点位的建设和区政府、分局专项安保指挥部的视频平台搭建，确保了宛平城内及周边重点区域的视频全覆盖。

（郭凤华）

案例举要

【打掉一个冒充警察驾车抢劫团伙】 1月15日，接事主任某报警称：1月15日0时许自己在宋家庄农业银行被人冒充警察带上一辆汽车并抢劫现金18万余元。接报后，分局刑侦支队会同市局成立专案组，经侦查取证，2月9日成功抓获犯罪嫌疑人姜某（男，1977年2月出生，河北省张家口市桥东区）、刘某（男，1983年9月出生，河北省兴隆县）、王某某（男，1980年10月出生，河南省鹿邑县）等3人，现场起获赃款5万元，赃款购买的金手链1条、丰田汽车1辆，以及该团伙作案用东风标致汽车1辆。经审讯，姜某等3人对犯罪实事供认不讳。犯罪嫌疑人姜某、刘某、王某某于2015年3月17日被人民检察院批准逮捕。

（高　鋆）

【破获系列砸汽车玻璃盗窃车内财物案】 2月至4月，在西罗园、长辛店、大红门等地区连续发生多起砸车玻璃盗窃车内财物案，分局刑侦支队会同市局成立专案组。经调取多个现场获取的视频资料，确定苑某某（男，1984年1月出生，河北省易县）为犯罪嫌疑人。5月12日，专案组在房山区良乡镇东关清山洗浴中心将苑某某抓获，破获丰台、大兴、朝阳、房山等地区的系列砸车玻璃盗窃车内财物案件20余起。犯罪嫌疑人苑某某于2015年8月11日被区人民检察院批准逮捕。

（高　鋆）

【破获“4.20”持枪入室抢劫强奸案】 4月20日12时许，接事主徐某报警称：其于当日10时许在位于丰台区悦园小区二区1号楼的家中被一名男子以送快递为名持枪入室抢劫、强奸。接报后，分局刑侦支队会同相关单位成立专案组。经工作，确定前科人员申某（男，1977年6月出生，北京市海淀区）为本案嫌疑人。4月21日，在房山区田家园二区9号楼将申某抓获，现场起获嫌疑人作案时使用的仿真枪1支。经审讯，申某对犯罪实事供认不讳。4月30日申某被区人民检察院批准逮捕。

（高　鋆）

【破获妨害信用卡管理案】 4月28日，分局根据市局经侦总队转来的有人妨害信用卡管理的线索，在丰台辖区内一举将犯罪嫌疑人石某某（男，1992年2月生，山东省滕州市人）、米某（男，1987年7月生，山西省左云县人）等5人抓获，查获银行信用卡300余张、他人身份证70余张。经讯问，石某某等人对通过网络买卖个人信息，在丰台、通州区等地骗领信用卡用于买卖的犯罪事实供认不讳。4月29日，犯罪嫌疑人石某某等4人被分局刑事拘留，6月5日被批准逮捕，4月29日嫌疑人米某移送其他公安机关处理。

（梁　颖）

【打掉系列吧托诈骗、抢劫团伙】 4月以来，丰台分局针对连续接报多起吧托诈骗、抢劫的警情，会同市局等相关单位成立专案组，经侦查取证，于5月20日在丰台区方庄“蓝咖啡”咖啡馆及河北省三河市燕郊镇开展统一抓捕行动，成功抓获主犯张某（男，1990年9月出生，辽宁省大石桥市）、高某（男，1983年6月出生，黑龙江省密山市）等犯罪嫌疑人51名，现场起获大量砍刀、镐把、斧子、钢管、电脑、POS机等作案工具，破获系列诈骗、抢劫案件100余起。犯罪嫌疑人张某、高某等51名嫌疑人于6月19日至6月27日期间被分批取保候审。

（高　鋆）

【破获持有使用假币案】 分局根据市局5月份提供的侦查线索，经侦查取证，于6月1日会同市局经侦总队，在朝阳区石各庄村附近将涉嫌持有、使用假币的嫌疑人余某某（男，1973年6月生，河南省光山县人）、周某某（男，1975年1月，河南省潢川县人）抓获，并当场收缴假人民币约200万元。当日犯罪嫌疑人余某某、周某某被分局刑事拘留，6月29日被区人民检察院批准逮捕。

（梁　颖）

【打掉专门盗窃门店犯罪团伙】 4月以来，丰台区盗窃门店案件高发，分局刑侦专业平台串并案件为同一团伙所为。经工作，于7月1日在大兴区老三余村成功将周某某（男，1980年4月出生，湖南省道县）、何某（男，1989年2月出生，湖南省道县）、涂某某（女，1987年1月出生，湖南省道县）等10名犯罪嫌疑人抓获，破获丰台、朝阳、石景山等地区系列盗窃门店案件30余起。犯罪嫌疑人涂某某于7月2日被取保候审；周某某等9名嫌疑人于7月3日-7日期间被取保候审。

（高　鋆）

【破获特大持有枪支案】 7月10日，分局根据特情提供的涉枪线索，在天津滨海新区第五大道丽水湾洗浴中心门前将犯罪嫌疑人王某（男，1983年8月出生，北京人）抓获，当场在其车上查获枪支4把，枪支散件6套，子弹1448发。根据王某交代，于7月12日，在石景山区京原路68号院5号楼29号将其同伙刘某（男，1983年8月出生，北京人）抓获。经审讯，王某等2人对非法持枪的犯罪事实供认不讳。8月，王某、刘某被区人民检察院批准逮捕。

（张梦婷）

检　察

【概　况】 2015年，人民检察院依法办结各类来信来访674件，认真答复政法民生热线11件，办结刑事申诉案件11件并成功息诉罢访4件，与区公安分局、区法院制定《协作处理涉法涉诉信访问题工作办法》。批准逮捕1043人，不批准逮捕523人，不捕率33.4%，同比上升27.97%；提起公诉2013人，不起诉307人，不起诉率13.07%，同比上升71.97%。

（蔡银艳）

【不起诉案件移送行政处罚机制】 年内，联合区公安分局、区工商分局、区食药监局制定《不起诉案件移送行政处罚办法》，移送违法案件线索12件17人，6件6人已受到行政处罚。其中仲某通过非法渠道从私人手中购进药品予以销售的行为受到600余万元的行政处罚。

（蔡银艳）

【未成年人附条件不起诉】 年内，共办理未成年人案件166件168人，对28名未成年犯罪嫌疑人作出附条件不起诉决定，已促使15名未成年人顺利回归社会，联合市检察院公开出版《附条件不起诉的理论与实践》。

（蔡银艳）

【查办贪腐大案要案】 年内，立案侦查贪污腐败案件20件21人，为国家挽回经济损失500余万元。其中大案19件，要案9人，查办地厅级以上干部2人，县处级干部7人。

依法查办中国港湾工程有限公司沙特区域中心原副总经理王某等涉嫌贪污7200万元，北奔汽车修理厂迟某某、市公安局警务保障部朱某某、徐某涉嫌受贿等央企、市属单位公务人员贪腐案件12件12人，查办了区文明办乘车办负责人乔某某等人涉嫌贪污、职务侵占60余万元的窝串案6件7人。

（蔡银艳）

【查办反渎职侵权案件】 年内，查办了区房地产交易权属发证中心李某等人行贿受贿、滥用职权的系列渎职案11件11人，挽回损失1500余万元。

（蔡银艳）

【刑事立案监督和刑事侦查监督】 年内，监督公安机关立案 6件6人，撤案8件8人，立案监督案件判处被告人有期徒刑以上刑罚4件4人。追捕14件14人，追诉漏犯49件65人，追诉漏罪15件19人，针对公安机关执法办案中的违法、瑕疵问题发出纠正违法通知书23份并已纠正12件。

（蔡银艳）

【拟不起诉听证制度在全国推广】 1月，检察院《不起诉案件听证制度程序规定》被高检院转发，并在全国检察系统进行推广。

（蔡银艳）

【犯罪心理学专题讲座】 1月12日，中国人民公安大学教授、博士生导师李玫瑾应邀来院做《心理与人生——犯罪心理学的视角》专题讲座。党组成员及全院干警参加。

（蔡银艳）

【专项整治工作动员部署会】 1月26日，召开规范司法行为专项整治工作动员部署会，党组成员及全体干警参会。检察长叶文胜就开展专项整治工作提出了三点要求。

（蔡银艳）

【规范司法行为专项整治】 3月18日，全市检察技术部门规范司法行为专项整治工作片会在区检察院召开。市院党组成员、副检察长高祥阳出席会议，市院、一分院、石景山院、通州院、昌平院、平谷院、延庆院及丰台检察院有关负责同志参加。

（蔡银艳）

【市院副检察长到院调研】 3月18日，市院党组成员、副检察长张幸民到丰台检察院调研指导规范司法行为专项整治工作，市院计划财务装备处处长焦晶、侦查监督处副处长王滨陪同。区检察院党组书记、检察长叶文胜，部分党组成员及相关部门负责同志参加座谈。

（蔡银艳）

【涉农职务犯罪预防警示教育讲座】 4月28日，检察院与花乡纪委共同开展“涉农职务犯罪预防警示教育讲座”活动。副检察长苏从舜应邀授课。花乡党政机关干部、各村及重点企业党员干部180余人参加活动。

（蔡银艳）

【远程数字法庭集中审理案件】 10月21日，与区法院联合利用远程数字法庭集中审理一批刑事速裁案件，副检察长白世平作为公诉人出庭支持公诉，区法院王宜生院长独任审判，市十三家新闻媒体进行了报道。

（蔡银艳）

司 法 行 政

【概　况】 2015年，司法局设置10个职能科（室），即办公室、法制科、法治宣传教育科、基层工作科、法律援助工作指导科、公证工作管理科、律师工作管理科、社区矫正和帮教安置工作指导科、行政财务科、政工科。下设3个事业单位，即丰台区法律援助中心（加挂“148”法律服务牌子）、北京市丰台区阳光中途之家和北京市首佳公证处。辖区内现有16个街道司法所、5个乡镇司法所、143家律师事务所和20家基层法律服务所。120 名公务员中，博士研究生 2人，硕士研究生 8 人、未授学位研究生 19人；双学士 1 人；大学本科 83 人；大学专科7人。30岁以下16人，31岁至40岁46人，41至50岁34人，50岁以上的24人。中共党员114人，民主党派人士1人。

（赵　楠）

【法治宣传教育】 年内，投入普法宣传经费200余万元，安排“以案释法”小品剧演出和宣讲6场次，组织开展“法治文化风筝节”等各种普法主题宣传活动6000余场次，张贴普法海报、挂图6000余张，发放《宪法》、《十八大以来的法治变革》等普法书籍1万余册，制作并发放各类普法宣传品2余万份，法治宣传涉众达80余万人。

（赵　楠）

【法律服务】 年内，完成“村居法律顾问”全覆盖、北京市律师协会换届选举代表推选和在全区律师中开展全面依法治国教育工作。行政许可类工作方面共计办理137件，其中许可人员类68件，许可机构类69件；行政备案类工作方面共计办理265件，其中备案人员类126件，备案机构类139件。新设律师事务所17家，与去年同期相比增长约13.5%。在律师监管工作上，受理投诉19起，已作出行政处罚2起。结合律师事务所年检，对市局挂账的7家重点律师事务所做到重点关注、严格审查、全面掌控，妥善处理相关敏感问题。

（赵　楠）

【公证管理】 年内，登记的公证机构1家，公证员7名，公证助理员14名。是年，办理公证15745件，其中国内公证6547件，涉外公证9198件。

（赵　楠）

【法律援助】 年内，受理法律援助案件共计378件，其中民事191件，刑事185件，行政2件，解答咨询3785人次，挽回各类经济损失480.72万元。收到锦旗19面，表扬信13封。回访满意率为100%，无案件质量投诉。

（赵　楠）

【社区矫正帮教】 年内，开展集中分类教育和解矫前教育17次，共计371人参加，发放临时救助金87人次，共计21.31万元，协调解决2名“两类”人员的户籍问题，协助其办理社会救助待遇；在“春节”等重点时期，为社区服刑人员和生活困难刑满释放人员发放米面油等生活用品800份，联合团区委为2名生活困难的青少年社区服刑人员发放慰问金2000元。接收社区服刑人员269人，累计解除302人，目前在册379人，其中缓刑322人，假释46人，暂予监外执行人员11人。

（赵　楠）

【司法所建设】 年内，21个司法所全部实现办公业务用房120平方米，其中功能性用房达30平方米的标准，达标率100%，为8个司法所安装外观门楣，为2个司法所安装室内背景墙，为6个司法所安装户外指示牌，实现21个司法所视频监控系统全覆盖。为司法所更新部分台式电脑、笔记本电脑、复印机等办公设备。

（赵　楠）

【人民调解】 年内，成立人民调解协会，会员483名，其中团体会员391名，个人会员92名；会员代表65名，其中单位会员代表56名，个人会员代表9名。增强人民调解案件补贴力度，司法局和财政局联合下发《丰台区人民调解工作补贴办法》，开展人民调解案件补贴检查4次，共检查协议书4086份，其中重大纠纷265份，司法确认案件27份，发放补贴38.01万元。花乡司法所指导新发地市场调委会化解了一场涉及新疆维族群众70余人，纠纷金额100余万的经营纠纷。有各级调委会397个，其中街乡镇级调委会21个，社区村调委会368个，行业性专业性调委会8个。共调解各类民间纠纷5809件，调解成功5677件，成功率达97.7%，防止矛盾激化50件，涉及757人。

（赵　楠）

【人民调解员第一次代表大会】 1月13日，区人民调解员第一次代表大会，按照规定程序表决通过了《北京市丰台区人民调解协会章程》和《北京市丰台区人民调解员第一次代表大会选举办法》。选举产生了协会理事会和监事会，由理事会、监事会选举产生了会长、副会长、秘书长和监事长，并顺利完成协会成立登记相关手续。

（赵 楠）

【宪法精神大宣传】1月23日，法宣办主任、司法局党组书记、局长郗俊生走进区广电中心《法治风景线》栏目——解读老百姓身边的宪法，拉开本年度“弘扬宪法精神 推进丰台法治建设”宪法大宣传活动的序幕。

（赵 楠）

【流动人口返京高峰法治宣传教育活动】 3月6日，法宣办联合区公安分局、区交通支队、区流管办、区人力社保局、大红门街道办事处等相关单位开展流动人口返京高峰法治宣传教育活动。共发放宣传资料 2000 余份，解答法律咨询 60 余人次。

（赵 楠）

【第五届司法行政开放日活动】 4月10日，开展“司法行政 情牵你我”第五届司法行政开放日活动。活动以莲花池、南苑公园、长辛店公园作为开放点，分布 24 个窗口部门，共举办大型活动 3 场，解答咨询 1000 余人次，发送宣传资料 1500 余份。

（赵 楠）

【第二届律师代表大会第二次会议】 4月18日，第二届律师代表大会第二次会议，党组书记、局长郗俊生，党组成员、副局长崔林出席大会并作重要讲话。大会推选出胡占全、梁建光等 11 名区代表出席市第 10 次律师代表大会的代表。

（赵 楠）

【法治基层行】4月22日，区法宣办举办“法治基层行”活动。区政协主席李昌安，区司法局、东高地街道、区卫计委有关领导，区政协社法委、民宗委全体委员、第六地区活动组委员，律师及社区居民代表近 200 余人参加。活动由区政协专委会工作四室主任陈娟主持。来自全区的 20 名律师代表和有法律专长的政协委员围绕医患纠纷、老年人权益保护、婚姻家庭、财产继承等基层群众关心的法律问题提供免费法律咨询。活动为近 120 名居民群众累计提供近百条法律建议，发放普法宣传材料 800 余份。

（赵 楠）

【青少年法治宣传教育活动】 4月28日，区法宣办组织长辛店第四中学师生前往北京市未成年犯管教所，开展主题为“遵纪守法 珍惜青春 奉献社会”的青少年法治宣传教育活动。现场组织师生们参加关于预防青少年违法犯罪的讲座，观看北京市未成年犯管教所的宣传片。

（赵 楠）

【法治文化风筝节】 5月12日，区首届“法治文化风筝节”在莲花池公园举行。市司法局副局长孙超美、区人大常委会副主任苗华、区法院院长王宜生、市司法局法宣处处长赵菁，区司法局局长、党组书记郗俊生出席开幕式，区法治宣传教育领导小组办公室成员单位及社区群众共 200 余人参加活动。

（赵 楠）

【市政法委对法律援助试点工作进行考察】 5月20日，市委政法委秘书长李中水、执法监督处处长谢超一行到法律援助驻看守所工作站考察刑事速裁法律援助试点工作。市司法局副局长马捷、法援处处长王祖明陪同考察。

（赵 楠）

【残疾人专项维权季活动】 5月15日，区司法局开展“残疾人专项维权季”活动。在区残联“全国助残日”活动现场向残疾人群体及广大群众开展了包括残疾人维权引导、法律援助申请、相关法律法规详解、宪法宣传、现场解答咨询等在内的法治宣传活动。

活动共提供法律咨询 30 余人次，现场发放法律援助等宣传资料近 2000 份。

（赵　楠）

【禁毒宣传】 6 月 26 日，区法宣办联合禁毒中队、北京禁毒宣传教育基地、区卫生局、区防艾办举办以“珍惜人生 参与禁毒”为主题的“6.26”禁毒宣传活动。活动共设置宣传展板 30 余个，宣传车次 1 辆，悬挂宣传条幅 1 条，发放宣传资料 1000 余份、宣传品 1500 余份。

（赵　楠）

【残疾人法律援助工作站】 7 月 22 日，司法局和区残联共同举行“丰台区残疾人法律援助工作站”揭牌仪式。党组书记、局长郗俊生，区残联理事长王跃进，市司法局法援处副处长任彦超，市残联维权部主任赵丽萍，温馨家园工作站负责人，残疾人代表，法律援助律师代表共计 60 余人参加活动。

（赵　楠）

【老年人工作站联系点授牌仪式】 10 月 20 日，司法局、老龄办和长辛店街道办事处等相关部门在长辛店街道“养老照料中心”共同开展“九九重阳、法援爱老” 法律援助维权咨询活动暨“丰台区老年人法律援助工作站联系点”授牌仪式。活动共计 100 余人参加，现场提供咨询 60 余人次，发放宣传材料 2000 余份。

（赵　楠）

【以案释法汇演活动】 12 月 4 日，法宣办在区文化馆举办国家宪法日暨全国法治宣传日“以案释法”汇演活动，全区委办局、企事业单位、街乡镇、部队官兵、学生、社区代表等 400 余人参加活动。区人大常委会副主任苗华为活动致辞，区司法局党组书记、局长郗俊生带领司法局工作人员进行了庄严的宪法宣誓；选取 4 个“以案释法”宣讲团，以法治小品剧的形式进行全区展演。

（赵　楠）

【军人军属法律援助工作站成立】 年内，司法局和武装部共同举行军人军属法律援助工作站揭牌仪式，并为 6 个军人军属法律援助工作站联系点授牌，形成覆盖 120 多家海、陆、空部队及武警部队的法律援助三级网络服务体系。

（赵　楠）

【农民工专项维权季活动】 12月15日，司法局开展“共享公平正义阳光 法援与农民工携手前行”为主题的“农民工法律援助专项维权季”宣传活动。向农民工群体提供咨询共60余人次，发放宣传品近2000余份。

（赵　楠）

【总工会法律援助工作站】 12月16日，总工会法律援助工作站正式挂牌成立。市总工会、区司法局、区总工会及21个街道、乡镇工会等有关单位领导出席，部分企业工会代表参加。

（赵　楠）

案例举要

【饲养动物致损害案】 张某骑着电动车在东高地社区居民楼中穿行而过，行驶到魏某租住的平房门前时，魏某家的宠物狗从房内突然窜出，从电动车后方绕到了前方，张某为避让紧急制动，因车速较快电动车侧翻，导致张某右腿擦伤。事后当事人双方因事故原因发生争执，张某认为因魏某家的狗追赶造成其摔倒擦行的原因，魏某家应赔偿其损失。魏某认为张某驾驶电动车超速，并且在紧急情况下张某自身处理不当才致其摔倒，与自家狗追赶没有关系。张某百般无奈下来到了东高地街道人民调解委员会，请求予以调解。调解过程：首先了解详细情况，并找到相关当事人、目击证人核实，确认张某摔倒是因魏某家狗追赶导致。了解了基本情况后，东高地街道人民调解委员会召集双方当事人在东高地社区调委会召开调解。双方见面分外眼红，你一言我一语地互相谩骂争论。调解员及时制止了双方的吵闹，在征求双方同意调解的前提下，直奔主题。张某表示要求赔偿其误工费、医药费、营养费、电动车修理费等合计 2000 元。魏某坚持辩称张某摔跤是因其自身车速过快，自家宠物狗体型叫声小，对张某行车没有什么影响。魏某表示只会象征性的给予张某抚慰金 100 元，其它损失由张某自己解决。东高地街道人民调解委员会首先向魏某介绍《民法通则》和《侵权责任法》中对饲养动物之人损害时赔偿责任承担相关法律规定，并且对魏某阐明，自家宠物狗属于法律规定的饲养的动物，魏某在没有对自家宠物狗采取相应的安全措施，造成狗自行外出追赶路人此项事实上负有不可推卸的责任。魏某面对东高地街道人民调解委员会实事求是的调解工作时，倒很坦诚的承认，没有管好自家的狗，认可东高地街道人民调解委员会认定的事故原因；但见张某开价太高，超出自身承受能力，因此才态度强硬、拒绝赔偿。经过几次调解，双方终于达成一致协议：1、魏某同意赔偿张某医药费、误工费 1200 元；2、张某电动车损坏程度较轻，修理费用自理； 3、调解达成一致后第二天，双方到居委会由调委会见证现金履行赔偿。张某赔偿后，双方握手言和：双方均表示今后应多反省自身。

（赵　楠）

【单方违约争议案】 岳各庄派出所联合调解室，调处了一起北京市前门京顺宾馆有限责任公司（简称：京顺宾馆）承包北京市丰台千里之家商务酒店有限公司（简称：千里之家）的合同纠纷，由于千里之家酒店单方终止合同，造成京顺宾馆巨额经营缺失。2009 年，京顺宾馆与千里之家签订了自 2009 年 11 月 1 日至 2014 年 11 月 30 日的为期五年的承包合同，京顺宾馆每年交予千里之家承包费 270 万元。2011 年 11 月，京顺宾馆向千里之家提出，2014 年 11 月承包合同到期后继续承包，租金每年递增 10%的口头协议，千里之家表示同意。京顺宾馆为了扩大经营，提高酒店档次，准备出巨资全面装修整个酒店，并同千里之家商定，装修期间停业一个月，但合同到期也顺延一个月。千里之家口头表示同意。2014 年 10 月，千里之家找到京顺宾馆法人说明“酒店承包合同”到期后不再继续承包，余下的两年经营权可以一次性转让给京顺宾馆，转让价为 1200 万元。京顺宾馆当即提出异议，千之家于 2011 年口头协议同意租赁期满后，以递增租金的方式续租，京顺宾馆才投入 300 多万元装修酒店，现在千里之家突然提出高价转让，不仅涉及产权人是否同意的问题，而且高要价导致京顺宾馆不能在两年内赚回租金，京顺宾馆没有同意千里之家的转让条件。2014 年 11 月 1 日，千里之家在“酒店承包合同”租期未届满的情况下，派数十人欲强行接管酒店，遭到京顺宾馆员工的阻止。千里之家于当日中午强行停掉京顺宾馆的水电，迫使其停业。京顺宾馆通过报警，寻求当地派出所调解室进行调解。两位调解员认真听取双方当事人的陈述，京顺宾馆人说道，这次千里之家给京顺宾馆造成了巨大损失，而且千里之家没有商业诚信， 在承包期还有二个月的期限就强行接管不成就断电给当时住宿的客人及所有员工造成不便。在装修之时，京顺宾馆为了 2014 年之后的继续承包并承诺在每年承包费的基础上递增 10%的承包费，多次与千里之家负责人商谈再签一个补充合同，但千里之家总是拍着胸脯说，请你们放一百个心，就按你们说的，每年递增 10%的承包费，说话算话，放心装修，京顺宾馆才投资了三百多万元为千里之家 170 余间房进行了装修改造，为此京顺宾馆要求千里之家赔偿 2 个月的营业额 100 万元，并退还装修款 100 万元，共计 200 万元。千里之家负责人说道，2009 年与京顺宾馆签定了承包合同，因为当时经济不景气，经营不好，况且当时这一地区的经济消费较低，才签了每年270万元低价的承包费，五年后，现在社会经济提高很快，虽然京顺宾馆承诺租金可以递增10%，但总体来讲，这点租金对公司的效益没有提高，所以公司决定，千里之家不再承租给京顺宾馆。如接受1200万元的三年转让经营权可以继续承包，不然公司另找出价高于京顺宾馆者承包，对于京顺提出的200万元的赔偿金，千里之家不能接受，只同意赔偿两个月的经营损失60万元。当然这个赔偿额京顺宾馆也不接受。两名调解员听取双方的陈述后，为了能够公平、公正调解，使双方当事人心服口服，当即做了两项调解工作准备。一是查阅京顺宾馆装修千里之家酒店的全部票据，查阅出京顺宾馆共装修了173间客房，装修款总计350万元。二是调查在装修之时，京顺宾馆与千里之家是否达成口头协议。经多方调查核实，京顺宾馆出巨款装修在2014年租期满之后，京顺宾馆每年递增10%租金继续承包千里之家，并延长一个月的承包期，千里之家负责人表示有此同意的口头协议。掌握了以上两点之后，调解员当即对千里之家负责人指出，千里之家应该负引发双方纠纷的主责。具体有两点：1、京顺宾馆在没有承包合同到期之日，千里之家强行接管，断水断电，给京顺宾馆造成重大经济损失，此责任之一；2、做生意要有诚信，京顺宾馆每年按期支付租金，从未拖欠，且装修之时双方均有认可的口头协议，口头协议也同样受法律保护，是千里之家单方违约，此责任之二。调解员又对京顺宾馆负责人说到，虽然千里之家在双方纠纷中负主要责任，但你方要求对方的赔偿过高，对方难以接受，与达成调解不利，如调解不成，只能通过法律诉讼途径解决问题。在调解员的主持下，双方当事人经调解室多次调解，历时近20天的时间，双方单位法人终于当场签订了人民调解协议书。最终千里之家赔偿京顺宾馆营业损失费及装修补偿费共计115万元。

（赵　楠）

审　判

【概　况】 2015年，受理各类案件41417件，同比上升26.8%；审结36177件，同比上升15%。其中，受理刑事案件2234件，同比减少238件，下降9.6%；审结2117件，同比减少364件，下降14.7%。受理民商事一审案件27523件，同比增加6640件，上升31.8%，审结23491件，同比增加3896件，上升19.9%。受理行政案件491件，同比增加127件，上升34.9%；审结473件，同比增加96件，上升25.5%。受理执行案件11095件，同比增加2230件，上升25.2%；执结10025件，同比增加1097件，上升12.3%。受理再审、申诉、赔偿案件75件，与去年同期持平；已结72件，同比减少1件，下降1.4%。

（王艳华）

【刑事案件】 年内，共受理刑事案件2234件，审结2117件，判处刑罚2205人。依法惩处严重刑事犯罪，审结故意杀人、故意伤害、抢劫、盗窃、寻衅滋事、涉黄赌毒等危害人民群众安全感的犯罪案件1091件，审理首例房地产非法中介强迫交易案等一批社会关注度高的重大案件，共对205人判处5年以上有期徒刑；依法严惩贪污、受贿、徇私枉法等职务犯罪，审结案件18件，对26人判处刑罚；加大对轻微犯罪非监禁刑的适用力度，判处拘役、管制等轻刑273人，适用缓刑、免予刑事处罚784人。

（王艳华）

【民商事案件审理】 年内，受理民商事案件27523件，审结23491件。恢复长辛店法庭，人民法庭增至6个，审结知识产权案件876件；立案阶段共化解各类纠纷3927件，民商事案件调撤率达60.1%。

（王艳华）

【行政争议审理】 年内，受理行政案件491件，审结473件。促成和解案件82件，开展行政执法与行政诉讼专题培训会11场780人次。

（王艳华）

【国务院法制办全国妇联到区调研】 1月16日，国务院法制办、全国妇联《反家庭暴力法》立法调研座谈会在法院召开。国务院法制办副主任胡可明、全国妇联书记处书记谭琳等20余人出席座谈。会议由北京市妇联党组书记、主席马兰霞主持。会上，介绍了涉家庭暴力案件审判工作基本情况和审理此类案件积累的经验做法，并对《反家庭暴力法》征求意见稿的相关条文提出了意见建议。市民政局、区司法局、顺义法院、区公安分局、华夏心理培训学校等单位与会代表结合实践发表了意见建议，进行了讨论。

（王艳华）

【长辛店人民法庭成立】 3月9日，长辛店人民法庭正式揭牌成立，市高级法院党组副书记、副院长王明达，区人大常委会主任王苏维共同为长辛店人民法庭揭牌，全年长辛店人民法庭共审结案件659件。

（王艳华）

【司法网络拍卖】 5月28日，召开司法网络拍卖工作情况新闻通报会。全年在淘宝网司法拍卖平台上共组织拍卖76次，涉及拍卖标的41个，完成拍卖标的29个，拍卖成交18个，成交率达62.1%，成交金额共计2965.49万元，累计为买受人节省拍卖佣金148.3万元，其余标的流拍后申请执行人均以物抵债。新华社、法制日报、法制晚报、法制网、正义网、新京报、北京交通广播等15家媒体对通报会进行了采访或直播。

（王艳华）

【法院微信公众号开通】 7月27日，微信公众号“北京丰台法院”正式开通。该公众平台以三个主菜单、十二个子菜单为基本构建模式，涵盖了“预约立案、预约查档、网络直播、案件查询、拍卖平台、联系方式”等模块。

（王艳华）

【制作“先进人物说廉政”视频】 10月，拍摄制作了《先进人物说廉政》视频。视频内容以法院全国先进模范、典型人物秦建平、王凤琴、盖平山和上年度荣立三等功以上的9名干警结合自身经历谈感想、说廉政为核心。

（王艳华）

【市法院征求市人大代表意见座谈会】 12月18日，市法院征求市人大代表意见座谈会在区法院召开。区人大常委会副主任苗华等11名市人大代表出席座谈会。市高级法院党组成员、副院长兼政治部主任安凤德，院党组书记、院长王宜生等参加座谈。

（王艳华）

【赃证物销毁】 12月，执行局开展了为期一周的集中销毁赃、证物工作。前期，对赃、证物的清点、核对、记录、摄像、交接、装车、运输、破碎等重要环节做了专门部署，确保“单实匹配、数量一致、运输安全、完全破碎”。在集中销毁阶段，共销毁假冒阿迪达斯、耐克、匡威等品牌鞋子、衣物77024件，销毁假冒“牛栏山”、“红星”标识的白酒500箱，销毁洗发水1800箱及伪基站6台，执结执行案件25件。

（王艳华）

案例举要

【全国首例非法控制计算机信息系统案】 2013年底至2014年8月20日期间，被告人王超伙同他人通过自己家中的电脑及租用的服务器，非法控制互联网上的计算机信息系统，并以牟利为目的将被控制的计算机信息系统租给他人使用，共获利14余万元。2014年8月20日，被告人王超被北京市公安局网络安全保卫总队抓获，现场发现其非法控制的计算机信息系统共计856台。同年12月23日，北京市丰台区检察院向北京市丰台区法院提起公诉，指控被告人王超犯非法控制计算机信息系统罪。丰台区法院经审理认为，被告人王超违反国家规定，对数百台计算机信息系统实施非法控制，获取违法所得十余万元，情节特别严重，其行为已构成非法控制计算机信息系统罪，依法应予处罚。鉴于被告人王超能如实供述其主要犯罪事实，对其依法予以从轻处罚，且部分违法所得已被起获，在量刑时予以考虑。2015年2月5日，丰台区法院以非法控制计算机信息系统罪，判处王超有期徒刑四年六个月，并处罚金人民币9000元，对扣押物品处理、涉案银行账户冻结、违法所得追缴等事项一并作出裁判。一审宣判后，王超不服，提起上诉。市第二中级法院经审理认为，原审法院根据王超犯罪的事实、性质、情节、对于社会的危害程度及在共同犯罪中的作用所作出的判决，定罪和适用法律正确，量刑适当，审判程序合法，对扣押物品的处理亦无不当，应予维持。2015年4月2日，市第二中级法院裁定驳回上诉人王超的上诉，维持原判。

（王艳华）

【张宇昊拒不执行法院判决、裁定案】 2012年5月7日，北京市第二中级人民法院（2012）二中民终字第05344号民事调解书确定，被告人张宇昊因机动车交通事故责任纠纷支付赵春连各项费用共计人民币90万元。同日，被告人张宇昊给付赵春连人民币20万元，之后其再未按照生效法律文书确定的内容履行相应的给付义务。同年7月16日，赵春连申请北京市丰台区法院强制执行。执行过程中，被告人张宇昊拒不接听法院电话，其家属拒不配合法院寻找被告人。经查，2012年5月28日，中国平安保险有限公司北京分公司已向被告人张宇昊支付本案所涉交通事故第三者商业险人民币10.2649万元，被告人张宇昊将此款转移，且未实际赔偿给赵春连。2014年10月28日，北京市公安局丰台分局对被告人张宇昊涉嫌犯拒不执行判决、裁定罪一案立案侦查。同年11月4日，被告人张宇昊主动到北京市公安局丰台分局刑事侦查支队说明情况，并于当日被刑事拘留。2015年1月21日，北京市丰台区检察院向北京市丰台区法院提起公诉，指控被告人张宇昊犯拒不执行判决、裁定罪。丰台区法院经审理认为，被告人张宇昊无视国家法律，对人民法院的判决、裁定有能力执行而拒不执行，情节严重，其行为已构成拒不执行判决、裁定罪，依法应予处罚。鉴于被告人张宇昊主动投案，并如实供述其主要犯罪事实，系自首，对其依法予以从轻处罚；其在刑事立案侦查之后履行了生效法律文书所确定的给付义务，并取得申请执行人的谅解，故对其酌情予以从轻处罚。综合上述情节，另考虑被告人张宇昊系初犯，具有悔罪表现，对其依法适用缓刑。2015年2月4日，丰台区法院以拒不执行判决、裁定罪，判处张宇昊有期徒刑六个月，缓刑一年。张宇昊表示服从判决，未上诉。

（王艳华）

【王瑞利用互联网宣扬恐怖主义犯罪案】 2013年初至2014年10月期间，被告人王瑞伙同他人利用位于北京市丰台区蒲芳路9号GOGO新世代7号楼901的服务器，开设“稀有录像馆论坛”网站。通过该网站，其上传以歪曲宗教教义等具有极强煽动性、示范性、恐吓性和暴力性的暴力、恐怖活动犯罪为内容的视频，向网站注册会员传授犯罪方法。经审查，其中多部视频属于暴力恐怖宣传品，危害程度极大。2014年10月23日，被告人王瑞被北京市公安局网络安全保卫总队查获。2015年9月16日，北京市丰台区检察院向北京市丰台区法院提起公诉，指控王瑞犯传授犯罪方法罪。丰台区法院经审理认为，被告人王瑞违反法律规定，伙同他人利用互联网发布信息宣扬恐怖主义，根据被告人王瑞实施犯罪行为时的刑法，其行为已经构成传授犯罪方法罪。但是，《中华人民共和国刑法修正案（九）》实施后规定的宣扬恐怖主义罪处刑较轻，根据刑法从旧兼从轻的原则，对被告人王瑞的行为应适用新法，故认定为宣扬恐怖主义罪。因被告人王瑞在缓刑考验期内再犯本罪，应当撤销其前罪宣告的缓刑，并与本罪判处的刑罚实行数罪并罚。鉴于被告人王瑞到案后如实供述自己的犯罪事实，故对其依法从轻处罚。2015 年 12 月 18 日，丰台区法院以宣扬恐怖主义罪，判处王瑞有期徒刑二年，并处罚金人民币 5000 元；撤销其前罪判决的拘役六个月，缓刑一年的缓刑部分，与本次所犯宣扬恐怖主义罪并罚，决定执行有期徒刑二年，并处罚金人民币 5000 元。一审宣判后，王瑞表示服从判决，未上诉。

（王艳华）

【全市首例房地产非法中介刑事案件】 2013 年 3 月至 12 月期间，被告人赵国军在本市丰台区太平桥附近开设的北京博雅兴业房地产经纪有限公司及北京伟弘房地产经纪有限公司内，先以个人名义签订房屋租赁合同，再将房屋以中介公司名义对外转租的方式变相牟利。在房主要求收回房屋的情况下，采用强行更换锁芯、卸门以及语言威胁等方式，强迫房主王某等 9 人将房屋租赁给中介公司，或强迫房主以多退租金、交纳违约金等方式换取房屋使用权。与此同时，采用拆除隔离、损坏财物等方式，强迫房客肖某等人退取租金，并以各种理由少退或不退房客租金。上述行为共造成被害人王某等人直接经济损失 33400 元。2014 年 12 月 25 日，北京市丰台区检察院向北京市丰台区法院提起公诉，指控被告人赵国军犯强迫交易罪。丰台区法院经审理认为，被告人赵国军无视国家法律，结伙以暴力、威胁手段强迫他人参与或者退出特定的经营活动，情节严重，其行为已构成强迫交易罪，应予处罚。鉴于被告人赵国军到案后能如实供述犯罪事实，认罪态度较好，且被害人损失已赔偿，故对其从轻处罚。7 月 9 日，区法院以强迫交易罪判处被告人赵国军有期徒刑二年，并处罚金人民币 5 万元。一审宣判后，赵国军表示服从判决，未上诉。

（王艳华）

【乘机拒不关闭手机行政处罚案】 1 月 6 日，中国联合航空有限公司所属 KN2968 次航班从呼和浩特飞往北京。起飞前，飞机广播要求乘客关闭手机等电子设备并播放了安全提示录像。在飞机滑行起飞过程中，安全员高飞要求在 32J 座位的范其勋关闭手机遭拒绝。高飞向其表明安全员身份，并表示待飞机平飞后出示证件。在此过程中，范其勋仍未配合关闭手机，高飞遂通知乘务长卞慧芳。卞慧芳要求范其勋关闭手机，范其勋交出手机，卞慧芳关闭了其手机电源。飞机降落北京南苑机场后，南苑公安分局接到报案，对范其勋、高飞、卞慧芳等人制作了询问笔录。同年 1 月 7 日，南苑公安分局作出京南机公(派)行罚决字[2015]1500101 号《行政处罚决定书》，决定给予范其勋治安拘留三日的处罚。范其勋不服该行政处罚，同年 4 月起诉至区法院，要求撤销该行政处罚。经审理认为，南苑公安分局结合证据及范其勋的行为性质、情节作出的被诉处罚决定事实认定清楚，证据确凿，适用法律正确，程序合法，处罚适当，范其勋要求撤销被诉行政处罚的请求无事实和法律依据无法支持。8 月 26 日，法院判决驳回范其勋的诉讼请求。一审宣判后，当事人双方均未提起上诉。

（王艳华）

社会治安综合治理

【概　况】 2015 年，在区委区政府的正确领导下，综治系统坚持围绕中心，服务大局，以“深化平安丰台建设”和“提升群众安全感”为主线，以健全落实综治领导责任制为龙头，以完善立体化社会治安防控体系为重点，以加强基层基础建设为保障，认真组织开展了一系列工作，取得了扎实成效。

（梁　超）

【检查重点地区街面秩序】 1月21日，副区长吴继东带队对草桥沿线、马家堡西路地铁沿线和大红门商贸圈的街面秩序进行了实地检查。政法委副书记、综治办主任姚建国，公安分局副局长王晓兵、城管执法局副局长高银生、工商分局副局长杨光、交通支队副支队长李玉成陪同。

（梁　超）

【召开用电改造专题会】 1月23日，在丰台街道会议室，区委政法委副书记、区综治办主任姚建国主持。区发改委、机关工委、法制办、公安分局、丰台街道、科技园区、丰台供电分公司主管领导参加了会议。

（梁　超）

【颁发治安志愿者证章】 1月27日-29日，为三星级治安志愿者5418名每人颁发证章一枚，以此作为对治安志愿者的激励，并动员广大群众积极投入到治安防控工作中。

（梁　超）

【召开综治委第一次全体（扩大）会议】 2月26日，召开社会治安综合治理委员会第一次全体会议。区综治委主任、副主任、综治委成员单位主要领导、各街乡镇综治委主任、综治办主任参加了会议。区委副书记、政法委书记顾晓园与街乡镇、成员单位代表签订了《社会治安综合治理工作责任书》。

（梁　超）

【督查检查全国“两会”期间社会面防控】 3月1日-15日，启动社会面二级加强防控等级，动员21个街乡镇社会面防控力量参与等级防控，各类专业、职业和群众性防控力量对照二级加强防控等级力量配置标准组织上岗执勤。其中3月3日、5日、12日、15日陆续启动了社会面一级超常防控等级。

（梁　超）

【安保能力培训班】 4月8日-10日，举办了提升大型活动安保能力培训班，邀请首都综治办专家对21个街乡镇综治主管领导、综治办常务副主任、综治干部等80余人进行了为期三天的知识更新。

（梁　超）

【组建铁路专职护路联防队】 5月13日，组建了全市第一支铁路专职护路联防队。10个委办局、21个街乡镇、北京铁路局17个站段和8个铁路派出所参加了成立仪式。

（梁　超）

【召开“严重精神障碍患者救治救助”工作会】 6月10日，召开了“丰台区精神卫生工作暨严重精神障碍患者救治救助工作会”，张婕副区长与吴继东副区长同时参会，亲自部署工作并提出要求。各街乡镇主管卫计、综治的领导、派出所主管领导及全区医疗部门的领导，共计150余人参加了会议。

（梁　超）

【大红门综合执法站成立】 6月19日，在大红门地铁站综合执法站院内举办了“大红门街道‘突出问题综合治理’综合执法站启动仪式”，区委副书记、政法委书记顾晓园出席仪式并讲话。

（梁　超）

【综治信息员培训班】 7月14日，区综治办在区委党校举办了综治信息员培训班。各街道乡镇综治办常务副主任、专职综治信息员参加了培训。

（梁　超）

【召开综治委第二次全体（扩大）会议】 7月30日，召开了区综治委第二次全体（扩大）会议暨反恐工作部署会，区委副书记、政法委书记、区综治委主任顾晓园同志出席会议并讲话。

（梁　超）

【市委政法委领导到区调研】 8月29日，市委政法委副书记、首都综治办主任闫满成带队，实地检查了铁路护路工作并慰问了参与安保值守工作的护路员和治安志愿者。区委政法委副书记、副区长吴继东、区委政法委副书记、综治办主任姚建国参加迎检并随行汇报了相关工作情况。

（梁　超）

【铁路沿线隐患治理现场会】 10月10日，首都综治办和北京铁路局、北京铁路公安局联合召开，市委政法委副书记、首都综治办主任闫满成、市流管办常务副主任刘玉成、北京铁路局局长刘振芳、副局长金力和铁路公安局局长王旭章、副局长柴泽良等一行领导来到花乡高立庄村，实地检查京沪高铁隐患整治成果及高立庄村专职铁路护路联防队员工作站。

（梁　超）

【综治工作社区宣传活动】 12月18日，首都综治办、首都政法综治网、区综治办联合在方庄地区芳星园二区举办了综治工作社区宣传活动。首都综治办（流管办）、首都政法综治网、区综治办（流管办）和方庄地区的领导和来自方庄地区、卢沟桥街道、丰台街道、新村街道、南苑街道、右安门街道的广大居民群众参加了此次宣传活动。

（梁　超）

【黑车集中清理整治】 12月22日-24日，综治办协调公安分局、城管执法局、交通支队抽调优势力量组成专项整治小组，开展了为期三天的打击黑车集中清理整治行动，由针对木樨园桥周边、大红门地铁站周边等重点地区开展集中清理整治行动。

（梁　超）

【流动人口和出租房屋管理】 年内，开展流动人口和出租房屋基础调查工作，其中新登记流动人口292775人，核销98740人；累计新登记出租房屋14641户，核销4978户。充分考虑城乡差别、产业结构、流动人口总量、聚居情况等因素，确定以2015年9月30日登记的流动人口总量为基数，完成了流动人口总量削减10%的工作目标。治理违法群租房，坚决做到发现一处，处理一处，处置率达100%。

（梁　超）

【提升群众安全感】 年内，通过抓好挂账治安重点地区整治、社会面秩序整治、突出问题综合专项治理、铁路护路联防等工作，各街道乡镇及有关部门齐心协力，群众安全感有了很大提升。群众安全感为92.3%。

（梁　超）

【物技防建设】 年内，总投入约8000万元。其中1500万元用于老旧小区物技防建设，包括为90个老旧小区安装数字高清监控探头121个，为95个老旧小区安装单元门禁主机3073个、入户分机30294个，小区出入口电动抬杆95个、自行车停放架95个。

（梁　超）

【群防群治队伍建设】 年内，落实首都综治办“关于规范使用首都治安志愿者网络平台”的工作要求，做好志愿者信息完善等基础工作，加强实名制管理。总结推广丰台街道永善社区市民劝导队典型经验，开展志愿者队伍品牌创建活动，共评选出13个金牌志愿者队伍、12个银牌志愿者队伍。

（梁　超）

交通管理

【概　况】 2015年，共接各类警情323354起（不含110及局中心直接布控的警情），回访7624起，群众满意率为100%；利用电视监控系统直接发现问题7745起，其中事故4015起、车辆故障2920起、拥堵810起；各级领导上路指挥6325人次，发布指挥调度指令6.8万余次。加特勤警卫任务1100次，其中一级勤务21次、一级疏导勤务150次、二级勤务30次、二级疏导勤务339次、三级勤务109次、三级疏导勤务368次，支队共出动警力9848人次，警车6328辆次。

（崔　妍）

【重大活动交通安保】 年内，在园博大道等3条道路增设护栏3.5千米，在万丰路、京港澳高速辅路、东关南街等8条道路油饰护栏 5 千米，在大灰场路、卢沟桥路、槐房西路等 15 条道路调整更换各类交通标志 200 余面，更换三环路、四环路出入口防撞桶 20 个，复划四环路、二七厂路、太子峪路、马家堡东路、大红门南路等 25 条道路标线约 25 公里。阅兵路线车辆清移工作主要涉及区内 3 条路段，其中 3 条集结路线、5 条返回路线，全长约 16.9 千米，涉及西站管委会以及 10 个相关街乡镇，沿途涉及路口和支路共计 87 处，周边单位及重点点位 61 处。协调各街乡镇印制宣传卡片、致市民的一封信共计 2000 张，发放倡导群众自主清移车辆宣传提示单 1380 张。共出动警力 80 人次，协管员 150 人次，社会人员 1200 人次，自行清移车辆 600 余辆。

（崔　妍）

【交通秩序整治】 年内，现场处罚共计 224409 件，其中货车处罚 79441 件，同比上升 1.5%，外埠车处罚 289895 件，同比上升 161%，酒后处罚 1827 件，同比上升 95%，涉牌处罚 3846 件，同比下降 29%，违章停车处罚 183105 件（民警贴条 30856 件，协管员贴条 148950 件），同比下降 9%，拘留 480 人，同比上升 12.7%，三号行动全部摩托车 5636 件，电动三轮车 2943 件。非现场执法 6640 件。

（崔　妍）

【交通设施管理】 年内，共申报设施方案 118 个，新增信号灯 4 处，人行横道 8 处、增设（更改）禁令标志 32 处、增设道栏 147 根、共对 52 处路口、路段进行优化调整工作，复划 11 条道路标线；重点针对三、四、五环路以及快速路和联络线的实际情况，排查出小屯路、丰科路、石榴庄路等事故隐患 22 处，共增设监控探头 6 处，施划减速带 2 处，增设警示牌 12 面，增设护栏 5 千米，完善标线 8 千米；排查出各类问题 500 余件，并针对 34 处路树遮挡设施问题积极协调园林部门修剪树枝，51 处设置的山寨指路牌进行了清理。

（崔　妍）

【缓解交通拥堵】 年内，共启动实施了 14 个疏堵项目，结合挂账的 13 处堵点、25 处乱点、16 条严管街，梳理出 12 个工作项目，并与分局对口部门组建了 9 疏堵项目组，封闭二环至四环外新发地桥 6.3 公里区间的出口 6 处、入口 4 处；交通组织优化方案 15 项，处罚大货车 2211 辆、酒后驾驶 89 笔、涉牌车辆 470 笔、改装车辆 132 笔、粘贴违法停车告知单 4105 笔。

（崔　妍）

【执法大厅对外服务】 年内，共处罚各类非现场违法行为 346093 起，处理超过规定时速 50%以上违法行为一般程序 1396 起（暂扣驾驶证 1179 个，吊销驾驶证 217 个），共收各队转来 12 分暂扣驾驶证 2348 个，共计发还驾驶证 2086 个。接待被套牌案件 6600 起，套牌立案 870 起，结案 107 起，接待各类疑难问题 216000 余起，抓获使用假证拘留 3 起，同时补录非现场违法数据 2992003 笔，审核非现场违法数据 1687478 笔。办理客车通行证 138 张、货车通行证 543 张，班车证 1433 张，办理剧毒化学品运输证 11 张。

（崔　妍）

【严格安监执法】 年内，对 1914 家单位下发《责令限期整改通知书》，对逾期未改正的 3938 家单位采取了《禁止机动车上路行驶措施》，禁驶率同比下降了 75.55%。组织驻区 154 家专业运输单位召开了专业客运、专业货运严重违法公开处理大会，给予 5 家单位挂黄牌警告 1 个月的处罚，并对 10 多家发生闯红灯等严重违法的单位给予全区通报。

（崔　妍）

【春运交通安全】 春运期间，以驻区 6 家长途客运站为源头，采取悬挂宣传横幅、设置宣传栏、摆放宣传展板等方式开展提示宣传活动。共悬挂宣传横幅 80 多条，设立固定宣传站6个，滚动播放交通安全宣传片1000多场次，由各客运站负责，针对节日期间雪雾等恶劣天气和返京高峰，利用单位信息平台，及时向驾驶人发送交通安全提示信息6000多条次。支队派驻6个长途客运站民警会同21个街乡镇安办工作人员对长途客运场站进行24小时严防死守，共检查运营车辆1.44万辆，消除灯光不全、安全带破损等隐患车辆15辆。通过严密防控，为期40天春运工作中，驻区6家长途客运站共进、出班次5.94万辆，运送旅客160多万人次安全无事故。

（崔　妍）

【车管站对外窗口服务】 年内，车管站窗口办理驾驶证52662件，外埠进京证6697件，临时号牌39809件，办理残摩139件，进京证224624件，免检16661件，总工作量342953件，平均每天接待群众约1500人次，接听咨询电话约2500个。主动到行动不便的老年人上门办理残疾车上牌手续8件，帮助65岁以上老年人填写表格、复印材料65件。由值班民警接待群众40多人次，化解矛盾约45起。

（崔　妍）

【宣传报道】 年内，联合《北京日报》、《京华时报》、《法制进行时》《红绿灯》、北京广播电台103.9、千龙网等多家媒体刊播队伍形象类、执法类、秩序类、交通安全宣传类、便民服务类等新闻355条。

（崔　妍）

【警务工作改革】 年内，组建了400人的交通保安员队伍，成立了23支交通综合执法小分队，共核录机动车8.7万辆，清理僵尸车265辆，涉牌车28辆，开展交通安全宣传活动120余场次，发放宣传材料6万余份。

（崔　妍）

【逃逸事故侦办】 年内，共上网立案逃逸事故52起，其中亡人逃逸事故11起，侦破10起；伤人逃逸事故27起，已破18起，处罚11起；财产损失逃逸案件14起，已破13起，处罚12起。

（崔　妍）

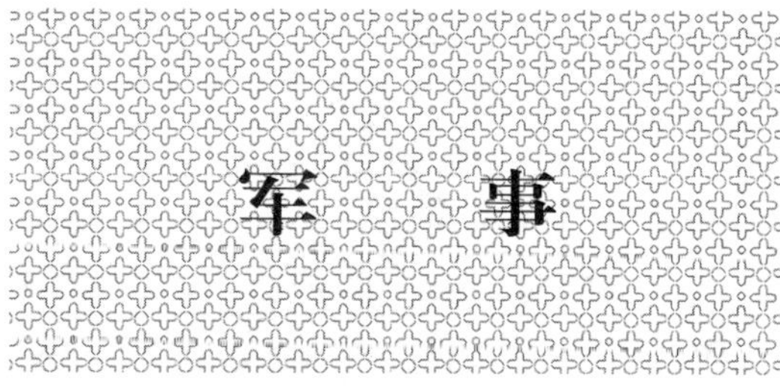

军　事

人民武装

【概　况】 2015年，按照军委“整顿、备战、改革、规划”的总体思路和整风整改总基调，着力在铸魂育人、聚焦中心、依法治理、强基固本、建强班子上下功夫见成效。在卫戍区党委首长和区委、区政府的正确领导下，在全体干部职工的共同努力下，各项工作任务推进顺利。

（石海峰　谭炳辰）

【教育宣传】 年内，围绕整顿思想、整顿用人、整顿组织、整顿纪律，认真组织开展“三严三实专题教育整顿”，下力纠治党委和领导干部中存在的问题积弊，广泛开展“学习践行强军目标、做新一代革命军人”主题教育活动，立起新一代革命军人新的形象标准。全方位清理涉郭涉徐信息，突出拥护支持改革、意识形态领域斗争和遵规守矩等教育，确保大家讲纪律、听招呼、守规矩。严格落实政治理论学习“五步法”，结合自身实际，灵活采取与上级同步、领导导读自学等方式，认真学习习主席系列重要讲话精神，人员政治素养得到了增强。同时，坚持深化普及国防教育，及时下发《民兵政治工作指示》和《国防教育要点》，扎实开展战备形势和职能使命等方面教育；投入16余万元，为国防机构和民兵营连部订阅《国防参考》、《中国民兵》等报刊杂志，丰富民兵文化生活，确保民兵队伍思想稳定、忠诚可靠。

（石海峰 谭炳辰）

【民兵组织建设】年内，投资60余万元，完善“三室一库”建设。分批次参加卫戍区组织的军事训练集训考核和军官军事素质认证考核。组织参加了冬季适应性野外训练，投入30万元完善民兵应急分队基础设施建设，8个敏感期65天共12200人次的安保执勤任务。征兵工作中，突出抓好“三类群体、三个依托”，组织开展了“青年大学生走军营”、“大学生士兵先进事迹报告会”等活动，并被北京市评为“征兵工作先进单位”。

（石海峰 谭炳辰）

【拥军优属】年内，协调80多名军转干部安置到公务员、参公单位和全额拨款事业单位；组织随军家属参加招聘会20余场次，共招录30名随军家属到社区岗位、20名随军家属到区属事业编岗位；积极协调解决263名现役军人子女到优质学校入学。为特警6团协调训练场地和营区改造，协调区法院为北京军区军人家属解决购房纠纷，帮助总后物资供应站和22团在与地方经济纠纷中免除经济赔偿，帮助军转干部创办企业挽回经济损失，化解八一电影制片厂在厂庆和拍摄“百团大战”时遇到的困难问题，为2名特招士兵办理退伍落户手续，建立6个军人军属法律援助工作站和联系点，借助纪念抗日战争暨世界反法西斯战争胜利70周年契机，组织国防教育宣讲团巡回宣讲12场次，组织区委组织部50余名干部到特警团参加“军事日”活动，组织各界参观抗日战争纪念馆（组织“9.3”阅兵将军领队、卫戍区机关参观）。8月，被市评为“拥政爱民拥军优属先进单位”。

（石海峰 谭炳辰）

【安全管理】年内，建立“四委”联动机制，坚持落实每季安全形势分析、每月安全教育、每月隐患排查等制度，突出对机要保密室、文印室、消防设施、装备仓库等5类重点要害部位以及重要时节、重点人员的安全防范。采取常态化安全巡查、“打钩式”安全检查等措施，加强对武器弹药、人员车辆、涉密载体、对外交往等方面的督导检查，认真抓好“田明建案件警示日”、“驾驶员警示日”等教育活动，不断提高人员管理、车辆驾驶、安全保密、房屋出租等重点部位的管理标准，及时整改消除安全隐患30余处，车辆连续两年实现无违章抄告，单位连续35年实现“双无”。

（石海峰 谭炳辰）

【经费保障】年内，保障工作经费130万元，民兵军事训练经费180万元，征兵经费65万元，两会执勤经费80万元及其他专项工作经费共计455万元；向卫戍区申请公务事业费130万元，民兵事业费180万元，有力保障了各项年度工作的顺利展开。清查非军产空余房屋租赁收入107.6万元，清退合同到期的西安街原办公楼房屋和原副部长杨卫平超占住房。

（石海峰 谭炳辰）

【年度征兵】6月-9月，针对夏季征兵与年度工作尤其是训练工作交叉重叠、应征青年兵源数量逐年下降、适龄青年体检合格率不高等实际情况，坚持做到不间断发动、全程化体检、公开化政审，通过海量公布北京市征兵网网址，协助高校“捆绑式”邮寄录取通知和征兵宣传手册，协调电视报刊等主流媒体滚动播报征兵信息，部领导深入驻区企业和高校全方位了解适龄大学生信息，做到网络化宣传唱主角，传统宣传不松劲，有效增强了宣传发动的覆盖面和影响力，定完善了《廉洁征兵十条措施》和“五公开、三公布”制度，组织街乡镇和高校征兵办向区征兵办签订廉洁征兵责任书，确保了兵源质量和廉洁征兵，完成275名兵员征集任务。

（石海峰 谭炳辰）

消防安全工作

【概　况】 2015 年，消防支队圆满完成了“两大安保”、国庆 66 周年、十八届五中全会等重大消防保卫任务。检查单位 12313 家，发现火灾隐患 6237 处，督促整改火灾隐患 6190 处，下发责令整改通知书 3698 份，责令三停 40 家；接处火灾报警 4059 起，出动车辆 7816 车次，出动警力 51009 人次，抢救被困人员 238 人，疏散被困人员 1165 人，抢救财产价值 269 万元，成功处置 1.29 百荣世贸商城火灾、6.10 北京物流运营中心火灾、6.30 大红门木材厂仓库火灾、7.12 宏达鑫鼎有限公司火灾等灾害事故。

（尤志鹏）

【消防安全宣传】 年内，给各社区负责人开会等渠道积极部署安保期间社区消防安全工作要点，实行一日三次巡查制度，对社区内的消防安全设施及存在的一些消防安全隐患进行了监督排查，采取入户式、宣讲式、一对一解答式等方法，向社区居民、群众讲述消防安保的重要性，为广大群众介绍火灾的危害、防范火灾事故的重要性，讲解家庭消防安全知识，特别是针对社区中正在暑期玩耍的孩子，以简单易懂，“童话”和“故事”的方式进行消防安全知识灌输，同时，向广大群众发放《家庭防火安全知识手册》、《消防安全常识二十条》等消防知识宣传材料。

（尤志鹏）

【冀岩带队检查节前消防安全】 2 月 16 日，区长冀岩带领由公安、安监、消防等相关部门组成的联合检查组，对辖区内部分人员密集场所消防安全进行了全面细致的检查。

（田　野　张　然）

【区领导除夕夜带队慰问消防官兵】 2 月 18 日除夕夜，区委书记杨艺文、区长冀岩率领区委、区政府一行到方庄特勤中队亲切慰问坚守在灭火救援执勤一线的消防官兵。

（杜亚飞）

【消防安全】 年内，区委、区政府先后召开办公会、专题会、防火委联席会议 70 余次，消防工作会议 2300 余次，区防火委印发各类文件 57 份。区委、区政府四套班子成员坚持在春节、“两会”、国庆、两大安保等重大活动、重大节日、专项行动及专项整治期间带队开展督导检查 170 余组次，检查各类单位 260 余家，各委办局、街乡镇共出动检查人员 37560 人次，组成检查组 7320 个，检查单位 14000 余家，发现问题 4130 处，督促整改 3616 处，检查记录 7756 份，督促自行停业 200 余家。

（马志永　焦荣豪）

【消防网格化管理】 年内，依托街乡镇、社区村和楼门院落为基础共建立 21 个大网格，358 个中网格， 4081 个小网格，实现了政府抓“面”，街乡镇抓“片”，部门抓“条”，社区村抓“角”，单位抓“点”的大、中、小三级消防工作网格。同时，消防支队还动员各街乡镇大力发展群防群治力量和消防志愿者，实现了 33320 名志愿者、87452 名群防群治力量，共计 12 万余名社会力量开展日常消防宣传和发现隐患工作，全面加强了社会面火灾防控工作，实现了消防网格化管理的全覆盖。

（马志永　焦荣豪）

【应急队伍建设】 5 月 20 日，消防支队开展了轻型救援队的应急拉动和人员器材的集结清点，救援队 30 名官兵携带个人防护装备和所需器材装备集结完毕后，支队司令部按照地震灾害应急救援人员及装备携行标准，对救援人员个人防护装备、通信设备、携行装备器材进行清点，对音频、视频、雷达生命探测仪、激光位移检测仪等装备进行了测试。同时，为全力做好后勤保障工作，支队后勤处采购了面包、压缩饼干、单兵自热饭、矿泉水等食品，及时做好补充应急生活物资准备工作，保证官兵能够以充沛的体力、旺盛的精力投入到应急救援工作中去。

（马志永　焦荣豪）

【救援演练】 开展灭火调研、“六熟悉”工作，调研石油化工单位84家，其中包括油库1家、天然气储存单位1家、液化石油气储存单位5家、易燃液体储存单位1家、加油站61家，加气站15家，摸清主要储存和生产石化产品的种类及数量，熟悉了单位建筑特点、道路水源、重点部位、内部消防设施及消防力量、成产工艺流程等情况，为应对石油化工单位灭火救援准备积累大量的实战数据。同时，消防支队加大实战演练工作力度，在专项行动期间，累计开展支队级演练4次，中队级演练80余次。

（马志永　焦荣豪）

【物联网建设】 对224家重点单位，进行安装感应装置，实现与消防指挥中心联动，同时制定《丰台区物联网建筑消防设施远程监控系统试运行期间管理规定》，落实消防安全重点单位的主体责任，提升单位建筑消防设施完好率，推动情报信息、防消联勤、远程监测、紧急服务等机制的落实。

（马志永　焦荣豪）

【职业技能鉴定】 年内，按照消防总队要求启动灭火救援、通信与计算机、汽车驾驶、车辆装备保障等四个专业士兵职业技能鉴定工作，最大限度的确保消防官兵通过职业技能鉴定，取得国家职业技能资格。

（马志永　焦荣豪）

【扑灭6.30木材厂火灾】 6月30日，成功扑灭“6.30”木材厂火灾，保住了火场北侧200余户居民平房区、火场西侧仓库及邻近幼儿园、火场南侧10000余平方米仓库及储存有105吨甲醛、50吨苯酚的化工厂，消除了火灾隐患。

（马志永　焦荣豪）

【消防实战联合演练】 12月4日，在北京政务服务中心开展实战联合演练，共有5个中队的12部车辆和60名警力参与了此次演练，区政府及政务中心相关领导到场进行了观摩。

（马志永　焦荣豪）

【第二十五届119消防宣传月启动仪式】 11月5日，消防支队在大红门地区银泰百货广场前举行第二十五届119消防宣传月启动仪式。区委、区政府、区公安分局领导出席仪式，防火委成员单位、各委办局、街乡镇主要领导，消防关爱群体、消防志愿者、义务消防队员、消防官兵代表共计600余人参加活动，发放了消防宣传书籍和防火器材。

（马志永　焦荣豪）

【张大鹏消防执勤青年突击队成立】 8月21日，消防支队“张大鹏消防执勤青年突击队”成立，突击队以灭火救援、维稳处突、部队管理“三个零失误”为目标，以“三个无缝衔接、三大教育主题、三条纪律红线”工作模式为牵引，全力攻坚“两大安保”。“两大安保”期间，突击队员累计开展口头汇报、书面汇报40余人次，集体讨论3次，完善规章制度4条，100%签订责任状，100%完成任务。

（马志永　焦荣豪）

【军营夏令营】 7月20日，消防支队组织开展了第二季“宝贝去哪儿”军事夏令营活动，共有来自消防支队机关和基层中队的官兵子女共20人报名参加此次活动。“宝贝去哪儿”军事夏令营活动为期一周，采用军事化管理，孩子们的一日生活都在军营中进行，目的就是为了让孩子们体验军营生活，感受军旅氛围，培养良好习惯，让孩子们养成军人的气质与习惯，学会独立，能够健康快乐的成长。

（马志永　焦荣豪）

民 防 工 作

【概　况】 2015年，围绕市区中心工作，以首都人民防空军事斗争准备为牵引，把“三严三实”专题教育活动与民防发展新情况相结合，着力加强指挥通信体系建设，全力做好人防工程安全管理和利用，大力加强民防法制建设，不断拓宽防空防灾宣传教育渠道，切实抓好党风廉政建设，人防工程综合整治超额完成任务，战时防空、平时防灾、应急救援的能力不断增强。

（郑建丽）

【人防工程清理整治】 年内，积极落实市区政府工作部署，将每年关停100处工程的工作目标列入市、区两级政府折子工程，采取“5+2”、“早加晚”方式不间断宣传、不间断约谈使用人，不间断动员住户搬离、适时进行水电检修等办法，有效地促进了关停工作。共约谈使用人352人次，喷涂宣传标语及“拆”字25处，清退房间5042间，清退居住人员6058人，关停人防工程106处。

（郑建丽）

【人防工程网格化管理】 5月18日，将人防工程全部纳入网格化管理，按照社区（村）网格员、街道（乡镇）民防办、区民防局三级管理模式逐级开展工作，夯实了人防工程管理的基础。

（郑建丽）

【人防工程安全管理】 年内，完成31处、12.6万平方米的人防工程竣工验收备案，完成29处人防工程的改造行政许可，对112处人防工程进行维修维护。检查人防工程3772余处，出动检查人员4228人次，发放检查文书485份，组织联合执法23次，发现并整改隐患993余处。处理信访件18封，热线举报342件。

（郑建丽）

【人防工程公益便民利用】 年内，批准75处人防工程作为汽车库使用，为社区居民提供停车位13209个。利用人防工程建设了方庄餐饮职工之家、环卫职工之家，同时为文联、食药局解决了库房，为东铁匠营办事处提供社区用房，为广电中心解决了设备用房，拟投入利用的人防工程有20余处。

（郑建丽）

【遂行应急通信保障任务】 年内，出色完成了京港澳高速岳各庄桥下供水管线爆裂抢修的应急通信保障工作及“两节”、“国庆”和纪念抗日战争胜利70周年纪念活动等重点时期的应急通信保障任务。

（郑建丽）

【民防知识宣传】 年内，利用不同宣传手段扩大民防的宣传领域，与市民防局宣传教育中心、丰台有线联合拍摄“民防时空”专题宣传栏目，在丰台有线黄金时间播出达30集。与市民防局、右安门翠林一里社区共同举办了《魅力北京、平安民防、和谐翠林》民防安全知识消夏晚会，丰台有线及社区报对活动进行了报道。开通了“丰台民防平安卫士”官方政务微博，在公众中既普及和传播了防空防灾知识，又提供了一个开放平等的平台。联合区教委开展了公共安全及民防知识竞赛，强化了师生公共安全知识和民防意识。

（郑建丽）

【干部队伍建设】 年内，按照《丰台区科级领导干部选拔任用工作办法》，对8个科级实职岗位、4个虚职岗位进行了选拔，选强配齐了科级干部队伍。对事业单位6个职位进行公开招聘，招聘了2名研究生学历和4名本科学历的专业技术人员，干部队伍更加年轻化、专业化。

（郑建丽）

农村经济和农业

农村经济

【概　况】2015年，全年实现农林牧渔业总产值1.9亿元，比上年下降26.3%。其中，林业产值1亿元，下降21.5%；花卉产值2450万元，下降22.9%。全区粮食播种面积1295亩，比上年下降33.5%；粮食产量387吨，增长0.1%；粮食亩产298.7公斤，增长50.4%。蔬菜产量2872吨，下降25.6%；鲜蛋产量396吨，下降41.9%；牛奶产量219吨，下降53.1%；水产品产量18吨，下降41.9%；干鲜果产量1205吨，下降14.6%；出栏生猪1985头，下降38.3%。全区农业观光园15个，比上年增加3个；全年共接待136万人次，比上年增长99.7%；实现总收入6397.3万元，增长2.1倍。全年实现农村经济总收入362.5亿元，同比增长4%；税费15.7亿元，同比增长6.4%；农村居民人均纯收入24628元，同比增长9.2%。全年农村地区引进亿元以上企业20家。农业观光园接待136万人次。

（刘凯丽）

【落实农业补贴政策】年内，全区粮食直补、农资补贴84438.5元，其中：粮食直补资金27856元，农资综合补贴资金48977.5元，中央财政良种补贴资金8705元。补贴面积（玉米）870.5亩，共涉及6个村。全区享受基本农田保护补贴面积7928.2284亩，基本农田流转补贴面积12113.1987亩，共涉及王佐镇和长辛店镇14个村，补贴资金共计5197519.68元。新购置4台30马力拖拉机，总金额113200元，享受补贴56600元。

（刘凯丽）

【无公害认证与标准化建设】年内，共有7家无公害认证企业，位于河西地区，认证面积77公顷，包括粮油、蔬菜种类在内的认证产品共32个。其中6家为市优级标准化蔬菜生产基地。河东地区的花乡有1家市良好级标准化基地。

（刘凯丽）

【农业政策性保险】年内，由人保财险丰台支公司承保花乡和长辛店镇区域，中华联合保险公司承保卢沟桥乡、南苑乡、王佐镇区域。全区政策性农业保险投保总面积1818亩，共涉及9个险种，总保费121.16万元，区级补贴资金24.23万元。

（刘凯丽）

【动物防疫】年内，动物诊疗机构49个，饲料生产企业3家，大中型动物产品经营性冷库7家，兽医实验室1家，乳制品加工企业1家，兽药经营企业5家。对高致病性禽流感、口蹄疫、猪瘟、鸡新城疫实施强制免疫，免疫率达100%，采样454份，监测1159项次，检疫净化3174头/只/匹家畜，全区未发现重大动物疫病阳性病例。累计向各乡镇和养殖场户发放强制免疫疫苗 27 万毫升，防疫物资 1.45 万余件；组织开展养殖场环境消毒、除虫、灭鼠 4 次，发放消毒药 3.3 吨。圆满完成 2015 年申办 2022 冬奥会、2015 年世界田径锦标赛、纪念人民抗日战争暨世界反法西斯战争胜利70周年大会等重大活动期间，以及全国“两会”，党的十八届五中全会、国庆 66 周年等重要时期动物卫生安全保障工作。配合公安部门开展无主动物收容。

（刘凯丽）

【行政许可审批】 年内，受理办结行政审批事项 699 件，按时办结率 100%。其中动物产品检疫受理办结 420 件，农业植物的产地检疫及农作物调运检疫受理办结 247 件；农业机械牌照、驾驶证核发受理办结 27 件，动物诊疗许可证核发受理办结 5 件。

（刘凯丽）

【农产品质量安全监管】 年内，组织执法单位开展“病死动物无害化处理专项整治”、“饲料、兽药、农药及肥料等投入品安全监管和专项检查行动”、“无公害农产品及地理标志农产品标志使用专项检查”、“丰台区 2015 年农资打假专项治理”等专项行动；共开展执法检查 1079 次，出动执法检查人员 2920 余人次，检查各类生产与经营单位 2003 家次，查获违法农药 252.1 公斤，没收违法所得 763 元，做出处罚案件 10 起，处罚款 28600 余元，责令改正 26 起。对经营不规范的单位提出书面及口头警告 32 个；全面落实产地检疫工作制度，共发放各类检疫证明 21.4 万份；产地检疫各类动物 22586 只，动物产品 7.5 万吨；共采集饲料、蛋、乳、尿液样本 529 份，进行三聚氰胺、克伦特罗、莱克多巴胺、沙丁胺醇、硝基呋喃、黄曲霉素、苏丹红、链霉素、磺胺类、卡那霉素、林可霉素、庆大霉素、红霉素、氯霉素、佛喹诺酮等各类检测，经检测全部样本均未发现问题。

（刘凯丽）

【农村法制宣传】 年内，组织12个基层执法单位、相关乡镇农产品质量安全管理站开展了“3.15消费者权益日”、“食品安全宣传周”、“放心农资下乡进村宣传周”、“春季农资打假”、“谁执法谁普法”等宣传活动20余次，共发放宣传手册、宣传材料6万余份。

（刘凯丽）

【举办第二十三届北京种子大会】 10 月 15 日至 18 日，举办第二十三届北京种子大会，主会场设在大成路九号酒店，分会场在丰台体育中心、新品种展示基地和鲜食玉米品种展示区。本届大会由中国种子贸易协会、北京市种子协会、丰台区种子协会三级协会主办。共举办 8 项主题活动：开幕式、产业论坛、招待晚宴、新品种展示观摩、企业形象展示、现货交易、京津冀沪渝种业成果展、鲜食玉米专场。大会参展企业 800 余家，展示品种 813 个，交易品种 5000 余个，交易内容涵盖大田类、蔬菜花卉类种子以及农资、机械、农业图书等多个领域，总交易金额估算达 5 亿元。

（刘凯丽）

【推进“减煤换煤、清洁空气”行动】 年内，全区减煤换煤5.79万吨，超额完成市政府下达的目标任务。其中，优质无烟煤订购3.01万吨（蜂窝煤1.02万吨，煤球0.2万吨，块煤1.79万吨）。平房拆迁上楼5309户，压减燃煤1.59万吨。拆违建99.18万平方米，压减燃煤1.09万吨。煤改电337户，压减燃煤0.1万吨。

（刘凯丽）

【推进农村城市化】 年内，重点村宅基地、集体企业搬迁基本完成，回迁房竣工率 100%，4.2 万人实现回迁。白盆窑北地块、石榴庄二期，槐新一期 A、B 组团等地块完成供地，入市建筑规模 108 万平方米，成交价 305.85 亿元，政府收益 144.11 亿元，同时配建保障房 29.5 万平米。一绿地区累计实施绿化 2380.88 公顷，完成总任务的 65.68%。

（刘凯丽）

【经济薄弱村帮扶】 年内，投入1825.8万元支持经济薄弱村9个民生和基础设施项目建设，包括赵辛店村朱家坟菜市场升级改造、大灰厂村、庄户贺照云村道路翻修改造、西庄店村环境综合整治等工程。

（刘凯丽）

【实施“三起来”工程】 年内，投入754.91万元在长辛店镇李家峪村麦秀农业观光园和王佐镇魏各庄村洛平精品采摘园分别安装1座60kwp(千瓦)、1座70kwp(千瓦)太阳能发电系统，球场灯、路灯、庭院灯228盏；投入48.15万元在河西两镇为有需求的8个村共安装了LED节能路灯450盏；投入61.95万元用于维修维护太阳能路灯。

（刘凯丽）

农村经济管理

【概　况】 2015年，全区农村经济总收入、税金、农民人均所得等主要指标均实现不同程度的增长，分别增长4%、6.4%和9.9%。全年完成总收入362.5亿元，同比增加14.1亿元，增长4%。其中：主营业务收入完成342亿元，同比增加11.7亿元，增长3.5%。集体经济增幅提高，实现总收入126.6亿元，同比增加3.8亿元，增长3.1%，增速与上年同期相比上升1.2个百分点。非公经济总量继续增加，实现总收入235.9亿元，同比增加10.2亿元，增长4.5%。第三产业所占比重继续加大，对农村经济的支撑和带动作用进一步增强，主体地位明显提高。第一、二、三产业分别完成收入2.6亿元、57.2亿元、282.1亿元，第一、二产业所占比重分别为0.8%和16.7%，同比分别下降0.7和2.1个百分点，收入减少4.2亿元，下降12.2%。第三产业实现收入同比增加18.8亿元，占主营业务收入的比重82.5%，同比上升2.8个百分点。年内，农村经济实现利润21.3亿元，与上年同期减少2704万元，下降1.3%。集体经济实现利润14.5亿元，比上年同期减少1.1亿元，下降7.2%。其中村组织实现利润6.2亿元，比上年同期减少近2.8亿元，下降31%。非公经济利润实现快速增长，实现利润6.8亿元，比上年同期增加0.85亿元，同比增长14.3%。从各产业实现利润情况来看，第一、二、三产业分别实现利润0.3亿元、1.1亿元、19.9亿元，所占比重分别为1.6%、5.1%、93.3%，与上年同期相比，第一、二产业所占比重分别上升0.7和0.4个百分点，第三产业受村组织利润大幅下降的影响，所占比重下降1.1个百分点，仍是三个产业实现利润的主体。年内，农村经济应交税金实现稳步增长，共完成15.7亿元，比上年同期增加0.9亿元，同比增长6.4%。其中：增值税完成近1.4亿元,下降4.3%；所得税完成近3.6亿元,增长22%；营业税完成4.9亿元, 增长7.7%；其他税金共完成5.9亿元,增长0.4%。集体完成应交税金8.3亿元，比上年同期增加0.7亿元，增长9.5%，比上年同期上升了5.5个百分点。非公经济完成税金7.4亿元，比上年同期增加0.2亿元，增长3.2%，与上年同期4.6%的增幅相比，下降1.4个百分点。从各产业完成税金情况来看，第一、二、三产业分别完成税金0.2亿元、3.3亿元、12.2亿元，分别占税金总额的比重为1.3%、21%、77.7%。与上年同期相比，一产所占比重上升0.3个百分点，二产所占比重与上年持平，三产所占比重下降0.3个百分点。其中服务业完成税金11.1亿元，比上年同期增加0.8亿元，增长8.2%，占税金总额的70.8%，所占比重比上年上升1.2个百分点。年内，农民人均所得23453元，与上年同期相比增加2106元，增长9.9%。其中从集体所得为17952元，比上年同期增加1664元，增长

10.2%，占人均劳动所得的76.5%，比上年同期上升0.2个百分点。

（葛伯祥）

【农村集体资产运营】 年内，农村集体资产总额1067亿元，比上年同期增加67.1亿元，同比增长6.7%。其中：乡级集体资产总额为109.7亿元，比上年同期增加12.9亿元，同比增长13.3%，占全区农村资产的10.3%；村级集体资产总额为957.4亿元，比上年同期增加54.2亿元，同比增长6%，占89.7%。农村集体所有者权益为335.6亿元，比上年同期增加22.7亿元，同比增长7.2%。其中：乡级集体所有者权益为39.3亿元，比上年同期增加0.7亿元，同比增长1.9%；村级集体所有者权益为296.3亿元，比上年同期增加21.9亿元，同比增长8%。人均所有者权益超过40万元的村有14个，比上年同期增加1个，花乡六圈村最高，为201.7万元；超过10万元的村共有35个，比上年同期增加1个，其中卢沟桥乡有12个、花乡有10个、南苑乡有10个、王佐镇有2个；人均所有者权益在万元以下的村有8个，比上年同期减少1个，其中卢沟桥乡2个、花乡1个、长辛店镇4个、王佐镇1个。

（葛伯祥）

【农村劳动力分布】 年内，农村劳动力总数为88778人，其中就业人数为83025人,就业率为93.5%，比上年提高0.8个百分点。在集体就业的有59509人，占就业劳动力的71.7%，集体安置仍是农村劳动力就业的主渠道，其中在村集体就业的有56570人，占就业劳动力的68.1%。待业人数为5753人，失业率为6.5%，比上年同期下降0.8个百分点。

（葛伯祥）

【农村集体合同清理规范】 年内，共检查乡镇级集体经济组织合同120份，涉及合同年租金3475万元，合同总金额5.1亿元。

（葛伯祥）

【农村集体产权交易】 年内，共完成产权交易总额4.5亿，占全市产权交易资产类成交总金额的88%。其中，花乡草桥村欣园二区回迁房底商项目溢价4.8%，合同期内溢价总额为1650万元。

（葛伯祥）

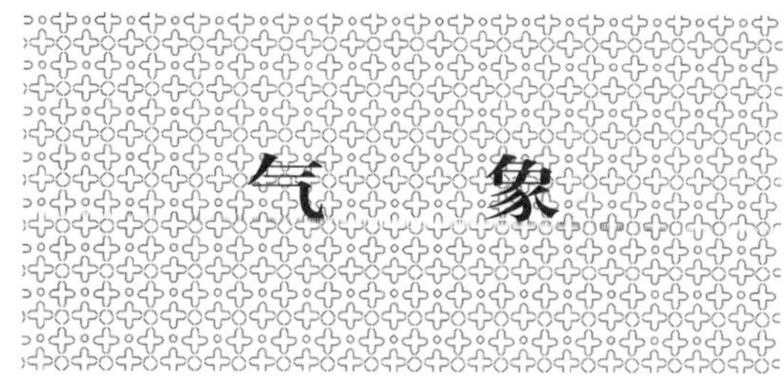

气　象

【概　况】 2015年，丰台区气象灾害防御中心经过丰台区编委会批准成立，委托丰台区气象局代管。完成南苑区域自动气象站建设，实现丰台区自动气象站乡镇全覆盖。发送决策服务材料1279期、公众气象服务材料1319期、气象短信104万人次、各类气象预警信156期。做好重大气象服务保障工作，完成2015年北京国际风筝节（丰台站）活动、2015年园博园“彩色跑”活动、2015北京国际铁人三项世界锦标赛的气象保障工作。完成《伟大胜利 历史贡献，纪念中国人民抗日战争暨世界反法西斯战争胜利70周年主题展览》启动仪式及参观活动的气象保障工作。完成北京市第29届卢沟桥醒狮杯越野跑比赛、“卢沟晓月 中秋传情”赏月活动的气象保障工作。

（汤稚音　宋　甫）

【气候评价】 2015年平均气温为14.0℃，比常年（1981年-2000年）平均值（12.7℃）偏高1.3℃。年极端最高气温39.2℃（7月13日），年极端最低气温-9.5℃（12月28日）。1月-5月、8月-10月、12月平均气温比常年同期偏高，其中1月、3月比常年同期明显偏高（分别偏高3.2℃、2.8℃），6月、7月平均气温接近常年同期平均值，11月平均气温比常年同期偏低。全年极端最高气温大于等于35℃的天数为7天（常年为8.7天）。全年降水量为677.4毫米，比常年平均（537.4毫米）偏多26%，比2014年（429.8毫米）偏多58%。1月、3月、8月和10月降水比常年同期偏少，其余月份均比常年同期偏多，其中2月、9月、11月和12月降水比常年同期明显偏多（分别偏多187%、167%、451%、112%）。主汛期6-8月降水为397.3毫米，比常年同期（383.8毫米）偏多4%。年内丰台国家气象站降水日数（日降水量大于等于0.1毫米的日数）为90天，日最大降水量为59.5毫米（7月28日）。年度日照时数为2416.7小时，比常年平均值（2426.2小时）偏少9.5小时。

（宋　甫）

【灾害性天气】 年内，发生的气象灾害主要有暴雨、大风、沙尘、霾等。暴雨（日降水量在50毫米以上）日数为3天，大风日数为4天，沙尘日数为3天，其中，4月15日北京市部分地区出现2003年首次沙尘暴天气，全区为浮尘天气，最低能见度为1395米。较明显的霾天气过程（轻度-中度霾及以上）共出现过27次。

（宋　甫）

【依法行政和社会管理】 年内，开展执法检查126次，其中防雷安全执法检查111次，施放气球安全执法13次，气象信息传播执法2次。牵头组织开展西南片区联合执法行动4次。对现场执法检查过程中发现的违规现象以简易程序办理行政处罚案件3件。共办理防雷设计审核行政许可37份，防雷竣工验收行政许可22份，施放气球行政许可374份。全年受理率和办结率100%，每项许可均在法定时限和承诺时限前办结。

（汤稚音　康建祺）

【气象科普】 年内，以气象科普知识、气象法律法规、气象防灾减灾常识为重点宣传内容，通过“3.23”世界气象日和“5.12”全国防灾减灾日、“6.16”安全生产月和“9.23”全国科普日等主题活动现场宣传，电视台节目、报刊、微博等公共媒体宣传，执法过程中发放宣传材料，向街道赠送科普材料等主要途径开展气象科普宣传。推进气象防灾减灾科普知识“进社区”、“进农村”、“进学校”、“进公园”等，举办“3•23”气象日开放活动，长安新城小学四年级100余名师生及部分家长代表走进气象局参观，与云西路社区和长安新城小学签订共建意向书，在云西路社区、城乡广场、小屯公园、丽泽中学、卢沟桥文化广场等开展气象防灾减灾科普宣传。在《丰台报》开展气象科普专版宣传16篇，开通“丰台气象”官方微博、微信群。

（汤稚音　宋　甫）

工　业

区属工业

丰台区经济和信息化委员会

【概　况】 2015年，丰台区规模以上工业企业共实现工业总产值340.5亿元，同比下降1.5%，占北京市总产值的1.8%；在全市16个区县及开发区中，有13个区县呈下降态势，丰台区降幅最小。实现工业销售产值342.9亿元，同比上升0.1%，其中，实现内销产值331.1亿元，同比增长0.8%，实现出口交货值11.8亿元，同比下降15.4%。

现代制造业实现工业总产值171.9亿元，同比下降0.7%；高技术产业实现工业总产值78.1亿元，同比增长11%。

前十大行业中，同比有电力、热力生产和供应业，计算机、通信和其他电子设备制造业，汽车制造业，专用设备制造业及医药制造业等5个行业产值实现增长，铁路、船舶、航空航天和其他运输设备制造业，仪器仪表制造业，非金属矿物制品业，通用设备制造业及橡胶、塑料制品业等5个行业产值出现下滑。

全区大型企业实现工业总产值63.1亿元，同比下降10.9%，占全区的18.5%；中型企业实现工业总产值130.5亿元，同比上升5.8%，占全区的38.3%；小型企业实现工业总产值145.2亿元，同比下降2.2%，占全区的42.6%；微型企业实现工业总产值1.8亿元，同比下降45.1%，占全区的0.5%。

按照企业经济类型划分，全区呈现出股份制企业为主体，国有企业、外资企业等多种形式企业共同发展的格局。年内，全区国有企业完成工业总产值2.8亿元，同比下降9.3%，占全区总产值的0.8%；集体企业完成工业总产值2.2亿元，同比增长63.9%，占全区总产值的0.6%；股份合作企业完成工业总产值2.3亿元，同比下降15.8%，占全区总产值的0.7%；股份制企业完成工业总产值294亿元，同比上升0.5%，占全区总产值的86.7%；外商及港澳台商投资企业完成工业总产值37.8亿元，同比下降15.2%，占全区总产值的11.4%。

全区轻工业实现工业总产值66.1亿元，同比增长20.7%，实现销售产值65.5亿元，同比增长21.1%；重工业实现工业总产值277.4亿元，同比下降5.7%，实现销售产值277.4亿元，同比下降3.8%。

（王　雪）

【强化党风廉政建设的主体责任】 年内，研究出台《丰台区经济和信息化委员会落实党风廉政建设责任制主体责任实施方案》，成立区经信委反腐倡廉建设领导小组，梳理各级责任清单212项，逐级分解责任，传导压力，在全区率先实行“制度上墙”，张贴了

“一张图让您看懂丰台区经济和信息化委党风廉政建设责任制”。

（王　雪）

【健全内控制度体系建设】年内，出台了《区经信委干部谈心谈话制度》、《区经信委办理人大建议、政协提案制度》、《区经信委党组议事规则》、《区经信委理论中心组学习制度》等系列制度文件，形成以制度管权、管事、管人的氛围。

（王　雪）

【推进权力公开透明运行】 年内，依法依规建立健全权力清单制度，将中小企业服务中心人员招聘、中小企业专项资金、信息化项目审批等纳入 2015 年廉政风险点，深化廉政风险防控体系建设。

（王　雪）

【深化创新型党组织建设】 年内，号召年轻党员参加全区“五四青年风采大赛”、“先锋演讲大赛”等活动；组织党员赴中国人民抗日战争纪念馆、2015 中国智慧城市国际博览会参观学习；参加纪念抗日战争胜利七十周年、世界田径运动会服务保障工作；向区委组织部申报的“青年岗位创新工作站”获批为全区 2015 年—2016 年党建创新项目中的重点培育型项目，并由区委组织部、广电中心联合为区经信委拍摄了党员教育电教片《青春的定义》。

（王　雪）

【全力疏解非首都功能】 年内，落实北京市及丰台区有关新增产业的禁止和限制目录相关规定，控制不宜发展的产业增量；对两千余家企业进行调研，梳理排查工业企业底数；完成 23 家企业的调整退出工作，超额完成全年 19 家的退出任务。

（王　雪）

【构建“高精尖”产业结构】 年内，落实区委十一届七次全会提出的制定丰台区大力推进创新创业“1+N”政策体系的要求，牵头起草了《丰台区关于大力推进创新创业的实施意见》。

（王　雪）

【推动应急产业、特色产业快速发展】 年内，贯彻国务院《关于加快应急产业发展的意见》精神，结合北京市“四个中心”（全国政治中心、文化中心、国际交往中心、科技创新中心）定位，及时与新兴际华沟通，将应急产业原有的“两园两院一联盟一中心”（两园：应急救援科技创新园、应急救援科技产业园；两院：应急救援中央研究院、新兴际华集团应急救援技术工程研究院；一联盟：北京应急救援产业技术创新战略联盟；一中心：北京应急救援科技企业孵化中心）项目，调整为打造“安全谷”项目；组织以中关村科技园区丰台园为主体成功申报首批国家应急产业（专业）示范基地；协助国家工信部在丰台区召开中国首届应急产业发展大会；协调应急产业技术联盟组织区内应急特色优势企业参展首届应急产业发展大会。北京电视台等媒体对大会、丰台区参展企业及丰台区应急产业发展现状进行了重点宣传报道。

（王　雪）

【推动轨道交通军民融合特色产业快速发展】 年内，大力推进人才专项项目，组织开展丰台区轨道交通产业集群人才培育工程；组织推荐丰台科技园区轨道交通产业申报国家高端装备制造业标准化试点，推动产业链技术标准化，提升轨道交通产品的竞争力和运行效率；推进北车二七“轨道交通科技创新城”建设和中关村军民科技协同创新孵化中心建设。

（王　雪）

【推动中小企业健康发展】 年内，研究提出《丰台区“十三五”期间中小企业发展思路与举措》，制定了《丰台区“十三五”时期中小企业发展促进规划》。

（王　雪）

**【推动“专精特新”中小企业的创新和集聚

发展】年内，完成了《丰台区“专精特新”企业认定标准》和《丰台区“专精特新”企业创新创业示范基地管理办法》、《丰台区中小企业创新创业公共服务平台管理办法》的文件修订工作，启动“专精特新”企业认定工作，共有39家企业被认定为丰台区“专精特新”企业；研究出台了《丰台区关于鼓励乡镇楼宇建设“专精特新”企业创新创业示范基地的实施意见》，引导鼓励社会资本加快“专精特新”企业基地建设和发展。

（王 雪）

【优化中小企业服务体系】 年内，推动区中小企业成立“丰台区中小企业创新创业促进会”，为丰台区中小企业的发展提供资金、项目、培训、空间和市场“五个服务”。

（王 雪）

【强化中小企业宣传和人才培训】 年内，编印了《丰台区“专精特新”企业》500册向各委办局、街乡镇及企业发放；梳理各级部门关于支持中小型企业发展相关政策，编制《促进中小企业发展政策汇编》和《促进中小企业发展政策解读》，帮助中小企业了解和掌握国家、北京市以及丰台区关于支持中小企业发展的各类专项资金及申报条件、要求、流程；举办丰台区中小企业创新创业系列培训、高新技术企业认定复审及企业融资政策解读培训，培训人数800人次。

（王 雪）

【参加首届中国智慧城市国际博览会】 年内，组织相关单位以“智能·融合·绿色——丰台实践”为主题，参加了首届中国智慧城市国际博览会，展出了丰台区“智慧丰台”建设成果。

（王 雪）

【创新解决中小企业融资难题】 年内，与建行丰台支行、区中小企业创新创业促进会对接“助保贷”融资产品，搭建“企业互助互保、政府有限担保、银行优惠贷款”的创新融资平台，满足有发展潜力的中小企业融资需求。推荐丰台区企业申报北京市中小企业发展专项资金服务体系建设项目，共申请财政资金1008万元；组织企业申报2015年丰台区中小企业发展专项资金，2家平台项目、6家信息化提升项目获得专项资金支持998.6万元；组织推荐47家企业的75个贴息项目申报2015年北京市中小企业发展专项资金创新融资项目资金，融资总额12.7亿元，同比增长84%。

（王 雪）

【全面启动“智慧丰台”重点项目建设】 年内，编制了《丰台区“十三五”信息化发展规划》；制定出台了《丰台区信息化滚动规划（2015）》；编制印发了《2015年度丰台区政府投资信息化项目实施指南》，规范指导项目实施建设；完成丰台区统一政务云数据中心、统一综合办公服务平台建设；启动电子政务外网一期建设。

（王 雪）

【启动信息化专家库建设】 年内，编制完成了《丰台区信息化评审专家库管理办法》和《丰台区信息化咨询专家库管理办法》，启动信息化专家库建设。

（王 雪）

【统筹规划移动基站建设】 年内，编制印发了《2015年丰台区通信基础设施统筹建设工作方案》，确认第一批217个新建基站的目标和要求，解决基站统筹建设过程中遇到的问题，协助街乡镇拆除违法基站10根。

（王 雪）

【信息安全和通信应急】 年内，现场调研全区26家单位，从网络、主机、系统等层面进行安全测评，发现潜在风险；对37家政府网站进行了远程漏洞扫描和检测，提出了建设性的整改意见，推进了区信息安全总体环境提升。

（王 雪）

【无线电管理与宣传】 年内，完成2015年无线电宣传工作，提升公众及广大无线电用户对无线电管理工作的认知水平和依法使用无线电的法律意识，普及无线电站设立、选址等相关知识，提高区公众对“光进铜退”工作重要性的认识。

（王　雪）

中央市属工业

首都航天机械公司

【概　况】 首都航天机械公司隶属于中国航天科技集团公司运载火箭技术研究院，是中国规模最大的运载火箭和导弹武器总装集成企业，唯一的氢氧发动机制造企业。是航天企业第一家被推荐注册具有承担总装备部装备承制资格的单位。公司科研生产区总占地面积 171.6 万平方米，总建筑面积 49.2 万平方米，资产总额 106.4 亿元。下属 2 个全资子公司和 4 个控股子公司，公司本级下设 1 个总装事业部、21 个车间、32 个处室，拥有 80 多个专业，130 多个工种和 12847 台套设备仪器。现有从业人员 6341 人，在岗职工 5578 人。2015 年全年实现营业收入 39 亿元，军民品质量体系、职业健康安全管理体系、环境管理体系，以及军工一级保密资格单位等通过国家认证。连续 12 年获“中国机械 500 强”称号。公司员工高凤林被评为全国劳动模范、丁鹏飞获 2015 年全国百佳首席信息官称号、十一车间工艺技术组被授予全国“巾帼文明岗”称号。

（刘玉光）

【北京首航科学技术开发有限公司正式运营】 1 月，北京首航科学技术开发有限公司正式运营。该公司是由原北京首航技术开发公司改制并更名的公司，性质由全民所有制变更为有限责任公司（法人独资），并成立股东会、董事会和监事会，规范了法人治理结构，为其发展提供决策支撑。

（刘玉光）

【长征五号运载火箭芯一级动力系统试车圆满成功】 2 月 9 日，长征五号运载火箭芯一级动力系统第一次试车取得圆满成功。此次芯一级动力试车作为中国首次 5 米直径模块的动力系统大型试验，是长征五号火箭风险最高、规模最大的地面试验，这是继长征系列运载火箭实现 200 次发射后的又一次重大试验，是长征五号火箭研制过程中的里程碑，为后续探月三期、载人航天工程的顺利实施奠定了坚实基础。

（刘玉光）

【委内瑞拉航天局局长到公司参观交流】 3 月 13 日，委内瑞拉航天局局长维克托·卡诺、执行局长马里安诺·因博特、委遥二号星委方技术负责人雷克索·莫拉雷斯一行三人到公司参观交流。来宾首先与院宇航部、院天津新区管委会领导进行了座谈交流，随后参观了贮箱焊接装配车间、全箭振动试验塔以及总装测试车间。

（刘玉光）

【英国埃克塞特大学校长一行参观火箭总装车间】 3 月 25 日，英国埃克赛特大学校长史密斯一行参观火箭总装车间，院长李洪、副院长杨双进，公司领导马惠廷、丁鹏飞陪同参观并进行了交流。会上播放了一院的宣传片，交流后参观了火箭总装现场。史密斯听取了火箭总装工作介绍并进行了有关战略合作的现场交流。

（刘玉光）

【远征一号遥一首飞获得圆满成功】 3 月 30 日，长征三号丙遥十一火箭、远征一号遥一上面级在西昌卫星发射中心顺利发射，成功将卫星送入预定轨道，远征一号遥一首飞取得圆满成功。远征一号上面级被称为“太空摆渡车”，可将一个或多个航天器直接送入不同轨道，此次是中国首次采用该项技术执行中高轨道航天器发射任务。它的首飞成功将为正在研制的远征一号甲、远征二号等系列型号提供大量的技术和理论支持。

（刘玉光）

【退休职工社会统筹养老金增长】 3月，公司4872名退休职工社会统筹养老金调整，每月人均增长356元，调整后公司退休人员的平均社会统筹养老金水平提高到3952元/月。此次调整从2015年1月1日起执行，1、2月增加的养老金随3月份养老金同时发放到位。

（刘玉光）

【公司员工高凤林被评为全国劳模】 4月28日，在2015年庆祝“五一”国际劳动节暨表彰全国劳动模范和先进工作者大会上，公司员工高凤林当选全国劳动模范，中央政治局常委、国务院总理李克强为高凤林颁发荣誉证书。

（刘玉光）

【公司六西格玛管理工作再创佳绩】 4月，公司有三项绿带级别六西格玛项目被评为“2014年度中国质量协会质量技术奖六西格玛优秀项目”。该三项绿带级别六西格玛项目分别为：降低轴套零件硬质阳极化零件报废数（十一车间）、降低某型号推力室头部氢氧喷嘴间隙超差率（十四车间）、提高新一代运载火箭蓄压器膜盒的氦检直通率（二十三车间）。

（刘玉光）

【获央企政研会优秀成果二等奖】 4月，根据中央企业党建思想政治工作研究会下发文件，对2013年至2014年优秀研究成果和课题研究优秀组织单位进行表彰，公司政研成果《航天企业舆情全息管理系统的研究与构建》获二等奖，是一院唯一获奖成果。此次评选共评出一等奖40个、二等奖80个、三等奖124个及18个课题研究优秀组织单位。集团公司共有11个成果获奖。

（刘玉光）

【首个自动铆接筒段壳体产品下架】 5月12日，首个直径3.35米全自动铆接筒段壳体产品下架，这是公司第一个全自动铆接产品，标志着公司已具备全自动铆接能力。该产品将用于长征三号甲系列运载火箭的飞行试验。

（刘玉光）

【北京航天卓越精密机械制造有限公司股东大会选举产生新一届董事】 5月14日，北京航天卓越精密机械制造有限公司召开股东大会第一次会议，选举产生第一届董事会、董事长以及第一届监事会。公司总经理马惠廷为董事长，党委副书记张玉国为监事长。北京航天卓越精密机械制造有限公司完成增资后成为首都航天机械公司与北京航天万源科技公司共同出资的合资公司。其中，首都航天机械公司出资3000万元，持股60%，北京航天万源科技公司出资2000万元，持股40%。该公司以原廊坊首都航天波纹管厂和原廊坊航星包装机械有限公司土地、厂房为基础，借助市场化运作平台，重点发展中小结构件、工业电炉的优势业务，走军民融合的市场化转型之路。

（刘玉光）

【北京科技周东高地第九届科普文化活动启动】 5月20日，北京科技周东高地第九届科普文化活动启动仪式在航天万源广场举行。北京老科学技术工作者总会副会长田小平出席活动并讲话。活动展示了66块科技知识展板，从航空航天、低碳减排、营养与健康的最新成果进行展示。活动还邀请了医疗保健、急救与护理、睡眠与心理以及宝石鉴定等方面的专家进行现场咨询。

（刘玉光）

【向夏河县捐款】 5月27日，公司全体干部员工向甘肃省甘南藏族自治州夏河县捐款共计241867元。此次捐款主要用于补充藏族中学“园丁奖”、“桃李奖”资金，奖励藏族中学考上二本院校的前 20 名毕业生，资助藏族中学考上民族类一本院校的毕业生和整体成绩排名夏河县第一的九甲小学六年级毕业班师生等。

（刘玉光）

【获 2014 年度航天基金奖】 5 月，公司职工张昆、崔蕴、罗军被中国航天基金会授予 2014 年度“中国航天基金奖”。公司至今已有 15 名职工获此奖项。

（刘玉光）

【长征七号遥一火箭首个贮箱完成生产】 6 月 9 日，长征七号遥一火箭首个助推氧箱完成生产，运到天津厂区进行总装，这也是长征七号遥一火箭首个下架的贮箱。长征七号火箭首个助推氧箱全长 12 米，所有主焊缝均采用自动焊接技术，已顺利通过 X 光检测、液压试验、氦质谱检漏等。

（刘玉光）

【获集团公司青年演讲比赛二等奖】 6 月 26 日，青年员工王淇代表一院参加集团公司“加强安全法治、保障安全生产”青年主题演讲比赛，获二等奖。王淇演讲的“我为安全生产唱首歌”，从青年安全生产示范岗到全国安全管理标准化示范班组，从青年员工的角度阐释了对安全生产工作及意义的认识。

（刘玉光）

【国防科工局局长调研】 6 月 29 日，国防科工局局长许达哲一行到天津新一代运载火箭产业化基地调研，先后到总装车间与焊接车间，听取了关于长征五号火箭研制进展的汇报，并查看了长征五号一级、二级合练箭产品。

（刘玉光）

【长征三号乙/远征一号遥二十六双星发射成功】 7 月 25 日，长征三号乙/远征一号遥二十六运载火箭发射北斗二期 M1-S/M2-S 卫星获得圆满成功。此次发射任务是长征三号甲系列运载火箭第 63 次发射，是长征三号乙运载火箭第 27 次发射，同时也是远征一号双星状态首次发射。

（刘玉光）

【国内首个 3D 打印氢氧发动机氢泵叶轮研制取得进展】 7 月 27 日，公司研制的国内首个高精度 3D 打印氢氧发动机氢泵叶轮顺利通过超高转速考核试验，标志该产品制造技术取得突破性进展。此次考核试验的顺利通过，为液体火箭发动机同类结构件的高质量研制提供了一套新方法，也标志着 3D 打印技术在国内航天领域的应用达到了一个新的水平。

（刘玉光）

【第十一次党代会举行】 7 月 30 日，公司第十一次党代会举行。大会的主题是：以党的十八大和十八届三中、四中全会精神为指导，深入学习贯彻落实习近平总书记系列重要讲话精神和党中央“四个全面”的战略部署，落实集团公司党组、院党委的要求，推进二次创业、市场化转型，推进新总装建设落地，为打造中国航天制造企业旗舰而努力奋斗。党委书记李军代表第十届党委作了题为“推进新型总装企业集团建设落地，为打造中国航天制造企业旗舰而努力奋斗”的报告。党委副书记张玉国代表公司纪委作了工作报告。大会选举产生了公司第十一届党委会和纪律检查委员会。

（刘玉光）

【获中国机械 500 强称号】 8 月 6 日，2015 年（第十三届）中国机械 500 强发布会在北京召开，公司连续第 12 次获“中国机械 500 强”荣誉称号，排名第 208 位，较 2014 年提升 40 名。

（刘玉光）

【长征十一号遥一发射试验成功】 9 月 25 日上午 9 时 41 分，长征十一号遥一发射试验取得圆满成功。该火箭是中国第一发发射成功的四级固体火箭，具有发射成本低、可靠性高、机动性强等诸多优势，增强了中国的太空输送能力。该火箭结构件产品为公司主制，并由公司完成总装测试。

（刘玉光）

【公司通过保密资格认证现场审查】 9月28日至29日，国家保密资格审查认证委员会对公司进行了第三轮保密资格现场审查认证，公司以487分的成绩通过了一级保密资格现场审查。

（刘玉光）

【在技能竞赛中取得好成绩】 10月17日，公司10名选手代表院参加集团公司第八届职业技能竞赛，9人获奖，其中4人获得全国技术能手称号，4人获得航天技术能手称号，1人获得航天技术优秀奖。

（刘玉光）

【张又侠调研长征七号运载火箭研制情况】 11月17日，中央军委委员、总装备部部长张又侠一行到天津厂区调研长征七号遥一火箭研制生产情况，先后前往铆接车间、表面喷漆车间、贮箱发泡车间、贮箱焊接车间、全箭模态试验工位、总装测试车间进行现场检查，对员工工作安全、天津厂区能力建设以及生产质量十分关注，并强调，后续研制生产要关注细节，识别关键特性做好应对措施，严格检查，避免低层次问题的发生，严把产品质量关。

（刘玉光）

【获批免征军品增值税16.1亿元】 12月21日，国家税务总局和财政部联合印发《关于下发军品免征增值税合同清单（第四批）的通知》（财税[2015]140号），合同清单中包含公司三季度申报的全部109份合同，审核通过率100%，合同金额94.9亿元，公司可按规定享受军品免征增值税优惠政策，免缴增值税16.1亿元。

（刘玉光）

【长征三号乙遥三十七火箭发射成功】 12月29日0时04分，长征三号乙遥三十七火箭在西昌卫星发射中心发射升空，成功将高分四号卫星送入预定轨道，发射任务取得圆满成功。至此，2015年19次航天发射全部成功，中国航天发射“十二五”任务圆满收官。

（刘玉光）

中车北京二七车辆有限公司

【概 况】 2015年，公司具备年新造铁路货车4000辆、修理铁路货车3000辆的综合能力，同时拥有年产MT、HM-1型缓冲器2.5万套、交叉支撑装置6万份、轴承保持器300万件的配件生产能力。公司现有固定资产原值5.55亿元，生产用地64万平方米，房屋建筑19.3万平方米。有各类机械动力设备2917台，其中主要生产设备1499台。公司设有行政部室20个、党群部门5个、生产车间4个、分公司1个、一级全资子公司1个、一级控股子公司2个、二级控股子公司1个。2015年末，公司本部在册人数2521人，其中教授级高级工程师19人、高级专业技术职称112人、中级专业技术职称221人、高级技师98人、技师215人。

（刘 浩）

【年度经营】 年内，完成新造货车1325辆、检修货车2899辆，配件销售收入1054万元。实现营业收入11.2亿元。

（刘 浩）

【规划发展】 年内，依托中国中车品牌，寻找符合公司发展的新产业项目，调研了碳纤维、智慧物流、机器人等12个新产业项目。与北京建筑大学合作挂牌成立了“机器人产业研究发展中心”。

（刘 浩）

【经营管理】 年内，进一步降低采购成本，全年降幅约为4%。降低委外费用，油漆外包降低2%，热力系统承包项目降低12.4%，车门委外检修降低28.4%，委外加工小时费率下降超过3%。进一步压缩检修车成本，优化流程和方法，全年降低约700万元。注重压缩开支降费用，通过强化费用预算管理，制造费用、管理费用、销售费用可控部分较中期调整后的年度预算额基础上再压缩15%；严格执行中央八项规定，控制业务招待费、差旅费等各项费用，年初预算总额压缩40%，下半年在年初基础上分别压缩50%、10%；严控“两金”占用规模，压降比例为5%；加强资金管理，畅通融资渠道，严控支付计划，保证正常周转，降低资金成本，财务费用在年度预算的基础上压缩15%。系统梳理优化公司规章制度，公司管理标准由436个优化为274个，实现了公司各级管理的系统化和流程化。重新修订了单位绩效评价办法，提高了绩效指标与公司经营的关联度，每季度单独召开绩效分析会，对指标完成情况动态管控，提升绩效管理对经营的促进作用。

（刘　浩）

【科技创新】　年内，公司技术创新坚持“紧跟主流、贴近需求”的指导思想。汽车运输系列研发了第8代产品三联关节式双层运输车组，完成样车试制；集装箱运输系列研发了具有供电、制冷、保温和运输功能的冷藏集装箱运输车组，通过了铁总审查投入运用。另外，还完成了铁路运输卡车专用车方案设计和关键部件原理机试制，西气东输工程用大口径钢管运输座架设计试制和相关试验及技术程序，驼背运输车辆总体技术方案设计，160km/h快运集装化运输装备冲击试验考核标准研究，铁路货车木地板产品标准、检修标准和防腐阻燃研究，各型平车装运坦克的适应性研究；完成了出口肯尼亚8种平车、沙特石砟漏斗车、阿根廷3种平车研制和出口泰国集装箱平车的设计和转向架试制；成为神华公司复合材料在铁路货车上的应用项目的唯一合作伙伴；研发的新型大容量缓冲器成功中标神华公司科研项目招标。公司全年在铁总和中车科技立项11项，获资金支持265万元。完成技术转让合同68个、受让合同7个、服务合同30个，技术转让和技术服务创收1000余万元。全年申请专利104件，其中发明专利43件。通过了中国合格评定国家认可委员会CNAS实验室认证。

（刘　浩）

【生产运营】　年内，深化领导安全包保工作，实行包保定期轮换制，探索包保专题化。推进精益安全工位持续深入，建立了现场管理提升和精益安全工位动态评价机制。全年公司未发生死亡、重伤和火灾事故，无新增职业病，轻伤事故1件、伤1人，实现了年度安全生产目标。进一步推进精益生产，新造SQ6车单班日产由5辆提升到6辆，生产节拍从预定的90分钟提升到80分钟，重要工位节拍兑现率100%。

（刘　浩）

【市场营销】　年内，在国内市场，新造货车夺得铁路总公司订单SQ6型车910辆、NX70A型共用平车450辆，企业自备车合同20个、品种4个、车数52辆；检修货车获国铁订单2500辆、自备车订单568辆。海外市场方面，签订了出口泰国、肯尼亚、沙特、埃塞俄比亚等品种465辆整车及部分配件合同，全年新增出口订单合同总额1.67亿元。参加了2015年南非国际铁路展览会、澳大利亚国际铁路展。长纤维项目部开发路内外产品，全年实现非关联收入1000余万元。

（刘　浩）

【基建与技改】　年内，完成了公司雨污管道分离工程，对污水处理站进行了改造，废水排放各项指标完全满足环保新标准要求。在涂装工序开始使用水性涂料，降低了有机废气的排放量。完善公司水、电、压缩空气的能源计量系统，建立公司主要单位的能源独立计量和指标体系，开展了能源计量管理。成功建立了公司能源/碳排放管理体系并通过第三方认证评价，成为中车首家通过碳排放管理体系评价单位。

（刘　浩）

【人力资源管理】 年内，按照“控制总量、优化结构、提高效率”和“严把入口，疏通出口”的原则，严格控制用工总量，优化用工结构。全年优化公司管服人员 14 人，月均在册人数减少 9 人。月均劳务用工 70 人，同期比较减少 78 人。全年完成公司级培训 73 期，培训 1894 人次，完成部门级培训 83 期，培训 2477 人次。坚持开展岗位培训，对多名中层领导开展跨岗位交流实践，对 22 名员工进行了“一岗多能”技能培训。公司现有中车集团资深技术专家 5 人、技术专家 11 人，公司级技术专家 11 人；中车集团资深管理专家 3 人、管理专家 4 人，公司级管理专家 15 人；中车集团资深技能专家 5 人、技能专家 15 人，公司级技能专家 13 人。

（刘　浩）

【质量管理】 年内，IRIS 管理体系以 72.41% 的分数通过了 IRIS 管理体系换证后的第一次监督审核。测量管理、EN15085 焊接体系通过年度监督审核。公司申请的交叉杆组成、组合式制动梁、脱轨自动制动阀、HM-1 型缓冲器弹性胶泥芯体、缓冲器、货车轮对等产品，通过中铁检验认证中心进行监督审核。顺利通过 CNAS-CL01(ISO17025)《检测和校准实验室能力认可准则》现场考评，取得认可证书。依据《质量损失管理办法》规定和工作计划安排，公司对质量损失统计的范围进行了调整，最终确定将工艺、产品变更造成的质量损失纳入质量损失统计范围。全年质量损失发生 67.88 万元，质量损失率 0.061%，未超过年度质量损失率 0.1%指标。

（刘　浩）

【企业文化建设】 年内，开展了“新中车、中车心”主题教育活动；“中国梦、劳动美”及“敬业八小时、做好今日事”主题征文活动；“二七青年演说”活动。坚持开展“两节”送温暖、“金秋助学”、“五一”劳模慰问及日常困难员工救助等活动。结合抗战胜利暨世界反法西斯战争胜利 70 周年纪念活动，慰问了抗战老兵。开展了多项群众性文娱活动。

（刘　浩）

中车北京二七机车有限公司

【概　况】 中车北京二七机车有限公司（以下简称二七机车公司）原隶属于中国北车股份有限公司（2015 年 6 月 1 日南北车合并成立中国中车，现属于中国中车股份有限公司一级子公司）。公司主要经营项目：制造、加工铁路及城市轨道交通运输设备、电子设备、机械电器设备；开发、设计、制造、修理、销售铁路及城市轨道交通运输设备、电子设备、机械电器设备；技术咨询、技术服务、技术进出口、代理进出口、货物出口、供暖服务；仓储服务；施工总承包；专业承包；劳务分包；机械设备租赁等。二七机车公司拥有机械动力设备 2019 台（套），占地面积约 44.3 万平方米，厂房建筑面积约 21 万平方米。另在房山区窦店镇购得土地约 38.6 万平方米，正在进行建设。注册资本 135000 万元，从业人员 3014 人。现有博士 9 人，硕士 137 人，本科 762 人。其中具有高级专业技术职称 170 人，中级职称 427 人。公司行政下设 19 个部室、8 个中心、8 个事业部、1 个辅助生产单位和 3 个子公司；党群系统设有 8 个职能部室。公司产品出口 20 多个国家和地区，遍布全国 18 个路局、100 多家路外工矿企业，矿山车辆领域正在形成从 50 吨到 400 吨的产品系列，是同时拥有整车集成和交流传动核心技术的矿车制造商。公司先后通过了 IRIS 体系认证、ISO9001:2000 质量管理体系认证、ISO10012 测量管理体系认证、ISO14001 环境管理体系认证、OHSAS18001 职业健康安全管理体系认证和 EN15085 焊接体系认证，获得中国钢结构协会颁发的中国钢结构制造一级企业资质。DF7G-E 型机车通过欧盟标准认证。

公司已具备新造电力机车100台、新造内燃机车100台、修理内燃机车80台、大型养路机械60标准节的生产能力。主要产品：HXD3、HXD3C型7200KW电力机车、DF7系列内燃机车、GK1E和GK31E型内燃机车、铁路大型养路机械LZC-800型路基处理车、GMC96B型钢轨打磨车、多功能作业车、边坡清筛车等。

（胡跃平）

【生产经营】 年内，公司完成新造内燃机车（含出口）59台，其中国内其他市场（含代理出口）38台、铁路总公司20台、中车股份公司内部1台；修理内燃机车68台；新造工程机械车49列，其中96头钢轨打磨车3列、16头地铁打磨车4列、多功能作业车33台、边坡清筛机8列、深圳地铁综合作业车组1台；曲轴加工673根。轨道装备产品配件收入10630万元，新产业收入7799万元，其他业务收入3386万元，共实现营业收入217,882万元，归属于母公司所有者净利润-9987万元，劳动生产率71万元/人•年。

（胡跃平）

【规划发展】 年内，建立营销中心，通过多种方式、政策激励和多种渠道进行市场拓展，推广全员营销理念。以市场区域业务核心配置相关人才、费用和客户关系等资源，明确责任分工，突出业务重点和市场突破方向，巩固既有市场，开拓新产品和新市场，营造全员销售氛围。通过国际、国内、行业、中车“四个维度”下进行比较，巩固既有优势，找出差距，制定目标。主推行业内钢轨维护领导地位，打造中车高端铁路工程机械制造基地地位，扩大中国制造机车首进欧盟影响。建立标准化、通用化、模块化、系列化规范体系。

（胡跃平）

【改革改制】 年内，下发《关于公司组织机构及职责调整的通知》，撤销机车分厂，成立机车事业部；撤销大型养路机械分厂，成立铁路工程机械事业部，成立电气研发中心，矿山装备事业部；撤销机车销售部、工程机械销售部、国际贸易部，成立营销中心。将外委管理职责划归法规事务部，标准化管理职责调整至机车研发中心。北京东风有限公司作为存续企业二七机车厂有限责任公司最后一个进行大集体改制的单位，完成改制并挂牌。按照北车股份公司批准收购天津康库得公司的方案，公司与康库得公司签署了《收购意向书》；聘请中介机构再次对天津康库得公司开展了财务审计、资产评估和法律尽调工作，并报中国北车。中国北车总裁办公会及战略委员会分别通过了二七公司收购天津康库得公司95%股权的议案，并下达了《关于北京二七轨道交通装备有限责任公司收购天津二七康库得曲轴有限公司股权的批复》。公司根据中国北车的批复要求，与天津康库得公司、康库得机电公司等共同签署《收购协议》，陆续完成了资产交割等各项交接手续。完成天津康库得公司股权、法人及注册资本等工商变更登记，最终以1元收购天津康库得公司95%股权。因公司在收购天津二七康库得曲轴有限公司时正处于南北车合并关键时期，集团公司尚未统一办理登记手续，未办理产权登记。

（胡跃平）

【加强账务预算编制工作】 年内，根据《关于印发2015年度中国北车集团公司预算报表的通知》，成立了财务预算工作小组，以市场部门编制的销售预算、生产部门编制的生产预算、人力资源部编制的人工成本预算等业务预算为基础编制财务预算，采取固定预算与弹性预算、零基预算与增量预算相结合的方法编制财务预算工作方案。

（胡跃平）

【严把安全关】 年内，安全生产发生轻伤事故2起，轻伤率为0.6‰，低于中车股份公司下达的2.0‰指标。组织406人次参加新安全生产法、中层领导干部及安全管理人员、班组长安全生产、职业健康安全和环境管理体系内审等培训；组织294人次参加特种作业人员复审取证班、电焊工复审培训班；对143名新入职的员工进行入厂三级安全教育培训；参加了2015年职工计协杯特种作业电工安全技术竞赛；开展了“安全生产月”和“岗位安全标准化”为主题的“三个一”活动；对公司49处职业病危害作业点进行职业病危害因素检测。

（胡跃平）

【节能减排】 年内，实施煤改气项目，清退出煤场、烟囱、输煤廊、除尘塔、渣池等近一万平方米土地。完成了机车事业部、机车修理事业部浴池的太阳能改造，传动事业部、柴油机事业部等单位浴池由蒸汽加热改为电加热。停用了耗气量最大的三个煮洗锅以及机车解体冲洗用水蒸汽加热工序。下发《能源供应与使用凭证》，将节能指标落实到各用能单位。开展“2015全国节能宣传周”活动。通过对厂区、家属区月度用水量的数据分析，委托专业测漏公司准确定位自来水管网泄露地点，对3处泄露点堵漏后节水量大约每月4890吨，每年58680吨，节约水费约29.34万元。全年公司产值综合能耗低于每万元0.04吨标煤、增加值综合能耗低于每万元0.4吨标煤。

（胡跃平）

【严审供应商资质】 年内，依托中车供应链电子信息平台，推进供应商管理线上操作工作。对105家供应商进行了注册和扩展供货范围，其中104家已纳入合格供应商名录进行动态管理，1家现场评定为D级成为不合格供应商；对22家供应商实施了冻结，并依据供应商提供的整改情况，已对其中的13家进行了解冻，其余9家仍在冻结中；共做了27次外购件首件鉴定，涉及19个供应商的33项产品，其中25次外购件首件鉴定通过或有条件通过，2次外购件首件鉴定不通过；重新编制发布了《合格供应商名录》，共有692家合格供应商，合格供应商名录内通过CRCC产品认证且CRCC证书有效的有36家供应商的50类产品。

（胡跃平）

【人力资源管理】 年内，下发了《员工交通补助办法》、《计划生育管理办法》、《关于下发公司管理、技术、操作岗位骨干员工因病住院治疗慰问管理办法》、《高技能人才管理办法》、《工资支付规定》。举办各类培训班561期，培训人员10579人次。接收新入职员工79人，其中硕士16人、本科51人、大专12人。新入职员工在入职培训后按照各生产单位需求，结合专业分配至各工作岗位进行见习，根据《青工拜师学艺办法》签订“师徒协议”。完成11名自轮运转车辆司机培训、35名持有内燃机车驾驶证人员的驾证年检复审工作、26名机车司机《电气化安全合格证》（复审）的培训工作。进行了12期25人北车股份公司培训基地组织的“高技能人才培训”。进行了48人次的欧洲焊接标准的资质培训工作。30名电焊工通过美国焊接标准考试。

（胡跃平）

【质量管理】 年内，下发了《2015年度公司质量目标》、《IRIS运营管理体系运行考核办法》、《IRIS管理体系内审员管理办法》、《质量安全风险管理制度实施办法（试行）》、《厂外运用故障闭环管理办法（试行）》、《关于加强厂内质量问题分类管理的通知》、《质量分析会制度管理办法》和《产品合格证管理办法》等涉及体系管理、考核、信息传递等管理办法21个。法国贝尔国际认证机构的IRIS认证审核得分62%。

（胡跃平）

【科技创新】 年内，国家发改委等五部委联合发出公告，确认公司技术中心为第二十一批享受优惠政策的国家级技术中心。为阿根廷贝尔格拉诺货运铁路改造项目自主开发设计了交－直流电传动内燃机车；HXN3B

型4400马力大功率交流传动内燃调车机车，获得铁路总公司颁发的制造许可证；自主设计开发的3000马力调车机车，补充完善了国内大功率调车机车功率等级；组织研究整车集成技术、混合动力系统集成技术、动力与电控混合制动技术、牵引与网络控制技术；自主研发完成GCY520型地铁内燃机车，已投入深圳地铁运用；完成了中国第一台完全自主知识产权的钢轨铣磨车——HSM型钢轨铣磨车的整车生产制造，进入整车调试试验阶段；完成地铁16头钢轨打磨车、地铁综合作业车组样车制造并交付用户投入使用；进行了高原型边坡清筛机、智能化钢轨铣磨车等研发工作；攻克高原环境下工程机械产品功率提升与匹配、改进液压系统的低温工作性能、冷却能力与防辐射能力等技术难点；完成司机室增加弥散式供氧系统改善作业条件，提高制动系统的总风充风能力，保证长大下坡道的行驶安全以及提高电气系统的高原适应能力等多方面的技术创新工作。完成专利申报共计49项，其中发明专利25项、实用新型24项。共获得授权专利46项，其中发明专利16项，实用新型30项，均已取得专利证书。科技研究投入资金近1.1亿元，其中用于研发投入资金总额3800万元。在科研方面，分别与柏林工业大学、西南交大、大连交大、铁科等国内外院校，江苏弗莱因、齐二机床厂等国内企业，SPENO公司、DHTE公司、德铁系统技术公司等国外企业开展科技合作，共同进行产、学、研攻关。开展70吨、100吨、130吨、190吨、220吨大吨位系列重载自卸车的研发工作。与美国底特律重卡公司联合开发环保LNG/柴油双燃料交流电传动矿用自卸车。同时研发LNG/柴油双燃料的系列节能发动机，提升产品竞争力。

（胡跃平）

【市场营销】 年内，工程机械产品共形成销售收入7.12亿元，完成市场签约额15.33亿元；国内机车产品共形成销售收入4.9亿元，完成市场签约额4.8亿元；出口机车产品共形成销售收入1.2亿元，完成市场签约额350万元。工程机械板块：交付3列GMC96B型钢轨打磨列车、25台BR711型快速综合作业车、4列GMC16A型地铁打磨车、4台BS-1200型边坡清筛机；签订1列GMC-96B型钢轨打磨列车、4台BS-1200型边坡清筛机、4列GMC16A型地铁打磨车、50台BR711型快速综合作业车，签订深圳地铁综合包。国内机车板块：签订新造内燃机车5台，交付10台，新签并交付20台4400马力大功率调车机车、65台大修机车和5台中修车。出口机车板块：交付20台刚果（金）机车、2台尼日利亚机车。GMC-96B型钢轨打磨列车市场份额50%，累计获取订单23列；BR711型快速综合作业车市场份额66%，累计获取订单66列；GMC16A型地铁打磨车市场份额40%，累计获取订单7列；BS-1200型边坡清筛机市场份额100%，作为中国铁路总公司独家采购产品，累计获得订单28台。HXD3型和HXD3C型电力机车累计275台，占全路电力机车产品的2%；调车内燃机车累计生产近2700台，占路内调车机车市场的55%，占路外调车机车市场的20%；大修机车份额大约为3%-4%。出口机车累计签约212台，出口国家或地区15个。全年实现主营业务收入217,882万元，其中销售工程机械车实现的收入占主营业务收入的60.56%；销售新造内燃机车实现的收入占主营业务收入的23.48%；修理内燃机车实现的收入占主营业务收入的5.95%；销售配件及其他收入占主营业务收入的10.01%。

（胡跃平）

【基本建设和技术改造】 年内，北京北车二七高端装备制造园项目（一期工程）取得中国北车批复立项。制造园项目应招标采购项目31项，总金额70564.16万元，其中应招标未招标项目18项，总金额67523.15万元，招标项目13项，总金额3014.01万元。制造园项目已经获得房山区发改委缓交城市基础设施建设费用准许，取得建委调试、组装两座厂房的建筑工程施工许可证，获得北京市工业发展基金补贴，初步设计已获北车批复。科技城开发项目已上升为中车公司整体发展战略。

（胡跃平）

【企业文化建设】 年内，公司进行了反腐倡廉建设，完善了宣传思想工作和企业文化建设，以多种宣传形式宣传劳动模范、先进集体等事迹，营造“学先进，赶先进，争当先进”的氛围。制作公司“三严三实”网页，报道公司“三严三实”专题教育动员大会精神；在公司多处安装楼宇电视，播放先进人物的优秀事迹。以“我们的价值观 京华英雄”主题宣讲比赛活动为主线，开展了“道德讲堂到一线”等活动；推进“我的行为讲规范”活动，开展了工艺安全“一口清”主题活动。

（胡跃平）

【公司名称变更】 6月1日，南北车合并成立中国中车，作为中国中车股份有限公司一级子公司，12月23日，公司完成工商登记名称变更工作，由“北京二七轨道交通装备有限责任公司”正式变更为“中车北京二七机车有限公司”，工商营业执照生效日期为2015年12月23日。

（胡跃平）

北京京丰燃气发电有限责任公司

【概　况】 2015年，京丰公司落实集团“管理融合年”的总体工作要求，围绕集团提出的“稳中求进、优化调整、提质增效、融合发展”的工作思路，以安全生产为基础，不断完善各项规章制度，全面对标管理，加强培训教育，响应节能降耗、增收节支号召，全年累计完成发电量17.69亿千瓦时，完成了集团公司和董事会下达的各项任务指标。公司全年未发生人身伤亡事故、未发生有人员责任的重大设备事故、未发生重大火灾事故，安全生产实现“十无”，生产经营继续保持良好态势。

（胡岩毅）

【获“首都文明单位”称号】 年内，京丰公司以培育和践行社会主义核心价值观为重要内容，丰富创新载体，坚持长抓不懈，通过开展安全文化、学习文化和廉洁文化等创建活动提升企业文化建设水平，通过加强节能减排工作、开展志愿者活动和各类爱心活动履行社会责任，提升文明单位创建水平，被首都文明建设委员会评为2012-2014年度首都精神文明创建工作先进单位，连续13年获 “首都文明单位”荣誉奖牌。

（胡岩毅）

【加强职工之家建设】 年内，京丰公司坚持以“全心全意依靠职工办企业”为宗旨，围绕企业中心工作，以搭建民主沟通平台、职工成长平台、职工服务平台和幸福快乐平台为载体，开展职工之家建设。组织开展“送温暖”活动，突出关心一线职工，健全帮扶机制；围绕生产经营目标，重点以劳动竞赛等形式，激发职工安全、生产、创效的积极性和创造性，提升职工素质；以弘扬企业文化为着力点，建设和完善软、硬件设施，引导职工实践企业精神。被北京市总工会授予“北京市模范职工之家”称号，是获该荣誉工业系统的9家单位中唯一的发电企业。

（胡岩毅）

【职工创新工作室获表彰】 年内，京丰公司王胜恩创新工作室因成绩突出，被北京市总工会与北京市科学技术委员会评选为2014年度市级职工创新工作室。该创新工作室注重在建设期积累的知识和技术的基础上，提高团队技术水平，理解燃机的特点，从燃机生产模式建立、质量管控标准建设、人员培养发展机制建立等方面着手开展技术创新工作，带动企业技术技能素质的整体提高，解决了大量企业生产过程中遇到的技术难题，为企业培养了大批技术技能人才，逐步形成了适应进口F级重型燃机的生产管理、适应企业发展的燃机生产经营管理模式。

（胡岩毅）

【安全生产得荣誉】年内，京丰公司坚持“以人为本，求真务实”的核心理念，贯彻执行“安全第一，预防为主，综合治理”的安全生产方针，制定了安全管理目标，建立健全了安全管理制度，推行安全生产标准化建设，进一步规范全员生产行为；通过开展企业安全文化建设，实现了安全管理制度化、安全措施规范化、作业行为标准化。公司安全生产态势持续平稳，未发生人身伤亡生产安全责任事故，无市级安全生产方面行政处罚不良记录。公司作为全市68家申报企业之一，经北京市安全生产监督管理局初审、现场考察及综合评定，被命名为北京市安全文化建设示范企业。

（胡岩毅）

【QC成果获“国优”奖】7月2日—3日，由中国水利电力质量管理协会举办的“2015年全国电力行业QC成果发布评审会”发电组全国QC小组成果发表大赛在长沙举行，京丰公司维护部鸿雁QC小组课题《降低燃机入口空滤器压差超限时间》从200个QC成果中脱颖而出，获“国优”奖。

（胡岩毅）

【通过“能源管理体系”认证】年内，京丰公司通过能源管理体系建设与运行工作，运用现代管理思想，借鉴成熟管理模式，将过程分析方法、系统工程原理和策划、实施、检查、改进循环管理理念引入企业能源管理，建立了覆盖能源利用全过程的管理体系，通过了“能源管理体系”认证，获得了由国家认监委颁发的“能源管理体系”证书。

（胡岩毅）

【获“北京市青年安全生产示范岗”称号】年内，京丰公司热控班针对年轻员工比例大的特点，注重引导青年员工强化安全生产意识，提高机组运行期间对设备维护的安全性，通过师徒制，采取一帮一的方式方法，提高青年专业技术水平，有效防止了安全事故的发生，确保了长周期安全运行，被授予“北京市青年安全生产示范岗”荣誉称号。

（胡岩毅）

【化验班获得荣誉称号】年内，在中国电力技术市场协会组织的“电力行业标杆中心化验室”评选活动中，京丰公司化验班在全国150多家参评企业中脱颖而出，获“2015年度电力行业标杆中心化验室”称号。

（胡岩毅）

北京三兴汽车有限公司

【概　况】年内，北京三兴汽车有限公司以“深化体制机制改革,适应经济发展新常态”为指引，在研发、生产经营、品牌影响力三个方面取得新突破。研发方面拿下两个型号产品科研标，在总装备部标的额为71.9亿元的油托盘及中型高机动整体自装卸车科研标招标过程中，分别以第一名、第二名中标，创下北京三兴汽车有限公司史上科研标对生产标的额支撑的最好成绩。全年完成近200个订单1797台套的生产任务，完成营业收入8.18亿元，利润总额5079万元，职工年均收入同比增加15.2%，圆满完成了年度经营目标。

（陈　静）

【领导慰问】2月11日，中华全国总工会中冶建材工会主席江南、副主席栾樾到公司慰问，参观了应急救援产品和展厅，听取了公司基本情况和应急救援产业的介绍，对公司主动承担央企社会责任，大力发扬“为民造福、为军增力、为国分忧、为党增光”的精神表示了认可，希望公司整合资源，加快发展，将应急救援产业做强做大。

（陈　静）

【科技创新】 4月22日，在2015年丰台区知识产权宣传周启动仪式上，北京三兴汽车有限公司获得了“丰台区专利优势企业”证书。“十二五”以来，公司共申请专利186件，其中发明专利50件；共获得授权专利164件，其中发明专利15件；申请丰台区专利授权奖励资金近40万元，其中多项专利都应用到企业的实际研发工作中，并为公司带来了近4亿元的销售收入。

（陈　静）

【团委换届】 4月24日，中国共产主义青年团北京三兴汽车有限公司第二次代表大会召开，来自公司各部门的37名团员代表参加了会议，选举于政府、马晓雯、王东明、岳凤、林志强、张新超、贾佳、程润秋、冀晓翠9人为新一届团委委员。随后，二届一次全委会选举王东明为新一届团委书记，选举贾佳、程润秋为团委副书记。

（陈　静）

【述职述廉】 7月21日至22日，公司召开领导干部述职述廉民主测评会议，公司中层以上领导干部分别从廉洁自律、管理水平、工作作风、执行能力、工作业绩等方面，向60余名职工代表报告了2015年上半年履职情况以及下半年工作计划。全体与会人员对述职同志进行了民主评议和综合等级评定。

（陈　静）

【区总工会关爱职工】 7月16日，丰台区总工会副主席刘振丽、部长田文代表区总工会到公司慰问一线职工，了解公司防暑降温措施的落实情况。

（陈　静）

【举办技能登高培训班】 8月13日，由北京三兴汽车有限公司主办，北京工贸技师学校协办的北京三兴2015年度技能人才“登高”培训班开班，来自公司各车间的50名学员参加培训。此次培训班以中级电焊工、高级电焊工两个职业序列等级晋升为主，培训周期约80课时。培训班旨在让学员提升业务理论水平的同时紧密结合岗位实际，不断提高实际工作能力。

（陈　静）

【招标比价】 8月12日，公司举行了中型高机动整体自装卸运输车及油托盘主要外购件招标采购洽谈会。19家供应商分别就此次招标项目整体自装卸运输车的液压油缸、柱塞式定量泵，油托盘的电控系统、发动机泵机组等外购件的具体情况进行了说明，由评标委员会从商务评审、技术评审两方面进行综合评分。通过招标比价，降低了成本。

（陈　静）

【装备受阅】 9月3日，公司参加了在天安门广场举行的纪念中国人民抗日战争暨世界反法西斯战争胜利70周年阅兵式，生产的4台整体自装卸运加油车在后勤保障装备方阵中驶过天安门。此次受阅的整体自装卸运加油车是一种集装、卸、运功能于一身的集装化运油车辆，主要用于野战条件下对作战装备进行运油、加油，加油方式灵活，适用于各种复杂路况，可以实现6辆车同时加油。设计过程中，为了增加车辆的安全性，还专门加装了防爆材料，有针对性地增加了防静电、防溢出等设计。公司董事长李建韦、党委书记冯民波、技术中心主任闫成文受邀在观礼台就坐。

（陈　静）

【装备参展】 9月14日至16日，“中国国际应急救灾装备技术展览会”在北京农展馆举办，公司派出了应急救援产品装备和后勤补给装备参展。参展的两台特种救援装备为技术救援车和通用方舱净水车，以及其内部相关设备工具；参展的后勤补给装备为四管加油车和运水车。参展装备受到了应急救援产业的设备技术供应商、政府应急救援部门代表、国外代表团、民间救援队、行业媒体等专业人士以及观众的关注。

（陈　静）

【军企联谊】 12月8月，公司与特警六团联合举办军企联谊活动，通过演唱、球类活动、游戏等多种形式共庆军民鱼水情。双方共20多名青年男女参加了活动。

（陈　静）

【公司车间获“全国模范职工小家”称号】 12月，公司结构车间分会被中华全国总工会授予“全国模范职工小家”称号。结构车间分会坚持把创建“职工小家”活动与生产经营、产品质量、班组建设、队伍建设等工作紧密结合，推行厂务公开，促进劳动关系和谐稳定，维护职工权益，传递组织关怀，保障职工行使民主管理权利，并通过开展“安康杯”竞赛、焊工技能比赛等文体活动，丰富员工的文化生活，打造了“民主和谐之家、成才建功之家、温暖幸福之家、文明和乐之家”。

（陈　静）

北京市赛欧工贸有限公司

【概　况】 2015年，赛欧公司提出提升经营管理水平，开拓新的经济增长点；加强赛欧孵化器经营管理工作，创建品牌效应；加强制度建设，建立完善的内部管理控制体系；加强人才队伍建设，建设高素质的管理团队；构建和谐企业，维护企业发展稳定五个工作要点。全年完成营业收入11917.02万元，同比增长10.46%；上缴国家税金2275.03万元，同比增长44.10%；实现综合经济效益6118.13万元，同比增长52.57%。全系统现有在职职工189人，退休退职人员1883人（其中：退休1775人、退职108人）。下属五个基层单位，机关设置三部一室。

（李丹丹）

【到孵化中心调研】 1月20日，山东荣成经济开发区副书记张涛一行3人到赛欧孵化器考察，了解了赛欧孵化器成长史和在孵企业情况，肯定赛欧孵化器的运营模式，提议与赛欧孵化器合作，为企业发展搭建良好平台。 5月20日，中华全国供销合作总社党组成员、理事会副主任邹天敬率总社第六调研组到赛欧科园科技孵化中心调研，并宣讲《中共中央国务院关于深化供销合作社综合改革的决定》（以下简称《决定》）精神。北京市人民政府副秘书长朱炎，市国资委副主任李薇薇，市社党委书记、理事长高守良，市社党委副书记、副理事长、主任任军，赛欧公司董事长孔伟星，总经理陈思勇等陪同调研。邹天敬一行参观了赛欧科园的入孵企业，听取了陈思勇关于丰台区供销社历史沿革、赛欧公司发展沿革、赛欧科园孵化模式等情况汇报。高守良和任军分别介绍了市社的管理体制、经营网点、经营业务及资产情况，并就市社的体制改革和集团化战略进行了交流探讨。邹天敬指出，供销合作社要发挥自有优势和作用，增强供销社的辐射带动能力和统筹城乡资源能力，为城乡居民服务，为小微小众服务。5月21日，北京市财政局经建一处处长丁霞一行到赛欧科园科技孵化中心调研，了解了赛欧科园科技服务职能、发展模式、发展现状及4家入孵企业的生产经营情况，肯定了赛欧孵化器的服务体系和孵化成果，鼓励在孵中小微企业研究申请政府优惠政策，加快科技创新发展。7月28日，天津市中小企业发展促进局党组书记、局长尉永久一行10人，在北京市经信委中小企业处副处长丁理哲等人陪同下，到赛欧科园孵化中心调研，参观了入孵企业的办公环境、发展模式和优惠政策，了解了孵化中心的发展沿革、孵化服务功能、输出管理模式及在孵企业的发展情况，肯定了赛欧孵化器地处首都的政策科技优势，提议到天津市开辟新的发展领域，互利共赢。8月25日，南京市鼓楼区区委副书记陆敏一行10人在中关村研修学院主任滑毅陪同下，到赛欧科园孵化中心调研，参观了赛欧科园孵化中心展厅和众创空间区域，并观看了在孵企业黑钻石公司举办的《路演兵法》系列讲堂活动，并就招商引资、招才引智、团队管理、盈利模式、优惠政策、在孵企业情况等进行了探讨。10月29日，上海宝山区供销社领导一行5人到赛欧科园孵化中心调研，参观了中核路一号1号楼展厅、5F咖啡厅和在孵企业，了解了孵化中心的发展历程、发展模式和孵化服务体系，就供销社轻资产运营模式的可行性与成功案例进行了探讨。

（李丹丹）

【召开2014年度党员领导干部民主生活会】 2月10日，赛欧公司党委组织召开了2014年度党员领导干部民主生活会。市社党委常委、理事会副主任郭宗喜和联络员蒋喜斌出席会议。公司党委书记陈思勇主持会议，并代表公司领导班子作对照检查和总结讲话。市社党委常委、理事会副主任郭宗喜作为市社指派联系人对公司专题民主生活会进行了点评，并对下一步工作提出了要求。

（李丹丹）

【两节期间送温暖】 元旦、春节期间，赛欧公司和基层党政领导、工会干部带队，走访慰问各类人员共66户，其中困难职工8户，退休老干部32户、困难党员1户，还看望了3位劳动模范。为1914名退休人员发放慰问款89.84万元。全系统共计发放慰问款物96.38万元。

（李丹丹）

【长城证券营业部入驻】 3月12日，长城证券中核路营业部乔迁揭牌仪式在赛欧科园孵化中心中核路3号楼举行，赛欧科园孵化中心相关领导受邀参加并揭牌。

（李丹丹）

【召开安全工作培训会】 4月3日，赛欧公司安保部召开2015年安全工作培训会。公司总经理陈思勇、副总经理徐讴、公司所属各单位主要领导及安全员近30人参加了培训。徐讴讲解了《执行力》、《安全生产法》（2014新修订）、《2015年公司安全工作（提纲）》等内容，并提出2015年工作重点。

（李丹丹）

【举办宣讲会】 4月22日，依托丰台赛欧信用工作平台举办了中关村信用政策和知识产权保护政策宣讲会，39家企业51人参会。宣讲会邀请中关村信促会徐兴华为企业讲解科技金融政策、技术创新能力建设专项资金和产业发展政策等内容；邀请北京市保护知识产权举报投诉服务中心志愿专家张旭东讲授企业知识产权挑战、管理与策略等内容。

（李丹丹）

【参加“创业庙会”活动】 4月30日，赛欧科园孵化中心组织6家入孵企业参加了北京市中小企业公共服务平台举办的首届“创业庙会”活动，参与了关于投融资、研发创新、运营管理、市场开拓、孵化服务获取等专题活动。

（李丹丹）

【签署战略合作协议】 4月30日，赛欧科园科技孵化中心与北京黑钻影石文化传媒有限公司举行了共建赛欧创业企业路演平台的签约仪式，并签订了战略合作协议。双方优势互补、互惠互利，将赛欧的孵化服务与黑钻石的路演系统有机结合，搭建完善的创业企业路演平台，共同为企业提供路演内训、顾问指导和宣传包装等服务，实现互利共赢。

（李丹丹）

【举办中外孵化模式交流会】 7月20日，赛欧科园孵化中心和丰台区科学委员会、黑马会联合在中核路一号院1号楼5F咖啡厅举办了“创新无国界 创业无时差”中外孵化模式交流会。会议邀请了国外孵化行业专家王圃讲解中外孵化器的发展模式，与会的丰台区22家孵化器负责人围绕传统孵化器的发展困境与转型、中外创业企业的发展特点及创新型孵化器的发展模式等热点话题进行了交流与探讨。

（李丹丹）

【举办创投汇·5F咖啡厅开业暨众创空间启动仪式】 7月22日，赛欧科园孵化中心举办了创投汇·5F咖啡厅开业暨众创空间启动仪式，由赛欧科园孵化中心主任梅春才主持。丰台区区委组织部副部长董明月，区委宣传部副部长韩骏伟、区科委主任朱京宁、区经信委主任吴神赋、北京市创业孵育协会办公室主任宋东、中关村管委会创业服务处董晓鑫、丰台园科技创业服务中心主任程军和丰台科技园管委会、丰台园区财政所等相关领导出席启动仪式。《北京日报》、《北京科技报》、《参考消息》、人民网、丰台广电等相关媒体参加了启动仪式。5F 咖啡厅是赛欧科园孵化中心打造众创空间的重要内容之一。5F 咖啡厅的 F 是英文 Function（功能）的首写字母，表示该咖啡厅除了正常的服务、接待功能以外，将每个工作日对应打造一种特殊服务功能。周一是创新创业项目路演与投融资对接；周二是众创空间合作交流与资源信息共享；周三是政府扶持政策及相关服务的宣讲；周四是科研办公注册用房租赁信息交流；周五是人才信息交流与协助团队组建。咖啡厅还将陆续开发和设置企业发展节点问题解决方案、技术转移和项目推广、跨境交流与国际化发展促进、入驻企业 CEO 联谊俱乐部、休闲娱乐与联谊交友等新的服务功能。

（李丹丹）

【举办国际创业人才培育路演活动】 8 月 12 日，赛欧科园孵化中心举办了国际创业人才培育路演活动。活动邀请创驿时代国际商务（北京）有限责任公司的两位创业者刘奕孜和王晓丹为主讲嘉宾，介绍了创驿时代公司的发展历程、国际创业人才的特点和创业家的国际化视野，以及创驿时代公司在美国和新加坡的人才培育计划。

（李丹丹）

【举办北京 12330 知识产权联络员培训活动】 9 月 22 日，赛欧知识产权工作站联合北京 12330 举办了联络员业务能力提升培训活动，共有 46 名分中心和工作站联络员参加。培训以“知识产权侵权判定”为主题，邀请北京市知识产权局专利执法处和北京知识产权法院相关同志讲解了企业常见的专利、商标、著作权和商业秘密纠纷有关立案条件、侵权判定原则、证据材料及不侵权抗辩等内容。

（李丹丹）

【举办税收沙龙活动】 9 月 30 日，赛欧科园 5F 咖啡厅为具备“专精特新”资质的中小企业举办了税收沙龙活动。活动由丰台区国税局、地税局联合丰台区经信委搭台，邀请了包括轨道交通、生物医药、软件与信息服务等共 16 家企业代表就企业的税务筹划、纳税信用评级及国地税合作新事项进行了交流讨论。

（李丹丹）

【开展座谈交流活动】 10 月 26 日，北京海龙资产经营集团有限公司书记刘凯、总经理张宝杰一行 7 人到赛欧科园孵化中心座谈交流，参观了赛欧科园众创空间 5F 咖啡厅和一层展厅，了解赛欧科园的发展情况，并介绍了海龙由电子卖场向“智能硬件创新中心”转型中面临的阵痛与机遇，提议双方在服务资源共享和企业互通等方面进行合作。

（李丹丹）

【举办政策解析培训会】 11 月 26 日，赛欧科园孵化中心借助北京市中小企业公共服务平台举办了政策解读解析培训会，邀请北京顺然天成咨询有限公司李丽和北京中企信用管理有限公司窦豪杰为企业讲解关于高新认定、研发费加计扣除、项目申报、银行信贷及中关村信用等新政。共有 83 家企业 100 余人参会。

（李丹丹）

【举办项目路演活动】 12 月 9 日，赛欧科园孵化中心联合中企源动力有限公司在赛欧 5F 咖啡厅举办项目路演活动。该次路演汇集了涉及冷链物流、节能环保、电子信息、电子商务等行业的 8 个创业项目，吸引了嵩山资本、元明资本、先锋资本和广发银行等 12 家投资金融机构。经过项目推介、专家评审、自由问答等环节的角逐，共有 3 家创业企业收到了投资人的《投资意向书》，初步对接成功。

（李丹丹）

商贸　服务业

商业贸易

【概　况】2015年，围绕“调结构、稳增长、促消费、提品质、惠民生”工作主线，全面推动商品交易市场调整疏解、提高生活性服务业品质研究、国家电子商务示范基地创建等任务开展，各项工作取得新进展，全年实现社会消费品零售额1007.3亿元，首次突破千亿大关，总量居全市第三位，同比增长7.5%。从规模来看，限额以上实现769.7亿元，增长6%；限额以下实现237.7亿元，增长12.5%。

（牛格非　闫道儒）

【规划政策】 根据丰台区“十三五”规划编制工作安排，研究编制丰台区“十三五”商业服务业发展规划。围绕落实《北京市提升生活性服务业品质行动计划》，根据建设都市生活服务业创新示范区的发展思路，结合丰台区经济社会发展实际，制定丰台区提高生活性服务业品质实施方案。开展丰台区服务业扩大开放专项研究工作，起草实施意见。

（牛格非　陈　涛）

【调整疏解非首都核心功能】 年内，完成调整疏解各类商品交易市场86家，其中46家市场退出、11家市场转型升级为电商及商贸公司或写字楼、29家市场完成提升改造；涉及土地面积96.94万平方米、市场摊位1.43万个、从业人员3.3万人。

（张会利）

【便民商业体系建设】 年内，新建便民菜店7家，蔬菜直销车新增服务社区31个，区域蔬菜零售网络体系不断完善。通过新建和升级改造固定早餐门店、鼓励便利店搭载早餐经营项目，完成51个规范化早餐网点建设工作。引导社区便民商业服务体系向社区基本生活服务配套、社区服务功能集成、社区商业新模式拓展等方向发展。推进以网上购物、物流配送、020等先进商业模式为主体的社区电商服务体系建设，农产品电商京港汇实体店落户马家堡西路，推动嗨啦社区、乐生活等O2O社区服务供应商与花乡、南苑乡新建回迁小区对接。

（张会利　杨　磊）

【高端商业项目建设】 年内，宝苑国际、永旺梦乐城、首开福茂、悦秀城等大型商业设施开业运营，总面积52.3万平方米，数量和面积均居城六区首位。新开业商业设施均为购物中心，进一步提升了丰台区商业品质。

（杨　磊）

【第二批国家电子商务示范基地】7月13日，经商务部正式确认，丰台区以丰台科技园区作为申报主体，成为全国66个申报成功的基地之一。明确电商发展体系建设、机构框架、政策研究、空间环境、电商化、社区商业、人才平台和挖掘梳理等八个方面推动基地建设的工作思路。

（杨　磊）

【电子商务】 年内，农产品、花卉、家居建材企业通过与第三方电商平台合作或者自建电商平台，拓展信息化营销渠道。转变发展方式和服务理念，从粗放型批发经营向个性化定制商品和服务转变。新发地、花乡花木集团开始探索“互联网+”业务发展模式。引导企业利用线下优势开展线上营销，实现协同发展。全年丰台区网上零售额增速30%以上，与同期相比转负为正，主要得益于商贸企业网上零售业务的拓展。

（杨　磊　闫道儒）

【行业监管】 年内，办理酒类流通备案登记431户，变更105户，受理咨询2000余人次。完成29家典当企业核查，报批新增典当行2家，分支3家。报批拍卖行7家，变更7家。新增旧机动车评估鉴定机构1家。开展专项清仓查库，确保粮食供应安全。全年处理商务系统举报投诉案件480余件，挽回经济损失100余万元。对规模以上餐饮、零售经营单位进行安全生产培训1500人次。检查单位323家次，出动700余人次，发现并整改问题150余件，处罚1家。开展安全生产达标创建活动，100家规模以上经营单位实现安全生产标准化。贯彻落实《安全生产“一岗双责”》暂行规定，出台《丰台区建立商务领域安全生产工作责任体系的实施意见》。

（闫道儒　李学兵）

北京丰贸投资经营管理有限公司

【概　况】 2015年，围绕企业中心任务，规范管理，积极推进重组改制后续进程，全年资产收益12698.4万元，完成年度计划的113.38%，比上年增长16.78%；实现利润1606.24万元，完成年度计划的105.4%，比上年增长13.88%。实现国有资产保值增值。

（冯　巍）

【内部管理】 年内，完善租赁管理办法，规范租赁合同签订程序，制定《租赁洽谈单》、固定资产折旧方案、公司财务报销制度，完善《人力资源部管理制度》和《补充医疗保险实施细则》。

（冯　巍）

【安全生产】 年内，与租户签订《房屋租赁安全责任书》1068份。根据人大代表提议，对角门东里12号、玉林东里13号楼南侧、洋桥北里20号网点经营无序问题进行整改；在玉林东里13号楼南侧群租房进行整改的基础上，督促租户转变经营业态、顺应社区需求，建成便民超市。万泉寺粮店、三路居粮店完成拆迁，共拆除1628.83平方米。维修各类资产116项（处），共投入资金1029万元。

（冯　巍）

【共产党员献爱心活动】 开展共产党员献爱心活动，公司党员155名、群众64名共计捐款7150元。

（冯　巍）

【党风廉政建设】 建立各党支部纪检委员网络联系机制，制定《纪委2015年度工作要点》。落实党风廉政建设责任制，中层正职以上党员领导干部签订《责任书》39份，中层副职领导干部签订《保证书》47份，对新任科级干部进行任前廉政谈话。

（冯　巍）

【工会工作】 召开第一届职工代表大会第二次会议。开放职工书屋。落实职工素质工程教育，举办员工高效沟通与表达能力培训班。为劳模发放慰问金5000元，安排2名符合条件的劳模参加休养，组织8名劳模参加体检。走访慰问离退休干部、困难职工、困难党员、劳模231人次，慰问抗日战争老战士5人次，合计慰问金16.4万元。开展“携手同行，爱在丰台”捐款活动，共捐款3990元。

（冯　巍）

丰台区国有资本经营管理中心

【概　况】丰台区国有资本经营管理中心成立于2010年6月，是根据丰政发〔2010〕15号批复注册的全民所有制企业，是继北京市及朝阳区、海淀区、顺义区三个区县先期试点之后又一家经市政府批准组建的投融资平台，注册资金81.4亿元人民币，经营范围主要是投资及投资管理、资产管理。主要职能：一是资金筹集的平台；二是产业投资平台；三是国有资产管理的平台。国资中心将按照企业化、市场化、专业化的原则，对承担的政府投融资工作实行统一管理，构建起"借、用、还"一体化，有利区域建设发展、分工明确、互为依托的投融资工作体系，加大融资力度，拓宽融资渠道，为全区经济社会发展提供融资服务。自设立至2015年底，累计发行20亿元企业债、10亿元中票，2015年完成第一期短融兑付15亿元，用于支持区域内重点项目。

（国　帅）

【成立区国资中心党支部】3月，经区国资委党委批准，成立丰台区国有资本经营管理中心党支部，同时建立相关制度，以发挥党支部的战斗堡垒作用和党员的先锋模范作用。

（国　帅）

【融资担保】年内，中心凭借AA+的信用评级，为城建开发公司提供12亿元的融资担保，为花乡白盆窑旧村改造和卢沟桥乡小瓦窑旧村改造分别提供22亿元和30.2亿元融资担保。支持区域经济发展，为区域内重大项目提供融资担保240亿元。

（国　帅）

【提供委托贷款业务】年内，为卢沟桥乡西局旧村改造续用8亿元，为城建开发公司续用5000万元，为丰科建公司续用7亿元，为南苑乡大红门旧村改造续用5亿元，为卢沟桥乡小瓦窑旧村改造续用1.5亿元，为丰房建筑公司提供5000万元。

（国　帅）

【成立丰台区城镇发展基金管理公司】为解决丰台区重大项目自有资本金的问题，经区政府批准，6月19日成立北京市丰台区城镇发展基金管理有限责任公司。这是北京市区县的第一家城投基金。

（国　帅）

【探索产业扶持引导基金】年内，探索设立产业扶持引导基金，并起草《产业扶持引导基金管理办法》。通过产业基金以股权投资和债权扶持的模式代替原有拨款，使专项资金得以循环累积使用，以扶持中小微企业的发展。

（国　帅）

丰鑫源物资集团公司

【概　况】2015年，超额完成区国资委下达的各项指标，实现国有资产保值增值，实现利润228.78万元，同比增长28.48%；总资产报酬率3.21%，同比增长25.39%；成本费用利润率36.76%，同比增长35.55%。

（王璐思）

【在建养老项目实施进展情况】年内，在建养老项目经丰台区民政局批准，被正式核名为"北京市丰台区园博养老院"。该养老项目根据北京市规划委员会相关文件规定，10月14日至11月13日面向社会进行公示，公示结果无异议，符合建设要求，并将公示合格公证书上报北京市规划委员会丰台分局，待其办理各项相关建设手续。

（王璐思）

【资产经营管理】年内，以强化服务意识、提升服务质量为目标，为在租中小型企业提供孵化空间专业服务，用整洁、安静、舒适的办公环境留住租户，尽管租金逐年递增，但出租率保持100%。为提高收入，努力引进在区注册企业数量，同时把好质量关。截止年底，在区注册企业入驻率达92.5%。

（王璐思）

【内部整合取得实效】 年内，集团公司所属的惠昌和运输两家公司，通过企业重组方式，实现“三统一降”效果（资产统一、人员统一、经营统一、费用降低）。两家公司根据市场变化，及时调整经营措施，改造升级场所，提升租户档次，实现经营收入165万元，同比增长30万元；实现利润33万元，同比增长20万元，超额完成集团公司下达的任务指标。

（王璐思）

【按期完成疏解任务】 年内，认真做好区属国有企业“非首都功能疏解”工作，制定疏解方案，加大对低端经营业态的整治，清理与首都功能定位不匹配的经营场所和外来人口。截止年底，按期完成15%的疏解任务。

（王璐思）

【企业内部管理】 一是加强企业经营管理，确保全年目标任务完成；二是加强财务监督服务，为企业经营做好保障；三是制定岗位风险排查表，对每个岗位的风险点进行排查，梳理权责流程，为建立有效的企业内部控制体系奠定基础；四是完善企业内部相关制度及工作流程，提高规范化管理水平；五是加强企业安全管理，创造和谐稳定的环境。

（王璐思）

【开展“三严三实”专题教育】 按照区委、区国资委党委的统一部署，集团公司党委就“严以修身”、“严以律己”和“严以用权”三个专题进行学习研讨，召开专题研讨会及民主生活会，剖析在“不严不实”方面存在的问题及产生的根源，并制定整改措施。经过三个专题的学习研讨，及发放征集意见表、个别访谈、班子互相提意见等方式，领导班子共查找“不严不实”问题7个，制定整改措施7项，下一步继续做好整改落实。

（王璐思）

北京市丰台区烟草专卖局（公司）

【概　况】 2015年，共销售卷烟9.69万箱，完成年度计划9.61万箱的100.82%。销售收入26.53亿元，同比增长9.24%，完成年度计划25.64亿元的103.46%。实现利税6.62亿元，同比增长25.02%，完成年度计划6.50亿元的101.67%。单箱销售额31445元，同比增长6.04%。

（张乃文）

【“1·21”假烟网络案】 1月21日，丰台、东城、西城和海淀烟草联合铁路、公安部门，成功破获以江西籍男子何建魁为首的销售假烟网络案。此案由丰台、东城、海淀、西城区局根据属地管辖原则分别立案，共抓获涉案人员9人，刑拘9人（丰台刑拘3人、东城刑拘5人、海淀刑拘1人），查扣涉案车辆5台，捣毁窝点13个，查获违法卷烟229.64万支，总案值237.95万元。

（朱施玮）

【“7·10”部督网络案】 6月23日，从丰台区人民法院获悉，丰台烟草破获的京苏“7·10”部督网络案两名当事人被依法追究刑事责任，当事人张某某犯销售伪劣产品罪，被判处有期徒刑7年，并处罚金45万元；当事人周某某犯销售伪劣产品罪，被判处有期徒刑4年6个月，并处罚金45万元。

（朱施玮）

【违法违规商户参观日常执法监管活动】 6月9日，本着“相互监督、共同转变”的工作思路，带领部分违法违规商户参观执法人员日常监管工作，学习参观辖区内的守法经营、诚信经营零售商户。

（朱施玮）

【完成企业管理工作顶层设计图制作】 2月4日，完成企业管理工作顶层设计图的制作，包含4个模块、13项内容，并以此为纲要指导企业管理工作。

（陈 然）

【签订安全责任书】 1月16日，秉持“三级管理、逐级负责”的安全管理理念，全体干部职工逐级签订2015年度安全责任书。

（陈 然）

【设置廉洁电脑桌面】 1月30日，丰台烟草为全体员工统一更换了“清正廉洁”为内容的桌面，当员工开机上网，就能直观感受到廉政文化的宣传氛围，潜移默化地接受拒腐防变教育宣传。

（秦 烨）

【驻国家烟草专卖局纪检组到丰台调研】 10月14日，驻国家烟草专卖局纪检组组长高林到丰台烟草调研，听取了丰台区烟草专卖局（公司）的工作汇报，并实地走访部分卷烟零售商户。

（秦 烨）

【零售商户普法教育】 年内，共开展新办证零售商户法律培训班9次、违法持证户教育培训班2次，培训率均达到100%。

（陈 然）

【政务工作信息】 年内，共上报政务工作信息539条，采用509条，采用率94%。

（张乃文）

【爱心捐款活动】 4月29日，丰台烟草在确认大兴烟草一名同事境遇后，发起爱心捐款，共募集5910元。

（陈 然）

外经外贸

【利用外资】 年内，全区新设外商投资企业28家，与上年持平。新增合同外资8746.96万美元，同比下降54.83%；实际外资5815万美元，同比下降87.16%。

（陈 涛）

【对外贸易】 年内，全区进出口总额实现124.17亿美元，同比下降14.81%，居全市第七位，其中进口总额99.79亿美元，同比下降21.88%；出口总额24.39亿美元，同比增长35.3%，增速居全市第三。

（陈 涛）

【外向型经济政策扶持】 年内，研究起草丰台区落实北京市服务业扩大开放综合试点行动计划，提出聚焦培育四大特色服务领域、推动生活性服务业全面升级、支持三类优势主体“走出去”为实施重点。为辖区99家企业232个项目争取中央外贸发展扶持资金552万元。组织50余家企业参加北京市进出口政策宣讲会、26家企业参加广交会。引进丰台区首家外资电子商务公司——新浩月（北京）电子商务有限公司。

（陈 涛）

投资促进

【概 况】 2015年，丰台区投资促进工作以提高招商引资质量和效益为中心，以构建“高精尖”产业结构为目标，强化责任、创新思路，全年新引进注册资本千万元以上规模企业1727家，其中亿元以上规模企业210家，同比增长32%；注册资本合计646亿元，同比增长10%，其中超大规模企业增长迅速，注册资本超过5亿元的38家，同比增长65%。丰台区投资促进局获2015年度北京市项目促进工作（重大项目促进）优秀单位。

（张普一）

【拓展招商渠道】 年内，与仲量联行、戴德梁行、世邦魏理仕、第一太平戴维斯、高力国际、中国写字楼网、日中经济协会等机构签订战略性框架协议，拓展专业招商渠道。与北京市文资办、爱尔兰大使馆、法国工商商会、华中咨询、三菱银行、野村综研、友利银行、世博投资等国内外机构进行走访对接，拓展国际化招商渠道。积极参与金博会、科博会、文博会等大型行业会展，与参展产业联盟建立联系，拓展产业招商渠道，前后有600余家企业参加。

（张普一）

【招商服务】 年内，完成《丰台区营商环境研究报告》，制定《楼宇经济发展奖励操作规程》。完成4家楼宇申报丰台区楼宇经济发展奖励资金项目，奖励资金合计290万元。编辑出版《2015企业服务导航》、《品牌商务楼宇投资创业导航》书籍。

（张普一）

【楼宇招商】 年内，共梳理全区87栋重点商务楼宇的招商信息，整理制作《丰台区商务楼宇资源信息》手册，梳理旧厂房、批发市场等可改造成商务楼宇的产业空间20余万平方米。创新政府楼宇招商方式，成立由31栋楼宇组成的丰台区品牌商务楼宇产业促进联盟，以联盟为纽带，切实发挥商务楼宇作为投资促进主体的主动性，打造丰台投资促进的空间平台、推介平台、服务平台、协同平台。

（张普一）

【举办投资丰台创新讲堂活动】 年内，搭建“投资丰台创新讲堂”高端平台，举办活动6期，向区内创新企业提供及时、权威、实用的政府、市场咨讯。全年累计参加企业600余家。

（张普一）

【招商推介】 4月15日，北京市投资促进局、丰台区投资促进局联合主办“互联网+楼宇经济+政府产业促进——丰台区专场”活动，市投资促进局副局长张华，区委常委、常务副区长刘宇出席活动。参加活动的还有，市投资促进局有关领导，其他15个区县投资促进机构领导，区内相关委办局、街乡镇领导，30栋品牌商务楼宇代表，以及高精尖企业代表近400名。丰台投资促进局党组书记、局长郭晓一发表了“新丰台、新常态、新模式——百家商务楼宇联袂打造创新创业新丰台”主题演讲，对丰台区商务楼宇产业促进情况进行整体推介。年内，还组织开展“商务楼宇+”、“丰台商务楼宇老板看项目团”等活动10余次；联合南苑乡举办“投资丰台”活动专场，针对乡域疏解空间及低端产业升级项目，精准对接20余家各类机构。

（张普一）

【举办“掘金旧厂房、创业到丰台”活动】 4月24日，举办“掘金旧厂房、创业到丰台”活动，由丰台区委宣传部作为指导单位，丰台区投资促进局和丰台区文促中心联合主办，丰台区委常委、区委宣传部长孙军民出席。活动集中推介丰台区20余万平方米高品质、黄金位置、产权清晰的旧厂房资源。优客工场、优家投资、清华启迪、京西创投、搜狐焦点产业新区、创业家、亿达控股、世鳌国际、宝蓝集团、清控科创、联东U谷、北京文化创新工场等20余家知名投资机构的总经理、联合创始人或高管参加精准对接。

（张普一）

【举办北京海外高层次人才丰台行活动】 10月15日，举办北京海外学人中心丰台分中心揭牌仪式暨“北京海外高层次人才丰台行”活动。北京市委组织部人才工作处处长刘敏华、北京海外学人中心主任袁方、丰台区委组织部部长霍连明、中关村管委会人才资源处处长李志磊、北京海外学人中心CBD分中心主任肖振祥等领导参加活动，20余名国家“千人计划”、北京“海聚工程”入选者及在京优秀海外人才代表参加了本次活动。

（张普一）

【举办十八届京台科技论坛】10月17日-23日，举办第十八届京台科技论坛，丰台区副区长、中关村丰台园管委会主任张婕在台湾企业来京发展环境说明会暨项目交流洽谈会上就丰台发展环境、投资区域、支持政策、政府服务等台湾业界关心的问题发表主旨演讲。区内相关委办局、企业的主管出席会议并陪同参加考察活动，对接洽谈合作意向。

（张普一）

【举办第三届投资促进理论及实务培训班】9月24日-25日，举办“丰台区第二届投资促进理论及实务培训班”，区内相关委办局、街乡镇、地区、重点村的招商引资主管领导及工作人员，以及重点楼宇、重点企业及企业集中办公区主管招商引资的业务骨干，近200余人参加了培训。

（张普一）

【北京·香港经济合作研讨洽谈会】11月26日，第十九届北京·香港经济合作研讨洽谈会首场北京区县专场推介活动——丰台区投资环境及重点项目推介会在香港举办，香港知名企业集团及大财团、香港工商团体代表、香港金融机构、香港科技文化机构、香港地产及投资机构、香港知名顾问中介机构等80余名重量级嘉宾出席。活动期间，丰台区区长冀岩发表了主旨演讲。丰台区委宣传部部长孙军民介绍了丰台区经济社会发展整体情况，并对丰台区的投资环境、投资政策、投资项目与投资服务等方面进行了全面推介。北京丽泽金融商务区、中关村丰台科技园区、北京国家数字出版基地、北京青龙湖国际文化会都等丰台四大重点功能区进行了精准推介。活动中，香港阳光100（中国）控股有限公司、香港虎彩印刷有限公司等7家港资企业分别与丰台区相关政府部门进行现场签约，签约金额88亿元。

（张普一）

服务业

丰台区修理公司

【概　况】2015年，围绕企业经营发展目标，加强管理，落实责任，各项工作取得新进展，完成年度目标任务。

（马永顺）

【制度建设】年内，围绕基础管理环节，对现有规章制度进行全面梳理，修改完善七项规章制度。

（马永顺）

【资产经营管理】年内，面对区域经济调整带来的市场新变化，增强资产经营的计划性和预见性，对租赁到期的网点提高再租价格，提高经营效益。开展流动人口和出租房屋调查登记工作，做到房屋和人口信息全面、真实、准确。

（马永顺）

【财务管理】年内，开展专项审计，对所属三家基层企业负责人进行任期经济责任审计和离任经济责任审计，对审计中发现的问题认真查找原因，制定整改措施。

（马永顺）

【企业党建】开展“三严三实”专题教育，结合教育找问题，定措施。严格落实“三重一大”决策制度，加强廉洁自律，防止“四风问题”反弹，杜绝腐败现象发生。

（马永顺）

【安全生产】组织学习新修订的《安全生产法》，全面落实安全生产主体责任。召开安全生产专题会，开展安全生产大检查，防止事故发生。做好拆违工作，消除安全隐患。做好信访工作，排查和及时处置矛盾纠纷，消除不稳定因素。加强信息反馈和沟通，确保公司全年安全稳定。

（马永顺）

北京市京都公司

【概　况】 2015年，加强财务计划管理，及时把应收的款项收入到账，严格控制成本核算与支出，尽力增收节支，截止年底，经营收入370 万元，实现利润 50万元。

（李　芳）

【健全工作机制】 建立“台账”机制，并注重抓好落实。建立联动机制，实现上下有机结合，做到有督促、有问责，确保成效。建立报告机制，做到有方法、有进度、有质量、有回音。建立监督检查机制，进行跟踪督查。

（李　芳）

【安全管理】 元旦、春节期间，公司与下属单位、个体经商户签订《烟花炮竹管理安全责任书》。全国两会期间，公司安全领导小组下基层督导检查，基层随时巡查，各项工作安全有序。完善各项工作制度，同九个安全生产点签订《生产经营安全责任书》，与在职职工签订《交通安全责任书》，对职工进行安全知识培训并进行考核。与两家餐饮使用煤气管道、煤气罐的经营点签订安全责任书。

（李　芳）

【企业党建】 年内，围绕“为民、务实、清廉”要求，落实中央八项规定和市委十五条意见精神，聚焦“四风”开展“六查”（查修身严不严、查用权严不严、查律己严不严、查谋事实不实、查创业实不实、查做人实不实），制定落实制度措施。

（李　芳）

丰台区饮食服务旅店行业协会

【概　况】 2015年，紧密联系会员企业，结合行业特点，开展各类稳定消费增长、促进行业发展、加强行业交流、凝聚行业力量的活动，发挥了本协会桥梁纽带作用，各项工作取得新进展。

（曹　祯）

【举办主题培训会】 2月6日，在东方名剪旗下的蓝海美业培训学校举办“践行中华文化 打造幸福企业”专题培训会，由本会副会长东方名剪董事长卢连德授课，60多名企业负责人参加了培训会。

（曹　祯）

【组织开展新法律法规培训会】 在新环保法、禁烟条令、新食品安全法实施前，组织30 家大型餐饮企业参加市烹饪协会组织的新食品安全法培训，针对餐饮行业节能环保及清洁生产、办理排水许可证等相关工作进行培训。

（曹　祯）

【组织外出考察】 11月23日至25日，组织本区 13 家餐饮、酒店企业的老总、职业经理人及厨师长共计 20 人赴山东济南市，参观考察舜和酒店集团、凯瑞集团、闫府私房菜、民国街坊 1906 四家企业，分别听取四家企业领导的经验介绍，亲自体验每家企业的菜品和特色服务，并与他们的高层管理者进行座谈交流。

（曹　祯）

【开展厨艺明星和服务明星大赛】 12月8日，举办“技能成就梦想，服务创造品牌”为主题的首届厨艺明星和服务明星大赛，全区60多家大中型餐饮企业的近百名厨艺明星和服务明星同台献艺。经国家级评委的评审，获得厨艺明星金奖10名、银奖17名、铜奖11名，获得服务明星金奖9名、银奖10名、铜奖 23 名。

（曹　祯）

【举办丰台消夏啤酒节】 7 月，举办第七届丰台消夏啤酒节。期间，开展畅饮澳麦运动鲜啤、真诚奉献爱心、美食美酒促销、美食美酒进社区、好礼送不停、我最喜爱的消夏美食评选等活动，向市民发放啤酒赠饮券和活动优惠券，近万名消费者持券体验。

（曹　祯）

【举办岁末真情回馈月】 12 月 1 日至 31 日，举办“万亿大促号角吹响，丰台餐饮集结登场”为主题的 2015 丰台区餐饮业岁末真情回馈月活动。本次活动由厨艺明星和服务明星大赛、百企千店互联网线上线下优惠总动员、双 12 支付宝餐饮商户大促销、60 家品牌餐饮店圣诞送大礼、锡盟羊肉品鉴会五个板块组成。

（曹　祯）

丰台区维修服务行业协会

【概　况】 2015 年，丰台区维修服务行业协会共有会员单位 102 家，其中有限责任公司 18 家，占总数的 17.6%；个体经营者 84 家，占总数的 82.4%。网点结构以个体经营为主。

（梁生荣）

【行业规范】 年内，开展宣传、发放、落实商务部颁发的《家电维修服务管理办法》。起草制定《开修锁服务规范》（试行），共十一章四十八条。对新参加社区维修服务的 30 家锁具维修单位进行了规范，并对其 30 名锁具修理工进行了培训，颁发职业资格证书和胸卡，基本实现锁具修理“一刻钟”服务上门全区覆盖。会员单位未发生一例消费者投诉。

（梁生荣）

【技术培训交流】 年内，为会员单位培训制冷设备、锁具修理工等两个工种的中、高级维修工 93 名；组织中央空调故障与维修技术讲座一次、锁具修理工职业道德和法规培训三期、锁具维修技术交流五次。培训和技术交流的开展，提高了行业内技术人员的专业水平、职业道德和法制观念。

（梁生荣）

【行业自律】 为落实国家及市发改委有关维修服务议价收费规定、提倡行业自律、规范行业收费标准，协会组织会员协商，修订了十五类 457 项维修服务收费指导价，并上报价格主管部门备案。同时，向会员单位发放价格表和《价格手册》，实行明码标价，先议后修；在本会网站上向社会公示，以加强社会监督，促进了行业收费自律。全年未发生价格争议投诉。

（梁生荣）

【社区维修服务】 年内，完成参加社区维修服务会员单位的认证挂牌复核工作，涉及会员单位 20 个。完成参加社区维修服务修理工的登记备案复核、技术和职业道德培训、胸牌工装发放工作，涉及修理工 160 名。完成服务规范、价格手册的发放工作。完成社区维修服务信息中心筹建和网络建设、专线服务电话开通、社区维修公示牌制作宣传展示工作。实现整合行业资源、就近服务及“五统一”的商业模式（统一电话或网上预约接活派单，维修单位就近服务；统一技术人员培训上岗；统一工装胸卡；统一质量标准和收费标准；统一受理解决投诉）。全年上门服务 16300 人次，维修各类物品 15980 件，免费为孤寡老人、特困群体维修服务 106 户，投诉率为万分之一。基本做到“一刻钟”内到位上门维修，特殊情况经预约按时上门维修。

（梁生荣）

【开展公益活动】 年内，组织会员单位开展社区义务维修咨询服务民生公益活动 8 次，发放宣传资料 3000 份，为社区居民免工时费义务维修 200 户；开展社区公益大讲堂活动 2 次，向社区居民宣传门锁安全防盗知识。

受益人群1000余户，受到社区居民的好评。

（梁生荣）

旅　游

【概　况】 2015年，区旅游委围绕丰台区经济建设发展大局开展工作，完成年度任务，辖区内765家旅游企业接待游客1929万人，同比增长1.6%，全市排名第六位；实现营业收入173.39亿元，同比增长5.7%，全市排名第五位。

（孙晶晶）

【“欢乐健康游 惠民进万家”活动】 年内，开展“欢乐健康游 惠民进万家—2015丰台旅游咨询进社区”系列活动，以讲座和现场咨询相结合的方式，在30个社区讲座30场，为8000余社区居民普及旅游法知识，提供旅游咨询服务，发放旅游宣传资料3.4万余份，受到社区居民好评。

（孙晶晶）

【办理区政协提案】 年内，办理区政协提案8件，其中单办4件、会办4件。内容主要涉及扩大宣传和产业融合。在深入调研和征询委员意见的基础上，及时对各提案进行答复，委员们对提案办理工作表示满意。

（孙晶晶）

【旅游产业发展人才联盟】 年内，建立区域旅游产业发展人才联盟，形成一个以企业高层管理人员为主导的管理联盟，并定期召开交流会，为丰台区旅游产业发展出谋划策。组建一支由知名专家、企业高管、行政主管为成员的丰台旅游产业发展专家顾问团队。

（孙晶晶）

【纪念抗日战争胜利70周年系列活动】 年内，完成纪念活动视觉形象logo设计。设计推出以“卢沟三宝”（卢沟狮、晓月饼、东方神鹿酒）为代表的宛平礼物，并依此设计推出红色旅游类、历史文化类和创意类三大旅游商品，并在宛平礼物店售卖。举办“铭记历史圆梦中华”京津冀红色旅游联展。策划并推出“丰台旅游惠民券”，活动期间免费投放社会；“万张门票免费游丰台”活动。举办丰台旅游主题展览活动，以畅游丰台为主题，通过多媒体、图片、文字等方式向游客宣传展示丰台旅游资源，扩大旅游影响力。

（孙晶晶）

【旅游规划体系建设】 年内，加强旅游规划体系建设，完成《十三五期间丰台区旅游和会展业发展的思路与举措研究》、《十三五期间青龙湖—长辛店会展旅游、生态休闲区发展的思路与举措研究》。加大河西地区旅游发展力度，开展《长辛店古镇旅游课题研究》、《长兴路—大灰厂路—长青路绿色环廊课题研究》、《永定河绿色生态发展带课题研究》、《丰台区河西地区大灰厂村保护与发展课题研究》。

（孙晶晶）

【行业监管】 开展旅游系统安全生产月活动，以确保旅游市场秩序良好。整顿“一日游”市场，收缴非法“一日游”地图、小名片100余份，为游客挽回经济损失1000余元。完成3家旅行分社、31家服务网点的备案及22家分社、服务网点的注销工作。全年共处理游客投诉278件，处理率100%，游客感到满意。

（孙晶晶）

世 界 公 园

【概　况】 2015年，从硬件建设与软件建设、内部管理与外部形象、思想道德教育与业务技能培训、经济效益与服务质量、规范化服务与优质服务等方面着手，认真布置、细致检查、很抓落实，公园综合管理水平上个新台阶，全年共接待游客 63 万人次，综合收入 6600 万元，

（陈 惠）

【2015 平衡过度期】 在经历多年效益增长后，2015 年世界公园进入平衡过度期，公园领导提出“稳中求进”的工作思路，在现有的基础上克服困难不断进取，扩大发展。针对传统假期，挖掘亮点活动，举办并策划“欢乐花语-彩色踏青”、“情系端午”、“雌雄象宝宝有奖征名”、“大象中秋送月饼”等活动。针对年轻游客加大网络宣传，历时一个月的“小象征名”活动，收到来自全国的邮件 400 多封，起到很好的社会宣传效果。

（陈 惠）

【特色品牌营造亮点】 年内，围绕“主题公园演艺区”的框架聘请中外演员，开展特色演出、花车巡游。特别制定中秋节目《五洲风情》、十一国庆黄金周、《五洲同庆》大型盛会，获得广大游客好评。

（陈 惠）

【创造优美环境】 年内，科学合理安排园林绿化养护、改造工作，花卉布置增加新品种，做到丰富色彩；增加立体花器，改变以往单一的平面布置；更换大面积草坪，恢复绿篱，为游人创造优美环境。园容卫生做到“六不见”、“八不乱”、“三不外露”，垃圾施行袋装化、分类化，做到日产日清。

（陈 惠）

【安全管理】 年内，加大安全宣传教育力度，在园区内张贴各种安全贴画、悬挂安全标语，向全园职工发放安全书籍和安全宣传手册，普及安全知识。进行安全生产培训，开展安全大检查，发现隐患及时处理。逐级签订安全责任书，将责任落实到每个岗位、每个人。配备反恐专用器械（防暴叉、防暴盾牌、安检仪、长警棍、短钢制甩棍、头盔、防刺服、防刺手套等），以加强反恐应急处置能力。

（陈 惠）

【增强企业凝聚力】 年内，本着“以人为本”的理念，了解掌握职工的思想动态和实际困难，落实与职工生产生活关系密切的热点问题。提高职工工资，增发劳保用品。发挥职代会民主管理、民主监督职能，建立“上情下达、下情上递”的信息管理机制。为员工健康着想，增加体检项目。对维护公园形象的特殊员工增加奖励，提高员工的工作积极性。

（陈 惠）

园 博 园

【概 况】 2015 年，是北京园博园管理中心“完善提升”年，在区委区政府的正确领导下，在区相关部门支持帮助下，顺利完成园区的组织运营管理工作，全年入园近 102 万人次，完成营业收入 1399 万元。创建国家 4A 级景区，完成保持景观特色等各项工作任务。园区工作基础日趋牢固、工作机制日趋顺畅、工作氛围日趋和谐、工作成效日趋明显，运营管理能力得到有效提升。

（李 媛）

【创建国家 AAAA 级景区】 年内，为进一步提升园博园旅游资源保护与开发水平，增强竞争力，把创建国家 AAAA 级景区列入年度工作重点。对照《A 级景区质量等级划分与评定》以及《评分细则分解表》，认真查找问题、细化工作目标、制定整改方案，针对旅游交通设施、游览服务功能、旅游安全保障、环境卫生管理、邮电服务设施、旅游购物品质、资源环境管理、资源吸引力等 8 个方面 48 个具体项目抓落实，12 月下旬，市旅游委专家组来园进行初步审核评定。

（李 媛）

【基础设施建设】 年内，结合园区总体规划定位，重点开展温室建设、电瓶车充电场改移、梦唐园改造、鹰山护坡加固等项目建设，对水、电、消防、智能化等分系统专业设备进行检测维护。

（李　媛）

【园区管理维护】 一是健全工作检查考核机制，完善和优化物业、卫生、安保、绿化、游客服务等五个方面的团队配置，修订完善《落实党风廉政建设主体责任实施办法》、《物业管理考核办法》、《安全管理细则》、《经营管理办法》等规章制度和考评标准。二是确保景观标准不降低，依据《北京市城市绿地建设和管理等级质量标准》，按照特级绿地标准对全园202公顷绿地实施常态化养护管理，聘请市级园林专家定期对景观提升、绿化养护和病虫害防控进行现场指导；按照既定的时间节点做好全园主要景观区域的时令花卉布置，确保春夏秋三季有花，保证了良好的景观效果。三是按原风格做好展园维修，安排专业工人、采购特色建筑材料对城市展园进行高品质维修，确保展园保持原有设计风格和景观效果。四是保持较高的物业及环卫管理水平，加强对园区水、电、智能化等专业设备的常态化维护保养，确保物业设施、喷淋浇灌系统、供排水、消防防汛、道路铺装、地源热泵、监控报警、音乐喷泉等设备保持良好状态。加大环境卫生监管力度，垃圾日产日清，保证景区环境优美整洁。

（李　媛）

【商业经营活动】 一是利用场地资源优势，承办各类活动50余场，包括北京市旅游节开幕式、国际铁人三项赛、彩色跑、彩泥跑、花车巡游等，活动内容涉及文化娱乐、体育竞赛、休闲健身、宣传推广等领域。二是积极开拓市场，不断扩大婚纱摄影和婚庆项目的影响力，全年共接待新人入园拍摄婚纱摄影1000多对，举办婚庆礼仪活动7场。与旅行社合作，全年通过旅行社吸引游客6万余人。加入北京市教育学会社会大课堂教育研究会，丰富社会大课堂内容，学生群体游客量同比增长60%。加强特许店、便利店和餐饮店等旅游购物场所的规范管理，增加园林景区特色售卖产品，丰富旅游商品种类，提高游客消费积极性。三是加强宣传推广，通过官方微信发布“线上看风景”、科普教育、美图品鉴等信息，粉丝量同比增长42%；官方微博发布信息1500余条，同比增长70%。与北京电视台、新京报等50多家新闻媒体合作，开展宣传报道，扩大园博园的知名度。

（李　媛）

【安全管理】 建立健全《“党政同责、一岗双责”工作方案》、《安全生产大检查和“六打六治”行动方案》，将安全生产责任分解落实到人，切实履行安全生产监督管理职责。严格人员、车辆入园报备审批流程，严格下井作业监管程序，成立安全监管专项检查队伍和应急处突小分队，聘请专业消防管理人员抓消防安全，购置专业消防车，设置消防车库，应急处突人员24小时备勤。全年累计对园内25处重点部位开展安全生产隐患检查223次，特种作业安全检查91次，大型活动备案审批50余次，发现并消除安全隐患86项。全年未发生安全责任事故。

（李　媛）

高新技术产业

中关村科技园区丰台园

【概　况】2015年，新增上市企业13家，其中中小板3家，新三板10家。新增国家高新技术企业73家。新增中关村高新技术企业600余家。共实现技术合同认定登记总金额475亿元，同比增长11.6%。270余家企业获国家、北京市、中关村及区级项目资金支持，其中7家创新型孵化器获得中央财政专项2128万元支持。1月-11月，实现总收入2942.9亿元，同比增长8.5%，园区累计完成留区财政收入22.2万元，占区财政收入（88.5亿元，同比增长11.8%）的24.9%，同比增长7%。新引进重点企业通号（北京）轨道工业集团有限公司、中电科（北京）网络信息安全有限公司、航天科工智能机器人有限公司、中建科技有限公司等亿元企业70家。年内举办石墨烯推进大会、中英石墨烯高端论坛等一系列重要活动，集聚英国布鲁内尔大学、中国标准化研究院等一批国内外石墨烯产学研用资源，已聚集10余家石墨烯代表企业入驻，涌现出“石墨烯材料通过增材技术（3D打印）在汽车领域的高端应用”、可制备石墨烯导电墨水等众多石墨烯创新应用成果。建立创新创业平台，加强众创空间建设，重点打造IBI咖啡、依文全球创客空间、贝壳菁荟、蒙面师事务所等品牌；搭建中小企业服务平台，“智慧星期五”、“模拟创业课堂”、在线孵化服务、孵化基金、企业孵化创新联盟等为企业提供全方位、多层次的创新创业服务。

（魏立亮）

【新兴际华研制成功应急救援重大装备】2月7日，世界500强、央企50强、中关村丰台园企业新兴际华集团举办捐赠仪式，将自主研发生产的19台（套）智能化轻型高机动应急救援系统装备交付北京市地震局使用，作为丰台区应急救援志愿者队伍的主战装备，为北京市的应急救援提供服务保障。

（宁曙光）

【2014年度北京市科学技术奖】2月27日，北京市科学技术奖励大会暨2015年北京市科技工作会议召开，同时公布2014年度北京市科学技术奖获奖名单。丰台园共有6家企业获奖，其中2家为成果独立完成单位、4家为成果参与单位。

（宁曙光）

【成立“中关村智慧城市信息化产业联盟”】3月18日，“中关村智慧城市信息化产业联盟”成立大会在中关村丰台园举行。联盟内一半以上企业来自丰台园，旨在为推动中关村乃至整个中国城市信息化产业的发展，加速扩大产业集聚的规模，在中关村国家自主创新示范区形成全国范围最重要的智慧城市信息化产业基地，整合了中国电科五十四所、航天二院二十三所、二十五所等、北京理工大学、东方通、海鑫科金、天健源达、真视通、辛巴达睿等30余家智慧城市业内知名单位资源。

（宁曙光）

【北斗航天科技集团挂牌成立】 3月20日，北斗航天卫星应用科技集团在中关村丰台园举办集团挂牌仪式。北斗航天集团负责研发北斗芯片、北斗模块、北斗终端产品及北斗综合信息管理平台的搭建和各行业的应用管理系统开发。

（宁曙光）

【凯普林光电公司获“2015荣格技术创新奖”】 5月，园区企业北京凯普林光电科技有限公司的915nm/150W/105μm高亮度光纤耦合半导体激光器荣获“2015荣格技术创新奖”。荣格技术创新奖被视为中国激光行业最具国际性与专业性的奖项之一，该奖项旨在表彰在业界具有突出贡献的创新产品和技术。

（宁曙光）

【福乐维发明专利纳米营养剂获国家授权】 5月初，国家知识产权局专利局授予园区企业北京福乐维生物科技股份有限公司的纳米营养补充剂发明专利证书。专利转化的成品为易溶的液态，提高畜禽对营养物质的吸收利用率，增强畜禽的繁殖性能和抗应激能力，降低了养殖作业劳动强度和自动饮水系统的维护成本。

（宁曙光）

【丰台园保定满城建分园】 7月18日，丰台区与河北省保定市产业园区合作共建举办签约仪式。仪式上，丰台区长冀岩与保定市长马誉峰签订《产业园区合作共建协议》，丰台区副区长、中关村丰台园管委会主任张婕向保定市满城区长李广义授牌——中关村科技园区丰台园保定满城分园。丰台园企业北京锐视康科技发展有限公司与河北大学附属医院签署捐赠医疗设备协议（捐赠价值两千多万元的PET/CT设备）；保定满城分园与拟入园企业（北京锐视康科技发展有限公司，北京众智同辉科技股份有限公司）及运营合作企业、机构（北京首钢绿节创业投资有限公司、中关村智慧城市信息化产业联盟）集体签署合作协议。

（宁曙光）

【丰台园航天斯达公司获国际大奖】 11月2日，德国纽伦堡第67届国际发明展奖项评选完成。来自36个国家的发明人，700多个项目参展。在本次国际发明展奖项评选中,丰台园企业北京航天斯达科技有限公司的两个参展发明专利项目斩获了四项大奖——“液体自校准型直线容积式灌装机”获得“德国纽伦堡第67届国际发明展银奖”及韩国发明促进会颁发的“创意设计奖”；“证券纸币裁切包装设备”获得“德国纽伦堡第67届国际发明展银奖”及波兰发明协会颁发的“创意产品奖”。

（宁曙光）

【北斗航天集团获中国创新设计工程金奖】 11月5日，中国工程院“国际工程科技发展战略高端论坛—创新设计论坛暨2015中国创新设计大会”举行。首届《中国好设计》发布推出三十个中国创新创意大奖，丰台园企业北斗航天卫星应用科技集团有限公司的“北斗-遥感卫星综合管理平台”作为中国好设计入选项目成功荣获2015年度中国创新设计工程类金奖。

（宁曙光）

【谊安医疗获联合国教科文组织创意设计新锐奖】 11月22日，第二届联合国教科文组织创意城市网络深圳创意设计新锐奖，在深圳举行全球终审结果发布仪式。活动吸引来自全球23个城市的3000余名年轻设计师参加。丰台园北京谊安医疗系统股份有限公司选送的8款设计作品，通过7位国际评委的严格审核，获得优秀设计师奖，谊安医疗工业设计团队也获邀参与明年在法国巴黎联合国教科文总部举办的颁奖巡展。

（宁曙光）

综合经济管理

发展改革综合管理

【概　况】2015年，实现地区生产总值1169.9亿元，增长7.2%，经济总量相当于“十一五”末的1.6倍，年均增长10%左右。实现全社会固定资产投资862.3亿元，增长6.2%，其中城镇投资854.5亿元（其中房地产开发投资621.1亿元，同比增长64.4%），同比增长8.7%；农村投资7.8亿元，同比下降70.5%。“十二五”累计实现固定资产投资3640亿元，比“十一五”累计投资翻一番；城镇居民人均可支配收入增长8.4%、农村居民人均纯收入增长9.2%，五年年均分别增长10.6%和11.2%，高于经济增长。争取市政府固定资产投资资金8.6亿元。落实区级政府建设资金35.4亿元。出台电力安全生产党政同责、一岗双责实施办法，制定《丰台区产业创新发展基金管理办法》（京丰办发〔2015〕16号），修订《丰台区禁止和限制新增产业的目录（2015年版）》（丰政办发〔2015〕28号）。完成停车场收费标准审核699件。完成北京市联合考核工作组对丰台区2014年度节能目标责任评价考核工作，被评为优秀等级。

（乔一平）

【“十三五”规划编制】年内，组织召开丰台区“十三五”规划编制培训班，邀请区委组织部、宣传部、文明办等42个规划编制成员单位，以及北京大学、清华大学、社科院研究生院等57项前期课题承担机构的具体负责领导和工作人员参加。统筹推动“十三五”前期课题研究工作，完成全区课题成果汇编。组织开展区委“十三五”规划建议和全区“十三五”规划《纲要》编制工作，分别经过区委十一届八次全会和区第十五届人民代表大会第六次会议审议通过，形成正式对外发布版本。推进产业、人口、节能、电力四个专项规划的编制工作。同步做好“十三五”规划对外宣传和意见征集工作。

（乔一平）

【高端产业支持】年内，落实经济发展综合政策，兑现资金9644万元，奖励企业115家。

（乔一平）

【推进非首都功能疏解】年内，制定《丰台区非首都功能疏解指挥部组织机构方案》（京丰办发〔2015〕14号），设立一个领导小组、四个工作小组（市场疏解、工业疏解、交通枢纽疏解、人口调控工作小组）和一个专项工作小组（大红门地区疏解专项工作小组），统筹协调全区各领域功能疏解工作。全区共调整疏解市场86家，占市场总数的40%。大红门地区市场关停拆除13家，改造升级4家。成立大红门地区非首都功能疏解工作指挥部，建立大红门地区市场和非法出租大院疏解档案，研究制定“一场一策”方案，疏解市场11家，疏解人员1.5万人；拆除仓库大院40处，疏解人员7870人。调整退出工业污染企业23家，超额完成工业疏解任务。传统制造业加快外迁，华盾雪花外迁河北固安；北京城建重工签约曹妃甸；凯特专用车确定迁往重庆。压缩职业教育规模，腾退丰台职教中心校西校区。

（乔一平）

【人口调控】 年内，通过采取清理违法群租房、关停人防工程、整治普通地下室、拆除违法建设、治理无照非法经营、实施搬迁棚户区改造和环境整治项目等一系列措施调控人口，全区常住人口和常住外来人口规模分别控制在232.4万人和83.8万人，均在年度调控目标以内。

（乔一平）

【深化医药卫生体制改革】 年内，完成市医改办对全区2014年任务评估，其中健康银行的慢病管理模式得到市医改办认可。按照医改考核激励资金使用要求，依据丰台区深化医药卫生体制改革2014年重点工作安排，拨付医改资金361.5万元，用于PACS医学影像协同平台建设项目。

（乔一平）

【落实城南行动及政府计划完成投资】 年内，全区落实城南行动及政府投资计划完成投资385亿元。截至年底，全区落实城南第二阶段行动计划实现投资1347亿元，完成三年计划1300亿元总投资的103.6%，33个项目完工。

（乔一平）

【“十三五”配电网建设规划】 根据丰台地区负荷发展预测，2015年-2020年，需新建500千伏变电站1座，220千伏变电站7座，110千伏变电站20座，增容改造110千伏变电站4座。“十三五”期间，丰台区配电网规划新建及改造工程总投资140.25亿元，其中500kV输变电工程投资16.76亿元，220千伏输变电工程投资53.90亿元，110kV变电站规划改造工程总投资30.79亿元，10kV及以下配电网规划改造工程总投资38.80亿元。

（乔一平）

【动漫城110千伏变电站竣工发电】 首钢动漫产业园是丰台区“十二五”规划中的重点项目，动漫城站是规划新建首钢动漫产业园的配套电源，该站位于丰台西四环外首钢动漫产业园范围内，梅市口路的北侧，建筑面积4000平方米，一期安装2台50兆伏安变压器，年初竣工发电。

（乔一平）

【新能源和清洁能源车配套设施建设】 年内，按照北京市统一规划，在社会公共停车场，交通枢纽停车场，大型商超停车场，高速公路服务区，电动汽车专业销售店和具备条件的加油站等区域新建快速充电桩584个，满足新能源车辆和清洁能源车辆发展的需要，并研究制定配套鼓励政策。推广屋顶分布式光伏发电项目和电力需求侧管理项目，新增光伏发电装机容量10.5兆瓦，上报电力需求侧管理项目8个。

（乔一平）

【获得市级节能低碳资金】 年内，组织用能单位申报的4个节能技术改造财政奖励备选项目完工并通过节能审核，占全市第一批节能技改项目的57%，累计节约标煤4993.3吨，获得市级节能奖励资金300.8万元。

（乔一平）

【节能管理】 年内，组织40家重点用能单位开展能源利用报告报送和审核工作，对21家重点用能单位进行节能考核，组织15家在京万家企业和市级考核重点用能单位开展能源管理体系和碳排放管理体系建设，组织60家重点用能单位、公共机构开展能源计量基础能力建设工作。出台《丰台区2015年能源审计实施工作方案》，组织33家用能企业和公共机构开展能源审计工作并全部通过；组织10家企业完成清洁生产审核并通过验收，新增12家企业启动清洁生产审核，1家企业清洁生产项目资金申请获得市级批复，1家企业完成清洁生产项目绩效验收；组织2家单位申报2015年能源管控中心建设项目。

（乔一平）

【节能宣传周】 年内，制定节能宣传周活动方案，发动全区21个街乡镇、350余个社区村庄开展节能宣传活动，在区属部分重点用能单位设立节能宣传周分会场，张贴节能宣传海报3000余张，发放节能宣传品4万余份；举办节能低碳、建筑节能、能耗统计等领域的培训会3场，培训400余人次；在园博园举办节能宣传周主题活动，宣扬“节能有道、节俭有德”理念。

（乔一平）

【碳排放管理】 年内，辖区有重点排放单位29家、一般排放单位75家，碳排放报告报送率均为100%（保密单位除外）。督促重点排放单位加强碳排放控制，按时完成碳排放权交易的相关工作，重点排放单位主动履约率100%。

（乔一平）

【民办教育收费备案时限变更】 年内，优化民办教育收费备案流程，将民办培训机构的备案制度由一年一备更改为三年一备，与民办教育办学许可证期限一致，备案费用不变。

（乔一平）

【落实价格管理新政策】 年内，落实市发改委三项重大价格政策改革，取消行政事业性收费的《收费许可证》管理制度；放开除占道停车和“P+2”驻车换乘之外的机动车停车场收费，实行市场调节价；根据北京市定价目录和价格听证目录，重新调整丰台区定价项目和价格听证项目。

（乔一平）

【取消行政事业性收费许可证制度】 年内，开展取消收费许可证制度的有关工作，转发相关文件，督促各单位公示，全区398家单位的《收费许可证》全部回收。实行收费单位年度报告制度，加强事中事后监管并采用全国收费动态监管。办理收费许可变更项目22家，新办许可项目4家，注销15家。

（乔一平）

【价格检查】 年内，出动价格检查人员1252人次，检查单位1205家，结案87件，制裁总金额17.95万元，其中罚款1.99万元、没收违法所得15.05万元、退款0.91万元。受理价格举报投诉1764件，办结1263件。

（乔一平）

【企业服务】 年内，企业服务大厅接待企业办事人员676109人次，日均接待2749人次；受理审批申请355799件，日均受理1446件；完成审批申请334651件，日均完成1360件；在区新注册企业29951家，日均注册122家；办结率94.06%。6月29日，企业服务大厅装修改造工程完工，正式对外办公。

（乔一平）

安全生产监督管理

【概　况】 2015年，全区共发生安全生产死亡事故67起，死亡69人，占全年控制指标79人的87.3%。未发生食品安全和生产经营性火灾死亡事故，未发生较大以上安全生产事故。同比死亡事故减少4起，下降5.6%；死亡人数减少5人，下降6.8%，其中道路交通死亡事故62起，死亡63人；火灾死亡事故3起，死亡3人；生产安全死亡事故1起，死亡2人；铁路交通死亡事故1起，死亡1

人。检查生产经营单位 1764 家次，下达执法文书 923 份，立案 108 起，行政处罚 67.9 万元。受理举报投诉 74 件，其中“12350”交办 30 件、直接受理 44 件，全部办结回复。组织粉尘、有限空间、职业卫生、乡镇村安全监管干部、属地安全检查员、烟花爆竹等专项业务培训 10 余次，近 3000 人参加。为“两会”、世界种子大会、抗战胜利日纪念活动、“卢沟晓月”文化节、园博园“十一”游园会及 APEC 会议等重大活动提供安全生产保障。

（吴　洪）

【安全生产条件普查】 年内，开展生产经营单位安全生产条件普查工作，成立由冀岩区长任组长、高峰副区长任副组长的领导小组，印发工作方案，召开专项动员部署大会，明确各单位职责与分工。制发《致生产经营单位的一封信》10 万张，宣传海报 5000 套，各街乡镇和园区管委利用条幅、宣传栏、电子显示屏、微信平台、社区报纸等开展宣传，聘请 50 余名专家指导街乡镇和园区开展普查工作，组建 2300 余人的专职普查队伍，印发 6 类普查表 10 万份，下发百问百答手册 2000 册，制作教学光盘 100 余套，组织集中培训 50 期次，投入经费 200 万元。普查生产经营单位 138340 家，其中实际录入 57367 家（一般法人单位 4344 家、小规模法人单位 10587 家、综合楼宇内法人单位 5733 家、在建工程 154 家，商市场及综合楼宇内个体工商 29731 家、其它个体工商 6818 家）、核销“三经普”台账 73283 家、未取得工商营业执照 7690 家。

（李　颖）

【双百活动】 年内，在全区开展安全生产“百名安全监管局干部与万家企业主要负责人对话谈心”和“百名安全生产专家服务万家企业”活动（简称“双百活动”），副区长高峰及安监局领导与 58 家企业负责人对话谈心，专家为 480 家企业提供服务。

（李　颖）

【安全生产培训】 年内，组织以宣传贯彻新安法、工业企业负责人、街乡镇安全主管领导及监管人员等为主题的安全生产培训，共举办培训班 12 期，培训各类安全管理人员 1790 人，派出 30 余人次参加街乡镇的培训授课。

（李　颖）

【宣传活动】 年内，先后组织开展安全生产月咨询日、“十佳安全宣传员”评选，诗歌、微小说和漫画征集，情景剧大赛、家庭燃气知识竞赛等系列宣传活动。在北京市“十佳安全宣传员”评选活动中，辖区 1 名选手被评为“优秀宣传员”，该选手多次参加全市的宣传活动；在诗歌征集活动和家庭燃气知识竞赛活动中，获评北京市“优秀组织奖”。

（李　颖）

【“安全生产月”宣传咨询日活动】 6 月 16 日上午，丰台区安全生产委员会在西四环红星美凯龙家居建材广场举行以“强化依法治安意识，建设安全发展城市”为主题的第十四个“安全生产月”咨询日宣传活动。36 个安委会成员单位分别组织宣传教育活动，利用展板、发放宣传品等方式向现场或过往人员宣传相关法律法规、安全生产知识、应急处置常识；活动现场设立“12350”举报投诉受理咨询台；消防支队现场进行消防特种车辆及消防器械展示、演示，北京燃气集团南郊分公司进行燃气知识宣传及互动。区长冀岩、副区长高峰，中央和市属驻区重点单位代表，各行业部门职工代表，卢沟桥乡和卢沟桥街道各社区、村安全生产宣传教育志愿者共 1200 余人参加。

（李　颖）

【行政许可】 年内，受理生产经营单位危险化学品经营许可证申请 62 家次，其中延期 35 家、首次申请 8 家、变更 18 家，注销 9 家，不予受理 1 家。易制毒备案 6 家，注销易制毒备案2家。危险化学品生产经营单位事故应急预案备案95家。加油站装修改造备案10家次。

（李建鹏）

【危化执法检查】 年内，检查危化经营单位165家次、烟花爆竹零售网点50家次，发现并督促企业整改隐患136条（其中烟花爆竹零售网点4条），下达整改指令书62份、强制措施决定书5份。行政罚款立案2笔，罚款13.38万元。查处举报案件36起，其中96005举报24起、12350举报8起、其他举报4起。

（陈　勇）

【烟花爆竹销售网点安全管理】 2月5日，对113个烟花爆竹销售网点负责人及从业人员进行岗前安全教育培训，培训580人。春节期间，出动检查人员80人次、车辆40台次，检查113个烟花爆竹零售网点226家次，开具现场检查记录单20份，下达执法文书5份，消除安全隐患2条，经营期间未发生安全事故。

（陈　勇）

【危化单位安全标准化审核】 年内，90家危险化学品从业单位通过安全生产标准化审核，其中加油站81家、工业气体8家、实物单位1家。

（田　会）

【职业病防治法宣传周】 4月25日-5月1日，各街乡镇组织开展职业病防治法宣传周活动，利用宣传栏、黑板报、横幅、电子屏等宣传职业病防治知识，发放职业病防治宣传材料11020份，出动宣传人员1292人次，举办培训班114期。

（郭卫平）

【职业卫生执法检查】 年内，检查生产经营单位56家，下发整改指令书25份，实施行政处罚3家，罚款11万元。

（郭卫平）

【安全生产标准化建设】 年内，以工业、危化和人员密集场所涉及的行业领域为主进行三级标准化创建，制发全区工作方案和各行业领域专项方案，500家单位通过达标验收。制发小微企业标准化创建工作方案，评审2200家。聘请中介机构核查已达标三级企业220家。投入经费300万元组织标准化培训26期，培训2000余人，印发工作手册3000余份。

（刘凤英）

【组建专职安全员队伍】 1月，招录2015年丰台区第一批专职安全员297人，分配到22个街道、乡镇（园区），组成22支安全生产检查队，在各街乡镇（园区）安全科（室）的管理下开展日常安全生产检查工作，为丰台区安全生产队伍注入新的力量

（任满生）

【专职安全员安全生产检查】 年内，专职安全员检查生产经营单位45539家次，发现隐患85041处，填写《安全生产现场检查记录》35688份，下达《安全生产责令改正通知书》14279份。协助区安监局开展市“双百活动”、安全生产条件普查和小微企业标准化创建工作，配合多部门开展联合执法行动，在“9·3”阅兵期间提供安全生产保障。

（任满生）

【专职安全员培训】 年内，采取以查代训、网络远程培训、集中轮训、专项培训等形式提升专职安全员的专业素质和履职能力。6月-7月，开展专职安全员集训；9月-12月，开展专职安全员专业知识网络培训并进行考核；10月，在全区10个街道中各选调一名专职安全员到区安监局集中轮岗训练；12月1日-3日，组织各街乡镇（园区）安全生产检查队骨干人员100名进行管理及专业培训。

（任满生）

【安全执法检查】 年内，开展安全执法检查工作，检查生产经营单位1102家，完成全年检查任务的110%。下达限期责令整改文书

503 份，执行强制措施 4 次，执法文书任务完成率 101%，隐患查处 1241 条，立案处罚 86 起，处罚金额 120.4 万元，查处投诉举报 26 件，举报台账查处率 100%。

（牛玉杰）

【疏解非首都核心功能】 年内，制定城乡结合部专项整治工作方案，全面部署落实，强化监管，确保城乡结合部地区的安全生产水平整体提升；对非首都核心功能企业加大执法力度，检查 26 家， 处罚 15 家，罚款 32 万元。

（牛玉杰）

【全国“两会”安全生产保障】 年内，联合相关部门对全国“两会”驻地、会场周边 200 米范围内的单位进行摸排建档；联系属地，加强社会面防控；实行“日报告”制度，上报有关信息和执法数据，开展不间断执法检查和督导抽查，保障“两会”安全。

（牛玉杰）

【纪念抗战胜利活动安全生产保障】 年内，为纪念抗战胜利 70 周年系列活动提供安全生产保障。在主题展览活动中，成立领导小组，制定保障工作方案和事故应急救援预案，出动车辆 132 台次、检查人员 298 人次，检查生产经营单位 1024 家次，发现安全隐患 260 处。9 月 2 日晚和 9 月 3 日阅兵活动结束前，对辖区所有加油站、加气站等危险化学品经营单位进行拉网式夜查，要求各单位加强检查，安排应急值守，确保阅兵活动安全。

（牛玉杰）

【重点行业领域执法检查】 年内，组织春节期间夜查暗访，烟花爆竹零售网点安全检查，“六打六治”专项行动；对危险化学品运输企业、批零市场、客运汽车站、莲石路沿线、建筑施工等行业和领域进行安全整治；对餐饮企业、商场超市、宾馆饭店、文化娱乐场所、公园景区以及体育场所等领域进行安全检查。

（牛玉杰）

【执法业务培训】 12 月初，组织全区安全生产知识业务培训，邀请专家从人密场所安全检查、建筑工地检查要点、危险化学品单位检查重点及执法法务等方面对各街乡镇、科技园区和安监局的执法人员进行业务再培训、再教育，提升全区安全生产执法水平。

（牛玉杰）

人力资源和社会保障工作

【概　况】 2015 年，主动适应经济新常态，注重保障改善民生，着力提升服务效能，就业工作稳步推进，社会保障水平持续提升，人才引育渠道更加健全，劳动关系更加和谐。被人力社保部等部门评为“2015 年全国清理整顿人力资源市场秩序专项行动取得突出成绩单位”。

（白　璐）

【农村劳动力就业】 年内，加大岗位补贴、社会保险补贴和外出就业补助力度，强化职业技能培训，扩大就业班车覆盖范围，通过“向村办企业转移、向产业转移、向市场转移”，帮助 6321 名农民参加城镇职工社会保险。

（白　璐）

【疏解企业人员转岗就业】 年内，进入功能疏解领导小组成员小单位，对疏解企业从业人员的转岗培训、技能提升培训和储备性培训给予培训补贴，培训从业人员 2.35 万人；制定《关于大红门地区功能疏解转移就业服务工作方案》，多渠道转移就业 1500 余人。

（白　璐）

【创业带动就业】 年内，深化自主创业学院建设，坚持“共性与个性结合、创业与创新结合、线下与线上结合、课堂与大赛结合、培训与实践结合”五个结合，搭建“创业者与政府部门、与众创空间、与创业导师、与其他创业者之间沟通交流” 四个平台，为创业者提供服务，帮助 1892 人创业，带动 4197 人就业。

（白　璐）

【“五险”扩面征缴】 年内，基本养老保险、基本医疗保险、失业、工伤、生育保险参保人数分别为 86.9 万人、97.1 万人、58.3 万人、61.3 万人和 54.5 万人，同比分别增长 2.4%、5.1%、-1.6%、6.2%和 4.1%；五项基金分别收缴 66.8 亿元、44.5 亿元、3.5 亿元、1.7 亿元和 2.5 亿元，同比分别增长 18.1%、17.2%、12.1%、16.7%和 17.9%。

（白　璐）

【提升社会保险待遇】 年内，形成社会保障待遇调整机制，定期调整基础养老金待遇。城乡居民基础养老金每人每月调整 40 元，人均收入增长 9.3%；城乡无保障老年居民养老保险待遇每人每月调整 35 元，人均收入增长 10%。

（白　璐）

【提高社保经办服务水平】 年内，开通网上申报业务审批绿色通道，网上办理业务 54.09 万笔，同比增长 5.87%；为重伤、重病和残疾人职工提供“私人订制”鉴定服务，为 16 名职工实施上门鉴定；推进经办服务水平标准化，新增下沉便民业务 9 项，下沉到全区街乡社保所，设立东铁匠营街道社保所、新村街道社保所、东高地街道社保所和丰台科技园区四个企业业务下沉网点，共办理下沉业务 13.86 万笔；安装自助查询终端机 27 台，为居民办理社保业务提供便利。

（白　璐）

【企业聚才引智之家】 年内，做实政企沟通、企业互动、人才培养、专家服务、岗位供需“五个平台”，与北京大学、北京交通大学、华北电力大学、北京邮电大学、北京科技大学五所高校达成合作意向，建立人才合作机制，企业与高校形成互动。开辟 “绿色服务通道”，对 35 家会员企业做到“五个优先”：优先办理工作居住证、人才引进等业务；优先解决外埠优秀应届毕业生引进；优先解决技术难题、技术咨询，提供专家、院士帮助与服务；优先推荐会员企业中的专家、技术骨干参加 “职称评定直通车”评审；优先推荐会员企业中优秀人才参与国家级、省部级高端人才称号的评选。

（白　璐）

【人才队伍建设】 年内，通过高端人才引进、非京生源招聘等方式引进各类优秀人才 257 人。推行中关村高端人才职称评审直通车制度，推荐 12 名优秀人才进入市级评委会组织的面试答辩环节，5 人获得教授级高级工程师资格。推进青年英才（博士后）创新实践基地建设，交控科技、元六鸿远等五家企业获批成立博士后科研工作站企业分站。对 21 家外国文教专家聘请资格单位进行实地检查，帮助其通过外专局年检注册，新增 21 家机构获得聘请外国文教专家资格。

（白　璐）

【公务员队伍建设】 年内，做好青年干部挂职锻炼工作，遴选 40 名 80 后青年干部到社区挂职锻炼。开展公务员平时考核试点工作，出台《丰台区科级及以下公务员平时考核试点工作方案》，将区人力社保局、区纪委、丰台街道等 12 家单位列为平时考核工作试点单位。推动职务职级并行工作，制作《丰台区公务员职务与职级并行操作办法》，为落实乡镇职务与职级并行政策打下基础。

（白　璐）

【人事制度改革】 年内，深化机关事业单位工资福利制度改革，加强机关事业单位工资管理。完善事业单位人事管理信息系统，开展岗位设置调整工作，重点梳理卫生系统、教育系统所属事业单位的岗位设置和聘用结果，共涉及177家单位13700余人。

（白　璐）

【劳动关系维护】 年内，依托三方机制，加大集体合同和工资集体协商制度推进力度。全区集体合同覆盖企业6562家，同比增加20.8%；覆盖人数607423人，同比增加13.96%。对15877家单位进行日常巡查及劳动用工专项检查。

（白　璐）

【劳动者权益保护】 年内，受理投诉、举报案件2117起，涉及职工6582人，追发工资2069.14万元。探索仲裁办案流程，为残疾人等弱势群体开辟“绿色通道”，实行快立、快审、快结；对生活困难、急需治疗的工伤、病休职工，实行部分裁决先予执行制度；实行“速审庭”办案，提高案件办理效率。受理人事劳动争议案件3792件，案件结案率96.68%。

（白　璐）

【农转居工作】 年内，完善全区农转居工作联席会议制度，完善农转居协调工作会议机制，开通快速办理绿色通道。深入乡村开展政策培训30余次，受众2000余人，组织召开农转居协调会11次，为2531人办理农转居手续。

（白　璐）

统计工作

【概　况】 2015年，全区实现地区生产总值1169.9亿元，同比增长7.2%；完成全社会固定资产投资862.3亿元，同比增长6.2%；实现社会消费品零售额1007.3亿元，同比增长7.5%；居民人均可支配收入47127元，同比增长8.4%。完成群众安全感满意度调查、外来人口迁移意向调查、食品及药品安全公众满意度调查、新能源汽车消费意愿及影响因素调查、党风廉政建设调查等专题调查任务。30多项工作进入全国、市、区先进行列。

（赵国红）

【统计监测】 年内，围绕京津冀协同发展，与保定市统计局签署合作框架协议，制定《关于开展协同发展统计监测工作方案》，建立两地统计监测指标体系和数据资料共享机制。围绕区域疏解任务，制订《丰台区非首都功能疏解监测工作方案》，分专业建立疏解监测指标体系和监测台账，开展《优化调整产业结构、促进行业转型升级》《从疏解角度看我区从业人员构成》《从禁限目录看我区工业疏解问题》等系列专题研究。围绕稳增长调结构，实施投资消费、能源消耗、生产经营、科技创新等领域常规调查，加强市场价格、居民收支监测，坚持月度会商机制，做好经济运行趋势的预判分析。

（赵国红）

【依法统计】 年内，强化统计法治宣传，开展学法、用法专题研讨，组织普法宣传月活动，结合抽样调查、专项调查、年报培训等项工作，进一步加大统计法律法规宣传力度。强化统计依法行政，公开政府统计权力清单、行政处罚清单，接受社会监督；建立政府统计法律顾问制度，制定统计行政应诉工作细则，加强行政处罚立案案卷审核，提升统计法治建设专业化水平。强化统计信用建设，查处统计违法行为，执法检查单位410家，立案查处88家；修订诚信统计单位管理制度，评选诚信统计单位16家，建立统计严重失信企业认定和公示制度，切实发挥诚信统计示范引领、失信统计警示震慑作用。

（赵国红）

【统计年报】 年内，将年报工作与加强基层基础建设、法制建设、提高数据质量、加强统计宣传相结合，建立例会、通报、共享、试讲、联动、评估、问责七项工作机制，以

《丰台区统计数据质量全过程管理办法》为基础，按照年报工作职责分工，逐级做好各专业统计年报的培训布置、审核验收、汇总评估、资料上报工作。发挥“丰台统计”官方微信平台作用，发布培训计划、问题解答等内容，帮助调查对象了解年报工作动态。借助信息化手段减轻调查对象负担，网上培训率 48.5%。成立年报工作应急后备队，协助做好物资发放、会议通知、会场签到、报表催报等应急性工作，为年报工作平稳有序开展提供保障。

（赵国红）

【人口调查】 年内，全面做好人口动态监测工作，加强多部门数据整合利用，完成区级综合台账和街乡镇台账的修订，新增生活垃圾产生、无害化处理等项人口动态监测指标，首次利用移动通信大数据对人口规模、分布、流向进行跟踪监测，创办人口动态监测简报，分析台账数据与人口变动的关系。开展全国 1%人口抽样调查工作，加强与街道、乡镇调查人员沟通，开通 QQ 群、微信群；将以往事中督导、事后抽查模式改为事中督导、事中控制模式，发现问题及时解决；利用区流管办信息平台查遗补漏，降低漏报率。调查涉及 183 个社区、村，划分调查小区 229 个，初步推算常住人口为 232.4 万人。

（赵国红）

【统计改革】 年内，深入推进五项统计改革，联合区发改委、国土局、住建委等部门，建立全区投资统计改革联席会议机制。围绕商事制度改革，与工商、税务、质监等部门加强协调联动，将统计名录库纳入“三证合一”系统。结合地区生产总值、能源等领域统计核算方法改革，完成历史数据修订并开展 “十三五”时期指标测算。完成全区规模以上服务业统计口径范围调整，创建调查员信息库，并开始实施新的月度劳动力调查制度。推进统计组织体系建设，出台《关于加强统计基层基础工作的实施意见》和《关于进一步加强和完善部门统计工作的实施意见》，推动社区统计站建设和部门统计规范化管理；新建社区统计站 306 个，组建专兼职统计调查队伍，聘请调查员 599 名，形成 “区、街乡镇、社区村”三级统计网络体系。

（赵国红）

【专项调查】 年内，围绕群众安全感调查工作，推进电话调查系统更新换代，更换调查样本并重新调整调查问卷，建立安全感工作微信群和街乡镇定期上报机制，进一步细化分析，对存在问题进行逐级梳理，为改善区域治安环境提供依据。围绕人口调控，开展重点地区外来人口迁移意向调查，撰写的《丰台区外来人口迁移意向调查报告》作为《统计内参》创刊号发表。完成北京市食品及药品安全公众满意度调查、新能源汽车消费意愿及影响因素调查等十一项调查任务。协助开展丰台区党风廉政建设民意调查，涉及机关、企事业单位 148 家。

（赵国红）

【统计信息】 年内，改版升级丰台统计信息网站，进一步加强政府信息公开，发布统计信息 940 篇，被外单位采用 500 篇，其中被国家和市局总队采用 254 篇、被区“两办”采用 90 篇。进一步拓宽服务渠道，开通“丰台科技园区统计所”微信，为入园企业提供针对性服务；改版“丰台统计”官方微信公众平台，增加统计数据、统计服务、年报专栏三项功能，全年发布信息 12 期 58 条。通过报纸、新媒体等途径服务政府决策和社会公众，在《丰台报》“数说丰台”栏目和“前线·丰台在线”手机报共发布信息 88 篇。不断增强统计服务意识，接待咨询 465 次，提供数据 10.8 万笔。

（赵国红）

【统计分析】 年内，以多种形式提升统计分析研究水平，参加并申报国家和市局总队统计科研项目，与研究机构合作完成《丰台要素边界约束下的区域发展模式》；创办《统计内参》，服务全区疏解非首都功能中心工作。完成各类统计分析报告292篇，其中统计报告52篇、重点分析44篇。3篇作品在北京市优秀统计分析报告评比中获奖，其中《从疏解角度看丰台从业人员构成》获专题类一等奖。

（赵国红）

【统计信息化建设】 年内，不断强化统计信息化建设，维护网站防护系统，提高内部网络的整体抗攻击能力，检测并阻断外部入侵行为。国家安全客户端终端安装率100%，对内网计算机实现全面监控，防止发生非法连接统计专网、内外网混用等违规行为。完成区高清视频会议室建设，实现与区委区政府视频会议正常联通。制定“十三五”时期统计信息化建设工作方案，明确统计信息化建设的总体目标，确定丰台区经济与社会发展数据资源中心、街乡镇统计综合数据库、社区（村）一套表系统等建设项目。丰台区经济与社会发展数据资源中心、丰台区人群流动动态监测、丰台区统计局基础数据库三个项目通过区级重点信息化项目立项审批。

（赵国红）

【统计开放日活动】 10月23日，举办以“走进统计，关注民生”为主题的第三届丰台政府统计开放日活动，企业代表、社区调查员、区相关委办局和街乡镇领导，以及公众代表共200余人参加。通过发放宣传材料、播放宣传片、微信互动、咨询答疑等形式，就工资、价格、人口调查、统计基层基础建设等相关内容进行现场宣传介绍和释疑解惑，宣传统计知识，提高群众对统计的认识。丰台有线电视、《丰台报》等新闻媒体对开放日活动进行专题报道。

（赵国红）

【编制“十三五”时期统计发展规划】 年内，制定丰台区“十三五”时期统计发展规划，确立加快推进“一个体系、三个中心、六大系统”建设的总体发展目标。“一个体系”就是要加快建立管理体制适用、业务流程优化、生产性能高效、统计服务全面的现代统计体系；“三个中心”是要将丰台政府统计建设成为多领域数据管理中心、全方位监测评价中心、智能化决策咨询中心；“六大系统”是指建立纵向贯通横向衔接的统计组织系统、构建规范统一集约高效的调查监测系统、建设监督有力弘扬诚信的法治保障系统、打造覆盖广泛应用安全的信息技术系统、构筑面向用户贴近需求的统计服务系统、搭建开放包容支撑发展的人才培育系统。

（赵国红）

【统计登记】 年内，继续推行全程办事代理——统计登记工作，区政府企业服务大厅统计窗口接待咨询、办事人员1.2万人次，其中接待咨询人员5899人次，受理审批5783件，新增统计登记单位2303家，即办率100%，无行政投诉事件发生。

（赵国红）

工商行政管理工作

【概　况】 2015年，辖区共有市场主体214592户，其中企业137646户，个体工商户76860户，新增市场主体41639户；共有商标总数37885件，其中北京市著名商标24件、驰名商标3件。配合区政府等部门推进非首都功能疏解工作，助推大众创业万众创新，升级网上登记注册平台，实现一站式登录、一次性填报，成立玉泉营市场商圈诚信联盟，加强落实《关于贯彻落实新〈广告法〉的指导意见 》和《关于加强广告事中事后监管的工作意见》的指导工作，不断提升消费维权与保障效能，进一步优化消费环境。

（刘　莉）

【**登记制度改革**】 年内，全面深化登记制度改革，简化企业、个体工商户登记程序，就近申请、跨所核准。5月1日起，正式开展丰台区市场主体登记注册“一口受理、全区通办”业务。

（刘　莉）

【**禁止和限制产业新增**】 年内，以名称和经营范围为重点，落实《北京市新增产业的禁止和限制目录》，注重《目录》执行过程中的问题梳理和总结，加强舆情监测和对产业调控效果的分析，为禁止和限制产业新增提供决策支持和依据，确保《目录》落实到位。

（刘　莉）

【**三证合一**】 年内，将营业执照办理方式从企业登记时依次向工商行政管理部门、质量技术监督部门、税务部门申请，三个部门分别核发工商营业执照、组织机构代码证、税务登记证的方式，更改为一次申请，仅由工商行政管理部门核发一个营业执照的方式，即“三证合一”。9月29日，北京市正式实施“三证合一、一照一码”，上午9：00时，发放丰台区首张加载统一信用代码的营业执照。

（刘　莉）

【**综合治理**】 年内，开展综合治理工作，组织开展烟花爆竹管理、春运保障、两会保障、劳动密集型企业安全生产、地下空间、人口动态监测、城乡结合部治安重点地区、清洁空气计划、群租房整治、劣质民用煤治理等二十余项专项整治工作；开展落实“清洁空气”行动计划等特色专项整治行动；组织迎接市政府首都环境建设办实地检查11次，督导检查街乡镇的城乡环境建设工作4次。

（刘　莉）

【**大红门地区市场非首都功能疏解**】 年内，协助相关部门做好大红门地区非首都功能疏解工作。网格责任人主动对接市场，定期与市场负责人沟通；按照新增产业目录控制市场低端产业准入；对疏解市场经营主体的营业执照进行变更或注销；对市场商户经营主体加强监管，对违法行为加大处罚力度；对接、交换疏解信息，掌握市场变化，做好市场疏解后续工作。

（刘　莉）

【**商标知识宣传**】 年内，在企业进行商标注册的同时，帮助重点企业争创驰名、著名商标，增强自身核心竞争力。在“4.26”世界知识产权日活动期间，组织各工商所开展商标知识宣传活动，针对企业、商户、市场主办单位等不同对象开展商标知识讲座，发放宣传材料5500余份，接待咨询2300余人次，使广大消费者的商标维权意识和商家的守法意识进一步增强。

（刘　莉）

【**抗战胜利纪念日活动安全保障**】 在中国人民抗日战争暨世界反法西斯战争胜利70周年纪念活动期间，运用广告动态监管系统，建立户外广告电子台账；上传两条重点道路两侧的户外广告详细信息至广告动态监管系统，重点监管；登管结合，建立科、所衔接机制；对重点道路户外广告登记变更事项进行审批，传送登记变更数据，做好事后监管和指导工作；加强行政指导，提高广告经营单位自律意识，确保抗战胜利纪念日活动安全开展。

（刘　莉）

【**合同文本制定**】 年内，制定推行《汽车配件买卖合同》《绿植花卉租摆服务合同》《电子产品买卖合同》《采暖散热器买卖合同》《采暖散热器安装合同》等区域性推荐合同文本，并做好合同文本的规范使用工作。

（刘　莉）

【**打击传销规范直销**】 年内，开展纪念《禁止传销条例》《直销管理条例》颁布施行10周年宣传活动，现场悬挂宣传横幅、摆放宣传展板，向群众发放宣传材料，解答咨询；

在网站平台发布纪念活动开展情况和《禁止传销条例》《规范直销条例》详细内容；在辖区显著位置的LED显示屏滚动播放打击传销、规范直销宣传片，提高社会公众识别、防范、抵制传销的自觉性和对直销的认识。

（刘　莉）

【网络监管】 年内，开展打击网络虚假宣传行为的“清屏行动”。开展打击仿冒、误导消费和投资、虚假宣传、虚假表示等方面的专项整治，重点查处商业特许经营和投资加盟连锁等类型企业，打击利用互联网、手机软件、微信等媒介夸大企业规模、资质、荣誉或虚构企业背景、编造企业发展历史等误导行为；查处以高额回报为诱饵误导和欺骗投资者的虚假宣传行为，保障网络环境安全。

（刘　莉）

【成立消费教育基地】 年内，开展消费教育工作，在北京地大物博电子商务有限公司成立丰台区电商消费教育基地，并组织辖区电子商务企业就绿通联盟机制建设、进一步维护消费者合法权益等进行研讨，促进电子商务企业规范发展、网络销售企业诚信经营。指导居然之家丽泽店红木大会堂和西三环红木街牵头组建红木行业消费教育基地，以诚信和自律作为行业经营准则，打造区域红木产业集群自律平台、消费者维权交流平台和红木消费教育平台。对辖区17个企业、学校、行业组织等各类消费教育基地进行指导。

（刘　莉）

【展览活动保障】 在《伟大胜利 历史贡献》主题展览活动期间，负责维持宛平城地区市场秩序，为活动提供保障。在宛平城内公示12315中心消费投诉举报热线，受理消费咨询、投诉、举报；启动宛平城地区消费争议快速解决绿色通道建设工作，授予北京市丰台区宛平工商实业总公司等两家企业消费争议快速解决绿色通道标志牌，增强企业责任意识；与派驻宛平城市场秩序保障组人员加强联系，掌握宛平城地区消费热点，予以消费预警及消费纠纷解决指导。

（刘　莉）

【工商法制宣传】 年内，开展六五法制宣传教育活动，制定《丰台工商分局法制宣传教育第六个五年规划》《关于提示常见违法行为加强先导性教育的实施方案》，编辑成《常见工商法规指引》，共87条，涵盖企监、广告等八个业务类别。开展工商行政管理法律法规的普法宣传，结合辖区特色和企业需求，在准入、监管、办案、消费等环节为企业送法律、送服务；通过工商分局外网、大厅显示屏播放、社区张贴等方式，进行常态提示和宣传；结合辖区实际和易发问题，按照有形市场、商超、食品经营者、医疗机构、楼宇及普通商户五类主体划分常见违法行为，通过印制宣传折页进行重点提示和宣传。

（刘　莉）

质量技术监督工作

【概　况】 2015年，检验检测特种设备15940台，其中锅炉外部检验500台、锅炉内部检验649台、压力容器全面检验531台、电梯定期检验13480台、起重机械定期检验780台。校验安全阀6952台。评估老旧住宅电梯463台。与北京市特种设备检测中心联合申报的国家质检总局科技计划项目《氨制冷装置RBI与传统检验融合方法研究》获得批准立项。撤销丰台区产品质量监督检验所，相关职能划转到北京市产品质量监督检验院，工作人员分流到丰台区计量检测所和丰台区特种设备检测所。

（荆元伟）

【标准化建设】 年内，企业备案标准288项，登记标准 19 项，企业自我声明公开备案标准 11 项，登记标准 4 项。做好企业食品安全标准文本公开工作，对有效期内的食品安全标准文本逐一审查，清理出可公开文本 104 份，其中全文公开 72 份、部分公开 32 份，涉及单位 37 家，在政务网站公示标准 104 份。开展 2014 年创制标准奖励政策兑现工作，11 家企业 29 项标准获得区级财政奖励资金 700 万元，4 家企业 4 项标准获得市级创标补助 26 万元。开展标准化试点工作，组织北京汽车博物馆召开标准化试点效果评价座谈会，推动中关村科技园区丰台园申报国家高端装备制造业（轨道交通）标准化试点工作。

（荆元伟）

【计量监管】 年内，督促指导中牧实业有限公司、华电（北京）热电有限公司等四家重点用能单位完成计量审查评测整改工作。组织协调北京市计量院怀柔能源监测站审查评测人员对首都医科大学、北京家乐福商业有限公司两家重点用能单位开展能源计量审查评测工作。推进商业、服务业等民生领域诚信计量体系建设，七大民生计量领域 37 家经营单位向社会公示“诚信计量承诺书”。举办农贸市场规范管理培训班，讲授《农贸市场公平秤设置与管理规范》地方标准，41 家农贸市场负责人参加。检查制造、修理计量器具许可获证企业 16 家，查阅企业管理体系文件 16 份，抽查计量器具 78 批次，核验产品出厂记录、报告等 160 余份。对 12 家实验室进行专项监督检查，抽查检测报告、原始记录 120 余份，检查计量器具 516 台件，核验授权签字人、检验员 56 人次。

（荆元伟）

【特种设备安全监察】 年内，开展电梯安全监管大会战、油气输送管道隐患整治攻坚战、燃煤锅炉节能减排攻坚战“三大战役”工作。对辖区内在用电梯进行全面梳理，督促电梯使用单位和维保单位排查隐患，加大电梯安全风险监测和预警通报力度。区政府研究并通过《丰台区推进老旧住宅电梯检测维修更新改造工作实施意见（试行）》，建立老旧住宅电梯政府救济机制。深入开展专项执法检查，落实特种设备监管责任，与区旅游委、区安监局、区园林绿化局及相关街乡镇组成联合检查组，检查大型游乐设施使用单位 8 家设施 35 台套。开展劳动密集型企业消防安全专项治理工作，检查企业在用锅炉、压力容器、压力管道等特种设备。在防灾减灾日、安全生产月活动中，组织开展大型游乐设施救援应急演练、电梯救援应急演练活动。完成全国“两会”、“表彰全国劳动模范和先进工作者大会”、第五届北京国际电影节、《伟大胜利 历史贡献》主题展览开幕式以及中国人民抗日战争暨世界反法西斯战争胜利 70 周年纪念活动等重要时段的特种设备安全保障工作。

（荆元伟）

【工业产品生产许可证监管】 年内，监督检查生产许可证获证企业 87 家次，形成获证企业日常监管体系。全面实施获证企业年度自查报告公示制度，41 家获证企业采用网上报送与纸质报送相结合的方式提交年度自查报告。落实企业换发生产许可证观察员制度，参加生产企业许可证换发证现场评审工作，共参加 4 家次。

（荆元伟）

【强制性认证产品生产企业监管】 年内，以消防产品、汽车、电线电缆、低压成套开关设备为重点，开展强制性认证获证企业专项执法检查工作，监督检查 59 家次。通过监督检查，了解企业的基本情况、证书状态、人员情况、生产规模、主要产品及销售渠道等相关信息，切实落实产品质量主体责任。

（荆元伟）

【检验机构监管】 年内，完成质检机构年度工作总结报送工作，检查食品检验机构 4 家次、工业产品检验机构 10 家次，派观察员参加质检机构资格审批现场评审和分类监管现场考核工作。推进机动车安检机构全面落实“阳光车检”，检查49家次，对3家机动车安检机构资格审批工作进行现场观察并指导，完善机动车安检机构监管机制。

（荆元伟）

【产品质量专项执法活动】 年内，全面推进“质检利剑”、“双打”等执法活动，监督检查、核实消防相关产品生产企业15家次，检查农资生产企业3家次，对服装生产企业、儿童用品生产企业进行监督检查，打击违法行为。加强对产品质量安全风险的监控，处置2014年商品质量抽检中不合格的企业100家次。落实《北京市旅游纪念品市场专项整治方案》要求，监督检查综合性市场4家。

（荆元伟）

【煤炭质量监管】 年内，结合辖区用煤实际，制定煤炭监督检查、劣质民用燃煤治理工作方案，协调区相关部门落实减煤换煤工作。开展日常监督检查工作，检查煤炭生产、销售、使用单位133家次，出动检查人员270人次。与煤炭生产、销售及使用单位签订煤炭质量承诺书，做好煤炭管理办法和地方标准的宣贯工作，督促企业落实主体责任。

（荆元伟）

【法制工作】 年内，组织执法人员参加市质监局举办的行政执法人员培训班，组织近两年新入职公务员参加执法人员资格培训，进一步加强执法队伍建设，使执法队伍更加专业化、年轻化。邀请律师开展《行政诉讼法》专题培训，提高执法人员法治意识，进一步提升案件办理质量。回复市质监局、区政府法制办关于各类行政法规规章征求意见32件。受理市质监局及区环境热线转办的投诉举报909起，全年未发生行政复议、行政诉讼案件。深入推动政务公开和政府信息公开工作，在政务网站依法向社会公开制售假冒伪劣商品和侵犯知识产权行政处罚案件。

（荆元伟）

【代码服务保障】 年内，落实“三证合一，一照一码”工作要求，组织相关人员学习、了解政策内容，与区相关部门加强协调，确保“三证合一”工作有序开展。自10月1日起，正式实行“三证合一”登记改革，不再发放企业和个体工商户的组织机构代码证书。自11月1日起，全面取消代码登记收费。

（荆元伟）

【计量检验检测】 年内，检定计量器具171694台件，完成热工室的电学三表检定装置和长度室的钢卷尺检定装置到期复核工作，四名水表检测人员完成水表检测资格证到期换证工作。加强技术培训，派技术骨干到北京市计量院学习热工、流量及能源计量方面的知识。在“5.20世界计量日”活动中，为社区居民免费检定人体秤、血压计等计量器具。

（荆元伟）

【煤炭及消防产品检验检测】 年内，开展煤炭及消防产品检验检测工作，检定煤炭样品178个，检验消防产品19个，出具检测报告197份。在减煤换煤工作中，完成市质监局下达的煤炭监测任务。

（荆元伟）

财政　税务　审计

财　政

【概　况】2015年，区级一般公共预算收入93亿元，同口径增长8%，完成区十五届人大常务委员会第二十一次会议批准同口径调整预算的100%。按照部分政府性基金纳入一般公共预算的新口径，区级一般公共预算收入94.5亿元，同比增长9.7%；市一般转移支付收入38.9亿元，上年结余收入4.7亿元，地方债券转贷收入109.3亿元，调入资金21.1亿元，调入预算稳定调节基金12.4亿元，收入合计280.9亿元。区级一般公共预算支出156亿元，同比增长36.3%，完成调整预算的100%；上解支出0.3亿元，安排预算稳定调节基金12.4亿元，债务还本支出109.3亿元，年终结余2.9亿元，支出合计280.9亿元。区级一般公共预算收支平衡。

（杨会银）

【政府性基金预算执行情况】年内，区级政府性基金预算收入346.1亿元，完成调整预算的226.2%，增收原因主要是土地成交溢价率较预期大幅增加及下年土地出让收益预返等因素，其中国有土地使用权出让金收入345.7亿元（其中土地出让成本207.1亿元、土地出让收益138.6亿元）；上年结余收入70.2亿元，调入资金0.1亿元，地方债券转贷收入12亿元，收入合计428.4亿元。区级政府性基金预算支出373.1亿元，完成调整预算的255.6%；调出资金20.9亿元，政府性基金上解支出0.4亿元，债务还本支出12亿元，年终结余22亿元，支出合计428.4亿元。区级政府性基金预算收支平衡。

（杨会银）

【国有资本经营预算执行情况】年内，区级国有资本经营预算收入0.2亿元，完成调整预算的104.3%，其中企业上缴利润收入0.2亿元，收入合计0.2亿元。区级国有资本经营预算支出0.1亿元，完成调整预算的52.7%，其中战略性产业发展支出0.1亿元；结转下年0.1亿元，支出合计0.2亿元。区级国有资本经营预算收支平衡。

（杨会银）

【社会保障基金预算执行情况】年内，区级社会保险基金预算收入4.6亿元，完成调整预算的94%，减收原因主要是“农转居”后农村参加养老保险人数较预期略有降低，其中新型农村合作医疗基金预算收入1.6亿元、城乡居民养老保险基金预算收入3亿元；上年结余收入10亿元，收入合计14.6亿元。区级社会保险基金预算支出4.2亿元，完成调整预算的95%，其中新型农村合作医疗基金预算支出1.6亿元、城乡居民养老保险基金预算支出2.6亿元；年末滚存结余10.4亿元，支出合计14.6亿元。社会保险基金预算收支平衡。

（杨会银）

【节约经费支出】 年内，执行会议费、接待费、差旅费等费用管理办法，全区“三公”经费实际执行较预算压缩46.7%。评估修订公用定额标准，进一步控制和规范公务接待费、公车运维费、会议费、培训费等七公经费支出，降低行政运行成本。修订《结余资金管理办法》，建立财政结余结转资金定期清理机制，将收回的存量资金用于区级重点项目、化解政府债务，共盘活存量资金96.5亿元，盘活比例90.3%。采取“先评审、后预算”的方式，评审项目763个，同比增长37.7%，送审金额27.2亿元，同比增长60.3%，节约财政资金4亿元，审减率14.7%。

（杨会银）

【改革创新】 年内，全面推进政府购买服务工作，印发《政府向社会力量购买服务的实施方案》，将属于政府事务性管理服务纳入政府购买服务范围。开展公车改革，完成车改方案和测算数据的送审工作。完善财政支出绩效评价的分领域指标体系及评价方法，扩大事前绩效项目范围，开展绩效评价项目51个，涉及金额6.5亿元。将全区325家预算单位纳入集中支付改革范围，全年改革资金量160亿元，同比增长27%。持续深化公务卡改革，全区开卡2868张，公务卡消费5071万元，同比增长150%。加强政府采购管理，全年政府采购立项9867项，同比增长13%；立项金额27.6亿元，同比增长30%。

（杨会银）

【信息化建设】 年内，财政一体化系统的管理模块、预算编审模块、预算调整模块、预算执行模块、政府采购模块、支付模块、行政办公模块和人员经费管理子系统全部上线，预算管理从编审、执行、支付到总会计业务实现全线贯通，完成评审、绩效、采购、会计集中核算等分支业务与主线业务的有机结合，实现“业务与办公”、“部门与财政”、“底层架构与上层业务流程”等一体化目标，对提升整体财政管理水平发挥重要支撑作用。

（杨会银）

【综合管理】 年内，推进会计资产工作，全面应用财务软件集中管理系统，实现265家预算单位统一记账；开展13家单位“库存现金”科目会计核算规范性检查工作，提高会计工作规范性；明晰国有资产产权关系，完成228家区属事业单位的产权登记及年度检查工作。建立监督机制，与审计、监察联合开展大额专项资金和会计信息监督检查，检查预算单位15家，涉及资金18亿元；审验334家行政事业单位《财政票据购领证》，规范预算单位票据使用行为。进一步加大信息公开力度，组织管理全区财政信息公开工作，并对全区预决算信息公开情况进行统一部署、全面检查、督促整改、监督落实，预决算公开部门由上年的50家增加到88家。

（杨会银）

综合投资公司

【概　况】 2015年，综合投资公司资产总额58.86亿元，负债总额28.93亿元，所有者权益总额29.93亿元，资产负债率49%，完成经营收入65.69亿元，实现利润总额4848.58万元，完成社会固定资产投资7.73亿元。完成C9回迁安置房结算审计工作。取得《丰台区国资委关于北京市丰台区综合投资公司企业改制方案的批复》（丰国资函〔2015〕16号），《北京市丰台区综合投资公司改制方案》获批。

（刘晓红　许　赜）

【资本运营】 年内，公司持有的北京万年长兴置业有限公司45%股权公开挂牌转让，摘牌价格 2750 万元，同时收回债权 250 万元，较投资金额增值 500 万元。

（许 睛）

【土地一级开发】 年内，丽泽金融商务区 B6B7 项目 E01、E05、E06 地块挂牌转让，4 月 27 日正式完成交易并与深圳市平轩投资管理有限公司签订成本补偿协议，摘牌总价 50.4 亿元。

（许 睛）

【基础设施建设】 年内，完成由北京丰综投轨道交通投资开发有限公司（综投公司全资子公司）承接的河西现代有轨电车 T1T2 线项目 PPP 特许经营实施方案编制工作，完成拆迁前期摸底工作。完成 T1T2 线配套工程梅市口路二期项目市政条件咨询工作。由北京同创顺达置业有限责任公司（综投公司控股企业）负责建设的张郭庄路改扩建项目道路管线综合设计方案通过市规委综合会审核。北京恒盛宏大道路投资有限公司（按照综投公司全资子公司管理）承担城南行动及政府投资计划建设项目 28 项，新建项目 16 项，计划承担投资 11.3 亿元，其中市政府投资 2000 万元、区政府投资 11.1 亿元，建设项目总里程 60 公里。承担区政府折子工程的主责 1 项，涉及 16 条道路，协办 2 项。公司到位资金 72345 万元，实际完成投资 61937 万元，到位资金完成率 86%；完成中奥家园保障房路网等 5 条道路前期工作；完成非住宅拆迁 50 户，拆迁面积 2876.76 平方米；完成槐房西路电力工程、看丹路东段、天坛医院迁建工程雨污水方沟改移、警备东路改造系列工程建设；实现槐房三号路、槐房北路、中奥家园保障房路网开工建设。

（许 睛）

【代建工程】 年内，由北京同创顺达置业有限责任公司（综投公司控股企业）代建的长辛店铁路中学改扩建项目取得项目规划许可证，启动施工招投标资格预审工作，拆除工作全面展开；北京十中槐树岭校区新建工程项目取得消防设计审查批复，完成施工图审查、施工监理招投标、两项基金缴费、设计节能备案工作，施工单位进场施工；北京市十中晓月苑校区建设项目取得建议书批复；丰台二中改扩建项目的一号教学楼工程和综合楼南、北楼内外装修工程进入收尾阶段。

（许 睛）

【物业管理】 年内，北京恒丰顺达物业管理有限责任公司（综投公司孙公司）通过区市政市容委关于 2015—2016 采暖季居民供热燃料补贴供热面积申报表的审计工作，取得《2015-2016 采暖季申请供热燃料补贴面积核查报告书》，并获得 2012 年—2015 年度北京市政市容管理委员会颁发的北京市供热先进单位称号。

（许 睛）

国家税收

【概 况】 2015 年，丰台国税局有内部单位 29 个，其中内设机构 15 个、直属单位 2 个（稽查局、车辆购置税征收管理分局）、事业单位 3 个（信息中心、票证中心、机关服务中心）、派出机构 9 个（征收所 1 个、管理所 6 个、个体集贸所 2 个）；全局有干部职工 466 人，其中干部 442 人、职工 24 人；管辖开业纳税人 14.78 万户，其中企业纳税人 11.2 万户、个体集贸零散税源 3.58 万户。组织收入 131.58 亿元，同比增加 7.84 亿元，增长 6.33%；地方级税收收入 42 亿元，同比增加 3.56 亿元，增长 9.25%；区级税收收入 20.80 亿元，同比增加 1.69 亿元，增长 8.82%。从重点区域看，丽泽金融商务区税收收入 2.16 亿元，剔除房地产因素后，同比增长

48.41%；科技园区税收收入 54.63 亿元，同比增加 5.38 亿元，增长 10.92%，其中区级收入 9.36 亿元，同比增加 1.06 亿元，增长 12.77%。

（宋怡博）

【依法行政】 年内，落实税务行政审批制度改革，取消或下放税务行政审批事项52项；完成4件重大税务案件审理工作；全面清理52件稽查积案；推进简易处罚自助网上办理，节省窗口工作人员和纳税人办税时间。树立依法治税理念、规范执法程序、提升纳税服务水平、强化监督制约、全面提升依法行政能力，获“北京市法治税务示范基地”称号。

（宋怡博）

【网络办税服务厅应用】 年内，推广网上办税服务厅应用，开展发票自动验旧、所得税网上备案等 15 个优化项目，打通从宣传推送到辅导办理的各个环节，网上办税率从40.58%提高到 88.69%。网上自动发票验旧率 90.33%，所得税备案网上办理率 100%，自动催报率 94.53%，自动催缴率 84.75%，网上变更税务登记率 32.31%，一般纳税人网上认定率 24.36%，受理网上简易处罚事项率 20.97%，增值税备案网上办理率 32.25%。完成增值税发票系统升级版 48562 户。推行上线大企业发票直通车“票 e 送”，完成 316 户重点企业发票直送业务。加强事中事后管理，依托增值税发票升级版，建立“升级版大数据风控比对模型”，遏制虚开发票违法犯罪行为，净化区域经济环境。

（宋怡博）

【税务稽查】 年内，开展黄金案、博宇案、集美案等大案要案的审理核查工作，发挥稽查的打击震慑作用，为净化区域经济和收入增长提供保障。在落实疏解非首都功能、清理整顿市场工作中，进一步加大稽查力度，对建材批发业市场整体情况进行全面摸排，并选取重点企业进行专项稽查，促进不符合规范市场的企业逐步疏解淘汰，符合条件市场的企业加快升级改造，提高区域市场发展和管理水平。组织查补入库税款、滞纳金和罚款 7669.8 万元。

（宋怡博）

【税收优惠】 年内，落实税收优惠政策，共减税 120 亿元，助力区域经济发展方式转变和产业结构调整。助力“双创”（大众创业万众创新）企业成长，发挥税收杠杆调节作用，为小微企业减税 1.78 亿元。落实出口退税政策分级管理规定，办理出口退（免）税 1.68 亿元。全力推动离境退税政策在丰台落地，协助辖区内 6 家商场成为离境退税商场。

（宋怡博）

【纳税服务】 年内，贯彻落实《纳税服务规范 2.1 版》《征管规范 1.0 版》《出口退税规范 1.0 版》，开展便民办税春风行动。推进简政放权，落实税务行政审批制度改革。开通“丰台微税通”微信公众服务平台，纳税人通过手机即可完成预约取号、解决难题和服务私人定制等工作。结合丰台国税官方微信、“张姐微信群”等微信公众平台，打造出“三位一体”的丰台国税智能服务品牌工程。提供创新性服务，编写《企业所得税新申报表填报 166 个关键点和填报案例》，开发 “新申报表辅学辅填工具”，通过智能化软件帮助纳税人从“旧报表”向“新报表”过渡。

（宋怡博）

【国地税联合征税】 年内，与区地税局联合制定《丰台区国地税 2015 年合作工作要点》，并以此为纲要开展合作。办税服务厅互设宣传平台，实现“一税两费”代征，设立联合新户一站式报到窗口，联合开展委托代征业务，实现“进一家门，办两家事，三家都满意”；服务科技园区“双创”企业，联合开展服务“专精特新”企业税收沙龙活动。

（宋怡博）

地方税收

【概 况】2015年，丰台区地税局有内设机构33个，其中职能科室14个、税务所11个（纳税服务所2个、行业税源管理所1个，全职能税务所2个、属地税源管理所6个）、稽查局1个（内设科室5个）、机关后勤服务中心1个、税务学会1个、工会1个；有干部职工413人，平均年龄44.2岁，其中公务员386人、工勤人员27人。有正常登记户148344户，完成税收收入184.09亿元，同比增收21.64亿元，增长13.32%；其中地方公共财政预算收入143.07亿元，同比增收13.54亿元，增长10.46%；完成区级公共财政预算收入65.24亿元，同比增收4.78亿元，增长7.91%。

（尹佳奇）

【税户情况】 年内，有正常登记户148344户，按经济类型划分，国有企业605户，占比0.41%；集体企业1104户，占比0.74%；有限责任公司30823户，占比20.78%；股份有限公司630户，占比0.42%；私营企业80573户，占比54.31%；外资企业685户，占比0.46%；个体工商户32466户，占比21.89%；国家机关、事业单位和社会团体等其他类型企业1458户，占比0.98%。按产业类型划分，第一产业351户，占比0.24%；第二产业7868户，占比5.3%；第三产业140125户，占比94.46%。

（尹佳奇）

【征收管理】 年内，加快落实《推进税收现代化建设和征管改革三年行动计划》。优化机构设置，撤销纳税评估科，成立数据管理科。落实《全国税收征管规范》，推进“三证合一”改革，将纳税申报作为工商局受理个人股权变更的前置环节，统筹做好改革前后的过渡衔接工作。对无税申报户、减免税户及非正常户加强认定管理，有税申报率78.6%。对零申报企业数据进行多层次分析比对，对2781户3650万元申报未入库数据进行集中清理。

（尹佳奇）

【税政管理】 年内，落实税收优惠政策，11411户小型微利企业享受减免政策，减免税额1766.32万元；固定资产加速折旧政策惠及980户纳税人，加速折旧额9670万元。强化税种税源管理，落实明细申报上线及税种核定工作，通过外网设置专栏、开展培训等措施宣传申报流程的变化及操作步骤，提高申报质效。探索购买第三方服务，推进土地增值税清算工作。加强印花税管理，入库4.13亿元。加强企业所得税季度预缴申报管理。开展营业税减免申报核查，核查纳税人3095户。

（尹佳奇）

【国地税深化合作】 年内，与区国税局组建大企业税收风险管理团队，健全规范合作机制，围绕税收宣传、税务稽查、大企业审计等7类19项内容开展合作，逐步解决办税“多头跑”、执法“多头查”等问题。联合区国税局、区投资促进局举办“互联网+纳税服务”营商环境推介活动，320余家重点企业财务高管参加。加强申报入库数据监管比对，通过区国税局代征入库“一税两费”7.4亿元，占全部“一税两费”入库税款的43.79%。

（尹佳奇）

【纳税服务】 年内，开展上门走访服务工作，走访企业30户，解决涉税问题31个。进一步精简办税流程，调整备案类事项37个，扩展免填单服务32项，推行即办即结，降低纳税人办税成本。增设专业咨询人员，履行一次性告知，落实首问责任制。落实

“便民办税春风行动”，组织政策培训会 19 场，聘请税务师事务所专业人士授课，3600 余人次参加。整合设立纳税服务电话咨询中心，畅通咨询渠道。

（尹佳奇）

【依法行政】 年内，开展税务行政处罚权力梳理工作，编制清单，绘制流程图，共梳理行政处罚职权 66 项。率先在全系统实行法律顾问制度，探索税务行政调解、和解工作新形式、新方法。完善领导干部学法用法制度。做好“六五”普法总结验收工作。持续健全内审制度。针对企业所得税征管权限调整异常、稽查实施环节超过规定时限等八类疑点数据、十五项重点项目开展督查，检查案卷 976 份，发现并纠正问题 14 类，要求 819 户次“申报未入库”企业检查整改。

（尹佳奇）

【检查稽查】 年内，开展外籍员工个人所得税核查工作，查找工资薪金、劳务报酬、股息红利等项目税收风险点，补缴税款和滞纳金 411.34 万元。通过实行三级审理和落实两级重审会制度，强化案件审理职能。通过“黑名单”管理，开展稽查宣传和案件曝光，促进社会信用体系建设，提高纳税遵从度。推进清理积案工作，清理积案 72 户，阻止 5 户企业法定代表人出境。结案 248 件，查补税滞罚合计 8395 万元。检查户数完成进度的 108.9%。

（尹佳奇）

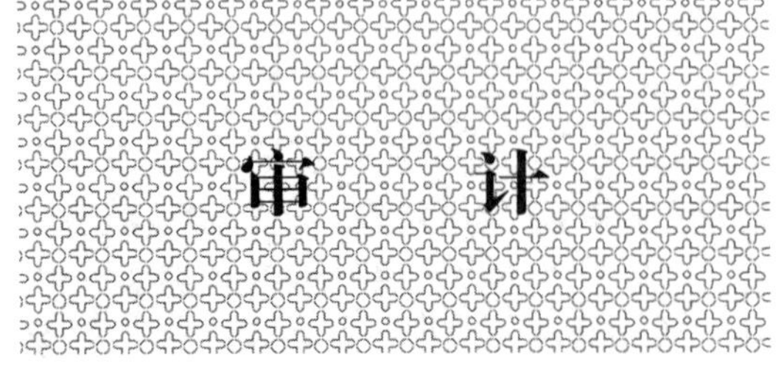

审　计

【概　况】 2015 年，开展审计项目 44 个，查出问题金额 5.76 亿元，其中违规金额 295 万元、管理不规范金额 5.73 亿元。应上交财政金额 4383 万元，审计发现非金额计量问题 24 个；出具审计报告和专项审计调查报告 46 篇，被采纳审计建议 48 条，被审计单位制定整改措施 5 项，促进建立健全规章制度 2 项；提交审计信息 124 条，被采用审计信息 124 条。向社会公告审计结果 7 篇。完成审计署与北京市审计局组织的全国土地出让收支和耕地保护情况、城镇保障性安居工程、稳增长促改革调结构惠民生防风险政策落实情况等相关审计工作。与审计署联合实施的“朝阳区土地出让收支和耕地保护情况审计”项目，被审计署评为“2015 年度优秀审计项目”。“丰台区财政局具体组织 2013 年度本级预算执行和其他财政收支情况审计”和“丰台区人力资源和社会保障局 2013 年度部门预算执行和决算草案审计”获北京市审计局“2015 年全市优秀审计项目表彰奖”。在审计信息宣传工作评比中，被评为“全国审计信息宣传先进单位”。

（刘　勇）

【预算执行审计】 年内，加强全口径预算监督，首次将一般公共预算、国有资本经营预算、政府性基金预算和社保基金预算的编制和执行纳入审计，完成预算执行审计 7 项，查出问题金额 3.22 亿元。在审查部门预算编制的科学性、完整性、合理性和预算执行的真实性、合规性、有效性等工作的同时，审计工作紧密结合贯彻落实中央、市区精神，重点关注中央八项规定和《党政机关厉行节约反对浪费条例》等规定的贯彻落实情况。将部门预算执行审计结果 100%公开。7 月 28 日，丰台区第十五届人民代表大会常务委员会第二十二次会议审议通过《丰台区 2014 年度本级预算执行和其他财政收支情况的审计工作报告》。

（刘　勇）

【固定资产投资项目审计】 年内，对校园工程、南苑棚户改造等重点项目加大审计监督力度。对丰台二中校园文化工程、丰台二中教学楼装修改造工程、棚户区改造等政府投资项目开展结算审计，共审计6项，涉及审计资金量8.17亿元，审减工程款3185万元，审减率 20%； 为进一步完善政府投资建设项目审计权限、范围，制定出台《丰台区政府投资建设项目审计监督办法》。

（刘　勇）

【领导干部经济责任审计】 年内，对 13 名处级领导干部进行经济责任审计，审计资金量涉及 43 亿元，查出管理不规范资金1195.93万元。审计内容突出监督权力运行和落实中央八项规定精神；以规范制度建设为重点，不断推进《丰台区人民政府领导班子关于加强风险防控完善“三重一大”决策制度的实施办法》的修改和完善。

（刘　勇）

【专项资金审计与审计调查】 年内，完成区市政市容委、区水务局、区环卫中心等五个部门的重点专项资金审计（调查）项目。完成宛平环境整治、雨洪利用、大红门旧村改造等重点专项审计（调查）项目，审计资金量涉及 107 亿元，查出管理不规范资金 11.56 亿元。在专项资金审计（调查）中，围绕部门所承担的职责内容，重点从专项资金的使用经济性、效益性、效果性等方面评价项目执行效率和执行效果，促进专项资金提质增效。

（刘　勇）

【内审监督与指导】 年内，对各内审单位贯彻落实《进一步加强内部审计工作的意见》情况进行摸底调查，为开展内审工作提供制度保障。强化内审工作指导，搭建交流沟通平台。分五期对全区600多名内审人员进行后续教育和岗位培训。开展内审工作理论研究和探讨，整理、上报内审信息 48 篇。编辑并向全区发行《丰台内审》刊物12期。

（刘　勇）

【信息化建设】 年内，开展京 OA（审计管理系统区县版）升级改造后的应用工作，制定系统应用的管理制度和操作指南，实现京OA（现场审计实施系统）与署AO系统的数据交互功能，审计局所有审计项目全部应用京OA系统开展审计。争取财政资金支持，推进“联网审计”数字化审计平台建设。

（刘　勇）

金　　融

中国工商银行股份有限公司北京丰台支行

【概　况】 2015年，中国工商银行股份有限公司北京丰台支行实现本外币存款余额640亿元，贷款余额120亿元，拨备前利润12亿元。下辖25家物理网点及5家离行式自助银行，布放541台自助机具和自助终端。丰台支行工会被授予全国总工会“模范职工之家”荣誉称号，万丰路网点获评中国银行业协会文明规范服务“三星级”示范网点。

（杨　松）

【支持产业园区创新发展】 年内，在先进制造业、现代服务业、文化产业和战略性新兴产业等行业内继续创建合作关系，通过适当给予政策倾斜、优先配置信贷资源等方式，支持各大产业园区创新发展。

（杨　松）

【风险防控】 年内，从提升风险防控效能、强化风险防范意识、优化风险处理流程三方面，提升业务风险防控硬实力和软实力。信贷审批部门和运行监管部门加强合作，确保整体资产质量稳健，不良贷款率始终保持较低水平。对管理人员、网点员工进行统一培训，强化员工风险防范意识，提升业务运行质量。

（杨　松）

【金融服务】 年内，主办“金融知识万里行丰台站”、“金融知识进校园”等一系列主题活动，向社会各阶层宣传普及金融知识。持续开展“金融知识进万家”和“普及金融知识万里行”系列活动，向居民普及金融安全知识，提供金融诈骗咨询服务。

（杨　松）

中国银行股份有限公司北京丰台支行

【概　况】 2015年，中国银行股份有限公司北京丰台支行以中小业务发展促进网点转型，以开拓互联网金融业务扩大发展领域，以内控管理强化风险控制，以推出特色服务提升服务品质，经营管理实现新突破。

（孙　彤）

【中小业务发展】 年内，向中小企业客户推行“走出去”政策与服务，先后组织20余家客户参加中行与法国、捷克、南非、阿根廷、意大利等对接活动，并适时跟进对接需求，协助推进海外合作。

（孙　彤）

【提供特色服务】 年内，针对临近中国康复研究中心的环境特点，角门支行为特殊群体提供特色服务，打造特色网点。丰台支行将角门支行的特色服务理念延续复制，向辖区内网点推广，持续为老年客户等群体提供特色金融服务。注重培养员工关爱特殊群体服务意识、培训服务技能，强化网点服务客户团队的执行力，打造特色服务文化。

（孙 彤）

【风险内控管理】 年内，召开九次风险管控常务委员会议，审议支行各项重大内控工作内容。完成特色主题活动检查与复查、高风险业务检查、离任检查、“回头看”及管理授权有效性检查等多项检查工作。做好现金、重空等业务的突击检查工作，共检查网点107次。

（孙 彤）

中国农业银行股份有限公司北京丰台支行

【概 况】 2015年，中国农业银行股份有限公司北京丰台支行实现本外币全口径存款余额395亿元，本外币核心存款较年初增长38.3亿元，实现考核利润6.3亿元，中间业务收入2.17亿元。下设对外营业机构22家。个贷投放总量连续多年位列分行首位。国际结算量、跨境人民币结算量均位列分行前列。

（高 扬）

【提升对公服务能力】 年内，全面推行客户认领和客户分层分类管理工作，深入了解客户需求、细化金融服务方案、明确落实管户责任，提升产品匹配度和服务满意度。以加快推进创新转型为重点，通过对资产负债与中间业务组合营销、本外币业务联动营销、公司与个人业务交叉营销，推进支付结算、票据贴现、对公理财、债券承销、银商通、银医通等业务，与对公客户实现多元化业务合作。

（高 扬）

【推进国际业务发展】 年内，巩固、深化与大中型国际业务客户的合作，持续推进即远期结售汇、外币跨境收付款、跨境人民币、信用证、保函、进口押汇等业务，实现国际业务向业务专业化、产品多元化、流程规范化转变。

（高 扬）

【业务推广】 年内，成立小微企业专业团队，委派客户经理进楼盘、进中介、进企业，深入了解个人、企业的金融需求，宣传推广个贷、小微企业贷款等资产业务。以POS收单、掌上银行、电子银行、e商e农管家等产品为依托普及移动金融业务，通过开展专项营销竞赛、产品打包组合营销加大保险、信用卡、资金归集等产品的宣传力度，提高客户认知度。

（高 扬）

【风险防控】 年内，组织开展重点领域信用风险排查、评级自查等专项检查工作，全面梳理行内信贷客户，进一步优化法人信贷客户结构， 防控信用风险。强化运营基础管理，不断推进业务流程优化和基础管理机制创新，加强对印章、重空等金融要素的管理，防范柜面业务风险。21家网点在“三化三铁”（“三化”是指劳动组合科学化、业务操作规范化、基础管理制度化；“三铁”是指铁账本、铁算盘、铁规章。）创建工作中达到良好及以上等级，3家被评为“三铁”网点。开展合规警示教育，建立案防分析常态化机制，定期召开案件防控联席会议、开展全员警示教育，通报、传达系统内外案例；加强关键岗位人员管理，建立员工轮岗常态化机制和员工家访制度，加强正向引导。

（高　扬）

文，报道支行服务特殊客户和特殊群体的先进事迹。

（胡　静）

中国建设银行股份有限公司北京丰台支行

【概　况】2015年，中国建设银行股份有限公司北京丰台支行实现本外币账面利润11.36亿元，本外币全口径存款时点余额338.44亿元，本外币各项贷款时点余额540.77亿元。下辖1个营业部、14个营业中心。获中华全国总工会授予的模范职工之家、中国金融工会全国委员会授予的全国金融模范职工之家、北京市金融工会授予的先进职工之家、建行总行模范职工之家、首都文明单位、建行北京分行先进基层党组织等荣誉称号。

（胡　静）

【业务进展】年内，获得丰台区公积金代缴业务资格，成为建行北京分行第二家经办此业务的支行。获得北京市公积金贷款中心代理公积金贷款资格，成为建行北京分行第六家经办此业务的支行。承担营销北京市丰台区社会保险基金管理中心年金业务、北京市住房保障办公室丰台区公租房补贴业务。获得北京市国有文化资产监督管理办公室北京市文化创意产业发展专项资金监管资格。

（胡　静）

【打造优质服务品牌】年内，秉承“以客户为中心”的理念，加强柜面服务管理，提高网点员工服务水平，制定《丰台支行服务管理办法》，将服务管理工作制度化、精细化。5月29日，《北京晨报》刊登《用心用爱 服务特殊群体——建设银行北京丰台支行》一

北京农商银行丰台支行

【概　况】2015年，北京农商银行丰台支行围绕“调整、巩固、优化”的经营方针，深化分支机构改革，提升网点经营能力，大力推动业务转型发展，各项业务稳步推进。年内，实现全口径存款281亿元，各项贷款余额148亿元。下辖1家营业部、28家营业网点。获评“首都文明单位”，所辖花乡支行被北京市团委评为“青年文明号”。

（朱　婷）

【服务三农】年内，跟进丰台区城乡一体化建设进程，研究支持地方农村经济发展和集体企业升级的新举措、新产品和新服务，助力城乡发展。通过研究金融方案、创新融资模式、攻克融资难题，获得看丹村、榆树庄村棚户区改造项目的合作资格，该项目授信额度35亿元。

（朱　婷）

【客户拓展】年内，在稳固乡村客户和产业项目的同时，拓展优质企业、新兴行业客户。持续深化与中字头优质企业的业务合作；创新拓展互联网金融业务；与丰台区科技园区、丽泽金融商务区加强业务合作，增加授信额度，拓展园区企业。

（朱　婷）

【发展民政业务】年内，深化与区民政局的业务合作，为民政局开立单位结算账户9户，代发资金2.56亿元。与军休所开展业务合作，为军休所客户办理军休补贴代发业务。

（朱　婷）

【金融知识宣传】 年内，连续 8 个月开展“普及金融知识万里行”活动、“金融消费者权益日”宣传活动，组织员工走进街道、社区、学校、企业、市场等场所宣传金融知识，提升社会公众金融认知度。

（朱　婷）

【风险防控】 年内，以“无案件”为目标，实施全面风险管理。以全面风险管理委员会为总指挥，以制度建设为重点，发挥全面风险例会作用，加快风险管理系统化、制度化、专业化建设，将风险控制在过程中和执行中；提高会计风险控制专业能力，以新增贷款“零不良”为目标，提高精细化管理能力；持续抓好安全维稳工作，确保平安；按月开展安全夜查，两会、国庆等重点时段组织全辖巡视，对无人值守的 20 家经营网点和离行式 ATM 机加强巡视，确保全年无事故。

（朱　婷）

城乡建设和管理

规划管理

【概　况】2015年，结合北京城市总体规划修改，组织开展《丰台区“十三五”规划空间发展专题研究》、《丰台河东地区规划实施单元研究》、《丰台河西地区规划整合研究》、《河西两规合一试点研究》、《丰台区棚户区改造和环境整治项目有关规划情况》、《丰台区一道绿隔地区规划实施情况》等重点功能区及相关专项规划研究工作。全面推行丰台区责任建筑师制度，丰台区责任建筑师全程参与丰台区城市建筑整体风貌研究及各分项城市设计等工作。参与完成11次专家评审，完成35个项目的专家审查工作，组织完成《丰台区城市设计策略及控制要素框架研究》，提出丰台区城市设计基本要素、风貌要素及特殊要素的核心内容，确定公共空间设计引导与建设地块设计引导的两大方向。通过导则叠加法的应用原则，提出加强城市设计的具体工作流程，组织完成《丰台区老旧小区改造设计策略》研究，对丰台区老旧小区住宅外观立面以及建筑对城市风貌的影响角度进行了先期研究。组织筹划长辛店老镇复兴计划启动区协作设计行动，组织开展“此声彼影寻乡愁之长辛店老镇微纪录片创作”活动，对老镇居民进行采访，形成关于老镇历史、文化的9部作品。开展老镇“DI众设计”活动，从规划设计领域入手，组织9家设计单位形成10套设计方案，分别在老镇和市规划展览馆进行公开展览，并邀请业界专家和专业人士共同召开研讨会。

（李西章）

【推进城乡一体化】年内，协调各乡、镇、村规划方案获市政府批复，包括纪家庙村（一期）、城建小屯、蒲黄榆一里、四里危改等；8个项目规划方案基本稳定，包括城建张仪村项目等；针对规划尚未稳定的8个项目，配合项目主体和相关部门，协调市规划委统筹推进。紧扣“安置房建设先行”的工作原则，完成确定指标的20个项目中13个项目的规划审批手续；对符合条件的项目积极与相关部门、建设单位沟通，核发了蒲黄榆一里、四里等项目的规划条件和选址意见书。

（李西章）

【绿隔地区规划】年内，推动绿隔地区相关工作办理槐房村、小井村绿隔产业用地规划条件，涉及总用地面积11.5公顷，可建产业用房建筑规模17.57万平方米；核发小瓦窑回迁房项目的选址意见书，分钟寺回迁房项目的规划条件，涉及总用地面积42公顷，建筑规模39万平方米，可安置农民约0.7万人。全年一道绿隔地区共有6个地块取得上市规划条件并完成土地入市工作，涉及总用地面积63.7公顷，地上建筑规模103万平方米；完成纪家庙、高立庄、卢沟桥村等7个项目的用地置换方案公示及采信工作。验收小屯绿隔产业一期项目、西局村回迁安置房项目、北京南城购物中心项目等5项，建筑规模约60.0万平方米，并积极推进《长辛店地区整合规划》作为第二道绿隔地区城乡统筹实施的试点。

（李西章）

【公共服务设施规划研究和审批】 年内，核发怪村卫生服务站、文化娱乐用地规划意见函复，石榴庄养老中心、人大附中丰台学校、角门消防站、丰台区拘留所、北京市十二中东校区新建项目、北京泰颐春养老中心、方庄养老设施、辛庄养老项目的规划选址意见书，涉及总用地面积约13.33公顷，总建筑规模22.69万平方米。完成618厂0402、0405街区、槐新组团，大红门村以及樊家村危改项目居住公共服务设施规划研究。

（李西章）

【保障房规划服务】 年内，共核发保障房规划设计方案审查意见17项，总建筑面积约54.6万平方米，建设工程规划许可证35项，总建筑面积约219万平方米。完成各类保障性住房验收40项，验收建筑面积约139.5万平方米。

（李西章）

【建筑工程类规划许可】 年内，核发建筑工程规划许可142件，其中《选址意见书》13件，总用地面积约81.44公顷；《建设用地规划许可证》35件，总用地面积约271.59公顷；《建设工程规划许可证》94件，建筑规模约504.22万平方米。

（李西章）

【市政工程类规划许可】 年内，核发市政工程类规划许可188件，其中《建设项目规划条件》41件，共17.9万延米；《选址意见书》9件，总用地面积约273.8公顷；《建设用地规划许可证》11件，总用地面积约17.84公顷；《建设工程规划许可证》143件，各类管线、道路长度约10.89万延米，建筑规模约0.21万平方米；《建设项目规划条件》（土地储备前期整理）1件，用地面积约11.3公顷，建筑面积约16.7平方米；《方案复函》1件，用地面积约2.8公顷，建筑面积约0.7万平方米。

（李西章）

【重点功能区规划及专项规划研究】 年内，组织完成《宛平城周边交通改善实施规划》、《丰台火车站周边地区控规编制》、《北京市M16号线丰台区（丽泽商务区至宛平）重点站公共艺术设计策略及导则研究》、《丰台火车站周边用地及交通梳理研究》等规划研究工作。完成了《宛平城环境规划建设提升方案》、《宛平城及周边地区规划研究》、《京津冀协同发展背景下的丰台发展战略研究》。

（李西章）

【建设工程规划监督】 年内，共办理规划监督件107件，建筑规模约395.5万平方米。其中，规划验线22件，建筑规模约105.16万平方米。规划验收85件，建筑面积约290.34万平方米。

（李西章）

【建筑物、道路名称命名】 年内，办理建筑物、道路名称命名许可38件。其中建筑物名称：长城金融中心、长城财富中心、云璟雅园、石榴中心、万泉盛景园、泰禾西府玉苑、领秀翠鸣中心、熙和汇中心、首创金融中心、衡水大厦、玺萌壹号院、榴景上苑大厦、榴景绮苑大厦、公园懿府小区、榴景沁苑大厦、华夏创新中心、西山湖佳苑、丰台万达中心、花香西苑、花香东苑、亚林溪苑、红山郡、辋川北园、辋川南园、东旭国际中心、丽泽搜候大厦、金润永信大厦、亚林上苑、鸿禧阁大厦；道路名称：鑫博路、鑫博西路、鑫知街、泥洼东路、万祥路、连兴街、连霞路、太柏东路、丰科路、丰园路、文林北街、羊坊村路、羊坊村东路、羊坊村中街、羊坊村南街、汽车博物馆南路、泉湖西路。

（李西章）

【查处违法建设】 年内，配合区城管部门、街乡镇认定违法建设 544 项，建筑面积约 28.15 万平方米。对经巡查或举报等方式发现的不属于规划部门的查处的违法建设线索进行移交，共涉及移交线索 58 件，总建筑面积约 86.73 万平方米。全年对 8 项查处职责的违法建设正式立案查处，制作行政处罚案卷，涉及处罚建筑面积 18609.21 平方米，罚款 523.5 万元。

（李西章）

住房和城乡建设

【概　况】 2015 年，建筑业实现财政收入 6.32 亿元，同比增长 9.5%，与房地产业共同实现财政收入 20.89 亿元，占全区财政的 26.1%。全区累计开复工面积 2151.5 万平方米。全年共检查建筑工程 1105 项，累计出动检查人员 2459 人次。累计书面提出各类安全隐患问题 1697 余项，下发责令限期整改通知书 36 份。检查在施工程项目 213 项，检查出问题 300 余条。检查建筑施工总承包企业 116 家、劳务企业 365 家，处理民工工资纠纷 117 起。 年内，全区有 32 个棚户区改造 ，完成搬迁 4081 户。全年实现保障房开工 9331 套，约 62 万平方米，完成全年开工任务的 107%。实现保障房竣工 6630 套，约 51 万平方米，完成全年竣工任务的 118%。确定 18 个项目共计 24 万平方米的公共服务配套设施，通过无偿接收、部分有偿回购、指导开办运营等多种方式，共接收配套设施 32 处、43210.76 平方米。

（赵　倩）

【交通建设】 年内，丰台东路、康辛路二期富丰桥至樊羊路段已实现通车，马家堡西路南延、泥洼北路西延、规划一路、规划三路、电碳厂南路等 5 条道路已完成建设。地铁 8 号线三期（丰台段）、地铁 16 号线（丰台段）各站已基本按计划实现进场施工；地铁 14 号线中段北京南站至金台路各站点已完成建设工作，已正式进入试运营阶段。

（赵　倩）

【看丹路东段竣工】 工程位于丰台区花乡地区，西起育芳园西路，东至南三环万柳桥西侧辅路，城市支路，道路全长 1.4 公里，红线宽 30 米。道路面积 28073.03 平方米，步道面积 6660.43 平方米，雨水管线 218.18 米。工程总造价 1908.52 万元。2011 年 6 月 1 日开工，2015 年 10 月 16 日竣工。北京恒盛宏大道路投资有限公司建设，泛华建设集团有限公司设计，北京场道市政工程集团有限公司施工，北京市曙晨工程建设监理有限责任公司监理。

（黄　闻）

【警备东路改造工程竣工】 工程位于丰台区南苑地区，西起警备西路，东至新华路交叉口，城市次干路，道路全长 671 米，红线宽 17-18 米。道路面积 9524.48 平方米，步道面积 2881.43 平方米。工程总造价 401.19 万元。2015 年 9 月 15 日开工， 2015 年 12 月 15 日竣工。北京恒盛宏大道路投资有限公司建设，泛华建设集团有限公司设计，北京鑫建捷市政工程有限公司施工，北京市曙晨工程建设监理有限责任公司监理。

（黄　闻）

【槐房西路电力工程竣工】 工程位于丰台区南苑地区，南起西红门路，北至范家庄路。电力隧道长约 1.1 公里，直径 2 米×2.3 米。工程总造价 5885.94 万元。2014 年 8 月 1 日开工，2015 年 5 月 10 日主体工程完工。北京恒盛宏大道路投资有限公司建设，北京鑫业博诚电力设计有限公司设计，北京城建亚泰建设集团有限公司、北京丰供送变电工程有限公司联合施工，北京惟明力通工程监理有限公司监理。

（黄　闻）

【天坛医院迁建工程雨污水方涵改移工程竣工】 工程位于丰台区花乡地区，花乡桥东北角，天坛医院用地范围内。全长 89 米，断面尺寸 2 米×4 米，总计 250 方混凝土。工程总造价 117.96 万元。2015 年 6 月 25 日开工，12 月 18 日竣工。北京恒盛宏大道路投资有限公司建设，泛华建设集团有限公司设计，北京市长青市政工程有限公司施工，北京市曙晨工程建设监理有限责任公司监理。

（黄　闻）

【嘉园路竣工】 工程位于丰台区草桥地区，南起四环路，北至大红门路，城市次干路，道路全长约 1008 米，红线宽 40 米。道路面积 29551.5 平方米，步道面积 5167.36 平方米，雨水管线 733.03 米，污水管线 243.8 米。工程总造价 2377.96 万元。2012 年 6 月 15 日开工，2015 年 5 月 1 日竣工。北京恒盛宏大道路投资有限公司建设，泛华建设集团有限公司设计，北京城建远东建设投资集团有限公司施工，北京市曙晨工程建设监理有限责任公司监理。

（黄　闻）

【左安门桥桥区积水治理工程竣工】 工程位于丰台区左安门桥，主要工程量包括调蓄池一座和雨水管线 DN500 毫米，长度 88 米；雨水管线 DN700 毫米，长度 61 米；雨水管线DN800毫米，长度111 米；雨水管线DN900毫米，长度 24 米；雨水管线 DN1000 毫米，长度 24 米；雨水管线 DN1400 毫米，长度 60 米；污水管线 DN350 毫米，长度 23 米；雨水管线 DN500 毫米 ，长度 8 米。工程造价为 2047.5 万元。2013 年 3 月 16 日开工，2015 年 3 月 11 日竣工。北京城市排水集团有限责任公司建设，北京市市政工程设计研究总院有限公司设计，北京城建集团有限责任公司施工，北京致远工程建设监理有限责任公司监理。

（江　成）

【1#居住公共服务设施等 3 项竣工】 工程位于丰台区樊家村康庄东路西侧及看丹路北侧，北临三环新城小区（小区内设有 10 号地铁丰台站），东距10 号线地铁首经贸站500米左右，东侧为待建的居住用地。总建筑面积 7510.59 平方米，其中 1#楼地上 7 层，地下 2 层，地上檐高 32 米；2#楼地上 2 层，地下 2 层，地上檐高 10.4 米；3#楼地上 4 层，地下 2 层，地上檐高 18.7 米。工程总造价 3098 万元。2014 年 6 月 1 日开工，2015 年 7 月 15 日竣工。北京樾源房屋开发有限公司建设，中国建筑标准设计研究院有限公司设计，保利建设集团有限公司施工，北京方恒基业工程咨询有限公司监理。

（江　成）

【北京城南购物中心工程竣工】 工程位于丰台区花乡六圈，商业楼建筑层数：地上 4 层，地下 2 层,锅炉房建筑层数：地上 1 层，地下 1 层。总建筑面积为 150465.4 平方米，其中人防工程 6156 平方米，框架结构、框架剪力墙结构，工程总造价 6.5 亿元。2013 年 4 月 15 日开工，2015 年 4 月 27 日竣工。北京南极星投资管理公司建设，北京市建筑设计研究院有限公司设计，河北建设集团有限公司施工，北京精正兴工程建设监理有限公司监理。

（江　成）

【中奥嘉园经济适用住房项目 7 项工程竣工】 工程位于丰台区长辛店，东至长兴路 10 号院、商业金融预留地，西至规划崔村居住区一号路永中、规划崔村居住区二号路永中，南至规划崔村居住区三号路永中、规划崔村居住区四号路永中、长兴路 10 号院，北至规划长兴路永中。包括 B1、B2、B3、B4、B5 号住宅楼和 PB-1、PB-3 居住公共服务设施，建筑面积 5.25 万平方米，可提供房源 832 套。B1#地下 1 层、地上 13 层，B2#地下 1 层、地上 15 层，B3#地下 2 层、地上 11

层，B4#地下1层、地上11层，B5#地下2层、地上15层，剪力墙结构，工程总造价21210万元。2010年12月1日开工，2015年4月30日竣工。北京中奥房地产开发有限公司建设，北京维拓时代建筑设计有限公司设计，北京市开元长泰建筑工程有限责任公司施工，北京鼎信建业工程建设监理有限公司、北京市曙晨工程建设监理有限责任公司监理。

（孙兴国）

【科技园东区三期四合庄定向安置房项目9项工程竣工】 工程位于丰台区花乡四合庄村，东至樊羊路（规划郭公庄路）、西至四合庄二号路、南至规划五圈南路、北至规划五圈路。包括1～6号住宅楼、7～8号居住公共服务设施楼和1#地下停车库，建筑面积9.94万平方米，可提供房源1082套。1#地下1层、地上13层，2#、4#地下2层、地上18层，3#地下2层、地上20层，5#地下2层、地上8层，6#地下2层、地上28层，剪力墙结构，工程总造价52500万元。2011年4月29日开工，2015年1月8日竣工。北京丰台科技园建设发展有限公司建设，华通设计顾问工程有限公司设计，中国新兴保信建设总公司、北京大龙建设集团有限公司、河北中盟建筑工程集团有限公司施工，北京中联环建设工程管理有限公司、北京中集协建设监理有限公司、北京中联环建设工程管理有限公司监理。

（孙兴国）

【南苑乡石榴庄村回迁安置房项目19项工程竣工】 工程位于丰台区南苑乡石榴庄村，东至规划北杨树街及丰台区与朝阳区区界、西至宋家庄路、南至凉水河绿化带、北至电碳厂南路及郭家庄路西延。包括1～7号住宅楼、611-1#～611-5#住宅楼、8号居住公共服务设施、611-6A#～611-6B#居住公共服务设施、611-7#开闭站、9号配电室、10#和611地下车库，建筑面积37.49万平方米，可提供房源3344套。1#地下1层、地上20层，2#地下2层、地上20层，3#地下3层、地上20层，4#地下1层、地上19层，5#地下2层、地上24层，6#、7#地下2层、地上26层，611-1#、611-5#地下3层、地上23层，611-2#、611-4#地下1层、地上18层，611-3#地下3层、地上27层，剪力墙结构，工程总造价93728万元。2012年3月26日开工，2015年10月25日竣工。北京金瑞通房地产开发有限公司建设，华通设计顾问有限公司设计，北京城建亚泰建设集团有限公司、北京城建北方建设有限责任公司施工，北京伟责工程项目管理有限公司监理。

（孙兴国）

【郭公庄车辆段二期居住用地配建限价商品房项目】 工程位于丰台区花乡郭公庄村，东至棉花城小区、西至六圈路、南至六圈南路、北至六圈村南界。包括1～3号住宅楼，建筑面积2.25万平方米，可提供房源325套。1#地下2层、地上11层，2#、3#地下2层、地上18层，剪力墙结构，工程总造价18984万元。2011年9月30日开工，2015年1月27日竣工。北京万科企业有限公司建设，中国建筑设计研究院设计，北京市朝阳田华建筑集团公司施工，北京希达建设监理有限责任公司监理。

（孙兴国）

【青龙湖郊野休闲社区一期限价商品房项目8项工程竣工】 工程位于丰台区王佐镇，东至规划青龙湖23号路、西至青龙湖16号路、南至青龙湖长青路、北至青龙湖22号路。包括D1～D8号住宅楼，建筑面积4.85万平方米，可提供房源576套。地下1层、地上6层，剪力墙结构，工程总造价45000万元。2011年2月20日开工，2015年5月18日竣工。北京西海龙湖置业有限公司建设，北京市建筑设计研究院设计，中建三局建设工程股份有限公司施工，北京帕克国际工程咨询有限公司监理。

（孙兴国）

市政市容建设与管理

【概　况】2015年，市政市容委承担市政府目标责任书、市区政府“折子工程”和实事项目45项，年度专项重点工作任务以及区领导批示116件，市政府绩效考评中市容环境治理、缓解交通拥堵、生活垃圾处理3项，清洁空气行动计划26项，承担宛平城地区环境整治、交通组织、服务保障等任务。加强对街道、乡镇的环境考核和检查，继续实施重点大街、背街小巷、老旧平房区及公交、地铁站点周边等区域环境综合整治。全年收到锦旗16面，感谢信3封，在2015年首都城市环境建设综合考核和北京市建筑垃圾综合管理考评中均取得拓展区第一名，在2015年市容环境卫生综合考核（即“干净指数”）中取得拓展区第二名，丰台区道口办荣获2015年度道口安全管理先进管理区县。

（孙　鹤）

【宛平城纪念活动保障】年内，完成宛平城内街各项环境整治工作，道路花岗岩石材铺装1.3万平方米，胡同青砖铺设4500平方米，仿古建筑外立面油饰6370平方米，墙体打磨2100平方米,定制树脂井盖180个，雨水篦子28个，空调外框120个，广告牌匾15块，完成周边11条道路建筑立面粉饰3.6万平方米，道路硬化2.7万平方米，砌筑围栏1275延米，规范广告牌匾620平方米，小广告防粘贴1352平方米，清运渣土12105立方米，提升绿化用地3.2万平方米。

（孙　鹤）

【区域环境提升工程】年内，完成方庄区域提升工程，拆除违法建设2700平方米，新建1座公厕、2处厨余垃圾处理设备间，新建5处、修缮和改造6处警务室，拆除广告牌匾2900平方米，防小广告粘贴1739平方米，结合老旧小区改造对七个社区进行综合提升，拆除老旧垃圾房45个，新增垃圾分类站点198个，全面实行垃圾分类；完成青塔区域提升，修整路面1.97万平方米，新建、施划停车位3630个，新建12处楼间活动花园，增加垃圾桶107个，整修雨水井470个，铺设雨水管线240米。完成右安门翠林小区区域提升，铺装道路4150平方米，安装树池35个，完成小区大门、座椅、晾衣架等设施的预埋基础工作。完成科技园区区域提升，完成园区一期高压供电工程和低压配电工程，完成海鹰路、内环西路、航丰路3条道路的大修工作。

（孙　鹤）

【环境综合整治】年内，完成45条背街小巷整治任务，拆除违法建设2883.5平方米，粉饰建筑外立面28737.2平方米，整修道路66294.5平方米，绿化补建1539.9平方米，改造各类管线3032米，规范广告牌匾49块，清运垃圾渣土2521吨；完成11个地铁站口环境整治，粉饰墙体9000平方米、清运渣土6105立方米、简易绿化5244平方米、平整场地12734平方米、新建及修复围墙336延米、整修道路7490平方米；完成丰沙铁路丰西段沿线环境整治工作，粉刷墙体2560平方米，清运垃圾3500立方米，绿化2100平方米，平整场地13500平方米，硬化4900平方米，铺设雨污水管线80米，砌筑垃圾池5座，拔除废弃电线杆3根；完成大兴灌渠河道沿线环境整治，粉饰墙体1900平方米，清运渣土4037立方米，简易绿化13515平方米，平整场地27611平方米，新建及修复围墙2899.31延米，整修道路3477平方米，铺设自来水管线338米，预埋喷灌管线280米，拆除废弃线杆2根，安装太阳能路灯10根；配合区房管局完成56个老旧小区541636

平方米公共区域环境整治工程，修建道路342571平方米，绿化17658平方米，修建专业管线9132延米，安装路灯225处，新建无障碍设施1716平方米，新建停车场64972平方米，修建自行车棚13736平方米，修建健身场所101023平方米。

（孙　鹤）

【道路设施管理】 年内，完成大红门南路等12条道路大修工作，铺油面积108290.9平方米，铺砖面积44638.6平方米；完成马家堡北桥等18座桥梁的检测和镇岗塔路桥等15座桥梁的荷载试验；完成怡然家园路断头路改造工程，拆迁面积2664平方米，伐树7棵，安装路灯4座，铺设电缆169米，铺油3211平方米，铺砖2470平方米，新建雨水管线222米；完成鲁坨路南段改造主体工程，道路路基挡墙墙身浇筑19786方，路基挖方200061方，填方105725方，铺设沥青27020平米，路面结构水稳铺筑24758平方米；完成青塔西路等10条道路慢行系统改造，彩铺面积14675.5、安装自行车地标419块、0.7米高机非护栏1990米，非机动车标志牌66套。

（孙　鹤）

【市政设施巡查】 年内，收到市路政局派发的巡查互动件313件，处理243件，协调其它产权单位处理62件，8件出区界范围，上报市管道路破损件数39件；累计出动巡查车辆1037台次，巡查人员2103人次，巡查道路7118条次、49100公里。

（孙　鹤）

【环卫设施管理】 年内，完成10座旱厕升级改造、22座发泡公厕的升级改造、10座密闭式清洁站改造，新建15座公厕并投入使用；新增268个垃圾分类达标小区的日常管理已确定日常运行服务企业；启动8个街乡镇1100家餐饮企业的餐厨垃圾收运和处理工作，完成餐厨垃圾规范化处理率42%的任务目标；做好环卫设施的管理，建立全区1272座各类公厕和1214座垃圾收集设施管理台账，对382座旱厕进行修缮，梳理400余处垃圾暴露点位并完成桶站建设。

（孙　鹤）

【市容卫生管理】 年内，将全区6966条507万平方米的背街小巷和382座旱厕纳入区级财政投资范畴。完成全区各类公厕、垃圾收集设施普查工作，并对全区1272座各类公厕和1214座垃圾收集设施建立了管理台账。完成3个大型垃圾无序堆放点整治，70余处环境脏乱区域的协调治理工作。

（孙　鹤）

【广告景观管理】 年内，开展户外广告牌匾的专项整治行动，专项整治市级台账15处98块违规户外广告和牌匾标识，规范检查报刊亭超范围及亭外经营100余次，清理所有报刊亭的宣传海报。

（孙　鹤）

【公用事业】 年内，完成24个老旧小区的供热管网改造，供热建筑面积约205万平方米、住户26161户、改造热力管道43万余米。协调完成草桥地区约120万平方米建筑供热系统并入热力集团城市热网。

（孙　鹤）

【爱国卫生】 年内，开展控烟宣传教育活动，宣传落实《北京市控制吸烟条例》，将宣传片和宣传标语在丰台有线电视上每天分六次滚动播出，在三、四环道路沿线设置9处宣传横幅、4处单立柱广告牌发布控烟宣传广告，8处LED电子屏滚动播出控烟条例和控烟信息；组织各街道乡镇开展专业除害行动，完成灭杀面积40万平方米，组织培训宣传交流7次，宣传报道活动4次，督导检查15轮次，对病媒生物进行密度监测工作8次。

（孙　鹤）

【渣土管理】 年内，推进建筑垃圾综合管理，施工现场扬尘控制总体受控，工地达标比例95%。开展检查考评70次，向属地单位、职能部门发送问题整改督办单43件，整改市级检查发现问题57处，办理市督办件3次，区督办件2次，联合检查40次，夜查3次。加强消纳场规范管理，建筑垃圾消纳总量591.8万吨，回填利用493.31万吨，比上年同期增加173.98万吨，检查消纳场40次。推进建筑垃圾管理科技化，使用建筑垃圾运输车辆管理系统终端定位工地258家，定位率90%，定期评估运输企业43家，车辆333台。办理建筑垃圾消纳许可189件，运输车辆准运许可1647件，建筑垃圾经营性运输资质许可9件，消纳场运营许可4件，审批临时堆土点3个；全区建设工地渣土消纳证办理率98%，《建筑垃圾消纳许可证》和《建筑垃圾处置责任公示牌》公示率97%。

（孙　鹤）

【提案议案及行政审批】 年内，承办市人大建议5件，区人大建议、政协提案110件。驻区政府大厅窗口接待电话咨询现场咨询21009人次,受理各类申请事项43486件，其中小客车申请41628件，车辆准运审批、渣土消纳审批、消纳场所审批、运输企业经营许可审批共1837件，占掘路21件,办结率100%

（孙　鹤）

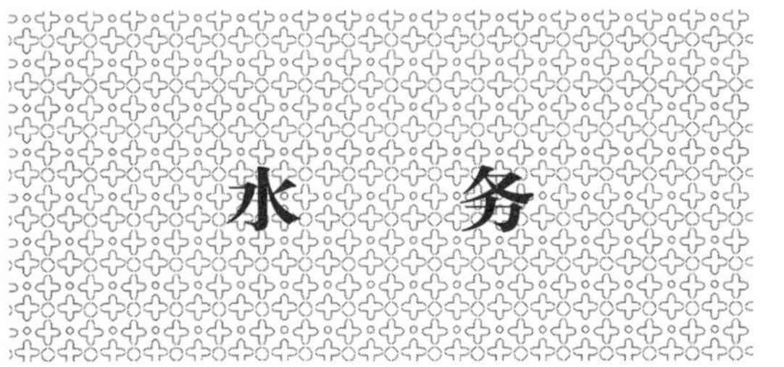

【概　况】 2015年，完成2000套老旧小区节水器具换装、和义东里12栋楼排水管网改造、水衙沟（302医院段）1.5公里的水生态治理。区折子工程6项：完成丰草河新建河道主体工程，启动长辛店第三水厂建设，配合完成6处下凹式立交桥泵站升级改造拆迁协调工作，启动蟒牛河等3条河道防洪治理工程征地拆迁工作，施工、监理正在招标；完成市政府下达的主要污染物总量减排任务。完成市绩效考核涉及项目6项：全区用水总量，万元GDP水耗，河西地区污水处理率，中水利用指标，污水管线建设任务，槐房再生水厂厂区拆迁任务。完成一、二期部分河道治理和河西再生水厂管线续建任务，完成李家峪沟小流域综合治理，推进鲁家山供水工程。年内，完成115直管用水户调查，对全区直管自备井用水户进行调查，核查全区1371眼机井及31个自备井用户置换，，加强IC卡水标日常管理维护，征收水资源费600万元。

（张　洁）

【供水保障】 年内，处理供水事件121起，现场应急处置11次，应急供水1951车次。办结人大代表、政协委员关于供水提案4件，办结率100%。完成晓月苑地区水压提升和大王庙供水应急抢修工程。完成抗战胜利70周年和航天火箭发射试验供水应急保障工作。完成年度全区村镇供水安全评估和提质增效规划编制工作。

（张　洁）

【污水处理再利用】 年内，建设完成河西地区污水管线2.192公里，污水处理量为1304.89万立方米，污水处理率90%。再生水利用量为1304.89万立方米。区内市管3座污水处理厂：方庄污水处理厂日处理4万吨、卢沟桥污水处理厂日处理10万吨、吴家村污水处理厂日处理8万吨。区水务局监管航天三院污水处理站日处理1.2万吨。区水务自建污水处理站15座污水日处理能力31万吨。全区11座农村小型污水处理站全年共计处理水量26.4826万吨。

（张　洁）

【水生态治理】 年内，巡查河道4万多人次，清理河道垃圾1278车，新增绿化面积8万平方米，植树4000棵，完成1.5公里的水生态治理，批复建设项目水影响评价审查11件、涉河工程3件，办理人大代表建议、政协委员提案9件，处理办结涉水事件900件，处理各类应急排水抢修突发事件31次。对41项水务工程监督检查362次。编制完成九子河、牤牛河等11条河道污染源截污工程实施方案。完成6处下凹式立交桥泵站升级改造拆迁协调工作，完成市政府下达的主要污染物总量减排任务。

（张 洁）

【中小河道治理】 年内，完成两个阶段包括小清河、九子河、旱河、小龙河、丰草河、佃起河、大兴灌渠等11条共36公里中小河道的治理任务的80%，建设绿化景观及生态护坡24万平方米、铺设截污管线36公里。至年底，四个阶段共完成投资28.5亿元，其中第一阶段共完成14.2亿元，第二阶段共完成12.8亿元，第三、四阶段共完成1.5亿元。

（张 洁）

【防汛安全】 年内，全区组建了24736人的防汛应急抢险队伍，落实防汛编织袋277541条，铁锹16347把，水泵469台，运输车辆511台，发放宣传画8400余幅。购置防汛编织袋10万条，膨胀麻袋1万条，浮艇泵5个，冲锋舟6个，水陆两栖车2辆，大型抢险单元3辆，大型排水抢险车“龙吸水”1辆。建设防汛指挥平台，集成全区2000多个视频监控信号，实现气象云图、单点雷达、雨量数据、实时路况的全方监控。对全区55处易积滞水点、重点河道、重点工地、危旧房区、学校校舍等，排查隐患，建立台账。汛期，针对4次主要降雨过程，及时预警，群发预警短信3900多条，备勤7万人次，车辆7000多台次，布控大型抢险单元80台次。

（张 洁）

【水政执法】 年内，累计开展联合执法28次，执法巡查2994人次，检查用水户751户。受理、处理水行政举报92起，发现并督促整改122起违法行为，收缴违法用水罚款49万元，追缴水资源费397万元。对全区135家单位进行了排水，复查洗车店244家检查，对全区1017眼农村自备井开展了检查，年检后保留742眼，报废275眼。完成农业水库移民人口核定471人，核定登记农转非人口507人，发放扶持资金28.39万元。发放政策法规及宣传材料1800份。

（张 洁）

【办理案件】 年内，办理市长信箱、政风在线、来电来信等涉水信访件2200件，办结涉水事件2200件办结率100%。批复建设项目水影响评价审查11件、涉河工程3件，办理人大代表建议、政协委员提案29件。加强水务工程质量监督，受监水务工程41项，组织工程质量监督检查36次。

（张 洁）

【市委书记郭金龙检查区防汛工作】 6月1日，市委书记郭金龙专项检查丰台区防汛工作。区委书记杨艺文，区委副书记、区长冀岩等陪同调研。郭金龙来到旱河防洪治理现场看到整治一新的旱河给予充分肯定并强调：丰台水务局部门树立系统治水的理念，要把防汛与治水结合起来，推动首都生态文明建设上水平。

（张 洁）

【市水务局领导调研丰台区水务工作】 3月5日，市水务局局长金树东一行率领市水务局相关人员来区调研水务基础设施建设有关工作。区委副书记、区长冀岩，副区长吴继东等领导陪同调研。

（张 洁）

供 电

【概 况】 2015年，丰台公司共管理营业客户811236户。其中抄表收费客户34924户，卡表客户46646户；110千伏客户8户，35千伏客户8户，10千伏客户8726户，低压客户802489户。全区共有重要客户136户，其中一级客户43户，二级客户93户。负责110千伏变电站27座，主变66台，容量3213兆伏安；35kV变电站1座，主变2台，容量40兆伏安；10千伏架空线路196条，长度1677公里；10千伏电缆线路1780条，长度2820公里。实现全年安全生产无事故目标，累计安全生产长周期3369天。负责81.1万客户的供电服务工作，全年完成售电量74.46亿千瓦时，同比增长2.02%；完成线损率6.93%；完成业扩报装接电容量75万千伏安；电费回收率100%。供电可靠率达到99.9754%，电压合格率为99.997%。最大负荷160.3万千瓦。全年完成智能表换装20.56万具，累计运行智能表77.7万具，上门送卡13.2万张。荣获国家电网公司文明单位，国网北京市电力公司安全生产、优质服务及人力资源先进单位，连续17年荣获首都文明单位标兵称号。

（邢　钊）

【电网规划与建设】 年内，开展《丰台地区“网格化”配电网规划》滚动修编工作，完成规划主报告和配电自动化规划等7项专题报告。完成万泉、通久、西铁匠营、大红门110千伏输变电及大灰厂110千伏变电站主变增容工程立项核准、站址规划意见书、外电源路径规划条件、环评批复、用地预审批复、节能批复等工作。签订杨树庄220千伏、通久110千伏输变电工程投资划分协议和云永二长支35千伏线路入地工程电力设施迁改补偿合同。完成186项10千伏及以下电网基建、营销专项工程可研评审、立项核准及7项电动汽车充电桩工程的备案工作。丽泽商务区配套电力隧道建设工程政府累计到位资金3.05亿元。完成339户“煤改电”工程。完成宛平2.1公里架空线入地工程。

（邢　钊）

【物资集约管理】 年内，完成批次、协议库存供应计划700条，确认供应计划700条，上报配网物资抽检计划50条，涵盖配网物资12类。

（邢　钊）

【后勤保障】 年内，完成配电办公楼加装电采暖等18项大修、技改工程，改善办公环境。规范房屋和土地资产管理，现场测量、现场拍照，基础资料完善。完成2处土地证取证工作，完成日常维修271件。

（邢　钊）

【安全生产】 年内，检查工作现场968次，检查各类工作票853张，发现整改问题243个。利用“双准入”系统强化施工企业安全管理，审核施工企业116个。组织370人次参加安全技能等级评价考试。

（邢　钊）

【电网运行管理】 年内，完成各类预案269份，组织开展演练41次。发挥方式引领作用，落实电网季度运行方式协商制度，梳理电网结构性问题14类，发布III级风险预警10类40项。完成16户三星及以上风险重要用户的梳理和风险预警单发布，单电源、同母线供电重要用户、单一方向电源一级重要用户列入问题名单加强管控。完成205个开关的远方操作，涉及变电站占比100%。发现管理问题9项，风险79项。完成7座变电站的继电保护精益化管理。完成新发地变电站综自系统和云岗变电站母差保护改造，综自系统运行率由96.4%提升至100%。

（邢　钊）

【应急和政治供电管理】 年内，修订完善五大类专项预案共计25个，修编现场处置方案356个。加强应急体制、机制建设，制定8组应急响应工作卡。完成全国“两会”、抗日战争胜利七十周年纪念活动等重大供电保障任务，全年政治供电任务达68项，保电天数215天，实现政治供电“零闪动”。

（邢　钊）

【科技与信息化】 年内，申请专利31项，授权28项。三项创新成果分别获得北京公司群众性创新成果二等奖和三等奖，《低压配电网电子身份标签》获得北京公司管理创新三等奖。与电科院开展科技共建，合作完成“人工气候模拟实验室”的搭建工作。开展信息安全管理，客户端安全防病毒软件、桌面标准化安装率100%，全年未发生信息安全事件。

（邢　钊）

建筑业

丰台区城市建设综合开发公司

【概　况】2015年，完成投资总额2.39亿元，实现开复工面积13.14万平方米，竣工面积3.84万平方米。完成商品房年度决算销售收入2.42亿元，服务管理经营收入8718万元，实现上缴税金1181万元，利润4677万元。年内完成所有配套大市政工程施工，含人民村路及六里桥南路配套管线、10kV外电源工程的建设工作并移交。组织完成长馨园保障房项目16#楼165套回迁房的入住工作。

（吴春民　李文丽）

【主要开发建设项目】 年内，建设完成长馨园保障房项目四栋楼共7.48万平方米的复工，其中16#、17#楼完成竣工验收工作，22#、23#楼主体工程已完工。C-15组团的住宅工程全部竣工验收完成，并移交物业公司。完成长馨园保障房项目价格编制工作。四栋楼均获得市级文明工地称号，17#楼获得了“北京市结构长城杯”金奖，22#、23#楼获得“北京市结构长城杯”银奖。

（吴春民　李文丽）

【市政务服务中心拆迁安置房项目】 年内，项目主体工程、小市政工程完工。大市政工程除电力工程外其它管线均完成，被评为北京市绿色安全施工工地。项目红线内公安局临时办公用房的搬迁手续工作取得了实质性进展。3栋楼均获得“北京市群体结构长城杯”。

（吴春民　李文丽）

【北京市丰开拆迁服务有限公司】 年内，完成新建长辛店110千伏输变电工程占地范围内地上物的拆除工作，腾清施工场地，执行政府决定，先行支付项目拆迁补偿款625万元。先后三次发放市政务服务中心回迁安置房和长馨园回迁安置房的逾期周转费用。全年实现拆迁服务结算收入223万元。

（吴春民　李文丽）

【北京丰台城建物业管理有限公司】 年内，实施望园和角门两个供热厂8台燃气热水锅炉加装节能设备的方案；完成海户西里老旧管网及换热站的改造；完成了对望园东里、嘉园小区和望园大厦使用寿命到期电梯的更新；完成了对所有管辖小区7000多盏楼道灯的节能改造。全年回收三年以上的欠费户528户，实现小区物业收入6296万元。

（吴春民　李文丽）

【丰开望园科技孵化中心】 年内，完成望园大厦维修改造工程。全年房屋出租收入1997万元。

（吴春民　李文丽）

国土资源管理

【概　况】 2015年，受理行政许可事项82件、服务事项1475件；办结行政许可事项

80件、服务事项1363件。受理信息公开311件，完成答复288件；主动公开政府信息646件。档案查询982人次、出具证明及遗失补证13件、接收法院协助执行118件。办结国有土地使用权登记645件（大业主发证145件；小业主土地发证491件；国有土地证注销9件）；办结国有土地使用权抵押登记767件（其中国有土地使用权抵押登记404件、国有土地使用权抵押变更登记13件、国有土地使用权抵押注销登记350件）。

（李江楠）

【土地资源概况】 丰台区位于北京市的西南部，属城乡过渡地带，呈东西方向分布，东西长35.4公里，南北宽14.9公里。下辖16个街道（地区）办事处及5个乡镇。全区土地总面积305.5平方公里，区域土地中耕地21.4平方公里，占总量7.0%；园地7.6平方公里，占总量2.5%；林地42.2平方公里，占总量13.8%；草地0.1平方公里，占总量0.0%；其他农用地5.3平方公里，占总量1.7%；建设用地220平方公里，占总量72%；未利用地8.9平方公里，占总量2.9%。

（林国迁　李江楠）

【土地利用总体规划】 年内，在新一轮丰台区土地利用总体规划实施过程中，对土地利用总体规划进行动态维护或局部修改。全年对7个项目进行规划修改或动态维护工作，城乡建设用地机动指标新增21.56公顷、特交水建设用地机动指标增加2.15公顷，保证项目依法合规审批。

（韩沈飞　李江楠）

【建设项目用地预审】 年内，完成土地预审项目55件，总用地面积约450.9公顷，涉及农用地18.56公顷，其中耕地7.67公顷；建设用地423.27公顷，未利用地9.07公顷。其中居住用地18宗，储备开发用地6宗，交通运输用地11宗，公共管理与公共服务用地15宗，商服用地3宗，水域及水利设施用地2宗。

（韩沈飞　李江楠）

【土地征收与耕地保护】 年内，征地工作稳步有序开展，完成长辛店棚户区A地块、西一区C地块等5个项目的征地结案工作，完成结案面积111公顷。共完成征（占）地13宗，审批用地面积295公顷。其中6个项目使用耕地27公顷，全部实现占补平衡。严格农转用审批程序，严格执行土地利用总体规划，分别与丰台区5个乡镇人民政府、1个办事处、2个国有农场及36个村委会签订耕地保护目标管理责任书，确保全区2600公顷耕地保有量。完成“十二五”期间，丰台区高标准基本农田建设项目2088亩；2个土地复垦项目开始进场施工，3个土地复垦项目申报立项，实现全区近15年来无新增耕地。

（许朝阳　李江楠）

【划拨供应】 年内，区政府批准13个项目按划拨方式供应建设用地，总用地面积23.51公顷，其中建设用地面积19.80公顷，代征道路3.05公顷，代征绿化0.66公顷；办理划拨决定书20件，划拨宗地面积27.80公顷，建筑规模56.87万平方米。

（崔明华　李江楠）

【土地供应计划】 年内，编制完成《北京市丰台区2015年度国有建设用地供应计划建议方案》和项目表，年度共有55宗用地办理供地手续，土地供应205.98公顷。

（崔明华　李江楠）

【市属国有企业用地调查】 年内，对辖区范围内的市属国有企业用地进行情况梳理，共涉及用地近800宗，并对其中60余宗重点企业用地进行了现场核实，涉及用地面积近800公顷，较全面地掌握了区域内市属国有企业用地实际利用情况。

（崔明华　李江楠）

【保障性住房用地供应】 年内，编制完成《丰台区2015年度保障性安居工程用地供应计划》，累计实现保障房用供地约36.04公顷，完成比例为146%；规划建筑规模103.94万平方米，其中，定向安置房49.11万平方米、公租房17.26万平方米、限价房25.02万平方米、自住型商品房12.55万平方米。

（江　丽　李江楠）

【土地储备开发】 年内，土地储备开发项目完成投资约100亿元，同比下降约16%；经营性用地成交土地面积约118公顷，规划建筑总规模约257万平方米，成交价约624亿元，实现土地一级开发成本回笼约253亿元、实现政府收益约371亿元。

（江　丽　李江楠）

【国土资源执法】 年内，卫片发现疑似违法用地图斑 315 宗，总面积 3550.5 亩，耕地面积 1376.63 亩。其中违法用地 183 宗，土地面积 1607.47 亩，耕地 519.1 亩。通过整改，违法用地履职到位率 100%，整改查处到位率 64.4%，问责比例下降到 13.71%，通过市级验收。

（李　凯　李江楠）

【矿产资源概况】 丰台区主要矿产包括地热、矿泉水、冶金用白云岩、制灰用灰岩、水泥配料用页岩。年内，没有新增矿产地和新查明重要矿产资源储量。开发利用的矿种有矿泉水资源及地热资源 2 种。已开发利用矿产地 22 处，其中矿泉水 2 处，地热 20 处。

（茹详德　李江楠）

【地矿管理】 年内，对全区地热开采情况进行调查和年检，区内共有地热井 30 眼，其中有 20 眼正在使用，7 眼待用，3 眼停用，1 眼报废。与区气象局合作建立丰台区地质灾害气象预警预报机制，及时发布地质灾害应急预警 2 次，共计组织巡查检查 8 次，开展地质灾害应急调查 4 次，出动应急人员 113 人次。

（茹详德　李江楠）

【信访工作】 年内，信访总量408件/次，其中受理来信122件、接待来访205批次/722人次、网上信访81件次。完成市网上信访信息系统"百日会战"工作上级交办71件信访件及分局自收83件共154件信访件的录入、核查和信息补录工作；接受96005电子访130件；通过12336举报平台受理举报53件。对于群众的来信来访，分局积极了解群众诉求，坚持"四个方面"、"三不出手"的原则，引导群众多种途径解决问题、化解矛盾。

（王　颖　李江楠）

房屋管理

【概　况】 2015 年，丰台区新建商品房销售成交 8044 套，成交面积 104.69 万平方米，签约金额 309.02 亿元，同比分别增长 57.79%、73.5%、101.62%，均价 29517 元/平方米，同比上升 16.2%。二手房完成资格审核 5295 件，房产确认 6363 件，房源录入 4093 件，房源核验及注销 22290 件，网签及注销 5166 件，整理存量房平台档案 32751 卷，资金监管 158.65 亿元。解决经适房轮候家庭共计约 1321 户。共发放租金补贴约 1108 万元，惠及家庭 13000 余户。开展保障房选房 2 次，涉及房源共计 10172 套。完善保障房后期管理，对保障房项目进行了 11 轮巡查，清退廉租房家庭 7 套，公租房 40 套，整改限价房违规出租问题 3 处，约谈经适房涉嫌违规家庭 2 户。在普通地下室综合整治中，登录执法平台 2827 次，检查普通地下室 2750 处，地空关停 143 处，清退散租住人普通地下室 98 处。

（刘保兵）

【老旧小区综合整治】 年内，完成 95 个老旧小区 351 栋楼、196.22 万平方米的节能改造，完成抗震加固 29 栋楼、9.99 万平方米，完成公共区域环境综合整治 105 个小区，涉及12个街道（地区）办事处，约3万余户。

（刘保兵）

【保障性住房与管理】 年内，新增公租房申请家庭919户。最终确定经适房轮候家庭为3700余户，限价房轮候家庭为6300余户。开展1次限价商品住房摇号工作，房源数量6385套。开展1次经济适用住房摇号工作，房源数量3787套。共发放租金补贴约1108万元，惠及家庭13000余户。对保障房项目进行了11轮巡查，清退廉租房家庭7套，公租房40套。整改限价房违规出租问题3处，约谈经适房涉嫌违规家庭2户。

（刘保兵）

【普通地下空间综合整治】 年内，组织联合执法检查普通地下空间2750处，登录执法平台2827次，完成物业企业检查153个项目、经纪机构检查92家，地空关停143处，清退散租住人普通地下室98处，经营场所备案50处。

（刘保兵）

【房屋安全管理】 年内，对全区街道、乡（镇）房屋进行安全检查，检查面积7050.87万平方米，其中：直管公房213.2万平方米，物业管理单位4548.93万平方米，单位自管房屋1545.69万平方米，乡镇房屋928.08万平方米，城镇私产平房28.17万平方米。住宅专项维修资金审批完成共计370件，审核维修资金1.02亿元。经房屋安全鉴定确认，城镇私有平房存在625户1920间3.7万平方米老旧危破房屋，委托区房屋经营管理中心在汛期检查抢修。

（刘保兵）

【物业管理】 年内，共办理资质审批事项35个，其中，新办三级9个，核定三级4个，资质升级2个，资质变更16个，资质注销3个，协助撤回资质1个。全年完成物业项目新增备案33个、物业项目负责人及物业服务合同变更备案96个、物业服务合同注销10个。

（刘保兵）

房屋经营管理

【概　况】 2015年，收缴租金2058.15万元。其中：收缴当年租金1886.25万元，收缴旧欠租金171.90万元。全年完成房屋修缮投资1213.13万元，其中楼房屋面大修1幢，1588平方米；楼房上下水更新改造11幢，77341平米；楼房中修234326平米；平房中修5398间。年内完成电梯设备大修项目18项，供水及消防设备大修项目12项。全年廉租房收缴应收租金104.86万元，实收租金90.69万元。望园东里公租房共264套，建筑面积17782.7平方米，已办理入住253户，收缴租金917.59万元。

（藏鸿媛）

【南苑棚户区】 年内，完成投资61.73亿元。南苑项目一期拆迁范围内总共4043户，已签约3390户，占总签约户数83.85%；完成交房工作总共3377户、拆除工作总共3201户、选房工作总共4625套、结算工作3346户。三期征收范围内总共3575户，已签约2571户，占公示户数74.83%，完成交房工作总共2553户、选房工作总共3204套、结算工作总共2538户。在安置房方面：阳光星苑安置房源一期项目办理入住1724套。阳光星苑安置房源二期工程已完成竣工验收，开始办理入住手续。

（藏鸿媛）

【长辛店棚户区】 年内，累计完成投资12.32亿元。定向安置房项目A地块已完成宅基地腾退工作，完成居民拆迁30户。4、5、7#楼结构封顶，1、2、3、6#楼正在进行基础施工。E地块已完成宅基地腾退工作，正在进行57户居民入户调查。辛庄D地块已完成拆迁工作，住宅楼已经全部结构封顶，外檐工程及装修工程也已基本完成。长辛店西区经济适用房项目已完成2处国有企业拆迁，200户民居拆迁，民居拆迁剩余39户，项目已竣工52520平方米，约752套。

（藏鸿媛）

【防汛工作】 年内，成立11支应急抢险队，配备8辆抢险车，29台水泵等抢险物资，共出动查房人员240人次，查平房4500间，楼房666栋。查出平房漏雨226间，楼房漏雨53栋，发现问题均解决。

（藏鸿媛）

【供暖服务】 年内，实施专项工程2类12分项，计划投资18984.31万元，重点实施明春苑东锅炉房煤改气工程，晓月苑、马家堡南街39号院、康静里老旧供热管网改造等项目。全年各管理站共实施中小修改造项目120项。共计47座锅炉房，供热运行稳定，96118客服人员已实行24小时值班制度，全面保障冬季供暖工作。

（藏鸿媛）

【老旧小区改造】 年内，完成节能改造项目95个小区，已全部竣工，完成施工量99%以上。改造完成55个小区环境整治，完成量占总任务量的95%以上。完成宋家庄12号院1、2号楼、顺五条14号楼、东门里5栋、苗圃西里3栋等共计11幢楼房抗震加固，总面积3.8万平方米。完成33个小区404个楼栋供热计量小室的供热计量改造施工。

（藏鸿媛）

【工程建设】 年内，丰房建筑公司年内新开工程6项，建筑面积290万平方米。复工7项，总建筑面积94万平方米。竣工项目3项（已收到四方验收单为准），总建筑面积18万平方米。完成产值约6亿元，同比增长11.3%。在市场公开招标项目中，中标14项，入围《国管局局属产权老旧小区综合整治工程施工》名册。

（藏鸿媛）

房屋征收与补偿

【概　况】 2015年，推进宛平城及周边环境整治项目工作、地铁8号线、14号线、16号线项目工作、分钟寺桥西北侧地区回迁安置项、南苑棚户区改造三期拆迁工作，取得阶段性成果。与相关单位共同推进蒲黄榆一里、四里改造项目、小屯西路棚户区改造项目的前期工作。年内完成宛平城及周边6宗宅基地的签约、拆除工作，面积共1845.29平方米，安置人口52人，发放补偿款251万余元；非住宅拆除5处，面积1823.46平方米。配合区综治办集中进行5次综合执法工作，共清理无照经营商户44家。

（盛　蕾）

【地铁8号线项目】 年内，拆迁总面积约为12000平方米，临时占地总面积约为33万平方米，拆迁涉及住宅约110户、非住宅9家，全年拆迁5000平方米、临时占地28万平方米，全线车站主体结构实现全面进场。

（盛　蕾）

【地铁16号线项目】 年内，拆迁总面积约为24万平方米。正线拆迁总面积约为2万平方米，车辆段总面积22万平方米。其中，丰益桥南站集体企业拆迁以及迁坟工作全部完成，7座地下车站除看丹站外，均已实现进场施工。落实丰益桥南站垃圾中转站还建事宜，完成丰益桥南站26座坟墓迁坟工作。累计完成拆迁约3000平方米，临时占地15万平方米。

（盛　蕾）

园林绿化

【概　况】 2015 年，全区实有林地面积 9513.30 公顷，林木绿化率 39.67%，森林覆盖率 26.98%，城市绿化覆盖率（含水面）46.35%，人均公园绿地面积 7.6 平方米。共有 26 家公园风景区，其中注册公园 24 家、森林公园 1 家、风景名胜区 1 家，总面积为 2527.1903 公顷，其中 11 个收费公园及风景区，其余 15 个为免费公园（其中 5 个是郊野公园，3 个是绿地式公园）。共有精品公园 10 个，市级重点公园 3 个，4A 级旅游景区 5 个。其中 24 个注册公园，总面积为 1052.1906 公顷，人均注册公园面积为 9.3 平方米。1 个森林公园：北宫国家森林公园（4A 级景区）占地面积 200 公顷，1 个风景名胜区（4A 级景区）：千灵山风景区，面积 220 公顷。全区公园风景区共接待游客 1286.4836 万人次，同比减少 9.1%。创建 5 个花园式单位、3 个花园式社区、1 个首都绿色村庄。完成公路河道绿化 10 公里，彩叶工程 500 亩。完成主要包括五一、国庆等节假日工作花卉布置工作。共计布置地栽花卉 3692 平方米 19.83 万株，容器花卉布置 204 组 11 万株，总计布置花卉 30.83 万株。完成中国人民抗日战争暨世界反法西斯胜利 70 周年摆放立体花坛 2 处，其中红旗飘飘花卉 18551 盆、绿植 28 盆；宛平城景观布置花卉 68045 盆、绿植 195 盆。完成马连道节点、六里桥节点、大瓦窑节点、东西门外绿地地栽花卉，共计 678471 盆。完成“七•七”、“九•三”期间换花两次，共计 582131 株（盆）。全年共处理各类绿化违章 217 起，2015 年接处警 46 起，立行政案件 9 起，处罚违法单位（人员）9 个，立刑事案件 5 起。

（郭　强）

【构筑城市绿色空间】 年内，实施六里桥城市休闲森林公园建设，项目面积 3.99 公顷。完成园博府代征地、珠光御景代征地、王佐翡翠山南园代征地、绿洲家园代征地等城市绿化代征地建设，项目面积约 8 公顷完成六圈南路、大瓦窑周边道路等 16 条道路绿化工程建设，道路绿化长度约 9.6 公里完成六里桥西南角绿地、万柳园绿地、玉泉营桥绿地等 3 处绿地便民工程建设，项目面积 10 公顷。完成宛平城及周边环境提升工程，项目面积 36.83 公顷，其中缘由绿地改造 33.83 公顷，新增绿地 3 公顷。完成绿地生产垃圾就近处理项目，其中新建配套管理用房 1 幢 300 平方米，采购垃圾处理设备 1 套。完成屋顶绿化 14 处 1.9328 万平方米，超出年计划面积 12.8%。

（郭　强）

【城郊景观环境】 年内，完成平原造林任务 1050 亩。公路河道绿化 10 公里，彩叶工程 500 亩，森林植被恢复 2476 亩。完成林下经济工程 350 亩，主要项目为林下播种花卉和林下体育设施。完成平原地区生态林养护政策调整。

（郭　强）

【林地、绿地养护】 年内，做好 715 公顷专业绿地的养护和重大活动环境保障工作。加强对乡镇 11 万亩林地养护工作的指导和监督。加大现有 240 株古树名木的巡查和管理力度。妥善处置区城指中心案卷 1425 件、96005 城市环境热线发来的应急案卷 1370 件。

（郭　强）

【行政审批优化】 年内，受理征占用林地绿地审核、林木和树木伐移、林保、种苗等行政许可事项 222 项，完成工程项目绿地率审核 45 件，绿地率复核 70 公顷，按时办结率 100%。通过严格把关、优化建设方案，减少审批 48 件，减少占用林地绿地 15600 平方米，减少伐移树木 3168 株。完成 8 处 11.56 公顷代征绿地的收缴。

（郭 强）

【森林防火】 年内，以春节、清明节为重点保障时期，组织大型森林防火宣传 5 次，累计清理防火隔离带 600 多条总长 12 万延长米，清理林下可燃物 3200 公顷，全区没有发生森林火灾。

（郭 强）

【林木有害生物防控】 年内，完成产地检疫各类苗木 40.6 万株；签发《产地检疫合格证》29 份；签发《植物检疫要求书》21 份、签发《限期除治通知书》1 份；制作行政许可案卷 30 卷；复检各类工程苗木 0.746 万株，发现 2 批次苗木携带检疫性或危险性林木有害生物；签发《限期除治通知书》1 份。全年开展三次林木有害生物普防工作，出动防治队伍 127 支（组）、17813 人次，出动车辆 188 台套、4445 台次；完成防治作业面积 34.03 万亩次，施用仿生物药剂和植物源药剂 22.23 吨；其中夏、秋季两次飞防共 100 架次、防治作业面积 6 万亩，释放天敌昆虫 1.43 亿头、生物防治面积 1.53 万亩。

（郭 强）

【林政资源管理】 年内，有古树名木 240 株，其中单株古树 135 株，2 个古树群内 97 株，名木 8 株。一级古树 19 株，二级古树 213 株。共完成许可 192 件，伐移林木树木 11309 株，占用林地 221553 平方米，占用绿地 17900 平方米，其中审批危险树 56 件，采伐林木树木 475 株，排除安全隐患。

（郭 强）

【野生动植物保护】 年内，非法侵占林地案件 4 起，占用林地面积 43500 平方米，处罚违法单位（人员）9 个，补种树木 3520 株，恢复林地面积 43500 平方米。立刑事案件 5 起，抓获犯罪嫌疑人 8 名，刑事拘留 8 人。

（郭 强）

【全民义务植树活动】 年内，组织完成全国人大和社会各界人士义务植树活动服务保障工作。开展义务植树活动 34 次，10.73 万人参加植树劳动，共植树 32.19 万余株，新建纪念林 1 处，养护树木 40.5 万株，清扫绿地 136 万平方米。全区共有 265 个家庭、790 名个人先后出资 2.2 万元认建认养了 3 块绿地，共 5000 平方米，认养树木 129 株。

（郭 强）

环境保护

【概 况】 2015 年，全区细颗粒物年均浓度为 86.7 微克/立方米，同比下降 8.7%；可吸入颗粒物、二氧化硫、二氧化氮年均浓度分别为 115.6、14.3 和 51.5 微克/立方米。全面完成 247 蒸吨燃煤锅炉改造任务，取消四环路内民用取暖用煤 3710 户，整治燃煤茶浴炉 57 家、88 台，淘汰老旧机动车 6.6 万辆。二氧化硫、氮氧化物同比削减 19.83%和 8.79%，河西地区化学需氧量、氨氮同比削减 21.70%和 9.20%。编制实施区域《环境总体规划（2013 年–2030 年）》，规划大纲经第 71 次区政府常务会讨论通过。编制实施《丰台区 2013—2017 年清洁空气行动计划重点任务分解 2015 年工作措施》，并组织落实。将环境监管纳入现有 1125 个网格，实现精细化管理。年内完成审批 525 项，建设项目竣工环境保护验收 118 项。完成 2015 年城南行动计划及政府投资 84 个项目、区重点建设的 36 个项目的环评审批。

（刘晓星）

【扬尘污染治理】 年内，对 4567 处扬尘污染点位责令限期改正，督促苫盖面积 1080 万平方米。检查非道路移动机械 4900 台，责令限期改正 87 台。落实扬尘案件移交和应急联动机制，共移交扬尘案件 25 起。强化混凝土搅拌站管理,检查搅拌站 150 家次，督促落实各项扬尘污染控制措施。

（谢一帆）

【辐射安全监管】 年内，对全区 81 家医疗机构单位进行排污申报登记。检查涉源单位 117 家次、辐射工作单位 310 家次、医疗机构 251 家次，约谈违规单位 72 家次。

（谢一帆）

【依法行政】 年内，立案 261 件，移送 3 件，作出处罚决定 274 件，罚款 863 万元。处罚违法机动车 121 辆，罚款 4.2 万元。

（谢一帆）

【排污申报】 年内，对 762 家单位进行了排污申报登记工作。严格执行排污费征收新标准，排污费开单金额 3006.3 万元，其中扬尘开单金额 1837.46 万元。

（谢一帆）

【空气重污染应急和重大活动服务保障】 年内，启动预警 20 次（其中红色预警 2 次、橙色预警 2 次、黄色预警 8 次、蓝色预警 8 次），落实“六停一冲”措施，减少污染排放，最大限度减少空气重污染对群众生产生活的影响。保障完成阅兵纪念活动、冬奥考察团到北京考察活动、世界田径锦标赛、“两会”期间、国庆节等重点时期环境安全保障工作。

（谢一帆）

【环境信访】 年内，共受理各类环境信访 4216 件，处理率 100%，群众满意率 98%以上。承办人大建议、政协提案 1 件，办结率、满意率均为 100%。

（谢一帆）

【环境宣传教育】 年内，与区教委合作参加北京市“2015 年度中小学生环保演讲比赛”，在全市取得优异成绩。配合区委宣传部开展“幸福生活讲师团”活动，为社区（村）开展 10 余次环境普法讲座；举办各种形式的环保普法宣传活动 30 余次，发放各类宣传材料及宣传品 25 万份。在丰台报设立“环保•视点”专栏，刊登 15 期，刊登“践行绿色生活”专版一期。与丰台有线电视台合作拍摄、播放环保宣传片 15 期。发布“丰台环保”官方微博 90 条。全年共向市政府、市环保局、丰台区委、丰台区政府等渠道报送信息 226 篇，在各类媒体刊登 106 篇。

（谢一帆）

环境卫生

【概　况】 2015 年，完成责任范围内 1155 条、2223 万平方米、963.46 公里长道路的清扫保洁及道路两侧建筑物、构筑物及地面张贴拼图宣传品和散发的非法宣传品的清除工作。负责辖区范围内过街天桥 88 座、面积 5.86 万平方米，地下通道 22 座、面积 2.29 万平方米，绿地 398.9 万平方米。责任范围内车行道机械化清扫、保洁、洗地作业面积为 1331.88 万平方米，作业覆盖率 89%。道路冲刷作业面积为 1043.69 万平方米，冲刷作业覆盖率占可冲刷道路的 99%。城市道路清扫保洁新工艺作业覆盖率达 90%，环境卫生作业质量综合合格率达 99.8%。负责密闭式清洁站 242 座，其中垃圾楼 69 座，垃圾房 138 座，中转站 35 座；现有公厕 351 座，其中二类以上公厕 177 座，三类公厕 162 座，旱厕 12 座。全年共清运生活垃圾 93.43 万吨，清运粪便 30.95 万吨，全部实施无害化处理。

（刘禹彤）

【春节及重大活动保障】 年内，完成抗日战争暨世界反法西斯战争胜利 70 周年纪念日、北京国际铁人三项赛、建国 66 周年、园博园彩色跑等重大活动以及国家、市、区级领导视察、调研期间环境卫生保障工作39次。《伟大胜利历史贡献》主题展览活动期间，参与推动宛平城地区环境整治，完成纪念活动期间的环境卫生服务保障工作。春节期间，出动环境卫生保障人员3万余人次、车辆近3000车次，清理烟花爆竹残屑309.5吨，较上年同期减少128吨。启动降雪预警7次，其中2次开展扫雪铲冰作业，出动各岗位人员7800余人次、车辆578车次、使用融雪剂1120吨，完成扫雪铲冰专项作业任务。

（刘禹彤）

【重点工程建设】 年内，完成21座公厕大修改造，更换节能环保水气冲设备212套。对马家楼桥下职工工作点实施进行整体翻建改造，地面2340平方米，翻建房屋22间。新建北京南站环卫所职工工作点房屋21间，场地3200平方米。完成万柳桥停车场地面硬化9173平方米，新建房屋14间。租用6处地下空间，建设“环卫职工之家”。

（刘禹彤）

【安全维稳】 年内，组织安全生产大检查18次，累计检查环卫设施1310处，发现安全隐患238处，隐患整改率100%。全年办理人大建议、政协提案2件，区政府督查8件，“政风在线”5件，96005热线案卷517个，“市长信箱”1个；接手网格件1991件，对其中责任范围内384件全部按要求办理并回复。

（刘禹彤）

城市防震

【概　况】 2015年，分两批组织辖区内65名志愿者赴国家地震紧急救援训练基地开展地震救援培训。在永定河干涸河道开展轻型高机动救援车辆驾驶训练。德国应急专家前来参观丰台区地震局紧急救援培训基地。开展4期社区志愿者脱产培训，共培训300人，人员覆盖全区16个街道。完善5个动物宏观观测点构建的网络。在市局协助下更换所有地方台站的网络通讯路由器。北京市中压磁应力测项和丰台区地震局压磁应力测项荣获北京市地震前兆观测资料评比优秀奖。连续七年被评为北京市地震监测预报先进单位。

（张　璐）

【地震监测台站概况】 年内，本区建有地震监测台站28个，其中前兆监测台站9个，分综合台、形变台和流体台三大类，强震动监测台站19个。丰台区地震局台为前兆综合台，北京十中台、新村鸿业兴园台、长辛店长馨园台、东高地角二社区台及东铁营顺四条37号院台5个为前兆形变台，丰台区政府南院台、丰台路口社区台及南苑国际露营公园台3个为前兆流体台。监测仪器采用中国地震局地壳应力研究所生产的CZ-1A数字压磁应力仪、DRSW-2型地热水位气象三要素综合观测仪、WYY-1型气温气压雨量综合观测仪及北京赛斯米克地震科技发展中心生产的DXQ-1型大地倾斜仪和郑州晶微电子科技有限公司生产的GS-2000-QT二氧化碳数字化气体监测仪，观测项目主要涉及地下流体和地壳形变两大学科，共有测项29个。强震动监测台分别为南宫台、航天三院台、青龙湖台、槐树岭台、世界公园台、金家村台、右安门台、大红门台、老庄子台、南苑乡台、长辛店台、园区公园台、大灰厂台、西罗园台、丽泽台、张仪村台、卢沟桥台、丰体台及南苑台。监测仪器采用中国地震局工程力学研究所生产的GDQJ-1A型固态地震动强度记录仪和外置的SLJ-100型三分向力平衡式加速度计，目的是获取有感地震发生时该地的三分向地震动加速度记录，给出该地地震烈度的估算值，为本市类似场地的工程抗震建设提供基础数据，为震后应急反应提供依据。

（任　静）

【新建动物宏观观测点】 8月，经实地勘察，分别在长辛店镇大灰厂村和辛庄南沟新建1个动物宏观观测点，观测对象主要为羊、猪、鸽子、白鼠等，养殖规模分别为700余只和1200余只。本年度未接到宏观异常上报信息。

（任　静）

【地震前兆资料处理】 年内，地震前兆资料共29个测项，主要涉及地壳形变、地下流体两大学科及气象三要素、降水量辅助观测，观测方式采用数字化和人工两种方式。数字化观测数据通过网络自动传输至本局前兆数据库保存，人工观测数据以A4纸打印稿形式保存。

（任　静）

【地震趋势会商】 年内，结合地震前兆数据及地震目录资料，召开会商会54次，通过网络上报北京市地震局会商意见54次。5月和10月，根据北京市地震局关于召开2015年年中及2016年年度地震趋势会商会的通知精神，编写完成会商会报告。

（任　静）

【震情速报】 年内，处理震情速报事件18次，以传真形式上报区政府《地震速报卡》18次。9月14日18:10，河北省秦皇岛市昌黎县发生4.2级地震，地震局当即致电河北省地震局秦皇岛中心台站解震情灾情及地震部门采取的处置程序和应对措施，并将中心台站的工作简报作为重要资料留存，作为本区域发生有感地震应对处置工作的参考。

（任　静）

【地震活动】 年内，首都圈地区共发生ML≥1.0级地震948次，ML≥3.0级地震14次，ML≥4.0级地震2次，最大震级为9月14日18:10河北省秦皇岛市昌黎县ML4.2级地震。北京地区共发生地震活动168次，其中ML≥3.0级地震1次，ML≥2.0级地震4次，小震活动主要集中在北京地区北部，多发地区为昌平、海淀、怀柔和顺义。丰台区未发生ML≥1.0级地震。

（任　静）

【“防灾减灾日”系列宣传活动】 年内，组织参与地震宣传活动6场，举行地震应急演练2场，讲座2场，展出展板30块，向社会各界发放地震应急避险要决等折页5000册；北京市实施《防震减灾法》规定、《地震知识百问百答》、《公众避险要决》等科普书物3000本；地震知识挂图及防震减灾法挂图200套、宣传盘30张，受众人数8000人次。

（陈　超）

【全国科普日宣传活动】 9月23日上午，参加在丰台花园内广场举行的以“万众创新，拥抱智慧生活”为主题的2015年丰台区“全国科普日”主场活动，通过摆放地震科普知识宣传展板、发放宣传资料、现场解答等方式向公众大力宣传地震科普常识、地震应急避险及自救互救知识，共出展展板40块、发放宣传挂图100张、发放知识宣传手册及折页2000余份。

（陈　超）

【接待德国代表团参观访问】 6月，德国应急专家一行5人受邀来华访问，参观了位于昌平区南口的丰台区地震紧急救援培训基地，现场观摩了16名丰台区志愿者废墟搜索等科目的演练，观看了丰台区鲁甸、景谷地震救援纪实，听取地震局关于丰台区地震应急志愿者队伍建设工作介绍，并与中方专家进行座谈。

（吕　明）

【接待尼日利亚代表团参观访问】 12月，国家行政学院尼日利亚国家灾害与安全管理研修班代表团全体成员，来到南口训练基地，观摩区地震应急志愿者培训工作。参训志愿者分组向外宾展示了绳结、顶撑、伤员处置，一点式担架转移、高楼逃生、废墟搜索、障碍物破拆和伤员搬运等八个科目。

（吕 明）

【社区志愿者授旗】 5 月 6 日，丰台区应急办、丰台区地震局及相关单位在北京汽车博物馆举行 2015 年“防灾减灾日”宣传周启动仪式暨丰台区应急装备展示及应急知识科普宣传活动，为全区 16 个街道的 16 支社区应急志愿者服务队代表授旗。截止 7 月，实名注册的地震应急志愿者 5000 人。

（吕 明）

城市管理监察

【概　况】 2015 年，丰台区城市管理综合行政执法监察局（以下简称城管执法监察局）加大综合执法、综合监管、综合协调力度，全面贯彻首都生态文明和城乡环境建设总体部署，充分发挥综合执法、综合监管、综合协调职能作用，着重反法西斯胜利 70 周年活动保障、非法小广告、渣土运输等八大专项整治行动。全年，共查处违法行为 8.9 万起，同比上升 12%；立案处罚 1.6 万起，同比上升 6%；罚款 1109 万元，同比上升 14.7%；拆除及配合拆除违法建设 99.19 万平方米，同比上升 4.1%；实现了 100%电话回复、定期分析、办结回访，群众回访满意度均在 94%以上，同比上升 6 个百分点；荣获首都文明单位荣誉称号，在全市城管系统综合考核中名列首位。

（娄玉丽）

【城管执法体制改革】 年内，总结梳理丰台城管 17 年来特别是近三年来探索发展情况，深入全区 27 个执法队、特定地区调研工作进展情况。扩大与本区相关部门交流，参加市环保局、区拆违办、区交通委、区编办等部门组织的会议，广泛凝聚改革共识，为深化城管执法体制改革奠定坚实的基础。

（娄玉丽）

【非法小广告专项整治】 年内，与通信部门协商，采取警示追呼和停机举措，丰富执法手段；探索服务外包模式，着力提高专业清理水平；会同公安、住建等部门建立联合查处机制，强化联合打击力度，重点对山寨指路牌和临窗广告等违法行为，实施集中打击与巡查监管。全年，共查处非法广告 3.1 万起，查处非法小广告 2.1 万起，立案处罚 1459 起，停机 9721 个，非法小广告蔓延态势得到有效遏制，群众举报量退出前十类突出违法形态。

（娄玉丽）

【完成纪念反法西斯胜利 70 周年环境保障任务】 年内，紧紧围绕反法西斯抗战胜利 70 周年系列纪念活动环境保障任务，以宛平城和阅兵涉及区域与道路为重点，按照“严管中心、辐射周边、全区管控”的部署原则和“核心部位定人、固定岗位值守、重点区域巡控”的执法方式，提前谋划，抽调 11 名正科实职、24 名执法骨干成立执法组，自 6 月起持续开展视觉环境、无照经营、违法建设等专项行动，共拆除违规广告牌匾 403 块，取缔无照经营 507 起，拆除违法建设 24 处 3364 平方米，实现重要区域和道路环境秩序井然有序的目标。

（娄玉丽）

【开展“四公开一监督”工作】 年内，根据《北京市城市管理综合执法“四公开、一监督”工作实施意见》和《北京市城市管理综合执法“四公开、一监督”实施方案》的总体部署和要求，制定了丰台区《四公开、一监督工作实施方案》和《考核评价办法》，建立完善会审会商、工作例会、通报反馈、考核评价等工作机制，对 29 个委办局和 21 个街乡镇实施每月会商、每月考评、每月通报；通过“首都之窗”、“北京市城管执法局官网”等渠道向社会公开，在非法小广告、工地管理与车辆泄漏遗撒等9个方面，厘清部门责任，明确查处标准。年内，共派发《监管通知单》7031件，为治理城市痼疾顽症发挥重要作用。

（娄玉丽）

【推进拆违、控违工作】 年内，实行上账销账管理、局领导联系分队和每周例会制度，对群众反复举报和一周内未拆除的新生违法建设纳入大案平台管理，进行追踪督导、挂账督办，始终保持高压工作态势。对在施违法建设实行24小时盯守，7天内拆除，逾期未拆除的，作为监察立项，对分队领导实行诫勉约谈制，基本落实“发现一起、制止一起、拆除一起”的工作要求。坚持“严格报告、严格程序、严格整改、严格督查、严格处理”的“五严”措施，采取“政府考核优先环境、限期整改提升达标、诫勉约谈主要领导”的强力手段，有序推进控违工作高效开展。全年共拆除违法建设563处99.19万平方米。其中拆除新生违法建设254处6.94万平方米，实现新生违法建设“零增长”目标；拆除既有违法建设309处92.25万平方米，提前三个月完成2015年市台账的销账任务。

（娄玉丽）

【治理大气污染】 年内，对影响生态文明建设的施工扬尘、露天烧烤、渣土遗撒、餐厨垃圾等违法行为，开展36个波次的专项整治行动，实施高限处罚；协同区商务委和各街乡镇，提前谋划、源头治理，按照“四无”标准，加大对露天烧烤的规范和查处力度。与交通部门联合开展泄漏遗撒执法行动，减少运输扬尘问题。不间断地开展取缔煤炉大灶专项执法行动，减少大气污染源。全年，共查处露天烧烤7649起，暂扣经营工具1456件，在27个重点点位组织82次联合夜查，查处运输渣土、砂石等散装货物车3824辆。

（娄玉丽）

【落实门前三包责任制】 年内，联合区市政市容委和属地街乡镇，督促临街行政机关、企事业单位、学校、商铺自觉落实门前三包责任制，规范三包区域环境秩序；以乱堆放、乱张贴、乱搭建、乱挖占、乱拉挂、乱停车等问题为治理重点，实施高限处罚。全年，共检查门前三包单位11万家次；建成精品大街31条。

（娄玉丽）

【遏制非法运营行为】 年内，以与公交总队联合成立的宋家庄和大瓦窑打黑组为依托，加大对各类黑车的执法和处罚力度，对群众举报重点和黑车聚集点位开展联合执法行动。针对主要大街、背街小巷、场站周边、地铁沿线环境秩序问题，组织开展12个专项36波次的专项整治行动，全年，共查扣各类黑车3787辆，罚款252万元。

（娄玉丽）

【完成“春节”期间环境保障任务】 年内，严管严控烟花爆竹安全燃放和春节庙会环境秩序，突出除夕、初一等重点时段管控，检查主要大街6995条、重点点位7830个，向街乡镇和责任部门下发监管通知单7031件，查处无照经营、店外经营1.2万起。

（娄玉丽）

【开展业务教育培训】 年内，组织开展全体执法队员冬训，组织开展初任培训、科级干部培训以及法制、宣传、信访等专项业务培训，全系统累计培训2300人次。

（娄玉丽）

网格化城市管理

【概　况】 2015年，区城市管理监督指挥中心（以下简称城指中心）落实区委区政府关于服务群众诉求、服务城市管理的各项要求，狠抓热线服务和网格监督工作，初步实现了网格化服务管理全区覆盖。城市管理系统立案、派遣案卷92360件，监督员参与处置非法小广告等各类问题1052541件，市级考核成绩在城市功能拓展区排名第一。社会服务管理系统运行案卷328455件，结案率为98.04%。热线系统共受理群众诉求88076件，同比上升21.84%，办结率保持在100%。

（刘　晖）

【网格化城市管理】 年内，对铁路沿线环境、市场周边环境、河道环境等重点问题进行调研分析，形成城市管理监督情况专报65期。结合群众诉求情况，每月筛选出10处环境问题在《丰台报》通报，筛选出5处环境问题纳入市区两级检查台账。建立“脏乱点台帐”119处，实行常态化重点巡查，督促相关部门解决，整治完毕65处点位，并销账。

（刘　晖）

【网格化社会服务管理】 9月初，河东三乡网格化社会服务管理系统正式上线运行，实现了网格化体系全区覆盖。组织街道开展社会服务管理系统数据更新。完成河西两镇电子地图网格划分和王佐镇基础数据采集工作。

（刘　晖）

【热线服务管理】 年内，组织做好区领导接听热线活动和案卷跟踪督办，梳理群众来电126个，转派案卷191件，均在规定时间内完成或回复办理意见。96005热线系统升级，细化诉求问题分类，规范处理流程，完善来电回访，推进案卷公开查询。继续完善网络诉求渠道，在96005热线微博、微信平台开展“人人都是环境监督员”活动，受理群众诉求1009件。协助监察局受理政风行风热线，共受理案卷1271件，其中优秀办结案卷77件，排名全市第一。

（刘　晖）

【专项普查监督】 年内，加强宛平、方庄和科技园等重点区域的巡查。开展废旧机动车、户外立杆、未达标旱厕、地铁口脏乱等专项普查12次。加强对非法砂石料场的巡查，进行实时监控，及时向环保部门反馈情况。加大违法建设监督力度，建立台账，并开展违法建设专项督查。全年共发现上报疑似违法建设案卷6033件。

（刘　晖）

【“三网”融合】 年内，开展专题调研，广泛征集街乡镇和社区村关于“三网”融合工作的意见和建议，并着手起草区网格化体系建设的初步意见。完善热线系统与城市管理系统的对接机制，加强监督员对群众举报问题的核实、核查。与专业部门合作，将人防工程日常巡查、气象预报信息服务纳入网格化体系，全年处置地下空间类案卷1566件，发送天气预报预警信息1300余条。围绕市场疏解工作，在网格化系统增加“市场”专项模块，普查市场139个，协助处理市场周边环境问题2085件。推动街道乡镇网格化管理指挥中心整合，5个街道已基本完成，4个街道乡镇正着手推进。推进4个试点社区网格化综合服务管理平台建设，其中丰益花园社区平台已经建设完成并上线运行，实现民情图电子化和微信服务功能。

（刘　晖）

【建设公共视频共享平台】 年内，搭建区公共视频资源汇聚共享平台，将2487路公安监控探头、141路防汛探头、58路工地探头纳入平台管理，在大气污染红色预警中试运行，为属地和业务监管部门提供共享服务。

（刘　晖）

【完善沟通联系机制】 年内，与市电力公司丰台分公司、市自来水集团和市照明中心3家单位建立联系，逐步形成涵盖排水、供暖、供水、供电和照明的网格“微循环”工作机制。

（刘　晖）

交通 邮电

交通

北京南站

【概　况】2015 年，北京南站完成旅客发送量 3706.4 万人次，春运期间北京南站累计发送 355.9 万人次，增幅 12.6%；暑运期间累计发送 650 万人次，增幅近 10%。迎接“两会”期间来自上海、天津、江苏、安徽、浙江等地“两会”代表、委员 1200 余人次。做细做实地区各项安保工作，保证中国人民抗日战争暨世界反法西斯战争胜利 70 周年纪念活动和 2015 年北京国际田联世界田径锦标赛两项重大活动南站地区的安全。完成市轨道交通自动售检票系统更新期间地区旅客的应急保障任务。全年发现并报告辖区异常情况 108 次，形成文字性报告 40 余份。

（刘安军）

【综合治理】年内，清理上访千余人次，拆除窝棚 20 余处，清理人员居住垃圾 10 余车。

（刘安军）

【环境建设】年内，接受区环境建设领导小组 8 次检查，收到 18 件次区级问题台账，均在规定时间内协调相关单位和部门整改完成。投入 2.7 万元购置大小灯笼 37 组，对南站北广场进行布置美化。每周 2 次巡查监管，及时发现解决问题。年内补植种植各种树苗约 320 株，草坪 1000 多平方米，修缮护栏 130 延长米。

（刘安军）

【交通管理】年内，联合执法工作组共出动 3480 人次，1500 余车次。其中，处理违法停车 600 余台次，出租车违章 183 台次，查扣黑车 25 台次，摩的 38 台次，电动三轮车 100 余台次，黑出租 32 台次，清理乱停放自行车 500 余辆，处理无照经营 12 起，处理非法广告牌 4 个，清理非法小广告 500 余份。

（刘安军）

【市政规划】年内，完成南北广场 2 个自行车停车场地约 1000 平方米的改造建设任务。增设 6 个治安岗亭、12 块交通禁行标志，升级 6 处拦截道闸，南广场安装绿地隔离网 500 米，东西进站口安装隔离护栏 200 米、指示牌 14 面。

（刘安军）

丰台西站

【概　况】丰台西站位于北京市丰台区西南部，为路网性特等编组站，站场为三级八场、双向纵列式、自动化驼峰。连接京广、丰沙、京原、京哈、京沪、京九、京通、京承八条铁路干线车流，担负华北、华东、中原、东北、西北等方向的货车中转和货物集散任务，是全路重要的咽喉枢纽、主要的车辆集散地和晋、蒙煤外运的重要通道。配属调车机 12 台；有货检设备货车超偏载检测装置 6 台、货车超限检测及装载状态监视系统 4 套；机械动力设备 14 台。固定资产原值 10618.44 万元。 2015 年，承担完成的“T·FY 内撑升降式停车防溜器”和“数字货物列车尾部安全防护装置系统”分别获局科技进步二等奖、三等奖。年内，日均完成办理出入车 20704.4 车。其中有调 11994.6 车，无调 8412.5 车。中转时间 7.03 小时，停站时间 26.4 小时。日均装车 6.4 车，日均卸车 20.3 车，全年运输收入 1565.55 万元，货物发送量 11.05 万吨。至 12 月 31 日，车站实现连续安全生产 3742 天，实现第十个安全年。

（赵　喜）

【完善站内视频监控平台】 年内，共有进站高清视频 4 套，分别安装在到达的 4 个方向（京广、京沪、京哈、丰沙），为到达场（一、二场）货检作业人员提供顶部及两侧高清视频。出发视频共 11 套，分别安装在四、六场峰尾处，为出发场货检作业人员提供高清顶部及两侧视频。站内自装高清摄像头共计 34 个，工程移交普清摄像头共计 64 个。

（赵　喜）

【综合自动化改造 SAM 系统】 6 月，现车 2.6 系统开通运行。综合自动化改造上行系统开通，原调度车间和一场、三场行车台移设至新楼。全站综合自动化系统开通，下行二场、五场、七场行车台移设至新楼。改造工程还包括下行系统取消土驼峰、延长六场 1～12 道和四场 1～8 道分类线及四场峰尾咽喉改造、三场增设 13 道、无线通信数字化设备改造等工程。

（赵　喜）

邮　电

中国邮政集团公司北京市丰台区分公司

【概　况】 中国邮政集团公司北京市丰台区分公司（原北京市丰台区邮电局）是中国邮政集团公司北京市分公司（原北京市邮政公司）下属城区分公司，承担北京市丰台区的通信服务任务，服务面积 305.53 平方公里，服务人口约 230 万人。丰台区分公司下辖 61 个服务网点，其中，10 个邮政支局、59 个邮政所，下设商函分局、集邮公司、发投分局、代理业务分局、电商分销分局，机关设综合办、财务部、人力部、监安部、市场部 5 个职能部室，全公司员工 1478 人。经办国际和国内函件、包裹、小包、特快专递、汇款，报刊订阅和零售、集邮业务和集邮品制作、商业信函制作、邮政贺卡、定制邮资封片、邮送广告、代理保险、代办电信以及金融类代办业务，邮政短信（彩信）、代收代缴业务、代售机票业务、自邮一族、邮乐业务等。丰台区分公司依托中国邮政四通八达、遍布城乡的营业和投递服务网络，秉承“服务人民、造福职工”的企业宗旨和“用户是亲人”的服务理念，以建立与首都地位相适应、业内一流、和谐发展的现代丰台区邮政为愿景，竭诚为各界用户提供迅速、准确、安全、方便的邮政服务。年内，根据中国邮政集团公司“子改分”法人体制调整工作安排，北京市丰台区邮电局自 5 月 1 日起，正式更名为中国邮政集团公司北京市丰台区分公司，其社会服务职能不变。

（步安娜）

【两会服务】 3月1日-13日，丰台区太平桥支局在建银大厦“两会”政协委员驻地设置邮政驻会服务点，提供邮件收寄及邮品销售等服务。会议期间，邮政服务团队为驻地委员及工作人员提供服务50人次，出车47次，收到表扬信及留言28件，收寄大会封1.24万枚,收寄处理各类平常信件500余件，给据邮件60余件。

（步安娜）

【推出《“菁”彩话西游》邮品】 年内,借助《中国古典文学名著——<西游记>（一）》特种邮票发行之机，北京邮政与相声演员李菁合作，共同开发《“菁”彩话西游》邮册和纪念封。该邮品将中国古典文学、中国传统文艺形式与集邮文化有机结合在一起，通过手机扫描邮品中的二维码，即可收听李菁用快板书曲艺形式说唱的三打白骨精选段。5月3日，北京市集邮业务局、中国邮政集团公司北京市丰台区分公司、丰台区集邮协会携手相声演员李菁，在丰台区文化馆举办《中国古典文学名著——<西游记>（一）》特种邮票热卖签售活动。

（步安娜）

【举办环境日新邮首发】 6月5日，在《环境日》纪念邮票首发之际，中国邮政集团公司北京市丰台区分公司结合丰台区委开展的“园林文化休闲 践行绿色生活”的群众活动，举办《环境日》新邮首发热卖活动，通过集邮文化传播宣传生态环保主题，呼吁人们爱护自然，保护环境，倡导绿色化的生活方式，鼓励和支持新能源的开发利用，传递积极向上、健康的生活态度。活动吸引了环保达人、创意达人、健康达人及集邮爱好者的广泛参与。

（步安娜）

【抗战纪念馆主题邮局】 7月7日，位于中国人民抗日战争纪念馆展厅内的抗战纪念馆主题邮局开业，正式启用“北京抗战纪念馆”日戳。作为北京邮政打造的红色主题品牌邮局，抗战纪念馆主题邮局以“抗战红色经典”为主题，开发中国人民战日战争纪念馆、新四军纪念馆、延安革命纪念馆、八路军太行纪念馆、东北烈士纪念馆等全国十家抗战馆纪念封，以及抗战纪念馆专题个性化邮票、邮折等多款产品。年内，抗战纪念馆主题邮局通过举办《中国梦—人民幸福》特种邮票首发、组织开展纪念中国人民抗日战争暨世界反法西斯战争胜利70周年邮品热卖等特色活动，打造爱国主义主题教育服务平台，提升社会影响力。

（步安娜）

【卢沟晓月临时邮局】 年内,北京第一个以“燕京八景”命名的邮局——卢沟晓月临时邮局于9月16日正式开业。卢沟晓月临时邮局位于宛平城内，以“中秋团圆”为主题，推出纪念封、邮折等系列邮品。北京市集邮协会副会长王宏伟、丰台区委常委、宣传部部长孙军民共同为“卢沟晓月临时邮局”揭牌。卢沟桥文化旅游区办事处主任陈阳与北京市集邮业务局经理梁洪涛为《卢沟晓月邮局开业纪念封》揭幕。宛平城居民家庭代表为“卢沟晓月临时邮局”迎中秋特色邮品《中秋团圆纪念封》揭幕。宛平城地区工委书记、卢沟桥文化旅游区主任陈阳被聘任为卢沟晓月临时邮局名誉局长。中秋节当天起，“卢沟晓月”中秋团圆封，作为一份特别的中秋礼物赠送给北京市民，成为市民寄托情感、传递祝愿的生动载体。

（步安娜）

科技　教育

科技工作

【概　况】 2015 年，全区支持科技项目 63 项（其中，科三费项目 12 个，创新基金项目 40 个，专利转化项目 11 个），总资金 5400 万元。实现技术合同交易额 508 亿元，占全市总量 14.7%。抢先布局石墨烯产业，“石墨烯标准检测计量与应用服务平台”项目获得市科委重大科技项目经费支持，新认定 93 家高新技术企业，获得 2 项国家科学技术进步奖，12 项北京市科学技术奖，1 项第十六届国家专利优秀奖。全面实施知识产权强区战略，丰台区荣获“国家知识产权试点城区（培育）”称号，成为北京市首家以政府名义出台文件、贯彻首都知识产权战略的区县。探索专利导航，组织开展丰台区轨道交通智能控制领域专利海外布局分析研究，全年专利授权量 4352 件,同比增长 25.5%，发明专利授权量 1352 件，同比增长 78.4%。查处涉嫌假冒专利违法案件 82 件。

（赵　军）

【打造“创新性孵化器”】 年内,为创业者提供交流、办公场所。优化科技企业孵化服务链，引导民营科技企业孵化器建设。成立孵化创新联盟，通过《丰台区科技企业孵化创新联盟章程》。打造科技创新与创业生态孵化体系，引入“孵化+创投”的新型孵化模式，打造科技“创投汇”。4 家创新型孵化机构开业运营。其中，“IBI 咖啡”和“依文创客空间”获得北京市第二批众创空间称号。

（赵　军）

【打造区域科技创新创业资源池】 年内,引入中国科学院自动化研究所、北京建筑大学等 12 家大学、科研院所资源。引入北京市科技金融促进会、中国银行等 11 家金融机构资源。引入 45 家科技创新创业企业，推荐入选 11 家“中关村金种子工程”企业。引入工商注册代理、知识产权托管服务、法律咨询、财务、审计等创业服务机构 8 家，引入创业导师 31 人，引入创业家传媒旗下子公司北京微路演科技有限公司和牛头众筹平台。

（赵　军）

【建设人才高地】 年内，申报市委、区委组织部“人才培养资助人才工作集体项目”——丰台区科技创新与创业生态体系建设。搭建优秀科技人才培养平台，推荐中国北方车辆研究所陈轶杰获得第七批“北京市优秀青年人才”荣誉称号，北京航天试验技术研究所方涛获得 2014 年度北京市优秀人才培养资助项目（青年骨干个人项目）资助。支持区级人才项目 9 项。为 147 名专业技术人员提供继续教育培训。

（赵　军）

【“高精尖”经济结构培育和非首都功能疏解】 年内，制定《丰台区科技服务业发展的实施办法》。搭建科技服务平台，支持小微企业创新。为40余家次小微企业与高校院所合作创新提供服务，23家次获得116万元的首都科技创新券支持。为360多家科技及中小企业提供政策宣讲、科技金融、成果转化等服务。助力中小型科技企业创新发展，实施科技及中小企业贷款担保，放贷项目35个，金额4910万元（含跨年度）。促进下岗技术人员再就业，为8名再就业人员提供担保，金额73万元。

（赵　军）

【营造特色科普创新环境】 年内，开展科普资源牵手工程，共有12家科普教育基地与社区、学校对接开展科普活动，共投入资金40万元，成为丰台区科普品牌活动。在长辛店街道装技所社区、长辛店镇大灰厂村各创建1家社区科普体验厅，共投入资金60万元，获得市级支持资金近60万元。在首都经济贸易大学附属小学、丰台区成寿寺小学分别创建区级科普教育基地和特色科普活动站，共投入资金30万元。开创“社会点菜、政府买单”的科普项目支持模式，资助7个项目，投入资金95万元。加强科普资源梳理，制作完成科普宣传片和科普电子地图。开展科普惠民，制作6期《科普讲堂》及《科技丰台》杂志。开展科技下乡、科技周科普宣传等活动，培育科普品牌，受众5万人次。

（赵　军）

科协工作

【概　况】 2015年，区级投入资金165万元培育创建优秀科普示范社区，通过项目申报培训、项目答辩、评比推荐，12个街乡镇的16个社区获得区级资金奖补，9个社区、2名科普宣传员、1个农村科普基地、1个科普场馆获得市级资金奖补，1个社区获得国家级资金奖补。区级、市级和国家级奖补金额累计300.5万元。对太平桥街道丽湾社区、新村街道育仁里社区和南苑街道翠海明苑社区科普项目给予支持，共计23万元。社区科普协会138个，投入17.94万元用于基层科协组织建设。投入经费11万元，办好《丰台区全民科学素质专刊》。年内区科协获北京市第15届青少年机器人竞赛优秀组织奖、第35届北京青少年科技创新大赛优秀组织奖，被评为第30届全国青少年科技创新大赛基层赛事优秀组织单位，第15届中国青少年机器人竞赛优秀组织单位，首都文明标兵单位。

（邱群思）

【送科技下乡】 2月5日至11日，开展送科技下乡活动，先后到王佐镇佃起村、长辛店镇赵辛店村、卢沟桥乡小井村、花乡看丹村、南苑乡石榴庄村五个乡镇（村）开展科普惠农服务活动，赠送2000张以“普及科学知识，倡导文明生活”为主题的科普挂图、5000个环保袋、5套精品科普图书、5000本《减灾防灾科学帮你忙》知识读本、5000本《流感科普知识手册》图书、1000册《丰台区全民科学素质行动专刊》、1000副以“提高全民科学素质，建设幸福新丰台”为主题的科普扑克、10000份林果乡土专家杂志、科技生活杂志等，总价值5万元。

（邱群思）

【第15届青少年机器人竞赛】 2月1日至2月3日，由北京市科学技术协会和北京市丰台区人民政府联合主办，北京青少年科技活动中心、北京市丰台区科学技术协会等承办的“第15届北京青少年机器人竞赛”在北京市第十二中学开幕。16个区县、儿童中心、市学馆中心共18个代表队，185支参赛队，

507名学生，100名领队教练，40名裁判员，82名志愿者，100名工作人员，总计800余人参与到此次竞赛活动中。丰台区共19个代表队参加此次竞赛，共获得一等奖6项，二等奖6项，三等奖3项，其中丰台十二中和丰台十八中均获得初中组第一名。丰台区科学技术协会、丰台区教育委员会、北京市第十二中学获特殊贡献奖。丰台区人民政府办公室、丰台区卫生和计划生育委员会、丰台区公安分局、丰台区食品药品监督管理局、丰台区安全生产监督管理局、丰台区交通支队、丰台区消防支队、丰台区丰台街道办事处、丰台区青少年活动中心获贡献奖。

（邱群思）

【第34届青少年科技创新大赛】 3月27日至29日，北京市第35届青少年科技创新大赛在北京市第一〇一中学举办，丰台区代表队共获得一等奖4项，二等奖18项，三等奖20项。

（邱群思）

【科技周活动】 5月23日上午，由丰台区政府主办，区科协、丰台科技园区承办的区科技周主场活动在丰台科技园生态主题公园举行。市科协领导、区领导及近千名群众、科普志愿者参加活动。活动以“创新创业、科技惠民”为主题，现场分为5个展区36个展位。区科协在活动中为群众赠送科普场馆基地门票2000余张。科技周期间，丰台区累计组织开展科普活动40项，受众7万人次。

（邱群思）

【科普进社区活动】 8月7日上午，由区人力社保局和区科协联合举办的“建设宜居家园、共享科学生活”科普进社区活动启动仪式，在太平桥精图广场举行。本次活动旨在提升社会化管理退休人员科学素质，16个街道组织400余名老同志参与开幕式。“科学达人秀”走入百姓身边，科学实验贴近日常生活。解放军302医院、电力医院组织20人医疗团开展专家义诊，针对老年人常见病、高发病进行卫生专业指导，普及科学保健常识。开幕式后，组织群众参与科普一日游活动，参观科普教育基地。

（邱群思）

【科普日活动】 9月23日，主题为“万众创新·拥抱智慧生活”的“全国科普日”丰台区主场活动在丰台花园举行。现场开展科普互动、3D打印互动、义诊、食品药品安全咨询、气象地震知识宣传、健康及应急救护咨询等活动，共安排22个展位，分为智慧生活、生活科普互动、趣味科学体验、儿童健康科学沙龙、电动汽车科普展五大展区，着重展示区属单位、科研院所、企业、学会、社区居民等各层次主体参与创新的成果和亮点，参与活动群众1000余人。

（邱群思）

冶金自动化研究设计院

【概　况】 2015年，实现营业收入68911万元，利润总额8299万元，归属于母公司所有者净利润4785万元，新签合同额76425万元。截止年底，全院资产总额297511万元，所有者权益105108万元。年内申请专利51件（其中发明专利35件），获得专利授权27件（其中发明专利17件），获得计算机软件著作权登记7件。完成国家863等重大科研任务。获得2015年解放军科技进步二等奖一项，中国自动化协会杰出工程师奖。

（孔　菲）

【工程业务】 年内，在传统工程中重点进行盛阳1580不锈钢热连轧、唐山文丰1800毫米板坯连铸利旧改造、福建鼎信1250毫米不锈钢连退酸洗线等项，完成 22 项技改项目，开展 IGBT 模块改造维修业务。在青岛港董家口港区 1#回填区转水装船（卸船）流程工程项目、青岛港门机半自动化系统研发项目、天津中玻 1200t/d 玻璃窑炉烟气脱硝除尘项目、盐化工信息化项目等业务方面，均有进展。

（孔 菲）

【军工产品】 年内，围绕军工 31 项新产品攻关，实现研发、生产、市场良性循环。通过对接 9 家单位的 43 个项目，参与自动输送配套伺服、盘式力矩及直驱电机、大功率盘式风扇电机、xx 站配套伺服以及特殊用途电动推杆等项目的预研、演示验证、原理样机及定型样机的研制。在民品市场，开展立体仓库搬运机器人、升降平台专用伺服电机、特种机床专用伺服电机的应用推广。

（孔 菲）

北京汽车博物馆

【概 况】 2015 年，北京汽车博物馆及丰台规划馆全年开放运行 310 天，场馆平稳运行，实现全年重大消防事故及安全事故为零，场馆及展览设备设施安全稳定运行的目标。创建“全国服务业标准化试点单位”后，先后接待国家质检总局、中国自然科学博物馆协会、故宫博物院、首都博物馆、军事博物馆、北京市公安局、北京市标准化院、天津博物馆、美国大都会博物馆等 27 批次专家、领导就标准化相关工作进行经验交流。成为中国自然科学博物馆协会常务理事单位并荣获中国自然科学博物馆协会 2015 年度优秀集体；荣获“优秀全国科普教育基地”、“联合国道路安全十年行动教育基地”、“北京市科教旅游示范单位”、“北京市模范职工之家”等称号；汽博馆运行保障部荣获“北京市模范集体”称号；汽博馆讲解组荣获“北京市青年文明号”集体称号；与丰台一小合作培养的“汽博中队”荣获“全国优秀少先队”；加入北京市教育学会社会大课堂教育研究会，成为首批入会会员单位；“全国中小学生安全体验日活动”荣获“首届北京市科普基地优秀项目三等奖”。

（王 勇）

【完成“展区地面艺术绘画展览”项目】 年内，完成“展区地面艺术绘画展览”项目，该展览兼具思想性和艺术欣赏性，丰富了常设展览内容及形式，通过充分利用全馆地面展示区域的展示创作，来提升汽博馆的科普教育宣传力度，填补展示区域整体地面展示空间利用的不足，并结合大幅绘画艺术创作的展示方式最终突显其艺术性和视觉震撼力，发挥汽博馆的教育功能，提升科普教育水平和寓教于乐性。

（王 勇）

【举办“简单看世界 一起轻生活”专题展览】 年内，围绕新能源汽车，本着倡导简约的生活方式，策划“简单看世界 一起轻生活——新能源汽车专题展”。并在北京市科委授牌指导下，建设了“北京汽车博馆新能源汽车展示体验基地”。与普天新能源合作完成 7 座直流电充电桩、3 座交流电充电桩的建设，11 月 26 日正式实现电动汽车社会化充电服务。5 月-11 月持续举办新能源汽车展示、试乘试驾和科普讲座等活动。

（王 勇）

【举办“金戈铁马话军车”专题展览】 年内，在纪念抗战胜利 70 周年之际，以军车为视角，策划“金戈铁马话军车——纪念中国人民抗日战争暨世界反法西斯战争胜利 70 周年专题展览”，以抗战精神为源，传播爱国主义为本，通过自主品牌军车的发展体现国家的综合实力，提升民族自豪感，该展览以原创型展览入选国家文物局组织编选的《2015 年度全国博物馆展览季活动推介目录》。

（王　勇）

【拓展藏品征集工作】 年内，共接受 6 辆汽车、1 件零部件、9 件邮品以及 1 幅油画的捐赠，主要包括：北汽集团捐赠的纪念中国人民抗日战争胜利 70 周年活动中礼炮运输车 BJ40、北京 BJ80 新勇士越野车、EV150 纯电动汽车；东风越野车有限公司捐赠的东风猛士越野车；轩辕奖获奖车型上汽通用五菱公司捐赠的宝骏 730 汽车；洪都助力车、解放卡车转向器以及红旗汽车纪念邮票、纪念封等；入藏了俄罗斯画家专门为汽博馆创作的《梦想之车》油画。

（王　勇）

【推出特色科教活动】 年内,举办全国性项目“中国青少年汽车模型科技创意大赛”，结合大赛创建“青少年汽车创意空间”，同步开发配套教材，探索面向中小学生的汽车科技教育模式，组建“北京汽车博物馆专家组”，为汽博馆科普教育提供专业支持。携手中国汽车技术研究中心共同开展“联合国十年行动计划——暑期安全体验营”活动。推出“科学小夜场”系列科普活动，提供专门的夜间体验，邀请来自美国、英国、台湾的团体进行科学秀表演，同时推出面向家庭的汽车设计、汽车安全、汽车文化、汽车环保类的互动体验活动。探索“博物馆+”模式，与社会资源联合开展教育项目，推出“中国古代道路”、“中国古代交通”、“拯救汽车人”等面向亲子家庭的课程，开办了第一届“小小讲解员”培训班获得了良好的社会效益。

（王　勇）

【汽车文化国际交流多元发展】 年内,借助国外友人俄罗斯画家科兹麦斯捐赠为汽博馆创作油画作品——《梦想之车》的契机，与北京俄罗斯文化中心建立友好合作关系，促成北京俄罗斯文化中心作为主办单位为“金戈铁马话军车”主题展览提供支持。汽博馆代表团受邀参加在弗莱堡举行的第 15 届德国世界科学日活动，与德国科学日主办单位德国科技促进协会及科学同盟网签订《合作意向书》，三方将以此为基础，在科学传播、人才培养等方面加强合作，在参加科学节期间，汽博馆代表团还受邀访问德国大众、奔驰、宝马汽车博物馆，借此建立对接联系，为国际间馆际交流拓展资源。借助中法文化系列交流等活动，深化了与法国汽车品牌的合作关系。借助自然博物馆之夜活动、丹麦大使馆开放日活动、中匈国际博物馆文化交流会等国际活动，分别与丹麦和匈牙利大使馆建立起联系。

（王　勇）

【学术研究】 年内, 参加由中国自然科学博物馆协会主办“融合与创新——自然科学博物馆在生态文明建设中的社会责任”为主题的年度学术会议，《北京汽车博物馆管理运行的创新与实践》报告以创建国家服务业标准化为例，结合创新与实践进行分享与交流，对其它博物馆的管理运行具有典型示范作用。参加由中国自然科学博物馆协会开设的《自然科学类博物馆技能、策略与实务》培训班，汽博馆为培训班学员进行题为《博物馆运营管理探讨》的授课，为各博物馆在运营过程中遇到的困惑提供借鉴。参加由北京市文物局主办的 5·18 国际博物馆日主题活动学术会议，汽博馆以《人·车·生活》为题，就博物馆与社会生活相关的各个方面进行了深入的阐述。以学术课题研究带动业务实践，将“从 1949 走来 红旗的故事”专题展览内容进行成果转化，编辑出版《北京汽车博物馆典藏画册系列丛书》(第一册)。汽博馆参与编写的《北京市国家级服务业标准化试点成果》由首都标准化委员会编印并推广。“科技类博物馆展项研发及运行管理标准化创建及探讨——以北京汽车博物馆为例”一文获得中国自然科学博物馆协会“青年学者优秀论文”一等奖；《博物馆财务战略管理研究》论文入围首届全国博物馆学优秀学术成果。

（王 勇）

【与社会重要媒体宣传合作】 年内,联合新浪、旅游卫视拍摄《汽车档案》纪录片，与中国教育电视台合作拍摄《博物馆之夜》，与网通社合作拍摄《安定说车》。联合北京交通广播开展“发现北京汽博之旅”直播，与北京城市广播联合开展教育面对面“寒假体验营”直播，央视、人民日报等媒体也多次报道汽博馆新闻活动。启动英语、俄语和德语三国语言宣传，先后登上北京周刊、弘博网等知名媒体。英文宣传连续两次登上弘博网头条。

（王 勇）

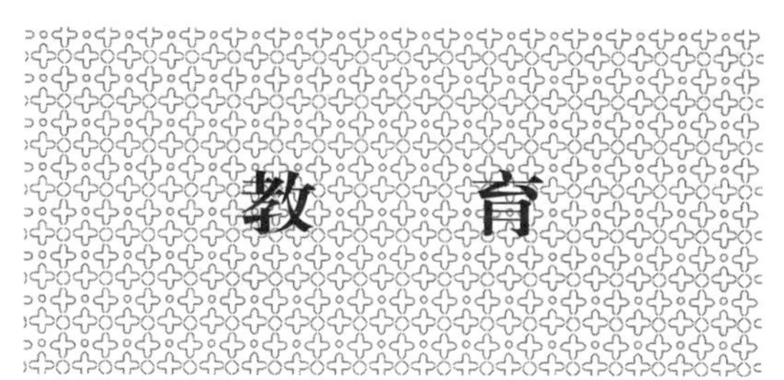

【概 况】 2015年，丰台区托幼园139所，其中教育部门办 27所，集体办园31所，民办 57 所，其他部门办园 24 所。离园幼儿11092人，入园幼儿14219人，在园幼儿41724人。教职工 6476 人，其中，专任教师 3521人；学前三年教育普及率 100%。全区北京市一级一类幼儿园49所。小学77所，教学班2028个，毕业9435人，招生10505人，在校生69114人，在校生中，北京市户籍学生 30206人；教职工 4824人，其中,专任教师4214人；小学入学率100%，巩固率100%，毕业及格率100%。中学46所（初中14所、高中4所、完中12所、一贯制学校16所），教学班921个（初中639个、高中282个），毕业8042人（初中5511人、高中2531人），招生9100人（初中6488人、高中2612人），在校生28000人（初中20030人、高中7970人）；在校生中，北京市户籍学生 17148 人（初中9882人、高中7266人）；初中入学率100%，巩固率100%，毕业合格率99.87%，高中入学率94.02%；教职工5424人，其中，专任教师4097人。特殊学校1所，13个教学班，招生 20 人，在校生 160 人，教职工37 人，其中，专任教师 33 人。特殊教育残疾儿童入学率97.6%，巩固率100%，毕业率100%。校外教育单位4个，教职工263人，其中,专任教师199人。全区中小学专任教师学历合格率 100%，特级教师50人（小学0人、中学50人），高级专业技术职务教师1126人（小学50人、初中580人、高中496人）。中小学占地面积1988742.13平方米，建筑面积1143800.09平方米，图书馆藏书4143292册，固定资产总值224646.941万元。全年教育投入 416239 万元（含职业教育 20714 万元、成人教育 2841 万元），其中，国家拨款404934万元，自筹经费11305万元。

职业高中 5 所，开设专业 24 个，教学班119个。毕业1473人，招生862人，完成招生计划51.84%，在校生2970人。教职工646 人，其中，专任教师 395 人。专任教师学历合格率 93.42%，高级专业技术职务 84人。学校占地面积 125939 平方米，学校建筑面积74477.3平方米，图书馆藏书129405册，电子图书 314GB，固定资产总值20884.336729万元。全区各级各类成人学校8 所。其中，成人高校（社区学院）1 所，开设27个专业，毕业346人，招生443人，在校生1427人。教职工89人，其中，专任教师 68 人。乡办成人校 1 所。社会力量办学单位 194 所，全年培训 136628 人，教职工7256人，其中，专任教师3229人。

（陶慧贤）

【成立教育督导中心】 3月3日,丰台区教育督导室在丰台五小报告厅,召开“丰台区教育督导与教育质量评估监测中心”成立暨新任挂牌责任督学颁牌大会，区督导室刘建华副主任主持会议，区教工委书记宋金忠出席会议，全区中小学校长及相关科室部门150余位负责人参加会议。“丰台区教育督导与教育质量评估监测中心”（简称丰台教育督导中心）的成立，是丰台切实转变教育管理方式，推进管办评分离教育综合改革，深化教育督导改革的重要措施和成果，其人员编制由丰台教科所管理，设立督学工作室和督学评估室，主要承担督学责任区管理、经常性督导和教育质量评估监测研究相关工作。会上，还为新聘任的27名中小学校挂牌责任督学颁发了聘书和标牌。结合区域相对就近、集群学校相对集中、集团学校相对统一等原则，全区109所中小学划分为8大督学责任区，建立督学责任区工作站，并配备一名专职督学作为站长。

（徐　晶）

【新增市示范幼儿园】 4月23日至4月30日，育英幼儿园、丰台第六幼儿园、西罗园幼儿园通过北京市验收组的验收，被认定为北京市示范幼儿园。至此丰台区北京市示范幼儿园15所。

（李艳红）

【主题团日活动】 5月4日，在北京市芳星园中学举行纪念“五四”运动96周年“争做向上向善好青年 争做文明守法好网民”主题团日活动。团中央书记处书记罗梅，团中央少年部副部长顾淑华，市志愿服务指导中心主任郭新保及丰台区领导和芳星园中学全体师生400余人参加了活动。活动首先由6名青年教师与6名学生共同演绎有关网络文明的演讲。之后进行了校长小助理启动仪式，团中央书记处罗梅书记为10位校长小助理颁发绶带。中国青年五四奖章获得者代表福建省尤溪县特殊教育学校校长张海娟、新疆维吾尔自治区公安厅十六处民警迪力夏提•克尤木、全国五四红旗团委代表北京科技大学团委书记刘晓东用亲身的经历讲述了如何发扬五四精神，做向上向善好青年。

（黄　菊）

【职业教育活动周】 5月10日，首届以“支撑中国制造 成就出彩人生”为主题的"职业教育活动周"全国启动仪式在北京举行。丰台区职教中心校以“互联网+家”为主题参与展示活动。中共中央政治局委员、国务院副总理刘延东发表重要讲话，并参观了职业教育成果展。参观活动的第一站在该校“丰职物联家”展示区，总理耐心倾听了学校物联网专业在此领域的建设成果，对学校研发出的物联网养老服务产品给予肯定。烹饪专业教师、非物质文化遗产面塑传承人李凯的面塑作品受到总理关注并希望将这一文化遗产在中职传承发扬。

（史晓光）

【召开区中学中华优秀传统文化教育项目启动会】 5月21日，丰台区中学中华优秀传统文化教育项目在丰台二中启动，北京十二中、丰台二中、首都师范大学附属丽泽中学、首都师范大学附属云岗中学、北京师范大学四附中等12所项目校的校长、教学干部参会。

（余　琴）

【举行“实施文化工程，建设美丽丰台”主题教育活动】 年内,区建设学习型城区工作领导小组办公室（以下称“区学习办”）在全区21个街乡镇组织开展“实施文化工程，建设美丽丰台”主题教育的四个子项目活动，分别是“美丽丰台健康生活、志愿奉献美丽生活、携手共建美丽校园、美丽丰台美丽人生”。各街乡镇、社区村通过组织健康大讲堂、志愿者服务风采、共建校园特色文化及主题教育视频制作等活动。5月，全区21个街乡共进行66项次子项目活动。至11月中旬，各街乡镇上交文字材料42篇，照片108张、视频18个，区学习办编印《美

丽丰台健康生活　携手共建美丽校园》文集和《志愿者奉献美丽生活　学习之星事迹》画册。太平桥街道等 10 个街乡获得“美丽丰台系列主题教育活动优秀组织奖”荣誉。

（林京秋）

【获“2015 年中国全面小康十大民生决策”奖项】 12 月 20 日，2015 第十届全面小康论坛在北京国谊宾馆开幕。论坛由中国全面小康论坛组委会主办，中国扶贫开发协会协办，以“‘十三五’规划与决胜全面小康”为主题，就全面小康建设中的重点及难点问题展开研讨。经论坛组委会推选，网络投票的方式，北京市丰台区“教育集群化发展实现优质教育资源共享”荣获“2015 年中国全面小康十大民生决策”重要奖项。

（余　琴）

【接收 3 所小区配套学校及幼儿园】 年内，区教委接收 3 所小区配套建设的学校及幼儿园的产权。分别是：张仪村西城定向安置房项目配套幼儿园一所；张仪村西城定向安置房项目配套九年一贯制学校一所；福海棠华苑配套幼儿园一所。

（高　娟）

【学校变更情况】 撤并学校：1. 北京市丰台区南苑第四小学撤并到北京市丰台区东高地第三小学，办学地址不变（2015 年 6 月 12 日审批）。2. 北京市丰台区蒲黄榆第三小学撤并到北京市丰台区芳古园小学，办学地址不变（2015 年 6 月 12 日审批）。3. 北京市丰台区西罗园第四小学撤并到北京市丰台区西罗园第五小学，办学地址不变（2015 年 6 月 12 日审批）。4. 北京市丰台区实验小学撤并到北京市丰台区丰台第五小学，办学地址不变（2014 年 9 月 26 日审批）。设立学校：1. 北京教育科学研究院丰台学校（县级教育部门办九年一贯制学校，2014 年 12 月 9 日审批）。2. 北京市第十二中学附属实验小学（县级教育部门办小学，2015 年 1 月 27 日审批）。3. 北京市丰台区丰台第二中学附属实验小学（县级教育部门办小学，2015 年 1 月 27 日审批）。4. 北京市第十八中学附属实验小学（县级教育部门办小学，2015 年 1 月 27 日审批）。5. 北京市丰台区一诺童话幼儿园（民办幼儿园，2015 年 1 月 27 日审批）。6. 北京市丰台区乐嘟嘟实验幼儿园（民办，2015 年 1 月 27 日审批）。7. 北京市丰台区二十一世纪实验幼儿园（民办，2015 年 1 月 27 日审批）。8. 北京市丰台区星空俊才实验艺术幼儿园（民办，2015 年 1 月 28 日审批）。9. 北京市丰台区东方剑桥顶秀欣园幼儿园（民办，2015 年 1 月 27 日审批）；变更学校：1. 北京市丰台区王佐学校，更名为中央民族大学附属中学丰台实验学校。2. 北京教育学院丰台附属实验学校，更名为北京教育学院附属丰台实验学校。3. 北京市洋桥学校,更名为北京市第十二中学洋桥学校。4. 北京市丰台区丰台路中学，更名为北京教育学院附属丰台实验学校分校。5. 北京市丰台区左安门中学，更名为北京市第十八中学左安门分校。6. 北京市丰台区万柳园小学，更名为北京市丰台区丰台第五小学万柳分校。7. 北京市丰台区长辛店第九小学，更名为北京市丰台区丰台第一小学长辛店分校。8. 北京市丰台区六圈小学,更名为北京市丰台第八中学附属小学。9. 北京市丰台区石榴庄小学，更名为北京教育科学研究院丰台第二实验小学。10. 北京市丰台区南宫中心小学，更名为北京大学附属小学丰台分校。11. 北京市丰台区翠林小学，更名为北京舞蹈学院附中丰台实验小学。12. 北京市丰台区六里桥小学，更名为北京市海淀区实验小学丰台分校。13. 北京市丰台区教育科学研究所，更名为北京市丰台区教育科学研究院。

（陶慧贤）

普通高等教育

【概　况】 年内，驻丰台区普通高等院校有首都经贸大学、首都医科大学、北京电子科技学院、中国戏曲学院等4所。共有在校生38152人，成人教育在校生9209人；毕业11005人，成人教育毕业生3387人；招生11470人，成人教育招生2800人；有教职工41270人，专任教师4205人；留学生毕业559人，招生601人，在校生1177人。

（杨晓靖）

首都经济贸易大学

【概　况】 2015年，首都经济贸易大学占地面积42.5万平方米，学校产权校舍建筑面积39.68万平方米。非产权校舍建筑面积4.55万平方米。全年教育经费投入126530万元，其中，国家拨款110407万元、自筹经费16123万元。固定资产总值12.06亿元，其中，教学、科研仪器设备资产总值5.06亿元。图书馆建筑面积3.57万平方米，藏书190.05万册，其中包括电子图书1530GB。学校信息化经费投入1308.3万元，拥有计算机6735台，多媒体教室173个，信息化设备资产16433万元，网络信息点28637个，校园网出口总宽带2500Mbps，电子邮件系统用户4562个，上网课程184门，数字资源量25400GB，管理信息系统数据总量2048GB。设18个院系（系、部），41个本科专业，4个专科专业，10个硕士学位授权一级学科点，42个硕士学位授权二级学科点，4个博士学位授权一级学科点，18个博士学位授权二级学科点，4个博士后流动站。1个国家重点学科，3个省部级重点学科（一级），9个省部级重点学科（二级）。国家实验室1个。定期出版专业刊物4种，教职工1513人，其中，专任教师857人。专任教师中，教授153人，副教授300人，讲师353人、助教29人，博士生导师66人，硕士生导师335人，千人计划入选者1人，另聘请外籍教师13人，其中，11人为博士研究生。毕业生5197人，其中，全日制研究生1052人（博士生43人、硕士生1009人），普通本专科生2375人（本科2258人、专科117人），成人教育本专科生1770人（本科1089人、专科681人）；非计划招生高等教育学生在职人员攻读硕士学位0人。本专科毕业生就业率99.01%，研究生毕业就业率97.39%。招生4941人，其中，全日制研究生1159人（博士生70人、硕士生1089人），普通本专科生2594人（本科2480人、专科114人），成人教育本专科1188人（本科689人、专科499人）。高考北京地区提档线本科第一批一志愿文科609分、理科605分。第二批一志愿提档线文科581分，理科550分。在校生17316人，其中，全日制研究生2974人（博士生318人、硕士生2656人），普通本专科生10139人（本科9805人、专科334人），成人教育本专科生4203人（本科2558人、专科1645人）。留学生毕（结）业439人、招生447人、在校生573人。网址：www.cueb.edu.cn。

（刘江霞）

【校园网主页全新改版上线】 3月，首都经济贸易大学校园网主页（http://www.cueb.edu.cn）正式改版上线。改版后的首经贸主页，在原版的基础上，从版面结构、网页设计、栏目设置、内容分类上进行了全新的策划，使主页架构更加清晰，页面更显时尚现代，使用更加便捷。

（刘江霞）

【与经济日报社共建经济新闻人才培养基地】 4月10日，首经贸举行与经济日报社共建文化与传播学院（经济新闻人才培养基地）签约仪式。校长王稼琼与经济日报社总编辑张小影共同签署了共建文化与传播学院（经济新闻人才培养基地）协议。5月6日，首经贸与经济日报社成立共建文化与传播学院（经济新闻人才培养基地）管理委员会。学校党委书记柯文进与经济日报社社长徐如俊共同为共建文化与传播学院（经济新闻人才培养基地）揭牌。

（刘江霞）

【成立京津冀大数据研究中心】 4月16日，由首都经济贸易大学北京市经济社会发展政策研究基地和龙信数据有限公司联合组建的“京津冀大数据研究中心”正式成立。中心致力于打造智库型产学研创新共同体，运用大数据思维，对京津冀区域多纬全量数据进行深入挖掘分析，运用现代化可视化技术手段，向政府、企业和理论工作者提供决策服务、资讯服务和数据服务。中央办公厅，北京市人大预算工作委员会，北京市人民政府研究室，北京市社科规划办，北京市社科联，中关村管委会，朝阳区工商局，朝阳区CBD管委会，社会科学文献出版社，京津冀蓝皮书主创成员，龙信数据公司的有关人员，京津冀三地专家学者，《人民日报》、《光明日报》、《经济日报》等20多家媒体共300余人出席成立大会。

（刘江霞）

【获教育部高校校园文化建设优秀成果二等奖】 6月，首经贸申报的《培育绿色文化　深化生态育人》获校园文化建设优秀成果二等奖。此次由学校党委宣传部牵头，校团委主要撰写和申报的《培育绿色文化　深化生态育人》成果材料，全面总结和介绍了学校长期重视将生态文明建设与人才培养有机结合起来，通过“国家生态文明教育基地”建设，把生态文明教育作为培育和践行社会主义核心价值观，促进大学生全面发展的重要抓手和平台，顶层设计、多维融合、全面推进，形成了首都经济贸易大学人才培养的新亮点。

（刘江霞）

【获美国爱达荷国际音乐舞蹈艺术节金奖】 7月，首经贸大学生艺术团获美国爱达荷国际音乐舞蹈艺术节金奖。在美国爱达荷州政府、爱达荷国际音乐舞蹈艺术节组委会和中美文化艺术交流协会的共同邀请下，学校大学生艺术团一行14人赴美参加演出交流活动,获得艺术节大赛金奖，孙蕾老师也获得优秀指导教师奖。获奖节目分别是：民乐小合奏《春江花月夜》、管弦乐小合奏《查尔达什舞曲》和魔术《BEER》。

（刘江霞）

【京津冀蓝皮书（2014）获全国优秀皮书一等奖】 8月，首经贸组织研创的京津冀蓝皮书《京津冀发展报告（2014）——城市群空间优化与质量提升》，荣获全国第六届“优秀皮书奖”一等奖。由首经贸牵头、京津冀三地学者共同研创的“京津冀蓝皮书”，自2012年以来已连续出版四部，社会影响力不断提升，已成为研究京津冀协同发展的重要社科文献和政府决策的重要参考。

（刘江霞）

【获全国大学生数学建模竞赛一等奖】 9月，首经贸代表队在全国大学生数学建模竞赛中获得包括全国一等奖、北京市一等奖和北京市二等奖在内的18个奖项，获奖人数达到54人。金融学院张肇耕、傅洋、梁雅慧3名同学组成的参赛小组获全国一等奖。来自经济学院、信息学院、金融学院、统计学院的同学们共获得北京市一等奖2项，北京市二等奖15项。

（刘江霞）

【大数据与统计科学研究院成立】 10月24日，首都经济贸易大学大数据与统计科学研究院成立。范剑青教授，中国科学院院士、西安交通大学徐宗本教授受聘为首席科学家。中国统计教育学会副会长、首都经济贸易大学纪宏教授，中国数学会副会长、中国科学院数学与系统研究院陈敏研究员受聘为联席院长。首都经济贸易大学统计学院院长张宝学教授受聘为办公室主任兼秘书长。首都经济贸易大学统计学院党委书记马立平教授受聘为办公室主任。国务院统计学科评议组召集人、中国人民大学袁卫教授、中组部“千人计划”、英国伦敦经济与政治科学学院姚琦伟教授受聘为学术委员会联席主任。副校长王文举、丁立宏等受聘为学术委员会委员。

（刘江霞）

【李岚清赠送校训篆刻印】 10月26日，首经贸获赠李岚清篆刻有“崇德尚能，经世济民”校训的篆刻印，并出版在《中国部分高校校训篆刻作品选》中。李岚清赠送学校的校训篆刻印章创作于2014年，牛角材质，印文用金文大篆字体篆刻“崇德尚能，经世济民”，边款用行书字体篆刻“赠首都经济贸易大学。李岚清，甲午初冬”等字样。

（刘江霞）

【获全国大学生游泳锦标赛两项冠军】 11月2日，首经贸游泳队学生在第15届全国大学生游泳锦标赛上获全国两项冠军并破赛会记录。锦标赛在浙江省绍兴市奥体中心游泳馆举行。学校2015级贸易经济专业程海花同学荣获女子乙A组100米仰泳项目冠军，并打破赛会纪录。2013级刘兆辰同学获得男子乙A组100米自由泳冠军。本次比赛汇聚了全国59所高校，728名运动员。首经贸游泳队共派出21名队员参赛。经过4天的比赛，游泳队在全部14个项目比赛中，共获得2个冠军，3个亚军及其他各级奖项。

（刘江霞）

【获第14届“挑战杯”竞赛全国二、三等奖】 11月20日，首经贸学生作品获第14届“挑战杯”竞赛全国二、三等奖。获奖作品为：文化与传播学院本科生李阳、罗云丰、许静雯的作品《我国农村宗教传播的主要动因：经济因素抑或非经济因素？——以张家口崇礼县为例》获全国二等奖；劳动经济学院硕士研究生荀梦宁、吕坤的作品《在角色转换中求生存——北京地铁乞讨现象调研报告》获全国三等奖；陆彦明、张航空获优秀指导教师奖。

（刘江霞）

【召开国际学术研讨会】 11月28日，首经贸主办“东方与西方：文化的交流与影响”国际学术研讨会。来自英国、美国、法国、德国等8个国家的近60余所高校和科研院所的150余名专家、学者、博士同外语系50余名研究生参会。会议的主题为探讨世界文学与东西方文学研究的国际前沿问题、当代语言学及应用语言学的发展趋势，以及翻译研究的最新进展，聚焦世界文化多样性与多元文化的交流与融合，研讨会历时两天，分设了两次大会主旨发言和三个分会场，六个分论坛。教育部英语和比较文学长江学者特聘教授王宁、著名的汉学家，翻译家和作家Wolfgang Kubin（顾彬）教授、苏州大学比较文学研究中心主任方汉文等分别做了关于生态文学研究、中国文学“走出去”、世界文学的中国化研究体系：东方与西方的独立主体性等主旨演讲。

（刘江霞）

【获首届“呀诺达生态文学奖”】 11月28日，首经贸教授程虹的《低吟的荒野》（译著）获首届“呀诺达生态文学奖”。程虹教授将此次获奖奖金10万元全部捐献给首都经济贸易大学图书馆生态文学书库。呀诺达生态文学奖是中国具有最高荣誉的生态文学奖项之一，程虹教授的《低吟的荒野》（译著）由三联书店选送。此次评奖有1287篇（部）参评作品，最终有四部作品获得呀诺达生态文学奖，另有四篇（部）作品获得提名奖。

（刘江霞）

【创业咖啡厅正式开业】 12月8日，首经贸卡摩创业咖啡厅正式开业，校长王稼琼，校党委副书记孙善学出席开业仪式。卡摩创业咖啡厅由学生独立运营管理的第一个大学生创业实践项目。10月启动创业咖啡厅的名称及LOGO征集活动，通过学生投票、专家评审，最终“卡摩咖啡”从16个作品中脱颖而出。而经营团队Soulmate青年空间13支竞标团队中夺冠。

（刘江霞）

【举办第六届哈博•高校（经管）博士学术论坛】 12月17日，首经贸举办第六届哈博・高校（经管）博士学术论坛来自国内高校和科研机构的40余位专家学者、160余名博士研究生参加了本次论坛。全国政协委员、政协经济委员会委员、中国财政学会顾问贾康，首经贸入选 2015 国家百千万人才工程的教授戚聿东先后为参会博士生做了题为《改善供给侧环境与机制，激发经济主体活力，创构发展新动力》与《深化国有企业改革的目标与路径》的主题报告。与会博士生分别在区域经济学、劳动经济、国际经济、会计、金融、企业管理等11个分论坛宣讲了自己的论文成果。

（刘江霞）

【与境外高校签署25项校院国际合作与交流协议】 年内，首经贸与美国北伊利诺伊大学、法国巴黎第七大学、俄罗斯普列汉诺夫经济大学、澳大利亚格里菲斯大学、新墨西哥大学、伊利诺伊大学芝加哥分校、埃塞俄比亚亚的斯亚贝巴大学、图卢兹第二大学、波兰华沙经济学院、波兹南经济大学、瑞典乌普萨拉大学、新西兰坎特伯雷大学、台湾彰化师范大学等境外高校新签订校院两级合作交流协议共计25项，其中新签订13项校级协议，12项院级协议。学校在年内重点开拓与非洲的埃塞俄比亚、坦桑尼亚和南非等国外高校建立校际合作关系和招收留学生，与中东欧的波兰、匈牙利、白俄罗斯，南欧的西班牙、北欧的比利时等国外高校开展校际合作交流。

（刘江霞）

【校歌《远航》正式发布】 12月28日，首都经济贸易大学在华侨学院礼堂举办“校歌发布会”。为迎接60周年校庆，从2014年开始，学校启动校歌创作。校歌选用知名词作家张农科的作品《远航》为歌词，并由著名作曲家舒楠谱曲，黑鸭子合唱组演唱。《远航》的歌词从学校风貌入手，将学校对大学使命的理解，对学生的殷殷嘱托蕴含其中，歌曲优美动听，蕴含学校特色和时代感。出席发布会的还有知名演员和表演艺术家李菁、张华敏、陈军、刘珂，共青团中央学校部大学处副处长任博远，北京学生活动管理中心主任郜世奇，首经贸各机关单位、教学单位、教辅单位、资产管理有限公司正职领导，各院系党委（党总支）副书记、分团委书记，辅导员，首经贸附中、附小，各学院（系）师生代表等。

（刘江霞）

首都医科大学

【概　况】 2015年，首都医科大学学校和附属医院总占地面积1516114平方米，总建筑面积2493388平方米，其中，学校占地面积246642平方米，建筑面积359206平方米。学校和附属医院固定资产总值 2210020.33万元，其中，学校固定资产总值 275593.95万元。学校和附属医院教科仪器设备资产值271853.04 万元，其中，学校教科仪器设备资产值 149875.29 万元。全年教育经费投入114378.81万元，其中，国拨91175.32万元，自筹 11268.65 万元，科研经费 11934.84 万元。学校和附属医院图书馆建筑面积 25449平方米，共藏书151.70万册，其中，学校图书馆建筑面积17901平方米，藏书85.71万册。学校有计算机 7887 台，教室 132 间，信息化设备资产 4156.21 万元，网络信息点数12391个，校园网出口总带宽400Mbps，电子邮件系统用户数5198个，上网课程190门，数字资源量 2890GB，管理信息系统数据总量 81920GB。设有10个学院和1个研究院，20所临床医学院暨附属医院以及1个预防医学教学基地，设有4个专科学院和33个专科学系,1个中心。开设本科专业16个、长学制专业2个。有一级学科博士学位授权点 8 个和一级学科硕士学位授权点 11 个，按照三级学科统计，有博士学位授权点 59 个和硕士学位授权点 78 个。有博士后流动站 9 个，出站 19 人、进站 37 人、在站 110 人。有国家重点学科 8 个、国家重点（培育）学科 2 个、国家临床重点专科 56 个（含中医）、国家中医药管理局重点学科（培育）14 个、北京市一级重点学科 4 个、北京市交叉重点学科 1 个、北京市二级重点学科 6 个、北京市一级重点建设学科 2 个、北京市二级重点建设学科 6 个、北京地区高等学校学科群 1 个，有国家临床医学研究中心 5 个、省部共建国家重点实验室培育基地 1 个、教育部重点实验室 4 个、北京市重点实验室 48 个，有国家工程技术研究中心 1 个、教育部工程研究中心 4 个、北京市工程技术研究中心 9 个、北京市高等学校工程研究中心 1 个、北京市哲学社会科学研究中心 1 个。设有国家生命科学与技术人才培养基地、卫生部全科医学培训中心、北京市全科医学培训中心、首都卫生管理与政策研究基地、北京神经科学研究所等。学校和附属医院共有教职员工和医务人员 38982 人，其中，校本部 1545 人、附属医院 37437 人；有院士 6 人、特聘顾问 11 人；正高职称 2064 人，其中，校本部 114 人、附属医院 1950 人；副高职称 3448 人，其中，校本部 297 人、附属医院 3151 人；有专任教师 2918 人，专任教师中教授 769 人，其中，校本部 97 人、附属医院 672 人，专任教师中副教授 1172 人，其中，校本部 226 人、附属医院 946 人；有博士研究生导师 436 人、硕士研究生导师 834 人；有“长江学者奖励计划”特聘教授 3 人，讲座教授 1 人，青年项目 1 人；“千人计划”创新人才长期项目 2 人、青年项目 1 人，外专“千人计划”1 人；校本部和直属附属医院有国家有突出贡献专家 2 人、省部级有突出贡献专家 20 人、享受政府特殊津贴专家 106 人；有外籍教师 6 人。年内有毕业生 4565 人，其中，学历教育学生中全日制研究生 1132 人（博士生 228 人、硕士生 904 人），普通本专科生 1617 人（本科生 866 人、专科生 751 人），成人教育 1441 人（本科 878 人、专科生 563 人）；以同等学力申请博士硕士学位 340 人（博士生 110 人、硕士生 230 人）。招生 5305 人，其中，学历教育学生全日制研究生 1417 人（博士生 257 人、硕士生 1160 人），普通本专科生 1796 人（本科生 1098 人、专科生 671 人），成人教育本专科生 1509 人（本科生 1272 人、专科生 337 人）；以同等学力申请博士硕士学位 541 人（博士生 416 人、硕士生 125 人）。在校生 15883 人，其中，学历教育学生中全日制研究生 3790 人（博士生 793 人、硕士生 2997 人），普通本专科生 6713 人（本科生 4730 人、专科生 1983 人），成人教育本专科生 4865 人（本科生 3305 人、专科生 1560 人）。留学生毕业 35 人，招生 69 人，在校生 515 人。本科毕业生就业率 94.90%，高考北京地区本科一批理工最低录取分数 628 分。网址：www.ccmu.edu.cn。

（方海侠　王于英）

【通过临床医学专业认证】 7 月 1 日，首医大收到《首都医科大学临床医学专业认证报告》，教育部临床医学专业认证工作委员会依据国家《本科医学教育标准——临床医学专业（试行）》和《临床医学专业认证指南（试行）》的要求，对照标准对首医大的医学教育状况进行全面客观的分析，提出优势和不足。教育部临床医学专业认证委员会于 6 月公示 2014 年临床医学专业认证结论，首医大通过认证，有效期 8 年，每两年提交一次进展报告。

（方海侠　王于英）

【成立京津冀心血管疾病精准医学联盟】 7 月 5 日，京津冀心血管疾病精准医学联盟在首医大举行启动仪式。首都医科大学、北京大学医学部、天津医科大学、河北医科大学的心血管疾病学科带头人共同签署联盟协议。该联盟定位“团结协作，强基固本，稳步提高，全面提升心血管疾病科研和医疗服务水平”，是以精准医学的模式，集合三地优势资源，从政府、高校、医院、企业等层面上进行多部门联动，以三地心血管医学临床、科研单位为基础，北京市心血管重大疾病协同创新中心为依托，实现京津冀区域协同，建立心血管疾病精准医学研究体系。

（方海侠　王于英）

【举办诺贝尔奖科学家讲坛】 9月21日，首医大举办2015年诺贝尔奖科学家讲坛。英国发育生物学家John Gurdon（约翰·格登）教授主讲“核移植——细胞置换的常规方法”。 John Gurdon教授介绍自己在核移植方面的研究成果和经验，分享了自己如何从一个“科学差生”成长为“科学巨匠”的成长经历。还就同学们提出的在科研、学习中的困惑进行详细解答。讲坛由副校长王晓民主持，全校师生1000人参加。John Gurdon教授是英国剑桥大学分子生物学教授，主要以在细胞核移植与克隆方面的先驱性研究而知名，被称为“克隆之父”，因发现已分化细胞的基因组可重新转化为具有多能性的细胞获2012年诺贝尔生理或医学奖。

（方海侠　王于英）

【与英国卡迪夫大学签署合作协议】 9月18日，首医大与英国卡迪夫大学合作协议的签字仪式在英国卡迪夫大学行政楼举行。在国务院副总理刘延东和英国威尔士第一部长Carwyn Jones（豪厄尔琼斯）共同见证下，首医大副校长王晓民与卡迪夫大学校长Colin Riordan（科林）共同签署了首都医科大学--卡迪夫大学医学与生命科学转化研究院、基础医学本科专业联合培养、研究生联合培养3份协议。出席签字仪式的还有教育部部长袁贵仁、国家卫生计生委主任李斌、科技部党组书记王志刚、外交部副部长王超和国务院副秘书长江小涓等。

（方海侠　王于英）

【安云庆获第五届中国免疫学杰出学者奖】 11月15日，中国免疫学会第十届全国免疫学学术大会在北京会议中心召开，首医大基础医学院免疫学系安云庆教授荣获“中国免疫学会第五届中国免疫学杰出学者奖”。安云庆教授现任首医大免疫学系教授，博士生导师，长期从事免疫学及抗感染免疫研究。先后主持完成国家自然科学基金、国家科技部专项基金、国际营养卫生组织基金、北京市自然科学基金等资金资助的研究课题12项；发表论文100余篇，其中包括PNAS、INFECT IMMUN等SCI收录论文28篇；培养研究生40余名；获国家科技成果三等奖一项、北京市科学技术进步二等奖两项、三等奖三项；获国家发明专利三项，其中一项实现成果转化。

（方海侠　王于英）

【金有豫获吴阶平—保罗•杨森医学药学奖特殊贡献奖】 12月3日，第十六届吴阶平—保罗•杨森医学药学奖（简称“吴杨奖”）在陕西西安第四军医大学举行颁奖典礼，首医大基础医学院药理系退休教授金有豫被授予“吴杨奖”特殊贡献奖，以表彰他为国家药理学和药学事业的发展做出的杰出贡献。

（方海侠　王于英）

【成立中医药学院（加拿大）】 12月12日，首都医科大学中医药学院（加拿大）在加拿大多伦多成立。校长吕兆丰与加拿大中医药学院院长袁晓宁共同为新学院揭牌。中国驻多伦多总领事馆、加拿大中医药学会代表、加拿大自然健康医学学会代表、当地侨领代表、西安大略大学教授代表以及学院教师、学生和患者代表80人参加揭牌仪式。

（方海侠　王于英）

北京电子科技学院

【概　况】 2015年，北京电子科技学院占地面积7.93万平方米，建筑面积7.39万平方米，其中，教学行政用房建筑面积 3.88 万平方米、学生公寓建筑面积 1.54 万平方米。固定资产总值 20969.87 万元，教学、科研仪器设备总值 10294.38 万元。年教育经费投入 16656.56 万元，其中，国家财政拨款 12782.35 万元。《北京电子科技学院学报》设有自然科学、社会科学两个版、季刊、年发行 4000 册。图书馆建筑面积 4700 平方米，藏书 30.5 万册，中文报刊 528 种，外文期刊 44 种，网上全文数据库 13 个，教师阅览室 1 个，电子阅览室 6 个。信息化经费投入 12 万元，拥有计算机 3155 台，多媒体教室座位 2240 个，信息化设备资产 7818.79 万元，网络信息点数 1260 个，校园网出口总带宽 234Mbps，电子邮件系统用户总数 3432 个，上网课程数 648 门，数字资源量 2000GB，管理信息系统数据总量 90GB。下设 5 个系（信息安全系、电子信息工程系、计算机科学与技术系、通信工程系、行政管理系），2 个教学部（人文社会科学教学部、基础学科教学部），开设 8 个本科专业（信息安全、信息与计算科学、保密管理、电子信息工程、计算机科学与技术、通信工程、行政管理、信息管理与信息系统），2 个工程领域硕士专业学位授予点（电子与通信工程、计算机技术），3 个联合培养硕士研究生专业（密码学、通信与信息系统、计算机应用技术）。在岗教职工 335 人，其中，专任教师 160 人，教授 21 人、副教授 70 人；博士学位 65 人、硕士学位 120 人；硕士生导师 42 人；16 名教师享受国务院政府特殊津贴，5 名教师获得“北京市教学名师”，9 名教师获得“北京市优秀教师”。该校教师在研国家及省级课题 82 项，1 项科研成果获得省部级二等奖，4 项科研成果获省部级三等奖。毕业生 559 人，其中，学历教育学生中全日制研究生 59 人（博士生 0 人、硕士生 59 人、研究生班 0 人），普通本专科生 447 人（本科生 447 人、专科生 0 人），成人教育本专科生 53 人（本科生 53 人、专科生 0 人），网络教育本专科生 0 人（本科生 0 人、专科生 0 人）；非计划招生高等教育学生中在职人员攻读博士硕士学位 0 人（博士生 0 人、硕士生 0 人），研究生课程进修班 0 人。招生 516 人，其中，学历教育学生中全日制研究生 74 人（博士生 0 人、硕士生 74 人、研究生班 0 人），普通本专科生 442 人（本科生 442 人、专科生 0 人）、成人教育本专科生 0 人（本科生 0 人、专科生 0 人）。高考北京地区提档线理科 558 分、文科 617 分。网络教育本专科生 0 人（本科生 0 人、专科生 0 人）；非计划招生高等教育学生中在职人员攻读博士硕士学位 0 人（博士生 0 人、硕士生 0 人），研究生课程进修班 0 人。在校生 2029 人，其中，学历教育学生中全日制研究生 214 人（博士生 0 人、硕士生 214 人、研究生班 0 人），普通本专科生 1815 人（本科生 1815 人、专科生 0 人），成人教育本专科生 0 人（本科生 0 人、专科生 0 人），网络教育本专科生 0 人（本科生 0 人、专科生 0 人）；非计划招生高等教育学生中在职人员攻读博士硕士学位 0 人（博士生 0 人、硕士生 0 人），研究生课程进修班 0 人。留学生毕业 0 人，招生 0 人，在校生 0 人。学院网址：www.besti.edu.cn。

（张　斌）

【栗战书出席学院干部会议】 11 月 12 日，中共中央政治局委员、中央书记处书记、中央办公厅主任栗战书出席学院副处级以上干部会议，发表了重要讲话，对学院建设发展作出了重要指示。中央办公厅副主任陈世炬宣布了关于毛明同志、陈子真同志职务任免的决定。学院原院长陈子真、新任院长毛明发言。中办人事局局长孔绍逊出席会议。

（赵明丽）

【首届硕士专业学位研究生通过学位授予审批】 年内，按照学院与国家行业主管部门共同制订的基于“认知—理论—工程实践—学位论文”的培养方案，学院首届硕士专业学位研究生顺利完成行业实习、理论学习、工程实践、论文答辩等培养环节的各项任务，并经院学位评定委员会硕士学位评定分委员会、院学位评定委员会严格审核，授予首届30名硕士专业学位研究生工程硕士专业学位。

（赵明丽）

【开展纪念中国人民抗日战争胜利70周年活动】 7月3日，组织30名学生赴中国人民抗日战争纪念雕塑园，参加由团中央主办的“共青团纪念中国人民抗日战争暨世界反法西斯战争胜利70周年”主题宣传教育活动。为铭记历史、缅怀先烈，7月7日，学院以系为单位组织学生开展了“党团员学生集体宣誓”活动，活动主要包括奏唱国歌、默哀、宣誓等环节。

（赵明丽）

【承办中国密码学会混沌保密通信专委会学术会议】 11月21日至22日，中国密码学会混沌保密通信专委会成立暨第一届混沌保密通信学术会议在学院举行，共130余名专家学者参会。院领导沈永社、毛明、封化民出席会议开幕式，院长毛明代表学院致欢迎辞。与会专家分3个会场举行8场报告会，会后参观了学院校史馆和毛主席纪念堂。

（赵明丽）

【与毛主席纪念堂管理局共建思想政治教育基地】 12月11日，学院与毛主席纪念堂管理局签订共建思想政治教育基地协议，双方将在多方面开展合作共建。毛主席纪念堂管理局将为学院创新马克思主义理论课教学与思想政治教育课教学提供实践教学基地，为师生、参训机要干部提供瞻仰参观、讲解等服务，为学生的社会实践和志愿服务提供必要的条件保障。学院将为其开展干部培训提供师资、图书资料等服务保障，为其选派干部参加学院组织的相关培训或旁听有关课程提供方便，为其组织职工运动会、开展文体活动提供场地及现场服务等。

（赵明丽）

中国戏曲学院

【概　况】 2015年，中国戏曲学院占地面积86246平方米，总建筑面积95000平方米。固定资产总值69010.13万元。全年教育经费投入27438.76万元，其中，国家拨款24655.44万元、自筹经费2783.32万元。图书馆总建筑面积5723平方米，藏有纸质图书26.47万册，中文图书26.18万册，西文图书2900册，电子图书190.64GB，中文期刊399种，外文期刊98种。学院目前设有京剧系、表演系、导演系、音乐系、戏曲文学系、舞台美术系、新媒体艺术系、国际文化交流系、基础部、附中等10个教学单位，有“戏剧与影视学”、“音乐与舞蹈学”2个一级学科硕士点，“艺术学理论”1个二级学科硕士点，有15个本科专业和27个专业方向。教职工440人，其中，专任教师270人。专任教师中教授51人，副教授88人；硕士生导师47人。毕业生684人。其中，学历教育学生中全日制研究生74人，普通本专科生503人，成人教育本专科生123人（本科生110人、专科生13人）。本科毕业生就业率95.23%。招生708人，其中，学历教育学生中全日制研究生90人，普通本专科生515人、成人教育本专科生103人（本科生69人、专科生34人），非计划招生高等教育学生中在职人员攻读博士硕士学位0人。在校生2924人，其中，学历教育学生中全日制研究生319人，普通本专科生2064人，成人教育本专科生141人（本科生92人、专科生49人），非计划招生高等教育学生中在职人员攻读博士硕士学位74人。留学生毕（结）业85人招生85人，在校89人。学院网址：www.nacta.edu.cn。

（张　琳）

【第六届京剧学国际学术研讨会】 5月22日上午，由戏曲学院主办的第六届京剧学国际学术研讨会在京开幕。本届京剧学国际学术研讨会的主题是“京剧的文学、音乐与表演”。来自大陆和港澳台地区以及美国、英国、德国、日本等国家的近200名京剧学专家学者、表演艺术家、京剧院团管理者、京剧研究者等参加了研讨会。大会围绕“京剧的文学脉络、京剧音乐的历史演变、京剧表导演理论探讨、京剧史研究、京剧的传播、当代京剧发展”等话题进行讨论。与会专家学者以大会发言、分组讨论的形式，围绕“京剧的文学脉络”、“京剧音乐的历史演变”、“京剧表演理论探讨”、“京剧史研究”、“京剧的传播”、“当代京剧发展”等核心议题展开研讨，本届研讨会共收到学术论文70余篇。

（张　琳）

【入选文联首批“中国文艺评论基地”】 9月23日，中国文联首批“中国文艺评论基地”授牌仪式在中国文艺家之家举行。学院入选为戏曲艺术门类文艺评论基地。

（张　琳）

【第六届青研班首次在京公演】 11月9日至13日，由中宣部、文化部、北京市政府主办，中国戏曲学院承办，天津京剧院和中央电视台《空中剧院》栏目协办的第六届中国京剧优秀青年演员研究生班首次在京公演在梅兰芳大剧院举行。青研班此次接连上演《红娘》、《红鬃烈马》、《四郎探母》、《群·借·华》、《龙凤呈祥》四出传统骨子老戏。《光明日报》、《中国文化报》、《北京青年报》、《京华时报》等媒体对公演活动进行报道，中央人民广播电台也进行全程录制。

（张　琳）

【成立中国戏曲教育联盟】 11月1日至14日，由学院倡议和发起的中国戏曲教育联盟成立大会暨首届中国戏曲教育高峰论坛在京举行。中央戏剧学院、上海戏剧学院、山东艺术学院戏曲学院、北京戏曲艺术职业学院、沈阳师范大学戏剧艺术学院、新加坡传统艺术中心等海内外52家戏曲院校共108名代表齐聚国戏，共襄戏曲教育盛举。

（张　琳）

【张火丁京剧程派艺术传承中心成立】 11月18日，“张火丁京剧程派艺术传承中心”正式成立。此中心的工作主要是：教学——传承程派艺术，举办程派艺术培训班，培养程派高级人才。实践—每年进行示范演出等，参加社会重大活动。创作——根据张火丁教授艺术特点，量身定做创作、改编或移植新剧目。科研——研究程派艺术及张火丁现象（表演特点、创作机制、美学风格等），申报相关科研项目。

（张　琳）

【第六届“国戏杯”学生戏曲大赛】 11月30日晚，由北京市教育委员会主办，学院和北京学生活动管理中心承办，中国戏曲学院戏曲艺术教育中心具体组织实施的第六届“国戏杯”学生戏曲大赛颁奖晚会在戏曲学院大剧场举行。此次“国戏杯”学生戏曲大赛赛总人数2000余人,惠及全国200余所大中小学校及相关单位。参赛作品囊括京剧、昆曲、评剧、豫剧、河南曲剧、四平调、越剧、黄梅戏、锡剧、南京白局、潮剧、晋剧、二人台等十余个剧种、近百个风格流派。中共北京市委教育工委副书记韩俊兰，北京市教委委员王定东，中国戏曲学院党委书记龚裕、院长巴图、纪委书记李世英、副院长张京山，北京市教委体卫艺处处长王军，中央新影戏剧艺术发展中心主任张辉，北京学生活动管理中心主任郜世奇、副主任张京华等领导和张正芳、孙毓敏、王志怡、赵景勃、王玉珍等近40位资深戏曲名家出席活动并为获奖者颁奖。晚会特邀中央电视台戏曲频道著名节目主持人董艺担纲主持，中央电视台《快乐戏园》栏目全程录制，中央电视台戏曲频道、中国教育电视台、《中国文化报》、《中国艺术报》、《现代教育报》等主流媒体跟踪报道此次活动。

（张　琳）

【李岚清来院讲座】 12 月 15 日，学院特邀中共中央政治局原常委、国务院原副总理李岚清来到国戏作“知识分子与文化修养”的专场讲座。李岚清对戏曲事业和国戏的发展提出自己的真知灼见：“要在国内外推广普及京剧艺术，让京剧成为在国内是雅俗共赏的大众艺术，同时也能屹立于世界艺术之林，用它来讲中国故事，弘扬中华优秀传统文化做更大贡献。”他鼓励国戏师生，要积极进行创新，任何文化艺术都有一个继承、发展和创新问题，这也是艺术的生命力所在，京剧的诞生本身也是继承、发展和创新的产物。

（张　琳）

文化　体育　卫生

文　化

【概　况】 2015年，以纪念抗战胜利70周年为主线，推进公共文化服务体系建设和文化体制机制创新，举办了包括周末百姓大舞台、星火工程等活动在内的“我的丰台·我的家”系列活动、“花好月圆传戏韵”主题活动以及“发现丰台之美”主题活动、第十个非物质文化遗产日等群众文化活动。全年全区组织文化活动、文艺演出、电影放映、读者报告会等各类文化惠民活动4000余场次，累计受众40万人次。全年累计为基层群众放映数字电影3730场。年内检查各类文化场所2100余家次，对61家违规文化经营场所处以行政处罚。春节期间共出动执法人员26人次，执法车辆9台，检查重点地区36个次；检查歌厅17家次、网吧31家次、电子游艺厅3家次、影剧院5家次、检查出版物市场7个次、销售盗版出版物重点部位40个次。

（王　蕊）

【三下乡活动】2月5日-11日，文化、科技、卫生“三下乡”陆续开展慰问送温暖活动。区文委以“文化服务到农家”为主题，为五个乡镇各送1场高质量的文艺节目，同时向五个乡镇赠送图书、杂志、光盘等学习材料，“三下乡”活动共服务基层村民3000人次。

（王　蕊）

【丰台区第六届室内新春游乐会】2月21日-24日，丰台区第六届室内新春游乐会活动在文化馆举办，四天共吸引游客10000余人。本届游乐会整合区内及友邻单位的优秀文化资源，共设置大赛、演出、展示、游艺、民间花会5大类近30个不同的项目。

（王　蕊）

【高雄灯会艺术节暨第四届北京特色周活动】3月4日，第四届高雄灯会艺术节暨北京特色周开幕。特色周活动以高雄传统的元宵节灯会为平台，通过民俗文化交流形式，弘扬老北京传统文化的精髓。丰台区非物质文化遗产保护成果米粮屯高跷、火绘葫芦、彩色剪纸、京剧表演等8个项目在活动参演。

（王　蕊）

【非物质文化遗产日】6月13日，以“保护成果，全民共享”为主题，开展全国第十个“文化遗产日”活动。活动在卢沟桥乡程庄子村文化广场举办，颁发了9个第三批区级非遗项目牌匾，通过花会展演、艺术品展示互动、发放宣传品等方式，400余人参与活动，发放宣传品3000余件。

（王　蕊）

【“彩色跑”活动】 6月20日，2015年北京园博园“彩色跑”开跑，活动以“快乐运动，活力绽放”为主题，共吸引2万余名中外友人参与，数百家媒体给予报道。

（王　蕊）

【端午文化游园会】 6月20日-22日，端午文化游园会在北京世界花卉大观园举办。活动以“魅力丰台 快乐端午”为主题，通过“文化端午”、“民俗端午”、“快乐端午”三大板块20余小项的主题文化活动，使百姓体会和近距离的接触民俗，享受传统民俗文化的魅力。

（王　蕊）

【纪念抗日战争胜利70周年群众文化活动】 7月7日，在文化馆举办“丰台区群众歌会活动”，首都各界群众代表组成的10支队伍，现场演唱抗日战争时期的经典歌曲及时代精神优秀音乐作品，表达各界群众的爱国情怀以及实现中华民族伟大复兴梦想的决心与勇气。

（王　蕊）

【丰台戏曲文化嘉年华】 9月19日至20日在北京万芳亭公园举行。活动通过举办全市戏曲票友大赛、戏曲互动体验、戏曲专场演出及戏曲联欢会等板块，吸引广大市民、游客参与其中，将丰台戏曲文化嘉年华打造成全市著名文化品牌。

（王　蕊）

【“卢沟晓月”中秋赏月活动】 9月27日，“卢沟晓月”中秋赏月会活动在宛平城举行，活动邀请民俗专家、评书艺人、抗战英烈后代、文明家庭和各界人士等不同群体，通过讲解、评书、述说、吟诗等方式与大家分享家国精神、共享中秋喜悦与幸福。

（王　蕊）

【“发现丰台之美”主题活动】 年内，“发现丰台之美”主题活动依托微博、微信、豆瓣小站等平台，发现、展示、评选、传播一批在各行各业各地创造美的“丰台达人”及达人作品。全年累计推荐各类达人1336人，入选月度达人178人，文化丰台微博发布内容826条，网友转评11548次，粉丝增长至13.8万人，微信推送文章84篇，阅读分享3.6万次，豆瓣小站豆友直接来访增至94万人。

（王　蕊）

【周末“相声乐苑”和周末场演出】 年内，周末“相声乐苑”和周末场演出坚持20元—30元惠民票价，演员阵容汇聚名家新秀和专业院团，节目内容安排上一切从观众的需求出发，全年为观众演出相声114场，年受众人数4万余人次。

（王　蕊）

【周末百姓大舞台】 年内，周末百姓大舞台安排21个街乡镇在自己的舞台上自主开展10场文艺演出，扶持培育自身文艺团队，鼓励各属地间优秀团队交流展演。为扶持农村地区非遗团队发展，特在全区安排10场非遗展示活动。共演出204场。

（王　蕊）

【“发现丰台之美”—“我唱”群众合唱大赛】 年内，来自方庄、马家堡街道等22支参赛队近1000余名合唱爱好者参加复赛。经组委会综合评审，北京爱之声合唱团、韵之声合唱团等18支优秀队伍进入决赛。最终丰台第二十八军休所金一女子合唱团、卢沟桥艺术团、东铁匠营合唱团获得了大赛的一等奖。

（王　蕊）

【“我的丰台·我的家”群众舞蹈大赛】 年内，全区21个街道乡镇群众参加，42支业余群众舞蹈团队800余名舞蹈爱好者参赛，有18支舞蹈队进入决赛，舞蹈类型涵盖民族舞、古典舞、新秧歌等形式，作品50%为原创，经组委会综合评审，最终《赶圩归来阿哩哩》、《剪花情》、《长鼓敲起来》三支舞蹈作品，获得此次大赛的一等奖。

（王　蕊）

【文物保护】 年内，配合抗战胜利70周年，举办系列抗战纪念活动。策划一个专题展览，设计出版一本专题画册，对抗战文物进行本体抢险及环境整治，对现存19处抗战文物统一制作安装文物说明牌。挖掘整理历史文物资料。对31处文保单位和76处普查登记项目进行梳理，编辑出版《丰台历史文化文物篇》和《永定河孕育的丰台》，公布第一批未核定为文保单位的不可移动文物。

（王　蕊）

广 播 电 视

【概　况】 2015年，丰台有线803数字频道每天6:30至00:30播出，全天电视节目时长18小时。年内，制作、播出《丰台新闻》299期，时长4485分钟；完成区委区政府各类专题片12部；录制重大会议和活动6970分钟；制作播出社会教育类节目146期，2437分钟；抗战题材、频道公益宣传片36部；完成各类后期制作包装、音乐编曲任务132项，频道、栏（节）目、专题包装时长3960秒。中心报送的公益广告《铭记历史 警示未来》、《多一份关爱 少一点艰辛》，荣获北京市公益广告专项扶持项目评审三等奖。

（张欣悦）

【弘扬抗战精神和爱国主义精神】 年内,承办由区委宣传部、中国文联、中国摄影家协会共同举办的《纪念抗日战争胜利七十周年摄影图片展》，展出14位摄影家抗战期间近百幅摄影作品，观众近万人；完成纪念反法西斯胜利70周年暨中国人民抗战胜利70周年主题系列报道《铭记》，制作播出20期，留下了珍贵的视频资料；“9·3”期间编排播出了“老兵怀念战友”、“抗战馆小讲解员”等纪念抗战主题的宣传片。与供片单位沟通协商，集中编排播出了《川军团血战到底》、《中国远征军》等3部抗战题材电视剧。

（张欣悦）

【弘扬“社会主义核心价值观”】 1月至6月，丰台有线在黄金时段进行“图说我们的价值观”和“中国梦歌曲”等系列公益广告、短片的展播。每日安排3分钟播出“社主义核心价值观”宣传片，宣传片按社会主义核心价值观的内容分为12个主题，以动画的形式，生动形象地诠释社会主义核心价值观的意义。年内，在《丰台新闻》中开设《最美丰台人》专栏，展现百姓身边敬业爱岗、助人为乐、乐善好施、见义勇为的好人，弘扬社会正能量。开设《基层党建进行时》专栏，重点报道基层党组织的优秀事迹，展示基层党建工作的特色做法和为群众办实事的成果。

（张欣悦）

【报道京津冀协同发展工作】 年内，完成“京津冀协同发展”宣传报道、资料拍摄任务。重点报道本区推动京津冀协同发展，推进非首都核心功能疏解工作,记者多次前往河北保定等地追踪报道,截止10月中旬,《丰台新闻》播发相关内容1510多条,时长3280分钟。中心选送的新闻《京津冀协同发展 丰台企业率先外迁》获北京市优秀广播电视节目电视新闻优秀作品奖。

（张欣悦）

【做好重大活动的新闻宣传保障】 区“两会”召开期间，中心及时准确全面地报道大会的议程和召开盛况，保证“两会”精神在网络上的及时宣传。元宵节期间，北京特色周活动第四次走进台湾高雄举办为期七天的交流展示活动。中心首次派记者赴台对活动进行全程跟踪，并制作三条新闻从不同侧面报道活动内容。清明节期间，重点报道各界人士为铭记历史、祭奠英烈而举办的各种活动，播发《缅怀先烈圆梦中华》、《卢沟桥畔点烛祭奠英烈》、《郑福来老人讲述抗战故事》等10条新闻，宣扬了爱国热情。为北京新闻提供了大量视频资料。4月14日中心派出多路记者多角度对义务植树活动进行采访。

（张欣悦）

【深入基层发现丰台之美】 年内，作为“发现丰台之美”主题活动“我拍”、“我读”的主责部门，丰台有线从6月1日起在黄金时段设置《今天我出镜》栏目，每天播出以百姓达人为主角的 3 分钟微视频，激发群众发现、创造和建设美丽丰台的热情，截至年底已播出 100 期。“我读”活动与全国“夏青杯”朗读大赛有序对接，有 59 家单位投稿，收集资料 1876 份。

（张欣悦）

【打造精品栏目　制作纪实节目】 年内，自办栏目《全景荟萃》开播，该栏目以弘扬社会主义核心价值观，发现丰台之美为主线，展示丰台区的城市发展变化，先进人物事迹，优良传统文化等内容。《莲花池》、《怪村太平鼓》、《辛老的雕刻人生》、《京南虎王》、《铁道博物馆》等一批精心制作的节目陆续播出。“抗战胜利 70 周年”之际，自办民生栏目《在身边》，重点策划制作抗战题材的选题，90 多岁的老红军、抗战时期参加过妇救会的妇女代表以及来京参加 70 周年纪念活动的 56 个民族代表和各国友人，都展现在荧屏之上，通过他们的真情讲述，留下珍贵的历史镜头。

（张欣悦）

卢沟桥文化旅游区

【概　况】 2015 年，完成宛平城城内街及周边环境整治工作、抗战胜利 70 周年服务保障工作、宛平城的修缮保护工作以及醒狮杯和中秋活动的协调保障工作。年内景区共接待游客 58 万人，门票收入 914.1 万元，接待团队 13 万人。年内配合区文明办组织完成“卢沟晓月，点亮心愿，祝福祖国”为主题的中秋活动。全年完成宛平城城楼及城墙的保护性修缮工作,卢沟桥历史博物馆改造工程已验收完毕，完成宛平城环境升级改造工作。配合市快轨公司完成地铁十六号线宛平站前期的各项施工工作。

（冯立华）

【宛平广场改造建设工程】 3 月，为配合抗战胜利七十周年大型纪念活动的开展，对宛平广场进行升级改造。改造建设内容为宛平城内街宛平广场，东至宛平广场东侧，西至宛平广场西侧，南至宛平城南城墙，北至抗战馆南门。项目建设规划用地面积 1.1 万平方米，建设内容为广场的土建改造和周边艺术效果装饰。项目总投资为 3193.85 万元，6 月竣工验收投入使用。

（冯立华）

【第二十九届醒狮越野跑比赛】 9 月 12 日，在宛平城内和平广场举办了第二十九届醒狮越野跑比赛开幕式。这一活动旨在纪念中国人民抗日战争暨世界反法西斯战争胜利 70 周年，向广大人民群众特别是青少年进行爱国主义教育，弘扬民族精神 ，促进首都精神文明建设，大力宣传维护世界和平和发展为主题的一项赛事，来自全国 5000 多名长跑爱好者参加了比赛，北京市丰台区区长冀岩主持开幕式，北京市政协主席吉林发枪。

（冯立华）

【爱国主义教育】 年内，配合完成北京新闻频道完成清明祭扫在全国的直播活动，配合北京市少年宫在雕塑园举办勿忘国耻、童心筑梦活动，配合中国文联、北京市文联京津冀艺术家志愿者在卢沟桥广场举办赴抗战圣地采风活动，“观红色电影 忆抗战岁月”中国电影博物馆与丰台区委宣传部结对子、种文化活动。配合完成纪念建党 94 周年暨抗日战争胜利 70 周年丰台区四百党团队员宣誓活动，纪念中国人民抗日战争胜利 70 周年书画作品展开幕仪式，军魂不朽-纪念抗日战争胜利 70 周年书法笔会，卢沟华彩之北京市童心绘就和平梦儿童绘画活动，宛平城地区消费者维权绿色通道建设启动仪式，共青团中央纪念中国人民抗日战争暨世界反法西斯战争胜利 70 周年主题宣传教育活动，中国网络作家走进抗战历史采风小分队出发仪式，同心筑梦 勿忘国耻主题活动，丰台区老年书画家协会书画展，“畅游丰台，纵享美景”丰台旅游咨询日活动。

配合完成 2015 首届京津冀红色旅游展暨卢沟桥晓月金秋推介会，历史不能忘却—纪念中国人民抗日战争暨世界反法西斯战争胜利 70 周年大型摄影展开幕式，丰台旅游服务中心“2015 旅游咨询日”活动，《中秋团圆封》首发暨卢沟晓月临时邮局开业活动，“青春旗帜—向祖国致敬”第二届全国高校升旗手交流展示等活动。

（冯立华）

中国人民抗日战争纪念馆

【概　况】 2015 年，完成“纪念全民族抗战爆发 78 周年暨《伟大胜利 历史贡献》主题展览开幕式”、“国际二战博物馆协会”成立大会、“台湾同胞抗日史实展”开幕式等重大活动。全年共接待观众 1008453 万人次，荣获“中国人民抗日战争暨世界反法西斯战争胜利 70 周年纪念活动——北京市服务保障工作先进集体”称号；“弘扬爱国魂 共圆中国梦——首届全国红色旅游故事大赛”二等奖；“伟大贡献——中国与世界反法西斯战争”专题展览成功获评第十二届（2014 年度）全国博物馆十大陈列展览精品奖”，抗战馆志愿者老战士合唱团荣获第七届“十佳志愿者之星”称号，实现了“服务零投诉，安全零事故”的“双零”指标。

（吕　曦）

【《伟大胜利　历史贡献》主题展览】 7 月 7 日，“伟大胜利　历史贡献——纪念中国人民抗日战争暨世界反法西斯战争胜利 70 周年”大型主题展览在中国人民抗日战争纪念馆开幕，该展览由中央组织部、中央宣传部、中央统战部、中央文献研究室、中央党史研究室、文化部、财政部、解放军总政治部（现中央军委政治工作部）等中央八部委和中共北京市委共同主办。中共中央政治局常委、中央书记处书记刘云山发表讲话并宣布展览开幕。下午，习近平等党和国家领导人参观展览。该展览是中国人民抗日战争暨世界反法西斯战争胜利 70 周年纪念活动的重要内容。展览共分 8 个部分，总面积 6700 平方米，展出照片 1170 幅、文物 2834 件。展览开幕后至 12 月 31 日，共接待社会各界观众 1008453 人次。

（吕　曦）

【东北抗日联军历史图片展】 9 月 18 日，为纪念中国人民抗日战争暨世界反法西斯战争胜利 70 周年及九一八事变爆发 84 周年，《英勇的战歌——东北抗日联军历史图片展》展览在中国人民抗日战争纪念馆举行，《东北抗日联军历史图鉴》大型画册同时首发。展览由中共中央党史研究室科研管理部、中共中央党史研究室第一研究部、中国人民抗日战争纪念馆、中共黑龙江省委党史研究室联合主办，中共辽宁省委党史研究室、吉林省委党史研究室、东北抗日联军博物馆协办。共展出 284 张珍贵历史图片，48 件（套）珍贵文物，再现东北抗日联军同日本侵略者进行英勇顽强、艰苦卓绝的斗争历史。

（吕　曦）

【中苏联合抗日斗争史实展】 9 月 25 日，“中苏联合抗日斗争史实展”在俄罗斯卫国战争纪念馆开幕，展览由中国人民抗日战争纪念馆与俄罗斯卫国战争纪念馆共同主办。共展出 300 余幅珍贵历史图片，60 余件(套)文物。同时举行了《共抗法西斯》图书在俄罗斯的发行仪式，该书由中国人民抗日战争纪念馆与俄罗斯卫国战争纪念馆共同编写，由中国人民出版社和俄罗斯维切出版社于 8 月出版，是第一部由中俄两国共同编写的反映第二次世界大战中两国人民共同抗击日本法西斯的图书。

（吕　曦）

【台湾同胞抗日史实展览】 10 月 23 日，“台湾同胞抗日史实展览”在中国人民抗日战争纪念馆开幕，展览由中宣部、中央台办和北京市主办，台湾中央和全国台联协办。该展览是两岸首个全面反映台湾同胞抗日史实的展览，展出珍贵历史图片355张、珍贵历史文物416件。该展览是《伟大胜利 历史贡献》主题展览的重要组成部分。

（吕 曦）

【太行风骨·山西省美术书法作品提名邀请展】 10月31日，“纪念抗战胜利70周年太行风骨·山西省美术书法作品提名邀请展”在中国人民抗日战争纪念馆开幕，展览由中国美术家协会、中国书法家协会、山西省文联、中国画学会、北京市文联、中国人民抗日战争纪念馆主办。展览回顾和再现了八路军和太行儿女保卫家乡的英勇事迹，展示了中国共产党凝聚民族力量的中流砥柱的作用。

（吕 曦）

【吉林省档案馆馆藏日本侵华档案展】 12月13日，在侵华日军南京大屠杀死难者国家公祭日之际，《铁证如山——吉林省档案馆馆藏日本侵华档案展》在中国人民抗日战争纪念馆开展，展览由中国人民抗日战争纪念馆、吉林省档案馆联合主办，中国抗日战争史学会、北京中国抗日战争史研究会协办。共展出89件（套）日军侵华档案、70余幅历史照片。系统介绍了侵华日军对中国军民实施的种种暴行、对中国东北地区实施移民侵略、囚禁审讯英美战俘、镇压东北抗日联军等内容。

（吕 曦）

【接受捐赠文物资料】 3月31日，中国人民抗日战争纪念馆举行“招思虹暨金山之路读者团队和旧金山涵芬楼外楼同仁捐赠文物资料”仪式，著名旅美作家招思虹女士和金山之路读者团队及旧金山涵芬楼外楼同仁向中国人民抗日战争纪念馆捐赠文物资料。

（吕 曦）

【《1945年8月——为了和平与正义》画作捐赠】 8月15日，中国人民抗日战争纪念馆举办《1945年8月——为了和平与正义》画作捐赠仪式，该画作由俄罗斯科兹麦斯夫妇共同创作。

（吕 曦）

【郝济民家书入藏中国人民抗日战争纪念馆】 9月11日，中国人民抗日战争纪念馆举办“新四军阜东独立团郝济民团长家信捐赠仪式”。郝济民烈士外甥仝建军先生捐赠了1945年阴历二月十七，郝济民从盐阜抗日根据地阜东县写给父母的家书。

（吕 曦）

【国际二战博物馆协会成立】 9月7日，由中国人民抗日战争纪念馆发起成立的国际二战博物馆协会在中国北京宣告成立。来自9个国家的30家二战博物馆馆长及国际博物馆协会、国际博协亚太地区联盟等相关国际组织代表共100余人出席开幕式。会议通过了《国际二战博物馆协会章程》、会徽等议题。会议同意国际二战博物馆协会秘书处设在中国。参加成立大会的各馆共同签订了《国际二战博物馆北京宣言》，并选举产生了第一届理事会成员和理事长。文化部副部长丁伟，国际博物馆协会主席代表舒利茨女士，俄罗斯卫国战争纪念馆馆长扎巴洛夫斯基，中国博物馆协会理事长、国际博协亚太地区联盟主席宋新潮出席开幕式并致辞。

（吕 曦）

【中国人民抗日战争网上纪念馆专题活动】 4月2日，中国人民抗日战争纪念馆联合首都互联网协会、北京市委党史研究室、北京青年报、北京属地主要网站，召开“缅怀先烈 圆梦中华”——中国人民抗日战争网上纪念馆上线一周年暨“清明节的铭记”专题上线发布会，公开发布300位抗日英烈、40位抗战英雄的事迹。7月2日，中国人民抗日战争纪念馆与首都互联网协会联合北京属地千龙网等网络媒体，举办中国人民抗日战争网上纪念馆特别策划——“全民族抗战爆发78周年网络纪念专题”上线发布会，推出以“铭记历史 缅怀先烈 珍爱和平 开创未来”为主题的系列网络专题。8月17日，中国人民抗日战争纪念馆官网推出“平西抗日烽火”网上专题。11月26日，中国人民抗日战争纪念馆举行“中国人民抗日战争网上纪念馆优秀资料颁奖暨网民交流座谈会”，向来自全国的获奖代表们颁发了获奖证书和奖品。

（吕　曦）

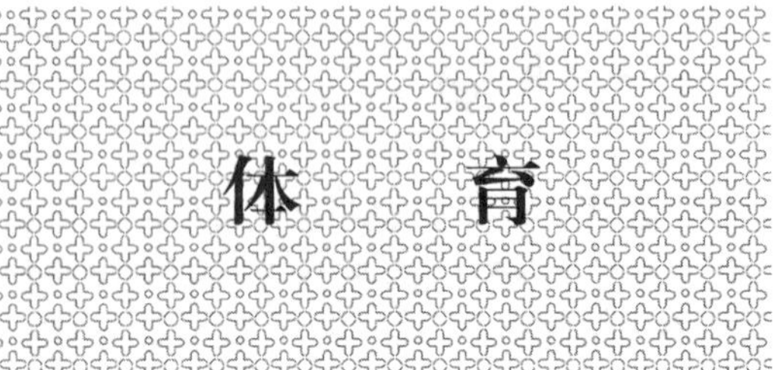

体　育

【概　况】 2015年，更新36套全民健身工程，新申报专项场地20块。开放7处冰雪项目设施，建成笼式足球场地10块并申报8块。年内全区各类体育场地1543个，配建全民健身工程512套，建设专项场地22处，配备乒乓球台110套，修建健身步道17条；1个国民体质测试二级站及21个三级站点全面投入使用。对21体育协会、2554名社会体育指导员开展培训交流活动9场。将体育宣传的触角延伸至社区，对400名社区体育宣传员进行业务指导与培训。对已创建的11个社区体育健身俱乐部、9个北京市体育特色村、302个北京市体育生活化社区进行规范管理与指导。年内，举办北京国际铁人三项赛、国际迷你马拉松、北京国际风筝节、世界青少年数独锦标赛、北京“华远杯”世界女子桥牌精英赛、四季跑、第二十九届卢沟桥醒狮越野跑、街乡镇足篮排“三大球”联赛等各类赛事活动39场.开展以“健康丰台人”为引领的全民健身体育节系列赛事活动，参与单位745家，参与人次30万。举办2015全国车辆模型锦标赛（北京站），申办2016世界车辆模型锦标赛。建成以国家高水平体育后备人才基地和2所体育运动学校、22所青少年体育俱乐部、28所体育传统项目学校为主体，规模、布局、结构合理的后备人才培养体系。在全区中小学普遍开展“三大球”系列赛事，确定“三大球”基层网点校布局41所。参加市青少年锦标赛，获得金牌24块、银牌34块、铜牌33块；区青少年冰球代表队获得市青少年冰球锦标赛亚军。完成纪念抗战胜利70周年10000羽信鸽放飞及北京国际田联世界田径锦标赛11000名观众的组织保障工作，得到组委会表扬。组织1400人参加庆祝冬奥会申办成功北京市群众体育交流展示活动。

（胡　博）

【万人徒步助力申冬奥】 1月31日，“助力申冬奥 祝福迎新春”丰台区迎新春万人徒步大会于北京园博园举行，旨在助力北京和张家口联合申办冬季奥运会，为2015年新春祈福，用徒步的方式点燃奥运激情，用实际行动为申奥加油助力。此次活动由北京冬奥申委、北京市体育局支持，丰台区人民政府主办，北京市徒步协会、丰台区体育局、丰台区体育总会、丰台区徒步协会多方联手承办。现场吸引了6000余名北京市民参与。

（胡　博）

【北京国际风筝节】 4月11日，北京国际风筝节在北京园博园举办。由北京市人民对外友好协会发起，北京市体育局、北京市体育总会、北京市风筝协会共同举办的北京市国际风筝节，旨在搭建一个以“风筝会友、发展友谊”的交流平台，为北京市全民健身服务，为北京打造国际交往中心和体育中心服务。本次活动分为北京传统风筝展览、展示、风筝放飞、互动交流。北京国际本次风筝节共邀请国内、外共42个代表队，约120人参赛。

（胡　博）

【丰台区第十届全民健身体育节】5月30日，丰台区第十届全民健身体育节在丰台体育中心开幕。本届体育节由开幕式暨体质促进运动会、传统赛事、一区一品、助力赛事、基层群众体育活动五大类赛事活动组成，持续至10月。

（胡 博）

【世界青少年数独锦标赛】 7月23日—25日，2015世界青少年数独锦标赛在北京园博园举办。中国队包揽大赛三个组别U15、U18、U21的团体冠军，来自中国的胡宇轩，陈诗雨和宋嘉诚获得U15、U18、U21三个组别的个人金牌。

（胡 博）

【京津冀科技体育交流】 8月21日—23日，“2015年京津冀科技体育交流暨车辆模型体验活动”在丰台体育中心举办。北京市、天津市和河北省三地模型运动协会签署“京津冀车辆模型活动联盟”合作协议，承诺共同举办赛事，互相支持，信息共享，成立一体化联动赛事交流活动组织。本次活动由北京市体育局、北京市体育总会和丰台区人民政府共同主办，北京市模型运动协会、丰台区体育局、丰台区体育总会和丰台体育中心管理处共同承办，丰台区教委、丰台区科协和北京汽车博物馆共同协办。来自北京、天津、河北的120多位青少年车辆模型爱好者、领队及指导老师参加了本次活动。

（胡 博）

【北京国际铁人三项赛】 9月20日—21日，2015北京国际铁人三项赛在北京园博园举办，赛事由国家体育总局自行车击剑运动管理中心、北京市体育局、丰台区人民政府共同主办。赛事针对专业运动员和业余爱好者提供差异化的选择：标准的奥运距离赛，赛道总长度为51.5公里，即1.5公里游泳、40公里自行车、10公里跑步，赛道全程涵盖园博园、南宫旅游景区、北宫国家森林公园，贯穿永定河绿色生态发展带和河西休闲生态旅游区，被誉为“世界最美的铁三赛道”；半程奥运距离赛是一项更适宜市民群众参与的赛事，通过“降低门槛”的方式，让更多的市民朋友融入到最自然的运动方式中，体验“挑战自我、融入自然、健康快乐”的铁三理念。

（胡 博）

【优化体育市场环境】 年内，加大对体育项目经营单位的行政执法检查力度，组织联合执法检查10次，日常检查66家，对33家企业下达整改通知书，对2家企业进行行政处罚，完成30家企业三级安全达标工作，对7家企业进行高危项目行政许可审批，开展4次工作培训会。

（胡 博）

卫 生

医疗卫生与计划生育

【概 况】 2015年，全区常住人口232.4万人，其中户籍人口113.7万人。流动人口81.5万人。育龄妇女39.6万人，其中已婚妇女26.7万人；户籍人口出生9744人，计划生育率符合率97.93%，出生人口性别比106.48；办理《北京市生育服务证》11212人，其中申请二孩3016人。辖区有医疗卫生机构554个，其中医疗机构543个（营利性机构151个、非营利性机构392个），199个医疗机构为社会办医。有卫技人员17523人，其中执业（助理）医师6509人、注册护士7664人，实有床位9534张，平均每千常住人口拥有卫计人员7.54人、执业（助理）医师2.80人、注册护士3.30人、实有床位4.10张。户籍人口出生9744人，出生率8.78‰；死亡8179人，死亡率7.23‰；自然增长率 1.56‰。因病死亡人数 7928 人，占死亡总人数的 96.93%。死因顺位前十位依次为：恶性肿瘤、心脏病、脑血管病、呼吸系统疾病、消化系统疾病、损伤和中毒、内分泌，营养和代谢疾病、神经系统疾病、传染病和泌尿生殖系统疾病。全区户籍居民人均期望寿命 82.32 岁，其中男性 80.07 岁、女性 84.74 岁。

（丁欣刚）

【改革与管理】 年内，制定卫生计生委三定方案，内设机构到位、人员到岗，逐步理顺内设机构职能。丰台区卫生职工培训中心转制为丰台区卫生和计划生育综合服务中心。社区卫生服务重点推广“全科医学京港示范中心”品牌。推进医联体建设，北京大学第一医院与丰台医院、北京中医医院与丰台中西医结合医院、友谊医院与南苑医院、北京大学第六医院与铁营医院、四所区属医院与区内 16 所社区卫生服务中心开展医联体业务协作，逐步形成以市级医院为核心、以区属医院为枢纽、以社区卫生服务中心为成员的“腰鼓形”多元化医联体新格局。101 个医疗单位开展医师多地点执业，完成 726 人次多地点执业注册。继续巩固以 DRGs 为主体的公立医院绩效考核，逐步将 DRGs 医疗服务绩效评价项目向辖区内一二级医院铺开。

（丁欣刚）

【宣传计生新政】 年内，落实“单独两孩”生育政策，举办“关爱新婚夫妇”主题活动，印制免费婚检孕检宣传海报 500 张、宣传材料 6 万份；印制发放《健康护照》和健康服务礼包，近万名育龄群众持《健康护照》参加卫生计生服务项目；在莲花池公园建成百米卫生计生宣传长廊；组织开展“婚育新风进万家”、“关爱女孩”、“幸福家庭之星”评选及风采展示活动。

（丁欣刚）

【流动人口计生服务】 年内，推进“流动人口计生卫生基本公共服务均等化试点”工作，为 1200 名流动育龄妇女免费进行“两癌”筛查，为 2749 名流动育龄妇女进行免费生殖健康检查，完成流动人口孕检 12225 人次。

（丁欣刚）

【计生关怀】 年内，发放独生子女父母奖励费及一次性经济帮助费 696.36 万元，奖励 55771 人，其中发放独生子女父母年老时一次性奖励费 474.8 万元，奖励 4748 人；独生子女父母奖励费 152.16 万元，奖励 50877 人；符合二胎政策但自愿放弃生育二胎的一次性奖励 0.4 万元，共奖励 8 人；为意外伤残、死亡的独生子女父母发放经济帮助费用 69 万元，帮助 138 人。发放“奖励扶助、特别扶助”扶助金 2123.52 万元，扶助 6584 人，其中独生子女家庭特别扶助特扶新进入 135 人，年审 1084 人，累计 1219 人，发放扶助金 731.4 万元；独生子女家庭伤残扶助新进入 175 人，年审 1669 人，累计 1844 人，发放扶助金 885.1 万元；农村部分计划生育家庭奖扶年审 2552 人，新进入 969 人，累计 3521 人，发放扶助金 507.02 万元。

（丁欣刚）

【人才引进】 年内，组织事业单位招聘 3 次，共招聘 139 人，其中接收应届毕业生 96 人、医学专业社会在职人员 34 人、非医学人员 7 人、引进外地学科带头人 2 人。

（丁欣刚）

【社区卫生】 年内，辖区有社区卫生服务中心 23 家、社区卫生服务站 150 家，其中政府办社区卫生服务中心 14 个、社区卫生服务站 60 个，社会办社区卫生服务中心 9 个、社区卫生服务站 90 个。社区门诊接诊 7152584 人次，同比增加 116212 人次。通过预约形式接诊 100813 人次，急诊服务 46794 人次，出诊服务 22533 人次。有卫生技术人员 2620 人，其中医生 932 人（全科医生 489 人、防保医师 72 人）、护士 449 人。社区卫生服务中心继续推行家庭医生式服务工作，共建立社区卫生服务团队 261 个，累计签约 281866 户 649740 人，签约人数占辖区常住人数的 28.25%。健康档案建档数量 192.13 万，建档率 83.53%，使用率 38.5%，其中电子档案建档率 76.7%。

（丁欣刚）

【社区卫生支援】 年内，全区 23 所社区卫生服务中心分别与上级对口支援医院续签对口支援协议书，上级对口支援医院包括市区二、三级综合或专科医院以及在京部队医院共 13 所，支援专家涵盖内科、外科、妇科、儿科等主要专业。对口支援医院选派支援社区卫生服务中心专家 1056 人次，支援专家门诊诊治患者 96921 人次；进行疑难病会诊 2646 人次，带教医务人员 348 人次；开展健康大课堂讲座 115 场次，受益居民 5303 人次。

（丁欣刚）

【预约转诊】 年内，卢沟桥、方庄等 8 所社区卫生服务中心与北京宣武医院、天坛医院等医院合作，共同做好社区居民的预约转诊工作，共预约转诊 829 人次，转诊成功率 100%。其中以网络平台形式转诊 5 人次、以传真病例形式转诊 824 人次。

（丁欣刚）

【农村卫生】 年内，辖区有村卫生室 23 家，全部为村级集体承办，覆盖率 100%，村卫生室诊疗 5.9 万人次。有乡村医生 299 人，培训 60 岁以下乡村医生 127 名，组织 107 名乡医参加理论考试、127 名乡医参加技能考核。

（丁欣刚）

【新型农村合作医疗】 年内，80313 人参加新型农村合作医疗，参合率 99.7%；人均筹资 1420 元（其中个人缴费 160 元），筹集资金、利息收入和超支筹集资金总计 15490.64 万元。报销补偿 213171 人次 15490.64 万元，其中门诊补偿 199865 人次 4982.87 万元、住院（含特病）补偿 13306 人次 10507.77 万元。区新农合与平安保险公司合作开发“智慧新农合”系统，在试点医院参合人员可实时结算。

（丁欣刚）

【传染病防治】 年内，报告法定传染病 24 种 12770 例，发病率 548.69/10 万，其中甲类传染病 1 例，发病率 0.04/10 万；乙类传染病 16 种 4332 例，发病率 186.13/10 万；丙类传染病 7 种 8437 例，发病率 362.52/10 万；甲、乙类法定传染病报告死亡 35 例，死亡率 1.50/10 万，丙类无死亡病例。发病率排在前三位的疾病分别是其它感染性腹泻病、手足口病、痢疾。结核病报告发病 728 例，性病报告 918 例，新增艾滋病病毒感染者及病人 425 例，无死亡病例。报告狂犬病 9 例，其中本地 1 例、输入病例 8 例。报告手足口病 2816 例。

（丁欣刚）

【慢性非传染性疾病防治】 年内，创建国家慢性病综合防控示范区。新增 10 个社区高血压自我管理小组、13 个糖尿病自我管理小组，累计建立自我管理小组 181 个，覆盖全区 50%的居（村）委会。开展全民健康生活方式行动工作，新创建健康社区 3 个、健康单位 5 家、健康食堂 1 家、健康餐厅 3 家、健康步道 2 条，培养健康指导员 200 名。开展慢病发病及危险因素监测工作，抽取代表丰台区全人群样本量 3900 人。

（丁欣刚）

【精神卫生】 年内，严重精神障碍患者规范化建档 4674 人，在档患者检出率 2.04‰、管理率 85.17%、规范管理率 66.92%。在管患者规范管理率 78.57%、规范服药率 76.11%、病情稳定率 97.79%。落实患者紧急住院补助 48 人、患者免费健康体检 1490 人、精神科门诊基本药物使用补助 1773 人。

（丁欣刚）

【学校卫生】 年内，中小学生应体检 99854 人，实体检 90214 人，体检覆盖率 90.35%。

视力不良检出率50.97%，肥胖16.96%，营养不良15.14%，龋齿患病率9.89%，恒牙龋均0.17，龋齿充填率34.05%，贫血1.56%，沙眼0.02%。

（丁欣刚）

【计划免疫】 年内，建卡49695人，建卡率100%，基础免疫接种348829人次，加强免疫接种191583人次。抽查210人，建卡率100%，建证率100%，卡证符合率100%，五苗全程合格接种率95.2%。麻疹疫苗应急接种3714人，水痘疫苗应急接种199人。为585家企业、建筑工地、医疗机构等用工单位的11133名外来务工人员免费接种流脑疫苗，为11588名外来务工人员免费接种麻疹疫苗。调查学龄前流动儿童71459人，目标儿童的入户摸底调查率98%。无卡、无证儿童补卡补证率均为100%。为53518名60岁以上老年人、60793名中小学生接种免费流感疫苗。报告预防接种异常反应（AEFI）93例，报告率1.68/万，报告AEFI门诊覆盖率100%。

（丁欣刚）

【职业卫生】 年内，辖区有接触职业病危害因素单位71家，职工41240人，其中接触职业病危害因素职工8471人。职业健康检查机构开展体检3602单位次，检查63632人次，检出职业禁忌证151人、疑似职业病28人。新报告尘肺病7例、噪声聋4例。

（丁欣刚）

【放射卫生】 年内，辖区有放射诊疗医疗机构100家诊疗设备229台。完成医用辐射防护监测网工作，监测6家单位的摄影机7台、透视机3台。有进行外照射个人剂量监测的单位130个、放射工作人员902人，完成放射工作人员个人外照射剂量监测4批次2711人次。

（丁欣刚）

【健康促进】 年内，指导健康促进示范社区11所，6家健康促进医院通过复审。创建健康社区189个、健康促进示范村44个、健康促进学校117个、健康促进医院12个、健康促进工作场所6个。开展流感、结核病、艾滋病、高血压、糖尿病等重点传染病和慢性病的健康教育宣传工作以及世界无烟日、计划免疫日、全面健康生活方式日等主题日宣传，共开展各类宣传17次，制作宣传品16种4.9334万份，干预人群10万余人。承接国家、市、区级健康教育相关健康素养调查、场所减重管理、幼儿健康知识传播、公园露天大课堂、流动人口健康教育等项目，干预人群18000余人，撰写论文及报告3篇。开展控烟卫生监督执法工作，6月1日开始实施《北京市控制吸烟条例》，之后将控烟纳入卫生监督工作中，开展控烟宣传与冬季重点场所控烟专项监督工作，办结1033件，监督检查2954户，处罚个人12户、单位22户，共罚款61900元。

（丁欣刚）

【公共场所卫生监督】 年内，辖区有公共场所单位2250户，2110户纳入量化分级管理，其中A级51户、B级1541户、C级509户、9户不予评级。开展生活美容场所、快捷酒店、夏季游泳馆、地下空间、控制吸烟五项专项检查工作，监督检查15094户次，监督覆盖率99.31%，监督频次6.51，实施行政处罚333起，罚款55.899万元。在控制吸烟监督检查工作中，处罚单位24户，罚款65000元；处罚个人16人，罚款1100元。

（丁欣刚）

【生活饮用水卫生监督】 年内，有生活饮用水单位957户，监督检查4752户次，监督覆盖率99.48%，监督频次4.99，实施行政处罚62起，罚款162000元。开展现场制售饮用水机、农村自备井卫生两项专项监督检查工作，检查现场制售饮用水机393台，处罚违法经营单位6户，其中5户未备案，罚款2.2万元；1户饮用水机安装位置存在污染源，罚款1万元。

（丁欣刚）

【公共卫生行政许可】 年内，审批通过卫生行政许可384件，其中公共场所277件、生活饮用水84件、放射诊疗23件。

（丁欣刚）

【医疗卫生监督】 年内，检查医疗卫生机构513户，监督510户，监督检查2690户次，医疗机构监督覆盖率99.42%，监督频次5.27，合格率99.62%。实施行政处罚73起，罚款233629元。开展医疗机构校验、“一法两规”专项检查、社民办医院集中整治二项专项监督检查工作。卫生监督所立案处罚非法行医类案件58起，罚款人民币141329元，向相关街乡镇政府转发《打非协办单》58份，处罚无证行医人员58名，共出动卫生监督员1481人次，移送无证行医涉嫌案件3起。1月26日，北京新景安太医疗技术服务有限公司安太嘉园医院擅自开展超出登记的诊疗活动，吊销其诊疗科目（妇科）执业许可。11月15日-12月9日，在全区范围内组织开展中医药行业清扫专项行动，出动监督员817人次、车辆293车次，监督检查医疗机构59户、生活美容机构573户，医疗机构立案处罚3起，积分6分，罚款3000元。

（丁欣刚）

【医疗卫生行政许可】 年内，医政类制证2933个，其中医师1328个、护士1605个；医疗机构校验688件；受理计划生育与母婴保健材料40件。

（丁欣刚）

【投诉举报 】 年内，北京卫生监督工作平台共受理举报投诉案件1522件，其中公共场所124件、生活饮用水41件、传染病与消毒3件、学校卫生1件、医政专业222件、人类生殖1件、控烟1130件，均按照时限要求处理和回复；受理OA系统（办公自动化系统）流转群众诉求139件，查处上级交办的投诉批件并上报反馈处理结果。投诉举报案件回复率100%、办结率100%。

（丁欣刚）

【妇幼保健】 年内，辖区有孕产妇10778人，系统管理率98.3%，住院分娩率100%，剖宫产率44.42%，孕产妇死亡率0。0-6月纯母乳喂养率71.01%。计划生育手术22162例，手术并发症0例；妇女病普查42143人，患病22910人，疾病检出率54.36%。完成乳腺癌筛查11310人，乳腺癌高危410人，乳腺癌11人。完成宫颈癌筛查10524人，宫颈癌高危223人，宫颈癌1人。婚前检查1828人，婚检率7.47%，疾病检出率17.45%。

（丁欣刚）

【儿童保健】 年内，新生儿死亡率1.19‰，围产儿死亡率2.97‰，婴儿死亡率2.01‰，5岁以下儿童死亡率2.19‰。新生儿疾病筛查率98.6%，出生缺陷发生率16.17‰。0-6岁儿童64845人，系统管理率98.18%；0-6岁儿童体检64472人，其中集体儿童40237人、散居儿童24235人。0-6岁儿童听力筛查率98.56%、保健覆盖率99.42%。

（丁欣刚）

【计生服务】 年内，提供避孕工具及避孕措施指导、优生指导，设置计生药具免费发放点372个，发放药具36种2176件，总金额1064087.17元。新增药具自助机11台，共有86台。

（丁欣刚）

【生殖健康】 年内，1368对计划怀孕夫妇参加生殖健康检查，其中城镇人口1262对、农村人口83对、流动人口23对，发出风险评估建议告知书1248份，其中高风险病例418人次。接待流动人口孕检12225人次，出具孕检证明12075张，查出计划外怀孕53人。免费发放避孕药具2万余盒、宣传材料2万余份，免费服务率100%。为2749名流动已婚育龄妇女进行免费生殖健康体检。

（丁欣刚）

【幸福家庭工程】年内，印制两个版本的《健康护照》，分别面向新婚夫妇和流动人口，护照包括个人信息、服务项目、健康知识、业务办理等内容，作为计生服务指南和参加服务项目的凭证。5月15日，在莲花池公园举行《健康护照》发放启动仪式。近万名育龄群众持《健康护照》参加卫生计生服务项目。开展计生宣传服务工作，制作“新婚健康”、“婚育服务”、“共享幸福”、“助力健康”宣传服务包发放群众。通过晒幸福、拍幸福、绘幸福、说幸福、创幸福等形式来展现幸福生活、和谐家庭，评选表彰100户“幸福家庭之星”。

（丁欣刚）

【医疗工作】 年内，总诊疗16909468人次，其中门诊15868664人次、急诊959279人次。出院178432人次，病床使用率75.91%，出院者平均住院日14.1天。急诊死亡率0.04%，住院病死率2.09%。住院病人手术43752人次。

（丁欣刚）

【护理工作】 年内，医护比1:1.18。推动二、三级医院开展优质护理服务示范工程工作，组织临床护理骨干静脉输液规范化培训、护理标准与护理安全（不良）事件管理培训和护理服务质量、护理管理提升的专项培训；开设院内自管继续教育护理培训课堂；组织护士长参观考察信息化管理。辖区有ICU床位98张，不良事件上报率100%。

（丁欣刚）

【对口支援】 年内，对房山区12家乡镇卫生院开展对口支援义诊活动，74人次支援759天，诊疗2768人次，培训170人次。完成南水北调对口协作专项任务，接待湖北省十堰市张湾区卫生系统人员，就基本医疗服务工作进行参观交流；安排南水北调对口协作单位4名学员到北京丰台医院进修。

（丁欣刚）

【血液管理】 年内，团体应急献血5356单位，与上年持平。倡导街头献血，四个街头献血点共采血67266单位，同比上升28.6%。全年临床用红细胞35494单位，成分输血率100%，采供差37128单位。

（丁欣刚）

【科研工作】 年内，科研立项182项，获资助3355.01万元，其中国家级项目21项，获资助1880.61万元；市级项目29项，获资助894.6万元；区级项目25项，获资助71万元；其他项目107项，获资助508.8万元。获奖科研项目14项，其中获北京市科学技术奖1项。医务人员在中国科技核心期刊发表论文864篇，其中SCI收录76篇。

（丁欣刚）

【信息化建设】 年内，落实信息化建设资金650万元，其中落实重点项目“丰台区域PACS医学影像平台”建设资金620万元、门户网站改版建设资金20万元、信息化维护资金10万元。完成重点项目“丰台区域PACS医学影像平台”招标采购及调研工作，该项目年底正式启动。

（丁欣刚）

【财务管理】 年内，财务总收入342670.81万元、总支出358799.45万元。送审基建项目117项3402.89万元，审定金额3307.55万元，审减金额95.34万元。计划生育财政总投入4014.18万元。

（丁欣刚）

【基本建设】 年内，完成北京市丰台区计划生育生殖健康技术服务中心建设工程，总建筑面积8374.16平方米。

（丁欣刚）

【中医工作】 年内，通过中医治未病能力建设项目督导考核。成立丰台区治未病中心，组织深入基层活动48次，服务群众2064人次。编写《丰台区社会性养生保健服务机构从业人员中医药预防保健知识培训教材》，培训120余人。完成中医类别执业（助理）医师资格考试报名工作，完成2名传统医学师承人员备案、4名传统医学师承人员出师考核初审工作。冬病夏治三伏帖贴敷35776人次。与东方医院4个领军团队对接，遴选7家社区开展中医健康社区试点建设工作。

（丁欣刚）

【医学教育】 年内，27 个继续教育基地申报区级继续医学教育项目 616 项，批准院内自管项目 624 项。全区 15283 名卫生技术人员中，有 15245 人参加继续医学教育，参加率 99.75%；达标 15116 人，达标率 98.91%。

（丁欣刚）

食品药品监督管理

【概　况】 2015 年，共检测“四品一械”（食品、药品、保健食品、化妆品和医疗器械）25575 件，完成量同比提升 78.16%。其中食品（含保健食品）监督抽检 9315 件，合格率 97.14%，快速检测 13287 件，合格率 97.89%；药品（含化妆品、医疗器械、药包材）监督检测 1951 件，合格率 99.64%。花乡、南苑乡、右安门街道等 7 个食品药品监督管理所获得“北京市食品药品监督管理示范所”称号。卢沟桥乡食品药品监督管理所规范化建设工作得到市委书记郭金龙、市长王安顺等领导的一致肯定。重大活动食品安全保障及五大农副产品批发市场进京食品安全保障、技术支撑体系建设等方面工作，分别得到国家食品药品监督管理总局副局长滕佳才、市委书记郭金龙的肯定。

（郭　莹）

【重大活动服务保障】 年内，在全国“两会”、“九三”阅兵、宛平城主题活动展览、世锦赛等大型活动期间，保障专供食品 1548 个品种 382.94 万公斤，占全市供应总量的 67.5%，抽样送检、快速检测 27140 个样本，确保重大活动食品安全。北京市副市长程红对保障工作给予肯定。

（郭　莹）

【进京食品安全保障】 年内，建立五大农副产品批发市场食品安全风险防控体系，保障进京食品安全。通过引进第三方检测机构，实现入市食品全过程监管和重点食品多方位监管。成立全市首个食品物流配送行业协会，执行体系标准、管理标识、检测标准、配送要求“四统一”，提供制度、法律、金融、检测、培训、业务拓展“六服务”。定向培养食品安全监察员 100 名，实施网格化管理。

（郭　莹）

【推进非首都功能疏解】 年内，执行市、区产业禁限目录，小型餐馆、小食杂店新办率同比下降 20.98%。引导零售药店办理连锁经营，开通“绿色通道”，全区零售药店连锁化率 26%，同比上升 6%。规范督导药械生产经营企业实施新版 GMP、GSP 认证，10 家企业完成药品 GMP 认证，通过率 62.5%；432 家药品零售企业通过 GSP 认证，通过率 98.85%。对未通过新版 GSP 认证的企业实施处罚，责令 6 家药品生产企业停产、5 家药品零售企业停业。助力新兴凌云医药化工外迁至河北邯郸，做好停产管控、备货质量控制、品种转移、协调办证等服务工作。

（郭　莹）

【实施大许可制度】 年内，成立行政许可审批委员会。成立核查中心，缩短核查流转时限。优化窗口许可审批流程，提供许可统一受理、统一审核、统一审批、统一发证“四统一”服务。出台“先照后证”、食品经营许可“三证合一”衔接工作意见，健全配套无证经营查处函告制度，做好行政指导并强化事中事后监管。受理“四品一械”行政许可 10413 件，同比增长 24.54%；制发 9161 件，同比增长 14.84%。

（郭　莹）

【“四品一械”市场环境整治】 年内，开展畜禽产品、中药饮片、医疗器械“五整治”回头看、保健酒等四十二项食品药品专项整治行动，立案 2943 件，同比上升 134.88%；罚没款 3007.31 万元，同比增长 157.04%；查封、扣押、封存、销毁不符合食品安全标准、假劣药品、不合格医疗器械等物品 11 吨。

（郭　莹）

【“两个基地”建设】 年内，在新村街道建成集“教育培训、检测体验、经验交流”为一体的食品药品安全科普教育基地。在西罗园街道建立全市首家老年食品药品安全消费教育基地。

（郭　莹）

【“两个协会”建设】 年内，成立丰台区食品药品安全企业协会，支持261家食品物流企业成立全市首个食品物流配送行业协会，强化企业自律管理，实现社会共治。

（郭　莹）

【三级检测体系建设】 年内，完成丰台区食品药品安全监控中心新址建设，提升21个食药监管所检测室标准化程度，加快96家食品药品自检室基础设施和技术保障建设，全面提高利用率并建立快检结果信息共享、数据分析机制。

（郭　莹）

【食品药品安全宣传】 年内，在国家级媒体刊文10篇、市级媒体刊文41篇；在《丰台报》推出《食事药闻》专栏38期；建立“丰台食药”微信公众号，第一时间发布信息，引导社会舆论，回应公众关切问题。组织以“尚德守法　合力共治”为主题的食药安全宣传月活动，举办五场大型主题日活动，开展食药安全“六进”、企业开放日等宣传活动，发放食品安全便民检测盒、应急小药包、宣传海报、折页等共10万份。10月9日，宣传落实《食品安全法》的专题片在中央电视台《新闻直播间》栏目播放。

（郭　莹）

社　　会

民政工作

民 政 工 作

【概　况】2015年，丰台区民政局在区委区政府的领导下，在市民政局的指导下，深入贯彻党的十八届三中、四中全会和习近平总书记系列重要讲话精神，紧紧围绕全区中心工作，加强法治民政建设，着力保障和改善民生，推进社会现代化治理，加快养老服务业发展，为推进丰台区经济和社会发展做出了积极努力。

（韩丽敏）

【社会救助】 开展“救急难”工作，在全市率先对区县级的临时救助政策进行修改完善，及时解决城乡困难群众突发性、紧迫性、临时性生活困难。城乡低保标准由家庭月人均650元上调到710元，农村五保供养标准由每年16896元调整为18303元，城市特困人员供养标准由每年24783元调整为26816元。低保制度平稳运行，全区共有低保对象5702户、10143人，累计支出城乡低保金8386万元。落实专项救助和临时救助政策，医疗救助城市特困人员3461人次 ，支出救助金621.7万元；医疗救助农村特困人员323人次，支出救助金58.2万元；临时救助794户、1557人次，累计支出资金216.2万元，教育救助低保家庭大学生79名，支出资金39万元；对低保家庭冬季燃煤自采暖和清洁能源自采暖进行救助，涉及1743户，发放救助金192万元；为5户农村特困户进行危房翻建，共花费13.05万元。春节期间走访慰问社会救助对象5636户，发放慰问金330万元。

（韩丽敏）

【灾害应急】 结合“5·12”防灾减灾日和“10·13”国际减灾日进行广泛宣传，增强群众防灾减灾意识。完成5个全国减灾示范社区、20个北京市减灾示范社区创建申报工作。提高防灾救灾应急保障能力，做好应急救灾物资的储备，加强对储备物资的安全管理。

（韩丽敏）

【流浪乞讨人员救助】 全年累计救助流浪乞讨人员3157人。落实全国第二批未成年人社会保护试点工作，将试点范围扩展到全区；引入专业社工机构开展未成年人状况调查。建立社区报告员制度，编制《预防未成年人暴力伤害手册》，构建社区、社工、学校三位一体未成年人保护网络。与联合国反拐合作行动项目中国办公室签订协议，自2015年至2018年依法救助生活无着疑似境外被拐卖受害人，利用现有设施和条件为其提供基本生活保障。年内共救助19名柬埔寨籍疑似被拐卖受害人，已全部离站回国。坚持救助工作政府主导和社会参与相结合，提供医疗救治服务和法律顾问服务，由丰台区瑞丰社会服务中心持续开展“暖心行动”露宿者关怀救助项目，提供站外拓展救助。

（韩丽敏）

【慈善捐赠】 以社会互助为宗旨，广泛开展共产党员献爱心活动以及“春风送暖”、“冬衣送暖”社会捐助月活动，全年接收各类捐款547万元，其中捐赠中心接收捐款152万元、慈善捐款395万元，接收捐赠衣物15万余件。年内新建3家慈善超市，建成2个规范化示范捐赠站点，全区373个“敞开收”捐赠站点运行良好，每月25日定期向社会公开接收捐赠。加大慈善宣传力度，不断提升救助成效，认真完成常态化慈善工作。年内慰问困难党员692户，救助大病困难家庭95户，发放慈善助老卡302张，为100名低保困难家庭高中、大学学生实施爱心助学，定向救助东高地街道80名困难群众。认真开展慈善公益活动项目化运作，完成“集美家居”冠名救助项目、“永辉超市爱心卡”项目。开展“慈善送光明”项目，对受灾地区和本区困难群众进行有效支援。

（韩丽敏）

【地退超转】 全年完成1630名超转人员的接收安置任务，收缴超转安置费8亿余元。全区地退超转人员达到10161人，其中超转人员9520人、地退人员641人。及时为接收超转人员办理医保卡及医保存折，按时做好生活费、工资的调标、规范抚恤金等资金发放工作，落实各项生活待遇及医疗待遇，切实保障这一群体安全稳定。

（韩丽敏）

【居家社区养老】 落实《北京市居家养老服务条例》，制定出台《条例》任务分解表并下达各职能部门，同时签订落实责任书。各项惠老优待政策落实到位，全区累计办理95周岁及以上老年人医疗补贴365人次，补贴金额72万元；办理90周岁及以上老年人高龄津贴4.04万人次，发放金额419万元；办理60周岁及以上老年人优待证1.5万个，65周岁及以上老年人优待卡29943个，为高龄空巢有特殊困难老人安装“一按铃”785个。推进养老照料中心建设，新增5个建设项目，超过年初区政府折子工程和实事项目确定的建设2个养老照料中心目标。完善养老照料中心辐射居家和社区服务功能，引导、鼓励已运行养老照料中心利用资源优势，开展助浴、助洁等社区居家养老服务项目。加大养老助餐服务体系建设，以养老照料中心和餐饮单位设立养老餐厅、社区建立集中就餐点、养老（助残）卡签约服务单位提供餐饮消费、有条件的社区安装保温智能配送柜等模式，设立406个就餐点，解决老年人就餐难问题。不断丰富文化养老内涵，举办丰台区首届老年文化节，开展年度“孝星”、“孝亲敬老家庭”活动，评选表彰230名“孝星”。

（韩丽敏）

【养老机构建设】 全年新建养老机构8所，在建养老照料中心5家，扩建机构2所，新增养老床位3723张，超额完成区折子工程确立的2200张建设任务，争取到运营资助金1073万元。到“十二五”末，全区养老床位总数达到10221张，超额完成“十二五”确立的8000张建设任务。推进公办养老机构改革，9家公办养老机构已有5家改为公办民营。加强养老机构规范化建设，组织13家机构参与养老机构星级评定工作。组织院长培训、评估员培训、护理员培训，规范和提高养老服务队伍的素质和水平。

（韩丽敏）

【福利彩票发行】 年内，全区福利彩票销售网点发展到347家，福彩销售额达到6.55亿元，比上年同期增长约28%，稳居全市第三名。广泛宣传福彩发行理念，塑造社会公益良好形象。加强站点规范化管理，严查违规销售行为。配合公安部门查抄私彩销售点，净化福彩市场环境。

（韩丽敏）

【孤残儿童养育】 年内，儿福院现有儿童71名，其中院内养育40名、家庭寄养30名、委托供养1名，70名儿童身有不同程度残疾。新接收入院儿童5名，国内、外收养6名。加大国内外送养力度，推进孤残儿童回归家庭、融入社会，最终实现永久性安置。加强寄养家庭监管力度，每月实施不少于2次监督检查，实行末尾淘汰制度。积极探索儿童福利机构转型及儿福院康复服务功能的拓展，为院内49名脑瘫患儿实施治疗康复。

（韩丽敏）

【福利企业】 年内，全区现有19家福利企业，解决残疾人就业320人；共完成2.5亿元销售额，完成利税2200余万元，申请到残疾人就业岗位补贴180余万元。

（韩丽敏）

【双拥共建】 开展争创全国双拥模范城“六连冠”活动，创建中先后接受了北京市和全国双拥办的检查验收，获得好评。在全市组织的“双拥模范城”网络调查中，丰台区获得总分第一名。在新时期双拥工作中充分聚焦军民融合发展目标，努力实现军地共建共赢。组织开展形式多样的走访慰问调研活动，解决部队的实际困难，为158名随军家属发放自谋职业补助金600余万元，实现随军家属就业50人。落实军人子女照顾入学政策，协调165人到优质学校就读。驻区部队参与各类保障活动6项（次），出动官兵1800余人次。

（韩丽敏）

【抗战纪念及烈士公祭活动】 对区内5处抗战纪念设施进行修缮保护，将二七烈士墓打造为丰台区烈士公祭场地并举办丰台区2015年烈士纪念日敬献花篮活动。组织13名优抚对象代表作为观礼嘉宾参加纪念中国人民抗日战争暨世界反法西斯战争胜利70周年阅兵式观礼活动。组织开展走访慰问抗战老战士、老同志及抗战纪念章发放工作，发放中央财政一次性生活补助金及市级财政慰问金共计87.8万元，发放纪念章22枚。为有需求的抗战在乡复员军人、在乡残疾军人共39人发放71件辅助器具。

（韩丽敏）

【优抚优待】 年内，全区共有各类优抚对象3055人，及时调整优抚对象抚恤金标准，按时准确发放各类优待抚恤金，累计发放1亿余元。开展优抚对象节日走访慰问活动，支出慰问金及专项经费270余万元。年内新接收2015年度退役士兵452人。认真落实退伍安置政策，拓宽就业渠道，加强技能培训，扶持自主就业，举办退役士兵就业安置专题会4次，安置11人，办理自主就业235人，发放自主就业金1346万元，免费技能培训42人。

（韩丽敏）

【军休安置】 全年接收军休干部868人、军工140余人，全区军休干部总数达到10722人、军工近3000人。有序推进军休服务管理社会化改革，在东大街和16号院建立999急救站，引进医疗体检机构入所为军休干部体检。与社工事务所合作，请社工师进驻街道军工服务处为无军籍职工提供专业化服务。由市军休办投资7亿余元新购王佐镇西山湖专项附属活动用房28000平方米，军休服务管理资源更为丰富。认真落实军休干部政治和生活待遇，开展军休所星级创建活动，探索中心制管理模式，不断加强军休文化建设。

（韩丽敏）

【基层民主建设】 年内，完成第九届社区居委会换届选举，297个社区全部一次选举成功，直选比例达到49.5%。继续推动“四权实践”活动，53家社区成为达标社区并从中产生10家示范社区，历经5年实现全区所有社区“四权实践”达标，印制《丰台区“四权实践”示范社区集锦》进行经验交流分享。城市参与式协商制度试点工作顺利推进，做到城市社区全覆盖，并在卢沟桥乡岳各庄村开展农村地区“参与式”协商试点工作，成为社区基层诉求表达、矛盾调处、权益保障的有效平台。

（韩丽敏）

【社区服务建设】 扎实做好“六型社区”创建和农村典型社区示范建设工作，申报31个“六型社区”和5个农村典型社区。组织开展各类社区志愿者服务活动，全区注册志愿者发展到12.5万人，超过20人的志愿者服务队伍550支，16人组成的社区志愿服务带头人队伍1支。全年完成“社区大课堂”817场次，受益居民达4万余人次；“96156”社区公共服务平台运行稳定，受理居民提出服务3400余单，由50家签约服务商和自管队伍限时完成，接受咨询服务1900余单，实现零投诉。开展“两节服务”活动，投入资金360万元，受惠群众6万余人次。

（韩丽敏）

【婚姻登记】 以“一站式办理、多功能服务、人性化布局”进行婚姻登记中心建设，被评选为全国4A级婚姻登记机关。坚持开展多样化婚姻家庭服务：免费为结婚登记当事人举行颁证仪式并提供现场录像；持续开展婚姻家庭情感及法律辅导和未成年社会保护服务；开展公益服务项目，与丰台区卫计委联合为近8000对新人发放“婚育健康服务包”，联合丰台区邮电局在“七夕节”举行“《鸳鸯》特种邮票暨《相亲相爱》誓言卡”首发仪式，向登记结婚的新人赠送纪念邮票及誓言卡，联合丰台区司法局设立人民调解室。全年共办理结婚登记1.19万件，离婚登记5700余件，补结婚姻登记2600余件，补离婚姻登记500余件，出具婚姻证明8200余份（9月15日之后按政策规定不再开具）。按照民政部第二批收养评估试点工作要求，建立收养评估制度，完善收养评估流程，截止年底办理收养评估2件，解除收养3件。

（韩丽敏）

【行政区划管理】 对在5年一次区划联合检查中出现的争议点会同相关区县民政局、北京测绘院反复协商及现场确认，确保数据精确。协助相关单位开展界线确认工作，明晰管辖范围，为政府部门明确管理责任提供依据。经与友邻区县沟通协调，完成多处界桩埋设。深入开展平安边界创建工作，维护区内各地区边界安全稳定。草拟《丰台区行政区划调整方案》并向区政府提交《关于调整丰台区行政区划的请示》，积极推进丰台区行政区划合理化调整。

（韩丽敏）

【殡葬服务管理】 完成清明节群众祭扫服务工作，全区5个公墓、4个骨灰堂共接待祭扫群众48.8万余人，祭扫车辆9万余台次。深入推进“零、百、千、万”殡葬工程，倡导时空邮箱、网络祭扫等绿色健康悼念缅怀方式，引导群众选择生态、绿色殡葬。认真落实惠民政策，全年批准发放丧葬补贴855人，发放金额420余万元。

（韩丽敏）

【社会组织建设】 年内，全区共有社会组织454家，其中社团71家、民非企业383家。对385家应检社会组织进行年检，参检356家，依法依规对29家社会组织进行撤销登记。为108家社会组织进行等级评估，五年内全区社会组织累计参评率达到100%。争取政府资金549万元购买40项法律援助、社区服务等社会组织服务项目，扶持100项社区志愿服务项目。5家社会组织取得市级“三社联动”服务项目，7家社会组织组团成功申报北京市福彩公益金资助项目，共争取到资金120余万元。建成32个社区服务指导中心、4个社会组织孵化基地，建立起社区社会组织科学考核评价体系。全年完成社会组织行政许可事项97项，行政执法合格率100%。

（韩丽敏）

【见义勇为行为保护】 年内，新增确认见义勇为行为5名，全区见义勇为人员达到123

人、见义勇为模范群体1个。举行区见义勇为确认颁证仪式，提升见义勇为确认工作规范化建设水平。加大见义勇为人员权益保护，努力在救治、抚恤和家庭生活方面解决其困难，发放奖励金、慰问、补助金等共计60余万元。

（韩丽敏）

社会建设工作

【概　况】2015年，丰台区委社会建设工作以开展“三严三实”专题教育为主线，以改革创新为驱动，坚持“法治、改革、高效、提升”的工作理念，全方位提升丰台区社会治理水平。推进社会领域党建工作，开展社区治理试点工作、楼宇“手机微党建”工作，完成社区党组织换届选举。健全社区服务治理体系，新增社区办公和服务用房达标社区45个，完成市级“一刻钟服务圈”示范点10个，创建市级社区规范化建设示范点11个；开展市级老旧小区自我服务管理试点4个，创建“智慧社区”29个，“智慧社区”完成升星15个；完成区级公共视频资源汇聚共享平台建设，网格化城市服务管理平台实现全覆盖。加强社会组织建设，新认定区级社会组织10家，扶持社区志愿服务项目100个，购买社会组织服务项目90个，实现社区志愿服务站全覆盖。

（赵　明）

【基层党组织建设】年内，培育树立京卫药业党支部、工商联水产业商会党委等“五个好”党组织优秀示范点160个，建立国润商务大厦楼宇工作站、时代风帆商务楼宇工作站等市级示范工作站22个，涌现出北京市“十佳最美社工”、“首都优秀社工”、丰台区“优秀青年人才”等多个个人典型，多位社区书记和非公企业党组织书记获得全国和北京市“五一”劳动奖章、北京市优秀共产党员等称号。

（孙　莉）

【推进社会组织改革与发展】年内，出台《丰台区加快推进社会组织改革与发展的实施意见》，推进政社分开，推动社会组织直接登记和“枢纽型”管理模式，完善“枢纽型”社会组织工作体系，认定18家区级“枢纽型”社会组织和32家街道级“枢纽型”社会组织，基本形成区、街二级工作网络。建立“枢纽型”社会组织联席会议制度、重要事项通报制度、信息沟通和工作联系机制、考核评估机制，发挥“枢纽型”社会组织在政治上的桥梁纽带作用、在业务上的引领和聚合作用、在日常服务管理上的平台作用。加强社会组织服务中心建设，确定1个区级社会组织服务中心带动2个街道级社会组织服务中心建设的“‘1+2’组建模式”，通过购买项目的方式，使区、街两级社会组织服务中心“公益理念传播普及”、“政策咨询及信息交流”、“社会组织孵化培育”、“社会组织能力建设”、“公益项目管理及评估”、“社会工作人才实践”、“社会组织成果展示”等服务功能得到充分发挥。

（孙　莉）

【专业社会工作机构】年内，全区共有专业社会工作机构12所、专业社工80余人、志愿者400余名，包括社会救助、婚姻家庭、心理健康等服务领域。

（孙　莉）

【社区治理】年内，形成“困境青少年社会救助”、“老年医务工作”、“儿童安全训练营”等有影响、有特色的服务项目，推动社区工作难题的解决。指导社区通过民主协商、社区论坛等形式发动群众参与治理，在引入“微循环公交”、“蔬菜直通车”及环境治理方面广泛征集民意，提升社区治理水平。对56个小区环境进行整治。

（孙　莉）

【举办京台社区大讲堂】 年内，由市台办、市社会办共同举办的以“金秋十月 相聚丰台”为主题的“京台社区大讲堂”在丰台圣地苑宾馆举办。市台办副主任杜德平、副区长高峰、高雄市社区联合发展协会理事长刘高钿等领导出席。两岸社区代表介绍了社区营造及社区服务成功经验及做法，7个社区、2个社工事务所分别与高雄市的7个里、1个发展协会签署合作协议，为增进交流互动、共同推动京台社区建设发展奠定了基础。

（孙　莉）

【健全楼宇党建长效机制】 年内，推行楼宇党建工作“1+3+N”模式，出台《中共北京市丰台区委关于进一步加强商务楼宇工作站建设的意见》、《丰台区社会工作党委和商务楼宇党务专职工作者管理办法（试行）》、《丰台区社区办公用房和商务楼宇办公用房租赁办法》，研发推广手机微党建项目，覆盖全区所有商务楼宇工作站，创建“互联网+商务楼宇党建工作”新模式，打造商务楼宇党建全新升级版。建立健全区、街、楼宇工作站三级工作管理体系，规范社会工作党委、商务楼宇工作站职责任务。构建条块结合、上下联动的社会领域党建工作管理体系，提升了社会领域党建工作统筹协调能力。

（孙　莉）

【“一委两居一站”工作模式】 年内，结合丰台社区发展实际情况，对城市超大型社区和典型村转居社区社会治理模式进行探索和实践，确定怡海花园社区由“一委一居一站”拆分为“一委两居一站”，草桥欣园一、二社区合并为“一委两居一站”。2015年底“一委两居一站”工作模式正式运行。

（孙　莉）

【社区办公和服务用房达标情况】 年内，各街道因地制宜采取新建、改扩建、购置、租赁、共享等方式解决社区办公和服务用房达标问题，全年新达标41个，达标率91.4%；新建、改扩建13个，项目进入财政审批阶段。

（孙　莉）

【老旧小区服务管理】 年内，制定《丰台区关于建立和完善老旧小区服务管理自治组织的指导意见》、《丰台区老旧小区服务管理专项补助经费拨付及使用方案》。成立老旧小区自治组织，引进物业服务企业，提高老旧小区自我服务管理水平。

（孙　莉）

【社区规范化建设】 年内，推进社区规范化建设，创建社区规范化建设示范点11个。在全区277个社区安装统一标识，建立社区议事协商机制，对涉及成员利益的事项及时召开民情恳谈会、矛盾协调会、事务听证会、成效评议会，实现社区运行机制联动化。

（孙　莉）

【“一刻钟社区服务圈”建设】 年内，完成市级“一刻钟社区服务圈”示范点创建10个，在部分社区开展京港汇“谷果齐园”项目——O2O电商服务平台项目，在22所社区卫生服务中心启用自助健康监测服务项目。加强对弱势群体的服务，将“一刻钟社区服务圈”服务手册、便民服务卡发放到每位残疾人手中，并及时提供能够上门服务的商家信息。

（孙　莉）

【基层网格化社会管理】 年内，开展丰台区公共视频资源汇聚共享平台建设，促进区级“三网”融合发展；加强基层网格化社会服务管理，在6个街道（地区）建设网格化综合指挥中心，实现全区社区、村网格化体系建设全覆盖；将卢沟桥街道等5个街乡服务平台确定为示范平台，同时抓好10个社区（村）级示范平台试点建设，确保真正方便社区工作、贴近居民生活，为居民提供精细化服务。

（孙　莉）

【推进智慧社区建设】 年内，继续开展智慧社区创建和升星工作，新创建29个（累计建成222个），覆盖率达73%；新升星社区15个（累计75个）；太平桥等7个街道整体完成智慧社区全覆盖建设。

（孙　莉）

【“枢纽型”社会组织建设】 年内，新认定10家区级“枢纽型”社会组织，区级“枢纽型”社会组织联系、服务和管理的社会组织数量达到全区社会组织总数的90%。认定32家街道级“枢纽型”社会组织，服务联系社区社会组织达到1649个。11个街道级“枢纽型”社会组织获得区级政府购买社会组织服务项目资金支持。

（孙　莉）

【社会工作者队伍】 年内，全区16个街道共有社工4247名，平均年龄38岁，大专以上学历占93%，具有社会工作职业资格的占35.9%。

（孙　莉）

【“煤改电”清洁空气行动】 年内，对四环内、外平房户数及用煤量进行核实，涉及10个街道87个社区平房住户，针对“煤改电”情况进行前期摸底。统计、汇总居民用煤需求，共发放蜂窝煤购煤证2005本，销售蜂窝煤8800吨，销售型煤16000吨。

（孙　莉）

人口管理

【概　况】 2015年，丰台分局人口管理工作围绕“平安北京”建设总体思路和区情特点，发挥人口系统职能作用，与区政府和局属相关部门密切配合、主动作为，全力推动基层基础工作和社区警务规范化建设——以专项行动加强社区安全防范，以人口规模调控为指引加强流动人口和出租房屋信息采集与服务管理，以重大安保社会面防控牵动开展清理整治，以推广树立“丰台劝导队”等群防群治亮点品牌和督导户政窗口开展便民利民服务加强群众工作，以细化户政制度建设完善廉政风险防控，进一步夯实了基础、完善了机制、提升了能力，全局公安基层基础工作提升到新水平。

（李　刚）

【开展防范宣传活动】 年内，组织开展“解民忧、保平安、送温暖、拜大年”为主题的千警万户大走访、为期4个月的社区夏季治安防范宣传季和打击防范入室盗窃、电信诈骗及盗窃非机动车等一系列专项工作，通过各警种捆绑入户向近7万名居民群众宣传防范知识并征求工作意见，组织276个社区在高发案点位和人流密集场所设置宣传站并安排物技防厂家进行推介宣传，在入室盗窃高发的老旧小区推广简易防范设备，在非机动车高发小区落实车辆登记牌查验制度，进一步提升了群众主动防范意识和自防能力。

（郭凤华）

【开展舆情动态及情报信息搜集】 年内，针对不同物建领域和定向物建点位，每日开展对辖区涉恐维稳及涉案线索的搜集掌控。在重大安保期间，启动信息员“高峰勤务”工作模式，加大定向物建比例，广泛搜集各类涉恐及不稳定因素信息线索。全年共填报日常社情民意信息4.5万余条、录入专题社情民意信息4326条，采集录入各类情报信息线索1.68万余条，通过情报信息线索共抓获违法犯罪人员329人，破获案件176起。对21个单位的103名发挥突出作用的信息员发放奖励金6.37万元。

（郭凤华）

【开展人房基础信息采集登记工作】 年内，丰台分局将“流动人口登记率”及“流动人口违法犯罪人员在视线率”纳入人口系统打防管控考核，对开展情况进行实时监测指导，强化工作落实。共入户走访检查出租房屋 19.2316 万户、审查流动人口 69.4698 万人、核查录入 49.3596 万人。新增登记流动人口 32.6924 万人、核销 17.2146 万人，其中新列管各类流动人口重点人员 546 人。新办理暂住证件 29.6553 万个。登记、维护、变更出租房屋信息数据 17.9216 万条。处罚违规房主 1979 人。向流动人口及出租房主发放“三封信”170 万余份。

（郭凤华）

【深化社区警务基础建设】 年内，组织专人走访调研派出所待建警务工作站和存在联网问题的公安警务社区，逐一发现问题，为后期推进“一格（村）一警”模式奠定基础；在开展“大排查、大摸底、大整治”框架下，对各户籍派出所警力进行统一调配，将派出所治安、巡逻、内勤、专职辅警力量与社区民警整合，组成专职社区走访队伍，以实名走访、包片划分、突出重点的形式，调查了全区实有人口和房屋情况；开展流动人口登记、高发案社区防范专项检查，每日通报并下发《督办单》，促进整改落实。

（周　筠）

【重大安保清理整治工作】 年内，丰台分局人口管理大队牵头负责阅兵活动驻训地南苑机场及周边社会面防控安保任务，组织局属多个职能部门和派出所成立指挥部，配合空军全面开展机场周边治安秩序整治、人和房屋基础信息调查及隐患排查工作，共组织出动警力 4580 人次，辅警、保安 6500 人次，开展集中整治 41 次，查扣非法运营黑车、黑摩的 291 辆，处理违法人员 36 人，检查单位 5729 家（次），检查旅店、小门店 3983 家（次），下架刀具 421 把，发放宣传材料 5.8 万份，发现整改各类隐患问题 296 处。

（周　筠）

老龄工作

【概　况】 2015 年，丰台区老龄工作以贯彻《北京市居家养老服务条例》（以下简称《条例》）为核心，以推进养老助餐服务体系建设和突出养老照料中心辐射功能建设为重点，边探索、抓试点、求突破，实现居家、社区、机构养老融合互通全面进步，全区养老事业取得新进展。区老龄办被评选为全国老年法律维权工作先进集体。

（张利军）

【编制“十三五”老龄事业发展规划】 年内，着眼丰台区社会经济发展大局，将老龄事业发展纳入“十三五”规划体系当中，并作为一个独立的专项规划进行编制，在发展思路、体制机制、政策制定、长远规划等方面加强顶层设计，努力形成符合区情、立足当前、谋划长远的发展蓝图。

（张利军）

【落实《北京市居家养老服务条例》】 年内，通过举办培训班、开展宣传月活动、组织“以案释法”小品剧巡演和案例宣讲、发放宣传品等形式，广泛普及“老年法”和“条例”知识。以落实“条例”为契机，加强对老龄工作的统筹指导和协调管理，建立区老龄委成员单位考核评价、述职评议制度。为推动和督促涉老政策统筹落实，建立区老龄委联席会议制度，调整老龄委成员单位，形成职能明确、科学规范、高效运转的老龄工作格局。

（张利军）

【养老照料中心建设】 年内，建成南苑街道、方庄地区、卢沟桥乡、新村街道（2 个）等 5 个养老照料中心，超额完成年初区政府折子工程和实事项目确定的建设目标。

（张利军）

【养老照料中心综合服务平台建设】 为逐步实现机构、社区和居家三类养老服务相互依托、资源共享、融合发展，满足居家老年人养老服务需求，把建成的养老照料中心与区域内托老设施、各类专业服务机构和服务团队有机结合，引导、鼓励各养老照料中心利用自身资源优势，开展助浴、助洁、助医、助餐、信息化管理、精神关怀、志愿服务、短期照料、教育培训等 20 余个社区居家养老服务项目。为落实养老政策，以养老照料中心为载体，融合优化服务项目，充分发挥各职能部门作用；试点建设卫计委的心灵家园基地、食药局的老年人食药安全教育基地、司法局的老年人维权联系点、经信委的信息化建设。

（张利军）

【试点建设养老助餐服务体系】 年内，丰台区被北京市定为开展养老助餐服务体系建设工作的八个试点区之一。按照“科学布局、按需设点，政策扶持、社会参与，特困优先、兼顾其他”的建设原则，采取三种模式提升养老助餐服务，解决老年人用餐难问题：利用养老照料中心和餐饮单位资源，开辟老年人专用就餐区域、提供符合老年人生活习惯的老年餐等方式，设立主题养老餐厅 44 个；发挥养老照料中心及餐饮单位的功能辐射作用，整合辖区内各类房屋资源，建立社区集中就餐点 28 个；作为养老助餐服务的补充手段，签约餐饮服务单位 334 个。

（张利军）

【居家养老护理员培训】 年内，丰台区被列为北京市首批开展居家养老护理员培训的六个试点区之一，依托区职业教育中心学校作为定点培训机构，分期分批开展居家养老护理员培训。

（张利军）

【完善老年维权保障机制】 年内，建立老年人法律援助共建机制，成立区级老年人维权工作站，街乡镇设老年人维权岗，社区（村）设老年维权窗口，养老照料中心设联系点，实现老年维权零距离；开通法律援助绿色通道，推行电话预约上门服务；成立老年人专项法律援助律师团，为受援人提供优质服务。

（张利军）

【城乡老年人生活状况抽样调查】 8 月，完成第四次中国城乡老年人生活状况抽样调查北京地区丰台区调查工作。按照全国老龄办抽选街道、社区和老年人名单，完成区级、4 个街道、16 个社区、480 位老年人四个层级的 501 份调查问卷，进一步摸清了城乡老年人生活状况和养老服务需求。

（张利军）

【老年优待】 年内，落实老年人社会保障、社会福利和优待政策，累计办理 95 周岁及以上老年人医疗补贴 365 人次，补贴金额 72.19 万元；办理 90 周岁及以上老年人高龄津贴 4.04 万人次，发放金额 418.78 万元；办理 60 周岁及以上老年人《优待证》1.5 万个，65 周岁及以上老年人《优待卡》2.99 万个；完成老年（助残）券改卡工作。享受政府购买的居家养老服务成员达 5.13 万人。为高龄空巢有特殊困难的老年人安装“一按灵”和烟感器 785 个。

（张利军）

【老年文化】 年内，围绕“孝道、艺术、健康、和谐”的内容，结合纪念抗日战争胜利 70 周年和“敬老月”活动，举办“老年健身大赛”、“银龄之声老年合唱大赛”、“健康老人之星”评选、“夕阳红”书画展等活动；开展“孝星”评选命名活动，评选出市、区两级孝星 230 人；开展首届“孝亲敬老家庭”评选活动，弘扬孝亲敬老传统美德。

（张利军）

残疾人工作

【概　况】2015年，开展全国残疾人专项调查工作，入户调查33913人；职业培训961名，新安置残疾人就业203人，审核残保金1.88亿元；4.3万人次残疾人享受各类社会保障政策，267名残疾人学生和生活困难残疾人家庭子女上学受到捐助；走访残疾人家庭1.05万户，慰问残疾人1.09万人，发放钱物折合人民币534.28万；残疾人家庭无障碍改造787户，办理残疾人“一卡通”3.42万人，专门协会开展各类活动28次；在市级以上报刊杂志网络发表信息文章192篇条；区残疾人综合服务活动中心保障残疾人活动4680人次；康复救助2180人，发放辅具107件。

（闫根旺）

【开展全国残疾人专项调查】年内，完成全国残疾人基本服务状况和需求专项调查工作，丰台区应调查残疾人总数35934人，实际完成调查人数33913人，占应调查总数的98.72%，其中入户调查33815人、电话调查98人。未完成调查440人，占应调查总数的1.28%，未完成调查的原因为死亡347人、外出16人、空挂户28人、已搬迁39人、查无此人10人。调查社区（村）364个，调查率100%。在抽样复录中抽样复录3563人、34个社区（村），抽样比例10.5%。完成3563人数据复录，原录入错误率0.26%，复录错误率0.16%。

（闫根旺）

【开展全国助残日活动】5月17日，是第25次法定“全国助残日”，主题是“关注孤独儿童，走向美好未来”。5月15日，举行“放飞梦想，融合快乐”第25次“全国助残日”活动，市残联副理事长唐海蛟、副区长高峰及区残工委相关单位、街乡镇残联、助残社会组织、专门协会、残疾人及亲属、助残志愿者300多人参加活动。活动中，为六支“丰台区文明引导员助残服务队”举行授旗仪式，区地税局与区图书馆向残疾人社会组织捐赠图书，市、区领导向爱心单位授牌并观看文艺演出，区残联各单位进行政策宣传、咨询、展示活动。助残日期间，全区参加走访慰问残疾人的各级领导251人次，走访残疾人家庭2336户、2632人，慰问残疾儿童354人，发放钱物折合人民币45.2万元。

（闫根旺）

【“十三五”规划与“小康文件”】年内，制定编制丰台区残疾人事业“十三五”规划安排意见和丰台区加快推进残疾人小康进程实施意见（简称“小康文件”），成立以高峰副区长为组长的编制工作领导小组，开展丰台区残疾人事业“十二五”规划实施情况评估和编制“十三五”规划前期调研工作。起草“十三五”规划和“小康文件”，经过与市、区及相关部门规划对接，并采取书面和召开座谈会等形式广泛征求意见，形成“十三五”规划和“小康文件”审议稿。

（闫根旺）

【残疾人康复】年内，精神残疾人基本情况筛查4125人，残疾人康复救助2180人，康复知识技能培训3160人；彩票公益金救助智力残疾儿童康复65人，残疾儿童少年康复补助165人；人工耳蜗植入5例，升级2例，补助金额250万元；为21个街乡镇辅具站配发辅具2520件。在北京市第五届残疾人辅助器具“金点子”创意发明活动中，丰台区参评项目10个，获奖项目7个，其中张玉刚的《家庭智能门禁系统》项目获一等奖，区残联获优秀组织奖。

（闫根旺）

【残疾人就业】 年内，新安置残疾人就业203人；审核用人单位4.93万家，审核金额1.88亿元，605家社会单位享受岗位补贴和超比例奖励；新建两家残疾人职业康复站，参加职业康复劳动项目残疾人达593人；扶持盲人保健按摩机构44家，利用社会保险补贴3家。

（闫根旺）

【残疾人教育培训】 年内，开展残疾人扫盲26人，慰问残疾儿童510人；残疾儿童彩票公益金助学72名，长江商学院北京校友会资助贫困残疾学生85人，残疾人及贫困残疾人子女上学受到捐助145人；残疾人职业技能培训961人，盲人保健按摩师素质教育培训78人。

（闫根旺）

【社会保障】 年内，新增入住福利机构残疾人14人；享受残疾人入住机构补贴29家，享受福利机构运营补贴10家；特困残疾人临时救助56人；享受残疾人特困生活补贴4187人，享受养老助残券5791人，享受残疾人个体就业保险补贴1564人，享受残疾人养老保险补贴3805人，享受重残人护理补贴11858人。

（闫根旺）

【文体活动】 年内，与北京市新世纪培训学校联合开展精残人员家庭社会支持服务活动，10名精残人及亲属参加活动。在北京市第二十九届残疾人棋牌比赛中，丰台区残疾人代表队分别获得第二名、第三名和两个第四名。

（闫根旺）

【宣传报道】 年内，举办第25次“全国助残日”活动；丰台有线电视台制作《真情零距离》节目9期；全国市级以上网络刊登信息192（篇）条，其中中残联网站77（篇）条、市残联网站115（篇）条；出简报21期，编发信息371（篇）条。

（闫根旺）

【信访维权】 年内，成立区残疾人法律援助工作站和残疾人法律服务工作站；残疾人信访、维权服务378件，处理市政府“12345”热线和“96005”丰台区政府环境热线104件；安装闪光门铃137户，发放残摩救助卡3000张，残疾人家庭无障碍改造787户；办理残疾人一卡通34159张，新办理残疾人证4205人。

（闫根旺）

【组织建设】 年内，召开区残联六届三次主席团会议，调换主席团委员5名、主席团副主席2名；对新选聘的62名残疾人专职委员和375名残疾人工作者分别开展岗前培训和业务培训；在蔚园温馨家园开展“志愿在温馨家园”示范站创建活动；专门协会开展活动28次。

（闫根旺）

【服务保障】 年内，完成残疾人综合服务中心绿化停车场建设；对37693名残疾人开展消防关爱调查摸底工作，为1277户残疾人家庭安装火灾报警器；开展残疾人地理信息助残服务系统和微信公众服务平台建设工作；区残疾人综合服务活动中心保障残疾人活动94次，活动人数达4680人次；参加走访慰问残疾人的各级领导1402人次；区残联档案工作考评97分。

（闫根旺）

【政府购买服务】 年内，购买各类社会服务项目31项，其中中残联1项、市残联8项、市社工委13项、区社工委4项、其他5项；资金投入200多万元，受益残疾人3000多人。

（闫根旺）

消协工作

【概　况】 2015年，围绕“携手共治、畅享消费”的主题，以普及宣传新《消法》为核心，从抓消协工作的制度化、规范化入手开展年度工作，全年受理消费者投诉1247件，解决1226件，解决率98.32%，挽回经济损失130.5173万元；受理消费者咨询6394人次，收到表扬信5封、锦旗1面。

（李建中）

【组织学习】 年内，组织学习分局和市消协2015年工作意见，使全体人员明确工作目标。组织学习中消协关于做好2015年年主题和“3·15”国际消费者权益日宣传活动的通知《中消协字（2015）第6号》。

（李建中）

【开展“3·15”消费者权益日活动】 3月15日，在乐华梅兰建材超市科兴店举办“携手共治彩虹相伴 畅享消费乐在丰台”活动，发放宣传材料（消法、光盘）13500余册。

（李建中）

【成立丰台电商消费教育基地】 年内，成立丰台电商消费教育基地。基地占地面积1200余平方米，由地理标志产品博物馆、教育培训厅、电商销售产品展示厅组成，年内展出地理标志产品80余种。它的成立在电商企业与消费者之间架起一座沟通桥梁，拉近了电商企业和消费者之间的距离，解决信息不对称的问题。同时，也为政府在加强消费教育引导、提高消费者科学理性消费方面，提供良好的教育实践场所。在网络购物快速发展的今天，它的成立在净化网络购物、营造安全消费环境、保障消费者权益方面发挥作用。

（李建中）

【举办《网络消费的法律责任》研讨会】 3月4日，针对网络购物快速发展、方便快捷的同时出现的新问题，丰台区消费者协会与市消法学会在丰台总部基地北京地大物博电子商务有限公司共同举办《网络消费的法律责任》研讨会。市委社工委陈权余处长、市法学会研究部王秀海主任、市消法学会房仕龄秘书长以及丰台工商分局“12315”中心、丰台园区工商所、区消协的同志共同出席研讨会。药房网、久久健康、地大物博等电子商务企业领导参加了研讨会。

（李建中）

【案例：消费者获赔万元】 消费者王先生到丰台镇消协分会申诉，称在某商场花一万元购“比亚罗兰”饰品，经鉴定质量与发票中标明的质量不一致，要求退货并按商品价值的双倍索赔。消协工作人员接到申诉，及时约见双方当事人，让其如实陈述情况；当面共同验证商家出据的发票和消费者提供的书面鉴定结论——商场展示的商品标识和出据的发票为“金属水晶手链”，消费者出据的是国家认证的鉴定中心鉴定的“合成立方氧化锆手链”，其结果是商场为消费者提供的商品信息不真实。为此，组织双方当事人客观分析事实，明确责任，商场的经营行为违反了《消法》二十一条“经营者以广告、产品说明、实物样品或者服务的实际质量与表明的质量状况相符”的规定。本着依法赔偿和适度维权相结合、和谐解决纠纷的原则，经反复做工作，使双方认可执行《消法》的规定，商场给消费者作出退货处理，同时赔偿商品价款、误工费、交通费等共计10000元。至此，一件始于争吵的纠纷，得到和谐解决。

（李建中）

人民生活

【居民收入增速居城六区首位】 年内，丰台区居民人均可支配收入47127元，比上年增加3666元，增长8.4%，增速居城六区首位。其中人均工资性收入26941元，比上年增加

644元，增长2.4%，工资性收入对总收入增长的贡献率为17.6%；人均转移净收入11534元，比上年增加2111元，增长22.4%，其中人均离退休金收入增长18.6%；人均财产净收入7529元，比上年增加794元，增长11.8%；人均经营净收入1123元，比上年增加117元，增长11.7%。工资性收入和转移净收入仍然是居民收入的主体，是拉动收入增长的重要因素。

（李　遥）

【居民消费平稳增长】 年内，丰台区居民人均消费支出34240元，比上年增加2899元，增长9.2%，增速比上年提高1个百分点。其中人均食品烟酒支出7623元，比上年减少136元，下降1.8%；人均衣着支出2196元，比上年减少57元，下降2.5%；人均居住支出9757元，比上年增加594元，增长6.5%；人均生活用品及服务支出2107元，比上年增加150元，增长7.6%；人均交通和通信支出4446元，比上年增加694元，增长18.5%；人均教育、文化和娱乐支出3666元，比上年增加500元，增长15.8%；人均医疗保健支出3257元，比上年增加1053元，增长47.7%；人均其他用品及服务支出1188元，比上年增加102元，增长9.4%。

（徐红果）

街　乡（镇）

丰台街道

【概　况】丰台街道位于丰台区中部，是区委、区政府所在地。东起西三环南路和造甲街，西至程庄路和京山铁路线与卢沟桥乡接壤；南有丰台南路和看丹路与新村街道毗邻，北至丰北路和丰体南路与卢沟桥街道相望，属城乡结合部。西四环南路和京沪高速铁路纵横交织，将辖区划为四大板块。面积9.18平方公里，设25个社区，常住人口15万人，流动人口3.6万人。有回、蒙、藏等16个少数民族，信仰伊斯兰、佛教、基督教、天主教、道教的信教士。驻辖区单位3000余家，中学4所，小学5所，少年宫1所，幼儿园15所，医院10家，敬老院2家。清真寺1座于1895年由大井村迁驻。火车站1处建于1896年。花园一座。市级保护二级古树6棵。丰和轩饭庄是百年老字号。年内，市级先进4项，区级先进25项，连续第15次被评为区政府机关行政效能建设考核评估街道系统第一名。

（祝含杰）

【依法行政】年内，调整了依法行政工作领导小组，组织41次培训活动，培训2000余人次；开展宪法精神、依法执法等主题宣传54次；召开32次领导班子会议，严格按照重大行政决策制度进行集体讨论、民主决策。重大建设项目决策工作程序完善、健全、公开，涉及金额较大的项目均经第三方评审机构专业测评，建立健全规范化、程序化的政府采购制度和监督管理体系。

（祝含杰）

【环境建设】年内，成立了街道办事处依法治理委员会，把辖区职能所队及责任科室进行联动，推行“一个平台、两个单元、三级管理”的模式。重点整治了近园路居民楼“开墙打洞”问题，提升丰西路区域环境；对新华街三、五巷、向阳街辅路等道路进行修整，对11个旱厕进行升级改造；对181家餐饮企业开展餐厨垃圾无偿收运；组织联合执法50余次，拆除违建1454平米、违规广告牌匾95块，治理群租房44户。组织环境卫生清洁日活动，25个社区组织活动700余次，清运堆物堆料200余车。规范门前三包130家，查扣小煤炉46个。每天对本小区内非法小广告拍照取证，共核录电话120个，停机80部。

（祝含杰）

【社会管理】年内，完成安装监控13个社区21个小区143个监控头，街道共享公安部门90个监控探头，基本实现老旧小区、重点地区、重点部位全覆盖、无盲区。完成辖区无物业管理小区150盏路灯安装工作。完成市级挂账治安重点地区整治；实际承办12345工单848件，办结率100%。完成关停

6处人防工程、整治4处普通地下室任务；完成8.5%人口调控指标任务。落实民警驻区制，完善16个社区警务站建设，以社区民警专职化建设为抓手，落实网格防控责任制，做好社区治安工作。发挥文明引导员、志愿者等队伍作用和法治长廊、小区公告栏等位置优势，印发警情提示不干胶亮膜3000张、致出租房主和来京务工经商人员一封信6000份、预防盗窃彩页和环保袋3000套等宣传材料。

（祝含杰）

【安全生产】 年内，圆满完成“两大安保”、五中全会等重大活动、重点节假日安保工作；组建了全区首家地震应急志愿者队伍；组织开展“百日安全大检查”活动，做好烟花爆竹、预防煤气中毒、交通安全和消防安全管理工作；开展交通隐患排查治理，组织力量拆除了11个地桩，消除道路交通安全隐患。持续开展了近园路交通秩序整治行动，清理长期占道停车的“僵尸车”。全年共开展“四品一械”单位日常监督检查544户次，餐饮类专项检查142户次，食品流通类专项检查201户次。

（祝含杰）

【矛盾化解】 年内，做好社会面防控，对敏感问题、重大隐患实施台账管理。建立纪检监察信访举报工作协调机制，召开重点摸排会议5次、协调会12次，排查各种矛盾纠纷15件；办理人大政协议案提案2件；成立内审工作领导小组，开展专项审计5次。会同区劳动监察大队处理辖区讨薪突发事件2起，涉及农民工人数200余人，涉及资金100多万元。

（祝含杰）

【劳动就业】 年内，积极开展“送政策、送岗位、送技能、送信息”四送进社区活动，开展了“手拉手、心连心、关爱零就业家庭”和“就业援助月”等专项援助活动，就业再就业重点工作17项指标均超额完成。共对1800多家用工单位进行了日常巡查，录入新增单位76家，更新单位信息490家。

（祝含杰）

【社会保障】 年内，共接待各类办事人员87300余人次，电话咨询服务近40000余次，就业政策宣传指导课近60次，药费报销437.14万元，工作人员业务培训50余次，完成了由区社保中心下沉到街道完成的新业务培训对接75项。

（祝含杰）

【住房保障】 年内，共受理保障性住房申请141户，经初审合格上报135户，完成廉租房家庭新签、续租手续177户。上报具有三房轮侯资格申请公共租赁房家庭63户。共计为居民办理变更事项253次，办理终止资格家庭38户。配合区房管局完成经济适用住房宛平、中奥家园项目配售291户；经济适用住房轮候家庭年度复核工作640户；限价商品房轮候家庭年度复核工作1200余户；公共租赁住房小屯项目、房山金地朗悦项目选房入住170余户；已入住公共租赁住房租金补贴复核家庭105户，新申请租金补贴家庭56户；已入住公共租赁住房名下有房产家庭专项核查22户；进行廉租房实物配租家庭年度复核工作;限价房轮候家庭摇号意向登记1017户，并完成3个项目的楼书发放工作；经适房轮候家庭摇号意向登记429户，并完成2个项目的楼书发放工作；配合北京市保障性住房投资建设管理中心进行公租房项目“先到先得”家庭复核工作3次，涉及申请家庭20余户；调整已经入住公租房家庭享受补贴的档次；开展市场化租房补贴的宣传、受理工作。

（祝含杰）

【助老服务】 年内，为符合条件的京籍及外埠老年人办理老年证961张、老年优待卡1646张；辖区90周岁及以上老年人共301人，核发高龄津贴22.8万元，为95周岁及以上老年人核发高龄医疗补助18人次2.98

万元。为 1441 名军工发放工资、丧葬抚恤金 5953 万元；为 63 名地退人员发放工资、丧葬抚恤金 274 万元；为 68 名超转人员发放工资 111 万元；为军工 25 人次手工报销医药费 21.2 万元、更改定点医院 151 人次；办理去世人员减员 8 人、转区 15 人。扩充东大街东里居民活动场地，改造新华街北社区托老所活动场地，建设“丰台街道关爱长者中心”和街道阳光敬老院。

（祝含杰）

【社会救助】 年内，发放低保金总额约 374 万元。为辖区低保、低收入家庭办理医疗救助共 159 人次、救助总金额约为 32.9 万元；办理临时救助共 28 人次、发放救助金约 6.3 万元；办理大病周转金全年借支 63 人次，累计借支金额 42 万元、回笼金额 29.8 万元。为 425 名伤残人员发放优抚金 312 万元，为 51 名“三属”等人员发放优抚金 97 万元，丧葬抚恤和医疗减免 7.6 万元；为伤残军人 3 人发放 2014 年医疗补贴 3995.47 元。慰问优抚对象、军工、地退、超转、三无人员、低保对象、大病、高龄等困难群众 1475 人次，慰问金约约 85 万元。为辖区社会散居 3 名孤儿办理发放爱心保险卡，52 名视力残疾人配发盲杖。建设新兴家园关爱失独家庭“心灵家园”项目。升级改造街道残疾人辅助器具服务站并向社会开放。

（祝含杰）

【社区建设】 年内，完成了居委会换届选举工作，共选出新一届社区居委会干部 207 名，党委会、居委会“两委”交叉任职 76 人。新一届社区居委会成员平均年龄 39.9 岁，党员比例 50.24%，最高学历为研究生，大专以上文化程度所占比例为 97.58%。推广“永善社区劝导队”、“离案走动工作法”、“时间储蓄银行”、“社区代理代办”的经验做法。175 名社区工作者取得（助理）社工师证，占全体社区工作者 50.4%，提前一年实现 50%的持证率目标。智慧社区手机 APP 全面上线，街道、社区间网络视频平台系统建成，新华街北、丰益花园社区试点建立社区微服务平台，探索“互联网+居社”沟通和互动方式。

（祝含杰）

【文体活动】 年内，以“文化惠民”为目的、“文化便民”为宗旨，组织辖区干部、居民广泛参与市、区级文化活动，积极开展街道、社区级文艺活动。共参与市、区级文化赛事 2 场，受众人数 300 人；参与区级培训 10 场，受众人数 100 人；组织街道级文化活动 19 场，受众人数达 2000 余人。完成北大地 16 号院等 8 个社区“体育生活化社区”创建工作。为 9 个社区安装 17 台避孕药具免费发放机。为 224 名符合政策的非京籍儿童办理相关手续。

（祝含杰）

卢沟桥街道

【概　况】 卢沟桥街道位于丰台区北部，东至丽泽桥、莲花桥一线，与太平桥街道接壤；南至丰北路及丰台西路，与丰台街道、新村街道交界；西至张仪村路，与宛平城地区相连；北至莲石路，与石景山区、海淀区毗邻。西三环、西四环、京港澳高速、莲宝路、大成路、卢沟桥路、青塔西路、丰北路等交通路线贯穿整个辖区，构成便利的交通网。辖区范围 59.73 平方公里，实际面积 27.59 平方公里。街道现共有 37 个社区，与卢沟桥乡 11 个行政村相融交错管理，属典型城乡结合部。辖区常住人口 22 万人，流动人口 8 万人。辖区内国家机关、文化、教育、商业设施相对集中。有中央、市属单位中建一局、中铁电气化集团公司、铁路通信号集团公司、中国电子工业出版社等50余家；有中国人民解放军八一电影制片厂、海军装备研究院、解放军总参谋部第六十一研究所、解放军第三〇二医院、武警北京总队第三师等10个驻区部队，有公安派出所、工商所等10个区政府职能部门派出机构；有外埠驻京办事处机构12家；各种企事业单位5000余家。

（黄　婧）

【基层党组织建设】 年内，深入开展“五个好”、“三级联创”等活动，培训机关、社区党务工作者300余人，共发展党员52名，完成6400余名党员数据库信息维护工作，新建非公党组织5个，党组织覆盖率达到84%；通过“三三法则”规范基层党组织服务群众经费管理，指导社区按照“四议一承诺”确定服务群众项目80个。拓展大井“社区新闻直播间”、大瓦窑“议事大巴车”等具有特色的基层党建创新模式。幸福里养老中心党组织建设做法被新华网专门报道，华信中安公司党委党员管理模式被评为丰台区基层党建创新项目。

（黄　婧）

【环境建设】 年内，拆除违建50处10175平方米，始终保持新生违建“零增长”，整治10批市级环境脏乱点台账37个，整治13批区级日常检查台账117个；182条14.7万平方米背街小巷全部落实清扫保洁，取缔沙窝桥非法鸽子市、五里店南里小区非法市场、小屯西路占道市场、青塔一街占道市场4个。协调资金3000余万元，完成青塔区域环境综合提升工程和丰台西路沿线环境整治工程，惠及芳园、秀园、蔚园、丰西路等社区居民1.2万户；完成11个小区51栋楼28.1万平方米节能保温改造工程，惠及居民5000余户。

（黄　婧）

【安全管理】 年内，更新并建立11类生产经营单位台账2197家，小微企业标准化达标创建台账82家，签订各类安全责任书2197份；全力强化“安全社区”和“小微企业”安全生产创建活动，开展宣传、培训、演练214场，超额完成“双百工程”任务；全年开展联合执法81次，排查生产、消防、交通、食药、煤气安全隐患1.9万处次，整改3800余处次。

（黄　婧）

【社区建设】 年内，完成社区“两委”换届选举工作，产生新一届党委（总支）委员233名，居委会成员330名；新迁、改善社区办公用房5处，聘请专业人员协调9个小区业委会工作，37个社区全部通过“规范化试点”、“四权实践”达标验收，50%以上达到“六型社区”标准；引进便民菜车22台，京铁家园社区、金家村第一社区、金家村第二社区、科兴佳园社区四社区联手打造便民服务圈，以“智慧社区”创建推动社区信息化建设，支持社区相继建立微信公众号开展便民服务，增强社区各年龄层居民凝聚力。

（黄　婧）

【社会综合治理】 年内，投资20万元购置4辆电动治安巡逻车对重点区域进行巡防，可防性案件下降25%；整治违法群租房76处，完成地下空间整治任务23处。全国“两会”、“七・七”“9・3”等重要时期，启动社会面超常等级防控，投入治安力量31万人次，确保了社会面平稳可控。

（黄　婧）

【社会保障和救助】 年内，组织实施各类专项救助、优抚、残疾、老龄、妇幼、计生、红十字等民生保障项目3600余万元，应急救助帮扶236人，审报保障性住房1101份材料；实现城乡劳动力就业指标1658人、困难人员就业指标865个、带动就业指标121个，举办各类就业培训指导12场；监察劳动用工单位3035家，清理未办理社保交费单位460家，取缔“黑职介”2家，追讨拖欠民工工资51万元。

（黄　婧）

【文教卫生】年内，开展“北京榜样”、“六个卢沟”等宣传文化活动95场，新建春园等5个社区文图两室，打造市级科普体验厅2家，建成青塔文化活动中心，与红星美凯龙文化广场基本实现功能对接；投入293万购置修缮体育设施，积极创建“体育生活化社区”。

（黄　婧）

【矛盾排查】年内，举办宪法及信访条例宣传主题活动60余场；接待群众来信、来电、来访286人次，街道领导深入现场解决问题42次，解决群众诉求问题68件，调解纠纷476件；完善37个社区的矛盾排查调处站建设，配齐信访工作群众信息员，深入社区指导开展信访代理工作，积极推进“网上信访”工作。

（黄　婧）

太平桥街道

【概　况】太平桥街道位于丰台区的中北部，东与西城区接壤，北与海淀区毗邻，西南分别与卢沟桥、新村、右安门街道和南苑乡搭界，并与卢沟桥乡6个村交叉相连，是典型的城乡结合部地区，辖区面积9.81平方公里，居民总户数为38318户，居民人口数为80986人，计划生育率98.53%。街道有编制科室21个、内设科室1个，2个事业单位、2个派驻机构和16个社区居委会。地区为首都交通枢纽、对外窗口和丰台区的经济、政治、文化活动中心之一。年内，被评为北京市安全社区、2015年北京市安全生产月活动优秀组织奖、2015年度首都绿化美化先进单位、全国综合减灾示范社区（首威社区、万润社区）、2015年度开展“劳动用工规范一条街工程”工作先进单位、2015年度北京市构建和谐劳动关系先进单位、2015年度北京市体育生活化社区（万泉寺东、天伦北里、太中里、莲花池社区）、2015年度北京市六型社区示范单位（太东里社区）等。

（陈　晨）

【党的建设】年内，街道全面加强思想、组织、作风、党风廉政和制度“五位一体”建设，认真开展“三严三实”专题教育，围绕建党94周年、突出“把纪律挺在前面”主题，组织开展形式多样的主题实践活动。全年招聘2名事业干部，提拔3名、调任1名副科级领导干部、提拔3名正科级非领导职务干部。投入党建经费401.6万元用于开展党员教育培训、开展组织活动、服务基层群众。通过租用、借用等方式灵活解决了财富西环、鹏润家园等5个商务楼宇办公用房问题，总面积达到120平米。圆满完成“两委”换届选举。

（陈　晨）

【协税护税】年内，优化经济发展环境，完善和巩固为地区企业服务的“绿色通道”。全年留区税收为25091万元，同比下降1.4%。引进100万以上企业192家，引进注册资金11亿元。

（陈　晨）

【环境整治】年内，地区全年新生违法建设继续保持零增长。对太西里社区50余间540平方米市场彻底拆除，重新修缮路面粉刷墙体，制作廉政主题文化墙。全年共拆除违法建设859平方米，涉及户数82户。共查处无照经营3500余起，取缔黑三轮车480余辆，查处非法散发、张贴小广告1400余起，没收6.5万余张，规范“门前三包”2500余次，集中整治露天烧烤累计罚没烤箱85个，炉子320个。

（陈　晨）

【绿化美化】 年内，积极开展“一花一社区”、“市花月季进社区”、“乡土植物进社区”等活动。实施太西里大花园整体绿化改造项目，形成以市花月季为特色、乡土植物为主题的节约型园林。完成了马连道南街南侧等5块绿地、丽源路路北绿地等3块绿地的绿化改造，累计改造面积8000多平方米。实施以苗代奖共建共养，奖励精图小区等8个社区，黄杨、国槐等9个品种4万余株。

（陈　晨）

【环境管理】 年内，实施市场化运营，出资60万元聘请专业保洁和养护公司对辖区23.3万平米无物业管理、13.4万平米自管绿地、52条背街小巷、46条开放式老旧小区的道路进行专业化养护和道路保洁。对辖区内所有污染源企业建档。圆满完成年度“减煤换煤”目标任务。结合市区发布的空气重污染预警，及时组织执法力量对辖区工地、小煤炉、露天烧烤等内容进行专项督查。

（陈　晨）

【安全维稳】 年内，投入220余万元为太西里、莲花池等12个社区安装视频监控系统或门禁系统。结合流动人口规模调控，关停普通地下室6处、人防工程2处，清退租住人员400余人。圆满完成“两会”、“九·三”阅兵纪念活动、十八届五中全会期间重点区域社会面防控工作。

（陈　晨）

【安全生产监督】 年内，与社区、辖区600家单位签订了《安全生产责任书》，检查督促企业落实安全生产主体责任。组织开展了小微企业标准化创建、全国安全社区创建工作，完成了地区4000家企业的安全生产条件普查。全年共检查辖区企业6425家，发现隐患5984处，下达隐患整改通知书1411个，97%的隐患整改复核完成，确保了辖区安全无事故。加强食、药品安全监管。设立食品药品安全联络站，日常监督检查707户次，共完成许可核查68件，受理食品药品安全投诉举报共234件，立案44件，罚没款项33万余元。开展食品流通快速检测520件。

（陈　晨）

【矛盾化解】 年内，推进“阳光信访、责任信访、法治信访”。受理并答复23件信访事项，办结率100%。注重结合社区“两委”换届选举、丽泽商务区开发建设和若干历史遗留问题，主动与信访人代表沟通情况，宣传引导信访人规范有序信访、合法信访。加强人民调解，全年共调解纠纷196件，达成口头协议103件，书面协议93件，成功履行196件，涉案金额490余万元。

（陈　晨）

【劳动就业】 年内，积极搭建就业供需平台，送政策、送技能、送岗位、送服务。全年城镇登记失业率控制在1.0%以内，实现劳动力就业367人，社区安置就业300人，空岗信息采集数2803个，8项重点指标和5项专项指标全部达到100%。加强劳动保障监察职能。全年监督企业与职工补签劳动合同39份，解决投诉举报案13件，处理突发事件1起，为35名农民工追讨工资18万余元。继续加大社保扩面征缴工作力度，全年完成1722人社保扩面征缴任务

（陈　晨）

【民生保障】 年内，切实抓好惠民政策落实。为79户低保家庭发放低保金87万余元，办理城乡居民基本医疗保险人员3618人。为辖区内救助对象办理医疗救助42人，救助金额11万余元。为124名90周岁以上老人购买每人每年20小时的家政服务。全年开展职业指导或职业技能培训70人次，安置残疾人就业12人，对36名残疾人实施了康复训练。

（陈　晨）

【计划生育】 年内，简化办事流程，提高办事效率。办理单独二胎申请140个，审批一胎《生育服务证》185个，处理违法生育4例，征收社会抚养费30余万元，出生政策

符合率达到99%。为体现计生关怀，街道分别为37户失独家庭购买发放了600元标准的美发服务券。

（陈　晨）

【文化教育】 年内，以“悦动莲花·和谐太平”为主线，先后组织开展了“周末百姓大舞台”专场演出，“我的丰台·我的家”舞蹈大赛，“书香太平”读书活动、“五月的鲜花”文艺汇演等系列活动。在区文化“六个十”项目评比中，街道5个文化项目被评为示范性文化项目。投入268余万元分别建成蓝调、首威两个社区文化室和街道文化艺术中心。投资23万余元为万润社区等4个社区安装了健身器材或建设了乒乓球、羽毛球活动场地，不断满足辖区居民文体生活需求。完成119名非本市户籍适龄儿童少年入学联审工作。

（陈　晨）

【思想宣传】年内，以“发现丰台之美”、“最美家庭评选”等活动为载体，组织开展了发现达人、文明小使者、北京榜样、最美家庭、最美社工等系列推荐评选活动。全年组织了文明宣讲活动70场，承办区宣讲团巡讲12场。围绕纪念抗战胜利70周年自编自导自演红色主题话剧，以“我的青年时代”为主题，编撰刊印《大众文汇》第二辑，用亲身奋斗拼搏的故事激励自我，感染他人。

（陈　晨）

新村街道

【概　况】 新村街道位于丰台区中南部，东至草桥、新发地一线，西至丰台西站，南至羊坊、与大兴相接，北至京广一铁路、造甲街、丰台南路和看丹路，行政区域总面积50.28平方公里，管辖8.5万户，22.7万余人，流动人口6.3万余人，辖区有32个社区。全年，地区出生人口1464人，符合政策生育率98.36%。按照区委区政府的统一部署，圆满完成第九届社区换届选举工作，32个社区居委会参选率达100%。芳菲路社区居委会荣获“北京市先进社区居委会”。

（郭　鹏）

【城市建设】 年内，完成了非法小广告专项整治行动、露天烧烤、无照经营专项整治活动、校园周边环境秩序整治、视觉环境整治、节假日、两会、重点会议期间环境秩序保障工作等整治工作；会同综治办协调城管分队、工商、公安、交通部门开展联合执法活动60余次，重点整治银地周边、韩庄子二里周边、地铁九号线、十号线周边、怡海花园西门周边地区：完成了造甲村66号南侧公厕、造甲村北里公厕、韩庄子平房区公厕的改造；完成对桥二社区两条大街的路灯进行改造工作，共按装路灯约20个灯杆；完成了对科怡路地铁站周边、明春苑小区、首经贸地铁站周边、刘庄子路西侧等重点地区的环境整治工作。完成了造甲村、韩二、韩一、育芳园、桥二社区58栋楼进行老旧小区改造工作；完成了首经贸万城园一区（1、2、3期）、樊家村甲3号小区、丰桥路甲4号院、丰泽园小区、邦克物业小区、116号院馨园小区、116号院新通房产小区、西陆名门西区、盛泰物业资和信等九个垃圾分类小区申报工作；共清理垃圾1380车，清理9600余平方米，清理堆物堆料2136余吨，清理白色污染1536公斤，铲除非法小广告45000余张，发放宣传册2600余份，展出展板72块，悬挂横幅64条；公厕改造35平方米；建立“门前三包”管理台帐，与1840家单位、商户签订了门前三包责任书。全年共接收网格案件10224件，回退案件2718件，处理案件7506件。

（郭　鹏）

【拆违工作】 年内，共出动人员 1600 余人次、车辆 160 台次，帮助拆除了棉花城、大溪地、风格与林、造甲村、富锦嘉园芳菲路、富丰园万柳园区等违章建筑；违法建设累计拆除 29 处，3212 平方米，其中网格案卷 24 件，群众举报 4 件，信访件 1 件。接收私搭乱建网格数量 351 件，回退 133 件，处理私搭乱建网格数量 218 个。

（郭　鹏）

【社会综合管理】 年内，个人出租房屋税收征收 908 余万元；共清理 12 处地下空间，其中人防工程 5 处，普通地下室 7 处；加强治安巡逻志愿者队伍建设，在册治安巡逻志愿者 4682 名，投入资金 30 余万元，在重点节假日、敏感日，加强治安志愿者巡逻，认定星级志愿者 2163 人，其中三星 589 人，二星 540 人，一星 1002 人；扩大科技防范覆盖面范围，共拨款 25600 元购置预防煤气中毒报警器，投入 47700 元增加韩二社区的探头，各社区安装治安监控探头覆盖率、完好率已达 95%；武装部完成民兵整组工作，共有 16 名青年应征入伍。

（郭　鹏）

【矛盾排查化解】 年内，共接待群众来电来访 140 余人次；处理网信 6 件次；纸信共 17 件次，96 人次；市信访办转访件 21 批次，19 人次；区信访办转访件 37 批次，58 人次；自收 1 批次，18 人次。

（郭　鹏）

【安全生产】 年内，与各社区、各单位签订了《安全生产目标管理责任书》、《消防安全管理责任书》、《建设工程安全责任书》、《交通安全责任书》，共计 2213 份。开展专项行动 39 个，制定相关工作方案 31 个，召开专项工作会议 41 次，上报相关工作信息 235 篇。出动检查人员 3200 余人次，检查辖区单位共 674 余个次；在百日安全大检查工作中，街道和社区共出动检查组 232 个、人员 695 人次，检查单位 984 个次，发现火灾隐患 203 处、督促整改 203 处，下发整改通知书 168 份；两大安保期间，打击“三合一”、“多合一”场所违法生产经营行为 47 起，集中整治 320 多间地上出租房屋，整治违规住人场所 20 处，关闭地下出租房屋 4 处 274 间，拆除违章建筑 47 处，6089 平方米，查出消防设施缺失损坏 152 处，查出安全出口疏散通道堵塞封闭情况 13 处。完成小微企业达标 61 家；元旦、春节期间共悬挂燃放安全宣传横幅 330 条，张贴宣传海报 2800 份，印制、发放《致居民的 1 封信》1000 份，开展集中宣传活动 5 次，入户宣传 13000 户次，覆盖群众 39000 人。在 64 个禁放点张贴禁放标识 150 个；冬春季火灾防控专项治理宣传工作中共出动了社区干部、志愿者以及单位干部、职工近千人，发放宣传材料约 45000 余份，共悬挂宣传横幅 170 余条，设置宣传栏、橱窗、展板 380 余块，张贴宣传画 300 余幅，设立消防宣传公益公告牌 40 余块，消防应急疏散演练 26 场，消防知识讲座、培训 33 场，其他宣传活动 30 余场，直接受教育人次 22000 余人次，清理可燃物约 400 立方米；安全生产月宣传活动工作中在 32 个社区分别设立宣传站，开展宣传活动。共发放宣传材料 8000 余份，悬挂横幅 130 条、摆放展板 186 块、公共电子显示 32 块、发放宣传品 26000 份。此次活动受益群众近 30000 人；春节期间对辖区的 11 个烟花爆竹销售网点，共检查了 69 个次；组织辖区单位及各社区清理可燃物，300 余立方米，发放宣传材料约 40000 余份。获得“丰台区交通安全优秀街乡镇”称号，消防第 6 名，全年安全无事故。

（郭　鹏）

【社区建设】 年内，“一刻钟社区服务圈”创建工作常态化。创建万年花城第二社区、科一和科二社区、桥一和桥二社区为一刻钟社区服务圈市级示范点，共覆盖 5 个社区，惠及近 3 万社区居民。“六型社区”示范社区创建工作精细化，创建万年花城第二社区、首经贸中街社区、芳菲路社区为“六型社区”示范社区。“智慧社区”试点社区创建工作创新化，创建芳菲路社区、优筑社区、风格与林社区为“智慧社区”建设试点，试点社区创新使用智慧社区门户网站、社区信息“二维码”、社区微信服务平台等科技手段，满足社区居民日益增长的现代化服务需求，搭建了社区与居民、居民与居民之间的科技化沟通服务平台。加强老旧小区服务管理工作，逐步建立健全老旧小区服务管理自治组织，完善老旧小区自我服务管理模式。分阶段解决建成居住区纳入城乡社区管理难题，管理空白小区的就近社区已暂时承接了小区内的服务管理、居民事务等工作，保证了未划分归属前，能够满足居民群众的基本公共服务需求，保护居民群众的合法权益。

（郭　鹏）

【社区换届选举】 年内，完成第九届社区换届选举工作，32个社区居委会全部参加换届选举，全部一次性选举成功。在32个社区中，17个社区为居民代表选举，15个社区为户代表选举，直选率47%，比上一届提升21%。

（郭　鹏）

【两节走访慰问】 年内，开展“四进十送”系列走访慰问活动。两节期间，街道共慰问各类群体4392人120.4396万元。其中，市区级保障资金83.4246万元、党费慰问资金29.65万元、街道资金（公益金）6.585万元。

（郭　鹏）

【老龄九养工作】 年内，开展“孝星”评选推荐活动。经社区网络平台推荐，街道荣获市区级孝星称号达23人。受理老年人各项事务5214人次，包括：老年证1526人、老年优待卡3049人、养老服务新增550人、90岁以上高龄津贴58人、95岁以上医疗报销31人，合计人民币2.55万元；发放养老服务卡3420人，充值32665人，合计人民币344.42万元；全托型托老所运营床位补贴8.27万元；为保障80岁以下老年人享受老年服务卡，向市区级老年服务平台提供3.26万余条基础信息。组织老年人文体活动，推荐14人参加夕阳红画展比赛。

（郭　鹏）

【民政服务】 年内，落实好各类民政对象的生活补助及各项优待政策。服务人群1060人，其中超转865人、军退47人、地退24人、伤残军人57人、义务兵家庭32户、三属23人、参战5人、在乡复员2人，农村籍士兵5人。协助区民政局做好生活补助费发放，发放各类人群生活补助费2300万元；组织军地退人员外出疗养14人；办理各类事务性工作225件，发放义务兵家属补助32件，复审超转人员燃煤自采暖193户。

（郭　鹏）

【社会救助】 年内，街道城镇最低生活保障户数达341户637人、低收入新申请3户5人。全年办理最低生活保障新申请26户57人、终止21户40人、变更398户，发放低保金538.71万元，受理医疗救助251人34.65万元，重大疾病47人17.61万元，大病周转金使用7人。端午节前后，分两次面向低收入参加家庭、60岁以上老人家庭发放爱心物资共243份。开展“春风送暖”社会捐助活动，共接收社会层面捐款1.48万元、捐物5146件；协助收缴共产党员献爱心捐款5.68万元。临时救助：66户、救助金额11.43万元；燃煤自采暖44户、救助金额4.4万元；清洁能源自采暖33户、4.43万元。

（郭　鹏）

【住房保障】 年内，完成日常性受理工作。审核新申请88件1848份材料，变动信息136件2040份变动材料。受理公租房补贴30户，廉租补贴和协议72户。复核廉租房124户终止10户。核实名下有房人员56户，邮寄挂号信21封，超标人员做笔录18户，涉嫌超标95户，上报核查材料925份。完成复核工作 1717 户。包括：公租房 512 户。其中 502 户家庭通过，终止 10 户家庭。经适房、两限房轮候家庭 1205 户，其中变更 63 户。限价房名下有房人员 22 户，其中终止 15 户，通过 1190 户。年底前，限价房复审、摇号、选房等事务性工作还将涉及 1190 户。协助市区自住商品房复核 8 户。接待群众电话咨询及群众来访咨询 3800 人次。

（郭　鹏）

【双拥共建】 年内，落实军地学联动机制，共同开展融进式活动。春节期间，街道统一采购 5 万元新鲜水果配送到部队。并按照传统，春节前走进国旗护卫队开展慰问座谈活动。“八一”期间，开展“庆七一”、“迎八一”党建促双拥活动。以“爱党拥军为人民，融合发展促和谐”为主题，发挥机关党支部、社区党委作用与驻区部队联合开展慰问、座谈、参观、文化演出等活动，践行群众路线，推进军民融合发展。为营造区争创双拥模范城“六连冠”社会氛围， 32 个社区积极制作宣传横幅、张贴宣传海报宣传双拥共建活动内容和意义，结合自身实际，组织军转、军退、优抚人员座谈会，努力营造社区双拥共建活动氛围。街道统筹向 9 支共建部队配送价值 5.4 万余元夏季清洁日用品。驻地 66284 部队与优筑社区志愿者、物业公司携手对金丰园小区开展节前环境整治工作。

（郭　鹏）

【劳动监察】 年内，完成劳动保障监察员日常巡查 220 家，劳动保障监察协管员巡查 3000 家次；新增企业 178 家，地区单位总数达 2617 家；企业法律意识明显增强，劳动合同签订率 99.5%，续订率 99%;完成劳动用工规范一条街工作。有 62 家企业补签了规范的劳动合同，1500 人补缴社会保险。220 名员工补签了劳动合同，10 家企业补办社保登记证。年底完成农民工工资专项执法大检查，分网格分区域走访检查单位 263 家，发放宣传资料 2500 余份，确保年前工资无拖欠；全年共完成办理知青返城人员 8 人，上报材料合格率 100%。

（郭　鹏）

【妇联工作】 年内，辖区内 32 个社区完成了换届选举工作。妇联主席进入社区两委班子率 100%。完成年度贫困妇女儿童的调查摸底慰问工作。慰问贫困儿童 1 名、贫困妇女 14 名，老妇救会主任 2 名，慰问金每人 1000 元，共计 1.7 万元。为了纪念抗战胜利 70 周年区妇联出版《烽火巾帼》书籍，街道完成了 2 名老妇救会主任事迹的编纂工作。完成了红烛慰老工作政府购买项目，获得调研市级三等奖。

（郭　鹏）

【助残工作】 年内，共有 240 人申请享受残疾人生活补助，共审批、发放补助 85.49 万元。按照居家养老助残“九养”办法，共有 384 名残疾人享受助残服务券。7 月，北京市出台残疾人护理补贴政策，街道残联为符合要求的 784 名残疾人办理了残疾人护理补贴。为 212 名残疾人发放燃油补贴 55120 元，为 113 名残疾人办理了城镇残疾人个体保险报销 80%补贴。春节期间，街道残联共走访慰问 493 户困难残疾人家庭，发放慰问金和慰问品折合人民币 19.98 万元。为 7 名 16 岁以下残疾人儿童发放残疾儿童康复补助 15.38 万元。为 6 名残疾人大学生申请助学款项 2.2 万元。为本辖区 116 名就业年龄段内从事个体经营、个体从业、社区就业的残疾人申请办理了城镇残疾人个体保险报销 80%补贴。为辖区 2516 名残疾人办理了残疾人服务一卡通申请，办理率 99.96%。组织康复站劳动人员进行室外康复训练 5 次共 600 人次。

（郭　鹏）

【社会保障】 年内，城镇登记失业率 1.76%；失业人员就业人数 1002 人，其中困难人员就业人数 665 人；空岗信息采集数 3305 人次；走访跟踪服务用人单位户数 182 户；实现创业 96 人，带动就业 343 人；充分就业社区占总数百分比完成 78%。专项工作指标：组织培训生源 398 人次；就业困难求职人员实现就业比例 80%；社区安置就业 751 人。其他：社保业务下沉工作完成 2978 笔；医保报销工作 872 笔；城镇居民医疗保险新参保 1500 人；城乡居民养老保险新参保 473 人。

（郭　鹏）

【文教工作】 年内，组织 132 支文体队伍，3276 名文体骨干，90 名社区体育指导员，开展文体活动 160 场，受众人数 45000 余人。三个成规模文化广场分别为：银地社区文化广场 500 平米，富锦嘉园社区文化广场 800 平米，三环新城文化广场 2400 平米。有 25 个社区文化室达标（100 平米以上）。辖区内 32 个社区经过多年的努力，均达到北京市“体育生活化社区”的标准。共有红十字会站 32 个，红十字急救员 500 余人。1 家社区卫生服务中心，6 家社区卫生服务站。

（郭　鹏）

【计划生育工作】 年内，有已婚育龄妇女 24303 人，全年共出生 1464 人，其中一孩 1212 人，二孩 252 人，计划生育率达 98.36%。共计办理一胎《生育服务证》878 例，办理《独生子女父母光荣证》461 例，办理《流动人口婚育联系单》806 例，办理独生子女父母领取一次性奖励申请 340 例，办理失业人员转档 842 例，办理意外伤害保险 1168 户，办理 50 人的养老金给付手续，为流动人口育龄妇女 100 余人进行两癌筛查。完成 10 人一次性帮助津贴发放，完成 79 人独生子女家庭特扶对象发放补助、完成 105 人伤残特扶对象发放补助，共征收社会抚养费 547.25 万元。

（郭　鹏）

右安门街道

【概　况】 右安门街道位于丰台区中东部，辖区东至北京南站与东城区相邻，南至京山铁路与西罗园街道相连，西至菜户营与卢沟桥乡、太平桥街道接壤，北至护城河与西城区隔河相望。街道办事处坐落在右安门外翠林小区。2015 年，辖区面积 4.70 平方公里，有大街小巷 25 条。设 16 个社区，常住人口 3.5 万户，8.8 万人。流动人口 5200 户，1.6 万人。驻辖区单位 1493 户，大学 1 所，中学 4 所，小学 3 所，幼儿园 4 所，医院 3 家，敬老院 1 家。

（马克龙）

【城市建设与管理】 年内，建立四个保障体系（组织体系、责任体系、保洁体系、考核体系），全面提升街道背街小巷管理水平。清理辖区无主垃圾 400 吨，清除白色污染物近 2400 公斤，清理无人清扫面积近 24 万平米。对辖区工地共进行督导检查 150 余次，迎接上级检查 50 次。完成翠林小区综合提升组织设计、方案汇报、项目资金申请、招投标等一系列工作。对 12 栋居民楼进行节能保温改造，4 栋楼实施抗震加固改造。全年拆除既有违法建设 5 处，120 平米，制止违法建设 15 处，150 平米。确保了辖区新生违法建设“零增长”。累计处理 96005 案卷 101 件，12345 案卷 795 卷，其中承办并办结案卷 722 卷，接收并处理市容网格案卷 1343 卷。

（马克龙）

【安全维稳】 年内，重点时期协调组织出动公安警力专业力量 1500 余人次，专职巡防队组成 10 人小分队每天对辖区进行不间断巡视，治安志愿者 50000 余人次，民兵 1280 余人次，其他防控力量 2000 余人次。组织巡防队在重点地段进行巡逻防控近 8000 人次。组织 16 个社区对辖区内 2403 名治安志愿者实行实名制管理，组织社区开展综治大讲堂及各项培训 30 余次。整治 2 处人防工程，帮拆违法群租房 14 处。完成了“蒙京华”非法集资诈骗案 5 人的清退任务。网格化信息平台接收上报案卷 5879 件，结案率达到 98%。

（马克龙）

【矛盾排查】 全年协调处理解决各类来访信件 170 件，解决群众来电、现场咨询 2000 余人次。召开社会监督员例会 10 次，征求意见建议 88 条，已解决 75 件。

（马克龙）

【安全生产】 年内，坚持每季度研究安全生产工作，除日常巡查外，针对群众反映强烈的电梯安全问题，加大监管整治力度。通过日常检查、零点夜查、领导带队抽查 1000 余次，对餐饮场所、易燃易爆场所、烟花爆竹售卖点等进行重点治理 3000 余人次，及时查缺补漏，确保了全年无发生重大安全事故。组织安全培训、会议 21 次，发放安全宣传资料 10000 份。

（马克龙）

【精神文明建设】 年内，累计发布“右安门文明办”官方微博微博 1000 余篇。组织“好品行好干部”评选，共计 41 名机关、社区干部当选。街道“右安先锋宣讲团”完成 21 场街乡镇巡讲任务。全年对外宣传共发稿件 100 篇，其中市级以上媒体发稿占 90%。贯穿全年宣传“纪念抗日战争胜利 70 周年”，辖区孙荫柏、梁洪恩等 6 位抗战老兵的故事先后接受了《法制晚报》、《北京社区报》、《丰台有线电视台》等媒体的采访。

（马克龙）

【社区建设】 年内，完成了第九届社区居委会选举工作，本届共登记选民 41958 人，划分了 466 个居民小组、推选出居民代表 1161 名。共选举出居委会成员 124 名。辖区 16 个社区书记主任中“一身兼”的社区达到 10 个，占社区总数的 62.5%。16 个社区共推举产生 1513 个楼门长。

（马克龙）

【计划生育】 年内，统计年度内出生上报 415 人，计划生育率 99.76%。与右安门社区卫生服务中心签订《失独家庭社区卫生服务协议》，39 名老人进行体检，2 位失独老人参加了北京市组织的中秋团圆活动。为本市人员开具婚育情况证明 656 份；为流动人口开具在京生育服务联系单 93 份，处理流动人口信息库并发放协查 297 人次，发放流动人口礼包 700 份、生育服务宣传包 150 份、新婚健康宣传包 150 份。

（马克龙）

【住房保障】 年内，受理审核辖区居民申办保障性住房 38 户，其中廉租补贴家庭 15 户。受理“三房”轮候家庭转公租房 21 户，为 66 户轮候家庭变更了保障性住房信息，终止 16 户申请家庭资格。对经适用房轮候家庭 314 户进行了申请资格复核，保留资格 215 户。对限价商品房轮候家庭 355 户进行了申请资格复核，保留资格 281 户。

（马克龙）

【社会救助】 年内，地区共有低保户 382 户 702 人实行低保金的银行发放。重点慰问特困户、烈军属、三无老人、残疾人家庭、双拥家庭等，累计发放各类慰问、补助金及实物共计 60 余万元。为年满 60 周岁的 614 位老年人及时帮助办理《老年人优待证》，为 65 周岁的 865 位老年人办理《老年优待卡》，为 80 岁以上 442 位老年人办理《养老助残卡》，共有 2749 位老年人享受到国家 100 元的高龄补贴。

（马克龙）

【社会保障】 年内，共管理失业人员档案 2133 份，领取失业金 2240 人次 249 万余元；

受理灵活就业、自谋职业人员增员303人，减员559人，年内享受灵活就业、自谋职业人员共计1042人。共有3572人参加了城镇居居民医疗保险，参保率达到99%。城镇失业转就业人员385人，完成指标64%。

（马克龙）

【助残服务】 全年走访地区359户残疾人家庭，20余万慰问金及慰问品。组织辖区右安门社区卫生服务中心、首都医科大学红十会等辖区单位29名志愿者为21户残疾人家庭进行社区康复指导。为612名残疾人申请护理补贴。按比例安置残疾人辖区单位就业3名，公益性就业1名，社区就业3名。

（马克龙）

【社区服务】 年内，开始建设“无围墙养老院”并为老人提供服务。2间“老年餐桌”完成房屋装修改造及设备购置，为辖区老人提供便利服务。

（马克龙）

马家堡街道

【概　况】 马家堡街道位于丰台区东南中部，东与西罗园街道、大红门街道接壤，西与新村街道相邻，南与南苑街道交界，北与右安门街道隔路相望；辖区内南三环中路、角门北路、角门路、嘉和路、枫竹路、南四环路、马家堡路、马家堡中路、马家堡西路和嘉园路贯穿东西南北，构成便利的交通网。辖区呈长方形，东西宽1.53公里，南北长3.21公里，辖区面积4.9平方公里，居民小区73个，居民56538户，常住人口110839人，常住外来人口32656人，设16个社区居委会。

（金中波）

【社会治安综合整治】 年内，积极加强社会面防控工作，组织治安志愿者3万余人次上街巡逻，先后聘请80余名保安人员参与防控，确保了全国“两会”、“两大安保”十八届五中全会等重点时期社会安全稳定；加强治安防范宣传，印发防诈骗、防入室盗、防范非机动车盗窃等宣传材料5万余份，在辖区大屏幕滚动播放宣传片80余次，出资96万元为15个社区警务站配齐保安，投入20余万元为马草河辖区段安装监控探头20个。地区可防性案件发案率同比下降5.3%，盗抢非机动车发案率下降13.6%，完成了市级社会治安重点地区挂账问题摘牌任务；引进第三方对马家堡西路地铁口及重点地段周边进行看守，并配合相关部门进行执法，查扣黑车100余辆。群众安全感满意度为89.7%，排名稳步提升；在镇国寺社区试点推进社区出租房屋契约化管理，先后完成了出租房管理居民公约、居民代表会等工作，年度内共整治群租房屋53处，关停人防工程共计23处、普通地下室14赴，疏解流动人口4400余人。

（金中波）

【征兵工作】 年内，结合地区实际研究出台了《关于适龄青年应征入伍奖励办法》，明确了入伍奖励1万元，退伍后有意愿到社区工作的可以安排到社区工作，并努力做到六个到位，即认识到位、调研到位、宣传到位、组织到位、措施到位、协调到位，圆满完成征兵任务。

（金中波）

【安全生产监管】 年内，完成了7个烟花炮竹销售点的监管工作，印制宣传横幅200余条，“一封信”1.5万封，制作禁放警示标志1.3万张。完成了北京市安全社区的创建任务，全面摸排住宅内非法违法生产经营单位和涉氨非制冷企业，超额完成61家小微企业安全生产标准化创建任务，在生产经营单位安全生产条件普查中共核查有执照单位1596家、无照单位391家，核销单位2186家；举办了家庭燃气安全知识竞赛，发放各类宣传材料共22种2.5万余份，组织消防演练3次，提高群众安全防范意识和逃生能力；积极开展安全生产大检查，共检查单位2241家，发现隐患4836个，整改4822个。完成了540户用煤取暖户的预防煤气中毒工作，确保一氧化碳报警器安装率达到100%;成立了一区一警交通综合治理办公室，清理了路侧“僵尸车”33辆，排查道路安全隐患35处，停驶单位车辆13家23台，静态核录车辆8500余台；全面做好食品药品安全监管工作。处理各类投诉举报案件518件，行政处罚立案148件，作出处罚决定74件，罚没款101万元，完成食品快检样品710件；轮训200名社区和企业信息员，培训503名食药单位负责人；开展重大节日专项整治，排除食药安全隐患；开展了楼宇党委志愿服务日、安全宣传月、主题宣传日等活动，发放材料5000余份；借助四统一和七公示制度，建立了“日、周、月、季”四查”机制，巡查主体数788户，完成196户餐饮单位和21户药店量化分级工作，改造了30家明厨亮灶餐饮经营单位，打造了马家堡食药安全放心商圈。

（金中波）

【环境整治】 年内，拆除既有违建9处1105平方米、新生违建28处2634平方米，实现了全年新生违法建设台帐全部清零，按时完成了市级台帐拆除任务；每周检查一次14处工地，随时检查5处开工工地，加强扬尘遮盖、渣土消纳措施落实，保证绿色工地达标；制定清洁空气行动计划实施方案和空气重污染应急预案，发放宣传品1000余份，检查公示了115家企事业单位的生产及排污情况，开展燃煤茶浴炉整治，落实好空气质量保障工作；对11栋居民楼进行节能改造，完成了嘉园三里环路西南口路灯安装工作，专项整治了木箱厂宿舍平房区入口道路、嘉一区间路、嘉一7号楼东侧路，改造平房区旱厕2个，新设垃圾桶站65组；做好灭蚊蝇、灭鼠、灭蟑和美国白蛾防控工作，专业人员入户灭蟑1万余户；积极开晨控烟示范单位、节水先进家庭创建活动；开展环境整治行动80余次，累计整治露天大排档231处次，规范三包门店和违规广告牌匾123处次，取缔无照商贩161处次，完成了24个专项检查台账、200余处问题点位，24处脏乱点整治工作；积极开展城市清洁日活动，累计清理各类垃圾2100余吨；指导社区、物业开展垃圾分类工作，清理清运垃圾渣土400余车;做好辖区53条背街小巷保洁工作；明确环境建设奖励办法，有序推进环境建设工作落实，全区街道排名第11位，比上年度上升3位。

（金中波）

【网格化管理工作】 年内，充分发挥街道网格化分指挥中心作用，强化了网格化社会服务管理平台、综治维稳平台、应急处置平台、食药监管平台和街道、社区、网格员的无缝隙衔接。及时发现并上报各类问题、隐患共计3.2万余件，通过视频监控系统发现问题625件，均得到了较好解决。接收96005丰台城市环境热线市民举报1100余件,回复率100%。

（金中波）

【精神文明建设】 年内，围绕道德人物和民情热点，组建了“幸福马家堡”街道宣讲团和“幸福社区”故事宣讲会，并整合区委宣传部“幸福生活讲师团”、“理论与生活周末大讲堂”和丰台区老科协“技术专家进社区”等资源，组织宣讲授课活动27场；开展好“发现丰台之美”和最美故事寻访酒动，发现、展示、传播了一批辖区内“最美达人”、“最美家风”、“学雷锋团队”，共8位居民获评2015年度“丰台达人”。挖掘地区最美人物85名，最美家庭13个，塑造马家堡好形象；成立了“植树马家堡博友汇”吸引居民参与绿化养护，坚持每月11日“公共文明引导日”、22日“文明出行推动日”活动；启动了马家堡小区公交站“自觉排队示范站台”活动，完成星河苑全国科普社区和枫竹苑、富卓苑、镇国寺科普益民计划项目的实施，不断拓展公共文明引导领域；在区政府网站、街道网站和手机APP登载信息6867条，在官方微博上发布博文1428篇；在首都科技网发布信息644条，占全市的53.3%；在首都文明网发布信息600条，占丰台区的48.9%。开展首批“网络发声人”试点，把网络空间建设成为激发正能量的坚强阵地。加入丰台微博矩阵，在官微原创、评论、转发等主要评价指标中位列全区街道系统前茅。

（金中波）

【文化体育卫生服务】 年内，举办了“国粹艺术进社区”、周末百姓大舞台系列活动80余场次；成立了马家堡古韵书画院，在纪念抗战胜利70周年书画展中选送作品180余件；街道合唱团在发现丰台之美合唱大赛中荣获二等奖；投入66万余元更新改造了各类文化体育设施和音响设备等；投入2万元组织寒暑假青少年活动80余次；举办全民健身活动30余场，累计参与体育活动人数1万余人次；完成了240余名流动儿童和700余名外来务工人员的免疫接种工作；为260名适龄妇女进行了两癌筛查；为900余名外来务工人员进行了艾滋病宣传干预；红十字两节送温暖救助23户，真情募捐1.5万余元，志愿献血1万毫升等，提升健康卫生服务能力；做好2015年非京籍适龄少年儿童入学材料审核工作，审核通过255人，最大限度的保障了辖区非京籍务工人员子女接受义务教育的权利。

（金中波）

【社会保障和捐助】 年内，组织多场招聘会，帮助577名失业人员再就业；帮助356名“4050”和“零就业家庭”人员实现灵活就业，鼓励83人实现自主创业，推动创业带动193人实现就业，为240名失业人员开展了技能培训，保持“零就业家庭”100%安置率，城镇登记失业率1.41%，控制在指标1.9%以内；为退休人员报销医药费金额73.2万元，为城镇居民报销医药费69.6万元，发放失业救济金79.2万元，发放低保金281.2万元。组织4294名社会化退休人员成立合唱、书法、计算机等自管组织72个，慰问高龄重病退休人员397人。建立重大节日困难群体走访慰问机制，共走访慰问3700人次，送去慰问金121万元；分类开展急难救助试点，医疗救助100人次40万余元、临时救助40人次10万余元、高等教育新生救助7人3万余元。做好双拥军工慈善工作，发放军工工资191万余元；做好老龄工作，办理老年证950人次、老年优待证1794人次，发放高龄津贴21.92万元，为2873名80岁以上的户籍老人办理了居家养老服务券；做好住房保障工作，完成各类保障性住房资格审核、续租、选房、摇号等共计2280户。

（金中波）

【社区建设】 年内，加强社区建设，完成了镇国寺、富卓苑、玉安园社区办公用房达标建设；16个社区全部建成一刻钟服务圈，增加服务项目40个，实施各类服务9000件；在11个社区建立了志愿服务站，成立志愿者队伍95支、吸纳志愿者3600余人，形成了比较完善的志愿者服务体系。5个社会组织项目获得市、区级政府资金支持，开展公益行活动150余次；嘉园三里智慧社区健康管理小屋为1000余名老人进行了免费健康体检，“幸福马家堡”公共服务微平台打造了网络时代便民互动平台，建立了“街道——社区——居民”三级直通的LED智能发布系统，累计发布各类信息1000余条；规范管理街面便民服务车和商亭，为服务街统一安装门头牌匾标识，并加装遮阳棚，提升街面环境；96156社区服务平台上传信息960

条，189 系统共接单 180 张，接听咨询电话 600 余人次，开展社区大课堂 45 次，开展公益性服务 200 余场次，服务人数 8000 人次。完成了 1825 残疾人基本服务状况和需求专项调查工作，为 52 户肢体残疾人家庭进行了无障碍改造。

（金中波）

【劳动保障】 年内，加强“劳动用工规范一条街”工程建设，开展劳动保障日常巡察 80 余次，及时纠正违法用工行为 6 起，督促补签劳动合同 200 余份，督促补办社会保险 100 余人次，追缴拖欠工资 960 余万元，确保建筑施工企业农民工劳动合同签订率达到 98% 以上，劳动投诉、举报案同比下降 8%，结案率 100%。

（金中波）

【人口计划生育服务】 完善了计生全员人口信息系统，走访慰问失独特扶计生家庭 71 户，为 360 余户独生子女家庭办理了保单登记，办理各类计生服务证件 1045 份，新生儿入户登记 264 份。

（金中波）

西罗园街道

【概　况】 丰台区西罗园街道位于丰台区东北部，东起木樨园立交桥中心线，西到右安门外大街草桥路口，北起北京南站东南侧，南至角门路。辖区面积 2.86 平方公里。凉水河由西北向东南蜿蜒过境，境内长 2 公里，马草河经海户西里汇入凉水河。南三环中路、马家堡东路、马家堡路、角门路纵横交错，交通便利。辖区内常住人口为 8.7 万，流动人口 2.3367 万。街道办事处下设 16 个社区居委会。辖区内设有中小学校 7 所、职高 1 所、托幼园 9 所，医疗卫生机构 4 所，社区卫生站 4 所，养老院 1 所，驻辖区部队 2 个。中国评剧院和北京京剧院坐落于辖区内，中国评剧大剧院是集戏剧、歌舞、音乐、演出为一体的一所多功能文化场所。

（杨　凡）

【社会治安综合治理】 年内组织签订综治维稳责任书和反邪教责任书 900 余份，签订率 100%。为 5 个社区加装监控设施，累计共有 11 个社区完成监控设施装备。转化 3 名法轮功人员。关停 6 处人防地下空间及 10 处不合格普通底下室，工程内住户清理完毕。与 536 户煤炉取暖用户签订安全责任书，签订率 100%，报警器使用率 100%。

（韩建宝）

【精神文明建设】 年内，通过推进社区开展市、区级文明社区创建活动，街道申报的角门东里一、鑫福里、海户西里北和洋桥北里共 4 个社区通过验收成为首都级文明社区。寒假期间，丰台区文明办、关工办合力在花椒树社区启动“培育核心价值观、践行传统美德——争当社区文明小使者”主题教育实践活动，首都文明办领导和辖区未成年人 200 余人参加仪式。举办“花椒树故事会”六周年回顾活动，总结表彰六年来十六个社区积极开展“花椒树故事会”活动中的优秀社区集体，优秀宣讲员以及优秀故事作者。组建街道级宣讲团，制作配备演讲故事视频 10 段。9 月，15 名宣讲成员走进丰台区 21 个街乡进行巡回宣讲。开展“发现丰台之美”主题活动，举办大型诗画鉴赏、现场书画笔会和“我读”会，十六个社区 300 余人参与。深化秩序和观赏文明引导，发挥区公共文明引导员作用，推进“绿色出行文明交通”的宣传实践，开展每月 11 日“公共文明引导日”、每月 22 日“文明出行推动日”活动，推进“公共文明示范街”、“文明交通示范路口”、“安全有序学校门口”

创建和“自觉排队示范站台”、“自觉排队好市民”评选。开展征集街道“北京榜样”候选人推荐工作。组织辖区非公企业、餐饮行业员工开展“我在北京发生的感人故事”为题的非公企业打工者第二故乡联谊故事会。16个社区在3至10月以讲座、健身、志愿服务、宣传志愿活动、故事会宣讲的形式开展“2015年丰台区实施文化工程，建设美丽丰台子项目活动方案”工作。

（吴高平）

【矛盾排查调处】 年内，受理信访件38件，其中人民来信来电来访16批63人次，信访综合办公系统22件。受理件中城市管理类28件，占73.7%；民政、计生问题3件，占7.9%；其它7件，占18.4%。

（宋　勇）

【监察工作】 年内，办理政风在线、行风热线投诉15起，办结率100%。

（王子静）

【住房保障工作】 年内，受理、审核、公示保障性住房161户，变更、复核、终止、续签各类保障性住房242户。完成限价商品房选房及配售402户，经适房选房及配售306户。完成公租房配租25户。完成经适房轮候家庭资产复核及摇号意向登记363户，限价房轮候家庭资格复核及摇号意向登记393户。完成廉租房实物配租家庭资格审核89户，廉租房家庭定期复核28户。完成已入住公租房租金补贴家庭复核59户。

（游贤春）

【募捐活动】 年内，16个社区建立捐助站点，每月25日捐助站点进行敞开捐助工作。在辖区开展主题募捐月活动。共收捐助款2.6234万元，衣被9206件。

（陈中玲）

【老龄服务】 4月29日完成街道养老照料中心改扩建工作，正式运营，共有床位130张；完成3个社区养老照料分中心建设工作。为90岁老人发放高龄津贴23.13万元，为20位95岁以上老人办理高龄医疗补贴，发放金额13.66万元。为60岁以上困难老人免费安装服务呼叫器41部，为60岁以上老人免费办理居家养老保险1567张、办理老年证652张，为65岁以上老人办理优待卡1045张。

（喻忠文）

【社会救助】 年内，为302户514名低保对象办理低保审核并发放低保金200.9万元，撤销收入超标家庭8户。为35名医疗救助对象申请医疗救助5.3万元，办理重大疾病救助2人，救助金额1.019万元，为19名无丧葬补助人员发放丧葬费9.5万元，办理低保新入学大学生救助2户，救助金额0.87万元。

（陈红星）

【助残工作】 年内，完成全国残疾人基本服务状况和需求专项调查工作，共入户调查1790人，电话调查7人，入户率99.6%。完成两个社区40户的残疾人生活状况监测工作。发放残疾人一卡通1892张。为46户肢体残疾人申请了家庭无障碍改造并配合市残联评估组完成入户评估。为170余名智力残疾人发放智力辅助用品，为辖区3名享受儿童康复的重度残疾儿童发放餐券，为35名残疾人做了体检，为250名肢体残疾人发放摩托车救援服务卡。为3名儿童发放康复补贴6万余元，为14户家庭安装闪光门铃。举办残疾人家庭康复培训三期，160人受惠。组织地区有就业意愿的残疾人参加就业招聘会3次，3人与用人单位签订劳动合同。

（李晓月）

【就业与再就业】 年内，采集就业信息3553条，组织免费招聘洽谈会6场，开展项目展示4场。组织政策指导培训9次，开展职业指导9场，免费为失业人员提供就业指导；开展“一对一”专项小组指导8次，93人接受指导；开展技能培训9次，268人参加培训。364名失业人员办理了自谋和灵活就业。完成小额担保贷款1例。街道新增城镇登记失业人员487人，558名失业人员实现就业；

368 名就业困难人员实现就业；职介推荐失业人员就业 194 人；53 名外地工实现就业，辖区城镇新登记失业率控制在 2.5%以内。

（袁江磊）

【安全生产管理工作】 年初，对辖区 1176 家生产经营单位进行走访，并签订《生产安全责任书》、《消防安全责任书》及《预防燃气事故责任书》，告知其安全生产的必要性及日常经营时的注意事项，并为其建立动态台账。年内，开展安全生产检查 1089 家次，发现隐患 2379 处，开具限期整改通知书 787 份，整改隐患 1438 处。共进行专项整治行动 8 次。至 10 月底，完成安全生产条件普查数据采集、录入、上报工作，上报信息共计 1860 条，核销系统内不实信息 1628 条。历时 5 个月共完成 71 家小微企业的评审工作，超额完成率 118%。7 月至 9 月底，共进行安全生产检查家数 446 家，发现安全隐患 291 处，下达整改文书 178 份，整改隐患 208 处，关停违规企业 2 家。

（马　力）

【老旧小区整治】 年内，完成 9 个社区开展老旧小区环境整治施工；完成 4 个社区 11 幢楼的楼体改造。

（李世豪）

【环境建设】 年内，完成西罗园三区南侧环境整治，完成海户西里北社区南墙外围墙和路面整修及海户西里南社区道路铺装项目的设计、招投标和施工。完成海户西里南社区 34 号院绿地整治工程。完成洋桥北里社区通往北京南站坡道改造工程。完成地区大街两侧线杆和设施的防粘贴工程，有效治理小广告问题。辖区各部门联合执法，对不同环境问题进行整治行动 38 次。

（李世豪）

【拆违控违】 年内，加强宣传工作，在各社区通过板报、橱窗、电子显示屏等形式进行宣传。落实街道、社区、分队三级巡查机制，按照早发现、早制止、早拆除的原则，制止和拆除违法建设 36 处共 4920 平方米。

（李世豪）

【网格化管理】 年内，召开街道层面疑难案卷会商 42 次。进行了 26 次网格件周统计、周分析，12 次月统计、月分析、月通报，召开了 19 次环境周例会，接收完成信息化城市管理网格件 969 件、北京市非紧急救助热线 12345 平台案卷 1325 件、城市环境热线 96005 平台案卷 119 件。

（耿连明）

【社区文体活动】 年内，辖区共有不同种类的群众文化队伍 55 支，根据需求组织各类培训，其中戏曲身段培训 4 场，参与者 12 人次；戏曲知识大课堂 9 场，参与者 27 人次；舞蹈培训 4 场，参与者 64 人次。节前在中国评剧院小剧场举办了西罗园街道第三届戏剧票友 PK 赛；元宵节期间，街道联手中国评剧院编排了一场多剧种的“名角票友携手闹元宵”戏曲联欢会。“六一”前夕，以“快乐、成长、未来”为主题，举办“西罗园庆六一儿童嘉年华”活动，有 16 个社区和 4 所幼儿园的 175 名的幼儿参与。端午节期间，西罗园街道与丰台文化馆合作，将一场“文化四进”演出送进社区，为辖区居民送上节日祝福。举办不同主题的“周末百姓大舞台”活动，发掘各类专业人才，充实辖区文艺队伍。新增 3 个社区成功创建为北京市体育生活化社区。以社区为主体开展春季运动会 6 场；棋牌赛 1 场，乒乓球赛 2 场，足球赛 1 场。

（杨　芃）

【社区建设】 年内，完成第九届社区党委及居委会换届选举工作。本着抓准社区定位、深化重点建设的原则，对鑫福里和海户西里南两个社区办公和服务用房未达标的问题进行了整改。坚持从实际出发的原则，指导社区加强创建“智慧社区”工作，指导第一、二批创建成功的社区做进一步创新建设及升星项目，同时指导未达标且基础设施条件较差的8个社区的创建工作。进一步建设、宣传推广“乐居网”社区门户网站的工作；宣传推广“社会服务之窗·西罗园”的APP，社区便民信息、社区工作动态时时更新，保障群众知晓率和参与度。组织海户西里北和四路通2个社区共3项政府扶持社会组织志愿服务项目的落实工作。整合修订《西罗园街道社区制度汇编》，对社区工作及社区工作者管理考核等相关方面进行明确规定，为社区各项工作的开展提供完善的办事依据和指导规范。做好社区工作者的集中培训和参加全国社会工作者职业水平考试报名、考前辅导培训及登记、继续教育工作。

（郭　跃）

东铁匠营街道

【概　况】 东铁匠营街道位于丰台区最东部，辖区总面积12.9平方公里，辖区北部与东城区、方庄地区相邻，东部与朝阳区接壤，南部与大红门街道、南苑乡搭界，西部与东城区、西罗园街道相连。北部毗邻京津城际高速铁路，京广铁路，南二环路，南护城河。南三环路东西贯通辖区，地铁5号线、10号线、14号线、亦庄线纵贯辖区，蒲黄榆路、榴乡路南北横跨辖区，紧邻京津塘高速公路。2015年，社区居委会24个，辖区常住人口17.8万人，户籍人口9.6万人，流动人口4.8万人。计划生育率99.4%。辖区有北京市同仁堂科技发展股份有限公司、北京地铁车辆装备有限公司、方庄污水处理厂、方庄供热厂、北京联合大学特殊教育学院等4800余家单位，其中，各类学校、幼儿园40家，医院7家，液化气站2家，加油站3家，大型商市场25家，电影院2家，物业单位50余家。

（朱伟成）

【社会治安综合治理】 年内，严厉打击非法运营，街道联合执法组共开展37次街面秩序整治行动，出动执法车辆178车次，执法人员1962人次，查扣黑摩的315辆。在开展集中整治的同时，继续聘用30余名保安对整治后的重点位置进行持续管控，巩固整治成果，防止扰序行为反弹；加强信息员队伍和治安志愿者队伍建设，街道新增治安志愿者200余名，志愿者总数达到4700人，充实维稳信息员数量，由之前的172人增加到350人；创建驻点办公机制，破解群租房整治难题，拆除群租房屋隔断95处，劝退群租人员289人；辖区相关部门密切配合，采取通告约谈、设备检修、联合执法等方式，关停普通地下室19处、人防工程15处，消除人防工程的安全隐患，提升周边小区居民的居住环境。

（王志海）

【安全生产】 年内，制定《东铁匠营街道安全生产“党政同责、一岗双责”规定》。严格落实安全生产处级领导每月带队检查制度，认真履行安全生产监管职责，在春节、两会、安全生产月、国庆节、反法西斯战争胜利70周年庆祝活动等重大节日、重要活动期间不间断进行监管检查。其中，组织开展综合检查107次。街道、社区各类安全检查力量共检查社会单位（场所）8439家，出动网格力量7500余人次。全年共消除生产、消防等各类安全隐患5942处。开展安全生产宣传教育，组织社区、社会单位开展消防演练和疏散逃生演练40次，参加人数2000余人。顺利完成北京市第一次安全生产条件普查工作，普查社会单位2411家。深入推进小微企业达标创建工作，按时完成70家小微企业达标任务。全年共处理12345市长热线投诉举报件48件。

（张　岩）

【老旧小区改造】 年内，投入资金300多万元，对安乐林路、刘家窑路等路段进行了改造；配合市区背街小巷美化整治项目投入资金600多万元，对年久失修、破损的3条背街小巷进行了修整，美化环境的同时改善了出行条件；加快老旧小区抗震节能综合整治进程，抗震加固楼房30栋，节能改造93栋，积极寻求市、区有关部门支持，协调9栋老旧小区楼梯纳入综合改造项目，整治工程顺利完成。为老旧小区居民向区老改办申请从新铺设地砖项目，并增设健身设施60余套，规范老旧小区停车管理，新增居住区停车位约900余个，有效缓解了居民群众停车难的问题。

（李　智）

【环境建设】 年内，共投入资金400多万元，重点对顺四条、宋庄路等十几条主要大街、85条背街小巷、刘家窑地铁站以及宋家庄交通枢纽等重点区域进行综合治理；累计开展各类联合执法行动140余次，出动执法人员2800余人次，执法车辆360多台次；规范门前“三包”4200余次，拆除门前私搭乱建120余处；取缔各类无照经营累计1960余户，清理各类垃圾1030吨。

（李　智）

【网格化管理】 年内，接收并处理完成区城市监察指挥中心下派的网格件4929件；城市环境热线96005平台案卷件223件，北京市非紧急救助热线12345的案卷2003件，微博15条，电话交办单7件。

（袁　文）

【老龄服务】 年内，积极推动和监督管理光彩养老照料中心及南方庄颐养康复养老照护中心运营，现有床位200张；居家养老服务券换卡5300余张；在辖区内开展各种敬老孝老活动；配合区里完成全国双拥模范城六连冠迎检工作；完成区新政策下的救助工作，发放救助金额120余万元。

（习岳红　邢志辉）

【社会救助服务】 年内，接受社会救助申请38份，低保、贫困户等报销药费278户，476人；新批准低保家庭36户，入户调查45余次，低收入家庭66人；全年共审核低保材料635户，1116人，对不符合低保条件的115户家庭267人停止享受低保，给予51人发放丧葬补贴，共计25.5万元。

（温悦宏）

【就业与再就业】 年内，与用工单位联手打造再就业平台，走访跟踪服务用人单位184家，提供空岗信息3820个，完成率119.4%；组织3600余人进行就业指导；并对638人进行专业培训；完成失业人员再就业1282人，完成率101%；困难人员就业869人完成率151.9%，社区安置就业835人，完成率达104%；完成创业指标186个，完成率达128.3%；带动就业指标382个，完成率达114%。

（温悦宏）

【文化教育活动】 按照北京市文化示范区达标要求，投入专项经费83万元改造街道培训室、图书室、多功能厅，购置各类音响设备；申请专项经费133.7万元，对横七条第三社区、横七条第二社区、蒲安里第一社区、蒲黄榆第三社区的文化活动室进行升级改造，购置图书、安装音响设备等，满足社区居民文化娱乐活动的需求；根据体育生活化社区创建工作的要求，向市级财政申请经费121万元，对蒲黄榆第二社区的怡心公园、红狮家园社区、南方庄社区、木樨园第一社区、宋家庄社区铺设健身步道并对健身器材进行规划改造。

（杨章君）

【信访与矛盾排查】 年内，街道三级调解组织共成功调处各类矛盾纠纷1296件，成功率达98.9%；共受理群众来信来访104件，接访350人；针对老旧小区的特点，以蒲安里第一社区为试点，分析了老旧小区现存的问题及困难，探索新的解决途径，完善并形成了一套新时期信访工作的有效机制。

（张春华）

【社区建设】 年内，完成了第九届社区选举工作。加快推进社区办公及服务用房达标；完成四方景园社区“规范化建设示范点”创建；鑫兆雅园、宋庄路第二社区“三星级智慧社区”创建，刘家窑第二社区升四星级“智慧社区”建设；蒲黄榆第三社区、宋庄路第一社区“六型社区”创建；街道社区志愿服务站规范提升工作全面完成；社区“四权实践”建设全部达标。完成一个区级枢纽型社会组织政府购买项目及 10 个区级政府扶持项目。推进社工队伍专业化、职业化建设，组织开展了社区副职以上任职培训，组织 54 名选举后新入职人员脱产培训，累计开展各类法律、信访等业务培训 600 人次，全面开展社区工作者“走进百姓家、联系你我他”入户工作。积极探索社区治理新途径，建立老旧小区自治组织，鼓励群众参与社区治理，共建和谐美好家园。

（范文杰）

【食品药品监管】 年内，共监管“四品一械”710 户次，领导带队检查 20 次；共受理个体行政许可 55 户，发放各类证照 72 件；办理投诉举报 412 件，及时向投诉人反馈调查处理情况。对 142 起违法案件进行了立案处罚，罚没款 461924.79 元；开展大型宣传活动 6 次，受益群众 8000 余人，发放各类食药宣传材料 20000 余份；共组织食品、药品从业单位开展安全管理培训 4 次，参训单位 130 余家，食药所编辑制作食药安全知识专栏 10 期，编发食药安全知识条 50 条，转发食品下架信息 40 批次。

（冯占斌）

【住房保障】 年内，专项资格复核经适房轮候家庭上报审核 705 户，两限房 615 户，组织实施选房 934 户，各类资格变更 208 户，廉租房租金补贴复核家庭 67 户，续租 55 户。

（王宗青）

【计划生育工作】 年内，区计划生育服务和管理工作进展顺利，全年上报新生儿 841 人，违法生育 5 人，计划生育率 99.4%，全年收缴社会抚养费 6 例 110 余万元；办理一胎生育服务证 466 个，独生子女父母光荣证 227 个，报审二胎 189 件，发放避孕工具 208 箱，避孕药品 242 盒，价值 5 万余元；为辖区计划生育家庭 626 户 1831 人办理了意外伤害保险；特别扶助对象 114 人、独生子女伤残扶助对象 185 人通过了年审；全年发放独生子女父母年老时一次性奖励 519 人 51.9 万元，一次性经济帮助 13 人 6.5 万元，发放独生子女父母奖励费 2453 人 7.25 万元；开展各类计划生育宣传教育培训，以“幸福家庭”九大工程为依托，相继开展了“5.29 协会纪念日”、关爱女孩、婚育新风进万家、婴幼儿“宝宝趣味运动会”、科学母乳喂养、流动人口计生知识有奖问答等各类活动。针对地区实际，开展了特殊扶助家庭春秋季游园、健康体检、两节走访慰问及发放暖心慰问金、健康大礼包等特色活动；定期组织社区计生专干进行法规、业务流程、信息系统操作培训，全方位提高街道计划生育服务水平；本着“以人为本、服务于民”的理念，对原有办公场所进行了整体升级改造，增设四个便民服务窗口。

（李　宏）

【劳动监察】 年内，完成了辖区 1243 家企业用工单位的日常巡查、监控工作，劳动合同签订率 96.4%、缴纳社会保险 95.1%；全力做好社会保险扩面征缴工作，完成扩面任务总数 2687 个，是全年任务总数 2197 个的 122.3%；全年受理各类投诉、举报案件 13 起，涉及职工 38 人，追回拖欠的工资 18.94 万余元，劳资纠纷问题全部解决；在劳动用工规范工程中，确定了以鑫兆雅园社区为中心，以宋家庄地铁交通枢纽周边的用人单位为重点，对该区域的 98 家用人单位进行了劳动用工的规范与书面审查工作。涉及员工

1232人，合同签订率达到98.6%，应参加社会保险1232人，缴纳保险率达到97.5%；全年新增用人单位信息采集420家，组织开展了4次劳动用工专项执法大检查活动，5次劳动用工法律法规的宣传活动。

（肖俊亭）

【助残工作】 年内，辖区共有残疾人4097名。其中，116人享受了重残人生活补贴，27人享受失业残疾人生活补助，234人享受低保残疾人生活补助，三项生活补助累计发放补助金128.5万元；为辖区享受居家养老助残券的559名残疾人发放助残券67万元；在开展的城镇个体三险补贴工作中，为辖区内137名残疾人办理了保险补贴，涉及补贴资金101万余元；完成辖区398名残疾人生活补助复审以及203名残疾人的城乡居民养老补贴申请、复审工作。

（曹乃斌）

【法律服务】 年内，共排查调处矛盾纠纷658件，排查纠纷22次，预防纠纷87件，制止群体性上访110余人；全力做好“两类人员”管控教育工作，累计接收302人，累计解除268人，全部“两类人员”状况稳定，无重新犯罪，无脱管失控现象发生；共开展法治宣传十余次，发放宣传品3000余件，受益人群2000余人。

（杜　刚）

方庄地区

【概　况】 方庄地区位于丰台区东北部，北至南二环路与东城区搭界，东至方庄东路与朝阳区接壤，西至蒲黄榆路、南至南三环路与东铁营街道相连。辖区面积5.53平方公里（小区面积3.14平方公里），分芳古园、芳城园、芳群园、芳星园、紫芳园、芳城东里6个园区，有16个社区、27个居住小区。现有人口12.8万人，其中流动人口3.1万人。人口构成以汉族为主，占95.7%；有满、回、蒙古、朝鲜、藏族等35个民族。地区工委下辖16个党委、4个党总支、122个党支部，3804名党员。辖区有中央、市、区属单位105家；有非公有制企业998家，外资企业11家，规模以上企业20家；有技校2所，中学4所，小学6所，幼儿园12所，医院2家，金融网点30家，公交线路26条，轨道交通线2条，公交通勤摆渡2条。年内，获全国先进1项，市级先进1项，区级先进12项。

（乌兰塔娜）

【经济工作】 年内，发挥地区企业联谊会作用，通过搭建平台、交流信息、促进合作，为企业提供更加便捷的服务，企业发展环境不断优化；新引进企业1家，完成留区税收3.95亿元，位于全区街道系统第二位。

（乌兰塔娜）

【党建工作】 年内，巩固和拓展教育实践活动成果，完成14项53条整改任务；深入开展“三严三实”专题教育，全面推进党建工作；年内，组织召开重点工作发布会2场；完成16个社区党组织换届选举工作，党员参与率达91.06%，新选出社区党组织书记16名，副书记31名，委员69名，席位制委员43名；成立“两新”组织党组织3个，覆盖辖区非公企业14家；培养入党积极分子113人，发展党员45人，接转党员组织关系223人；组织党风廉政教育活动15次，征集廉政书画22幅；对党风廉政建设“两个责任”进行分解、细化，签订党风廉政建设责任书315份。

（乌兰塔娜）

【社区建设】 年内，完成第九届社区换届选举工作，共登记选民36774人，选民参选率82.9%，新选出社区居委会主任16人，副主任23人，委员91人；推进“六型社区”、“规范化社区”建设，完成芳古园一区、芳群园一区试点建设；完成7个社区“智慧社区”升星工作；完成16个社区“一刻钟服务圈”建设，进一步完善社区服务“一卡通”平台，打造集社会管理与居民服务为一体，以物联网和互联应用为支撑的服务体系；完成了芳星园一区等4个社区微循环交通改造工作，新增标志牌、标线，实现了小区道路交通的“单循环”，推进小区内交通畅通。

（乌兰塔娜）

【综合治理】 年内，完善联合执法、专项整治协调机制，强化重点路段、桥、涵洞的守护，优化社会面防控体系，参与巡逻人员3.5万人次；对142处民防工程和230处普通地下室进行大检查10次；关停使用合同到期和非法使用人防工程19处，拆除房间1100间、11415平方米，疏解人员1250人；开展群租房整治活动，入户核查群租房38处，处理群租房投诉件60起；张贴防汛、防火、防盗安全提示2000余份。

（乌兰塔娜）

【非首都功能疏解】 年内，坚持“压存量、控增量”，通过以房管人，以业控人。开展3次集中整治和多次分散整治，疏解人员1450人；整治区挂账群租房10户，劝离16人；加大市疏解力度，整体拆除方庄东路早市3600平方米，疏解摊位445个、人员1200人；改造升级锦辉福乐菜市场、阳光市场、方庄市场，疏解摊位300个、人员600人。

（乌兰塔娜）

【安全工作】 年内，对辖区内4173家企业安全生产状况进行核实审查，核实注销不在本地区经营的企业2261家；加强对餐饮等行业的安全监管，完成小微企业标准化创建工作；开展安全宣传活动20次，发放宣传手册2万册；开展防火安全警示教育讲座3次，参会单位近200家；加大特种设备事故隐患排查，保证了本地区特种设备运行安全平稳。

（乌兰塔娜）

【信访工作】 年内，进一步完善分级分责化解信访矛盾工作机制，落实领导接访和联系服务社区、企业制度；开展社会矛盾排查20次，受理矛盾纠纷154起，调处成功154起，成功率100%；接待群众来访200人次，接办信访件41件，办结41件，结案率100%；开展主要领导接访15场，接访群众50人次，解决问题22件。

（乌兰塔娜）

【劳动保障监察】 年内，完成劳动保障监察日常巡查180次；协调解决劳资纠纷7起，涉及职工56人，为职工追回工资30万元；开展劳动政策法律法规讲座5次，参加人数600人。

（乌兰塔娜）

【就业与再就业】 年内，安置失业人员就业330人，完成年度指标的82.5%；创业带动就业180人，完成年度指标的126%；实现创业84人，完成年度指标的129%；采集空岗信息2901条，完成年度指标的96.7%；组织培训生源96人，完成年度指标的96%；累计办理自谋职业和灵活就业社会保险补贴340人；组织企业招聘会10次。

（乌兰塔娜）

【社会保障】 年内，辖区内有最低生活保障家庭108户183人，发放低保金107.1万元；为12户、17人办理低保手续；对108户收入变化的低保户进行变更或撤销；办理一老一小医疗保险680人，无业人员医疗保险248人；办理无保障老人福利养老470人，城乡居民养老保险121人；报销退休人员医疗费1151人次；办理居民丧葬补贴19人9.5万元；办理居民自采暖补贴180人；为3575名企业退休职工提供社会化管理服务。

（乌兰塔娜）

【社会救助】 年内，为35户46人次办理医疗救助，发放医疗救助金12万元；为15户办理临时救助，发放临时救助金3.5万元；为6名大病困难人员申请救助金3.2万元；为9名儿童报销康复费用18万元；走访慰问残疾人650户，为11个残疾人家庭申请家庭无障碍改造；开展“春风送暖”等社会捐助活动，收到捐款7.9万元，棉衣棉被9000件。

（乌兰塔娜）

【法律服务】 年内，开展法制宣传教育活动24次，发放法制宣传材料1万余份，受教育群众达10万余人次；排查调解矛盾纠纷162件，达成调解162件，涉及金额500余万元，调解成功率达到100%；接待居民法律咨询8907人次，提供法律建议84条；为居民进行集中法律服务284次，法律知识讲座84次；接收矫正对象9人，解除矫正10人，接收帮教对象18人，解除帮教27人；劝离上访人员27名。

（乌兰塔娜）

【城市管理】 年内，以区域环境综合提升为抓手，加快基础设施建设，启动了涉及7个社区、101栋居民楼、16204户、35536人，面积约1.35平方公里，共八个方面的综合提升；完成5个社区34栋居民楼、40余万平方米的老旧小区节能综合整治改造任务；通过整合综治、城管、安全、派出所、城管分队、工商所等部门力量开展联合执法，形成联防联动的工作格局，开展联合执法70余次；开展环境卫生整治行动9次，清理乱设摊位、店外经营、街头游商、黑车摩等近千宗，拆除违法建设5000平方米，拆除非法户外广告100余块、3720平方米。

（乌兰塔娜）

【文化体育活动】 年内，辖区内有群众文体活动组织60个，参加活动群众1600人，开展文化体育活动100场，受益群众达9万人；社区服务中心开展活动278次，放映电影36场，讲座25次，参与群众1.2万人次。

（乌兰塔娜）

【医药卫生健康服务】 年内，举办各类健康讲座100场，对708名外来务工人员进行麻疹、流脑疫苗接种，对2009名学龄前流动儿童进行查漏补种，完成目标儿童入户摸底率95%，补种率100%；组织辖区125名适龄妇女进行两癌筛查；做好社区精神疾病患者建档工作，做好六类严重精神障碍患者免费基本药品服务的宣传工作；组织辖区企业职工、社区居民142人无偿献血，献血量达143袋；发放各类卫生防病宣传折页及宣传海报2万余份。

（乌兰塔娜）

【计划生育工作】 年内，登记育龄妇女19271人，其中常住已婚育龄妇女8356人；当年新出生婴儿307人，计划生育率为99.3%；办理《独生子女光荣证》174册，组织审核二孩生育服务证明材料100份；开展计划生育宣传教育15次，发放宣传资料2300份；组织社区24名计生干部和地区50名流动人口进行体检及两癌筛查；组建了由35名志愿者参加的“亲情牵手”2+1志愿者联系人队伍；成立了“快乐小陶子”亲子读书会，受惠人群达到1500余人次；计划生育优质服务到位率100%，生殖保健服务到位率100%，社区卫生计生服务落实率100%；征收社会抚养费28.03万元。

（乌兰塔娜）

【精神文明建设】 年内，开展纪念抗日战争胜利暨反法西斯胜利70周年爱国主义宣传教育，组织300名党员干部参观中国人民抗日战争纪念馆、北京档案馆，开展“缅怀抗日英烈、共创复兴大业”、“唱红歌·诵经典·铸党魂·聚民心”等系列活动10场；开展以“发现丰台之美”为主题的“收获幸福·绽放美丽”、“方庄地区丰台达人秀”、“我读、我唱、我拍”等活动；启动“寻找身边最美方庄人”、“古人优秀家风故事”传播活动；开展“看重平凡、做好自我”社会主义核心价值观主题实践活动，组织宣讲

30场，参与群众1000人；在市级以上主流媒体刊登稿件11篇、发布信息61条，在《丰台报》发表新闻稿件15篇，在丰台有线电视台发布视频新闻13篇，在丰台政务网、方庄政务网上发布消息450条。

（乌兰塔娜）

南苑街道

【概　况】南苑街道位于京城正南，丰台区境域东南部，人称“天安门前第一镇”。历史上是元、明、清三代的皇家苑囿旧址，元称飞放泊，明称南海子，清称南苑。辖区面积13.62平方公里，居民1.9万户，常住人口4.3万人，流动人口1.5万人，其中包括汉族、回族、满族、蒙古族、朝鲜族等13个民族。年内，辖区税收入10289万元，比去年同期增长34%，其中地税收入5577万元，留区税收入1411万元；国税收入4712万元，留区税收2629万元。辖区内有8家中央、市属单位，武警北京总队二师、空军南苑场站等38支驻区部队，11个社区，清真寺和基督教堂各1座。年内紧紧围绕建设和谐南苑的目标，强作风重实效，全力推动棚改三期工作，促进了各项社会事业协调发展，确保了地区的安全稳定。

（孙立军）

【阅兵安保】年内，完成南苑机场和武警九支队等参阅部队的安全保障任务，投入专群防控力量5.1万人次；自筹资金80余万元对诚苑、西宏苑、南庭新苑南北区的技防设施进行升级改造；加大对出租房屋、中小旅店、黑开场所、六小门店整治，关停8处普通地下室，清理4处人防工程；在南苑四小路口安装道路隔离桩，为槐房社区出入口安装凸面镜，在南苑公园前安装黄慢灯、划斑马线，减少人员密集场所道路通行的安全隐患。

（孙立军）

【棚户区改造】年内，南苑棚户区改造一期项目签约3374户，签约率83.6%；三期项目签约2561户，签约率74.53%。南庭新苑南、北区办理入住手续1289套，阳光星苑小区办完入住手续1544户1726套。

（孙立军）

【党组织服务站规范化建设】年内，在6个社区试点党组织服务站规范化建设，5个棚改社区推广覆盖，独立设置服务场地6个，统一配备各类便民工具30余种1200余件，健全完善服务制度和台账10余项，培育志愿者队伍30余个，扶植“七彩虹服务队”、“阳光365志愿服务”、“民声驿站”等一批党建创新项目。累计走访入户、提供服务3万余次。

（孙立军）

【精神文明建设】年内，打造节庆、红色、双拥、群众文化品牌，开展“百家宴烹出邻里情，新家聚共度幸福年”、“二月二龙抬头义务理发暖人心”、“清明祭英烈”、”老镇情怀韵味浓，老少同乐度端午”、“九九重阳，情系棚改老人”等传统文化活动；开展中国人民抗日战争暨世界反法西斯战争胜利70周年系列纪念活动，参观红色文化教育基地，举办抗战胜利70周年知识竞赛，组织抗战老兵讲述抗战故事；与驻区部队开展“学雷锋志愿服务月”，举办“抗战历史永铭记，军民鱼水一家亲”双拥文艺汇演、“一对一”就业服务进军营等活动，引导“未成年人进军营”过“军事日”；培育鱼水情艺术团、战鹰合唱团等文化团队，组织开展“活力辣妈，健康达人秀”、“学习科普知识，争做科技达人”、“舞动南苑，秀出精彩”、“牵手农民工，送法进工地”等活动；购置2辆公共文明流动宣传车，配置 10 余种便民工具在五爱屯公交站台设立党员示范岗，在新华路南口公交站台打造“温馨站台”。

（孙立军）

【宣传活动】 年内，在人民网、新华网、首都文明网、千龙网等网络媒体共刊发稿件 402 条；在北京电视台、丰台有线电视台等电视媒体共刊发稿件 73 条；在人民日报、北京日报、北京晚报、北京晨报、劳动午报等报纸媒体共刊发稿件 136 条，被评选为“北京市第十二届思想政治工作优秀单位”称号。

（孙立军）

【城市管理】 年内，引进博静雅物业公司，解决飞腾家园小区无物业管理困境；将 4 个无物业管理小区纳入环境卫生专业保洁范围，完成辖区旱厕改造修缮 14 座，按期完成翠海明苑社区变电所宿舍改造工作，对 5 个涉拆社区建筑渣土区域规范苫盖 8.7 万平方米，清运生活垃圾 30 吨，签订并悬挂“门前三包”责任标牌 625 家，为南庭新苑北区、东新华、西新华等社区安装休闲石桌石凳 40 套，完成 1 个花园式单位和 1 个花园式小区的创建工作，疏通清淘雨污水管线 5000 余米，更新 96 个雨污水箅子。

（孙立军）

【社区建设】 年内，11 个社区完成第九届社区居委会选举工作。解决了东新华、三营门和西新华社区办公和服务用房不达标问题，南庭新苑南区社区参加北京市六型社区创建达标活动，南庭新苑南区、北区社区参加 2015 年智慧社区创建验收工作，做好人口抽样调查工作和老旧小区的摸底调查工作；实施网格化社会服务管理，拓展单对多网络服务，走访入户累计 22500 余户次。

（孙立军）

【助残服务】 年内，完成残疾人基本服务状况和需求专项调查工作，为 77 名残疾人办理北京市残疾人个体及灵活就业残疾人三险补贴，补贴金额 573514 元；为 174 名特困残疾人、39 名无业无固定收入重残人、19 名失业残疾人发放各类补助金 469900 余元；为 100 名重度及无业办理残疾人城乡居民养老补贴；对 370 名残疾人家庭进行两节走访，发放了慰问品及慰问金 9 万余元；为 136 名残疾人发放残疾人机动轮椅车燃油补贴 3 万余元；为 3 名贫困残疾人免费提供轮椅 3 辆，为肢体残疾朋友提供拐杖 4 副，组织残疾人参加政策知识培训 20 课时，解决 1 名残疾人就业问题。

（孙立军）

【就业保障】 年内，完成了 5618 份失业、退休人员档案数字化加工装订工作，为 1029 名失业人员申领失业保险金 1176247 元、报销药费 23856 元，为 285 名城镇登记失业人员办理了灵活就业申报手续。为 259 人办理灵活就业停止申报手续，对 10 户零就业家庭进行了就业援助；举办“春风行动”春季人才招聘会 2 次，“一对一、面对面”进社区职业指导座谈会 3 次，发布企业空岗信息 221 条，收录求职人员信息 532 条，职业指导 1450 人，办理职业技能培训班 37 期；为辖区 5 名高考生进行了高考指导工作，高考录取 4 名。

（孙立军）

【劳动监察】 年内，完成日常巡查单位 390 家次，更新信息 226 家次，对 93 家单位进行了执法检查，全力推进社保扩面征缴任务，妥善处理劳资纠纷 2 起，涉及金额 24.5 万元，开展劳动用工宣传 1 次，举办政策培训 1 次，发放宣传资料 80 余份，接受劳动政策咨询 5 人次。

（孙立军）

【安全生产】 年内，完成小微型企业安全生产标准化创建达标 21 家，开展各项安全生产专项整治活动，共检查人防工程 5 处、学校幼儿园 10 家、出租大院 46 个、企业单位 110 家、商户 390 家，集中清理可燃物 4 次

36 车，张贴安全提示 12000 余张、海报 400 余张、悬挂横幅 48 条、制作板报 40 块，进企业宣传 140 余家次、进家庭宣传 8500 余户；组建社区微型消防站 11 座，制作消防永久性标识 55 个。

（孙立军）

【救助捐赠】 年内，办理新申请低保 26 户 42 人，发放低保金 27896.03 元；办理医疗救助 159 人，发放医疗救助金 303857.48 元；办理住院押金减免 4 人，发放医疗救助金 11233.94 元；办理临时救助 18 人次，发放救助金 180937.4 元；救助困难家庭 5 户，救助金额共计 4.6 万元；开展“春风送暖”捐赠活动，收到捐款 49785.70 元，衣物 2250 余件；开展慈善“送温暖”活动，救助了辖区 2 位因患癌症、脑梗等重大疾病导致家庭生活困难的患者，发放救助金共计 16000 元；向 79 户特困家庭发放了永辉超市“爱心卡”。

（孙立军）

【住房保障】 年内，受理新申请保障住房家庭 19 户、申请公租补贴 3 户；“三房轮候”家庭转公租房 13 户；终止廉租房资格 5 户、限价房 1 户、经适房资格 4 户；续签廉租房合同 37 户、新签合同 15 户；完成廉租房家庭复审 54 户、经适房复核 165 户、、限价房复核 182 户，为 10 户公租房申请家庭进行二次登记工作，其中 2 户公租房家庭选房并办理了入住；为 29 户家庭发放经适房宛平、中奥家园项目材料 28 份；对 109 户符合经适房条件的家庭进行合作型保障性住房申请摸底登记工作；限价房摇号登记 148 户；核实 59 户拆迁家庭申请经适房的家庭居住情况。

（孙立军）

【矛盾排查】 年内，开展矛盾排查 10 次、重点专项排查 4 次；共排查各类矛盾隐患问题 9 件，解决 8 件；共接待群众来访 25 批次、36 人次，其中：党政一把手接待 3 批次、3 人次；无集体访和越级访现象。

（孙立军）

【流动人口管控】 年内，完成流动人口出租房屋基础调查工作，系统注册登记的流动人口 22230 人、出租房屋 2558 户，其中新增流动人口 12368 人、核销 8174 人、更新 113 人、迁移 2160 人；新增出租房屋 1000 户、核销 346 户、更新 565 户，查处违法群租房 6 户。

（孙立军）

【计划生育工作】 年内、办理一胎生育服务证 186 人次；报送二胎生育服务证审核材料 73 份，其中单独二胎 59 份；办理独生子女父母光荣证 96 人次；失业人员转档审核婚育情况手续办理 500 多人次；办理北京市外地来京人员生育服务联系单 96 人次；上报新出生人口 312 人，上报违法生育 1 人，计划生育率 99.7%；上报一次性奖励 203 人次，发放 203000 元，为 1272 人发放独生子女费 76295 元；为辖区 6000 多人 2000 多户上了独生子女家庭意外伤害保险；组织辖区 50 名流动人口育龄妇女参加免费“两癌”筛查。

（孙立军）

【文体教育工作】 年内，组织“周末百姓大舞台”活动 10 场，为 11 个社区配备演出服装、书柜、书桌等设备，参加“我的丰台我的家”群众舞蹈大赛、“发现丰台之美之我唱合唱大赛”、第十届全民健身体育节开幕式方队和第九套广播体操比赛等活动，组织文化市场检查 20 次，为诚苑社区更换体育健身器材 12 件，组织开展“健康丰台人”运动素质公开赛活动；开展第四届家教协会成果展活动，对 216 名非京籍子女借读资料进行审核和政策解答，为辖区 5 名高考生进行了高考指导工作，高考录取 4 名；完成辖区 155 名妇女“两癌”筛查工作，参与红会知识讲座 4 次。

（孙立军）

大红门街道

【概　况】 大红门街道下辖 30 个社区，共有常住人口 21.8 万人，辖区面积 9.56 平方公里，在册党员 8194 人，丰台区人大代表 22 人，在册外来流动人口 7.4 万人，拥有轻纺、服装、鞋业等大中型商贸市场 32 家，日客流量约 10 万余人。地区驻有 3 支空军部队和 2 支消防中队；有大红门、石榴园、商城 3 个公安派出所；有东铁营二中、南顶中学、丰台十八中学西马金润分校、大红门一小、二小、时光小学、东罗园小学、石榴庄小学、嘉泰小学、西马金润小学、西罗园六小、苏家坡小学共计 12 所中小学校，有东楼幼儿园、东罗园幼儿园、方庄一幼分园共 3 个公立幼儿园；有大红门医院、木材厂医院、蒲黄榆卫生院共 3 个公立医院。

（杨东林）

【社区建设与服务】 年内，圆满完成第九届社区居委会选举。经过统筹，对 10 余名社区干部进行了轮岗交流，新提拔主任 3 名，副主任 7 名。加强培训，先后开展助理社工师考试、社工素质提升等多种分类培训 10 场次 600 人次。加强硬件建设，投入 19.74 万元为 12 个社区统一安装宣传栏 47 块，投入 18.8 万元为 11 个社区统一安装规范标识。共派发各类服务单、接听服务热线、更新信息及照片共计 800 条余次。完成 96156 社区大课堂 50 节。

（杨东林）

【民生保障】年内，老年券作废前共收券 65.3 万元，打孔作废 68.6 万元，上半年顺利完成签约服务商的“券”变“卡”工作。一季度中心陪同办事处主任慰问彩虹城社区托老所，发放慰问金 1 万元。协助区老龄委进行养老助残用餐体系建设工作，并给 5 家符合要求的养老助残餐桌服务商申请了补助。完成低保 664 户，1215 人低保调标，低保复审工作，完成 34 人共计 43859.71 元医疗救助工作，临时救助 1 人，计 2300 元，重大疾病救助 3 人累计 19416.9 元。支出 18000 元慰问了辖区 60 名 95 岁以上高龄老人。“春风送暖献爱心”慈善募捐捐款 37817 元。走访慰问困难残疾人家庭 662 户，共发心慰问金 252700 元，发放大米 662 袋，白面 1324 袋，食用油 662 桶，折合人民币 132400 元，两项资金共计 389600 元。

（杨东林）

【社会保障】 年内，重点指标中完成失业人员就业 1029 人，完成率 113%；困难人员就业 757 人，完成率 184%;走访跟踪服务用人单位 90 户，完成率 100%;实现创业人数 130 人，完成率 104%;带动就业人数 389 人，完成率 106%o 专项指标中组织生源培训：完成 512 人，完成率 227%;推荐外埠人员就业：完成 52 人次，完成率 104%;推荐城乡劳动力就业：完成 541 人，完成率 115%;空岗信息采集数：完成 3450 个，完成率 108%;社区安置就业：完成 757 人，完成率 126%。

（杨东林）

【计划生育工作】年内，新出生婴儿 709 人，计划外生育 7 人，计划生育率 99%。办理一胎生育服务证 335 份，二胎生育服务证 136 份，《独生子女光荣证》186 份，生育服务联系单 374 份，存档育龄人员婚育状况登记 1180 份，免费发放计生药具 72 箱，发放独生子女家庭各种奖励费共计 2686 人，发放金额 682780 元。组织开展“真情关爱暖心行动”，向计划生育特殊困难家庭每位老人发放慰问金 2000 元，共计发放慰问金 23 万元。母亲节前夕，街道计生办向辖区特扶老人发放慰问金 67000 元整。

（杨东林）

【文体活动】 年内，各社区按计划完成书法绘画培训、编织培训等各类社区文化活动80余场。组织开展“纪念反法西斯战争胜利七十周年合唱比赛”和第三届“舞动红门·乐享健身”群众舞蹈大赛。入学工作中，完成接待家长2100人次，做到指标不突破、程序不违法、工作无差错、矛盾不激化。

（杨东林）

【城市管理】 年内，完成以下折子工程：维修改造22处自管公厕；安装康泽园社区50个单元门墙面扶手；安装赵公口4号楼南侧座椅和护栏；石南一大门西侧便道铺装工程；修缮西罗园南里6号和7号楼之间凉亭；设置南顶路小区单元门公示栏。接办2171个网格案件，按时处理率为100%。拆除包括怡然家园小区6号院2号楼北侧停车场施工围挡、大红门西路北侧五间砖混房屋等在内的2200余平方米违法建筑，完成市级三处挂账点位的销账工作，现场勘查处理私搭乱建网格件649件，区级各类督办10件。对在施工的4个工地进行日常检查，督促其做好渣土苫盖、控制施工扬尘，解决绿色工地组督办单6件。

（杨东林）

【综合治理】 年内，投入260余万元建设完成了4个老旧小区、30个社区的内部技防设施。投入30余万元成立大红门地铁站综合执法站。综合执法46次，查扣黑摩的216辆，清理街面游商261起，占道经营339起，治安拘留51人。对于高发案地区整治工作，组织20名专职巡防队员配合派出所加大夜间巡查力度和频次，接到群众表扬锦旗3面。

（杨东林）

【安全保障】 年内，检查辖区内单位5200余家，检查出具安全生产检查整改通知单4560张，排查隐患12500条。签订安全生产责任书、防火责任书3600余份，签订烟花爆竹安全燃放责任书1500余份，签订交通安全责任书222份。为做好可燃物专项清理和消防隐患排查工作，共出动检查人员1600人次，检查社会单位332家，组织社区、社会单位共清理可燃物17处，清理垃圾、可燃杂物31车，共14吨。在安全生产条件普查工作中，完成普查单位总计17898家，完成计划的142.0%，分别位列全区第一名和第二名。其中，一般法人单位133家，小微法人单位447家，大型工商个体17家，小型工商个体545家，综合楼宇商业市场内企业7714家，非法经营单位633家，核销单位8408家。食品药品安全方面，共立案150件，处罚110件，罚没款513255元，实际执行金额5132550开展各类巡查1096户次，发放检查记录、监督意见书、约见谈话书1096份。开展抽样检测684样次，其中不合格24样次，不合格率3.51%，移送分局监控中心进行复检。

（杨东林）

【信访与矛盾排查】 年内，坚持信访工作与居委会服务相结合，消除信访不稳定因素。做到及时排查矛盾、及时掌握动态、及时交流沟通、及时控制趋势。信访办共协调、处理、反馈人民群众来信、来访件155件328人次，其中来信13件125人次、来电89件91人次、来访53件91人次。为确保辖区的安全稳定，对重点人进行了矛盾排查，第一时间摸清楚信访重点人思想动态，引导其通过合法渠道解决相关诉求。

（杨东林）

【劳动用工监察】 年内，完成地区单位70家企业的劳动关系每季报表填写与录入工作；组织48家地区单位参与丰台区企业薪酬调查活动；完成2015年北京市小企业劳动关系状况调查，共300家单位参与；7月9日，开展地区120家30人以上单位的书面材料审查动员培训工作；8月5日、6日进行了网上书审及纸质书审，同时配合社保所对各单位求职情况进行登记；进行人力资源市场整顿工作及与综治办联合打击南曦大厦黑职介；评选上报和谐企业材料及评比“双百双规范”单位。完成日常巡察850家，采集信息750家，录入单位420家。春节前，组织开展农民工工资支付情况大检查，检查单位45家，包括辖区内施工工地、加工企业、餐饮酒店及其它用人单位，涉及农民工793人； 7月1日至8月14日，开展对用人单位遵守劳动用工和社会保险法律法规情况执法检查71家单位、涉及劳动者2688人；10月15日至11月26日，开展对建筑施工企业进行专项无拖欠工资检查，涉及辖区内施工企业9家；全年处置突发事件10起。为农民工讨要工资70.4万元。

（杨东林）

东高地街道

【概　况】 东高地街道位于丰台区境域东南部，东南与大兴区接壤，西与南苑街道毗邻，北与和义街道相连，辖区内南苑东路、万源北路、南大红门路（104国道起点）等7条道路贯穿，交通便利。辖区面积3.81平方公里，设有10个社区，常住人口4.5万人，流动人口0.6万人，计划生育率99.37%。辖区内有中国运载火箭技术研究院、北京航空航天精密研究所、首都机械公司、704所、508所、772所等6个航天航空科研系统的中央单位，市、区直属单位20个，中学1所、小学4所、科技馆1所、老年活动中心1所、幼儿园1所4个分园、三级医院1家、社区卫生服务站6所，90%的常住人口是航天航空科研人员、职工和家属，是典型的单位型街道。2015年梅源社区、三角地第二社区、万源西里社区、万源南里社区、万源东里社区、三角地第一社区被评为首都精神文明社区，地区10个社区均被评为北京市三星级智慧社区。全年完成留区税收6923万元，同比增长6.9%。

（李　欣）

【环境建设】 年内，对辖区内335楼群院落乱堆乱放的杂物进行了清理整治，清理垃圾725车次，累计出动人力5000余人次。投入资金36.2万元，动用各类车辆725台车次，清运生活垃圾及渣土3625吨。清除新增“小广告”1.2万条，清理卫生死角垃圾210处，清理绿地31万平方米，规范门前三包856家。义务植树409株，参与人数1300余人，认养绿地69万平方米。开展城管联合执法“四公开一监督”工作48次。处理既有违法建设1起，拆除面积1600平方米。开展美国白蛾防控工作，共安放黑光灯10个，诱捕器10个，高射程打药车48台次，累计使用药品1.23吨。开展绿色工地综合检查296次。对地区20条背街小巷进行清扫保洁工作，清扫面积4.08万平方米。

（杜百杰）

【综合治理】 年内，协调派出所、城管分队联合打击黑摩的8次，收缴黑摩的22辆。组织开展防盗窃防诈骗宣传6次，发放宣传材料2万余份。消减流动人口612人，消减率10%，超额完成人口规模调控任务。全年综治工作考核全区排名第一，群众安全感满意度全区排名第二。

（李克俭）

【信访工作】 年内，接待群众来访48批、152人次，同比分别下降22.6%和7.9%；接收北京市信访综合办公平台交办案件11件，同比下降35.3%，信访案件答复率、办结率达到100%；组织开展矛盾纠纷联合排查4次，落实“零报告”制度，确保“两大安保”、“十八届五中全会”等重点活动期间辖区和谐稳定；开展《信访条例》宣传月活动，累计发放《北京市信访条例》200本，宣传画报 50 页。

（余子文）

【司法工作】 年内，人民调解纠纷总数 248 件，制作调解协议书 15 份；其中，复杂疑难纠纷 7 件，群体性纠纷 2 件，收到群众感谢信 1 封。街道已有 8 个调委会完成了北京市规范化调解委员会创建工作。全年未发生矛盾激化引发的越级访、群体访。两类人员接受率 100%。年度内春节慰问走访 35 人次，为每名慰问对象发放慰问金 500 元及米面油慰问品 1 份，共计 17500 元；开展临时性救助 4 次，协助申请低保 8 人次。推送职介岗位信息 11 次。开展社区矫正入户核实 8 人次。每月定期在 10 个社区开展公益法律咨询活动，全年法律服务咨询 1600 人次，发放法律宣传资料 4070 余份，为街道及社区提出法律建议 10 条。

（梁燕宁）

【安全监督】 年内，与辖区的中央、市区属单位单位、地区商市场、餐饮宾馆等企业签订安全生产责任书 100 份、消防安全责任书 2000 份；开展各项安全生产、消防安全专项行动 21 次，共检查生产经营单位 1841 家，查出事故隐患 3560 余起，开具《安全生产现场检查记录》1841 份，开具《安全生产责令改正通知书》1841 份，责令现场整改 3056 起，限期整改 504 起；完成辖区 755 家生产经营单位的安全生产条件普查工作；完成辖区 10 家小微企业达标及核查工作；开展各类培训 54 场次，参训人员 15000 余名，组织安全应急事故、消防安全演练 50 场，参演人员 3200 名；对辖区 3 家内使用醇基燃料的餐饮单位进行取缔；为弱势群体家庭安装消防报警器 42 个、一氧化碳报警器 20 个、发放呼吸阻燃面罩 42 个、阻燃被罩 4 个、水系灭火器 427 个；利用辖区各社区电子屏滚动播放消防安全提示，发放消防宣传材料 10560 份，悬挂横幅 130 条，出版《安全简报》12 期，宣传板报 40 块。

（常文杰）

【劳动监察】 年内，完成对地区 781 户用工单位，29821 名劳动者用工情况实施动态管理，实施日常巡查共 734 次、涉及农民工 11356 人，签订劳动合同总数 696 户，签订率达到 96.2%，劳动合同续签率达到 96.5%。对地区农民工较为集中的涉及建筑工地、餐饮等服务行业开展专项执法检 6 次，涉及农民工 2594 人次，受理投诉举报案件 12 起，为 18 名农民工追缴拖欠工资 68181 元。受理 4 户退休返京申请，办理完成 2 户知青的进京手续，接待知青咨询 15 人次，走访慰问 15 户困难知青。

（许文保）

【老龄服务】 年内，办理老年证（卡）954 个，发放居家养老券折合人民币 3600750 元，高龄津贴 154100 元，高龄医补 43950.55 元；地区 115 名独居老人纳入社区邻里守望三对一巡视服务，开展各类巡视服务 3000 人次；为 39 户老人家庭安装一按铃和烟感器；发放助困金 119650 元、慰问金 2000 元。对荣获市、区级 7 名孝星发放奖金 7000 元，评选出街道级孝星 8 名、孝星榜样 2 名；购置 2 台爬楼机和 2 辆电动三轮车；引进和泰养老机构为 10 名老人家庭开展了帮扶服务；航一院腾退 13 号楼用于支持养老照料中心建设。

（费凤华）

【社会保障】 年内，接收失业人员档案 466 份，安置 256 人，就业 418 人；为失业人员发放失业保险金 813 人次，共计 901057 元；办理灵活就业保险补贴 237 人，办理自谋职业保险补贴 4 人；两节期间，一次性慰问失业人员 10 名 4000 元，退休人员 42 名 12600 元，低保人员 237 户，15 万元；为 55 家用工单位建立用工需求档案，采集空岗信息 2604 个，成功推荐 128 名城乡劳动力就业。办理社保卡挂失与补卡、换卡等业务，共计 2877 人次；为 12 名失业人员办理退休审批手续；协助外省退休人员进行养老资格认证

218 人；办理退休、一老一小、失业药费手工报销 172 人次，报销金额合计 1058327.52 元；办理城镇居民大病医疗保险 3095 人；城乡居民养老保险 116 人；发放无保障人员的养老待遇 644 人；组织 289 名无保障老年人进行免费体检；发放丧葬补助 51 人 255000 元。为 243 户名低保人员累计发放低保 4157951.31 元；办理医疗救助 60 人，救助金额 153755.63，教育救助 3 人，救助金额 12000 元。社保所被评委北京市优秀社保所，街道被评为北京市充分就业示范街道。

（唐　红）

【慈善救助】 年内，开展“春风送暖”捐款活动，捐款金额 18000 元；为云南鲁甸地震灾区捐款 44351 元;接收地区单位捐款 4 万元，米面油 120 份，走访慰问贫困家庭 284 户，发放慰问金 11.7 万元、米面油等慰问品 284 套；共产党员献爱心捐款 17 个单位共收捐款 44682 元；开展“冬衣送暖”募捐月共收捐款 6501 元，收到物品 258 包（共计 4968 件），参与人数共计 1232 人次；慈善援助 4 名低保家庭高中生共计 8000 元，慈善救助大病困难人员 2 名，共计 50000 元。

（俞洪莹）

【住房保障】 年内，复核廉租房租金补贴家庭 70 户，发放补贴 749192 元，签订租房合同 70 份；新受理保障房 20 户；对 70 户租金补贴家庭、116 户实物配租家庭、223 经适房家庭、212 户限价房轮候家庭进行复核；为 95 户家庭做变更手续；组织 206 户限价房家庭、163 户经适房家庭进行了摇号登记；通知中奥嘉园等 7 个经适房及限价房项目的 277 户家庭选房并发放选房材料。

（俞洪莹）

【文化建设】 年内，举办“周末百姓大舞台”健身操舞蹈、京剧专场、长虹艺术团专场、长征艺术团专场、地区民办教育机构专场等形式多样的 10 场精彩演出；举办群众文化精品汇演，累计开展文化惠民活动 50 余场，参与群众 3 万余人。

（吴文清）

【社区建设】 年内，完成万源南里社区改扩建项目评审，对万源西里社区办公服务用房进行了改造。投入 7 万元为全体社区工作者订制工服，组织全体社区工作者进行体检，开展了第二届社区工作者运动会。支持社区社会组织，投入 9 万元进行街道级购买服务。加强社区工作者队伍建设，开展职业道德主题活动以及“一季一主题”培训活动，提高社区工作者职业道德修养和工作能力。助理社工师和社工师持证率达 59%。

（蒋　艳）

【纪检监察】 年内，指导 10 个社区成立了纪检监督小组，纪检监督成员 34 名。在机关处级领导、科级及以下干部、社区干部中层层签订责任书和保证书 100 余份。全程跟踪督查 12 件实事工程、55 项“折子工作”进展。对 28 名文明引导员的录用登记、考勤、补贴发放情况逐一加以核实。深入开展了“为官不为、为官乱为”问题专项治理工作，查找出在服务群众、规范管理等方面存在的问题 5 个，制定整改措施 7 项。做好群众来信来访和内部矛盾排查工作，调查涉及党员干部的投诉案件 3 起，均已结案，初核率达到 100%。受理涉及窗口服务和社区环境的行政投诉 2 起，经过与被投诉对象核实、督查，及时将处理结果反馈给投诉人。

（王海霞）

【思想文化建设】 年内，共开展各类宣讲 40 场，广泛宣传地区的好人好事，树立社会主义核心价值观；策划组织“幸福东高地多彩航天人”第二届群众文化节暨东高地达人表彰活动，展示地区群众丰富的业余文化生活，推荐各类“达人”87 名，其中 37 名被评为东高地达人榜样。外宣 100 余次，撰写新闻稿件在各类媒体上载稿件 70 余篇，配合完成中央电视台《365 个故事》金声事迹报道、北京电视台《党建进行时》东高地专题片、法制晚报《铭记》抗战故事书籍东高地7名人物采编、京华时报抗战人物回忆录采编，中央电视台、北京电视台、北京晚报3家媒体采写东高地为老服务爬楼机新闻、北京新闻广播大城小事公益达人张允中采访等重点外宣任务。

（李夏清）

【社区党组织换届选举工作】 4月至5月，按照区委部署要求，街道工委组织开展了社区党组织换届选举工作。换届选举中，辖区10个社区党组织应到会参加选举党员966人，实到党员863人，参会率89.3%。5月中旬，10个社区全部通过直选产生了新一届党组织班子，选出党委（总支）委员64名，其中书记10名、副书记15名（专职10名、兼职5名）。新产生的社区党组织领导班子成员，平均年龄42岁；50岁以下人员52人，占总数的81.3%；大专以上学历53人，占总数的96.4%；妇女57人，占总数的89.1%，在年龄结构和文化程度上较上届更加优化，呈现出年轻化、知识化、职业化的特点。

（魏　倩）

【“悦读·东高地”系列活动】 年内，街道机关党总支结合“三严三实”学习教育和“党员意识提升行动”，以“建书香机关，享阅读之美”为主题，创新开展党员“悦读·东高地”系列活动，通过“悦读分享会”、“诵读会”、“微点评”等形式，营造浓厚学习氛围，使党员干部在“悦读”中强化理论武装、增加文化积淀。

（蒋龙松）

【社区居委会换届选举】 年内，完成第九届社区居委会选举，共登记选民30101人，划分居民小组247个，产生居民代表646名。10个社区全部一次性选举成功，其中有1个社区采取全体选民选举方式，5个社区采取户代表选举方式。顺利选举出新一届社区居委会成员82名，其中主任10名、副主任14名、委员58名，书记主任“一肩挑”比例达50%，“两委交叉”任职36人，占56.25%，中共党员43名，占52.44%，大专以上学历69人，占84%，平均年龄39岁。

（蒋　艳）

和义街道

【概　况】 和义街道地处中轴路南部，位于丰台区东南部，东与大兴区旧宫镇竖桥村毗邻，东南与东高地街道相邻，西南与南苑街道接壤，北与南苑乡、大红门街道搭界，区域为典型的城乡结合部。辖区面积7.38平方公里，管辖社区9个，党组织57个，在册党员1890人。辖区常住人口5.9万人，其中户籍人口3.4万人、常住外来人口2.5万人。人口构成主要为原崇文、宣武区拆迁安置居民、各市属单位职工宿舍、大红门商圈产业相关外来务工人员。全年辖区统计出生人口219人，计划生育率98%。辖区内设有幼儿园4所，中小学3所，派出所共2个，共建部队10家，主要超市有世纪家家福超市、天客隆超市等，主要金融网点有东高地邮局和义邮政所和农业银行三营门分理处2家。年内被评为丰台区交通安全优秀街道，丰台区街乡镇落实消防工作责任制考评第五名，丰台区安全生产工作考评第五名。

（李　雪）

【社区党建】 年内，加强与社会组织联系，推动孵化延伸，继续扩展“和美夕阳”项目，开展为老服务多样化，吸纳党员志愿者37人。落实党内帮扶活动，建立机关科以上干部联系群众定期走访慰问机制，春节期间慰问辖区区级生活困难党员21人，送去慰问金4.2万元。结合建党94周年，开展“七一”系列活动，共慰问市级困难党员 2 人，区级困难党员 19 人，慰问金总计 4.8 万元。组织党员开展献爱心捐款活动，参加捐款党员 843 人，募集捐款 2.68 万元。开展社区“大党委制”工作机制，确定了基层党组织服务群众项目 19 项，发挥“大工委制”平台作用，组织相关科室、社区、辖区物业企业单位参与服务群众项目研究评审会，提高项目管理透明度。注重党员管埋，报批拟发展党员调控数 15 个，列入积极分子 40 人，组织开展入党积极分子为期 3 天的党的基础知识教育培训班。做好党统日常管理工作，全年共计办理党员组织关系接转 68 人，按时完成上半年党费收缴工作，上缴党费 6.41 万元。

（李　雪）

【精神文明建设】 年内，组织各社区完成科普益民项目的申报，其中东一社区完成了 100 米科普长廊的建设任务。依托“幸福生活讲师团”，邀请专业老师、医生到社区中为百姓讲解常见疾病预防、法律知识等，在 9 个社区共授课 19 次。打造精品主题活动，开展学雷锋活动周等系列活动，机关党支部、志愿者组织、青年汇等共计认领服务项目 7 项。通过微信、微博平台向辖区居民介绍街道、社区工作情况、发布生活提示、传播文化知识等，全年共编辑发布理论学习专刊和微信报 52 朝。

（李　雪）

【社会治安综合治理】 年内，完成群租房清理整治工作，对中介公司、承租户采取当面约谈、入户宣传、张贴公告等形式，开展教育和劝导工作，累计约谈中介公司 3 家，开展入户 10 余次，发放各类宣传、告知材料 120 余份，拆除 3 户群租房。开展人防工程隐患排查治理工作，出动 38 余人次，检查人防工程累计达 12 次，共没收电褥子 7 条，热得快 15 只。

（李　雪）

【社区建设】 年内，完成了璞育儿童发展中心与颐乐长者关爱工作室两个社会组织入驻孵化中心的培育工作，进行了 8 次培训，4 次社会组织交流分享会，16 次专家咨询活动，成功的孵化了和美夕阳志愿服务队、久敬家园盾牌志愿服务队、和义健康生活文化促进服务队三个社区社会组织。对 28 家社区社会组织进行了分类备案，并进行了社工协会“金点子”大赛征集活动，征集了 9 个优秀点子，建立了和义街道社会治理“智库”，进行了街道级社会组织服务项目购买申报工作。完善小区各项设施，为北二社区更换室内信报箱 1098 户、室外信报箱 306 户，完成了东三社区、南苑北里社区停车场升级改造，引进自动识别管理系统，杜绝乱收费不规范现象。

（李　雪）

【计生管理】 年内，发放计划生育各类奖励及帮助金 23.8 万余元，完成独生女子家庭特别扶助年度审批 105 人，完成辖区 1376 户独生子女家庭共计 3987 人的独生子女家庭意外伤害保险政府投保工作。开展“温馨之旅，点亮心路”主题活动，组织失独人员 60 余人次参观游览了北宫国家森林公园以及平谷石林峡景区。开展“暖心行动”走访慰问活动，于元旦、春节及端午节期间，走访慰问辖区失独家庭 24 户，独生子女伤残家庭 42 户，发放慰问品共计 1.8 万元，慰问金 6.6 万元。建立北京市失独家庭“心灵家园”服务基地，为特扶家庭提供心理咨询、健康义诊、家政服务、等多种服务项目，逐步完善对失独家庭的帮扶。

（李　雪）

【公共安全】 年内，完成了百日安全大检查、清理住宅内非法违法经营活动、粉尘危险源治理、有限空间检查等各类专项整治工作，共检查生产经营单位 1743 家，发现隐患 2516 条，下达安全检查告知单 1743 份，整改通知单 78 份，签订各类责任书 658 份，下发安全告知函134份，约谈安全隐患重点单位43家。积极推进小微企业安全生产标准化达标工作，完成40家小微企业安全生产标准化达标创建任务，完成率100%。完成第一次生产经营单位安全坐产条件大普查工作，由专业公司对辖区41名普查人员进行了两次培训，将安全员分组下沉社区协助、指导普查表摸底填写工作，共普查法人单位274家、个体工商户719户、注销868家。完成冬春季社会面火灾防控工作，共开展消防巡展宣传活动6次，设置宣传站点15处，出动检查人员1000余人次，入户宣传5000余户，检查辖区单位150余家、外来人员出租大院25个、居民户150余家、地下空间7处，发现隐患172处，现场整改160处。帮助25户弱势群体家庭，检修用电用气设备安全性能，排除隐患，为辖区冬防安全营造了良好的社会环境。完成两节期间烟花爆竹安全管理工作，先后10次开展集中宣传活动，出板报100余块，发放各类《倡议书》等宣传材料1万余份，强化对销售网点的管理监督，对零售网点落实24小时不间断检查督查制度。加强安全监管工作，追查清拖僵尸车27辆，追查逾期未报废车356辆，逾期未年检车774辆，一车多牌15辆，排查道路交通隐患24处，会同工商、城管、派出所等部门，对久敬庄路、万泽龙门前多处秩序乱点进行综合整治，取得了良好的效果。

（李　雪）

【助残服务】　年内，为42户残疾人家庭安装了扶手、浴椅等无障碍设施约16.8万元；节日期间走访慰问贫困残疾人203户，发放慰问金、慰问品折合金额11.39万元；为22名无业重残人员累计发放生活补助16.7万元；为118名享受低保人员累计发放补助资金10.41万元；为9名无业残疾人累计发放生活补助8600元；为195名残疾人发放助残券约19.59万元；为364名残疾人发放护理补贴共计18.27万元；为1名残疾人办理了入住社会福利机构；为32名残疾人办理了城镇个体就业社会保险；为2名残疾人子女办理了助学补助。组织辖区5名残疾人参加了摄影、计算机软件、剪纸技能培训；3名残疾人参加了市残联举办的传统文化爱好者培训班；5名残疾人参加了就业指导培训。组织8名处在最佳康复期的肢体和偏瘫残疾人到南苑医院进行系统的肢体康复训练；为4名视力残疾人进行盲人定向行走培训；为92名智力残疾人发放辅具包；为1名残疾儿童发放康复补助金1.8万元；为1名残疾儿童发放了彩票公益金儿童康复救助金1.2万元。为弥补职康项目断档，增加学员收入，组织职康站学员进行义卖活动三次，义卖作品726件，收入7600余元。

（李　雪）

【拆违工作】　年内，制止新生违建20处，拆除新生违建15处，面积共约530平方米。拆除久敬庄路甲31号院、40号院、八大排路北侧谢丙银大院等5处既有违法建设，面积共5320平方米。为消除安全隐患，拆除一处占压燃气管道的既有违建，面积约200平方米。创新采用冻结房产办法，督促既有违建进行自拆，对久敬佳园小区近20户业主完成房产冻结手续．并成功督促三户业主完成违建的自拆，面积共约35平方米。

（李　雪）

【环境建设】　年内，组织开展五环食品厂路大修工程以及和义东里污水管线改造二期工程。对辖区内的8个旱厕统一进行整修，并委托专业保洁公司对旱厕进行日常保洁，旱厕的日常卫生状况得到明显改善。为解决和义东里社区、南苑北里社区环境卫生问题，购买保洁机械12辆，垃圾清运车7辆，车库2间，垃圾箱300个，清运无主垃圾和杂物及绿地内杂草树枝等物205车，约1230吨。对和义东里一区、二区、六区、南苑北里一区3号楼及二区17号楼楼门墙面进行粉刷，彻底清除污渍、小广告。完成南苑北里二区 16 号楼后绿地和西三社区中心广场的硬化及绿地改造工程。妥善处理市容环境网格案卷 4444 件，处理区环境办、市容委等部门下发的各类环境督办共 487 件，处理各类热线举报、投诉类环境案卷 391 件。做好扬尘污染控制、燃煤锅炉监管、节能减排落实等工作，完成辖区 12 家燃煤锅炉的整改工作，实现削减燃煤 1097 吨。由专业消杀公司对辖区 3959 户居民进行了家庭灭蟑。开展林木有害生物防控工作，每天检测美国白蛾活动，普防打药 55.3 万平方米，树木蚜虫防治打药 3300 平方米。

（李　雪）

【社区公益服务】 年内，组织社区下岗失业人员成立街道爱心服务队，每月为社区 60 岁以上老人及重症残疾人进行免费入户理发活动，共计受益 720 余人次。为和义东里老年日间照料活动中心及和义街道养老服务中心引进“老基会”和“管家帮”两家社会组织参与社区服务工作，为辖区老年人提供老年餐桌、图书阅览、健康测试、中医理疗等服务。街道书画协会于春节期间为社区空巢老人、社区志愿者、社区居民免费赠送手写春联 300 幅，福字 300 个。

（李　雪）

【劳动安全】 年内，有效化解调处各类违反劳动法规事件 8 起，包含 2 起集体讨薪事件涉及人数 43 人，金额近 27 万余元，8 起案件全部予以妥善协调解决，调处率 100%。对各类企业情况进行定期检查，将建筑工地、加工制造、餐饮住宿服务等外来务工人员多的单位作为检查重点，共检查各类单位 142 家次，出动人员 170 人次。以对用人单位遵守劳动用工和社会保险法进行集中宣传为契机，通过展板、发放宣传品、现场咨询等方式，广泛宣传有关法律法规知识，为地区 200 多家单位近 4000 多名职工进行知识普及，发放宣传材料 1500 余份。

（李　雪）

【社会保障救助】 年内，完成各类民政对象的走访慰问工作，确保各类困难群体得到及时有效救助，其中为低保人员发放医疗救助约 7.1 万元，发放医疗重大疾病救助 13 次约 7.59 万元，为优抚对象报销药费 1.54 万元，发放无军籍退休军工慰问品约 5800 元，为优抚对象发放优抚金 1.68 万元。充分发挥爱心家园扶贫济困功能，对特困家庭、空巢老人实施救助 24 户，金额 9300 元。积极争取慈善救助资金，救助大病居民 7 人，救助金额 13.3 万元。慈善救助大学生 4 人，救助金额 1800 元，救助高中生 2 人，金额 4000 元。为 337 户低保对象发放低保金 385 万余元，受理新申请低保 27 户，变更 483 户，终止 21 户。完成低收入家庭医疗救助 4 人次，共计救助金额 3074.45 元，低收入家庭药费报销 708.27 元。为辖区 2 名大病特困人员办理大病周转金借款 3.1 万元，已还款金额约 1.76 万元。实施低保家庭医疗救助 313 人次，金额约 46.32 万元，临时救助 102 人次，金额约 2.46 万元。

（李　雪）

【住房保障】 年内，完成 175 户经适房、322 户两限房、已入住 105 户保障房家庭和 43 户享受租金补贴家庭复核工作，接受居民保障房申请 37 户，上报签订廉租房合同 43 户，核算廉租补贴 30.62 万元，通知经适房摇号登记 175 户，两限房摇号登记 169 户，三房轮侯公租房登记 20 户，房产核查 6 户，家庭解锁 13 户，终止保障房家庭 10 户，保障房家庭情况变更 50 户。

（李　雪）

【养老服务】 年内，为辖区 65 周岁以上老年人办理优待卡 289 张、老年证 149 张，发放高龄津贴 4.47 万元。为辖区 80 周岁以上老年人 1.46 万人次办理养老助残卡充值待遇审批，全年审批充值金额 144.74 万元。与北京美新路基金会合作，以“和美夕阳”项目为载体，为辖区 15 位空巢老人提供一对一的心灵陪伴服务。

（李　雪）

【社会保障】 年内，为35户用人需求单位建档，实现创业人数85人，带动就业95人，开展创业项目展示2次，征集创业项目1个，组织培训生源58人。办理市灵活就业人员239人，区灵活就业人员28人；为42名失业人员办理退休审批手续，组织退休人员到平谷、怀柔开展疗养和一日游活动；为退休人员报销药费190次，总金额59.94万元；为一老一小城镇居民报销药费1.79万元；发放城镇居民救助费1万元，为退休人员报销自采暖费用2.83万元，为失业人员报销自采暖费用720元；为失业送温暖3万元。

（李　雪）

【文化教育体育建设】 年内，筹措资金11.9万元，完成了久敬家园内健身步道和活动广场建设。投资115万余元完成了东里综合健身广场建设，包含2条长度共计1300米的健身步道，以及儿童娱乐设施、棋牌休闲区等设施配置，丰富了广场的活动内容，方便了周边居民健身活动。利用体育生活化社区经费为东一社区、西二社区添置轨道棋、乒乓球台等价值7.2万元的健身器材，丰富居民健身活动内容。为社区文化活动中心制作各类宣传展品，配备影音设备共计9万余元。争取市级资金655万余元，建设北一社区、西一社区的文化场所以及面积约1600平方米的街道文化中心。为社区综合文化活动中心争取资金39.56万元，进行中央空调改造。打造“和”文化节展示平台，组织“周末大舞台”演出14场，观众上万人次，同时还举办了庆六一儿童演出、端午节孝亲敬老等多场演出活动，向居民宣传优良传统、倡导健康生活方式。开展辖区内非京籍适龄儿童在京入学审核工作，共计149名儿童提出申请，审核通过94人。审核结束后，对辖区内矛盾较大的重点人员先后进行了3次约谈，并安排社区干部入户进行排解劝导工作，征得了家长们的理解，维护了地区的安定团结。

（李　雪）

【公共卫生服务】 年内，协调卫生监督部门，对和义西里、久敬佳园小区内的非法牙医诊所和非法行医行为进行了查处。对辖区29名大病贫困人员发放红会救助金2.96万元，募集红会捐款5215元，组织60名辖区企业职工和居民接受了红十字初级急救技能培训，提高辖区单位和居民的救护和自救能力。组织辖区10名居民完成义务献血和造血干细胞捐献工作。组织辖区260名适龄妇女接受“两癌”筛查。

（李　雪）

宛平城地区

【概　况】 宛平城地区位于丰台区中西部，北接石景山，南与大兴房山区相连，是北京市永定河绿色生态发展带丰台段的核心区。辖域呈自西北向东南的狭长地势，面积42.67平方公里。其间有东部的丰沙铁路、丰西编组站、京山铁路，西部有永定河、小清河双双纵贯全境，京石高速路拦腰将辖域截成南北两部分。辖区内共有居民1.98万户，人口4.62万人，其中常住人口3.81万人；农户457户，899人；流动人口1007户，3213人。人口分布不均，居民主要分布在高速路以南的楼房区和东关楼房区，农民集中居住于卢沟桥西、北天堂村、永合庄村、小郭庄，属于典型的城乡结合部。城内交通发达，路网密集，铁路、公路、城轨纵横交错，京广、京九、京石、京山、丰沙等专线贯穿境内。整个辖区，北部地区以建材和建工产业为主，汇集了北京六建混凝土公司、北京建工博海建设有限公司、北京第一建筑工程有限公司等。南部地区以机械加工业为主，典型企业有北京第二机床厂、北京华德液压泵厂、中奥电梯厂、北京白菊电器集团有限公司。此外，宛平城内旅游资源丰富，中国人民抗日战争纪念馆、卢沟桥、宛平城、赵登禹墓、大王庙、绿堤公园、园博园、宛平湖、晓月湖等均坐落于此，形成了一个集历史、文化、艺术和爱国主义教育于一体的观光和旅游胜地。

（郭翔宇）

【重大活动保障】 年内，强化专群结合，保障重大活动社会面稳定。完善应急预案，在重大活动“百日运行保障”期间，以政府购买服务的方式，聘用专业保安参与对京港澳高速、“桥城馆园”周边重点地区 29 处信号塔、桥梁、铁路涵洞进行 24 小时值守；7000 余人次治安巡防队员对重点路段及区域进行巡视；20000 余人次地区党员群众治安志愿者配合城管、民警在宛平城地区进行全天候巡逻；机关干部由处级领导带队分片值守，8 个社区、村实行 24 小时值备班制度，加强两类人管控，圆满完成重大活动期间社会面防控任务。9 月 1 日至 5 日全员停休上岗，由机关干部带领 200 多名保安对办事处确定的 10 条主要路段、14 个重点防火单位、31 个信号塔等点位进行实名制盯守，全面完成了重大纪念活动外围保障工作。

（郭翔宇）

【环境提升】 年内，配合区市政管委，完成沙岗村、城内街 12 条道路整治及宛平城周边环境改造提升工作。与区财政局协调资金约 170 万元聘用安保人员，对沙岗村及城内街进行 24 小时盯守，并在重要点位制作了 5 个遏制违法建设岗亭，对违法违建情况采取高压态势管控，拆除违法建设 40 处 6580 平方米，保持地区新生违法建设零增长。成立了三支应急抢险队，上汛期间随时处置地区积水点位，确保地区群众安全出行，圆满完成防汛抢险任务。

（郭翔宇）

【网格化管理】 年内，机关和社区、村干部三次到城内街入户，走访 580 余户城内街住户，全面摸排宛平城及周边 400 米范围内的人、地、车辆、煤气罐、出租屋、犬只等基础信息，宣传重大活动期间城内街限制措施及便民热线、电瓶车、急救车等保障措施，免费为城内街住户办理 3900 余张出入证和 800 余张车证，并发放食用油、T 恤、牛奶等慰问品，确保了城内街交通安全和参观秩序。

（郭翔宇）

【换届选举】 年内，完成了 8 个社区两委成员班子换届选举工作，社区书记、主任拟合度达到了 100%。地区工委为各社区配备专职副书记并选取 16 名年轻机关干部担任义务委员。

（郭翔宇）

【地区矛盾隐患消除】 年内，加强法治政府建设，及时做好信息公开和依法行政工作，强化社会监督，主动公开政府信息 4200 条。通过法律顾问制度、会前学法、清凉普法季等形式，提高地区法治化管理程度。畅通信访渠道，做好信访及矛盾排查调处工作，以接访、约访相结合的方式接待个人来访 135 批 320 人次，矛盾化解率为 90%以上。加大劳动监察力度，成功调解 45 起涉及 580 名农民工、200 余万元工资款的劳资纠纷。

（郭翔宇）

【基础设施建设】 年内，投资 7.8 万元，打通了晓月苑环路至丰西五场路的连接线，缓解了地区交通压力。协调北京市交通管理局、北京市公交集团在晓月中路增设 3 条线路公交车站，方便晓月苑地区居民出行。申请资金 81.74 万元，协调区水务局、市政管委为晓月苑小区增建三个水箱和勾头，缓解小区居民用水难问题。协调市政市容委为卢沟桥北里西侧路、沙岗村 68 号院东侧路安装路灯，并在晓月苑八里东侧建公厕一座。

（郭翔宇）

【为民办实事】 年内，与区地税局、国税局协调，争取税收资金 2800 万元；与市国资委、市纺织集团、市铜牛公司协调，投资 200 万元租赁东关 5 号院，改造成便民市场，彻底解决了困扰地区十几年的道路拥堵和扰民问题，实现了退路进厅、还路于民。

（郭翔宇）

【社会保障】 年内，争创双拥模范城，走访慰问 7 家驻区部队及单位；垫支经费 6 万余元救助辖区遭遗弃居民张玉霞，并积极协调为其处理殡葬事宜；为辖区 10 户低保、低收入家庭申请并发放医疗救助金 17536 元；为 180 户贫困残疾人家庭发放慰问金、慰问品共计 103400 余元；通过“春风送暖”和“冬衣送暖”活动募得捐款 29951.11 元、衣物 4773 件。通过推荐劳动力、鼓励创业、创业带动就业、灵活就业等方式，就业指标完成率 107%；新增“一老一小”228 人，为“一老一小”人员变更医院 467 次，变更信息 129 次；为 1984 名退休人员补发养老金 31 余万元，为 1920 人报销药费 125 余万元。

（郭翔宇）

【文化体育建设】 年内，举办百场“宛平大舞台，想唱你就来”及 10 场周末百姓大舞台文艺演出，获评丰台区基层文化建设“六个十”示范项目一类特色文化活动；举办新春送福书法、“和谐杯”乒乓球比赛、“助力申冬奥 骑行宛平城”等文体活动，组织地区干部参加丰台区第十届全民健身体育节，并在三项比赛中取得了较好的名次；完成两个体育生活化社区和宛平城地区文化活动中心创建工作。

（郭翔宇）

【精神文明及红色文化建设】 年内，举办清明祭奠英烈、红色歌曲广场舞表演、四区书画作品联展及组织群众观看抗战阅兵式等活动。讲抗战故事的老人郑福来同志荣获中宣部授予的时代楷模荣誉称号，市委宣传部、首都文明办授予的 2015 年十大“北京榜样”称号，被北京市建设学习型城市工作领导小组评选为 2015 年首都市民学习之星。卢沟桥第二小学韩坤彤入选首都“最美少年”，两名地区群众入选“首都绿色生活好市民”。工委宣传部组织学习“时代楷模”郑福来事迹，通过报纸、广播、视频、座谈会等形式组织辖区干部、群众学习郑福来老人 64 年来义务讲解、传承抗战历史的爱国情怀。

（郭翔宇）

长辛店街道

【概　况】 长辛店街道位于丰台区西南部。位于卢沟桥西侧，东临永定河，西至镇岗塔，与云岗街道、王佐镇相邻，南接房山区南岗洼，北到园博园，与石景山区、门头沟区接界，南北长、东西窄，地势西高东低。东临永定河、哑叭河、小清河、大宁水库，西靠南北走向的两道丘陵。属城乡结合部。有京广铁路、京九铁路、京港澳高速、京周公路南北向穿过。辖区面积 46.63 平方公里，下设 26 个社区，常住户 4.3 万户，常住居民 11.3 万人。辖区内有中央企业 17 家，市属企业 18 家，区属企业 5 家，驻军部队 9 支。以铁路、军工业为主，为丰台区重工业集中地。

（贺丽梅）

【环境整治】 年内，针对辖区环境问题提出具体保洁标准，引入保洁公司介入街道背街小巷保洁工作，提升辖区环境面貌。集中清理东山坡 78 号院、84 号、西峰寺 132 号、274 号周边道路暴露垃圾，通过新建垃圾房、增设垃圾桶、志愿者引导等多种形式消除暴露垃圾点位。拆除既有违法建设五处 40000 平方米，新生违法建设六处 1200 平方米。加大老旧小区改造工作力度。18 栋楼宇节能保温老旧楼房整治工作施工完毕。完成辖区 11 条大修道路工作。接收并处理区城指中心派件 1756 起，“96005”等各类举报件案卷 200 余项。

（贺丽梅）

【社区治安综合治理】 年内，协调 618 厂完成朱西社区、朱南社区三里、四里技防建设，推动二七通信工厂完成陈庄社区 50 个监控探头的点位安装。推进社会面治安防控工作规范化管理，加强社区治安防控网建设，共统计防控点位 155 个。开展“平安北京”、“打击非法集资”系列宣传。敏感时期按防控要求开展布控，确保辖区安全稳定。“9·3 纪念抗战胜利 70 周年活动”期间通过前期入户宣传、召开动员部署会、制定详细工作计划。于 9 月 2 日早 8 点联合公安、城管、交通、工商及相关社区对安保路线开展路面集中清理整治，街道动员关停商铺 41 家，组织社区工作者和志愿者在重点路段值守巡查，确保了阅兵保障线路的安全稳定。加强出租房屋规范化管理。以出租大院统计工作为抓手，督导社区开展出租房屋走访、摸排工作，经过反复核实，共统计、汇总出租大院 43 处，涉及社区 13 个。

（贺丽梅）

【保障和改善民生】 9·3 纪念抗战胜利 70 周年活动期间，慰问杨春华、周芝江 2 名抗战老兵和 1 名建国前老军工，发放慰问金和纪念章；慰问 15 名烈属、烈士子女。按要求完成低保分类救助。组织辖区的残疾人参加区残联组织的各类职业技能培训，组织各类残疾人参加 2 场招聘会，推荐并成功新安置就业 15 人。完成了 86 户残疾人家庭的无障碍改造。开办职业指导培训 28 次，培训 958 人，同企业积极沟通，全面掌握用工需求。提供空岗信息 1565 个。 支持和鼓励自谋职业和灵活就业。78 名失业人员实现了自主创业，289 人实现了灵活就业。举办招聘会 9 场，实现 176 人就业。社会保险覆盖面进一步扩大。城镇居民医疗保险续保率达到 99%，城乡居民养老保险续保率达到 100%。深化幸福家庭工程，确保计生惠民政策落到实处。开展生育关怀行动。为 41 户特扶家庭送去慰问金 13.4 万元。开展青春健康工程。聘请了国家卫生计生委健康科普青年讲师团的老师开展了主题为“我的青春我做主——青春期安全健康教育”系列讲座，受益学生 800 余人次。

（贺丽梅）

【文化活动】 年内，举办 “传递梦想，拥抱希望，二七精神铸辉煌”地区足球联赛。举办纪念抗战胜利 70 周年书画笔会，以“铭记抗战历史，传承古镇文化”为主题进行集中创作。扶持辖区扶轮小学、长辛店学校创建楹联教育示范基地。协调文体协会帮助学校将楹联文化纳入到学校教学课程中。举办长辛店街道群众朗诵大赛。在 13 个社区内开展群众朗诵大赛，邀请著名朗诵艺术家詹泽老师为优秀选手进行一对一辅导，举办百姓大舞台朗诵专场演出，组织街道摄影协会成员对长辛店大街及周边文物、建筑、风景进行集中采风，为长辛店大街现貌留下珍贵的历史资料；在长辛店大街 6 个社区内收集 19 世纪 70 年代前的老照片，通过照片追寻长辛店的历史和记忆。共征集到 600 余副照片，并按照古镇风貌、古镇风情、古镇风华、古镇风韵四个主题编辑分类，进行展览，并集结成册。全年举办周末百姓大舞台演出 32 场。

（贺丽梅）

【社区组织建设】 7 月 9 日至 11 日，进行了第九届社区居委会换届选举投票，所有社区全部一次选举成功，26 个社区居委会主任、副主任和委员共 196 名社区正式候选人全部当选。所有正式候选人得票率均在 90%以上。

年内，开展社区治理大讲堂系列活动，邀请了北京市法制宣传形象大使陈旭律师、国家级心理咨询师毕金仪老师、原丰台区人民法院院长董华等为社区干部讲课。

（贺丽梅）

云岗街道

【概　况】 云岗街道地处丰台区西南部，东与长辛店街、镇为邻，西与王佐镇相连，北与门头沟区接壤，辖区面积8.53平方公里，常住人口1.3万户，3.3万人，人口密度3834人/平方公里，辖区内主要有航天科工集团第三研究院、航天科工集团十一院、101研究所、京丰热电有限公司等中央及市属单位8个，区属单位23个，中学1所，小学2所，社区居委会9个。年内，以建设“幸福云岗”为目标，强化“四个服务”意识，坚持统筹化、规范化、精细化、创新化“四化”建设；开展以“讲故事、谈家风、晒幸福、展风采”为主题的“最美家庭”评选活动，共评选出11户孝老爱亲、夫妻和睦、科学教子、勤俭持家、热心公益、邻里互助的地区“最美家庭”典型，将其中3户推荐至区妇联并被评选为区级“最美家庭”，1户被评为首都和谐家庭。完成25名“北京榜样”选送工作，推动“幸福云岗”、“智慧云岗”的建设。

（何　丹）

【基层党建】 年内，按照“四议一承诺”程序，对经费的申请和使用进行审批、监督。投入100余万元开展基层党建服务项目。

（何　丹）

【社区换届选举】 年内，街道完成社区“两委”换届选举工作。选举产生社区党组织成员59人，社区居委会成员81人，其中党组织与居民委员会成员交叉任职34人，党组织和社区居民委员会负责人“一身兼”3人。

（何　丹）

【环境整治】 年内，以“美丽丰台，环境先行”为主题，组织多部门联合执法66次，出动921人次，排查秩序问题156起，整治秩序乱点17处，取缔无照游商500余起。规范街面“门前三包”90余起，拆除违建1246平方米，清运无主渣土210吨。协调市、区有关部门与街道共同投入资金260万元，改造辖区路面4900平方米；协调上级主管部门和辖区单位投入资金对电厂12号院和南区36楼、北里4号楼等老旧小区周边7000平方米的道路改造。

（何　丹）

【安全生产】 年内，开展“全面清理住宅内非法违法生产经营”、“百日安全生产大检查”、“深化六打六治”等多次行动，检查生产消防安全6000余家次，排查隐患1300余处，下达整改通知书400余份，实现覆盖辖区557家生产经营单位。检查建筑工地148次，处理施工突发事件3起，清理可燃物100余吨。

（何　丹）

【利民惠民工程】 年内，完成11项为民办实事工程。投资10余万元对社区的办公网络进行了升级改造；投资8万元为社区安装共计400余米长的无障碍扶手；投资47.76万元，为各社区安装便民座椅340把；投资4.7万元，对社区办公服务用房的外挂楼梯进行封闭；投资12万元，为社区安装LED路灯；投资1.7万元，为社区规范画线停车位295个。完成9个社区修改项目方案。

（何　丹）

【社会保障救助帮扶】 年内，保障老年人权益，为辖区1724名老年人进行养老卡充值共170万元，办理养老卡申请438人，发放高龄津贴6万元，组织299名无保障老年人免费体检。维护低保利益，为 200 户 304 人发放低保金 207.8 万元，协助 30 户新增困难家庭申请办理低保手续。为 1320 名失业人员推荐就业岗位，帮助失业人员实现就业 389 人、创业 65 人；为优抚对象及烈士子女发放生活补助 10 万元，发放伤残军人抚恤金 50 万余元，为地退、超转、军休人员发放工资 1100 万元。为辖区残疾人累计发放各项补助共计 140 万余元，组织 40 名残疾人进行针对性康复训练，新安置残疾人就业 12 人，完成残疾人家庭无障碍设施改造 25 户。组织 45 名辖区康复残疾人，游览北京植物园和北海公园。

（何　丹）

【维权工作】 年内，完成辖区 45 名非京籍适龄儿童入学资格联审工作。督促用工单位发放工资、经济补偿金 23.6 万余元，检查劳动用工单位 1182 家次，涉及用工人数 6000 余人。

（何　丹）

【信访工作】 年内，共受理上级交办案件 9 件，群众来信 13 件、来访 105 件 134 人次。

（何　丹）

【安全防控】 年内，出资 100 余万元为辖区完善人防物防技防设施：新增监控设备 5 套、摄像头 46 个；在可防性案件高发的 4 栋住宅楼试点安装“防爬刺”；增置电动自行车 6 辆用于夜间巡逻。

（何　丹）

【美化社区环境】 年内，对辖区 6 栋楼的楼体外立面进行粉刷，对辖区 5000 平方米的荒地及云岗一小东侧地带进行绿化，粉刷树木 1000 余株，清扫绿地、健身活动场所近 150 万平米，辖区 12 条主要路段和 62 条背街小巷均实现全日制保洁。

（何　丹）

【卫生与食药监管】 年内，与区健教所、731 医院共同组织地区居民、学生参加的健康大课堂 15（场）次，受益人数近 3 千人。对辖区 14 座自管公厕按要求进行了维修，监督检查食药生产经营企业 310 户次，发现食品药品安全隐患问题 78 起，并当场提出了整改意见。

（何　丹）

【优化窗口办事流程】 年内，街道社保所推行“四个不能”（一个不能拖、一个不能多、一个不能推、一个不能少）工作要求，简化群众办事手续和工作流程，落实“三个减半”（窗口办事申报材料减半、办理期限减半、办理程序减半），提出“一个下移”（就业和社会保障等服务进一步下移延伸至社区工作），满足群众服务需求。

（何　丹）

【计划生育工作】 年内，办理辖区 18 岁以下独生子女家庭意外伤害保险 7157 人，流动人口孕检 879 人次，发放对外办公一次性告知单 1497 份，接待来访 2606 人次，接待热线电话咨询 2543 人次，完成了全国 1%人口抽样调查工作。

（何　丹）

卢沟桥乡

【概　况】 卢沟桥乡位于北京城南地区，丰台区北部，地跨西二环至西五环，与海淀、西城、石景山三区接壤，全乡总面积约 56.3 平方公里，与卢沟桥、宛平、丰台镇、太平桥 4 个街道办事处管理交叉，系北京市重点规划建设的地区之一。全乡共有 1 个社区、19 个行政村，常住人口 6 万余人，地理位置优越，经济发展迅速。2015 年，全乡（地区）总收入完成 112.1 亿元，同比增长 8%；人均收入实现 23283 元，增长 23%；劳均收入实现 40483 元，增长 17.4%。

扎实开展“三严三实”专题教育实践活动。乡党委把开展“三严三实”专题教育作为全年党委班子建设的重中之重，党委书记带头讲党课，班子成员不断交流研讨、立规执纪、整改落实，达到了领会精神、学习到位、形成共识的良好效果。选优配强村级班子，圆满完成金鹏天润社区党委和 19 个村级党总支的换届选举工作，选出了一支信念坚定、政治可靠、敢于担当的基层领导班子。充分发挥党员干部的先锋模范作用，圆满完成“七•七”、“9•3”两大活动组织保障工作。及时解决乡社会福利中心的改造升级等一批群众关切的热点问题，开展老旧小区设施改造维护等 49 小项便民服务，巩固党的群众路线教育实践活动成果。

从严从实落实主体责任。紧抓作风建设，细化落实党风廉政建设“两个责任”清单，开展“为官不为、为官乱为”专项整治活动，推动形成崇尚担当、风清气正的良好政治生态。深化集体三资管理水平，加大重大项目和专项资金的监管力度，深化村级产权制度改革，强化内部审计监管。严格控制“三公经费”支出，实现交通费同比下降 70%，公务招待费零增长。加强队伍建设，树立正确选人用人导向，年内共任免干部 31 人次，选拔培养村级组织后备干部 73 名。深入落实领导联系基层单位工作职责，针对村域发展瓶颈问题建立“项目负责制”，上下联动谋划发展。加强“四支队伍”建设，完善基层一把手述职述廉、报告工作制度，开展在职党员回社区报到、党员亮承诺活动。

加强基层服务型党组织建设。重点引导西局村作为北京市基层服务型党组织试点单位，实现基层党组织服务方式的转变。全面完成太平桥村软弱涣散党组织的转化工作，达到了正民意，解民怨，聚民心的效果。确定大瓦窑村为 2015 年软弱涣散基层党组织，细化了整顿方案。探索社区党建、楼宇党建新途径，进行“五站合一”（党组织、工会、共青团、妇联、社会工作）标准化建设。

招商质量稳步提升。创新招商模式，注重招商选资。坚持抓大原则，减化审核程序，启动重点企业服务联动机制，全年引进注册资金亿元以上（含）或创新企业 40 家，超额完成全年招商任务。楼宇经济集聚逐步形成。以 C9 公建项目、中阳大厦、六里桥大厦等为载体，积极培育符合北京市发展的高精尖、文化、创新产业。特色街区稳步调整发展。万丰餐饮街和靛厂商业街两条街区转变运营发展模式，保持平稳运营态势，全年营业额突破 11 亿元，其中中影国际影城票房收入 5400 余万元，位居北京地区前列。集体三资规范监管。全方位进行财政资金审计监督，完成对 6 个村主要领导干部经济责任审计工作。强化征地补偿费管理，深化村级产权制度改革，完成马连道村和小瓦窑村资产处置工作。

重点村建设把握关键；重点村土地上市分步推进。西局村三期取得市规委复函。周庄子村一期纳入 2016 年区土地供应力争项目；产业建设如期启动。西局村 15 万平米产业合作建设平稳推进，周庄子村、小瓦窑村调整规划实施方案，将采用还建模式进行产业建设；存在问题认真梳理。逐一摸排重点村建设过程中出现的腾退、资金回款和规划调整等情况，研究解决途径和方法。

棚户区改造步伐加快；编制完成《第一道绿化隔离地区城市化建设卢沟桥乡统筹实施方案》并上报市级有关部门等待核准；分类推进棚户区改造工作。小井村用地补偿协议签订完毕，征地补偿款到位后用于解决建设资金缺口问题。小屯村项目获得区政府实施主体授权，待融资到位后启动腾退工作。岳各庄村、靛厂村积极寻找合作伙伴，探索合作发展新模式。太平桥村项目确定由丽泽金融商务区统筹分区实施。

整建制转居稳步推进；统筹兼顾，分步

实施。本着“分批推进、能转尽转”和“成熟一个、实现一个”的原则，有针对性地解决思想顾虑、资金短缺和政策对接问题；积极筹备，稳步推进。通过与上级有关部门的积极协调，完成六里桥村整建制转居费用趸交和东管头村征地转居工作；做好转居后续工作。本着“主动作为，全程参与”的原则，圆满完成金鹏天润社区换届选举工作。

基础设施日趋完善。完成小井村路灯安装、万泉寺2条道路及岳各庄村1条道路大修任务，养护周庄子村1条道路。新增西局村停车位130个，缓解停车难问题。修缮101座生态达标公厕和25座旱厕，乡域卫生环境显著提升。

智慧卢沟着手构建。以信息化系统建设为切入点，针对政务、服务、安全和决策四个维度对全乡城市管理运行进行综合管理，初步完成城市运行指挥平台规划方案制定。以西局、周庄子、小瓦窑村3个重点村为试点，完成“智慧社区”APP调研及功能模块开发。

环境面貌更加和谐。拆违控违保持高压态势，拆除既有违法建设10万余平米，确保新生违法建设零增长。继续加大环境整治力度，完成碾子坟南街、碾子坟北街2条道路环境整治项目。强化背街小巷“一街一牌”全覆盖管理，试行“环境卫生保洁作业承包机制”。完成靛厂商业街一期绿化、亮化景观改造提升工程，提升品牌街区整体商业氛围。坚持巡控监管原则，清理违法停放工程车850余辆，综合治理菜户营非法鸽子市、张仪村市场。环境整治工作效果显著，被评为2015年度北京市环境秩序整治先进单位。

生态环境良性循环。重新修订《卢沟桥乡空气重污染应急预案》，空气重污染预警期间有序做好应急指令发布、联合监督检查、严格执行公车停驶等措施，强化空气重污染预警工作。完成万元地区生产总值能耗下降2%考核指标及2535吨减煤换煤任务。加大建筑工地及渣土运输车辆管理力度，全年检查渣土运输车223辆，立案查处26辆。完成86亩平原造林任务。

乡域稳定日益增强。综合治理菜户营西街等12处治安隐患点位，坚持“团队化”捆绑联勤联动模式，强化集中整治，极大提高群众安全感。配合推进“阳光信访”，深化社会稳定风险评估机制，加大信访办理力度，化解率达95%。完成全乡范围内一千多家生产经营企业安全生产条件普查工作，逐步建立企业基础台账。强化安全工作队伍建设，乡专职安全员队伍被列为市级试点单位。开展全乡73个仓储单位专项检查，发现62处安全隐患，并全部完成整改工作。搭建食药电子监管平台，拓宽群众交流沟通渠道。开展全乡食药安全执法检查，进一步提升乡域内食药安全。落实促进征兵工作优待办法，为部队输送22名青年，超额完成征兵任务。反邪教和涉外网上斗争工作保持全区前列。

人民群众生活持续改善。补贴新农合和城乡居民养老保险共871万元。在募集特困人群救助金的基础上，健全高龄老人、失独家庭等多层面社会救助体系，全年投入190余万元救助困难群体474人。与亿客隆等大型商超建立职介联系机制，多渠道宣讲就业政策，发布招聘信息，组织定向培训，受众达500余人次。依托乡域内椿萱茂老年公寓成立全乡首个养老照料中心。

公共服务深入开展。启动与武警总医院合作试运行工作，收治病人2171人次。顺利完成全乡17个村（社区）卫生服务站医保定点医疗单位创建验收工作。加大为民服务力度，完成7家便民菜店续约工作。举办法制讲座和接受法律咨询240余次，受教育群众达2万余人次。组织“爱祖国 赞家乡 颂和谐”、第四届“万丰晓月杯”京剧票友大赛、第四届群众摄影大赛等近70场活动，丰富群众业余文化生活。

（耿玉倩）

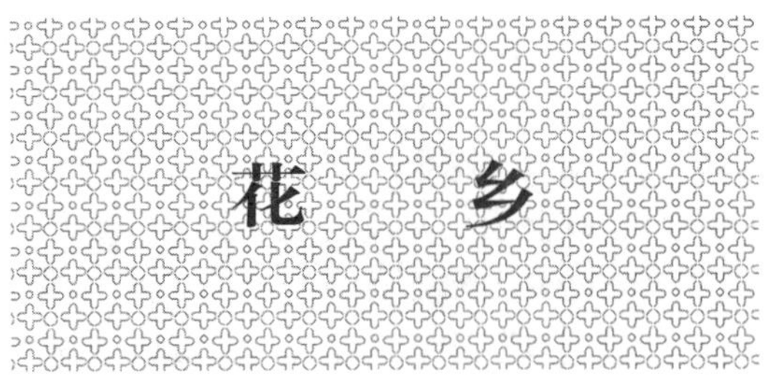

花　乡

【概　况】 丰台区花乡位于北京西南部，距天安门10余公里，区域面积50.3平方公里，户籍人口5.5万人，其中农业人口3.1万人，外来常住人口约15万人。全乡下辖黄土岗、草桥、白盆窑、新发地等15个行政村、1个总公司，共有基层党委4个、党总支18个、党支部166个，党员2768名。花乡区域主要分布在西南三环至五环路之间。地铁4号线、9号线、10号线、大兴线、房山线、规划16号线及南三环、南四环、南五环、京开高速、京沪高铁穿乡而过。辖区内有北京新发地农产品市场、建设中的北京国家数字出版基地等产业集聚区，以及天坛医院、首都经济贸易大学、世界公园、世界花卉大观园等各类优质资源，是北京建设世界城市过程中商流、物流、人流和信息流的重要集聚地之一。2015年，花乡紧紧围绕推进京津冀协同发展、做好非首都功能疏解、全面推进城市化建设等中心任务，以深入开展“三严三实”专题教育为契机，不断强化基层服务型党组织建设和党员教育管理，推动花乡经济社会持续发展。年内，全乡经济总收入63.1亿元，农民人均纯收入24148元，留区税收6亿元。

践行“三严三实”要求，全力抓好党的建设。扎实开展“三严三实”专题教育。乡级班子分三个环节，开展21次集中学习研讨。坚持从严要求，突出问题导向，深入查摆剖析不严不实问题，召开专题民主生活会，严肃认真开展批评和自我批评，共查找93项班子和班子成员不严不实问题，形成问题清单，紧盯整改落实。与此同时，拓展专题教育范围，使全乡各级干部把“三严三实”作为修身用权创业的基本遵循和行为准则，推动践行“三严三实”要求制度化、常态化、长效化。认真开展党的群众路线教育实践活动问题整改工作，完成乡领导班子12项33条整改任务。严格落实党建工作责任。夯实党组织建设基础。顺利完成村党组织换届选举工作，年龄结构进一步改善，学历层次普遍提高。明确了24项规范村级班子运行的重点制度，强化基层党组织议事规则、“三资”管理等制度的落实，切实提升基层单位规范化建设。开展丰富多样的非公党组织活动，新成立4个党支部，扩大了非公党建工作覆盖面；推进基层服务型党组织建设。把握“服务”核心，增强行动自觉。乡属各单位，围绕城市化进程中集体经济和社会管理形态转型以及各自实际，健全联系群众机制、畅通群众诉求表达渠道、加强服务平台建设，严格按程序规定使用基层党组织服务群众经费232万元，解决了一批群众最关心、最现实、最直接的问题，服务群众的水平普遍提升；提升党员干部管理和教育水平。严把发展党员质量关，发展党员47名。加强村级后备干部动态管理，11名40岁以下、大专以上学历的村级后备干部进入村党组织班子。严格落实选人用人制度，制定了《关于选派乡机关年轻干部到村挂职的工作方案》，选派12名机关年轻干部下村挂职锻炼。投入90万元专项资金，对重点产业和人才团队给予资金扶持。继续举办花乡企业经理人课程培训班，新引进专业管理技术人才43人，为乡村发展注入了动力；全面落实党风廉政建设责任。围绕“两个责任”落实，制定了《花乡纪委约谈制度》、《花乡纪委定期向乡党委汇报党风廉政建设和反腐败工作情况制度》、《花乡各级领导干部廉洁自律报告制度》，建立花乡财政内审制度，坚持推进“三审、两备案、两跟踪”，织密廉洁从政的制度网络。以《中国共产党廉洁自律准则》和《中国共产党纪律处分条例》的教育学习为重点，开展形式多样的反腐倡廉教育，筑牢廉洁自律的思想防线。此外，乡党委支持人大依法行使职权，保障了人大代表依法履行职责，领导和改进群团工作及统一战线工作，充分发挥了各个群体在推进城市化中的积极作用。

落实首都功能定位，全面推动经济转型。加快推进非首都功能疏解。坚持疏控并举，严格按照新增产业禁限目录瘦身健体，全年疏解调整18家交易市场，关停并转38家工业企业。强化人口调控责任，保持拆违打非高压态势，开展地下空间、违建出租房屋、群租房、出租大院专项清理整治行动，完成流动人口管控任务。协调推进区域协同发展。榆构集团在河北固安建设的14条生产线已陆续投入使用，西南物流在房山区阎村建设了高台立体化仓库；新发地市场与河北高碑店新发地农产品物流园进行对接，实现了部分功能的外迁。着力构建新型产业结构。招商引资工作取得新突破，全年共有159家企业在花乡注册，注册资金千万元以上规模企业15家，其中亿元企业6家，金融科技类企业8家；大力扶持文化创意产业，国家数字出版基地实质运转，注册文创企业15家；有力推进都市生活服务业，永旺商城如期开业，丰富了南城商业氛围；以“互联网+都市服务”为主线，“新发地生鲜网”开通运行，花卉电商得到进一步发展。

坚持乡域统筹发展，加快推进城市化建设。进一步强化集体土地统筹利用能力。编制《花乡城市化统筹实施方案》，以“减地、减人、增绿”为原则，确定了区域统筹、组团开发的思路。重点村改造工作稳步推进。白盆窑村近5000人实现回迁入住，夏家胡同产业项目取得市政府定向出让批示。棚户区改造和环境整治工作全面铺开。造甲村、羊坊村、草桥村42.5万平方米回迁房已经结构封顶。看丹村、榆树庄村已确定改造方案，进入融资阶段，新房子项目正在开展土地整合和主体申报等工作。乡域基础设施得到进一步提升。完成了新黄陈路、白盆窑中路等道路大修工作，配合市、区有关部门做好地铁16号线进场施工工作，草桥村实现新管线供热。转居撤村社区化建设工作稳步开展。完成造甲村整建制转居。探索出草桥村草桥欣园“一委两居一站”的社区建设管理新模式。推动新发地村、纪家庙村社区创建，积极开展白盆窑、四合庄、郭公庄三个村社区筹建的前期准备工作，不断取得城市化建设新进展。

全力保障改善民生，有效维护和谐安全稳定。加大民生投入力度。投资2629万元，完成5大类、27项为民办实事项目。完成了新农合参合工作，参合率达99.35%。完善线上线下就业服务平台，努力提升就业服务水平。开展对1208名残疾人基本服务状况与需求调查，充分利用高鑫公园温馨家园开展各类扶残、助残工作。树立了花乡特色文体活动品牌。充分挖掘花卉文化根脉，推进花乡花卉系列工程，草桥制作10辆环保“绿雕”花车，各村通力合作利用“中秋”、“国庆”在园博巡演，得到了社会各界好评；花乡文化服务中心建成运营，举办了系列体育赛事、书画摄影活动和38场文艺演出。加强生态环境建设工作。完成84亩平原造林任务，对污水河、黄土岗灌渠、京日排水和育苗场排水等四条河道开展清淤。积极开展背街小巷环境集中整治和减煤换煤及煤改电工作。强化社会综合治理。加强对城乡结合部等重点地区的治理，不断提高百姓安全感。坚持安全生产检查常态化，防止重特大安全生产事故的发生。完善食品药品安全监督网络，构建新发地批发市场进京食品安全风险防控体系，确保百姓饮食用药安全。不断改进信访工作，注重源头预防，畅通信访渠道，有效化解人民内部矛盾。圆满完成世锦赛、抗战胜利70周年纪念活动安全保障工作，维护了区域和谐稳定。

（高国伟）

南 苑 乡

【概　况】 南苑乡地处北京市中轴线南部两侧、丰台区东部，东与朝阳区相连，西与花乡、卢沟桥乡毗邻，南与大兴区接壤，北与东城区、西城区相接。北京市二环以南，五环以北，有三环、四环路、铁路丰双线横贯东西，南中轴路、马家堡东路、马家堡路、马家堡西路、右外南延路、地铁四号线、地铁五号线、亦庄线、蒲黄榆路纵贯南北。乡域面积56.74平方公里，下辖12个行政村和16个集体经济组织，与9个街道办事处接壤，辖区内有11个派出所，7个税务所，4个工商所，是典型的城乡结合部地区。乡域乡村户数29202户，常住人口80506人，其中外来人口31150人；户籍人口39030人，其中农业人口8323人。

年内，全面贯彻党的十八大、十八届三中、四中全会和中央经济工作会议以及北京市十四届人大三次和丰台区十五届人大五次会议精神，落实乡党委十六届三次全会部署，主动适应经济社会发展新常态，坚持“稳中求进”工作总基调，以习近平总书记系列重要讲话精神为统领，以“五个南苑”建设为目标，以城市化进程为主线，以强化群众路线教育活动成果为抓手，紧紧围绕京津冀协同发展、非首都功能疏解、全面深化改革等中心工作，凝心聚力，务实作为，快速推进城市化进程，进一步推动产业结构调整和发展方式转变，进一步加强基础设施建设和城市管理，进一步加大基层民生改善和保障力度，努力在经济结构调整和发展方式转变、城乡统筹和改革创新、城市管理和民生改善、社会和谐和安全稳定等各个方面取得新突破，全面完成“十二五”经济社会发展任务，推进全乡又好又快发展。

主动适应经济社会发展“新常态”，不断增强区域经济综合实力。招商引资有力驱动“新常态”；夯实招商基础。充分利用第三次全国经济普查大数据，建立基础台账；落实产业发展政策，严格把关招引项目和工作环节；做好企业协税护税工作；拓宽招商渠道。建立市场化运作交易机制。与市、区投促局合作开展专场推介会，落实招商引资奖励政策，充分调动各村积极性；提档楼宇经济，盘活存量楼宇资源，提升中福丽宫、瀚海大厦、立业大厦等现有楼宇项目对优质中小企业的孵化培育和服务能力，促进企业向“专精特新”方向发展。企业管理科学规范“新常态”。深化改革，规范企业管理。制定并实施北京中苑盛世投资管理有限公司深化改革实施细则及各村衔接方案，确定东罗园深化改革方案，逐步建立现代化的企业管理制度。强化“三资”管理、合同管理、财务管理，继续加大土地补偿费专储账户监管和审计监督力度。打造专业化招商引资、产业项目管理和经济管理队伍，鼓励支持本地区小微企业及个人创新创业。

科学编制“十三五”发展规划，实施“城乡一体化”试点建设，不断提升南苑地区城市化水平。全面总结分析“十二五”时期乡域经济社会发展经验和教训，深入研究全局性、战略性、关键性问题，科学编制“十三五”发展规划，使之成为指导今后五年全乡经济社会跨越发展的科学蓝图和行动纲领。精心组织实施“城乡一体化试点”建设。把握南苑乡被列为2015年市级“城乡一体化”建设试点乡的重大机遇，统筹规划，将绿地指标化整为零分解到畸零地，解决相关村绿隔遗留和产业升级问题；统筹土地，实现时村、东罗园土地整合，两村城市化改造启动；统筹房源，解决果园村剩余农民安置上楼问题；统筹土地收益，争取重点村和一级开发项目上市土地的溢价，用于解决资金缺口问题。加快推进重点工程建设，重点村改造基本完成。四村土地分批次实现上市交易，槐房三期回迁房竣工。力促亚林西居住区项目二级开发单位，一期7.25万平方米产业按计划开工、二期上市土地入市交易；旧村改造项目启动。

切实加强社会管理和环境建设，不断增进社会和谐与生态文明。全面加强社会管理，加速推进网格化管理体系的构建和运行。依托全乡大安全保障网络，落实“党政同责”、“一岗双责”安全生产责任，防范和遏制重特大事故。完善流动人口服务管理，结合全乡城市建设和产业结构调整，建立人口动态监测机制。依法持续开展群租房整治和重点地区专项整治。进一步提高应急处置能力。

维护社会和谐稳定。全面推进依法治国，营造办事依法、遇事找法、解决沟通用法、化解矛盾靠法的法治环境。加强矛盾源头预防，筑牢信访工作“第一道防线”，规范办理程序，畅通信访渠道，推进“阳光信访”平台建设，及时协调化解矛盾纠纷，切实维护群众合法权益。深入推进“六五”普法工作。继续做好法律服务和法律援助，规范劳动用工行为，构建和谐劳动关系。

提升环境建设水平。继续推进“一村一品”环境建设，打造新宫翠海明苑路、右安门地铁四号线东墙等10处亮点。争取专项资金实施双石一社区“市花进社区”工程。启动“挂牌管理”新模式，“门前三包”签订率和挂牌率达到100%。提高网格案卷办结质量，案卷处理率100%。加强49座自管公厕和120处垃圾房的管理，各项指标全部达标。保持控违拆违高压态势，新生违法建设零增长。

不断推进地区社会公共服务均等化。探索村居体制转变新模式。以双石一社区规范化建设、“一刻钟社区服务圈”示范点为引领，推动新社区建设管理工作。推行“两委一站多社团”模式，有针对性地建立社会服务组织。继续落实“四议一审两公开”和“四权实践”制度，完善“村规民约”和“居民公约”，抓好村务公开和民主管理。做好“双拥”和优抚安置工作。

丰富教育科普公共服务。支持大红门航天园申请社会大课堂单位资格，并依托露营公园开展科普和教育活动，倡导科学理念培育与终身教育体系建设同促进、同发展。

提高公共卫生服务水平。加强乡村两级医疗卫生事业管理，进一步完善社区（村）卫生服务网络，探索推行“智慧新农合”，实现新农合试点医院即时报销，推进医养融合型养老机构建设。

坚定不移推进保障和民生改善，不断增加城乡群众福祉。加大促进就业和培训力度。以城市化进程为契机，通过政策引领、产业带动、鼓励创业和自谋职业等举措，全年新增规范就业1700人，签订劳动合同4000份，提供各类空岗信息1200条。加大人才储备力度，全年完成岗位技能培训600人次、引导性培训500人次。

扩大社会保障覆盖面。稳步推进城乡居民养老保险参保、续保，继续做好全乡“新农合”参合工作。做好转居劳动力在土地上市后社保一次性补缴。按计划启动分中寺农转居工作。强化为老服务，落实好各项扶残、助残、惠残政策，全乡扶残助残工作达到康复救助、教育培训、就业创业、社保兜底、无障碍脱贫、托养救助“六个到位”。

加大文化惠民工作力度。发挥“中国民间文化艺术之乡”的品牌带动作用，突出犇牛影协优势，扶持民间花会，保护和传承非物质文化遗产，增强全乡文化软实力。结合抗日战争胜利 70 周年，广泛开展爱国主题教育活动。继续做好“周末大舞台”、“星火工程”等文化惠民项目，广泛开展快乐健步走、文体比赛、广场舞展演等群众喜闻乐见的活动，让群众充分动起来、乐起来，营造全乡浓厚的文化氛围。

（柳　明）

长辛店镇

【概　况】 长辛店镇位于北京市区西南、丰台区西部的永定河西岸。东距卢沟桥 1 公里，北隔永定河与石景山区相望，西北隔山和门头沟区相邻，西南与王佐镇和房山区接壤。长辛店镇是北京西南的交通咽喉，京石、京周、京原等公路，京广、京原、京九复线等铁路皆在镇域内穿过。长辛店镇属于燕山山脉浅山区，是离北京中心城区最近单位、地貌特征显著的丘陵地带。全镇总面积 62.44 平方公里，下有 9 个行政村、37 个自然村，农民人口约 1.6 万人。

2015 年全镇农村经济总收入实现 48.19 亿元，同比增长 9%；农民人均所得实现 18428 元，同比增长 9.1%；留区税收完成 1.1 亿元，同比增长 8.8%。新增企业 161 家，总注册资金约 10.4 亿元，其中注册资金 1000 万元（含）以上企业 24 家，5000 万元（含）以上企业 7 家，亿元（含）以上企业 2 家。

试点工作取得突破。在市、区领导高度关注及指导下，经过反复论证与修改完善，统筹利用集体经营性建设用地试点工作完成了方案制定和逐级上报，8 月成为全市第一个通过了北京市新型城镇化改革专项小组办公室审议，并同意予以备案的试点乡镇。工作推进方案已于 10 月 9 日通过区长专题会研究。通过试点实施，逐步实现将分散的经营性建设用地集中到适宜发展的优势区域发展高精尖产业，培育高端城市功能和就业增长点。

产业疏解有序开展。按照《北京市新增产业的禁止和限制目录（2015）》和《丰台区产业准入制度》，结合镇域特点，完成长辛店镇产业准入负面清单初稿编制，禁止新建、扩建首都功能不宜发展的产业项目。对涉及非首都功能疏解任务的行业和企业进行摸底调查，建立工业企业基础台账，全面掌握和分析有关情况，细化疏解措施。全年按政策要求调整退出工业污染企业 2 家。制定《长辛店镇商品交易市场调整疏解工作方案》，通过“调整、转型、升级、改造”等形式，完成市场疏解任务 70%，实现镇内现有商品交易市场经营业态符合市区政策要求，经营环境更加干净整洁，服务水平更加标准规范，百姓购物更加便捷。初步完成《长辛店镇国民经济和社会发展第十三个五年规划纲要》《长辛店镇产业发展总体规划》及《长辛店镇旅游产业发展总体规划》三项规划编制工作，坚持规划引领，为深化重点产业项目落地和空间结构布局奠定基础。充分利用域内生态资源优势，继续推动休闲农业和乡村旅游的发展，重点开展了中华名枣博览园花海、北宫森林公园周边旅游配套、麦秀农场儿童娱乐区等项目建设。同时，充分利用设施农业政策，不断盘活全镇农用地资源，筹备建设大灰厂休闲采摘体验园、大灰厂高科技农业观光园区等项目。

经济管理逐步深化。各村根据实际情况对本村的收入支出进行了预算编制，通过村“两委”会和村民代表会讨论，形成了 2015 年村级财务预算，并严格按照各项条款规范财务收支行为，有效增强村级财务的计划性和透明度。按照《长辛店镇农村集体经济合同整理完善工作实施方案》要求，通过签订补充协议、仲裁等合法方式，清查整改各类经济合同 1076 份，年内追缴合同欠款 200 余万元。严格执行征地补偿费专户存储、专账管理、专款专用的管理制度，对各村土地补偿费的使用是否合规、劳动力的安置费是否留足加强监管，发挥好制度的“防洪堤”作用。按照财务人员培训计划，对各村财务经理、会计、出纳、报账员进行系统性培训。组织镇村两级近 240 名财务人员参加 2015 年会计继续教育学习。通过培训和学习，财务人员业务水平得到较大提高。

重大项目扎实推进。对张郭庄路土地情况进行梳理并征求周边单位意见，根据规划方案制作完成道路设计方案并上报市规委审批。完成北宫南路二期社会稳定风险评估工作。T1 轨道交通及梅市口西延路项目，完成地震地质勘测工作，T1 项目报市政府待批复。协调南营 110KV、北宫 220 KV 变电站的选址及地上物的测算，并就拆迁及合作形式进行沟通。完成河西第三水厂周边供水需求量调研测算，完成牤牛河整治项目的环境评价及稳评工作。张家坟村、太子峪村棚改项目已取得回迁房的规划批复。东河沿村、张郭庄村棚改合作主体已确定，合作方式正在洽谈中。辛庄村正在与合作单位商谈，棚改实施方案正在制作中。长辛店棚户区 A、E 地块为老镇对接安置房，完成长辛店村宅基地腾退工作，安置房正在建设。老镇棚改涉及赵辛店村宅基地腾退工作稳步推进。完成大灰厂村 265 亩、张郭庄村 56 亩土地整治项目动态维护方案编制、上报及完善工作。

生态文明建设持续加强。全年共拆除违法建设 36 处，拆除面积 33970 平方米。整改违法用地 51 宗，腾退土地约 236 亩。共处理区城指中心派遣的六大类环境问题网格案卷 2986 卷，处理率达到 99%以上。充分发挥村级保洁队、专业保洁公司作用，不留环境卫生死角，完成辛庄南沟村、大灰厂七队沟两条街巷胡同环境整治工程，在全区乡镇 2014—2015 年度背街小巷环境卫生综合考核中排名第一。通过启动东河沿村煤改电、推行优质燃煤 6535 吨、集中处理秸秆等园林废弃物 4000 余吨、加大燃煤茶浴炉、工地扬尘等问题整治力度，全面落实空气行动计划，并圆满完成了“纪念抗战胜利 70 周年”、第四届兰花大会、北宫彩叶节等重大活动期间环境保障工作。通过种草、植花、栽木，新增绿化美化面积百余亩，钢渣山公园、张太路等周边环境焕然一新。环境基础设施建设不断加强。对镇内 255 座垃圾池逐个踏勘，结合实际制定整改方案，改造后将实现垃圾池统一封闭管理。完成 10 座旱厕改造，并纳入专业化保洁。全面梳理镇域破损道路，建立台账，完成大灰厂路、太子峪军民友谊路等路段养护修复。三座垃圾中转站建筑主体及设备安装已完成，投入使用后将大大提升镇域生活垃圾消纳能力。

人民生活持续改善。全年发放低保金共计 99.2 万元，大病救助资金 19.2 万元，城乡居民养老保险和城镇职工养老保险参保续保率达到98%以上。成立公益性就业组织，充分安置城乡就业困难人员，多措施带动就业，实现转移就业 1000 人次。完成 337 人的转非工作和 166 人非京籍适龄儿童接受义务教育证件审核工作。完成老年协会各项筹备工作，顺利召开长辛店镇老年协会筹备成立暨第一届会员大会。张郭庄、赵辛店两所村办幼儿园正式招生开学。通过打造“小镇好声音”合唱团，成立评剧艺术团。培育特色舞蹈队，组织“美丽小镇熠起来”为主题的群众文化展演活动。举办乒乓球、羽毛球比赛。成功举办长辛店镇第一届春分民俗文化节和第十三届大枣文化节，开展“三下乡”、主题摄影比赛、书画作品巡展等活动，丰富人民群众的文化生活。

加大综合整治，镇域内日益和谐稳定。

全年信访形势平稳可控，来信来访304件，办结285件，实现了初信初访办结率达到93%以上的工作目标，全区绩效考核信访工作满分，被评为北京市2015年信访工作先进集体。全面落实社会稳定，生产、消防、交通、食药安全责任，层层签订责任书，对镇域内企业安全生产情况全面开展检查，全年共检查企业1500余家，发现并整改隐患3000余处。以“大综治、大安全”工作思路为指导，工商、公安、综治、食药等多部门协作，联合执法，多次对辖区不法行为重拳出击，共开展联合执法80余次，对辖区幼儿园、娱乐场所、餐饮服务单位等全面摸排检查，成效明显，为镇域发展提供和谐稳定的环境基础。

（索木芽）

王佐镇

【概　况】 王佐镇地处丰台区的西南部，北部毗邻门头沟区，南部与房山区相连。辖区面积61.33平方公里，下辖8个中心村，36个自然村，户籍人口34920人，农业人口15013人。

年内，全镇经济总收入完成37.7亿元，同比增长14.3%；人均纯收入18837元，同比增长10.5%。

转型升级迈上新台阶。完成镇级产权制度深化改革工作。紧紧抓住政策机遇，积极申报支农、产业引导、科普益民惠农项目21个，争取项目资金1055万元。结合镇域发展定位，积极开展产业疏解，完成镇域61家不符合功能区发展企业的调研摸排，全年停产或搬迁8家工业污染企业。依法加大打非治违、低端产业淘汰力度，通过推进重点项目拆迁腾退、清理出租合同和拆除流动人口出租大院等措施，实现流动人口年度削减10%目标。创新落实土地整治规划，完成2000亩高标准基本农田升级改造工作。

招商引资取得新进展。年内，新增注册企业71家，其中百万元以上企业23家，亿元以上企业1家。启动北京印第600城市道路赛等项目洽谈合作，实现“联合国青年创新奖”评奖基地永久落户青龙湖国际文化会都。严格按照《北京市新增产业禁止和限制目录》要求，落实企业登记准入制度，累计退办企业申请登记32件。

重大项目进展良好。全面完成鲁坨路南段建设工程，鲁家山循环经济基地供水保障工程开始施工。全力推进鑫湖家园、青龙湖国际文化会都C地块、周云路庄户段腾退工作。配合做好T1、T2轨道交通项目、王佐消防站地勘、拆迁及项目施工协调工作。积极配合人大附中、民族大学新校区项目前期手续办理、工程建设协调工作，年内已实现进场施工。加速推进旧村改造相关工作，完成佃起村、沙锅村、南宫村改造项目规划意见。青龙湖地区棚户区改造和环境整治项目成功列入市级2016年度工作计划。

基础设施不断完善。完成南宫十一号路、沙锅村商业街等周边道路的大修工程。完成南宫一号路各项前期手续办理及项目征拆服务单位和施工监理招标工作，年内已开工。积极推进中环路北段（长青路—云岗西路段）、河西村西路北延和下庄一号路等8条市政道路前期手续办理工作，并积极协调落实了物流园区路等4个基础设施建设项目的土地出让金返还工作。

美丽乡村有序推进。突出“一村一品”规划理念，积极推进美丽乡村建设。配合市新农办及区农委开展南宫村、沙锅村“美丽乡村”申报检查验收工作。着力培育以村民为主角的“一村一品”群众文化队伍，重点打造了“怪村太平鼓、庄户高跷、魏各庄霸王鞭、西庄店舞龙、佃起百人腰鼓”等文化品牌队伍，其中怪村太平鼓、米粮屯高跷代表丰台区参加了台湾高雄灯会，为增进两岸文化交流做出了贡献，充分展现了王佐人民风采。

城镇环境逐步改善。着力推进国家卫生镇建设，顺利通过国家卫生镇复检验收工作。建立健全了《王佐镇城乡环境建设考核办法》等四项规章制度，继续强化环境建设“周通报、月考核”制度，严格考核结果公示，有效促进各村环境改善。健全清扫保洁网络体系、规范落实门前三包、垃圾分类、广告牌匾规范等制度措施，巩固了环境建设成果，实现了区城乡环境建设专项考核排名实现提升的既定目标。继续保持控违、拆违高压态势，全年共拆除违法建设 74 宗 1.6 万平方米。修订完善《王佐镇空气重污染应急预案》，清理劣质散煤点 15 个，完成减煤换煤任务 1.3 万吨。

社会保障持续强化。成功申办王佐镇社会公益性就业组织，争取市级公益岗位 150 个。研究制定《王佐镇十三五就业规划》。庄户村被评为“市级就业示范村”。全年城乡居民养老保险实现参保 7409 人，共完成各项医疗报销及镇级二次补助共计 2100 余万元。全年为符合养老助残条件的老年人、残疾人、独生子女家长发放补助 3023 余万元，同比增长 17.8%。新建怪村中心村职康站。认真落实低保户、五保户等困难人群体的医疗救助、危房改造等保障工作，坚决做到政策用足、应助则助。

公共服务统筹优化。依法合规选举成立河西乡镇第一家社区居委会——南宫雅苑社区，为群众就近办理各项事务、参与基层民主建设提供了有力保障。加快建设中央民族大学、人大附中项目，依托政策支持，引进了北大附小丰台学校和民大附中丰台实验学校合作办学项目，提升地区教育水平。进一步推进地区医疗事业均衡发展，年内，南宫、佃起社区卫生服务站成功列入基本医疗保险定点单位，魏各庄卫生服务站建成投入使用。

区域文化繁荣发展。全面启用怪村文化广场，完成佃起、西庄店、庄户、怪村等四个村级文化室升级改造项目，镇级文化服务中心项目获得批复。强化文保工作，完成西庄店华严庵文物修缮和南宫老爷庙消防设施改造升级项目。全年星火工程演出 16 场、百姓大舞台演出 12 场、恒源杯群众系列文化活动开展 18 场，成功举办王佐镇第三届舞蹈大赛，切实让文化普惠于民，丰富人民群众精神文化生活。

城镇管理提质增效。以提升镇域安全管理水平为目标，围绕建筑工地、人密场所、危化企业、旅游景区等重点区域开展综合安全检查和专项整治，全年累计检查企业 2500 余家次，发现各类安全隐患 3000 余处，逐一整改到位，2015 年度完成 7 家企业安全生产标准化，小微企业达标 15 家，完成第一次生产经营单位安全条件普查。以提升群众安全感为目标，安排专项资金增强治安巡防力量，为 8 个中心村统一配备治安巡逻车、购置专业设备，进一步提升全镇群防群治社会面防控水平。圆满完成纪念抗战胜利 70 周年阅兵活动保障、“十八届五中全会”等重大活动、重点时段安保和秩序维护工作，全年群众安全感满意度显著提升。

勤政廉政建设进一步加强。结合“三严三实”专题教育活动，组织学习《中国共产党廉洁自律准则》和《中国共产党纪律处分条例》等最新规定，严格落实重点领域和关键岗位廉政风险防控措施，营造风清气正的政务环境。配合市、区完成“7.21”佃起中心村道路损毁补偿审计等 3 次专项审计工作，进一步建立健全审计制度，逐步实现审计监督全覆盖。

机关效能建设进一步深化。按照“三严

三实”专题教育活动要求，组织开展为期半年的“为官不为”、“为官乱为”问题专项治理，认真查找和整改机关作风建设中存在的问题，坚决纠正机关“庸、懒、散、拖”现象，凝聚奋发有为的正能量。强化依法行政，圆满完成“六五”普法任务，法律顾问聘任工作，继续深化政府信息公开，保障权力在阳光下运行。自觉接受镇人大代表的监督指导，提高人大议案建议办理效率和质量。主动听取人大代表、政协委员的意见建议，加强决策咨询、政策跟踪评估、重大决策合法性审查和规范性文件备案等工作，提高行政决策科学、民主、法治化水平。

（冯子烨）

人　　物

组织机构负责人名单

丰台区委员会

书　记　杨艺文(女)
副书记　冀　岩　顾晓园(女)
常　委　李　军　衡晓帆(4月免)
霍连明(11月免)
孙军民(女，12月免)　刘　宇
钟百利　朱继明　张建国
肖辉利(11月任)
杨　猛(挂职干部　7月任)

丰台区委工作机构负责人

区委办公室主任　李　岚(女，11月免)
周新春(11月任)
组织部部长　霍连明(11月免)
肖辉利(11月任)
宣传部部长　孙军民(女)
文化创意产业促进中心主任
韩骏伟(2014年7月任)
精神文明办公室主任　张国强
统战部部长　张建国
台湾工作办公室主任　房书勇(女)
区编办主任　许　民
区委区政府政策研究室主任　冯志成
区委区政府信访办公室主任　尚振国
保密局局长　尚保华（女）
区直机关工委书记　徐鸣凤
党史资料征集办公室副主任　杜来全
老干部局局长　朱运昌
区委党校校长　顾晓园(兼，女)
常务副校长　李富国(4月免)
宋金忠(4月任)

中国共产党北京市丰台区纪律检查委员会

书　记　李　军(安徽利辛县)
副书记　胡春溪　王和友
常　委　翟光红　徐振华　王祥进
鲍书田(女)　钱义菊(女)
王卫军

丰台区第十五届人民代表大会常务委员会

主　任　王苏维
副主任　吕跃进(常务)　苗　华(女)
郭振江　李　杜
薛　明(不驻会)
委　员　王　丰　王志江
王跃进　伊　敏(女)
刘　颖(女)　李大维
李有毅(女)　李　军
李　奇　李跃生
杨元智(回族)　吴　恒
迟　岚(女)　张小玲(女)
张世伟　张金豹
陈运柏　陈　鹏
赵万军　俞亚茹(女)
姜　萍(女，满族)　贺俊崎
夏　华(女)　徐朝辉

徐　颖　　高彦彬
梁小虹

丰台区人大工作机构负责人

办公室主任　赵万军
研究室主任　陈运柏
代表联络室主任　李　军
财政经济工作委员会主任　张世伟
内务司法工作委员会主任　张小玲(女)
教科文卫体工作委员会主任　张金豹
城建环保工作委员会主任　俞亚茹(女)
农村工作委员会主任　陈　鹏

丰台区人民政府

区　长　冀　岩
副区长　刘　宇　　钟百利
王新元(12 月任)　狄　涛
张　婕(女)　　刘文洪(11 月免)
高　峰　刘树苹(女,挂职干部,8 月免)
吴继东　李　岚(女，11 月任)

丰台区政府工作机构负责人

政府办公室主任　张　洋(11 月免)
连　宇(11 月任)
经济和信息化委员会主任　吴神赋
中关村科技园区丰台园主任
张　婕(女)
国有资产监督管理委员会党委书记
刘　军
主任　王玉昌(5 月任)
社会工作委员会书记、社会办主任
王珮琦
民政局党委书记兼局长
李秀瑛(女，11 月免)
张　莉(女，11 月任)
投资促进局党组书记、局长
郭晓一(12 月免)
杨善华(12 月任)
商务委员会主任　刘怀生(11 月免)
郭晓一(11 月任)
北京市丰台区旅游发展委员会党组书记　曹　生
主任　于临溏
世界公园总经理　张　军
北京园博园管理中心党组书记　王长松
主任　花伟军
住房城乡建设委员会主任　刘　郦(女)
市政管理委员会主任　李春滨
科学技术委员会主任　朱京宁
农村工作委员会主任　吴建英(6 月任)
文化委员会主任　王　虹(女)
党组书记　史文彬
教育委员会主任　张立新(11 月免)
张　洋(11 月任)
书记　宋金忠(4 月免)
狄　涛(4 月任)
教育督导室主任　狄　涛
房屋管理局局长　苏　军
环境保护局局长　隆　重
地震局局长　吕广生
国土资源分局局长　李文忠
房屋经营管理服务中心主任　李　勇
丰台区房屋征收中心主任　刘立宏
农村合作经济经营管理站站长　王升贵
广播电视中心主任　何岳飞
卢沟桥文化旅游区办事处主任　陈　阳
规划分局局长　杨　浚(女)
环境卫生服务中心主任　杨桂红(女)
园林绿化局局长　张小龙
绿化办主任　张小龙
气象局局长　杨玉华
水务局党组书记　吴　燕
局长　刘权来
体育局局长　薛　红
丽泽开发办主任　马福江
民族宗教侨务办公室主任　马士有
发展和改革委员会党组书记、主任
周新春(11 月免)
刘怀生(11 月任)
人力资源和社会保障局局长、书记　冯晓光
安全生产监督管理局局长、书记　董铁铮
统计局党组书记　刘庆文

局长　韩　伟
国家统计局丰台调查队队长　亓学霞
审计局局长　段德珍(女)
质量技术监督局局长、书记　刘新华
财政局党组书记、局长　李　屹
国家税务局局长、书记　刘嘉权(回)
地方税务局局长、书记　金志雄(满)
工商行政管理局局长　于巨川
卫生和计划生育委员会书记　毕永丰
主任　张　扬
食品药品监督管理局党组书记、局长
李云鸿
地方志办公室主任　吴永利
法制工作办公室主任　张　悦
外事办公室主任　梁彦梅(女)
机关行政事务管理处处长　王秋利(9 月免)
白子荣(9 月任)
监察局局长　胡春溪
档案局局长　谷　卫
城市管理综合行政执法监察局局长　姜东升
丰台区城市管理监督指挥中心主任　李春滨

政协北京市丰台区第九届委员会

主　席　李昌安(侗族)
副主席　周大春(女，1 月免)　李新民
邢方岭　李秀瑛(女，1 月任)
刘占良　张兆旗(回)
程留恩
秘书长　赵冬辰
常务委员(主席、副主席、秘书长均为常务委员，从略。按姓氏笔画为序排列)

万艳生	马洪波
王　虹(女)	王　强
王卫军	王忠新
王诗雪	王艳霞(女)
王德文	韦　云(女)
邓继林	田秀华
史文彬	刘　郦(女)
刘少华	刘文辉(女)
孙金来	杜　涵(满)
李小月(回)	李春明
李海云	吴神赋
宋耕福	张　苑
张　涓(才旺卓玛，女，藏)	张立新(女)
张俊峰	张振军
张燕琴(女)	陈景泉
林海青	金　铮(女)
房书勇(女)	胡国强
姚建国	徐培发
蒋旭东	韩　伟
温智勇	樊　维(女)

丰台区政协机构负责人

区政协研究室主任、学习委员会主任
杜彦奎
区政协专门委员会工作一室主任、教文卫体委员会主任、文史资料委员会主任
解明珠(女)
区政协专门委员会工作二室主任、经济科技委员会主任　许　伟
区政协专门委员会工作三室主任、城乡建设和管理委员会主任　綦建国
区政协专门委员会工作四室主任、社会法制委员会主任、民族宗教和港澳台侨委员会主任
陈　娟(女，回)
区政协专门委员会五室主任、提案委员会主任
许　翔(女)

丰台区各民主党派负责人

民革丰台区工委主任　张兆旗(回)
民进丰台区工委主任　刘占良
民盟丰台区工委主任　薛　明
民建丰台区工委主任　王　虹(女)
农工民主党丰台区工委主任　温智勇
九三学社丰台区工委主任　程留恩
致公党丰台区工委主任　王艳霞(女)

丰台区群众团体负责人

丰台区总工会主席　王建斌
共青团北京市丰台区委员会区委书记
乔学慧(9 月任)
丰台区妇女联合会主席　姜　萍

丰台区工商联主席 田秀华
党组书记 孙延明
区归国华侨联合会主席
洪 鑫(驻会副主席兼主席工作)
区红十字会会长 张 婕(女)
丰台区文学艺术界联合会主席 初建华
副主席 李 澎
老龄工作委员会办公室主任 刘藏生(女)
残疾人联合会主席 高 峰
党组书记 徐爱华(5 月任)
残疾人联合会执行理事会理事长 王跃进
区消费者协会会长 张 京
丰台区饮食服务旅店行业协会会长 李京华
丰台区维修服务行业协会会长 王德意
科学技术协会常务副主席 邓继林

丰台区工商企业负责人

丰台区烟草专卖局(公司)局长、经理
杨 捷
北京丰贸投资经营管理有限公司党委书记
董事长兼总经理
刘 峰
丰台区修理公司总经理兼党委书记
刘立志
京都公司总经理 刘 视
丰鑫源物资集团公司党委书记、总经理
米惠鹏
北京市丰台区国有资本经营管理中心总经理
刘震坤
丰台区财政贸易干部学校支部书记 杨宝森
综合投资公司党委副书记 曹建民(临时负责)
常务副总经理 静 冬(临时负责)
中关村科技园丰台区管理委员会主任
张 婕(女)
城市建设综合开发公司经理 胡新鹏
北京汽车博物馆馆长 杨 蕊
北京南站地区管委会副书记 李宝英(女)
副主任 李宝英(女)
朱 晖
陈银亭(女)

丰台区政法军事机构负责人

政法委书记 顾晓园(女)
检察院检察长 叶文胜
法院院长 王宜生
区人民武装部部长 朱继明
政委 李树元
民防局局长 刘 涛
司法局局长 郗俊生
公安分局局长 王新元(12 月任)
政委 孟晓威
交通支队支队长 杨 毅
政委 孔令辉
消防支队支队长 刘永利
政委 曲 毅

丰台区街道、乡(镇)负责人

大红门街道办事处主任 张永梅
工委书记 李建刚
东高地街道办事处主任 孙学伟(7 月任)
工委书记 李海秋(10 月免)
田秀文(女，11 月任)
东铁匠营街道办事处主任 刘海东
工委书记 李广民
方庄地区办事处主任 高文娟(女)
工委书记 连 宇(11 月免)
李海秋(11 月任)
丰台街道办事处主任 赵 刚
工委书记 张 莉(女，11 月免)
王百玲(女，11 月任)
和义街道办事处主任 盛云英
工委书记 赵 新
卢沟桥街道办事处主任 赵胜利
工委书记 王俊山
马家堡街道办事处主任 李永勤
工委书记 李大维
南苑街道办事处主任 田秀文(女，11 月免)
李 忠(12 月任)
工委书记 李振茹
太平桥街道办事处主任 齐建明(9 月任)
工委书记 裴玉珍

西罗园街道办事处主任　赵　钢（7 月免）
杨　杰（8 月任）
工委书记　常志杰
新村街道办事处主任　郭新占
工委书记　李跃生
右安门街道办事处主任　储建军（11 月免）
凌佩利（11 月任）
工委书记　王百玲（女，11 月免）
钱爱平（11 月任）
长辛店街道办事处主任　蔡志强
工委书记　徐　莺（女）
云岗街道办事处主任　凌佩利（10 月免）
刘权利（10 月任）
工委书记　刘权利
宛平城地区办事处主任　王　华
工委书记　陈　阳
卢沟桥乡党委书记　李春生
人大主席　管洪波（9 月免）
骆增全（9 月任）
乡长　李惠松
南苑乡党委书记　王振华
人大主席　陈福启
乡长　刘永宗
南苑地区工委书记　王振华
南苑地区办事处主任　刘永宗
花乡党委书记　李　智
人大主席　刘翔龙
乡长　王世义
长辛店镇党委书记　王　萍
人大主席　李永勤（6 月免）
陈国林（6 月任）
镇长　钱爱平（11 月免）
王佐镇党委书记　吴　恒
人大主席　芦　杰
镇长　纪亚辉

丰台区部分金融单位负责人

中国工商银行北京市丰台支行行长
尹承德
中国农业银行北京市丰台区支行行长、书记
姜　华（女）
中国建设银行北京市丰台支行行长
秦伶华（女，1 月免）
王　林（1 月任）
中国银行股份有限公司北京丰台支行行长
王　强（女，满，7 月免）
韩　温（7 月任）
北京农村商业银行丰台支行行长
李春荣（女，1 月免）
韩　军（1 月任）

荣誉栏

全国先进单位

第四届全国文明单位

丰台区国家税务局

全国级“职工书屋”

丰台区国家税务局文化书屋

2015 年度中国全面小康十大民生决策奖

丰台区教育集群化发展

全国教科文卫体工会先进单位

丰台区教育工会

中国自然科学博物馆协会 2015 年度优秀集体

北京汽车博物馆

全国优秀科普教育基地

北京汽车博物馆

联合国道路安全十年行动教育基地

北京汽车博物馆

党建工作全国志愿服务示范队

窦珍志愿服务联合会党支部

全国老年法律维权工作先进集体

丰台区老龄办

全国法院学术讨论会组织工作先进单位
丰台区法院
全国模范职工小家
北京三兴汽车有限公司结构车间分会
全国文明单位
丰台街道
全国综合减灾示范社区
太平桥街道首威社区、万润社区
全国民族团结进步模范集体
长辛店镇

全国先进个人

全国先进工作者
东高地派出所　罗　建
全国巾帼建功标兵
西罗园派出所　高宪卉
中国自然科学博物馆协会 2015 年度优秀工作者
北京汽车博物馆　刘月英　申　瑾
中共中央台湾工作办公室科研课题优秀奖获得者
杨新武
“中国人民抗日战争胜利 70 周年”纪念章获得者
侯慧章（离休干部）
国务院津贴
北京三兴汽车有限公司　闫成文

北京市先进单位

2015 年度首都文明单位标兵
丰台区国家税务局
丰台区地方税务局
丰台区财政局
丰台公安分局蒲黄榆派出所
丰台公安分局西罗园派出所
2015 年度首都文明单位
丰台区国家税务局第二税务所
丰台区国家税务局第三税务所
丰台区地方税务局稽查局
丰台区地方税务局第一税务所
丰台区地方税务局南苑税务所
丰台街道
西罗园街道
卢沟桥街道
东高地街道
北京市国税系统法治税务示范基地
丰台区国家税务局
北京市未成年人保护工作先进集体
丰台区教工委团少工委
教育事业统计工作质量评估优秀集体
丰台教委发展规划与政策研究科
北京市科教旅游示范单位
北京汽车博物馆
北京市模范职工之家
北京汽车博物馆
北京市模范集体
北京汽车博物馆运行保障部
北京市青年文明号
北京汽车博物馆讲解组
北京市 2015 年度交通安全先进单位
丰台区地方税务局
2013—2014 年度北京市青年文明号
丰台区地方税务局科技园区税务所
2014 年度地方财政总决算和部门决算工作先进单位
丰台区财政局
首都全民义务植树先进单位
丰台区财政局
2015 年度北京市第十二届思想政治工作优秀单位
丰台区委社会工委、区社会办
北京市公安系统优秀党支部
丰台公安分局勤务指挥处
2015 年度北京市卷烟打假工作特殊贡献奖
丰台公安分局经侦大队

2015 年度北京市纳税信用 A 级企业
丰台区烟草专卖局（公司）
北京烟草第六届职工运动会优秀组织奖
丰台区烟草专卖局（公司）
北京市卷烟打假特殊贡献奖
丰台区烟草专卖局（公司）
北京烟草"首善杯"第三届职工足球赛冠军
丰台区烟草专卖局（公司）
2012—2014 年首都文明单位标兵
丰台区法院
第九届北京市先进法院
丰台区法院
北京法院学术讨论会组织工作先进单位
丰台区法院
北京市法院系统 2015 年度新闻宣传工作优秀组织单位
丰台区法院
北京市法院系统 2011—2015 年教育培训和人才工作先进单位
丰台区法院
北京市模范集体
丰台区法院立案庭
第九届北京市法院先进集体
丰台区法院行政庭
北京市法院窗口建设先进单位
丰台区法院立案庭
北京市政府统计系统第五届体育节团体总分第五名
丰台区统计局调查队
北京市 2015 年度交通安全先进单位
丰台区统计局
2015 年度思想宣传工作先进集体
民盟丰台区工委
首都环境保护先进集体
丰台街道
北京市社区治理和服务创新实验区
丰台街道
首都学雷锋志愿服务金牌项目
丰台街道
北京市未成年人保护工作先进集体
丰台街道
北京市安全社区
丰台街道
太平桥街道
北京市第十二届思想政治工作优秀单位
南苑街道
北京市先进居委会
云岗街道北里社区
首都文明社区
云岗街道南二社区
北京市健康社区
云岗街道镇岗南里社区
首都学雷锋志愿服务岗和北京市节水型社区
云岗街道翠园社区
北京市献血先进单位
云岗街道
2015 年北京市安全生产月活动优秀组织奖
太平桥街道
2015 年度首都绿化美化先进单位
太平桥街道
长辛店镇
2015 年度北京市健康示范单位
太平桥街道
首都环境建设样板单位
太平桥街道太东里社区
2015 年度开展"劳动用工规范一条街工程"工作先进单位
太平桥街道
2015 年度北京市构建和谐劳动关系先进单位
太平桥街道
2015 年度北京市体育生活化社区
太平桥街道万泉寺东、天伦北里、太中里、莲花池社区
2015 年度北京市六型社区示范单位
太平桥街道太东里社区
2012—2014 年度北京市群众体育先进集体

太平桥街道精图社区

北京市 2012—2014 年度“五个好”村党组织

长辛店镇赵辛店村

北京市森林防火工作先进集体

长辛店镇

北京市先进个人

北京市先进工作者

长辛店镇　梁京凤

丰台区国家税务局　杜桂平

丰台公安分局　侯树峰

人力社保局　苏士元

丰台区地方税务局　王晓靖

丰台区法院　盖平山

第六届北京市“人民满意的公务员”

人保局　苏士元

北京市三八红旗奖章获得者

人保局　尹素云

北京市劳动模范

北京三兴汽车有限公司　闫成文

北京市未成年人保护工作先进个人

北京汽车博物馆　廖胜军

北京市经济普查先进个人

丰台区地方税务局　任　崴　王维民

2015 年北京地税系统岗位技能大赛二等奖和“稽查能手”

丰台区地方税务局　刘李豪

2015 年北京地税系统岗位技能大赛纳服岗位优秀选手

丰台区地方税务局　赵晨然　牛怡龙　常文亮　张丽莉　李振伟

北京市信访工作先进个人

丰台区信访办公室　王　凯

北京市劳动模范

时代风帆楼宇常委副书记　韩　青

中共北京市台湾工作办公室科研课题一等奖获得者

杨新武

北京市党校系统第二届精品课评选二等奖

徐文彩

北京市公安系统“两大安保”优秀青年突击队员

丰台公安分局　白国强

北京市公安系统优秀共产党员

丰台公安分局　成　程、马国欣

北京市禁毒工作先进个人

丰台公安分局　戴冰青

北京市公安系统“廉政标兵”

丰台公安分局　崔红清

2015 年度北京市卷烟打假工作先进个人

丰台公安分局　李　勉

北京烟草青年微视频大赛优胜奖

丰台区烟草专卖局（公司）　张乐（导演）陈然（编剧）的《伴着天使去成长》微视频

北京烟草第四届 QC 成果鼓励奖

丰台区烟草专卖局（公司）鼎盛 QC 小组（成员：李钊、杨志勇、孟原、陈京亮等）发表的《提高零售户网上结算使用率》项目

2015 年度优秀学术论文一等奖

丰台区烟草专卖局（公司）张铁玲撰写的《提高零售客户对行业依存度的实践研究》

2015 年度优秀学术论文二等奖

丰台区烟草专卖局（公司）张然撰写的《论如何运用大数据深化卷烟消费者研究》

丰台区烟草专卖局（公司）席希、丁荣鑫撰写的《论如何加强卷烟市场监管信息的处理与结果应用》

丰台区烟草专卖局（公司）耿晋宏撰写的《论微信公众平台在烟草专卖管理宣传中的应用》

丰台区烟草专卖局（公司）任罡、王龙飞撰写的《论如何通过涉烟案件线索分析整合实现多维度立体监管》

2015 年度优秀学术论文三等奖

丰台区烟草专卖局（公司）吕海东撰写的《规

范内管信息化流程提升监管效率》

丰台区烟草专卖局（公司）朱施玮、段雪莹撰写的《如何有效缩短新办证烟草专卖零售许可证时间》

2015 年度优秀学术论文优秀奖

丰台区烟草专卖局（公司）李丹撰写的《论如何运用专卖管理信息系统发挥 APCE 工作法实效》

丰台区烟草专卖局（公司）庄涵秋撰写的《有效提升全面预算体系执行效率的思考》

“天平奖章”获得者

丰台区法院　方有权　褚凤杰　林　风
李长海　米利名　贾彦明　梁建志
付桂珍　白永林　田建国

北京市法院 2011—2015 年教育培训和人才工作先进个人

丰台区法院　王　伟

北京市第九届人民满意的政法干警争创奖

丰台区法院　魏洪杰

北京市法院窗口接待先进个人

丰台区法院　曲晓庆

第三届司法业务技能比赛书记员业务标兵

丰台区法院　杨伟竹　邹　萌

第三届司法业务技能比赛民事审判业务标兵

丰台区法院　李冬冬

第三届司法业务技能比赛司法警察业务标兵

丰台区法院　李永平

第九届北京市法院模范法官

丰台区法院　王　静　刁　彤　刘海伟

第九届北京市法院先进法官

丰台区法院　丁青青　柴海燕　周生辉
陆宋宁　何东奇

第九届北京市法院系统先进工作者

丰台区法院　杨玉良　王艳华

北京市统计系统各区局队组专题分析类一等奖

丰台区统计局王莉、刘艳秋、李森撰写的《从疏解角度看丰台从业人员构成》

北京市统计系统各区局队组形势分析类一等奖

丰台区统计局王莉、刘艳秋、李森撰写的《经济总量实现跃升 转型调整初见成效》

北京市统计系统各区局队组专题分析类三等奖

丰台区统计局王健美、王莉撰写的《丰台区外来人口迁移意向调查报告》

首都环境建设先进个人

长辛店镇　张志强　葛志强　李　冬

首都绿化美化先进个人

长辛店镇　葛志强

统计资料

丰台区国民经济主要指标
MAIN NATIONAL ECONOMIC INDICATORS FOR FENGTAI DISTRICTS

项目		Item		丰台区 Fengtai 2015	2014	2015年为2014年% 2015 as% of 2014
综合		**General Survey**				
地区生产总值	(万元)	Gross Domestic Product	(10000 yuan)	11699038	10916146	107.2
第一产业		Primary Industry		6200	8052	77.0
第二产业		Secondary Industry		2492542	2533337	98.4
第三产业		Tertiary Industry		9200296	8374757	109.9
财政收入	(万元)	Fiscal Revenue	(10000 yuan)	4407187	2614265	168.6
#增值税		Increased Value Tax		130506	122619	106.4
营业税		Operating Tax		343485	325913	105.4
个人所得税		Private Income Tax				
企业所得税		Enterprise Income Tax		141476	122981	115.0
财政支出	(万元)	Fiscal Expenditure	(10000 yuan)	6070019	3120287	194.5
人口和劳动力		**Population and Labor Force**				
总人口	(人)	Total Population	(person)	2324000	2300000	101.0
常住户籍人口	(人)	Permanent Registered Population	(person)	1136505	1127525	100.8
#非农业人口		Non-agriculture		1049026	1035999	101.3
男		Male		575421	571477	100.7
女		Female		561084	556048	100.9
出生率	(‰)	Birth Rate	(‰)	8.61	9.62	
死亡率	(‰)	Death Rate	(‰)	4.33	5.61	
自然增长率	(‰)	Natural Growth Rate	(‰)	4.28	4.01	
非私营单位从业人员	(人)	Nov-private persons units	(person)	635355	639057	99.4
按产业分		Grouped by Industry				
第一产业		Primary Industry		1277	1473	86.7
第二产业		Secondary Industry		135329	132877	101.8

续表 1 continued

项目		Item		丰台区 Fengtai		
				2015	2014	2015年为2014年% 2015 as% of 2014
第三产业		Tertiary Industry		498749	504707	98.8
按职工非职工分		Grouped by Staff and Workers or Non-staff-and-worker				
在岗职工人数	(人)	Fully Employed Staff and Workers at their Posts (person)		572614	576500	99.3
#国有经济		State-owned				
集体经济		Collective-owned				
城镇个体劳动者		Urban and Rural Individuals				
劳动工资		**Wages**				
在岗职工工资总额	(万元)	Total Wages of Fully Employed Staff and Workers	(10000 yuan)	4556844	4203744	108.4
#国有经济		State-owned				
集体经济		Collective-owned				
在岗职工平均工资	(元)	Average Wage of Fully Employed Staff and Workers	(yuan)	79180	72912	108.6
固定资产投资		Investment in Fixed Assets Assets				
全社会固定资产投资	(万元)	Total Investment in Fixed Assets	(10000 yuan)	8622838	8122853	106.2

注：出生率、死亡率、自然增长率按户籍人口计算。（区统计局 调查队提供）
地区生产总值及各产业增加值发展速度为现价速度。

项目		Item		2015	2014	2015年为2014年%
新增固定资产	(万元)	Incremental Fixed Assets	(10000 yuan)	1827844	2377593	76.9
房屋施工面积	(万平方米)	Floor Space of Buildings under Construction	(10000 sq.m)	1924.9	1989.0	96.8
房屋竣工面积	(万平方米)	Floor Space of Buildings Completed	(10000 sq.m)	193.1	336.7	57.4
农村经济		**Rural Economy**				
农村劳动力	(人)	Labor Force	(person)	243342	268763	90.5
种植业		Planting		4018	5316	75.6
林业		Forestry		6095	4490	135.7
牧业		Animal Husbandry		261	468	55.8
渔业		Fishery		34	4	850.0
农村工业		Rural Industry		21291	24409	87.2
农村建筑业		Rural Construction		14436	17537	82.3
农村运输业		Rural Transportation		16140	17898	90.2
农村商、饮食业、服务业		Commerce, Catering and Services		80361	92618	86.8
耕地面积	(公顷)	Area under Cultivation	(hectare)			
农业机械总动力	(千瓦)	Total Power of Agricultural Machinery	(kw)	37203	49106	75.8
化肥施用实物量	(吨)	Consumption of Chemical Fertilizers	(ton)	303.5	392.6	77.3
化肥施用折纯量	(吨)	Consumption of Chemical Fertilizers(100%)	(ton)	104.5	133.1	78.5
农村用电量	(万千瓦时)	Consumption of Electricity	(10000 kwh)	46641.8	48882.8	95.4
农业总产值	(万元)	Gross Output Value of Agriculture	(10000 yuan)	18503.6	25103.4	73.7
种植业		Planting		6034.6	8745.9	69.0
林业		Forestry		9906.8	12612.8	78.5

续表 2 continued

项目		Item		丰台区 Fengtai 2015	2014	2015年为2014年% 2015 as% of 2014
牧业		Animal Husbandry		1111.1	2280.5	48.7
渔业		Fishery		36.0	93.0	38.7
农作物总播种面积	（万公顷）	Sown Area of Farm Crops	（10000 hectare）	277.7	390.2	71.2
粮食作物		Grain		86.3	129.7	66.5
经济作物		Industrial Crops				
其他作物		Other Crops		191.4	260.5	73.5
注：农村劳动力（从业人员）指16岁以上实际参加生产经营活动并取得实物或货币收入的常住人口。						
农副产品产量		Yield of Farm and Sideline Crops				
粮食	（万吨）	Grain	（10000 tons）	386.8	386.5	100.1
蔬菜	（吨）	Vegetable	（ton）	2871.8	3862.3	74.4
干鲜果	（吨）	Dry and Fresh Fruits	（ton）	1205.5	1410.4	85.5
畜产品产量		Output of Livestock Products				
生猪出栏	（头）	Slaughtered Hogs	（head）	1985	3219	61.7
猪牛羊肉	（吨）	Pork，Beef and Mutton	（ton）	193.3	314.0	61.6
#猪肉		Pork		151.3	241.5	62.7
禽肉	（吨）	Meat of Poultry	（ton）	13.3	33.1	40.2
禽蛋		Poultry Eggs （ton）		396.1	682.3	58.1
牲畜年底头数	（头）	Number of Livestock (year-end)	（head）			
大牲畜		Large Animals		163	291	56.0
猪		Hogs		1152	2117	54.4
羊		Goats and Sheep		2549	3046	83.7
水产品产量	（吨）	Output of Aquatic Product	（ton）	18	31	58.1
农村经济总收入	（万元）	Total Rural Economic Revenue	（10000 yuan）	3624904.8	3483935.5	104.0
农村利润总额	（万元）	Total Profits of Rural Economy	（10000 yuan）	213218.6	215922.3	98.7
国家税金	（万元）	State Taxes	（10000 yuan）	157330.3	147846.5	106.4
提取盈余公积金	（万元）	Surplus Accumulation Funds Drawn	（10000 yuan）	20741.6	21893.6	94.7
劳动所得	（元）	Income from Work	（yuan）	23453.4	21347.3	109.9
乡镇企业单位数	（个）	Number of Township and Village Enterprise	（unit）	260	265	98.1
乡镇企业人数	（人）	Number of Persons of Township and Village Enterprises	（person）	26655	27393	97.3
乡镇企业净利润	（万元）	Net Profit of Township and Village Enterprises	（10000 yuan）	123320	114107	108.1
工业		**Industry**				
企业单位个数	（个）	Number of Enterprises	（unit）	188	207	90.8
国有		State-owned		4	5	80.0
集体		Collective-owned		1	2	50.0
其他		Others		183	200	91.5
工业总产值	（现价，万元）	Gross Output Value of Industry	（at current prices，10000 yuan）	4525159	4351649	104.0
国有		State-owned		392971	329289	119.3
集体		Collective-owned		3965	13633	29.1

续表 3 continued

项目	Item	丰台区 Fengtai 2015	2014	2015年为2014年% 2015 as% of 2014
其他	Others	4128223	4008727	103.0
注：2011年起，规模以上工业法人单位统计起点由主营业务收入500万元及以上调整至2000万元及以上。				
轻工业总产值 (现价，万元)	Output Value of Light Industry (at current prices, 10000 yuan)	878743	703602	124.9
重工业总产值 (现价，万元)	Output Value of Heavy Industry (at current prices, 10000 yuan)	3646416	3648047	100.0
工业增加值 (万元)	Gross Output Value of Industry (10000 yuan)			
工业企业财务指标	Financial Indicators for Enterprises with Independent Accounting System			
主营业务收入 (万元)	Business income of the main products (10000 yuan)	5073710	5061376	100.2
#国有	State-owned	383731	323911	118.5
主营业务成本 (万元)	Core business cost (10000 yuan)	4124397	4159831	99.1
#国有	State-owned	315188	261495	120.5
固定资产原价 (万元)	Original Value of Fixed Assets (10000 yuan)	2433496	2388002	101.9
#国有	State-owned	374112	342292	109.3
固定资产净值 (万元)	Net Value of Fixed Assets (10000 yuan)	1337167	1563163	85.5
#国有	State-owned	205134	399466	51.4
全部流动资金年平均余额 (万元)	Annual Average Balance of Circulating Funds (10000 yuan)			
#国有	State-owned			
利润总额 (万元)	Total Profits (10000 yuan)	359303	317589	113.1
#国有	State-owned	19161	18711	102.4
注：固定资产原价、净值和全部流动资金年平均三个指标在2011年工业财务快报中已取消该指标。				
产品销售率 (%)	Ratio of Sales Value to Gross Output Value (%)	100.0	98.5	
商业	**Commerce**			
社会消费品零售额 (万元)	Retail Sales of Consumer Goods (10000 yuan)	10073144	9373726	107.5
按类别分	Grouped by Type of Goods			
吃的商品	Food			
穿的商品	Clothing			
用的商品	Daily Used Articles			
烧的商品	Fuel			
网点数 (个)	Number of Outlets (unit)	76386	65919	115.9
#商业	Wholesale and Retail	69877	59440	117.6
饮食业	Catering	5723	5778	99.0
住宿	Accommodation	786	701	112.1
营业人员 (人)	Personnel (person)	283898	281150	101.0
#商业	Wholesale and Retail	234657	222591	105.4
饮食业	Catering	35192	42633	82.5
住宿	Accommodation	14049	15926	88.2

续表 4 continued

项目		Item		丰台区 Fengtai 2015	2014	2015年为2014年% 2015 as% of 2014
外经、外贸		**Foreign Economy and Trade**				
海关进出口贸易总额(万美元)		Total Value of Imports and Exports at Customs	(USD 10000)	1241700	1465000	84.8
利用外资签订协议(合同)数	(个)	Number of Signed Agreements and Contracts of Foreign Capital to be	(unit)	28	28	100.0
利用外资签订协议(合同)金额	(万美元)	Amount of Foreign Capital to be Utilized through Agreements and	(10000 yuan)	8477.0	19362.8	43.8
实际利用外资	(万美元)	Amount of Foreign Capital Actually Used		5815.0	45291.2	12.8
旅游人数	(万人)	Number of Tourists	(10000 persons)	1929	1899	101.6
教育		**Education**				
学校数	(个)	Number of Schools	(unit)	270	267	101.1
小学		Primary Schools		77	80	96.6
普通中学		Regular Secondary School		46	45	102.2
招生数	(人)	New Student Enrollment	(person)	34970	38231	91.5
小学		Primary Schools		10505	12928	81.3
初级中等学校		Junior Secondary Schools		6488	7874	82.4
高级中等学校		Senior Secondary Schools		2612	2427	107.6
在校学生	(人)	Student Enrollment	(person)	142729	146442	97.5
小学		Primary Schools		69114	70432	98.1
初级中等学校		Junior Secondary Schools		20030	22097	90.6
高级中等学校		Senior Secondary Schools		7970	8474	94.1
毕业生	(人)	Graduates	(person)	30237	30765	98.3
小学		Primary Schools		9435	10069	93.7
初级中等学校		Junior Secondary Schools		5511	5379	102.5
高级中等学校		Senior Secondary Schools		2531	2565	98.7
幼儿园、托儿所个数	(个)	Number of Kindergardens	(unit)	139	134	103.7
幼儿入托数	(人)	New Enrollment	(person)	41724	40401	103.3
文化		**Culture**				
文化馆、站	(个)	Cultural Centers	(unit)	20	20	100.0
公共图书馆	(个)	Public Libraries	(unit)	2	2	100.0
公共图书馆藏书	(万册)	Collection	(10000 volume)	91	86	105.8
电影放映单位	(个)	Film Projection Units	(unit)			
区级以上重点文物保护单位	(个)	Cultural Relics Preserved at District Level and above	(unit)	31	31	100.0
卫生		**Health**				
卫生机构数	(个)	Number of Health Institutions	(unit)	554	549	100.9
#医院		Hospitals		70	70	100.0

续表 5 continued

项目		Item		丰台区 Fengtai 2015	2014	2015年为2014年% 2015 as% of 2014
卫生院		Clinics				
床位数	(张)	Number of Beds	(unit)	9534	9347	102.0
#医院		Hospitals		9428	9207	102.4
卫生院		Clinics				
平均每千人拥有床位数	(张)	Average Number of Beds Per 1000 Persons	(unit)	4.10	4.06	101.0
卫生技术人员	(人)	Medical Technical Personnel	(person)	17523	17063	102.7
#医生		Doctors		6509	6267	103.9
公用设施		**Public Utilities**				
区级以上公园	(个)	Parks at District Level and above	(unit)	14	14	100.0
体育场地	(个)	Stadiums and Gymnasiums	(unit)	1275	1275	100.0
道路长度	(公里)	Length of Roads	(km)	1370	1358	100.9

注：1. “平均每千人拥有床位数”按常住人口计算。
2. 体育场地个数为第六次全国体育场地普查数据，时点为2013年12月31日。

附　　录

中共北京市丰台区委主要文件目录

中共北京市丰台区委文件

京丰发〔2015〕1 号　中共北京市丰台区委印发《中国共产党北京市丰台区第十一届委员会常务委员会关于加强自身建设的意见》的通知

京丰发〔2015〕2 号　中共北京市丰台区委关于印发《中国共产党北京市丰台区第十一届委员会常务委员会工作规则》的通知

京丰发〔2015〕3 号　中共北京市丰台区委关于全面推进丰台法治建设的意见

京丰发〔2015〕4 号　中共北京市丰台区委关于印发《区委常委会 2015 年工作要点》的通知

京丰发〔2015〕5 号　中共北京市丰台区委关于印发《区委常委会 2015 年议题计划》的通知

京丰发〔2015〕6 号　中共北京市丰台区委北京市丰台区人民政府关于丰台区加强老旧小区服务管理工作的意见

京丰发〔2015〕7 号　中共北京市丰台区委印发《关于落实党风廉政建设责任制党委主体责任和纪委监督责任的实施办法》的通知

京丰发〔2015〕8 号　中共北京市丰台区委关于印发《丰台区 2015 年党的建设工作安排》的通知

京丰发〔2015〕9 号　中共北京市丰台区委北京市丰台区人民政府关于实施安全发展战略促进和谐宜居之区建设的意见

京丰发〔2015〕10 号　中共北京市丰台区委关于开展向郑福来同志学习活动的决定

京丰发〔2015〕11 号　中共北京市丰台区委关于进一步加强商务楼宇工作站建设的意见

京丰发〔2015〕12 号　中共北京市丰台区委关于区委常委调整分工的通知

京丰发〔2015〕13 号　中共北京市丰台区委关于印发《区委书记履行党建工作“第一责任人”责任的规定》的通知

京丰发〔2015〕14 号　中共北京市丰台区委关于印发《分管区领导落实党建工作“一岗双责”的规定》的通知

中共北京市丰台区委办公室文件

京丰办发〔2015〕1 号　中共北京市丰台区委办公室印发《关于民主推荐丰台区处级党政正职考察对象人选的实施办法》的通知

京丰办发〔2015〕2 号　中共北京市丰台区委办公室关于印发《丰台区处级领导干部谈心谈话制度》的通知

京丰办发〔2015〕3 号　中共北京市丰台区

委大事记（2014 年 12 月）

京丰办发〔2015〕4 号 中共北京市丰台区委办公室关于印发《丰台区政协 2015 年协商工作计划》的通知

京丰办发〔2015〕5 号 中共北京市丰台区委大事记（2015 年 1 月、2015 年 2 月）

京丰办发〔2015〕6 号 中共北京市丰台区委办公室 北京市丰台区人民政府办公室关于印发《丰台区卢沟桥宛平城地区环境建设提升工作领导小组组织机构方案》的通知

京丰办发〔2015〕7 号 中共北京市丰台区委办公室 北京市丰台区人民政府办公室关于印发《2015 年丰台区城乡环境建设工作方案》的通知

京丰办发〔2015〕8 号 中共北京市丰台区委办公室 北京市丰台区人民政府办公室关于印发《丰台区 2015 年社区党组织和社区居民委员会换届选举工作领导小组成员名单》的通知

京丰办发〔2015〕9 号 中共北京市丰台区委大事记（2015 年 3 月）

京丰办发〔2015〕10 号 中共北京市丰台区委大事记（2015 年 4 月）

京丰办发〔2015〕11 号 中共北京市丰台区委办公室关于印发《丰台区党代表大会代表联系服务党员群众制度》的通知

京丰办发〔2015〕12 号 中共北京市丰台区委办公室关于印发《丰台区关于在处级以上领导干部中开展“三严三实”专题教育的实施方案》的通知

京丰办发〔2015〕13 号 中共北京市丰台区委办公室关于印发《丰台区 2015 年党风廉政建设和反腐败工作部署的分工方案》的通知

京丰办发〔2015〕14 号 中共北京市丰台区委办公室 北京市丰台区人民政府办公室关于调整丰台区非首都功能疏解指挥部组织机构和人员的通知

京丰办发〔2015〕15 号 中共北京市丰台区委办公室 北京市丰台区人民政府办公室印发《关于进一步加强丰台区社区矫正工作的实施意见》的通知

京丰办发〔2015〕16 号 中共北京市丰台区委大事记（5 月份）

京丰办发〔2015〕17 号 中共北京市丰台区委办公室 北京市丰台区人民政府办公室关于印发《丰台区 2015 年法治建设工作要点》的通知

京丰办发〔2015〕18 号 中共北京市丰台区委办公室关于印发《纪念全民族抗战爆发 78 周年暨“伟大胜利 历史贡献”主题展览活动保障组织机构》的通知

京丰办发〔2015〕19 号 中共北京市丰台区委办公室 北京市丰台区人民政府办公室关于成立丰台区 2015 年征兵工作领导小组的通知

京丰办发〔2015〕20 号 中共北京市丰台区委办公室印发《丰台区关于加强基层服务型党组织建设的实施意见》的通知

京丰办发〔2015〕21 号 中共北京市丰台区委大事记（2015 年 6 月）

京丰办发〔2015〕22 号 中共北京市丰台区委办公室 北京市丰台区人民政府办公室关于印发《丰台区安全生产“党政同责、一岗双责”规定》的通知

京丰办发〔2015〕23 号 中共北京市丰台区委办公室 北京市丰台区人民政府办公室关于转发《中国人民抗日战争暨世界反法西斯战争胜利 70 周年纪念活动网络安全保障工作方案》的通知

京丰办发〔2015〕24 号 中共北京市丰台区委办公室 北京市丰台区人民政府办公室关于成立丰台区大红门地区非首都功能疏解指挥部组织机构的通知

京丰办发〔2015〕25 号 中共北京市丰台区委大事记（2015 年 7 月）

京丰办发〔2015〕26号 中共北京市丰台区委办公室 北京市丰台区人民政府办公室关于印发《丰台区北京世界田径锦标赛和中国人民抗日战争暨世界反法西斯战争胜利 70 周年纪念活动战时运行保障工作方案》的通知
京丰办发〔2015〕27号 中共北京市丰台区委办公室 北京市丰台区人民政府办公室关于成立丰台区村“两委”换届选举工作领导小组的通知
京丰办发〔2015〕28号 中共北京市丰台区委大事记（2015年8月）
京丰办发〔2015〕29号 中共北京市丰台区委办公室转发《中共北京市委网络安全和信息化领导小组办公室关于加强国庆假期网络安全保障工作的通知》的通知
京丰办发〔2015〕30号 中共北京市丰台区委办公室关于进一步规范党风廉政建设责任清单建立工作的通知
京丰办发〔2015〕31号 中共北京市丰台区委大事记（2015年9月）
京丰办发〔2015〕32号 中共北京市丰台区委办公室 北京市丰台区人民政府办公室关于开通政务微博、做好“丰台会客厅”微博矩阵运行工作的通知
京丰办发〔2015〕33号 中共北京市丰台区委办公室关于印发《2015年丰台区党风廉政建设责任制检查考核工作方案》的通知
京丰办发〔2015〕34号 中共北京市丰台区委大事记（2015年10月）
京丰办发〔2015〕35号 中共北京市丰台区委大事记（2015年11月）
京丰办发〔2015〕36号 中共北京市丰台区委办公室关于印发《丰台区政协 2016 年协商工作计划》的通知
京丰办发〔2015〕37号 中共北京市丰台区委办公室 北京市丰台区人民政府办公室关于做好2016年元旦、春节期间有关工作的通知

丰台区人民政府主要文件目录

丰台区人民政府文件

丰政发〔2015〕1号 关于印发区十五届人大五次会议审议批准的《政府工作报告》的通知
丰政发〔2015〕2号 关于印发《2015 年区政府折子工程》的通知
丰政发〔2015〕3号 关于印发安全生产隐患排查治理体系建设实施意见的通知
丰政发〔2015〕4号 "印发丰台区关于落实北京市高污染燃料禁燃区划定方案（试行）实施方案的通知"
丰政发〔2015〕5号 印发 2015 年为群众拟办重要实事的通知
丰政发〔2015〕6号 关于印发丰台区空气重污染应急预案的通知
丰政发〔2015〕7号 关于公布丰台区行政审批事项汇总清单的通知
丰政发〔2015〕8号 关于调整区政府领导工作分工的通知
丰政发〔2015〕9号 关于进一步完善和加强区政府工作部门安全监管（管理）职责的通知
丰政发〔2015〕10号 关于印发《丰台区开展第二次全国地名普查工作实施方案》的通知
丰政发〔2015〕11号 北京市丰台区人民政府印发《丰台区人民政府领导班子关于加强风险防控完善“三重一大”决策制度的实施办法》的通知
丰政发〔2015〕12号 北京市丰台区人民政府关于印发《北京市丰台区人民政府督促检

查工作办法》的通知
丰政发〔2015〕13 号 丰台区人民政府关于进一步完善本区临时救助制度的通知
丰政发〔2015〕14 号 关于印发《2015 年推进简政放权放管结合转变政府职能工作方案》的通知
丰政发〔2015〕15 号 关于大力推进创新创业的实施意见
丰政发〔2015〕16 号 关于印发丰台区产业创新发展基金管理办法的通知
丰政发〔2015〕17 号 关于印发丰台区人民政府办理人民代表大会代表建议、批评、意见和人民政治协商会议提案办法的通知

丰台区人民政府办公室文件

丰政办发〔2015〕1 号丰台区人民政府办公室文件
丰政办发〔2015〕2 号关于印发政府向社会力量购买服务实施方案的通知
丰政办发〔2015〕3 号关于印发加强建筑设计工作实施意见的通知
丰政办发〔2015〕4 号关于印发进一步规范农村集体经济组织产权交易实施意见的通知
丰政办发〔2015〕5 号关于清理规范税收等优惠政策的通知
丰政办发〔2015〕6 号关于印发规范全区协管人员管理工作意见（试行）的通知
丰政办发〔2015〕7 号关于印发丰台区行政应诉工作规则的通知
丰政办发〔2015〕8 号关于开展丰台区 2015 年全国 1%人口抽样调查工作的通知
丰政办发〔2015〕9 号关于印发丰台区 2015 年度保障性安居工程用地供应计划的通知
丰政办发〔2015〕10 号关于印发《丰台区 2015 年清洁空气行动计划重点任务分解》的通知
丰政办发〔2015〕11 号关于印发丰台区 2015 年重点经济指标任务分解方案的通知
丰政办发〔2015〕12 号关于印发执行法院《裁定书》工作实施方案的通知
丰政办发〔2015〕13 号印发《关于丰台区第九届社区居民委员会选举工作的意见》的通知
丰政办发〔2015〕14 号" 关于印发丰台区第十届全民健身体育节工作方案的通知"
丰政办发〔2015〕15 号关于公布全区行政处罚权力清单的通知
丰政办发〔2015〕16 号"关于印发丰台区精神卫生服务体系建设工作方案的通知"
丰政办发〔2015〕17 号"关于印发北京市丰台区卫生和计划生育委员会主要职责内设机构和人员编制规定的通知"
丰政办发〔2015〕18 号关于印发北京市丰台区城市管理综合行政执法监察局主要职责内设机构和人员编制规定的通知
丰政办发〔2015〕21 号印发《丰台区行政事业单位聘请法律顾问管理办法》的通知
丰政办发〔2015〕22 号关于推进政府管理规范化透明化实施方案
丰政办发〔2015〕23 号关于印发丰台区乡镇人民政府查处违法建设工作规程的通知
丰政办发〔2015〕24 号关于加强统计基层基础工作的实施意见
丰政办发〔2015〕25 号关于调整丰台区人民政府机构设置的通知
丰政办发〔2015〕26 号关于印发区长副区长政府办主任工作分工的通知
丰政办发〔2015〕27 号转发《区统计局关于进一步加强和完善部门统计工作的实施意见》的通知
丰政办发〔2015〕28 号"关于印发区发展改革委制定的《丰台区禁止和限制新增产业的目录（2015 年版）》的通知"
丰政办发〔2015〕29 号关于印发建立涉及监督协调机制的意见的通知
丰政办发〔2015〕30 号关于贯彻《市知识产

权局等单位关于深入实施首都知识产权战略行动计划（2015-2020 年）》工作实施方案的通知

丰政办发〔2015〕31 号转发《区环保局关于丰台区网格化环境监管的工作方案》的通知

丰政办发〔2015〕32 号关于印发《丰台区加快提升空气质量专项行动计划（2016-2017 年）》的通知

区域教育单位名录

职业高中一览表

学校名称	是否教育办学	法人	邮政编码	学校详细地址	电话号码
北京市丰台区职业教育中心学校	是	赵爱芹	100078	北京市丰台区方庄芳古园二区 9 号	67634860
北京市文化艺术职业学校	否	魏　玲	100075	北京市丰台区南四环中路 38 号	87880534
北京市丰台区汽车维修职业学校	否	岳东明	100162	北京市丰台区花乡高立庄村 195 号	63720252
北京八一艺术学校	否	郭　华	100070	北京市丰台区花乡樊羊路 820 号	83700362
北京新桥外国语高中学校	否	陈燕冰	100069	北京市丰台区右安门外开阳里东巷 24 号	83555975

校外教育单位一览表

单位名称	法人	联系电话	地址	邮编
北京市丰台区青少年活动中心	王振民	63896631	北京市丰台区丰台镇文体路 36 号	100071
东高地青少年科技馆	张云翼	88030220	北京市丰台区东高地万源西里 28 栋	100076
云岗科技站	冯雅楠	68191590	北京市丰台区云岗南区东里 10 号	100074
劳技中心	刘铁汉	87681448	北京市丰台区方庄芳群园四区 7 号楼	100078

直属单位一览表

单位名称	法人	联系电话	地址	邮编
丰台区教育委员会	张　洋	63811971	北京市丰台区望园东里 26 号	100161
北京教育学院丰台分院	支　梅	63478398	北京市丰台区太平桥西里 43 号楼	100073
北京市丰台区教育科学研究院	赵学良	13910246056	北京市丰台区南四环中路 38 号	100075
丰台区教育委员会工资统发中心	迟金库	63857030	北京市丰台区望园东里 26 号	100161
丰台区招生考试中心	王爱红	63839875	北京市丰台区望园西里 4 号	100161
北京市丰台区体育卫生中心	王际洲	15811596985	北京市丰台区桥南拾号房十六号	100070
丰台区教育后勤服务中心	李晓东	68213143	北京市丰台区小屯村一号	100166
丰台区教育委员会修建处	徐文峰	63871114	北京市丰台区五里店 200 号	100071
丰台区教育委员会汽车队	王爱民	63811967	北京市丰台区文体路甲 11 号	100071

索　　引

说明：1. 主题词首按汉语拼音序排列，首字相同按第二字音序，其余类推。
2. 主题词后的数字表示该词及内容页码，a、b 字母在双栏文中分别表示左、右栏。
3. 特载、附录部分不作索引。

A

B

C

D

F

G

H

J

K

W

X

Y

Z